德衡&德和衡30周年纪念文集

海阔天空

律师新型实务案例及学术文集

德和衡研究院　编著

胡明　主编

BEYOND THE SKY AND SEA

Collection of Neotype Practice Cases and Academic Essays of Lawyers

法律出版社 | LAW PRESS

北京

图书在版编目(CIP)数据

海阔天空 :律师新型实务案例及学术文集 / 德和衡研究院编著 ;胡明主编. -- 北京 :法律出版社, 2023
ISBN 978-7-5197-8426-3

Ⅰ. ①海… Ⅱ. ①德… ②胡… Ⅲ. ①案例-汇编-中国②律师业务-中国-文集 Ⅳ. ①D920.5 ②D926.5-53

中国国家版本馆 CIP 数据核字(2023)第 190320 号

海阔天空
——律师新型实务案例及学术文集
HAIKUO TIANKONG
—LÜSHI XINXING SHIWU ANLI JI XUESHU WENJI

德和衡研究院 编著
胡 明 主编

策划编辑 朱轶佳
责任编辑 朱轶佳
装帧设计 鲍龙卉

出版发行 法律出版社
编辑统筹 司法实务出版分社
责任校对 王晓萍
责任印制 胡晓雅
经　　销 新华书店

开本 710 毫米×1000 毫米 1/16
印张 46 **字数** 735 千
版本 2023 年 11 月第 1 版
印次 2023 年 11 月第 1 次印刷
印刷 固安华明印业有限公司

地址:北京市丰台区莲花池西里 7 号(100073)
网址:www.lawpress.com.cn
投稿邮箱:info@lawpress.com.cn
举报盗版邮箱:jbwq@lawpress.com.cn

销售电话:010-83938349
客服电话:010-83938350
咨询电话:010-63939796

书号:ISBN 978-7-5197-8426-3
定价:178.00 元

凡购买本社图书,如有印装错误,我社负责退换。电话:010-83938349

序一 Preface Ⅰ

法治，是人类文明发展的重要成果和标志，是现代社会赖以正常运转的基本框架和保障。良法善治润人心，一个国家的繁荣发展与良好的法治环境息息相关，其是构筑和促进国家政治文明、经济发展、社会稳定、文化繁荣、科技进步的全领域护城河。因此，实施依法治国的基本方略、推动社会主义法治中国建设，是建设富强、民主、文明、和谐的社会主义现代化国家的重要目标之一。

毋庸置疑，在迈向和实现法治中国这一宏伟目标的过程中，律师制度起着不可或缺的重要作用。律师们积极履职尽责，勇于担当作为，充分发挥专业优势，在建设中国特色社会主义法治体系、维护社会安全稳定、服务经济高质量发展、营造良好的法治环境等各方面的工作中作出了无愧于时代的卓越贡献。

作为法律体系中的重要一环，律师的工作首先体现在律师在司法实务中的贡献和价值上。他们以自身的专业知识和经验，通过一件件咨询、一起起案件、一个个项目的办理，维护公民的合法权益，保障企业的健康发展，为社会各界提供法律保护和支持，以实际行动促进社会的公平正义，确保法律的正确实施。

与此同时，律师在学术研究领域也在扮演着越来越重要的角色。他们认真总结，积极著书立说，通过深入研究法律理论、分析实务案例和撰写学术论文，为社会贡献了宝贵的学术成果。这些成果不仅有助于拓宽法学知识的边界，还为法律实践提供了理论依据和指导。

恰逢德衡律师事务所成立30周年，由德和衡研究院编著的《海阔天空——律师新型实务案例及学术文集》，作为10周年《风雨兼程》及20周年《万水千山》系列文集的延续，凝结了德衡、德和衡律师们宝贵的司法实践经验和学术研究智慧。在建所30周年之际，他们借此书向社会分享了自己在法律领域的长期积累和探索成果，我作为法学学者，通过阅读这些文章，不仅汲取了前沿的法学知识和观点，更是了解了律师在司法实践和学术研究中的不懈努力和丰硕成就。

星光不问赶路人，岁月不负有心人。在本文集出版之际，我要向德衡、德和衡律师事务所的全体律师表示由衷的敬意和祝贺。他们在司法实践和学术研究中所展现的智慧和才华，为法学界和社会各界提供了一个深入了解法律实务和学术发展的窗口，也为法治建设和社会进步作出了自身应有的贡献。希望本文集能够为读者提供独特的视角和启发，进一步推动法治的进步。

是为序。

*

2023年11月

---

* 焦洪昌：中国政法大学教授、国务院参事、中国法学会宪法学研究会副会长、农工党中央社会与法制工作委员会主任，曾任中国政法大学法学院院长。

序二 Preface Ⅱ

回顾中国律师业的发展，可用“道阻且长、披荆斩棘”来形容。自20世纪初现代意义上的律师制度引入中国以来，在经历了二十余年的漫长幽暗期后，1979年年底终于迎来恢复重建律师制度的曙光。从此，我国律师业进入了高速发展的黄金时期。

经过四十多年的耕耘，律师队伍已经成为全面依法治国不可或缺、充满活力的重要力量，律师制度已经成为依法治国、建设社会主义法治国家的重要标志。律师们积极适应全方位对外开放的需要，主动作为，不断拓展服务范围和业务领域；与此同时，律师事务所专业化、规模化、国际化程度也大幅提高，律师业呈现蓬勃发展的四个“持续”特征：律师队伍持续增加，律师制度持续完善，律师作用持续提升，律师影响持续扩大。

如今，人类正面临着前所未有的全方位变局，人工智能、大数据等科技领域的进步日新月异，不仅促使社会治理模式创新，也在深刻影响律师的工作方式和内容。法律服务业的颠覆性变化已近在眼前，包括智能检索、法律文档生成、在线解纷、司法大数据以及基于人工智能的法律问题处理等，科技进步使各行各业对法律服务的内容及质量的要求也不断提高。对此，律师和律所需要认真思考，如何在滚滚向前的时代潮流中保持强大的定力。

未来已来。潮来潮往中，唯有潜心专业、与时俱进，具备可迭代的核心能力，方能傲立潮头。

进入新的发展阶段，抓住新的历史机遇，探索新的业务领域——我们欣喜地看到，在德衡律师事务所成立30周年之际，由德和衡研究院编著的《海阔天空——律师新型实务案例及学术文集》紧紧把握时代的脉搏，应时而生。该文集中收录了德衡、德和衡律师们除传统业务板块外，对中美科技博弈、文化娱乐、人工智能、环境保护等前沿、新兴业务领域的司法实践和研究成果，反映了法律人对“当下及未来”的可贵关切和探索，同时呈现了律师作为法律职业共同体中的一员，对建设法治中国的使命感和责任感。

德衡走过的路，完美嵌进了中国律师业蓬勃发展的激荡岁月里。如今，三十而立，华章再启。

风雨兼程卅载，万水千山走遍，海阔天空任翱翔。

祝福德衡、德和衡，让我们共同期待中国律师的明天会更好。

*

2023 年 11 月

---

* 黄勇：国务院政府特殊津贴专家、国务院反垄断委员会专家咨询组成员，现任对外经济贸易大学涉外法治研究院常务副院长，对外经济贸易大学竞争法中心主任，法学院经济法系主任，教授、博士生导师。

目录 Contents

行业观察/前沿法律研究

航空/环保业务相关

反垄断/涉外业务相关

金融/房地产业务相关

公司/民事业务相关

刑事/刑民交叉业务相关

行政法/知识产权业务相关

天海
空阔

律师新型实务案例及学术文集

行业观察/前沿法律研究

美国对华半导体产业管制政策穿透(上)

——2022 年芯片与科学法案

刘润东*

2022 年 8 月 9 日,美国总统拜登签署《2022 年芯片与科学法案》(The CHIPS and Science Act of 2022,以下简称《芯片法案》),使其正式成为生效法律。《芯片法案》由三部分组成,包括:第一部分《2022 年芯片法案》(CHIPS Act of 2022),主要为半导体产业提供专项拨款与税收抵免政策;第二部分《研发、竞争与创新法案》(Research and Development, Competition, and Innovation Act),主要为美国其他关键技术领域(如航空航天)和基础理工学科研发提供相关的拨款;第三部分《2022 年联邦最高法院安全资金法案》(Supreme Court Security Funding Act of 2022),规定美国联邦最高法院为响应本法案而进行的拨款。

《芯片法案》提供的投资和税收抵免两项政策,旨在振兴美国的半导体制造业,以促进半导体制造回流美国,并强化全球半导体供应链,减少美国对外国半导体来源的依赖,加强美国国家安全,其中不乏对华限制的政策和规定,中国半导体行业可能会因此遭受影响。

* 刘润东:北京德和衡(上海)律师事务所高级联席合伙人,中国政法大学、中国人民公安大学研究员。

张鹏辉、郑诗音、张晓冉、罗知之等人对此文亦有贡献。

一、美国芯片法案

（一）《芯片法案》主要内容

《芯片法案》授权在未来5年为美国半导体制造业提供约527亿美元的政府补贴，其中390亿美元用于制造业激励措施，132亿美元用于研发和劳动力发展。法案还提供25%的投资税收抵免，以激励美国的半导体制造业。同时明确要求获得美国资助的半导体企业，自接受补贴之日起10年内禁止在中国进行先进制程半导体制造业务的实质性扩建。此外，该法案还包括在5年内拨款1699亿美元，授权美国国家科学基金会、美国商务部等增加对关键领域科技研发的投资，促进美国的科学研究工作。

（二）《芯片法案》中针对中国的限制

从路径而言，《芯片法案》对华限制的路径主要包括限制受资助企业在华扩大和建立先进制程半导体产能，以及限制中美之间的技术交流。

根据《芯片法案》第一部分《2022年芯片法案》第103（b）（5）条的规定，受资助企业[①]从接受资助之日起10年内，不得在中国等"受关注外国"（foreign country of concern）[②]开展协议约定的任何重大交易，包括实质性扩大与中国等"受关注外国"半导体制造能力相关的重大交易。该条款也被称为"护栏条款"（guardrails provision）。

根据《芯片法案》第二部分《研发、竞争与创新法案》第10263条的规定，针对"美国网络制造"（Manufacturing USA Network）项目，除非美国政府基于项目紧急性等特殊原因赋予了中国企业特殊许可，否则中国企业被禁止参与美国网络制造项目。例如，在美国网络制造项目中的技术开发和运用中，美国政府将严格审查是否有中国等有关国家的外资实体参与。

---

① 根据《芯片法案》第103（b）（5）条的定义，不限于受资助企业自身，还包括其关联团体的所有成员。

② 根据《芯片法案》第103（a）（4）条规定，"受关注外国"包括朝鲜、中国、俄罗斯、伊朗以及其他被认定从事有损于美国国家安全或外交政策的行为的任何国家。

(三)税收抵免政策

《芯片法案》中的税收抵免政策规定,凡是建设新工厂或扩建现有工厂的半导体企业,包括中国台湾地区的台积电和韩国的三星等外资企业,可以对 2022 年 12 月 31 日之后投产的工厂和设备或 2027 年 1 月 1 日之前开建的工厂和设备申请相当于 25% 成本的税收抵免。

但是,相关税收抵免不适用于"受关注外国公司"(foreign entity of concern),如果享受税收抵免的公司在此后 10 年内在中国或其他"受关注外国"开展与扩大先进制程半导体制造业务相关的实质性重大交易,则需退还所有税收抵免。

(四)半导体激励计划

美国商务部制造业激励计划规定了 390 亿美元的财政援助,用于建造、扩建或用于半导体制造、组装、测试、先进封装或研发的国内设施和设备现代化建设,其中 20 亿美元专门用于成熟半导体。

该激励计划资助的重点是建设、扩大或更新商业设施的项目,用于生产前沿、当前一代和成熟节点的半导体,包括前端晶圆制造和后端封装。2023 年春季末开始,美国商务部逐步对半导体材料和设备设施进行了另一轮资助,这一轮新的资助专注于研发设施方面。

资金将以赠款/合作协议、联邦贷款和/或第三方贷款的联邦担保的形式提供,并将与项目里程碑挂钩分批发放。奖励金额预计在项目资本支出的 5% ~ 15%,总奖励金额(可能包括一种以上的资金)不超过项目资本支出的 35%。

二、主要发达国家对《芯片法案》的响应

(一)荷兰

荷兰对于美国《芯片法案》的响应体现在其与美国共同达成的半导体协议中,且荷兰自发地加紧了对与半导体先进设备相关的出口管制。同时,荷兰的出口管制政策与欧盟政策相挂钩,此前,欧盟已与美国达成美国—欧盟贸易和技术理事会(Trade and Technology Council,TTC)多边管制协议。

2023 年 3 月 8 日,荷兰宣布将在夏季之前实施新的对包括"最先进"的深紫外线(Deep Ultraviolet Lithography,DUV)光刻机在内的特定半导体制造设备的出口

管制。这意味着,荷兰方面已将光刻机出口管制的范围,由极紫外线(Extreme Ultraviolet Lithography,EUV)光刻机扩大到了 DUV 光刻机。DUV 光刻机是荷兰阿斯麦公司(ASML Holding N. V)目前向芯片制造商们出售的第二先进设备,仅次于 EUV 光刻机,且相比前者,DUV 光刻机占据更大出货比重。该消息发布后,阿斯麦公司随后称,由于该额外出口管制的声明,公司需要申请许可证,才能出口最先进的浸没式 DUV 光刻机。

(二)日本

日本在对半导体设备的出口管制政策上,与美国采取一致的态度。

2023 年 3 月 31 日,日本经济产业省宣布对《对〈出口贸易管理令〉附表一及〈外汇令〉附表指定的货物或技术进行规定的省令》中规定的管制物项范围进行调整,对高端半导体设备适用更严格的出口管制措施。根据新规,6 类(23 种)芯片制造设备出口至包括美国、新加坡、中国台湾地区在内的 42 个国家和地区时可适用一般概括出口许可,出口至包括中国(不含台湾地区)在内的全球其他国家和地区时则适用特定概括出口许可或者逐案审查。

新规于 2023 年 3 月 31 日起公布并征求公众意见,已于 5 月正式发布,并于 7 月开始实施。本次新规涉及的 6 类芯片制造设备(清洗设备、薄膜沉积设备、退火设备、光刻设备、刻蚀设备、检查设备)按用于计算的逻辑半导体性能来看,大部分为制造制程在 14 纳米以下的尖端产品所必需的设备,即用于 14 纳米以上成熟制程芯片的制造设备将不在本次受控范围内。

在申请许可证类型方面,上述设备出口至中国(不含台湾地区)时,无法适用向具体国家和地区出口的一般概括出口许可或特别一般概括出口许可,只能申请向具体最终用户出口的特定概括出口许可,或是申请针对单次交易的个别出口许可。与出口至包括美国、韩国、中国台湾地区等 42 个国家和地区所适用的一般概括出口许可或特别一般概括出口许可相比,特定概括许可在审核程序和文件要求等方面明显更为严格。但上述区别仅限于“使用”新增设备的相关物项出口,如果是与“设计和制造”相关技术的物项出口,所有国家和地区均只能适用特定概括出口许可或个别出口许可。

在文件要求方面,申请特定概括出口许可需要额外提交证明最终用户存在及其业务内容的文件,以及最终用户的承诺函等。日本经济产业省的相关部门,具体包括日本经济产业省贸易经济协力局安全贸易保障审查课,以及日本各地区的经济产业局,对最终用途和最终用户进行全面审核后,由经济产业大臣颁发出口许可证。

(三)韩国

在《芯片法案》发布后,韩国也制定了本国的投资税收抵免等相应的激励政策。

韩国对芯片和半导体产业高度重视,2月23日,韩国贸易、工业和能源部宣布确认了韩国2023年出口扩大的部长级战略,设定包括半导体在内的12个新的出口增长引擎目标,为其注入1.5万亿韩元的跨部门出口支持预算,同时提供最高362.5万亿韩元的贸易融资。半导体被其列入"核心产业"之一,提供增加投资税收抵免,提供电力和水务基础设施支持,支持系统芯片和半导体后端工艺的技术开发,支持培训15万名专业人才等激励政策。

三、实务中《芯片法案》的适用问题

(一)企业需满足哪些准入条件才能够接受《芯片法案》的补助

1. 申请评估

根据《芯片法案》的规定,对于补助申请,政府将从以下方面作出评估:

(1)财务实力和商业可行性

申请人需要提供某些具体项目和公司层面的财务信息,以表明申请人有资金,如私营部门的投资以及可靠的现金流来启动和运行该项目,并为该项目提供长期的持续投资和升级。

(2)技术可行性和准备情况

申请人应提供明确的项目执行计划,包括主要的施工和运营里程碑、施工权和许可证以及关键的合同。

(3)劳动力发展

申请还应该包括一个劳动力计划,详细说明申请人和施工伙伴将如何招聘、雇用、培训和保留一支多样化的熟练劳动力。

(4)刺激经济增长

法案鼓励申请人与其他各方合作,使其提案更有吸引力。例如,由半导体制造商及其上游供应商、设备供应商和下游合作伙伴组成的类似财团的组织,或者是使设计公司取得成功并提供设计工具和知识产权的项目。

(5)经济和国家安全

美国商务部希望本资金能够促进美国的国家安全利益,例如,为美国国防部制造半导体的项目。

此外,申请超过1.5亿美元资金的申请人,需要满足以下的额外要求:(1)为设施和建筑工人提供可负担的托儿服务计划;(2)与政府分享利润。

2. 申请程序

程序上,在申请《芯片法案》的资金之前,申请人应向美国商务部的芯片项目办公室(CHIPS Program Office)提交一份兴趣声明,如果申请人希望在正式申请资金之前得到美国商务部的书面反馈和建议,则可选择提交预申请。

美国商务部还将要求入围者经过尽职调查,在正式授予资金之前提供有关国家安全、财务、环境和其他问题的额外信息。

3. 符合《芯片法案》资助条件的实体

合格的申请人包括:(1)非营利性组织;(2)私营部门实体;(3)私营部门实体的联合体或非营利性、公共和私营部门实体的联合体。

不符合条件的实体:受关注的外国实体。

美国商务部因其广泛的自由裁量权而被确定为处理任何国家安全风险申请的机构。

4. 符合《芯片法案》资助条件的项目

(1)项目必须完成物理设施的改变

这种改变包括:大幅扩大现有设施或创建一个新设施;通过物质资本投资提高现有设施的能力,如增加一条新的生产线;升级现有设施,如增加一个新的节点或转换一个设施;设施必须在美国境内;申请人必须证明《芯片法案》的资金对该项目是必要的;申请人必须有文件证明其计划实施该项目。

(2)经济和国家安全目标

这是首要且最重要的衡量因素,美国商务部需要申请人提供证明该设施提供的技术将如何帮助美国政府、国防部和美国情报界的材料。

(3)商业可行性

美国商务部须知道申请人将在该设施中生产什么具体技术、客户群(尤其是最终用户)是谁,以及是否有计划确保经济复原力。

(4)财务实力

美国商务部将要求提交项目或公司的详细财务指标,具体细节包括预计的现金流、经济可持续性、私人第三方资金,以及州和地方政府的支持。

(5)技术可行性和准备情况

项目必须有资金用于全新的设施破土动工,但一些具有现有基础设施的申请将被优先考虑。

(6)劳动力发展

美国政府将关注该设施所需的劳动力以及所涉及的建筑劳动力,以确保该设施的现代化程度。

(7)更广泛的影响

收到的《芯片法案》激励资金应该通过投资当地的研发设施来帮助发展当地经济,或与高等教育机构合作等其他促进经济发展的合作方式。

合格的《芯片法案》激励资金用途可能包括:场地开发;劳动力发展;设备(包括融资);合理的运营费用(项目的运营、维护或修理所产生的费用)。

《芯片法案》的激励资金不得用于:从事扩大在"受关注外国"的半导体制造业的重大交易;与"受关注外国"的国家或实体进行联合研究;"受关注外国"实体进行技术许可。

(二)接受补助的半导体企业在中国增产扩产可能遭受的"限制"

如前所述,为了确保促进美国的技术领先地位和供应链安全,《芯片法案》第103(b)(5)条("护栏条款")要求受资助企业签署相关协议,禁止其自接受资助之日起10年内在中国或其他"受关注外国"对先进制程半导体的研发制造进行实质性扩张,确保半导体制造商将其下一轮投资集中在美国及其盟国。美国商务部长、国防部长以及国家情报局局长将协商确定相关技术门槛以及对国家安全至关重要的半导体类型。

与此同时,作为上述"护栏条款"的例外情形,《芯片法案》第103(b)(5)条亦规定,上述限制措施不适用于中国或任何其他"受关注外国"已有的成熟制程[①]产

---

① 根据《芯片法案》第103(b)(5)条的定义,指28纳米或更早一代制程的逻辑芯片。关于存储器、放大器、封装测试及其他半导体工艺的成熟制程定义,需由美国商务部长会商国防部长和国家情报局局长确定,且须同时确保该等产品和技术不会对美国国家安全带来任何风险。

能以及主要服务于“受关注外国”国内市场，与扩充成熟制程产能相关的重大交易。

1. 收回补助或采取补救措施

根据协议，受资助企业需要将计划在“受关注外国”进行的交易通知美国商务部。如果美国商务部确定相关交易将违反协议，则该企业有机会纠正可能的违规行为；否则，美国商务部有权收回全部资助或采取补救措施①。同时，美国商务部有权在保密前提下要求企业提供必要合规记录。

2. 退还税收抵免

《芯片法案》第 107 条为半导体制造业的投资设立了 25% 的投资税收抵免，并激励半导体制造以及半导体制造过程中所需要的专业工具设备的制造。但是，相关税收抵免不适用于“受关注外国公司”，如果享受税收抵免的公司在此后 10 年内在中国或其他“受关注外国”开展与扩大先进制程半导体制造业务相关的实质性重大交易，则需退还所有税收抵免。

（三）对建设中产线可能造成的限制措施

《芯片法案》第 103 条明确提出，接受联邦资金援助的实体在获得资金后的 10 年期间，不能与中国等“受关注外国”进行涉及半导体制造能力大幅扩张的重大交易。此条款与出口管制政策形成了强大的协同效应。通过这些双重限制，一方面，吸引全球的半导体产业链向美国集中；另一方面，限制中国半导体产业的发展空间。

因此，这两项政策的实施对建设中的产线当然会产生一定的限制措施，包括对引进设备先进程度以及零部件、技术和软件的限制等。但是，美方相关限制政策的实施效果和影响需针对项目本身的特点进一步地观察和研究。

首先，其限制效果大部分取决于其他国家（荷兰、日本、德国等）是否愿意配合美国的政策；其次，还需要评估这些资助是否能够补偿企业因不能在中国扩张而产生的潜在损失（如半导体先进制造公司在考虑接受上述政策优惠的同时，也需要考虑作为处于激烈内存市场竞争和升级的企业，其在中国市场的巨大供应能力

---

① 根据《芯片法案》第 103(b)(5) 条的规定，通过谈判、签订和执行任何缓释协议或条件，放弃收回要求。

和消费潜力)。

本质上,对美国出口管制的合规是销售半导体设备公司本身的义务。销售公司需评估《芯片法案》的财政援助是否能够补偿由于不能在中国扩张所导致的潜在损失。

(四)已签约并购是否会受到《芯片法案》的影响

针对《芯片法案》,中国半导体企业最为关注的内容应为该法案将如何限制受资助企业在中国等"受关注外国"建立和扩大先进半导体制程的产能,该法案的出台是否会对中国现有半导体企业的生存和发展造成严重的负面影响,以及是否存在例外情形。

结合《芯片法案》的各项规定,美国方面关于半导体领域重点公司之间的并购行为审查主要可能涉及以下几个方面:

(1)"护栏条款"的效力及影响

该法案条款将使美国实现设计、制造、设备全产业链内部循环,而获得补贴的企业一定程度上可以对冲部分未来半导体领域的风险成本,与此同时,法案对受资助的企业人为设置排他条款,阻碍中国半导体行业的发展。此外,"护栏条款"也会使并购项目完成后,收购企业在华的业务扩张计划面临不确定性。

(2)外国投资安全审查

外国投资安全审查(Committee on Foreign Investment in the United States, CFIUS)是美国的一个政府委员会,负责审查外国投资对美国国家安全的影响。CFIUS 的主要任务是评估外国投资交易是否可能威胁到美国的国家安全,并提出必要的建议和措施来保护美国的利益。CFIUS 审查的范围涵盖了涉及美国的任何外国投资交易,包括收购、合并、控股或其他形式的投资。其审查重点是关注那些与关键基础设施、技术、数据安全等领域相关的交易,半导体行业企业也包括在内。为了确保美国的国家安全利益得到充分保护,CFIUS 审查可能会对外国投资交易提出建议,并在必要时要求相关交易方采取保护措施或限制条件。

(3)反垄断审查

美国反垄断审查的主要机构是美国联邦贸易委员会和美国司法部的反托拉斯部门。它们负责执行美国的反托拉斯法和反垄断法规。反垄断审查的行为主要是垄断协议、滥用市场支配地位以及一定的收购及合并行为等。收购及合并行为审查要求当两家或多家公司打算进行合并或收购时，提交相关文件并接受反垄断审查。

结　语

芯片和半导体行业是一个具有迭代竞争特性的行业，不断的技术创新和竞争是其主要特点。其受到国际政治、安全和经济因素影响的进出口政策具有不稳定性；抓住机遇，做好准备迎接挑战是当下和未来我国企业的当务之急，本文所述之《芯片法案》的后续落地实施情况及对企业产生的影响等问题值得持续关注。

参考文献

1. 薛澜、魏少军、李燕等：《美国〈芯片与科学法〉及其影响分析》，载《国际经济评论》2022 年第 6 期。
2. 赵荣杰、房超：《芯片领域科技安全现状与对策》，载《科技导报》2023 年第 6 期。
3. Capri & Alex, *Semiconductors at the Heart of the US – China Tech War*, Hinrich Foundation (2020).
4. Luo, Yadong & Ari Van Assche, *The Rise of Techno – Geopolitical Uncertainty: Implications of the United States CHIPS and Science Act*, Journal of international business studies (2023).
5. Ye & Tehong, *Main Contents and Problems of the US "Chip Act" and China's Response in the Context of WTO*, Proceedings of Business and Economic Studies 5.6 (2022).
6. John P. Barker, Soo – Mi Rhee et al., *US Government Expands Export Controls on Semiconductor and Supercomputer Items*, Arnold & Porter (Oct. 13, 2022), https://www.arnoldporter.com/en/perspectives/advisories/2022/10/us – government – expands – export – controls – on – semicondu.
7. Jiyoung Sohn, *South Korea Says U. S. Chips Act Subsidies Have Too Many Requirements*, The Wall Street Journal (Mar. 7, 2023), https://www.wsj.com/articles/south – korea – says – u – s – chips – act – subsidies – have – too – many – requirements – 825b3fe9.
8. Arjun Kharpal, Jihye Lee, *Samsung to Spend $228 Billion on the World's Largest Chip Facility as Part of South Korea Tech Plan*, CNBC (Mar. 15, 2023), https://www.cnbc.com/2023/03/15/samsung – to – spend – 228 – billion – on – the – worlds – largest – chip – facility.html.

美国对华半导体产业管制政策穿透(下)

——出口管制政策

刘润东*

《美国出口管制条例》(Export Administration Regulations,EAR)是美国出口管制领域的主要法规之一,由美国商务部工业与安全局(Bureau of Industry and Security,BIS)负责管理与实施。EAR 包含 24 个章节,内容涵盖出口管制的限制性措施、限制清单、许可证政策、程序等不同方面,是美国出口管制制度最核心的文件体系,也是最具实操性的美国出口管制指引。

2022 年 10 月 7 日,BIS 发布了两项新规,一项是对未经核实清单(Unverified List,UVL)的调整更新,包括新增列入了 31 家中国企业、高校或研究所;另一项是新增向中国企业出口特定半导体及相关设备的管制措施,涉及先进计算芯片、超级计算芯片、半导体制造设备等多个方面。两项新规均是美国针对中国半导体产业的进一步出口管制,尤其是后一项,对中国企业获得特定半导体的关键技术设备、开展相应研发生产活动造成了极大限制。

* 刘润东:北京德和衡(上海)律师事务所高级联席合伙人,中国政法大学、中国人民公安大学研究员。

张鹏辉、郑诗音、张晓冉、罗知之等人对此文亦有贡献。

一、半导体出口管制的法律体系

（一）BIS 现有出口管制的整体框架

1. BIS 针对出口行为是否受管控的判定与许可证

BIS 的主要部门职能是执行 EAR，对美国所出口的物项进行各项审查及管控。就 EAR 所管控的物项出口行为，出口方需在向 BIS 申请并获许可后方能进行。BIS 判断出口行为是否受限于 EAR 主要根据物项类别、出口目的地、最终用户及用途这几项要素。

BIS 审查政策方面，对于出口方向 BIS 提交的出口申请，BIS 的审查政策包括推定拒绝（presumption of denial）及逐案审批（case by case）两种：

（1）推定拒绝：BIS 推定拒绝授予许可，除非出口方能自证出口行为不违反 EAR。推定拒绝审查政策下获得许可证的难度很高。本次新规所新增的出口管制较多适用推定拒绝的审查政策。

（2）逐案审批：BIS 基于物项类别、出口目的地、最终用户及用途，以及出口方过往出口记录等要素对许可申请做具体审查。

2. BIS 的管控范围

在美国“长臂管辖”的基础上，BIS 对于“出口行为”的管控范围，以及对被出口“物项”的管控范围均十分宽泛。不仅是处在美国或产于美国的域外物项可能被纳入管控范围，依赖美国技术生产或含一定比例“美国成分”的物项亦有可能被纳入管控，即便并非由美国企业生产。

BIS 就“出口”行为、出口“物项”的具体管控范围包括：

（1）就 BIS 所管控的“出口”行为，主要包括出口（Export）、再出口（Re – Export）及转移（Transfer），其中：

①出口，指将货物、软件、技术等受 EAR 管控物项实际运输或传输至美国境外；

②再出口，指将受 EAR 管控物项从一个国家（地区）运输或传输至另一个国家（地区），即使被管控物项位于美国境外；

③转移，指在一个国家（地区）之内（非美国），导致某物项的最终用户和最终用途变化进而落入 EAR 管控范围的转移。

换言之，即便在物项已出口至美国境外后，该物项的后续转移及交易亦可能受限于 BIS 的出口管制。

(2)BIS 所管控的出口“物项”范围亦不局限于美国境内,以下情形物项均有可能被列入 EAR 的管控范围:

①位于美国境内的物项;

②原产自美国的物项(无论该物项目前是否在美国境内);

③非美国原产,但该物项的价值含一定比例以上(根据物项性质、出口目的国区分 0%、10% 及 25% 的标准,中国一般适用的标准为 25%)的美国成分;

④直接依赖美国原产技术生产的非美国制造的产品,以及在美国境外生产,但主要部件是源自美国技术的产品。

(3)BIS 的清单机制

BIS 还通过编制清单的方式,对特定对象施加更强的出口管制限制。除相对已被公众知悉的实体清单(Entity List,如我国的华为、中芯国际等企业均被列入实体清单),BIS 颁布的清单还包括未经证实清单(Unverified List,UVL)、拒绝贸易者清单(Denied Person List)、军事最终用户名单(Military End User List)等。

(二)出口管制新规对中国企业获取半导体相关物项的具体限制

本次出口管制新规对商业管制清单(Commerce Control List,CCL)进行了新增及调整,增加了 4 项 ECCN 编码,即 3A090、4A090、3B090 和 4D090。同时,新规亦对原有 ECCN 编码进行了注释新增,以囊括性能达到 3A090 及 4A090 所列标准的其他高性能芯片和计算机及相关设备。

本次新规新增的管控物项类别主要指向高性能、高算力的半导体(如运算速度达到 4800TOPS、双向传输率达到 600 Gbyte/s 等)及相关研发、制造设备。结合相关行业分析,满足前述算力指标的芯片主要将应用于数据中心、人工智能等领域,相关领域的企业,以及其他使用高性能芯片的企业均可能因新增管控物项而导致关键技术设备难以获得,进而研发及生产受影响。

二、半导体出口管制新规

(一)外国直接产品规则的解读及应对

在增加管控物项类别的基础上,出口管制新规还包括了与外国直接产品原则(Foreign - Direct Product,FDP)相关的三项修订或新增。

1. 修订实体清单 FDP 规则(Entity List FDP Rule)

出口管制新规将实体清单中的 28 家实体新增了脚注 4(此前包括华为在内的部分实体清单实体已被加注了脚注 1 并适用于类似 FDP 规则,而本次新规并不涉及对该等实体的调整)。

如果相应待出口物项为:依赖特定 ECCN 编码所管控的软件和技术所生产的直接产品,或虽然在美国境外生产,但物项的生产设备或主要部件为依赖特定出口控制分类编码(Export Control Classification Number,ECCN)管控的软件和技术所生产的直接产品;并且,就用途而言,已知悉前述物项将用于组装、生产、开发由前述 28 家实体所生产的组件或设备,或者已知悉前述物项所涉及的出口交易将由前述 28 家实体参与(无论作为买方、中间方或最终用户),则相应出口交易将受 BIS 管控,须在获得许可证后进行。

2. 新增先进计算 FDP 规则(Advanced Computing FDP Rule)

如果待出口物品为特定 ECCN 编码所管制的物项或直接产品(主要包括符合特定参数的先进计算芯片、计算机或相关设备以及特定管制物项的直接产品),并且就用途而言,已知悉相关物项的最终目的地为中国(或作为最终目的地为中国的设备、计算机的一部分),或属于为总部在中国的企业开发用于生产掩膜、集成电路晶圆或晶粒的技术,则相应出口交易将受到 BIS 的出口管制。

3. 新增超算最终用途 FDP 规则(Supercomputer End – Use FDP Rule)

在管制新规中,“超级计算机”指位于 41,600 立方英尺(约 1178 立方米)或更小的面积内,拥有 100 及以上双精度(64 位)每秒千万亿次浮点运算或 200 及以上单精度(32 位)每秒千万亿次浮点运算的理论计算能力的计算系统。如果待出口物品为特定 ECCN 编码所管制的物项或直接产品,且就用途而言,已知悉该物项将:用于设计、开发、生产、运行位于中国或运往中国的超级计算机,或作为用于开发、生产任何在中国或将运往中国的超级计算机的零件、组件,则该出口交易亦将落入 BIS 的出口管制,需要获得许可后进行。

上述三项 FDP 规则的实质效果是进一步扩大了新增管控物项的范围,即就特定物项,只要其属于 EAR 所管控物项的直接产品,或其生产依赖于 EAR 所管控特定物项的,则在对应用途为:新增脚注 4 的实体清单中的 28 家实体使用,由中国企业用于先进计算领域及由中国企业用于超级计算机的研发,则无论其是否处于美国境内、是否由美国生产,均受 EAR 所管控,并不得用于前述用途。

(二)最终用途限制的解读及应对

管制新规分别针对超级计算机、特定半导体制造增加了一项最终用途管控规则。

在效果上,相较于 FDP 规则,最终用途管控规则系将待出口物项可能被用于特定用途的交易行为纳入管控,而 FDP 规则针对物项是否为依赖所管控技术或软件而产生的直接产品。具体而言,两项新增最终用途管控规则包括:

1. 半导体制造最终用途管控

如已知晓受 EAR 所管控的任一物项将被用于以下最终用途:

(1)在中国半导体制造设施中开发或制造符合如下任一标准的集成电路:①16/14 纳米或以下的非平面晶体管结构的逻辑芯片;②128 层或以上的 NAND 存储芯片或;③18 纳米或以下的 DRAM 芯片。

(2)在中国开发、生产在 ECCN 3B001、3B002、3B090、3B6111、3B991 或 3B992 列明的零件或设备;或针对受 EAR 管控且被列入 CCL 第 3 类 B－E 组的物项,可能将被用于在中国的半导体制造设施中开发或制造集成电路的(无论是否满足前项中任一标准)。

则相应出口交易将被纳入 BIS 的出口管控。

2. 新增超算最终用途管控

如已知晓特定受 ECCN 管控的物项(包括特定 ECCN 列明的集成电路、计算机或相关设备)被用于以下最终用途:

(1)设计、开发、生产、运行位于中国或运往中国的超级计算机;

(2)开发、生产任何在中国或将运往中国的超级计算机的零件、组件。

相应出口交易将被纳入 BIS 的出口管控,而无法在没有许可证的情况下完成出口、再出口或转让。

以上新增的最终用途管控规则对于中国半导体企业的实质影响,在于被管制的出口物项的范围进一步扩大,即就上述最终用途管控规则项下的物项(涉及半导体制造设备、超算芯片及相关研发设备),无论是否由美国企业生产或依赖于美国技术所生产的直接产品,在本次管制新规项下均纳入管控。这在 FDP 规则的基础上进一步阻碍了中国企业从其他国家寻求替代的可能性。

（三）其他特定限制的解读及应对

在以上针对半导体产业相关设备、技术的出口管制之外，本次出口管制新规还进一步扩展到“美国人士”（US Persons）层面，借由对“美国人士”参与半导体研发、制造的限制，进一步阻碍中国企业通过国际合作的方式获得特定半导体研发、制造的相关技术。

针对“美国人士”的限制要求为：如涉及在中国半导体制造设施中开发或制造符合如下任一标准的集成电路：（1）16/14 纳米或以下的非平面晶体管结构的逻辑芯片；（2）128 层或以上的 NAND 存储芯片；（3）18 纳米或以下的 DRAM 芯片，任何上述“美国人士”从事运输、传输相关物项至中国，或为此提供便利（facilitate）或服务（service）的，均须向 BIS 申请许可。

新规对于“美国人士”的范围亦规定得较为宽泛，包括：（1）美国公民、拥有美国永久居留权、受美国庇护的个人；（2）任何根据美国法律设立的法人，且包括外国企业的分支机构；（3）位于美国境内的任何自然人。

三、实务中我国企业受半导体出口管制限制分析及应对

半导体新规所含各项出口管制补丁，可谓费尽心机。补丁围绕先进计算芯片、超级计算机及半导体制造设备等相关产品和技术，不仅采用新增 CCL 物项管制，对于实体清单上的特定在华实体扩大 FDP 的再出口、再转让的管控产品范围和力度，就先进计算和超级计算机增设 FDP 规则，增设最终用户/用途管制等常规手段，还特别对支持中国半导体开发和生产的“美国人士”提出许可管制要求。

（一）从美国进口芯片制造设备

（1）对半导体制造设备、先进计算集成电路及相关商品、软件和技术进行管制，新增 3X090、4X090 系列 ECCN 编码，出口至中国或在中国境内转让需申请许可证；对华出口涉及地区稳定（Regional Stability，RS）管制的物项实行“推定拒绝”政策，但对美国或 A：5、A：6 组别国家的中国终端用户采取个案审查。

（2）针对较低级别的高性能集成电路及其应用商品，新增 3A991. p、4A994. l 等物项，以反恐理由进行管制，出口至受反恐（Anti – Terrorism，AT）管制的国家也需要申请许可证。这些措施可能对中国企业造成影响。

(二)从其他国家进口芯片制造设备

(1)实体清单 FDP 补丁:28 家中国实体需遵守脚注 4 的规定,禁止未经许可将其范围内的外国产品以规定方式出口、再出口或转让给这些实体。

(2)先进计算 FDP 补丁:受 EAR 管辖的某些特定产品若知晓将运往中国或用于总部位于中国的实体开发的技术,需要申请许可证。

(3)超级计算机 FDP 补丁:受 EAR 管辖的某些特定产品若知晓将被用于中国的超级计算机或其部件的开发、生产,需要申请许可证。

(三)美国制造零部件,经其他国家转口组装为芯片制造设备后从该国进口

(1)超级计算机最终用途补丁:禁止未经许可将特定 ECCN 编码的集成电路或计算机商品用于中国的超级计算机或其部件的开发、生产等。

(2)半导体制造最终用途补丁:明知受 EAR 管辖的物项将被用于中国的半导体制造设施内开发或生产特定标准的集成电路,或用于在中国开发或生产特定半导体生产设备的部件、组件或设备,均需申请许可证。

(四)可能会受到管制政策限制的物项

以下对可能会受到管制政策限制的物项进行列举:

(1)基于浮门结构(Floating Gate)技术的高容量 3D NAND 闪存芯片;

(2)3D NAND 和 DRAM 动态随机存取存储器;

(3)蚀刻设备(供应商之一 LAM,LAM Research Corporation);

(4)化学机械研磨机(供应商之一 AMAT,Applied Materials,Inc.);

(5)光学光刻设备(供应商之一 ASML,ASML Holding N. V.);

(6)化学气相淀积设备(供应商之一 AMAT,Applied Materials,Inc.);

(7)晶圆检测设备(供应商之一 ACC,ACCRETECH - Tokyo Seimitsu Co., Ltd.);

(8)薄膜生长设备(供应商之一 TEL,Tokyo Electron Limited.)。

(五)美国半导体新管制措施影响总结与应对建议

新的出口管制旨在:(1)切断中国获取用于超级计算和人工智能应用的先进

半导体设备的途径。(2)阻止中国获取美国先进的半导体设计软件,防止中国自行设计出高端半导体。(3)阻止中国获取美国制造的半导体制造设备,防止中国制造先进的半导体产品。(4)将管制范围扩展到"美国人士",限制其参与半导体研发、制造,阻止中国企业通过国际合作获取相关技术。

此外,新规对于"美国人士"的范围亦规定得较为宽泛。截至目前,已有半导体公司(如 ASML 公司)做出避免其公司内美国员工直接或间接地为中国客户提供服务或支持的相应举措。同时,在中国半导体产业中,美籍或持有美国绿卡的人士亦不在少数,包括了部分企业的创始人或核心研发人员。

另外,美国正在建立战略储备以增强半导体供应链的韧性。新的出口管制措施代表了美国半导体行业的重大调整,强调与盟友的战略合作,以保持集体的技术领导地位。新的出口管制措施以及美国相关机构的执法态度,对相关项目的未来发展,特别是先进制程的引进和扩产,带来不可控的风险和影响。

对此,我国企业应重视密切关注相关出口管制规定的实施情况及其新规定的出台情况等,以便及时做好应对。具体应对的方向可以从厘清可能受管制的物项情况以及上下游供应链所涉物项情况、积极准备申请许可证、加强合规管理建设、注意相关文件化信息与合规记录的留存等方面入手。

结　语

美国芯片法案与出口管制政策是针对半导体产业的两项关键政策,两者在实施中具有显著的重叠与互补性。上述两项政策旨在结合保护和增强美国在全球半导体产业中的主导地位,以应对中国在这个关键领域日益增长的竞争力。然而,这些政策也引发了一系列的争议和不确定性,包括可能影响全球供应链的稳定等,相关企业和投资机构等均需要审慎评估风险,并抓住发展机遇。

参考文献

1. 宋国友:《美国对华经贸政策与中美经贸关系新趋势》,载《国际问题研究》2023 年第 2 期。

2. 王燕、李菁:《美国出口管制清单制度对中国的影响及应对》,载《经贸法律评论》2022 年第 5 期。

3. *BIS Imposes* $ 300 *Million Penalty Against Seagate Technology Llc Related to Shipments to*

HUAWEI, Bureau of Industry and Security, https://www.bis.doc.gov/index.php/documents/about-bis/newsroom/press-releases/3264-2023-04-19-bis-press-release-seagate-settlement/file.

4. *OFAC Settles with British American Tobacco p. l. c. for* $508,612,492 *Related to Apparent Violations of the North Korea and Weapons of Mass Destruction Proliferators Sanctions Regulations*, Office of Foreign Assets Control, https://ofac.treasury.gov/media/931666/download?inline.
5. *Seagate Technology Holdings Public Limited Company*, U. S. Securities and Exchange Commission, https://www.sec.gov/Archives/edgar/data/1137789/000113778922000118/stx-20221026.htm.
6. DapuStor:《浅析 HDD 和 SSD 的相同与不同(二)》,载大普微网 2021 年 12 月 17 日,https://www.dapustor.com/news/51.html。
7. *Clarifying Our Policy Regarding Voluntary Self-Disclosures and Disclosures Concerning Others*, Bureau of Industry and Security, https://www.bis.doc.gov/index.php/documents/enforcement/3262-vsd-policy-memo-04-18-2023/file.
8. *Treasury Announces* $508 *Million Settlement with British American Tobacco Largest Ever Against Non-Financial Institution*, U. S. Department of the Treasury (Apr. 25, 2023), https://home.treasury.gov/news/press-releases/jy1441.
9. *Settlement Agreement*, Office of Foreign Assets Control, https://ofac.treasury.gov/media/931661/download?inline.

偶像失格与新时代娱乐明星形象重构的法律准绳

——文化娱乐行业法治观察报告

马丽红　戎燕茹　周艾琳*

第一部分　行业观察

党的二十大报告提出，要坚持以人民为中心的创作导向，推出更多增强人民精神力量的优秀作品，培育造就大批德艺双馨的文学艺术家和规模宏大的文化文艺人才队伍。

近年来，我国经济总体保持稳中向好的健康发展态势，居民收入不断攀升，对于文化娱乐等精神层面的消费需求不断增长。在此背景下，我国文化与娱乐市场保持着较好的发展态势，尤其是网络经济与文娱创新，为中国经济社会发展带来了极大自信。但在文娱行业蓬勃发展的同时，负面事件也频频发生，引起相关主管部门和社会各界的高度重视。

在此背景之下，北京德和衡律师事务所文娱专业委员会推出本报告，聚焦文娱明星和艺人偶像整体面貌以及相关乱象，纵深剖析成因和困境，提出针对性的解决

* 马丽红：北京德和衡律师事务所高级合伙人、德和衡影视文娱法律业务中心总监、德和衡建设工程与房地产业务中心联席管理总监。

戎燕茹：北京德和衡律师事务所联席合伙人、德和衡影视文娱法律业务中心管理总监。

周艾琳：北京德和衡律师事务所联席合伙人，北京知识产权法研究会竞争法专业委员会委员，第四届北京市朝阳区律师协会知识产权业务研究会副秘书长。

方案,期待用法治精神和法治力量护航文娱行业及整个社会风气的健康发展。

本报告第一部分将就 2018～2022 年中国文娱行业的发展与乱象进行梳理。

一、“娱乐明星”定义拓展及其影响力

一般意义上,娱乐明星是指影视知名演员、歌星、笑星等,他们主要依靠个人持续的输出作品(电影、电视剧、网剧、歌曲、综艺节目等)而具有较强的行业影响力和知名度,并拥有大量粉丝。随着近年互联网的飞速发展,网红、大 V、主播似乎也被定义为了“明星”。娱乐明星的影响力主要体现在社交影响力、跨界影响力和作品声量影响力。

娱乐明星的社交影响力,在于其通过社交媒体展示生活以及与粉丝互动。娱乐明星通过在社交媒体发布的真实的生活点滴,可以起到积极作用,例如,通过自己参加公益活动的照片、感悟分享,有利于向社会公众宣传公益项目,号召更多群体参与到公益事业中。但是,在此过程中,也不能忽视少数明星生活分享中或明显或隐晦地传递给相关群体的畸形价值观,如流量至上、数据为王、沉迷网络、过分追求物质等。

娱乐明星的跨界影响力,在于通过明星对于某一事件的评价,可以引发大量互动与共鸣,从而显著提高某一事件的关注度、参与度。例如,明星利用自身影响力积极参与“河南抗洪”,为河南发声,相关博文互动覆盖 70,119,364 人次,助力物资驰援与爱心募捐。相关数据如图 1 所示。

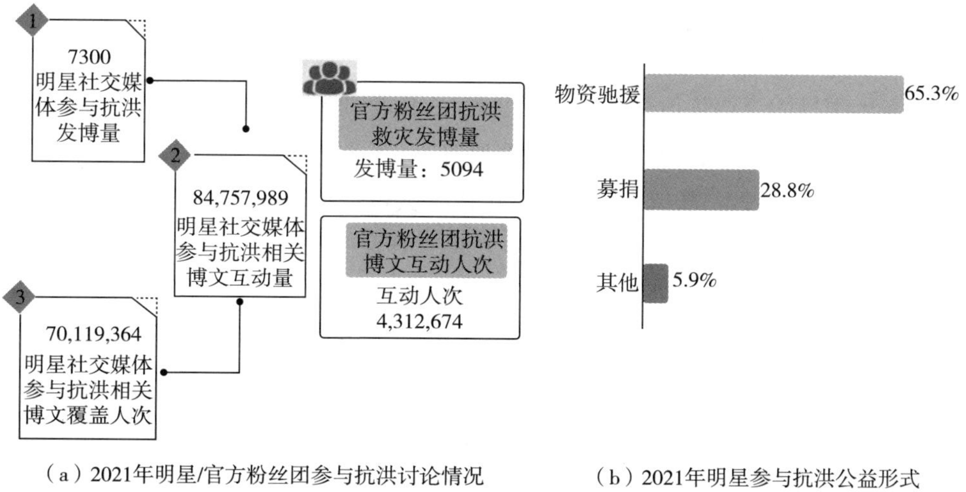

（a）2021年明星/官方粉丝团参与抗洪讨论情况　（b）2021年明星参与抗洪公益形式

图 1　2021 年明星参与抗洪相关微博数据

资料来源:2021 新浪微博白皮书。

娱乐明星的作品声量影响力，是指明星通过自身影响力赋能作品声量。例如，《你好，李焕英》电影上映前期关注度并不高，随着电影上映，优质内容引发口碑发酵，影片声量持续上涨，主演贾玲、张小斐在春节档期营销的前期通过新浪微博进行影片相关物料集中发布；中期通过参加综艺节目、春晚小品节目等多种宣传方式为作品发力；后期宣发中，影片营销“母女情”直击观众内心，主演线下五城路演衍生影片长尾效应。具体数据如图 2 所示。

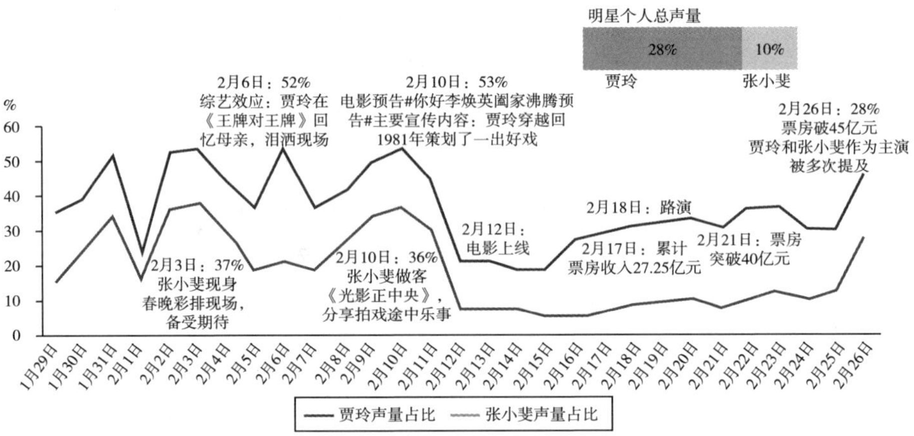

图 2　2021 年《你好，李焕英》春节档期营销明星个人声量占比趋势示意

资料来源：2021 新浪微博白皮书。

二、“娱乐明星”流量急于变现日益泛滥

娱乐明星的商业价值体现在流量变现，而流量变现的方式有多种，包括代言、带货、商演、自创品牌、贩卖联名产品、开店等。

就明星代言来说，快消品类选择明星代言数量居高位，互联网 IT 企业选择明星代言数量崛起。在快消品类中，“90 后”明星代言占多数，其中女艺人美妆护肤代言数量最多。互联网 IT 企业则偏好演员、偶像艺人和电竞选手。（见图 3）明星带货则更是常见，据有关统计，截至 2021 年年底，娱乐明星自创品牌超 30 个，多为服饰潮牌，也覆盖美妆、保健品及数码产品。相比之下，明星开店则是明星流量变现或投资的主要形式。仅餐饮行业就至少有 46 家明星店铺，有的还以加盟形式进行全国推广。

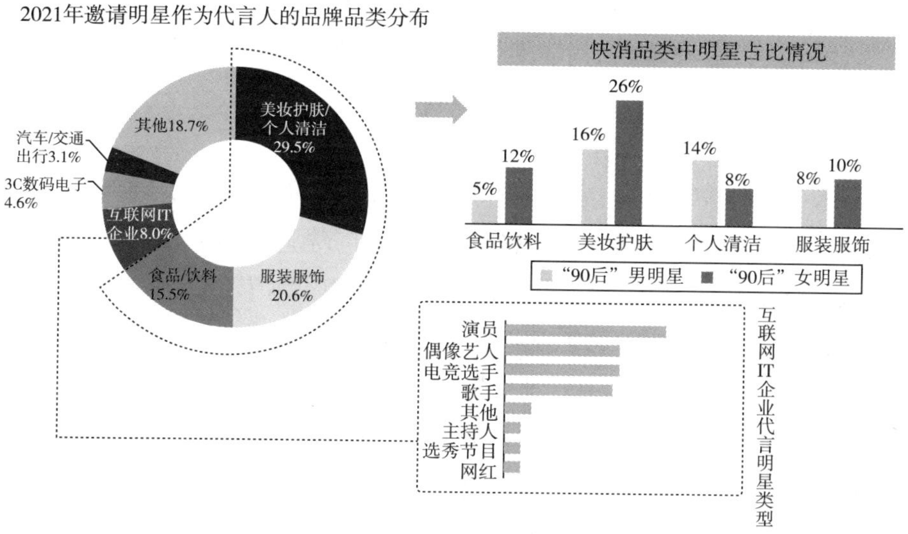

图 3　2021 年明星代言情况示意

来源:参考艺恩。

资料来源:2021 新浪微博白皮书。

若娱乐明星急于流量变现,而不注重口碑、美誉度,甚至对于法律缺乏敬畏,就容易引发多种问题,例如,2022 年 5 月,"景某违法广告代言被处罚"的新闻让众人震惊:其代言的果蔬类食品,明明就是普通食品,广告词却宣称具有"阻止油脂和糖分吸收"的功效。因涉嫌违反《广告法》中的"虚假宣传不存在功效"的规定,景某不但被处罚 700 多万元,还被央视新闻点名批评。又如,李某在社交平台发布了一条女性内衣广告,文案中的"一个让女性轻松躺赢职场的装备"的表述,是对女性在职场努力工作的一种歧视,是对女性的不尊重,文案内容低俗,有辱女性尊严。因此,李某直接遭到网友们的抨击。

三、"饭圈文化"畸形野蛮生长

近年来,"饭圈"粉丝群在网上谩骂、应援打榜、互相攻击等问题时常发生。一条明星庆生微博动辄转发破亿次,几元钱一首、毫无传唱度的歌曲动辄销售额上亿元……这些惊人的数据,都是粉丝有组织、有计划地"刷"出来的。甚至还存在专门帮助明星流量造假的产业链。狂热粉丝牺牲工作、学业,沦为免费的"数据工人"。这些所谓的"数据粉"在"大粉"的领导下,每人养好几个"小号",每天花几个小时完成至少十几个榜单的打榜任务，还要随时关注群里动向，跟着大家“反黑”“控评”“洗广场”。最终，满屏复制粘贴的“标准话术”湮没了有效信息和真实评论。数据为王的风气，催生了众多以流量明星为卖点的劣质作品，严重阻碍文艺创作的发展。

比“数据粉”更畸形的是饭圈集资、“逼氪”行为，这也给粉丝家庭带来不幸。有的追星女孩向家里要钱未果，以死相逼，有的深陷网贷泥潭，粉丝组织、社交平台以及经纪公司通过运作，将粉丝和偶像联结互动的渠道牢牢攥住，其通过建构打投金额多少决定粉丝忠诚度高低的鄙视链，以及组织严密、管理严格的后援会体系，无论粉丝内心是否自主情愿，都要按照他们的方式和规则表达对“爱豆”的情谊①。

“饭圈文化”向着氪金烧钱的方向愈演愈烈。从演艺产业的长远发展来考虑，刻意无视或暗中助推的态度均不可取，任由问题的雪球越滚越大，最终对偶像个人及商业资本都将造成不可逆的损害②。

四、违法失德明星频现

在法治层面，盘点近年明星“塌房”的新闻不难看出，偷税漏税、涉黄（含嫖娼、强制猥亵、强奸）、涉毒（含吸毒、贩毒、容留他人吸毒）是明星违法层面“塌房”的高发诱因。从违法类型来看，如图 4 所示，明星涉毒问题更为普遍。然而，因吴某凡、李某峰等明星的粉丝量巨大，明星涉黄是粉丝和广大群众更为关注的热点。社会层面对于明星偷税漏税问题则更加关注，特别是明星作为高收入群体，通过“阴阳合同”偷税漏税，其数额惊人，引发了普通百姓对明星偷税漏税的厌恶与“零容忍”态度。除上述主要违法行为外，酒驾、交通肇事也曾是（2010 年以前）明星违法高发事件。

在道德层面，失德有很多种意思。翟某临学术不端属于失德、仝某伪造应届生身份属于失德，但最频发的还属“出轨”和私生活混乱。特别是在吴某波、霍某、罗某祥、钱某等私生活不检点引发巨大社会舆论后，社会及公众对于此类明星的容忍度急剧下降。

---

① 参见白毅鹏：《警惕！追星氪金竞赛向低龄人群蔓延》，载《中国青年报》2021 年 7 月 30 日，第 8 版。

② 参见白毅鹏：《警惕！追星氪金竞赛向低龄人群蔓延》，载《中国青年报》2021 年 7 月 30 日，第 8 版。

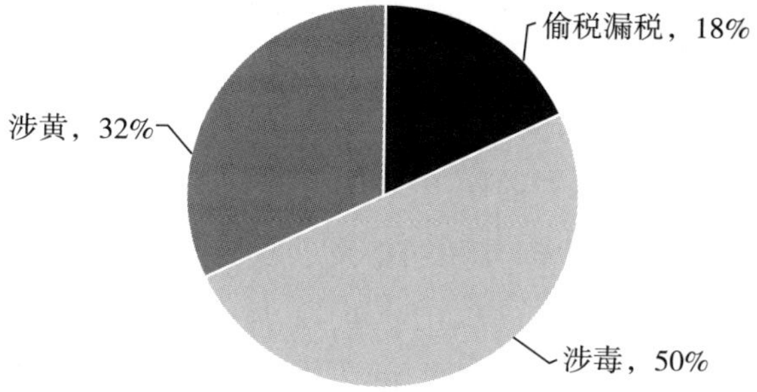

图 4　近年明星偷税漏税、涉毒、涉黄比例统计

在政治层面，从早年某女星穿日本军旗到赵某新不当言论引众怒，再到张某瀚于靖国神社外拍照事件，均受到了相关公众不同程度的抵制。此外，一些我国香港地区、台湾地区明星也因在综艺节目或社交媒体上的不当政治性言论，伤害了公众情感，进而受到道德层面的谴责。

明星违法失德主要层面示意见图 5。

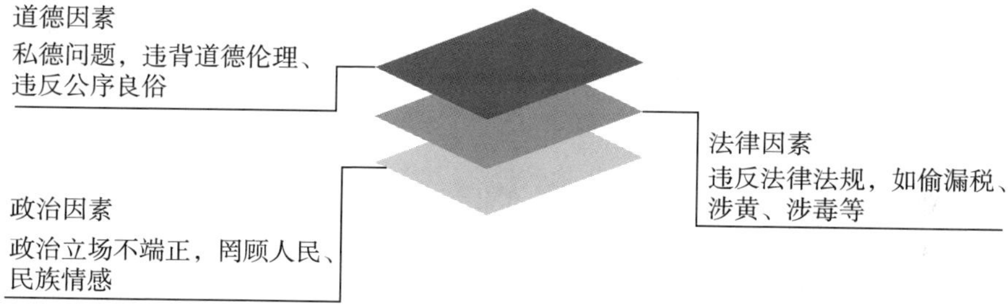

图 5　明星违法失德主要层面示意

五、违法失德主播数量多

相较于违法失德明星的数量，违法失德主播知名度相对较弱，社会影响力相对有限，但却数量众多，渗透不同领域的直播中。2018 年 4 月 2 日 ~2021 年 11 月 23 日，中国演出行业协会(以下简称中演协)一共公布了九批网络主播警示名单，涉及共 446 名网络主播。被列入警示名单的主播多涉及违法违规、违背公序良俗，由中演协网络表演直播分会会员企业主动上报并予以封禁。

六、直播流量造假催生新的案件类型

值得重点关注的是，近年来，我国的直播行业保持迅猛发展的趋势，网络直播应用在营销和娱乐领域充分发挥作用。2022 年 8 月 31 日，中国互联网络信息中心（CNNIC）发布第 50 次《中国互联网络发展状况统计报告》，据该报告，我国网络直播用户规模达 7.16 亿人，较 2021 年 12 月增长 1290 万人，占网民整体的 68.1%。其中，电商直播用户规模为 4.69 亿人，较 2021 年 12 月增长 533 万人，占网民整体的 44.6%；游戏直播的用户规模为 3.05 亿人，较 2021 年 12 月增长 290 万人，占网民整体的 29.0%；真人秀直播的用户规模为 1.86 亿人，较 2021 年 12 月减少 793 万人，占网民整体的 17.7%；演唱会直播的用户规模为 1.62 亿人，较 2021 年 12 月增长 1914 万人，占网民整体的 15.4%；体育直播的用户规模为 3.06 亿人，较 2021 年 12 月增长 2232 万人，占网民整体的 29.1%。（见图 6）

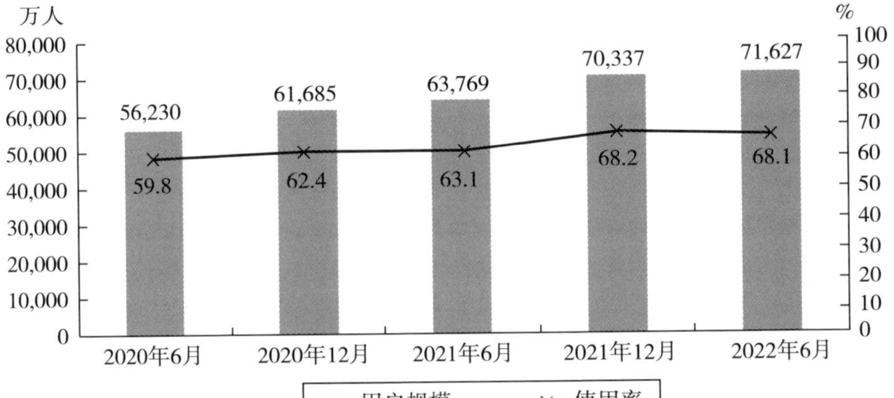

图 6 2020 年 6 月～2022 年 6 月我国网络直播用户规模及使用率

资料来源：CNNIC 第 50 次《中国互联网络发展状况统计报告》。

伴随着网络直播持续火爆，其引发的新型法律纠纷大量涌现，也对司法提出新的要求。

（一）行政处罚案件类型

通过“威科先行”法律数据库，以“直播”为关键词，共搜索到 1818 件行政处罚案件信息；以“直播带货”为关键词，搜索到 63 条行政处罚记录；以“网红直播”为关键词,搜索到13条行政处罚记录;以“明星带货”为关键词,搜索到14条行政处罚记录。相关行政处罚案件类型主要包括:(1)广告中涉及虚假宣传足以使人误认的混淆行为;(2)广告中涉及专利产品或者专利方法,未表明专利号和专利种类;(3)个体工商户、公司等商家未依法按期进行税收申报;(4)违反票据管理规定违规开票或不开票;(5)广告中涉及使用他人名义保证或以暗示方法使人误解其效用的行为;(6)虚构名人代言或与明星合作带货,进行虚假宣传或引人误解的行为;(7)广告中涉及虚假宣传,夸大产品功效的行为;(8)利用不满10周岁的未成年人(童星)作为广告代言人。

(二)民事案件类型

通过“威科先行”法律数据库,以“直播”为关键词,共搜索到40,164条案件信息;以“明星直播”为关键词,搜索到47条民事案件信息。其中,除了传统的买卖合同以外,出现主播与平台之间因合作产生的合同纠纷,以及商家与平台的服务合同纠纷;另外,从侵害消费者权益及有关主体合法权益角度看,案件类型主要涉及人格权(名誉权)纠纷、侵害商标权纠纷以及不正当竞争纠纷(混淆行为、虚假宣传及商业诋毁)。

就网络直播的刷量、刷粉、刷人气来说,其可构成正向流量造假。“北京某科技公司与杭州某技术公司、程某某不正当竞争案”是2021年中国新文娱十大影响力案例之一,充分体现和说明了正向流量造假对互联网营商环境的影响。杭州某技术公司开发运营的被诉侵权软件通过操控真实批量的“快手”账号,跟随批量设置的关注、点赞、评论、加入粉丝团、刷弹幕、分享至其他社交平台等操作方式,同步制造“快手”直播间的相关虚假人气、热度、数据,帮助快手主播利用某直播场控助手软件实现对其直播关注数、粉丝数、点赞量及评论次数等进行虚假宣传的目的,消费者受到明显误导,实质上会对虚构数据及用户评价产生错误认知,影响“快手”平台上数据的真实性,破坏“快手”平台直播间评价推荐体系以及“快手”软件所打造的原本真实、诚信的互动生态系统。

反向流量造假,简单来说,则是通过对竞争对手的关注度、浏览量、点赞量、销售量等进行恶意虚构,使竞争对手被相关公众误认为系通过不正当手段为自己“刷粉”“刷量”,进而降低相关公众对竞争对手的评价、信任等,从而“提升”自己的商业评价,或者通过上述行为使竞争对手触犯某些平台机制,并因此受到惩罚并降低搜索排名。而上述行为可能构成不正当竞争。

一部分网络带货主播将某品牌(注册商标)打在直播公屏上或体现在简介中,突出其所售卖的品牌,将寻求该品牌的用户吸引入直播间,而直播间售卖的却是其他品牌同类或近似品类产品。此种行为很可能构成侵犯他人商标权的行为,也落入不正当竞争的范畴。

网络直播常涉及"对比",这种对比可能来自主播亲身体验而得出的测评结论,也可能涉及对竞争对手无根据的差评以突出自己所售卖的产品。对于涉及测评的直播,可能引发名誉权侵权纠纷及不正当竞争(商业诋毁)纠纷。通过中国裁判文书网进行检索,明确涉及测评的23个样本案件中,18件为名誉权纠纷、5件为商业诋毁案件。直播带货中更多涉及的是未经有根据的测评直接对竞争对手、竞争产品的评价。有失公允地评价或故意贬低竞争产品,构成商业诋毁,同时夸大自己产品的功效与美誉度,还可能构成虚假宣传。

开发刷量刷粉App也可能构成犯罪。2018年,某明星通过微博发布一首歌曲,仅10天时间转发量就超过了1亿次,而这1亿次微博转发量的幕后操盘手是"星援"App。北京市公安局网络安全保卫总队会同丰台网络安全保卫大队介入调查。据办案民警介绍,这款App在粉丝圈内使用极为广泛,用于短时间内刷高评论量、转发量、点赞量。蔡某某在未获得授权的情况下,自行开发"星援"App,有偿为他人提供无须登录新浪微博客户端即可转发微博及自动批量转发微博的"刷流量"服务。大量用户通过向该App充值的方式有偿使用该软件。经鉴定,"星援"App通过截取新浪微博服务器中对应账号的相关数据,再使用与截取数据相同的网络数据格式向该服务器提交数据,并完成与该服务器的交互,从而实现"刷流量"。截至案发,该软件已有用户使用19万余个控制端账号登录,绑定微博账号5000余万个,蔡某某违法所得共计625万余元。因提供侵入计算机信息系统程序罪,蔡某某一审获刑5年。

(三)刑事案件类型

通过"威科先行"法律数据库,以"直播刑事"为关键词,共搜索到9744条刑事案件信息,案件类型主要包括诈骗罪,组织淫秽表演罪,制作、复制、出版、贩卖、传播淫秽物品牟利罪,帮助信息网络犯罪活动罪,寻衅滋事罪,组织、领导传销活动罪、组织、领导传销活动罪等。

娱乐明星、网红作为具有一定网络流量的主体，成为直播活动中的“吸睛点”，而除了娱乐明星、网红正常的商业合作直播带货、直播表演外，网络直播日趋大众化，出现部分不法分子利用直播活动非法兜售推广商品、传播非法内容以及从事涉黄、传销、诈骗等非法活动，也成为直播行业中迫切需要关注的问题。

第二部分 违法失德与不良现象的成因

本报告的第二部分就近年来文娱行业发展的总体情况以及出现的种种乱象进行了分析和总结，研究团队试图从多角度、多层面、多维度就各种乱象的产生原因进行深入思考和剖析，以期尝试探索和揭示文娱行业发展的规律和有益启示，为文娱行业健康发展和良好治理秩序的建立提供借鉴。

一、互联网生态下的“饭圈文化”与“流量经济”

分析娱乐圈的不良影响因素，不得不提“饭圈文化”。“饭圈”是一个网络用语，是粉丝圈子的简称。“粉丝”一词的英文为“fans”，由 fan + s 构成，粉丝群体称为“饭”，粉丝组成的圈子称为“饭圈”。“饭圈文化”是随着近年来粉丝群体逐渐发展成为有组织、有分工，通过线上线下持续活跃的行为与消费助推“偶像”和追逐“偶像”的利益圈层而形成的一种利益圈层文化和追星文化。

通过对娱乐与媒体行业的整合分析可以发现，互联网对中国文娱市场的推动力最强，也对“饭圈文化”起到了重要作用。根据 CNNIC 发布的第 50 次《中国互联网络发展状况统计报告》显示，截至 2022 年 6 月，我国网民规模为 10.51 亿人，互联网普及率达 74.4%。其中，我国网络视频用户规模为 9.95 亿人，较 2021 年 12 月增长 2017 万人，占网民整体的 94.6%。

互联网生态的核心是“流量”，拥有“流量”即意味着拥有大量的用户群体，意味着拥有广告植入、提供商品和服务的优势机会。互联网平台设置“榜单”“热搜”等明星个人排名机制，成为粉丝们活跃的重要阵地。有媒体报道，追星的某大学生，早上被闹钟叫醒，第一时间登录各平台给自己的“爱豆”签到、打卡、发评论、点赞、转发，按照超话主持人预先的安排选择文案，将有关“爱豆”关键词的正面消息涌上网络页面，不断将负面消息覆盖，达到净化自己“爱豆”广场的目标。互联网生态下，拥有“好的数据”“持续的数据排名领先”，即意味着更多的关注，意味着“顶流”,意味着“曝光度”,意味着更多的电影、电视剧、综艺参演机会与广告代言、接拍机会。

“流量至上”“数据领先”成为互联网生态下“造星”或“明星持续闪耀”的关键因素。为此,粉丝们竭尽全力在网络里投入时间、金钱,在各平台之间游走、奔波。大量的粉丝聚集在互联网上,粉丝群体的管理、分工、组织便应运而生,成为一条精细化的产业链条。“氪金”“做数据”“应援”“集资”“控评”“搬家”,围绕“爱豆”相关表征的周边产品、账户的购买、兑换,作出持续上升的数据,进而使得“爱豆”排名飞升,实现“榜单”跨越的目标。如此环环相扣的数据流程上,粉丝、“粉头”、“站姐”各司其职,“饭圈”利益层圈在一波波的“流量争夺”战中,不断激荡。深入观察,似乎发现,在此激烈的“流量争夺”中,互联网平台、商家等围绕互联网生态的经营主体和中间商成为“饭圈”利益的最终获得者。

在早年传统的“追星”模式下,朦胧稚嫩的青春期少年们,自发地看几场演唱会,买几张光碟,贴几张海报,将对“偶像”阳光、美好的追求,变成一股丰富和激发个人对美好生活的力量与支撑,具有一定的积极作用。当前“饭圈文化”下的“追星”,早已不是本来的面目。据《2020 年全国未成年人互联网使用情况研究报告》显示,我国未成年网民参加粉丝应援比例达到 8%。另有数据显示,近 15% 的“00 后”粉丝每月追星的花费在 5000 元以上。依靠无节制地“砸钱”,耗费大量正常的学习、生活时间助推“爱豆”“偶像”登榜,早已背离了艺术评价的正常范围。社会不依据“作品”“品德”“对社会的价值贡献”“正能量引领”对艺人进行评价,仅依靠“流量”“数据”评判、选择艺人的局面,是对社会发展、人才选拔的一种负面影响。同时,在此种“饭圈文化”“流量经济”下,层出不穷的粉丝对骂、互撕、黑粉、造假等不良、违法、犯罪行为屡见不鲜,造成大量“名誉权侵权”“窃取、披露、使用个人隐私等信息”等民事侵权案件、刑事案件以及触犯治安管理处罚等行政案件的产生,给司法、行政机关带来了大量的能量消耗,也给社会造成极大的负面影响。

从人性的角度讲,“众‘饭’捧月”很有可能会将明星推到虚荣、自私、无节制的境地。无须相应付出的“偏爱”,让明星体验到了处在人群顶端的优越感,极大地满足了其对个人价值实现与荣耀感、成就感的追求,在其不自觉的行为中,便可能表现出种种傲慢、无节制、自我膨胀。吸毒、嫖娼、强奸、猥亵、打架斗殴、代孕、违章驾驶、奢华生活等恶习一旦形成,会成为影响社会良好风尚与主流价值观树立的毒瘤。

二、娱乐行业的暴利与资本的无序扩张

在“郑某代孕、偷逃税事件”中，媒体曝出其“1.6 亿元片酬”“日薪 208 万元”，让广大网民咋舌。在“范某某‘阴阳合同’偷逃税事件”中，从崔某某曝光的合同来看，范某某的片酬 4 天高达 6000 万元。综观国产电影院线票房收入动辄几十亿元，相比几千万元，上亿元的制作成本，影视作品的利润可谓巨大。

每年，国内生产、制作的电影、电视剧数量众多，但被电视台、网络平台选用的却比例有限，此种供大于求的现实，使得影视剧、综艺制作倾向于推崇“大腕明星”“一线”“顶流”。随着网络直播的兴起、繁盛，又带火了一批网红。“明星”“顶流”“网红”等热门人物，成为资本追逐的对象。

现实生活中无法在“大厂”“流水线”等各行业的现实生活和工作中，获得成就感与愉悦感的普通打工人，对于“美好伴侣”“浪漫体验”“富足生活”“成功形象”的追求，成为资本嗅到的灵敏信息。转换到商业经营中，便是对明星进行的各种“人设”设定与包装，使之最终成为广大消费者眼中的“人物”，并被社会和粉丝追捧和信仰。

从“人设”打造与“作品”制作的全过程推演，作为正常的成年人，不难体会其中的“资本味道”与“虚假欺骗”，但此种现实，并不为广大深陷其中的粉丝所知晓，或者大量粉丝在身心、时间、金钱早已无限付出的情况下，不愿相信，不愿承认自己的选择错误。另外，大量粉丝为未成年人，个人的人生观、价值观尚未形成，不具备正确认识和判断事物的能力，被明星光鲜的外表和外在形象所吸引，不能自拔。每当有明星丑闻、“塌房”事件发生，都是对粉丝情感和付出的一种挑战，极大影响了大众的情绪稳定和预期投入。说到底，“利益导向”的选择和行为，终究是难以顾及底线和社会秩序的。此种价值导向下，一些娱乐明星难免养成低俗、追求眼前利益、向往富足、奢华、享乐的习气，进而出现种种违背法律以及公序良俗的事件。

三、全球化与意识形态面临的考验

改革开放以来，国内经济社会迅速发展，中国在全球经济的竞争环境中，逐渐脱颖而出，在经济、军事、文化、科技等领域不断赶超，做出了瞩目的成绩。然而，

在全球化进程中，我国意识形态领域也在面临着考验甚至是挑战。如此，从20世纪90年代，韩国、日本、欧美等地的流行团体、音乐、影视剧、时尚穿搭等一系列潮流和内容在国内风行，人们在对“偶像肥皂剧”“私生活窥探”“明星八卦”“吐槽”“明星追捧”等看似无形却沉迷、追逐的实际过程中，不断改变自己的审美、价值取向、行为选择，可谓娱乐盛行的过程。我们不否认，任何国度的物质和意识领域均有正面、积极的方面，但如果在此过程中，不能清晰地辨认，并保持高度的敏感和理性的识别、判断、控制，也可能导致在“盲从”和“无觉察”的情况下，受到国外“糟粕”内容和“负面”意识的影响。

“冰冻三尺，非一日之寒”。中国娱乐圈暴露出来的种种乱象，也一定程度上显示出中国在全球竞争格局中，不同意识形态与不同经济社会体之间的碰撞与斗争。

四、娱乐圈从业人员整体素质参差不齐且教育培训、考核与奖惩机制与标准缺失或单一

长期以来，娱乐圈存在明星和经纪人等相关群体文化水平、学历、个人修养等参差不齐的现象。演艺人员有的是通过艺考进入高校接受艺术教育培养、参演作品等一般路径入行，还有的是通过临时出演节目取得较好市场反映或观众青睐而长期留在行业中。横店等影视城周边聚集着大量的“群演”，试图抓住任何机会，争取“露脸”入行。另外，也不乏父母热衷各类比赛、选秀活动，试图为儿女的“星路”做铺垫。如此一来，演艺行业的从业人员来源多样，人员的知识储备、人文修养等存在较大差异。

此外，被人们诟病的“潜规则”，亦是娱乐圈长期以来形成的一种“恶习”，缺乏规范、透明的人才选拔与考核标准，缺乏对“精湛技艺”的追求，缺乏对“诚信守正”品格的敬畏，整个行业的运转及作品创作生产的过程便会无法避免地伴随“阴暗”与“交易”，并在法律、道德、社会无法监管的角落存在，诸如此类问题，均使得文娱行业的治理面临较大困难。

自改革开放以来，有关行业主管单位陆续发布的管理规定，总体呈现为宏观层面的方向指引，对于演艺、经纪人员的入门、继续教育、培训与考核、奖惩都缺乏细致性的规定。这就为在“资本逐利”的助推下的娱乐圈，留下了较大的隐患，从业人员在道德、人文、政治等方面，难以形成坚定且明确的正面价值观，可能难以

抵挡利益的诱惑,若在出现违法违规的情况下得不到及时的惩处,久而久之便会形成一种侥幸心理,不断在违法违规的边缘游走。

五、行业监管及社会监管的滞后与困难

细数近几年引起人们关注的“明星塌房”事件,多数定性为“吸毒”“嫖娼”“强奸”“偷逃税”“虚假广告”,并被有关行政机关、司法机关处以有关行政处罚或追究有关刑事责任。另有部分明星,因“出轨”“政治因素”等被行业联合抵制,抑或因社会负面影响,明星个人声明退圈。

“吸毒”“嫖娼”“强奸”“偷逃税”等本质上是我国现行法律规定下的法律行为,行为主体可以为任何自然人,不因“明星”而有特别适用。但在明星实施以上违反法律规定的行为时,个案证据的获取及认定存在一定隐蔽性和困难。明星作为公共人物,承载着社会资源的倾斜与积累,对社会风尚及价值观的引导有着重要作用,对于该特殊群体是否应特殊把握行为认定及裁量原则,目前尚无法律明确规定。现有的大量案件中,除可以用法律现有规定予以惩处的外,涉及“出轨”等私德问题以及存在危害国家安全社会稳定等情况的,常表现为网络攻击、平台下架作品、解除广告代言等“社死”反制,或是行业协会等相关行业主体的“行业抵制”。

本团队整理观察了娱乐行业有关管理规范,大多数出台于 2018 年以后,尤其是 2020 年以来,开展了几次针对文娱行业的专项整治。即每一个“明星塌房”热点事件之后,陆续跟着相应的监管规范的出台。从税收征管、网络表演、网络信息规范、演艺自律、艺德教育等多方面不断推出有关规定,以适应社会发展的需要。此等规范的出台及整治活动,与几起引起社会广泛关注的“明星”负面事件曝光有着极大的关联性,正说明我国文娱行业在此之前有关具体、可操作的规范存在明显的滞后和缺失。

第三部分　行业整治

为更好地反映我国文娱行业治理的全貌,本部分梳理和整理了近年来我国文娱相关行政主管机关、行业协会等相继出台的有关规范,以及针对该行业所开展的具有重要影响的综合及专项治理活动,从而为更好地摸清我国文娱行业发展的

脉络提供较为全面的认识。

一、《关于电视剧网络剧制作成本配置比例的意见》:聚焦电视剧、网络剧制作成本结构与收入分配治理

2017年9月22日,中国广播电影电视社会组织联合会电视制片委员会、中国广播电影电视社会组织联合会演员委员会、中国电视剧制作产业协会、中国网络视听节目服务协会联合发布《关于电视剧网络剧制作成本配置比例的意见》。引导制作企业合理安排电视剧投入成本结构,优化片酬分配机制,弘扬“戏比天大”的职业精神,形成良好行业风气,推动影视行业投入与产出的良性循环,促进行业持续健康发展。

二、《网络信息内容生态治理规定》:聚焦网络信息内容治理

国家网信办于2019年12月15日发布《网络信息内容生态治理规定》,以培育和践行社会主义核心价值观为根本,以网络信息内容为主要治理对象,坚持系统治理、依法治理、综合治理、源头治理,以建立健全网络综合治理体系、营造清朗的网络空间、建设良好的网络生态为目标,开展相关弘扬正能量、处置违法和不良信息等活动进行了明确规定。

三、《网络综艺节目内容审核标准细则》:聚焦网综内容审核问题治理

2020年2月21日,中国网络视听节目服务协会发布《网络综艺节目内容审核标准细则》,旨在提升网络综艺节目内容质量,遏制错误虚假有害内容传播蔓延,建设良好网络生态,营造清朗网络空间。

四、《营业性演出管理条例》:聚焦营业性演出中的违法、不规范乱象治理

2020年11月,国务院发布修订后的《营业性演出管理条例》,对以营利为目的为公众举办的现场文艺表演活动进行调整和完善。该条例严厉禁止含有反对宪法规定的基本原则,含有危害社会公德或民族优秀文化传统,含有宣扬淫秽、色情、暴力以及侵害他人合法权益、摧残演员身心健康等违法违规内容的演出。

五、《演出行业演艺人员从业自律管理办法(试行)》:聚焦演艺人员从业自律管理治理

2021年2月5日,中演协为不断提高演出行业演艺人员职业素质,规范演艺人员从业行为,加强演艺人员从业自律管理,树立演艺人员良好职业形象,促进演出行业健康发展,发布《演出行业演艺人员从业自律管理办法(试行)》,就从业范围、从业规范、办事机构、办事程序、惩戒措施等方面就演艺人员的从业行为做了规定。

六、《关于加强网络直播规范管理工作的指导意见》:聚焦网络直播生态治理

2021年2月9日,国家网信办、全国"扫黄打非"工作小组办公室、工业和信息化部、公安部、文化和旅游部、国家市场监管总局、国家广电总局联合发布《关于加强网络直播规范管理工作的指导意见》,本规定针对网络直播行业存在的主体责任缺失、内容生态不良、主播良莠不齐、充值打赏失范、商业营销混乱、青少年权益遭受侵害等问题,就网络直播综合治理做了较为全面的规定。

七、《关于进一步深化税收征管改革的意见》:聚焦重点领域税务风险治理

2021年3月24日,中共中央办公厅、国务院办公厅发布《关于进一步深化税收征管改革的意见》,明确强调加强重点领域风险防控和监管。对逃避税问题多发的行业、地区和人群,根据税收风险适当提高"双随机、一公开"抽查比例。对隐瞒收入、虚列成本、转移利润以及利用"税收洼地""阴阳合同"和关联交易等逃避税行为,加强预防性制度建设,加大依法防控和监督检查力度。

八、《关于进一步加强"饭圈"乱象治理的通知》:聚焦"饭圈"乱象治理

2021年8月25日,中央网信办秘书局发布《关于进一步加强"饭圈"乱象治理的通知》,对取消明星艺人榜单、优化调整排行规则、严管明星经纪公司、规范粉丝群体账号、严禁呈现"互撕"信息、清理违规群组板块、不得诱导粉丝消费、强化节目设置管理、严控未成年人参与、规范应援集资行为等方面明确了具体工作。

九、《关于进一步加强文艺工作者教育管理和道德建设的通知》:聚焦文艺工作者道德建设治理

2021 年 8 月 30 日,文旅部发布《关于进一步加强文艺工作者教育管理和道德建设的通知》,针对当前文娱领域出现的违法违规、失德失范现象,为进一步加强文艺工作者教育管理和道德建设,树立文艺新风,培育和弘扬社会主义核心价值观,作出工作部署。

十、《网络表演经纪机构管理办法》:聚焦网络表演经纪机构治理

2021 年 8 月 30 日,文旅部发布《网络表演经纪机构管理办法》,为加强网络文化市场管理,规范网络表演秩序,坚持正确的价值导向,治理娱乐圈乱象,对从事网络表演经纪活动的网络表演经纪机构作出了明确的管理规定。

十一、《关于进一步加强文艺节目及其人员管理的通知》:聚焦艺人违法失德乱象治理

2021 年 9 月 2 日,国家广电总局办公厅发布《关于进一步加强文艺节目及其人员管理的通知》,明确为进一步加强管理,从严整治艺人违法失德、"饭圈"乱象等问题,旗帜鲜明地树立爱党爱国、崇德尚艺的行业风气,坚决抵制违法失德人员、坚决反对唯流量论、坚决抵制泛娱乐化、坚决抵制高价片酬,切实加强从业人员管理,开展专业权威文艺评论,充分发挥行业组织作用,切实履行管理职责。

十二、《构建清朗网络文化生态自律公约》:聚焦唯流量至上乱象治理

2021 年 9 月 10 日,中演协组织发起《构建清朗网络文化生态自律公约》。联合微博、抖音、爱奇艺、快手、腾讯视频、QQ 音乐、今日头条、小红书、咪咕视频、哔哩哔哩等平台方,共同公约提出:(1)积极与文娱企业联动配合,共同自律;(2)反对唯流量至上;(3)拒绝为违法失德人员提供展示平台;(4)加强对文娱领域相关账号、评论、弹幕的管理;(5)完善网络平台公众投诉举报机制;(6)加强行业自律协同。

十三、《关于规范演出经纪行为加强演员管理促进演出市场健康有序发展的通知》:聚焦演出市场乱象治理

2021 年 9 月 29 日,文旅部发布《关于规范演出经纪行为加强演员管理促进演出市场健康有序发展的通知》,针对文娱领域出现的艺人违法失德、“饭圈”乱象等问题败坏行业形象,损害社会风气,对演出市场造成较大冲击,扰乱了市场秩序的情况,为进一步规范演出经纪行为,切实加强演员管理,促进演出市场健康有序发展,从演出资质、规范演员从业行为、演出活动监管、粉丝正面引导、共建良好演出生态角度作出了工作部署。

十四、《未成年人节目管理规定》:聚焦损害未成年人合法权益乱象治理

2021 年 10 月 8 日,国家广电总局发布新修订的《未成年人节目管理规定》,为了规范未成年人节目,保护未成年人身心健康,保障未成年人合法权益,教育引导未成年人,培育和弘扬社会主义核心价值观,对未成年人节目的制作、传播活动再一次进行管理规定的修订。

十五、《关于进一步加强娱乐明星网上信息规范相关工作的通知》:聚焦娱乐明星网上信息乱象治理

2021 年 10 月 26 日,中央网信办秘书局印发《关于进一步加强娱乐明星网上信息规范相关工作的通知》,从内容导向、信息呈现、账号管理、舆情机制 4 个方面提出 15 项具体工作措施,力求有效规范娱乐明星网上信息。

第四部分 治理建议

一、政策层面:进一步推进行业规范化体系建设

近年来,针对流量经济弊端、“饭圈”文化乱象,中宣部、国家广电总局、中央网信办、文旅部等多个部门从政策规制角度对平台责任、经纪公司合规、饭圈乱象进行了积极有效的治理整顿,取得了良好的社会效果,也在一定程度上纠正了行业的不良风气。政策出台只是行业治理的第一步,未来还需要建立长效机制,进行常态化管理,其中,如下几个方面值得重点关注:

（一）需要建立健全平台、经纪公司、明星主体、“饭圈”组织、粉丝个体的行为规范体系

行业的发展需要有稳定的制度预期，国家的政策规制需要从临时性的专项行动逐步完善为常态化的管理，建立健全平台、明星主体、“饭圈”组织、粉丝个体行为的规范体系，并加强日常持续性监管。例如，有些劣迹艺人想在风头过去之后，继续通过原来搭建的粉丝组织收割“韭菜”，牟取暴利的现象值得关注。如果是正常的商业行为，自当允许，但如果是通过提供质次价高的产品，在特定的粉丝群体中由“粉头”等传销洗脑式推销，继续吃流量红利，以牟取不正当利益的，应引起有关部门的重视，对其中是否存在违反市场监督管理秩序、偷漏税的行为进行必要的监督检查和处理。

（二）厘清行政权力和行业自治的边界

对劣迹艺人进行惩戒是行业整治的应有之义，横向来看，其他国家对劣迹艺人也多采取零容忍态度。但是对劣迹艺人的惩治也应纳入法治化的轨道，尤其要注意厘清行政权力和行业自律的边界，避免罚过不相当。首先，对劣迹艺人要有明确的定义，且根据其行为性质和后果进行相应的处罚。通常，对于艺人的违法行为没有争议，法律和行政法规也有明确的司法和行政程序进行裁判处理，争议主要存在于行业自治性组织（行业协会）和行政部门的权限划分方面。例如，我国《行政处罚法》第9条规定的行政处罚种类之一为“限制从业”，即“限制从业”应由行政机关来实施，行业协会并无相应的权力，但如果行业协会作出的抵制决定在实际上对处罚对象有限制从业的效果，则会涉及行业自律行为是否超越了行政权力边界的问题。因此，建议有关部门行业自治组织加强指导，督促行业协会完善内部惩戒程序，提升行业规范管理水平。

另外，演艺人员如果有违法或失德行为，通常也会受到观众自觉抵制，市场会随之自发启动趋利避害机制，将其列为“风险艺人”，实际上也起到了惩治的作用。因此，哪些交给法律、哪些交给行业组织、哪些交给市场需要进行甄别，不宜简单“一刀切”。

（三）落实长效治理机制，将娱乐圈乱象整治纳入法治化、常态化范畴

考虑到流量经济环境下，“饭圈”乱象频生，且经纪公司和艺人间存在恶性竞

争，雇佣网络水军、职业黑粉通过造谣、歪曲事实等方式攻击网暴竞争对手的情形屡见不鲜。应该认识到，舆论媒体与司法体系对于客观事实的认知和标准有所差别，舆论媒体为了博关注，更注重对大众情绪的挑拨和煽动，因此其展现在大众眼前的“事实”往往是经过剪辑和片面解读的，与客观事实和法律事实都存在偏差，但公众却多基于媒体展现的事实形成自发的评价意见，从而形成了网络的“法制外审判”。同时由于不必承担错判、误判的责任，且存在从众心理，这种“法制外审判”往往是随意且偏激的。

建议相关部门及行业协会完善惩戒机制，设置并完善必要的调查和申诉程序，避免受公众情绪裹挟，造成舆论审判、网络定罪，引发不必要的社会争议和矛盾。

（四）压实主流媒体责任

主流媒体应当提高政治站位，注重舆论引导的方向和效果，拒绝利益化、娱乐化，切实承担起社会责任。互联网时代，主流媒体都有自己的网络媒体，其应认识到官方媒体在普通人心中是代表政府发声的，具有极高的公信力，因此在发表观点尤其是进行批评时应该更加谨慎，要以客观事实为依据，以解决问题为目标，避免吸引眼球的“标题党”行为，更不能传播虚假信息，不加辨别地被营销号“带节奏”，甚至直接引用营销号的未经核实信息，干扰正常的舆论走向，导致后期传播过程中不断“反转”，严重损伤主流媒体的公信力。

建议主流媒体从业人员加强专业素养，媒体管理上应严格把关机制、杜绝牟取不当利益、严防媒体伦理道德滑坡。治理主流媒体网络宣传，应从完善互联网新闻传播的法律规范着手，依法管网，提升管理效能；要积极探索建立网络媒体管理的长效机制，明确网络媒体从业者的法律底线，提升网络媒体从业者的职业道德和专业素养，并压实各个环节的主体责任。

（五）明确劣迹艺人作品处理的标准和程序

目前，我国法律和规范性文件中尚没有关于劣迹艺人作品应当如何处理的明确规定，与此相关的法律规定包括《著作权法》第 4 条的规定，即“著作权人和与著作权有关的权利人行使权利，不得违反宪法和法律，不得损害公共利益。国家对作品的出版、传播依法进行监督管理”。《电影产业促进法》第 3 条也规定：“从事电影活动,应当坚持为人民服务、为社会主义服务,坚持社会效益优先,实现社会效益与经济效益相统一。”

从以上规定可以看出,对于劣迹艺人作品的处理,目前主要依据有关行政主管机关或者行业协会的规范。法律层面主要依靠兜底性条款或者“公序良俗”“公共利益保护”进行调整,尚没有就“劣迹艺人”“劣迹艺人作品”明确予以界定和特殊认定处理的法律依据。近年来,国家通过颁布行业规范性文件等措施加大了对文娱行业的整治力度,但仍有制度空间尚待完善。例如,对于劣迹艺人的评判标准、“封杀”、“下架”、“除名”的具体实施方式等,可从总体上作出细化规定。值得注意的是,2021 年 3 月,国家广电总局对外发布了《广播电视法(征求意见稿)》,其中拟规定:“广播电视节目主创人员因违反相关法律、法规而造成不良社会影响的,国务院广播电视主管部门可以对有关节目的播放予以必要的限制。”对劣迹艺人进行必要限制,将倒逼更多艺人遵守法律法规,遵循公序良俗,这对净化演艺市场必将起到积极作用。

二、平台层面:提升合规管理水平,落实平台社会责任

如今的文化娱乐产业中,网络平台成为重要一环,已经不是简单的信息传播平台,而是成为文娱产业深度参与者。例如,头部网络平台已经打破了传统的制播分离的模式,参与到影视剧和综艺等作品的投资和制作中来,形成自己的发展路径。也正因如此,网络平台的治理成为行业治理的重中之重。除了政策层面对网络平台的治理要求之外,还应当注意如下几个问题:

(一)多措并举多维联动,精准有效治理网络暴力

由于我国对于网络暴力的立法尚不完善,对于网络水军、营销号、职业黑造谣诽谤等行为只能通过刑事自诉、民事侵权等有限的途径解决,但刑事自诉存在取证难问题,民事诉讼又很难追究平台的责任。因此,建议从以下几个方面着手,多维治理网络暴力行为:

1. 严格落实网络实名制,让造谣者无所遁形。实名制可在一定程度上限制网络暴力实施者意图通过匿名隐身的方式逃避制裁的侥幸心理,让网民在发表言论时对法律法规心存敬畏,遵守互联网准则规范,以现实法律规范下的社交规则发表言论,真正起到净化互联网环境的作用。

2. 网络暴力罪入刑,加大惩治力度。当前我国对网络暴力责任主体惩罚的最主要方式还是通过互联网或者传统媒体展示的方式公开道歉,以及一定的损失赔偿,这样的力度难以令网暴者心存忌惮。只有让网络暴力的施暴者受到应有的惩处,才能对网络暴力产生严重的震慑作用。

因此,建议通过网暴入刑的方式从立法源头上控制"互联网乱象"。只有通过立法整治网络乱象,规范网络秩序,营造更加清朗安全的网络空间,才能让社会大众群体真正远离网络暴力的伤害。

3. 加强对平台的监管和整治力度,并且常态化、制度化,从源头杜绝网络暴力。在网络暴力行为中,网络服务商可能在两种情况下造成侵权:一种情况是某些网站在提供服务时,通常需要用户提供个人隐私信息,网络服务商如未能对用户身份信息采取恰当的安全保护措施,导致其被盗取和泄露,将给用户造成极大损失;另一种情况是网络服务商在其提供的论坛、BBS 服务中未尽到内容合理审查的义务,或未能及时屏蔽、删除对他人造成精神、名誉等伤害的信息。上述两种情况一旦发生,网络服务商与施暴者应当构成共同侵权,网络服务商应当承担相应的法律责任。

建议尽快通过立法手段,对网络服务商进行具有法律效力的监管及相关追责,根除网络平台上的网暴之源。

(二)加强网络监督,发现违法违规内容及时进行处理

流量经济、"饭圈"文化是具有显著互联网特征的青年亚文化,把关难度很大。且目前我国的网络管理还处于事后干预阶段,通常只在出现重大负面舆情的情况下,政府和平台才进行补救式把关和处理。尤其是平台,为了获得更多的网络关注和吸引流量,引导和管理粉丝"降热度"的动力不足。其实从长远来看,如果平台成为狂热粉丝引战"互撕"的战场,也极不利于平台稳健运营和健康发展,甚至可能因此遭受主管部门的处罚,得不偿失。

现阶段,网络平台的自我整顿依然是国家政策导向下的应急操作,未来网络平台应以更加系统化、全面化、合规化的方式进行自我规范管理,即从法律要求、监测机制等方面予以规范,加强对舆情的管控,对于群体性负面事件及时介入,防止事态恶化;同时应设置必要的内容审查程序,对数据造假、语言暴力等行为进行封堵,对涉嫌侵犯他人权利的行为采取必要的措施。

三、行业层面：加强行业自治管理，引领行业健康发展

（一）行业自律性组织应完善行业自治规范，提升行业管理水平

1. 明确处罚依据，规范处罚程序。对艺人的处罚要设置合理阈值，避免过罚不当，无差别处罚。首先，“违法”有清晰的标准可以界定，但“失德”的表述比较宽泛模糊，有时难以界定，容易造成扩大化解读，甚至可能会鼓励竞争对手之间通过“挖坟式”手段进行互相攻击，不利于树立良好的行业风气。建议对于“失德”艺人要由行业协会进行事实调查，并给出处罚意见，且处罚应根据事实明确期限和范围，不应不做调查和甄别，“一棍子打死”。

2. 任何程序都应有正当性。对艺人作出处罚应给予其必要的程序性权利，如允许其申请听证，进行申辩等，同时应完善并遵守惩戒程序，避免武断定性，引发更大的舆论争议。

（二）积极引领行业发展新方向，帮助从业人员提升机构管理水平和法律意识

行业组织是文化娱乐行业从业人员的自治群体，成员间具有天然的黏性和信任度。行业组织应着眼于产业的长远健康发展，担负起管理和引领的责任，并积极引导行业发展方向从“流量至上”向“作品至上”转变，净化艺术创作和文艺批评环境，督促从业机构提升合规和管理水平，加强对艺人的教育和培训，积极引导粉丝团体正能量追星，协助有关部门营造和谐健康的网络生态环境。

四、经纪机构层面：应加强管理，提升艺人法律意识

自2021年8月起，国务院、中宣部、文旅部、国家广电总局、国家税务总局等密集发文，针对文娱领域的突出问题，开展全面系统的综合治理。从中宣部印发《关于开展文娱领域综合治理工作的通知》，到国务院印发《中国儿童发展纲要（2021—2030年）》，针对演出市场和经纪机构管理，各部门更是密集出台相关规范性文件，如文旅部2021年8月30日出台了《网络表演经纪机构管理办法》，国家广电总局2022年5月20日出台了《广播电视和网络视听领域经纪机构管理办法》等，对经纪机构组织演出活动和合规管理提出了具体明确的要求。

经纪机构应充分理解此次并非“运动式”整改，而且，过于依赖头部流量艺人的发展模式对于经纪机构来讲也存在巨大的风险。经纪机构应着眼于长效治理，立足于营造作品为王、专业制胜的健康发展环境，打破流量通吃的利益固化局面。除了提升自身合规和管理水平，加强对艺人的培训和约束之外，经纪机构还应加强对粉丝团体的日常维护和监督，营造清朗的追星环境。

五、明星层面：以作品提升影响力，正向引导粉丝行为

流量资本时代，“造星”成为致富神器，大量优质资源砸向当红明星，形成虹吸效应。很多时候，行业判断一部作品是否能成功，不是看作品质量，而看是否有流量明星参与。认真演戏的老戏骨负责品质，流量明星负责耍帅、貌美，然而，流量明星们的天价片酬挤占制作成本，部分流量明星不钻研演技，凭借数字台词、抠图表演、滥用替身、轧戏等方式捞快钱等情形屡见不鲜，不仅降低了作品质量，更严重腐蚀了影视剧市场的创作环境。

文化行业要健康发展，离不开业内人士对艺术的孜孜追求和精益求精的专业态度。作为文艺工作者，明星应认清自己的立身之本，崇德尚艺，以创造优秀作品为己任，而不是靠卖人设、媚粉丝、刷数据、造流量去发展自己的事业。同时，明星要提升自身文化素质和政治素养，作为公众人物，既然享受了万众瞩目的荣耀和超高收益，也应用更高的道德标准来约束自己和粉丝团体。

六、粉丝层面：理性追星，做网络文明守护者

“饭圈”文化实则为国外舶来物，其本质是资本助推下的消费主义理念中偶像与粉丝共同营造的生态圈，具有巨大的商业价值。互联网时代的互联互通形成的聚合能力使得粉丝以各自的偶像为中心，打造了一个个粉丝群体，这些群体已经形成了一套标准化的行为规范和运行逻辑，有着规模化的商业模式和产业链条，其运作思维已经渗透文艺作品产出、企业营销在内的上下游领域。

具体到粉丝，互联网时代身处“粉圈”的个体很容易受群体影响，加上各种利益方的有意引导，很容易使粉丝在信息茧房中失去理性和判断能力，丧失社会责任感和约束能力。有些流量明星的粉丝已经堕入“邪教追星”的误区，如吴某某在被追究刑事责任后仍有其粉丝试图集资“营救”自己的偶像。这些越界的“饭圈”行为让粉丝沦为负能量工具，不仅造成了负面的社会影响，也在反噬明星本身。

很多流量明星的粉丝有着典型的“二极管思维”,即涉及其偶像时只有好与坏、同与异,容不得客观理性的评价,因此经常发生“粉圈”的互撕谩骂、“拉踩引战”行为,不仅污染了网络环境,也极易触碰侮辱、诽谤的法律底线。这种非此即彼、党同伐异的“二极管思维”如同一种病毒,已经延伸到社会的其他领域,2021 年东京奥运会期间,我国某运动员因穿了耐克鞋而遭受网暴就是一个例子。还有些疯狂的粉丝通过跟踪、代拍、偷拍、入侵住宅、安装监视器等行为侵犯明星的肖像权、隐私权等,对明星的生活安宁造成了干扰;还有的粉丝在公共场合对明星进行围堵,这些影响公众安全和秩序的行为更是违反了《治安管理处罚法》和《道路交通安全法》的相关规定。

虽然“饭圈”文化乱象频生,但也并非一无是处。网络时代,粉丝通过网络追星找到了归属感,从而获得自我满足和自我认同。这种情感需求不应被一概否定,但应予以正面的激励和引导。有些粉丝组织积极参与公益就是正向行为,应予鼓励和支持。社会既要多宣讲社会主义核心价值观,又要为青少年提供合理的表达空间;同时应大力发展线下文化体育活动,防止青少年沉迷网络社交,最终形成多方共同干预的机制,引导青少年的价值观与主流文化相适应。

总之,有关部门和平台应积极引导粉丝理性追星,更多关注好的作品,而非明星的绯闻和八卦,将文化产业回归到“文艺”本身而非“泛娱乐化”产业,重塑平等、开放、互相尊重的社群关系。同时,对于职业粉丝的行为,如果涉及违反法律规定的,应予以严肃惩处。应通过各种途径教育粉丝提升自身法律意识,不要触碰法律红线,给自己留下终身污点。

七、社会层面:加强对青少年教育,丰富文化生活,倡导“正能量”

粉丝群体中既有成年人,也有大量的未成年人。青少年群体正处在世界观、人生观、价值观“三观”形成的关键时期,追什么样的星,怎么追星会对其产生深远影响。社会、家庭和学校有责任和义务对青少年给予积极正向的指导,提高青少年明辨是非的能力。

社会无须将“追星”污名化,文化娱乐产品本身需要受众,将产品具象化的明星也很容易成为青少年追捧的对象,这是青少年正常的文化娱乐需求,关键在于如何进行引导,树立正确的追星观念。另外,社会各界应对青少年进行网络素养教育,引导青少年遵守网络文明和法律规定,不做“键盘侠”,不网暴、诽谤他人。

除了娱乐明星，还应当引导青少年了解社会各界的杰出人物，这些时代楷模更值得关注和学习。

结　语

营造清朗健康的文化娱乐发展空间和清朗的网络环境，去流量化、净化“粉圈”文化需要政府、平台、行业自律组织、经纪公司、明星、粉丝和社会各界形成合力，不断提升文艺领域的原创力和创新能力，推动形成百花齐放、生机勃勃的发展环境，为广大人民群众奉献丰富优质的精神食粮，更高水平地满足人民日益增长的美好生活需要。对文化娱乐行业的整顿和互联网治理意义重大，影响深远，道阻且长，但也充满希望。

“数字中国”时代,企业数据资源的保护及合规治理

袁　屹　辛小天　江智茹*

完善数据要素制度和数字经济强国是2023年国家战略规划要点。2022年12月,中共中央、国务院发布《关于构建数据基础制度更好发挥数据要素作用的意见》(以下简称《数据二十条》),数据要素确权框架基底已经搭建;2023年3月伊始,根据国务院关于提请审议国务院机构改革方案的议案,组建国家数据局,更是从监管职能规划角度集中体现对整体数据资源保障和数据价值发展的坚定不移地贯彻。数据价值的激活离不开高效流通利用。然而,数据本身具有无形性、可复制性、非消耗性等超越传统物权及知识产权的特性,个人、企业、社会、国家等相关参与主体对数据又有着不同利益诉求,在生产、流通、使用等过程中数据呈现复杂共生、相互依存、动态变化等特点,从而导致数据在流通使用过程中长期面临确权难、互信难等问题,数据资源难以在企业运营过程中发挥其最大价值。鉴于此,作为数据流通利用的基础,厘清数据产权归属及保障数据产权权益是企业发挥数据资源价值的前提。

---

* 袁屹:北京德和衡(深圳)律师事务所高级顾问。

辛小天:北京德和衡(深圳)律师事务所合伙人、德和衡数字经济与人工智能业务中心总监,中国通信学会网络空间安全战略与法律委员会委员。

江智茹:北京德和衡(深圳)律师事务所网络安全与数据合规部律师助理。

一、《数据二十条》出台前的数据产权争议及司法保护路径

(一)数据产权界定的争议

从数据生成来源角度划分,数据可分为公共数据、企业数据、个人信息数据。根据《数据二十条》的规定,公共数据,是指各级党政机关、企事业单位依法履职或提供公共服务过程中产生的数据;企业数据,是指各类市场主体在生产经营活动中采集加工的不涉及个人信息和公共利益的数据;个人信息数据,是指承载个人信息的数据。其中,个人信息数据兼具人格权益和财产权益双重属性,数据的人格权益应归属于数据主体虽已在《民法典》《个人信息保护法》等相关法律中明确,但在《数据二十条》发布以前,对于个人信息数据财产权益即数据产权(所有权、收益权、使用权等)的归属与分配尚处于空白状态。

因此,社会各界围绕个人信息数据的产权归属的认定问题亦是争论不休,主要观点可分为归属于数据主体、归属于数据处理者及数据主体享有所有权与数据处理者享有用益权三种,具体如表1所示。

表1 个人信息数据产权归属的三种观点

观点	主要内容
数据产权归属于数据主体	·支持者认为,从个人信息保护角度出发,应将个人信息数据的数据产权归属于数据主体。 ·反对者认为,如用户痕迹信息等单个用户数据的经济价值十分有限,在无法律规定或合同特别约定的情况下,数据主体对此尚无独立的财产权益可言,但对个人信息的过度保护却可能阻碍企业对于该等数据的流通使用效率
数据产权归属于数据处理者	·支持者认为,从数据处理者权益角度出发,应尊重数据处理者的创造性劳动和相关投入,将数据产权归属于数据处理者。 ·反对者认为,数据处理者的数据往往并非凭空产生,该等权属界定方式将可能导致个人信息滥用、数据垄断等问题,激化数据相关利益主体之间的冲突
数据主体享有所有权,数据处理者享有用益权	综合派认为,应基于数据生产、使用和流通各环节中参与主体的多元性,尊重各方的投入和贡献,赋予数据主体数据的所有权,赋予数据处理者数据的用益权,以此平衡各参与方的数据权益分配

（二）企业在数据资源保护中主要选择的司法保护路径

当前，在实践中，对于企业在数据处理活动中形成的数据资源的保护，主要通过对数据资源主张商业秘密保护、知识产权保护及不正当竞争保护等传统司法保护路径予以落实。

1. 商业秘密保护

若数据资源符合秘密性、保密性、商业价值等商业秘密构成要件的，企业可以对其主张商业秘密保护。例如，“杭州某科技公司诉汪某侵犯商业秘密案”①中，法院即认定杭州某科技公司旗下直播平台的实时打赏数据须在后台登录相应权限账号方能查看，并采取签订保密协议等一系列措施进行保护，且具有还原打赏场景、归纳中奖规律的现实价值，还具备预测用户行为、审视经营策略的深层潜在价值，构成商业秘密；汪某违反保密义务违规获取后台实时数据以择机刷奖获利的行为，干扰了打赏环节正常的运行机制，损害了平台的经营秩序和竞争优势，构成侵犯原告商业秘密。

2. 知识产权保护

若数据经过选择或编排形成了具有独创性的数据库，企业可对其主张知识产权保护。例如，在“鼎容软件公司、白兔信息公司著作权权属、侵权纠纷案”②中，法院认为，白兔信息公司对国家商标总局《商标公告》所公告的信息进行拆分、提取、分类和整理，并对商标标志中所含的文字、数字等进行进一步提取和整理，同时还对商标信息后续的变更情况进行汇总，加入自定义的字段信息等，其对商标数据的编排和整理体现出独创性，其涉案数据库构成汇编作品，可受《著作权法》保护，白兔信息公司对涉案数据库享有著作权。

但应注意，数据本身并不构成作品，简单集合的数据通常不具备独创性，因而无法对其主张知识产权保护。

3. 反不正当竞争保护（竞争性权益的保障）

企业在发现第三方通过爬虫、“撞库”等不正当手段盗用企业数据资源，或者第三方未经授权或超过授权范围不当获取、使用企业数据资源，或者第三方非法

① 参见浙江省杭州市中级人民法院民事判决书，(2021)浙01民终11274号。

② 参见广东省佛山市中级人民法院民事判决书，(2016)粤06民终9055号。

利用企业研发的数据产品,并对企业相关产品或服务的正常运营造成妨碍、破坏或产生实质性替代时,即可选择反不正当竞争保护路径来维护其合法权益。其法律依据主要如下:

(1)《反不正当竞争法》第2条第1款规定:"经营者在生产经营活动中,应当遵循自愿、平等、公平、诚信的原则,遵守法律和商业道德。"

(2)《反不正当竞争法》第12条第2款第4项的兜底条款,即经营者不得利用技术手段,通过影响用户选择或者其他方式,实施"其他妨碍、破坏其他经营者合法提供的网络产品或者服务正常运行的行为"。

此外,市场监管总局于2022年11月发布的《中华人民共和国反不正当竞争法(修订草案征求意见稿)》虽尚为征求意见稿,但其确立的"实质性替代"原则(包括"违反约定或者合理、正当的数据抓取协议,获取和使用他人商业数据,并足以实质性替代其他经营者提供的相关产品或者服务"或"披露、转让或者使用以不正当手段获取的其他经营者的商业数据,并足以实质性替代其他经营者提供的相关产品或者服务"等),在数据相关的不正当竞争诉讼司法实践中早已被广泛运用。例如,在"上海汉涛信息公司诉爱帮聚信公司等不正当竞争纠纷案"①"淘宝软件公司与美景信息科技公司不正当竞争纠纷案"②中,法院均肯定了原告对涉案数据产品享有的竞争性财产权益,而被告未付出劳动、成本,利用技术手段获取涉案数据并据此获得商业利益的行为已对涉案数据产品构成实质性替代,恶意破坏了原告的商业模式,构成不正当竞争行为。在"腾讯计算机公司、腾讯科技公司与搜道网络公司、杭州聚客通公司不正当竞争纠纷案"③中,法院亦肯定了原告对涉案数据产品的享有的竞争性财产权益,并认定被告擅自收集、存储或使用微信平台中作为经营性用户微信好友的其他微信用户的个人数据,将导致微信用户对微信产品丧失应有的安全感及基本信任,减损微信产品对于用户关注度及用户数据流量的吸引力,实质性损害了两原告对于微信数据资源享有的竞争权益,已构成不正当竞争行为。

虽然在司法实践中,法院认可企业对于其投入大量的智力劳动成果,通过深度开发与系统整合所研发运营的数据产品享有竞争性财产权益,对于依附用户信息存在的单一原始数据,法院认为企业作为数据控制主体只能依其与用户的许可

---

① 参见北京市海淀区人民法院民事判决书,(2010)海民初字第24463号。

② 参见浙江省杭州市中级人民法院民事判决书,(2018)浙01民终7312号。

③ 参见杭州铁路运输法院民事判决书,(2019)浙8601民初1987号。

享有有限使用权，但尚未形成对于个人信息数据财产权益归属与分配的统一规则。数据权属的界定与分配问题依然是企业实现对数据资源的高效合规利用和流通的最大困境。

二、《数据二十条》关于数据产权“三权分置”制度的设计

为解决数据产权困境，更好地保障数据处理者对其合法获得的数据资源的相关财产权益，国家发改委在2022年3月发布的《关于对“数据基础制度观点”征集意见的公告》中提出，“探索建立现代数据产权制度，推动数据持有权、使用权等相关权利有序分离与流通”。在2022年12月正式发布的《数据二十条》中则进一步明确了淡化所有权、强调使用权的原则，聚焦数据使用权流通，以数据处理者为主要保护主体，建立数据资源持有权、数据加工使用权、数据产品经营权分置的产权运行机制（数据产权“三权分置”制度）。深圳市发改委于2023年2月发布的《深圳市数据产权登记管理暂行办法（征求意见稿）》亦在贯彻落实《数据二十条》有关数据产权“三权分置”制度的政策规定的基础上，率先明确了数据资源持有权、数据加工使用权及数据产权经营权的定义。

（一）数据资源持有权

数据资源持有权，是指数据处理者在相关数据主体的授权同意下，对数据资源管理、使用、收益和依法处分的权利。

实践中，数据资源及其对应的持有权益通常包括如下2种情况：

（1）数据处理者自身生产的企业数据。该等数据不涉及个人信息和公共利益，此时数据处理者对其所持有的企业数据享有绝对的自主管控权利，可以自主决定数据资源的持有期限、数据资源持有权的转让等。

（2）数据处理者在生产经营中按照数据主体授权，依法依规获取的数据（含公共数据及个人信息数据）。此时数据处理者仅在数据主体授权的范围和期限内依法享有对该等数据资源的自主管控权利，且数据处理者对该等数据资源的持有权益一般不易认定为具备排他性。例如，在“腾讯公司诉祺韵公司著作权侵权、不正当竞争纠纷案”①中，法院即认定，对游戏用户的原始数据收集不是腾讯公司专属

① 参见广州互联网法院民事判决书，（2020）粤0192民初20405号。

的权利,祺韵公司在获得用户授权、不破坏腾讯公司的技术保护措施,且未妨害腾讯公司收集和使用数据的情况下,收集平台上游戏用户的原始数据的行为,不具有可责性,不构成对腾讯公司的不正当竞争。

(二)数据加工使用权

数据加工使用权,是指数据采集、加工等数据处理者依照法律规定或合同约定获取的以各种方式、技术手段使用、分析、加工数据的权利。

企业对于数据的加工使用,首先,应保障数据获取具备合法性基础(如基于相关数据主体的授权同意);其次,应保障对于数据的加工使用应依法依约进行,不得侵害公共利益、数据安全或数据主体的合法权益,如对于承载个人信息的数据需按照个人授权范围依法依规使用,不得利用"大数据杀熟",不得利用数据、算法等优势和技术手段排除、限制竞争等。

(三)数据产品经营权

数据产品经营权,是指数据处理者许可他人使用经其加工、分析等形成数据或数据衍生产品(数据产品)并获得收益的权利。

《数据二十条》明确了"谁投入、谁贡献、谁收益"的原则,对企业在依法开展的数据生产、流通、使用等活动中,投入劳动和其他要素贡献并获得合理回报的权益予以肯定。企业对其依法通过实质性加工或创新型劳动形成的数据或数据衍生产品享有财产权益,可以依法自主使用,进行处分并获取收益。但是该等数据产品经营权的保障依然以不得侵害公共利益、他人合法权益及不存在其他法定禁止情形为前提。

三、《数据二十条》出台后,企业数据资源的保护及合规治理体系的完善

数据产权"三权分置"制度框架构筑了商事企业数据资源确权以及交易流通的价值评估的明确法定基础。除传统司法保护路径外,企业也应通过建立健全相关基础制度和数据合规治理体系充分做好事前防范。具体而言,可参照《数据二十条》的规定构建数据资源持有权、数据加工使用权、数据产品经营权分置的产权运行机制,包括建立健全数据分类分级管理、数据权利登记、数据评价及价值评估、流转交易等内控合规制度及管理措施,并夯实其他法定的企业数据合规治理责任。

（一）建立健全数据分类分级管理制度

《数据二十条》提出要结合数据流通范围、影响程度、潜在风险，区分使用场景和用途用量，推动建立公共数据、企业数据、个人数据的分类分级确权授权制度。这也与《网络安全法》《数据安全法》等法律法规的要求保持一致。企业通过对数据进行分类分级，可以有效厘清企业所持有的各类数据资源，按照数据类别及级别采取相应保护措施及确权授权机制，例如，对于涉及公共安全、个人信息、商业秘密等的敏感性数据应进行重点加强保护。

企业在建立健全数据分类分级管理制度时，还应注意遵从其业务所属行业的特殊监管要求。例如，证券期货行业机构应遵从《证券期货业数据分类分级指引》（JR/T 0158—2018），工业企业应遵从《工业数据分类分级指南（试行）》，基础电信企业应遵从《基础电信企业数据分类分级方法》（YD/T 3813—2020）、《基础电信企业重要数据识别指南》（YD/T 3867—2021）、《电信网和互联网数据分类分级技术要求与测试方法》（YD/T 4244—2023）等。

（二）办理数据权属登记

参考知识产权登记惯例，企业通过向数据权益登记部门申请并完成数据权属登记，是一种非常有效且具备公信力的数据产权归属确认方式。企业可以通过办理数据权属登记来明晰数据资源持有权的归属情况、数据产品经营权的归属情况及数据加工使用权等权利许可的情况，作为其数据合规利用及流转交易的重要支撑，并可在数据财产权益纠纷中作为企业享有相关数据权益的有效证明，降低其应诉成本。

目前，我国部分省市地区已开展了数据知识产权登记及数据资源/数据产品登记相关服务的探索工作：

在数据知识产权登记方面，国家知识产权局将北京市、上海市、江苏省、浙江省、福建省、山东省、广东省、深圳市 8 个地区作为数据知识产权工作的试点地方，各个试点地方已分别从数据知识产权制度构建、登记实践、权益保护、交易使用等方面积极开展实践探索。

在数据产品/数据资产登记方面，深圳市、山东省、北京市等地区亦已开展了相关实践探索：深圳市在 2023 年 2 月发布了《深圳市数据产权登记管理暂行办法（征求意见稿）》，从登记主体、登记机构、登记行为等多个方面对数据产权登记行为予以规范;山东省在2022年7月发布了数据登记团体标准《数据产品登记信息描述规范》《数据产品登记业务流程规范》,积极推进数据产品登记工作;北京市于2022年7月设立了全国首个数据资产登记中心——北京国际大数据交易所数据资产登记中心,致力于打通数据资产登记平台和数据资产交易平台,建立数据资产登记相关政策和制度体系,为数据资产的登记提供规则依据和流程规范等。

遗憾的是,当前在全国范围内尚未形成统一的数据资产登记操作规则。但据国家发改委透露,未来将探索建设全国一体化数据要素登记存证平台。鉴于此,在全国一体化数据要素登记存证平台建成前,企业可根据自身业务需求选择适宜的数据权益登记部门,根据其具体操作要求及时为其符合确认产权归属条件的数据资源办理登记。

(三)开展数据评价与价值评估

《数据二十条》明确了"谁投入、谁贡献、谁受益"原则,并提出推动数据要素收益向数据价值和使用价值的创造者合理倾斜,确保在开发挖掘数据价值各环节的投入有相应回报。中共中央、国务院于2023年2月印发的《数字中国建设整体布局规划》中也强调,要"开展数据资产计价研究,建立数据要素按价值贡献参与分配机制"。因此,为保障企业在数据采集、加工、流通、应用等不同环节中获得合理的利益分配,企业可参照《数据资产评估指导意见(征求意见稿)》《信息技术　大数据　数据资产价值评估(征求意见稿)》《资产评估专家指引第9号——数据资产评估》等相关规定和指引开展数据评价和价值估算。

1. 分析数据资产的基本属性和基本特征

了解数据资产的基本属性、基本特征等,是明确评估对象,评价、估算数据资产价值的前提。数据资产评估可通过委托人或相关当事人提供及自主收集等方式获取数据资产资料,分析和明确数据资产的基本属性和基本特征:

(1)数据资产的资本属性。根据《信息技术　大数据　数据资产价值评估(征求意见稿)》的规定,数据资产的基本属性包括通用属性(包括数据来源、数据类型、数据结构、时段、更新周期、元数据和存储形式等)、业务属性(包括业务描述、业务模型、业务规则和关联关系等)及管理属性(包括数据分类分级、安全信息、数据溯源、职责权限和应用场景等)。

(2)数据资产的基本特征。根据《信息技术　大数据　数据资产价值评估(征求意见稿)》的规定,数据资产通常具有非实体性、依托性、多样性、可加工性、价值易变性等基本特征。与传统资产不同,数字资产非但不会因为使用频率的增加而磨损、消耗,反而会因为使用频率的增加而增加其价值。同时,数据应用的不确定性及技术进步或同类数据库的发展等多种因素的影响也导致数据价值极易发生变化。

2. 数据评价

企业在提供评估保障和确保评估安全的前提下,基于对数据资产基本属性和基本特征的分析,对数据资产进行数据评价,获得可供价值评估使用的质量要素、成本要素和应用要素等参数。其中,质量要素,是指数据资产在特定业务环境下符合和满足数据应用的程序,包括准确性、一致性、完整性、规范性、时效性和可访问性等;成本要素,是指按照重置该项数据资产所发生的成本,主要包括前期费用、直接成本、间接成本、机会成本和相关税费等;应用要素,主要包括使用范围、应用场景、商业模式、供求关系、数据关联性和应用风险等。

3. 数据价值评估

企业可基于对数据资产基本属性和基本特征的分析及质量要素、成本要素和应用要素等参数,选择适用的评估方法,对数据资产的价值进行评估。评估方法包括收益法、成本法或市场法。具体如表 2 所示。

表 2　数据价值评估方法介绍

评估方法	概述	使用前提	基本模型	评估步骤
成本法	一般按照重置该项数据资产所发生的成本作为确定数据资产价值的基础,并对重置成本价值进行调整,以此确定数据资产价值	(1)数据资产能正常使用或者在用; (2)数据资产能够通过重置途径获得; (3)数据资产的重置成本及相关价值调整系数能够合理估算; (4)数据质量能够达到应用场景下所要求的基准	$P = C \times \delta$ 其中: P—评估值; C—重置成本; δ—价值调整系数	(1)汇总重置成本(包括前期费用、直接成本、机会成本和相关税费等); (2)确定价值调整系数(可通过专家评价方法和剩余经济寿命法确定)

续表

评估方法	概述	使用前提	基本模型	评估步骤
收益法	一般通过测算数据资产未来预期收益并折算成现值来确定数据资产价值	(1)数据资产的未来收益可以合理预期并用货币计量； (2)预期收益所对应的风险能够度量； (3)预期收益期限能够确定或合理预期； (4)数据质量能够达到应用场景下所要求的基准	$P=\sum_{t=1}^{n}F_t\frac{1}{(1+r)^t}$ 其中： P—评估值； Ft—数据资产未来第 t 个收益期的收益额； n—剩余经济寿命期； t—未来第 t 年； i—折现率	(1)形成预期收益：通过直接收益预测、分成收益预测、超额收益预测和增量收益预测等方式预测特定应用场景下数据资产的预期收益； (2)确定收益期限：综合考虑法律有效期限、相关合同有效期限、自身的经济寿命年限、更新时间、时效性和权利状况等因素，合理确认收益期限； (3)估算折现率：可通过分析评估基准日的利率和投资回报率及数据资产实施过程中的管理、流通和数据安全等因素确定
市场法	在具有公开并活跃的交易市场的前提下，选取近期或往期成交的可比参照物价格作为参考，并调整特异性和个性化的因素，从而得到数据资产估值	(1)数据资产的可比参照物具有公开活跃度市场； (2)有关交易的必要信息可以获得，如交易价值、交易时间和交易条件等； (3)数据资产与可比参照物在交易市场、梳理、价值影响因素、交易时间和交易类型等方面具有可比性，且这些可比性可以量化；	$P=\sum_{i=1}^{n}(V_i\times X_{i1}\times X_{i2}\times X_{i3}\times X_{i4}\times X_{i5})$ 其中： P—被评估数据资产价值； n—被评估数据资产所分解的数据集的个数； V_i—参照数据资产的价值； X_{i1}—质量调整系数(综合考虑数据质量对数据资产价值的影响确定)； X_{i2}—供求调整系数(综合考虑数据资产的市场规模、稀缺性和价值密度等相关影响确定)；	(1)筛选参照数据资产：根据该数据资产的特点，选择合适的可比案例，如交易市场、数据规模、应用领域、应用区域等相同或近似的数据资产或对标交易活动；评估要素为筛选环节提供了对比的维度和依据； (2)差异分析调整：通过比较数据资产和参考数据资产或对标交易活动来确定调整系数，对价值影响因素和交易条件存在的差异做出合理调整，以取得准确价值

续表

评估方法	概述	使用前提	基本模型	评估步骤
		(4)存在足够数量的可比参照物,通常建议不少于3个; (5)数据质量能够达到应用场景下所要求的基准	X_{i3}—期日调整系数(综合考虑在评估时点的数据资产相关价格指数确定); X_{i4}—容量调整系数(综合考虑数据容量对数据资产价值的影响确定); X_{i5}—其他调整系数	

4.形成结论

对同一数据资产采用多种评估方法时,应当对所获得的各种测算结果进行分析,形成评估结论。企业应将评估结果及时更新至数据资产目录,确保评估过程被记录、可追溯。

(四)建立健全数据流转交易管理制度

企业应审慎对待数据(尤其是个人信息数据等原有数据)的流转交易行为。若企业拟向第三方提供的数据涉及个人信息和/或重要数据的,应事先按照相关法律规定开展数据安全风险评估,尤其需要关注对敏感类的数据流转交易的把控,例如:

(1)对于可能危害国家安全、公共安全、经济安全和社会稳定的数据,企业制度应严格禁止流转交易;

(2)个人生物识别信息原则上不应予以流转;

(3)共享、转让个人信息和/或重要数据的,应采取加密、脱敏等措施保障数据安全。

另外,企业在开展数据流转交易活动中,应根据数据流转交易合作的具体目的、内容、各方权责划分等因素审慎判断并选择数据流转交易的具体合作模式(包括委托处理、共同处理以及与对外提供数据等),进行交易和合作方管理,包括:

(1)向第三方提供个人信息的,应通过合法的形式和适当的渠道向个人信息主体告知数据接收方的名称或姓名、联系方式、处理目的、处理方式和个人信息的种类,并合法取得个人信息主体的同意。

(2)应以合同等形式与合作方明确约定拟流转交易的数据的权属(包括数据资源持有权、数据产品经营权的归属及数据加工使用权的许可等)、范围、方式、时限、目的、各方的数据安全保护责任和义务、投入产出收益的分配等。

(3)企业在开展数据流转交易活动中，若发现第三方违反法律法规要求或违反各方约定处理数据的，应立即要求第三方停止相关行为，且采取或要求第三方采取有效补救措施(如更改口令、回收权限、断开网络连接等)控制或消除数据面临的安全风险；必要时，企业应终止与第三方的数据流转交易合作，并要求第三方及时返还或删除相关数据。

(4)若企业作为数据接收方开展数据流转交易，应注意要求数据提供方通过数据权属登记证明、数据流通交易声明和承诺等确保数据来源合法；同时，企业应依法在各方约定的授权使用目的和范围内开展数据处理活动。

(五)其他

企业在日常数据合规治理工作中，还应依法建立健全数据安全与数据合规管理组织架构，落实数据安全与数据合规管理工作；坚持“宽进严管”原则，牢固树立企业的责任意识和自律意识；定期开展培训，提升员工数据合规管理与安全保障意识；并宜建立实施数据安全管理认证制度，通过认证进一步提升企业数据安全管理水平。此外，《反垄断法》《反不正当竞争法》等相关法律的规定也应引起企业的关注，避免触碰垄断、不正当竞争等市场红线。

结　语

国家数据局的成立及《数据二十条》等相关政策的发布，在国家层面为加快数据流动，充分释放数据要素的价值，推动数据经济快速发展提供了组织及基础制度保障。《数据二十条》从力图解决数据所有权和使用权的冲突出发，确保数据资源的合法权益的基础，将“三权分置”的基础框架进行了底层搭建。具体场景中的权属判定、相关方的权责界限、权益保障可行途径等制度的落地执行细节，在政策立法和维权司法程序的指导上仍待填补空缺。

在国家数据要素保障和数据价值挖掘的整体政策驱动下，企业在锚定数字赛道的业务加速运营的同时，更应该做好对自身的数字资产的梳理和保障，做好重点工作方向的把控，建议企业应从办理数据权属登记、开展数据评价与价值评估、加强数据分类分级管理及数据流转交易管理等各方面增强对企业数据资源的保护及合规治理,并以此促进企业数据的高效合规流转和使用,保障企业数据资源价值的充分发挥。

未来已来:中国自动驾驶法律政策演进及展望

江　波*

自动驾驶汽车已经从空泛的想象具象化到现实生活中来,我国立法也抓紧时代脉搏,自2015年起便已敏感捕捉到自动驾驶技术的发展气息,并出台一系列政策推动自动驾驶汽车的发展。发展至今,我国自动驾驶法律领域已形成初步框架,并在实际立法上尝试突破。同时,美国、德国、日本的相关立法也为我国自动驾驶汽车未来法律发展提供有益参考。因此,当前立法趋势应首先聚焦于我国立法现状并找出其中应予重视的关键点,参考其他国家的成功经验,落脚于我国实际,构建一套切实可行、覆盖全面的法律体系。

一、我国自动驾驶领域立法现状

(一)宏观调控与地方试点相结合

截至2023年8月,我国在自动驾驶立法领域已建立初步体系,并取得初步成果。目前的立法大多以政策性、规范性文件为主,侧重于宏观调控与地方试点相结合。在发展规划方面,2015年国务院印发的《中国制造2025》中,提出将推动智能交通工具等产品的研发和产业化。2017年4月,工业和信息化部、国家发改委、科技部三部门联合发布了《汽车产业中长期发展规划》,同年7月,国务院印发《新一代人工智能发展规划》。2020年2月,国家发改委、科技部等11个部委发布《智能汽车创新发展战略》,对自动驾驶的发展计划、发展战略、未来愿景等方面作出规划设计。2022年1月,交通运输部、科学技术部联合印发了《交通领域科技创新

* 江波:北京德和衡律师事务所高级合伙人、执行主任,德和衡研究院执行院长,博士,中国政法大学兼职教授,最高人民检察院民事行政咨询专家。

中长期发展规划纲要(2021－2035年)》,该纲要提出促进道路自动驾驶技术的研发与应用。2022年9月16日,工业和信息化部发布《国家车联网产业标准体系建设指南(智能网联汽车)(2022年版)(征求意见稿)》,2023年7月18日,工业和信息化部、国家标准化管理委员会印发《国家车联网产业标准体系建设指南(智能网联汽车)(2023版)》。

在自动驾驶分级标准方面,工业和信息化部于2021年3月9日公示,并于2021年1月1日正式实施国家标准《汽车驾驶自动化分级》,对自动驾驶技术等级及其划分要素作出规定。(见表1)

表1 驾驶自动化等级与划分要素的关系

分级	名称	持续车辆横向和纵向运动控制	目标和事件探测与响应	动态驾驶任务接管	设计运行范围
0级	安全辅助	驾驶员	驾驶员和系统	驾驶员	有限制
1级	部分驾驶辅助	驾驶员和系统	驾驶员和系统	驾驶员	有限制
2级	驾驶辅助	系统	驾驶员和系统	驾驶员	有限制
3级	有条件自动驾驶	系统	系统	动态驾驶任务接管用户(接管后成为驾驶员)	有限制
4级	高度自动驾驶	系统	系统	系统	有限制
5级	完全自动驾驶	系统	系统	系统	无限制[1]

[1]排除商业和法规因素。

在道路测试和市场准入方面,工业和信息化部、公安部和交通运输部于2018年4月发布《智能网联汽车道路测试管理规范(试行)》,该规范于2021年因《智能网联汽车道路测试与示范应用管理规范(试行)》施行而失效,之后,在北京、上海、重庆、长沙等12个城市相继颁布相关试行规定。另外,在2021年3月24日,公安部发布了《道路交通安全法(修订建议稿)》,在法律层面明确了具有自动驾驶功能的汽车进行道路测试和通行的相关要求。工业和信息化部装备工业一司发布了《智能网联汽车生产企业及产品准入管理指南(试行)(征求意见稿)》,后于2022年10月28日发布了《道路机动车辆生产准入许可管理条例(征求意见稿)》,同年11月2日又发布了《关于开展智能网联汽车准入和上路通行试点工作的通知(征求意见稿)》。2022年8月8日,交通运输部发布《自动驾驶汽车运输安全服务指南(试行)(征求意见稿)》,该指南草案推进了自动驾驶汽车行业的商业化进程。

在数据和网络安全方面,2017 年 6 月,国家标准化管理委员会、工业和信息化部联合发布了《国家车联网产业标准体系建设指南(智能网联汽车)(2017 年)(征求意见稿)》,系统性提出汽车信息安全标准建设指导规划。2021 年 5 月,国家互联网信息办公室发布《汽车数据安全管理若干规定(征求意见稿)》,对汽车数据合规提出详细的规定。2021 年 6 月 21 日,工信部就《车联网(智能网联汽车)网络安全标准体系建设指南(征求意见稿)》公开征求意见并于 2022 年 2 月 25 日发布。2021 年 6 月 22 日,工信部就《关于加强车联网(智能网联汽车)网络安全工作的通知(征求意见稿)》公开征求意见。2022 年 8 月 25 日,自然资源部发布《自然资源部关于促进智能网联汽车发展维护测绘地理信息安全的通知》,对智能网联汽车涉及的测绘地理信息数据采集和管理等相关法律法规以及政策的适用与执行进行了规定。2023 年 5 月,国家工信部发布《智能网联汽车自动驾驶数据记录系统(征求意见稿)》。

综上所述,我国的立法性文件集中于发展规划、自动驾驶分级标准、道路测试和市场准入、数据和网络安全四个方面,并且在道路测试上从中央和地方两层面出发表明对自动驾驶技术发展的支持。另外,我国以地方为首先切入点,在北京、深圳设立先行区,并在广州、上海和雄安新区等地区开展道路测试。真正做到宏观调控与地方试点相结合,逐渐稳步推进自动驾驶的立法和实践发展。

(二)立法落地并取得初步突破

长久以来,我国自动驾驶领域的法规政策多以规范性、政策性文件为主,因过于抽象、缺乏具体可操作性而遭遇诟病。然而自迈入 2021 年以来,这一方面已取得初步突破。2021 年 3 月 24 日,公安部发布的《道路交通安全法(修订建议稿)》在第 155 条中首次以立法的形式明确了自动驾驶汽车在道路测试和车辆准入方面的规定,明确指出具有自动驾驶功能的汽车开展道路测试应当在封闭道路、场地内测试合格,并且要求自动驾驶汽车取得临时行驶车号牌。虽然此次《道路交通安全法(修订建议稿)》在自动驾驶方面的立法修改暂时只有这一条内容,但这也是我国首次在上位法领域作出对自动驾驶的相关内容的明确规制。

同时,地方立法机构就此方面的问题发布了相关规定。2021 年 3 月 23 日,深圳市人大常委会发布了《深圳经济特区智能网联汽车管理条例(征求意见稿)》并向全社会征求意见,虽然目前尚处于征求意见阶段,但其内容已涵盖道路测试、市场准入、责任承担、数据与安全保护多方面内容。该条例于2022年6月30日正式发布并于8月1日起施行。这是我国首次进行对自动驾驶领域的专项立法,此次突破对于我国后期在自动驾驶领域逐渐建立一套切实可行、覆盖全面的法律体系而言不可谓不是一次重要开场。2022年4月28日,北京市高级别自动驾驶示范区工作办公室发布《北京市智能网联汽车政策先行区乘用车无人化道路测试与示范应用管理实施细则》。2022年8月23日,上海市人民政府办公厅发布了《上海市加快智能网联汽车创新发展实施方案》,该方案对《智能汽车创新发展战略》进行了细化,并进一步明确在上海市加快推进智能网联汽车发展的目标;同年11月,上海市人大常委会发布了《上海市浦东新区促进无驾驶人智能网联汽车创新应用规定》并于2023年2月1日起正式施行,该规定进一步推动了智能网联汽车商业化应用和运营政策的落地。2023年6月,北京市自动驾驶办公室发布《北京市智能网联汽车政策先行区数据分类分级管理细则(试行)》。

(三)自动驾驶领域的立法关键点亟须逐个击破

经过前文可知,虽然自2021年起国家在自动驾驶立法领域已迈出脚步,无论是在国家政策还是上位法和地方立法上都呈现跃跃欲试的姿态。但是不可忽视的是,与飞速变化的科学技术相比,相关立法的发展仍然存在速差。在技术日益成熟的当下,因法律具有稳定性,其发展逐渐与科技发展不相匹配,若强行沿用过去的传统法律,只会愈加凸显双方的"水土不服"。另外,已作出规定的方面不仅情形不甚全面,其内容也有待细化。因此,若想完善立法,亟待解决的关键问题就是细化立法,填补立法空白,逐个击破立法关键点。

1. 事故责任主体规定不够明晰,责任分担规则尚未确定

《汽车驾驶自动化分级》将汽车驾驶自动化功能将划分为L0~L5共6个等级,而此次《道路交通安全法(修订建议稿)》中使用了"具有自动驾驶功能的汽车",将自动驾驶汽车分为"具有自动驾驶功能且具备人工直接操作模式的汽车"和"具有自动驾驶功能但不具备人工直接操作模式的汽车"两种,前者对应《汽车驾驶自动化分级》中L3及以下级别的汽车,后者对应L4及以上级别的汽车。

在规定事故责任承担主体时,《道路交通安全法(修订建议稿)》规定,如果发生道路交通安全违法行为或者交通事故,应当依法确定驾驶人、自动驾驶系统开

发单位的责任,并依照有关法律、法规确定损害赔偿责任。构成犯罪的,依法追究刑事责任。这一规定明确了驾驶人、自动驾驶系统开发单位的事故责任,然而,首先责任承担人仅指向以上两种人群是否严谨?其他主体如平台研发者、监管者等主体是否承担责任?尚有待讨论。其承担责任又应当适用何种责任认定规则同样未予以明确。另外,该条规定对于不具备人工直接操作模式的汽车的责任主体却缺乏规定,仅规定由国务院有关部门另行规定。由此可见,目前我国对于自动驾驶的法律规定仍显粗糙,且依然留有“真空地带”。

2. 道路安全保障有待加强

《道路交通安全法(修订建议稿)》中强调,道路测试应当在封闭道路上进行,并安排驾驶人处于车辆驾驶座位上,监控车辆运行状态及其周围环境,以免意外发生,但仍缺乏对路测主体的要求,笔者认为,路测主体应当负担诸多义务,保障路测的安全进行。另外,引入路测远程控制同样具有必要意义,若仅将驾驶人作为监控车辆运行的监控主体,无法从外部保障车辆运行安全,《道路交通安全法(修订建议稿)》未对监控操作人提出要求,对远程保障的重视不足。

自动驾驶汽车具有智能性、自主性,并会在发展中逐渐完善自身认知,因而,当事故发生时,自动驾驶汽车或许会基于自身判断作出不同行为,如何确保自动驾驶汽车最大化保障乘客利益,仍是后续立法应当予以重视的部分。

3. 个人信息和数据安全挑战

为了保障自动驾驶安全前行,自动驾驶汽车务必须要掌握更加全面、详细的信息,其中包括自动驾驶地图数据采集、周边环境信息、位置数据以及驾驶人及乘客的个人信息等,在收集信息的过程中,必然会要求个人或集体让渡自身隐私。如何界定合理收集信息与侵犯隐私权的界限,需要后续法律加以关注。目前,虽然《数据安全法》《个人信息保护法》对此有所规制,但想要尽量避免信息泄露带来的风险,仍需要针对自动驾驶的特征予以专门分析并详细立法。此外,因汽车产业在国民经济体系中具有至关重要地位,涉及国家经济、智能制造与产业升级、金融等诸多领域,在汽车数据处理能力日益增强、汽车数据规模不断庞大的同时,汽车数据安全问题和风险隐患日益突出。虽然 2021 年 10 月 1 日起施行的《汽车数据安全管理若干规定(试行)》对汽车数据处理者如何更好地履行个人信息保护责任和如何规范处理重要数据提出了明确的要求,同时规定了汽车数据安全监督管理和保障的具体措施,但仍缺乏与自动驾驶汽车产业特征相契合的个人信息和数据安全专项性管理规范。

二、比较法视野下自动驾驶领域的法律动态

（一）美国

在发展规划方面，美国颁布的《联邦自动驾驶汽车政策指南》《自动驾驶汽车立法大纲》《智能交通系统战略规划 2020－2025》等文件为自动驾驶的发展规划指明了道路，强调对道路通行安全性的重视。另外，2021 年 1 月，美国交通部发布了《自动驾驶汽车综合计划》，该计划定义了实现自动驾驶系统愿景的三个目标：（1）促进协作和透明度；（2）现代化监管环境（主要是消除创新汽车设计、功能和操作等方面的不必要的监管障碍；开发针对安全性的框架和工具，以评估自动驾驶系统的安全性能）；（3）为运输系统做准备。

在自动驾驶分级标准上，2014 年，美国汽车工程协会提出的智能驾驶分级标准成为汽车行业工人的分级制度，我国《汽车驾驶自动化分级》中级别的划分也参考了美国汽车工程协会标准的级别分类。

在道路测试方面，美国主张放宽对自动驾驶汽车的限制，鼓励自动驾驶汽车发展，并且将"驾驶员"定义为"坐在驾驶座上的自然人"并提出汽车使用者的注意义务，对我国立法具有参考意义；在市场准入方面，简化测试许可程序、简化豁免申请和豁免程序，为自动驾驶汽车的市场准入消除壁垒。

数据与安全保护方面，美国出台了《汽车安全与隐私法案》等法案，要求对车辆的数据收集应当透明且基于用户同意，用户应当对于收集的个人数据拥有掌控权；针对自动驾驶汽车的特点，对相关安全标准进行承认、修改和重新规定，并通过设置自动驾驶汽车生产者网络安全条款，从网络安全和数据保护角度对美国自动驾驶技术进行监管。

（二）德国

德国与美国在自动驾驶立法领域同属第一梯队。德国出台的《自动驾驶法》为未来发展规划设置了目标，旨在建立一个法律框架，允许高度自动化的车辆在日常运行场景中使用，预期在 2022 年，具有自动驾驶功能的车辆将投入正常运营；其在市场准入和道路测试方面提出对机动车的质量设备要求、颁发执照的审查和手续，调整和创建统一的法规，以实现对自动驾驶汽车的测试；在数据保护方

面提出操作具有自动驾驶功能的车辆时有关数据处理的规定。

除此之外,在责任认定上,德国早在2017年出台《道路交通法第八修正案》时就对事故责任承担作出进一步划分,其中对于事故责任的认定划分为两种情况:若因驾驶员过失导致则由驾驶员承担事故责任,若是自动驾驶系统发生故障,车主可向生产者追偿。并且该修正案上调了事故赔偿金额限制,以最大限度地保护受害人的利益。另外,德国的《自动化和网联化车辆交通伦理准则》创新性地提出针对自动驾驶的伦理指南,该准则第7条规定,自动驾驶汽车需要将人类安全置于财产安全和动物安全之上。第9条规定,禁止自动驾驶系统在发生撞车事故时进行任何基于个人特征(如年龄、性别、身体和精神状态)的选择性牺牲,并且要求即使在危险的情况下,自动驾驶汽车也不能牺牲无关第三方的利益。该伦理准则为自动驾驶系统在事故发生时所不得不作出的利益取舍提供了答案,也为自动驾驶汽车生产企业在系统中预设事故处理模式提供了技术思路。

德国对于责任承担的划分以及伦理准则引入方面为我国提供有益参考。

(三)日本

日本立法在道路测试和路测安全上的关注值得我国学习。2016年日本警察厅发布《关于自动驾驶系统公共道路验证测试的指南》,无论是其立法宗旨、基本原则和具体制度设计,都体现了对路测安全问题的关注。该指南明确了路测的基本原则:第一,测试车辆应符合日本道路运输车辆的安全标准;第二,驾驶员应坐在测试车辆的驾驶座位上,时刻监视周围路况和车辆状态,并在紧急情况时实施必要操作以保证安全,避免伤及他人;第三,驾驶车辆时应遵守道路交通法等相关法令。该指南尚不允许驾驶座位无人的路测行为。

另外该指南要求测试主体承担分析、化解测试安全的责任,要求路测驾驶员必须持有法律规定的与测试车辆相对应的驾驶执照,并且路测驾驶员必须具有相应的能力,能胜任路测活动。如果路测驾驶员不具备相应能力,路测主体有义务采取额外的安全保障措施,如组织重新学习并在路测车辆内再配备熟悉自动驾驶系统构造和特性的其他人员以进行必要的辅助操作。同时,《远程自动驾驶路测许可标准》对远程监控/操作员,提出规定,远程监控/操作员,是指远离运用自动驾驶系统来实现汽车移动,并且根据情况,运用自动驾驶系统来监视或操作测试车辆的移动,在法律上承担驾驶者责任义务的人。

三、立足自动驾驶未来发展趋势谈我国的立法突破点

(一)建立自动驾驶汽车事故侵权责任的链式分配机制

德国曾提出要求无人驾驶汽车必须安装数据记录仪,以便查明因果关系,明确侵权事故发生时的各方责任。这是由于自动驾驶汽车的出台需要经历技术研发、生产、监管、使用等多个环节,由于自动驾驶汽车的特殊性,各个阶段行为主体的行为均有可能和侵权结果产生因果关系。然而,目前我国法律中仅将责任主体限定在“驾驶人”和“自动驾驶系统开发单位”,并且仅限定在“具有自动驾驶功能且具备人工直接操作模式的汽车”的情形下,这一规定显然不足以适应自动驾驶汽车实际运营中可能产生的意外。因此,为了尽量全面考虑自动驾驶实际情况中可能产生的意外,并明确责任主体,笔者认为,建立链式责任分配机制尤为必要。

1. 研发者:负面清单下的严格责任

自动驾驶与传统驾驶相比,最突出的特点即是其全智能、自动化的计算技术,自动驾驶汽车在一定程度上可以被认定为拥有独立思想和独立意志,因而可以认定自动驾驶系统的研发者就是支配其行为的“大脑”,因此设立研发者的严格责任很有必要。但是有学者提出,即使人工智能拥有强大的运算能力和计算技术,也无法预先设计出所有自动驾驶汽车可能遇到的所有情况,若赋予其完全的严格责任显失公平,因此其严格责任应当是“负面清单”中的严格责任,只有当事故产生属于“负面清单”中的缺陷事由时,方可主张研发者的严格责任。

2. 生产者、销售者:沿用传统的产品缺陷责任

自动驾驶汽车的生产者系经济生产经营中从事产品生产活动的主体,是对外承担产品质量法律责任的主体,因而其作用与传统产品生产者的地位与作用并无二致。《产品质量法》中对于生产者、销售者的产品缺陷责任分别作了不同规定,生产者要承担无过错严格责任,同时也规定了法定免责条件:(1)未将产品投入流通的;(2)产品投入流通时,引起损害的缺陷尚不存在的;(3)将产品投入流通时的科学技术水平尚不能发现缺陷的存在的。销售者则要承担过错推定责任,销售者若不能举证证明自身不存在过错就不能免除赔偿责任。

3. 驾驶者:过错责任与适当的注意义务

根据前文分析已知,我国目前的自动驾驶包括“具有自动驾驶功能且具备人工直接操作模式的汽车”和“具有自动驾驶功能但不具备人工直接操作模式的汽

车”两种。《道路交通安全法(修订建议稿)》中也明确了在第一种情形下驾驶者的损害赔偿责任,此种情况下驾驶人在一定程度上仍然对自动驾驶汽车的行为起着干预甚至是决定的作用,因此当驾驶员存在主观过错并且其行为导致事故的发生时,其应当承担侵权责任。

但正如我们所期望的,自动驾驶汽车未来也务必向着更智能、更自主、更独立的趋势发展,自动驾驶汽车会逐渐与驾驶人的意志相分离。届时,驾驶人的身份将变得模糊,甚至消失,车内的所有人员其实都只是乘客身份,自动驾驶汽车对其行为具有高度决定权,并不掺杂其他车内主体的意志,因此无过错之说。但这并不意味着车内人员从此不承担任何责任,其仍需履行恰当的注意义务,如仔细阅读驾驶注意事项、不得违背汽车行驶要求或是必须承担定期维护义务等。

4. 监管者:加强事前、事中、事后监管责任

自动驾驶汽车投入市场务必会和社会产生联系,因此必须加强对于自动驾驶汽车监管体系的完善,做到事前建立市场准入机制、事中加强数据信息收集、事后配备完善保险机制。

就市场准入机制而言,《道路交通安全法(建议修订稿)》已经明确了道路测试的要求和应当取得临时行驶车号牌,接下来应当在汽车安全标准、上市审批、准入登记方面作出更加细致的要求。就事中数据收集而言,此对公民提出了更高要求,信息收集需要民众适当让渡自身的隐私权,对此可以参考美国的做法,要求信息的使用务必在信息所有人和信息使用人知情的情况下完成;另外,对于自动驾驶地图的制作也要比传统地图在精确度和属性内容上更详细、更准确,也对相关测绘单位提出了更高的要求。关于事后的保险制度,《上海市智能网联汽车道路测试和示范应用管理办法(试行)》提出,汽车生产者必须为申请道路测试的车辆购买每车不低于500万元的交通事故责任保险,或者提供不低于500万元的交通事故赔偿保函。虽然其保险制度建立的意识值得认可,但是让生产者投保交通事故责任险的做法也会加剧生产者的负担。对此,有学者提出,借鉴船东互保协会运营的经验,由无人驾驶汽车硬件所有权人、软件著作权人以及数据运营平台共同出资设立电子法人,成为无人驾驶汽车的股东,确定注册资本,分散自动驾驶汽车的运行风险。

5. 其他主体

在商用汽车情形下,如共享自动驾驶汽车和网约车,用户与相关平台实际上

存在合同关系,用户在使用上述商用自动驾驶汽车时若受到损害,可基于合同约定主张运营平台的赔偿责任。对自动驾驶公交车交通事故责任认定而言,公共交通运营商也应基于合同关系承担责任。同时有学者提出,基于公共交通运营商的公益属性以及若出现损害其范围和规模的广泛性,可以引入实时保险模式分散公共运营商的赔偿责任。实施保险模式,是指将保险微观化,针对不同的运行时段和里程,适用不同的保险费用,并将购买保险设置为法定义务,将保险价格附加至乘客支付的车票费用之中。如此既能保证乘客出行前及时获得保险保障,又能将价格控制在合理范围内,同时也可降低运营商的运营风险。

(二)学习德日经验,加强道路安全保障

1. 以日本为例,重视对道路安全测试安全问题

首先在路测主体方面,路测主体承担着预测风险并及时化解风险的责任。就我国而言,应规定在道路测试开始之前路测主体肩负实现联系有关机构获取信息的法定义务,如预先联系警方、道路管理者以及当地的运输局等部门收取相关建议,并且设立分阶段测试策略,当在封闭环境下测试合格,充分证明其车辆安全性后,逐渐转化测试场地至公共道路上进行安全测试。如此便可有效逐步提升车辆安全情况,尽可能在车辆准入市场前完成最真实的上路测试并获得安全保障。

在远程监控方面,配备远程监控或操控人员,并对其资质进行审核,要求具备相应能力。在自动驾驶汽车出现意外,而驾驶员未能及时作出反应之时,远程监控或操控人员可以远程操控汽车,防止意外发生。法律应赋予远程监控或操控人员承担责任的法律义务以及过错责任。

2. 参考德国伦理准则,搭建我国自动驾驶伦理框架

当自动驾驶汽车脱离人的意志,自由地在道路上行驶时,其决策同样也担负着伦理和道德上的社会意义,能否将人类伦理僵硬地嵌入自动驾驶汽车中?答案似乎是否定的,但这并不意味着人类伦理对自动驾驶汽车并不适用,许多伦理和社会价值观同时也体现在法律之中,对此,德国的自动驾驶伦理准则背后蕴含的伦理精神可为我国所适当参考。

(1)人与物碰撞——树立以人为本的价值理念

德国自动驾驶伦理准则集中体现了以人为本的价值理念,首要目标是提升所

有交通参与者的安全,并将对人的保护处于绝对优先地位。同时,根据普遍接受的碰撞伦理,当碰撞对象都为物时,优先保护价值高的财物;人与物碰撞时,优先保护人。因此,在危险发生不可避免的情况下,宁愿接受对动物或者财产带来损害,也应尽一切可能降低或避免对人身造成伤害。

(2)人与人的碰撞——陷入两难境地时的法哲学解决方法

德国伦理准则中的“反对歧视性设计”曾指出,在发生不可避免的事故时,严禁将人群属性,如年龄、性别、精神状况等作为评判标准,禁止对受害者区别对待。而自动驾驶汽车真正为法理和伦理带来的挑战即人与人之间的碰撞选择,碰撞双方都是生命体,人群属性不能作为取舍标准,而主体价值又难以通过算法和技术客观衡量,因此,价值判断如何设立统一标准,是目前伦理选择的最大障碍。有学者据此提出“伤害的边际约束与可允许的伤害原则”和“非利他主义之普遍化的理论价值”等理论,其中提到自动驾驶系统应当首先保护乘客的利益,但人数并不是系统进行价值判断的标准,若付出合理代价能带来更大的社会善好,那么自动驾驶系统对乘客施加伤害也是可以被允许的。

(三)隐私安全上强调数据个人控制,引入数据控制者的信义义务

1. 强调用户数据信息的个人控制

无论是欧盟国家强调对于人的尊严和隐私的重视,还是美国的“隐私控制论”强调人们对于隐私的支配,尽管出发点不尽相同,但殊途同归,最后都落脚于个人对自身信息的控制,要求使用个人数据需要用户知情。虽然有观点提出,个人在隐私保护方面存在非理性行为,会出现个人对于隐私的认知存在不足,无法适当管理自己的隐私的情形;另外,信息主体本身也难以监管网络对自身信息的使用。因此有观点主张不应当将用户“同意”作为个人数据处理的基础。但是我们不能据此就否认个人对自身数据的自治能力并据此剥夺个人信息控制权,法律在赋予个人控制权的同时,还应加强对数据控制者的自我约束,通过约束后者而非限制前者,加强对用户隐私和数据的保护。

2. 引入数据控制者的信义义务

个人将数据或隐私托付给某一主体,往往是基于信任的考量,二者之间会形成信义关系。在当前自动驾驶发展的背景下,大众让渡自己的隐私以完善自动驾驶汽车的数据信息,自动驾驶汽车背后的数据控制者也应以受托人的身份保护其

占有的个人数据,对数据控制者的保护义务提出了更高的要求——其行为不能停留在“是否采取安全保障措施”的领域,而要考虑这些安全保障措施是否可以达到保护信息的实际效果,并且要根据技术升级和形势变化适当调整或逐渐发展。

从 ChatGPT 思考人工智能监管:“基于风险的方法”

辛小天　杨雪娇*

随着 ChatGPT 作为一款现象级的人工智能(Artificial Intelligence,AI)产品火爆之后,各大互联网公司也纷纷入场表示正在研发或要推出类似产品。在浪潮澎湃之下,其身后暗藏的法律和伦理道德隐患也开始引发公众关注。ChatGPT 这一类生成式 AI 产品涉及的法律风险包括如下三点:

(1)知识产权侵权。包括产品本身可能挖掘他人具有著作权的作品作为数据库,用户在使用过程中也会涉及输入他人具有著作权的作品要求 ChatGPT 进行总结分析。

(2)生成和传播虚假信息。ChatGPT 本身无法核实数据来源的真实性,也不直接提供数据来源,用户无法得知信息的可靠性。并且,在缺乏足够数据进行深度学习的情况,模型给出的答案本身也会存在问题,很多网友都发现了 ChatGPT 在“一本正经地胡说八道”的情况。

(3)数据隐私和商业秘密。ChatGPT 作为一款互动型的聊天机器人,基于对用户数据的收集和分析来作出回答,用户可能在毫无警觉的情况下向 ChatGPT 输入个人信息、商业秘密或其他敏感数据。可能引发的法律风险,包括用户自身行为的侵权风险,以及 ChatGPT 将这些数据作为训练数据进行使用时的合规风险。目前已有多家公司和机构如摩根大通、花旗集团、沃尔玛和亚马逊等因担心信息

* 辛小天:北京德和衡(深圳)律师事务所合伙人、德和衡数字经济与人工智能业务中心总监,中国通信学会网络空间安全战略与法律委员会委员。

杨雪娇:北京德和衡律师事务所网络安全与数据合规部联席合伙人。

泄露和合规风险限制员工在工作场所使用 ChatGPT。

此外，针对 ChatGPT 应用带来的学术不端和作弊问题，教育界和学术界也开始作出反应，对其使用进行抵制或限制。法国巴黎政治学院宣布禁止使用 ChatGPT 和其他所有基于 AI 的工具完成学习和考试任务。国内外学术期刊，如《自然》（*Nature*）、《暨南学报（哲学社会科学版）》等也陆续发声，针对在论文创作中使用大型语言模型工具（Large Language Model，LLM）如 ChatGPT 明确规则：一是 LLM 不能成为作者，因为其无法对作品承担责任；二是如果论文创作中使用过相关工具的，作者应在论文的方法、致谢、参考文献或其他适当部分进行明确说明。

针对 ChatGPT 引发的法律和伦理风险讨论，欧盟委员会内部市场专员蒂埃里·布雷顿（Thierry Breton）在接受路透社采访时表示，欧盟的《关于制定人工智能统一规则的建议》（Proposal for a Regulation Layingdown Harmonized Rules on AI，以下简称《AI 法案》）提案旨在解决人们对 ChatGPT 等 AI 技术带来的风险的担忧，并指出建立一个坚实的监管框架在高质量数据的基础上确保人工智能可信赖的重要性。

事实上，在促进 AI 创新发展的同时，确保 AI 的可信赖并降低 AI 发展和应用所带来的风险，已经成为一个全球性议题，除了欧盟，其他重要的国际组织和国家或地区政府也发布了相关政策、法律或指引文件，探索 AI 监管的方式。尽管因监管目的和初衷不同，各国政府在具体监管方式的选择和侧重点上也有所不同，但为了实现 AI 创新发展，促进人类福祉与减少、预防 AI 应用所带来的风险之间的平衡，避免过度立法和监管，在具体监管思路上，“基于风险的方法”（risk – based approach）已然成为 AI 监管中一个全球趋势。

一、“基于风险的方法”的 AI 监管

（一）何为“基于风险的监管”

“基于风险的方法”强调的是治理不应当以消除所有潜在的损害或者更广泛的“不利后果”为目标；相反，应当关注潜在不利后果的概率及其影响。一般认为，“基于风险的监管”（risk – based regulation）主要有四个特征：（1）风险提供了监管的对象；（2）风险成为监管的正当化依据；（3）风险架构和塑造了监管组织和监管程序；（4）风险塑造了责任关系。

“基于风险的方法”一开始出现在环境保护、食品安全、卫生健康等传统领域，

而随着信息技术的发展,科技带来的风险的不确定,使得“基于风险的方法”在更加广泛,特别是科技前沿的领域得到应用,如欧盟的《通用数据保护条例》(General Data Protection Regulation,GDPR)中“基于风险的方法”的个人数据保护。在AI领域,欧盟和美国的AI战略和政策文件中都明确提到了应当“基于风险的方法”。

(二)欧盟

欧盟强调个人基本权利的保护以及维护欧盟内部市场的统一,因此青睐于立法这一强监管工具。2020年2月,欧盟委员会发布了《人工智能白皮书》(White Paper on AI:A European Approach to Excellence),提出要建立一个明确的AI监管框架。《人工智能白皮书》的出台,意味着欧盟对AI的监管从伦理指引转向了立法监管。欧盟委员会认为,新的监管框架应采取“基于风险的方法”,以确保监管干预的程度是适当的,从而在有效实现监管目标的同时不会因为过度规范而对AI实践者特别是中小企业造成不成比例的负担。

1. 基于风险的AI系统分类监管

基于《人工智能白皮书》,2021年4月21日,欧盟委员会发布了《AI法案》提案。《AI法案》提案根据可能对人的基本权利和安全产生风险的等级将AI系统分为以下四个类别,并采取不同的监管措施。(见表1)

表1 《AI法案》对AI系统的分类及对应监管措施

类别	监管措施
不可接受风险	禁止,如政府的社会评分、鼓励危险行为的语音辅助玩具等
高风险	允许,但须满足《AI法案》规定的合规要求并在投入市场和使用前开展事前合格评估(Conformity Assessment)
有限风险	允许,对于特定类别的AI系统赋予透明度义务,如与人类互动、用于情绪或生物特征识别或“深度伪造”
最小或无风险	允许,并鼓励制定旨在促进自愿应用的行为准则

2. 重点监管:高风险的AI系统

《人工智能白皮书》将立法监管的目标锚定高风险的AI应用,在对AI系统进行分类监管的基础上,《AI法案》提案主要针对高风险AI系统,从以下三个层面对高风险 AI 系统的实践进行了强制性规范:(1)高风险 AI 系统本身应当满足的合规要求。包括建立风险管理机制、使用高质量的训练、验证和测试的数据、透明度和用户告知义务、人类的有效监管等。(2)高风险 AI 系统的参与者的合规义务。包括供应商、进口商、分销商、使用者等。(3)高风险 AI 系统的全生命周期合规。包括事前合格评估、产品投入市场后的售后监督、重大事件报告机制。

为避免高风险 AI 系统判断标准模糊而导致监管泛化,《AI 法案》提案明确了可被识别为高风险 AI 系统的两个分类规则,并分别以附件二和附件三清单的方式对高风险 AI 系统进行了列举:(1)旨在用作由欧盟协调立法所覆盖产品的安全组件的 AI 系统,如个人安保产品、医疗设备、无线电设备等;(2)其他影响基本权利进而被视为高风险的 AI 系统。

对于第 2 个分类规则,《AI 法案》提案在法案附件三中列举了 8 个领域:(1)自然人进行生物特征识别和分类(如用于对自然人的实时和事后远程生物识别的 AI 系统);(2)关键基础设施管理和运营(如作为管理和运营道路交通安全组件的 AI 系统);(3)教育和职业培训(如用于确定个人进入教育和职业培训机构的机会分配、对学生进行评估的 AI 系统);(4)就业、员工管理和开展自营职业的机会(如用于筛选候选人申请、在面试中评估候选人的 AI 系统);(5)获得和享受基本的私人服务和公共服务及福利(如对自然人进行信用评分或用于消防队员和医疗救援等紧急响应服务调度的 AI 系统);(6)执法(如用于评估自然人犯罪风险的 AI 系统);(7)移民、庇护和边境管制(如用于验证旅行证件真实性的 AI 系统);(8)司法和民主程序(如协助法官研究和解释事实和法律,并将法律适用于事实的 AI 系统)。但并非只要是这 8 个领域的 AI 系统就会被视为高风险,只有用于这 8 个领域下明确列举的目的的 AI 系统应用才会被视为高风险。

《AI 法案》提案还赋予了欧盟委员会在经过评估,确定一个 AI 系统对人的健康安全的损害或对基本权利构成不利影响风险的严重程度和发生概率相当于或大于附件三中的 8 个领域下已列举的 AI 系统时,适时对清单进行更新补充的权利。在开展评估时,《AI 法案》规定了欧盟委员会应当考虑的评估标准,包括:(1)AI系统的预期用途;(2)使用在多大程度上已经对健康安全造成了损害,或对基本权利造成了不利影响;(3)可能受到损害或不利影响的人在多大程度上依赖于 AI 系统产生的结果以及其处于弱势地位的程度;(4)产生的结果在多大程度上容易逆转等。

《AI 法案》提案根据 AI 系统的使用目的来判断其是否属于高风险,进而对高风险 AI 系统进行监管的模式,在 ChatGPT 出现后受到了挑战和质疑。ChatGPT 等生成式 AI 及其背后的基础模型在研发过程中并没有被限定于特定目的,或者本就是基于可对接下游应用于各种不同场景和目的而研发的,包括本身被用于高风险领域,或被集成在其他高风险 AI 系统中。

对此,在 2023 年 5 月,欧洲议会通过的《AI 法案》提案的折中修订中增加了通用目的 AI 系统(General Purpose AI System)和基础模型(Foundation Model)的定义,并对基础模型提供者在模型风险评估、训练数据治理、技术设计和安全要求、环保、质量管理、备案等方面作出了规范要求。

《AI 法案》提案是世界上首部 AI 监管法律提案, 2023 年 6 月,欧洲投票通过了《AI 法案》提案的折中修订版本,法案进入了最终谈判阶段。如经正式颁布,在很大程度上会成为全球其他地区治理和监管 AI 的参考对象。

3. 意大利针对 AI 产品透明度和相称性原则的监管

2023 年 2 月 3 日,意大利数据保护局作出决定,要求 AI 聊天机器人 Replika 停止处理意大利用户的个人数据。Replika 是由位于美国的 Luka 公司研发的一款可以与用户进行图文和语音聊天的“虚拟伴侣”应用程序。意大利数据保护局认为,Replika 未遵守透明度原则,未对儿童设置年龄验证或者控制机制,特别是在儿童不能订立合同的情况下,订立和履行合同必须处理儿童个人数据构成非法处理数据。

在《AI 法案》尚未生效的情况下,意大利数据保护局系依据 GDPR 对 Replika 作出的决定,但在决定理由部分也显示了其基于风险的监管思路。意大利数据保护局认为,Replika“提供的回复与儿童这一弱势群体所应得到的保护并不相符。”“Replika 宣称‘虚拟伴侣’能够改善用户的情绪健康,帮助用户通过压力管理、社交和寻找爱情来了解他们的想法和平息焦虑。这些特征需要与一个人的情绪相互作用,并可能给尚未长大或情绪脆弱的人带来更大的风险。”

综上所述,欧盟的“基于风险的方法”AI 监管路径是在对 AI 系统进行分类监管的基础上,针对可能对人的基本权利和安全产生重大影响的 AI 系统,特别是高风险 AI 系统所致损害建立一个全面的风险预防体系,这个风险预防体系是在政府立法主导和监督下(包括高风险 AI 系统需要在公共数据库注册以及高风险 AI 系统违反法律规定时严格的处罚措施等)推动企业自我规制,建设内部风险管理机制达成的。而如何判断评估确定将某一类 AI 系统归类为高风险 AI 系统，也是这一立法监管路径的重点和难点。

(三)美国

在 AI 监管方式的选择上，美国强调 AI 的创新和发展，以维护美国作为全球 AI 创新领导者的地位，因此对于立法监管采取非常谨慎的态度，更倾向于通过组织自愿适用的指引、框架或标准等非监管方法对 AI 应用采取软治理。

1. 监管政策制定：风险评估和风险管理

2020 年 1 月，美国白宫科技政策办公室(Office of Science and Technology Policy, OSTP)发布《人工智能应用监管指南》(Guide for Regulation of Artificial Intelligence Applications)，为联邦机构针对 AI 应用制定监管和非监管措施提供指引，《人工智能应用监管指南》强调在现有法规足够或颁布新法规不符合成本效益分析时，联邦机构应考虑不采取任何行动或者只采取可以解决特定 AI 应用所带来的风险的非监管方法。

但无论是监管方法还是非监管方法，该指南强调，在具体监管政策制定时都应当遵守风险评估和风险管理的原则：一是监管政策的制定本身是一个风险衡量的结果，应当使用基于风险的方法确定哪些风险可接受，哪些风险可能带来不可接受的损害或者带来成本大于收益的损害。二是要求联邦政府机构公开风险评估的结果，并在适当的时间间隔重新评估其假设和结论，同时在此期间 AI 工具本身的失败或成功，也有助于确定真正适合识别和减轻 AI 应用风险的监管政策(无论是监管程度还是具体措施)。

在风险评估方面，《人工智能应用监管指南》强调，联邦政府机构要关注 AI 应用所带来风险本身的动态变化，并考虑 AI 系统在整个设计、开发、部署和操作过程中对算法和数据保护不足的风险，以及 AI 应用部署可能带来的反竞争效应。

在风险管理方面，《人工智能应用监管指南》指出，对 AI 应用风险的管理应当与联邦政府机构在评估中确定的风险程度相适应，要求联邦政府机构根据 AI 技术成功或失败所带来风险和后果的程度进行分级监管。对于低风险的 AI 应用，联邦政府机构可以采用要求信息披露或者消费者教育等不那么严格和繁重的监管或非监管方法；而对于高风险的 AI 应用，联邦政府机构应当综合考虑以下因素制定具体监管政策：AI 应用对个人的影响、部署的环境、备份系统的必要性或可用性、AI 应用出现错误或失败时可用的系统架构或能力控制方法,以及如何检测和修复这些错误和故障。

2. 自愿适用的风险管理工具

基于《人工智能应用监管指南》,OSTP 和美国商务部下属的国家标准与技术研究所(National Institute of Standards and Technology,NIST)相继发布了自愿适用的 AI 风险管理工具,用以指导 AI 相关方建立相适应的内部风险管理制度,在设计、开发、部署和使用 AI 系统过程中对风险进行识别、评估和处理。

2022 年 10 月,OSTP 发布《人工智能权利法案蓝图》(Blueprint for on AI Bill of Right),列出了美国公众应该享有的五项核心权利保护:安全有效的系统、算法歧视保护、数据隐私、通知和解释、人工替代方案、考虑和退路。《人工智能权利法案蓝图》还在每一项权利保护下详细阐述了该项权利保护的重要性,以及政府、企业或其他 AI 相关方在设计、使用和部署自动化系统时可以采取的具体步骤,以确保将这些权利保护考虑真正付诸实践。

2023 年 1 月,NIST 在经过几轮公开征求意见后正式颁布《人工智能风险管理框架》(Artificial Intelligence Risk Management Framework,AI RMF)的 1.0 版本。AI RMF 将风险管理框架分为四个具体模块,即治理(Govern)、映射(Map)、测量(Measure)和管理(Management),在这四个具体模块下又进行了分类和子分类,并分解成具体的行动和结果,以促进 AI 风险管理中的对话、理解,帮助组织在实践中具体解决 AI 系统的风险,负责任地开发可信赖的 AI 系统。

综上所述,美国“基于风险的方法”的 AI 监管,一方面,为联邦政府机构制定 AI 监管政策提供了基于“风险评估和风险管理”的方法论;另一方面,通过积极地为 AI 实践者提供自愿适用的风险管理工具,以实现对公民权利的保护而又不阻碍 AI 创新发展的目的。同时,值得关注的是,与欧盟相同,美国也拒绝对 AI 应用进行无差别监管,强调应根据 AI 应用带来的风险和后果进行差异化的分级监管。

二、我国 AI 监管现状

我国作为 AI 领域的领先大国,也在积极探索建立 AI 法律法规、伦理规范和政策体系。虽然国家在已颁布的 AI 政策文件中未有直接的“基于风险的方法”的相关表述,但当前的监管活动还是从多个方面体现了“基于风险的方法”的监管思路。

(一)科技伦理治理

2022年3月,中共中央办公厅、国务院办公厅发布《关于加强科技伦理治理的意见》,明确开展科技活动应遵守合理控制风险的原则,并重点强调对科技伦理敏感领域以及科技伦理高风险科技活动的监管。相关主要意见包括:从事生命科学、医学、AI等科技活动的单位,研究内容涉及科技伦理敏感领域的,应设立科技伦理(审查)委员会;从事科技活动的单位要建立健全科技活动全流程科技伦理监管机制和审查质量控制、监督评价机制,加强对科技伦理高风险科技活动的动态跟踪、风险评估和伦理事件应急处置;国家科技伦理委员会研究制定科技伦理高风险科技活动清单;开展科技伦理高风险科技活动应按规定进行登记。

AI公司在上市过程中也会面临科技伦理方面的审核和问询。例如,北京格灵深瞳信息技术股份有限公司和旷世科技有限公司都被上海证券交易所要求披露和说明公司在保证AI技术可控、符合伦理规范的措施和规划,旷视科技有限公司还被进一要求说明分析公司在技术和业务开展过程中所面临的伦理风险。

(二)数据安全和算法治理

"基于风险的方法"的监管也体现在对作为AI核心技术的数据和算法的监管上。在数据安全方面,国家强调对数据进行分类分级管理,重点监管个人信息和重要数据,要求在进行对个人权益有重大影响的个人信息处理活动前开展个人信息保护影响评估,开展重要数据处理活动的要定期进行数据安全评估等。

在对算法安全的监管上,中国也走在了世界前列,对应用算法推荐技术特别是应用深度合成技术提供互联网信息服务进行专门的立法监管。根据《互联网信息服务深度合成管理规定》(以下简称《深度合成管理规定》)的规定,深度合成技术,是指利用深度学习、虚拟现实等生成合成类算法制作文本、图像、音频、视频、虚拟场景等网络信息的技术,其中就明确包括篇章生成、文本风格转换、问答对话等生成或者编辑文本内容的技术,可见ChatGPT这类聊天机器人型的AI应用早已被国家纳入监管范围。

《深度合成管理规定》强化深度合成服务提供者的自我风险管理,立法主导从管理制度和技术规范上推动深度合成服务提供者建立内部的风险管理机制,包括要求建立健全用户注册、算法机制机理审核、科技伦理审查、信息发布审核、数据安全、个人信息保护、反电信网络诈骗、应急处置等管理制度,具有安全可控的技术保障措施。此外,提供可能导致公众混淆或者误认的深度合成服务,例如,对于ChatGPT 这类可以提供智能对话的深度合成服务的,《深度合成管理规定》还要求应当在生成或者编辑的信息内容的合理位置、区域进行显著标识,向公众提示深度合成情况。

(三)特定行业领域的 AI 应用监管

对于 AI 应用可能对社会和公众权益造成重大影响的特定行业领域,特别是自动驾驶、医疗器械等,相关部门也在陆续起草和出台相关指南、标准和监管文件进行重点监管,如《自动驾驶汽车运输安全服务指南(试行)(征求意见稿)》《智能网联汽车道路测试与示范应用管理规范(试行)(征求意见稿)》《国家药监局器审中心关于发布人工智能医疗器械注册审查指导原则的通告》等。

(四)地方层面的 AI 应用分类分级监管探索

2022 年 9 月,深圳和上海相继颁布《深圳经济特区人工智能产业促进条例》(以下简称深圳条例)和《上海市促进人工智能产业发展条例》(以下简称上海条例),要求地方政府及有关部门对 AI 应用开展基于风险等级的分类分级治理。对于高风险的 AI 应用,深圳条例和上海条例设置了事前合规评估/审查的高门槛:深圳条例规定采用事前评估和风险预警的监管模式;上海条例表明将实行清单式管理,开展合规审查。而对于中低风险 AI 应用,深圳条例和上海条例都采用了事先披露和事后跟踪/控制的治理模式,以鼓励创新的态度促进 AI 企业先行先试。

关于分类分级的具体监管办法,将由两地人民政府另行制定。如前文在欧盟《AI 法案》部分所述,如何判断评估确定将某一类 AI 应用归类为高风险 AI 应用,是分类分级立法监管的重点和难点,深圳和上海的立法先行探索也将为国家的立法监管提供宝贵经验。

三、对 AI 相关企业的合规提示

与"基于风险的监管"相对,对于作为监管对象的 AI 企业而言,"基于风险的方法"主要体现为"基于风险的合规"(risk – based compliance),这种方法侧重于因不合规而产生的风险,并利用对这些风险的评估指导合规工具的选择及资源部署,以最大程度降低风险和提高合规性。

一方面,AI 企业可以根据已有的境内境外基于风险的监管政策,以及所设计、开发和使用的 AI 产品所应用的行业领域、可能对社会及公众带来的风险和不利影响等,判断是否属于监管或者可能属于未来监管的重点,同时考虑一些国家或地区的立法,如欧盟的《AI 法案》还具有域外管辖效力,AI 产品如果存在海外市场的,还需要提前做好海外市场的合规布局。

另一方面,AI 企业应建设内部的风险管理框架和流程。在具体合规风险管理框架搭建上,AI 企业可以考虑从以下几个方面着手:

(1)组织架构。明确 AI 伦理风险管理部门,负责企业内部的伦理风险管理政策制定、执行监督、AI 产品的伦理审查以及重大问题的决策等。

(2)内部的制度机制建设。建立 AI 产品全流程的伦理风险识别、评估和处置机制;建立健全数据安全、算法安全、信息安全等管理制度;建立伦理事件的应急处置机制;建立第三方合作伙伴(特别是数据来源方或者部署使用第三方的 AI 产品和技术)的风险评估和审查机制等。

(3)技术管控措施。采取技术措施确保数据、算法和网络安全;开展数据治理,确保数据质量;开发系统日志记录,确保事故可追溯;AI 产品的设计、开发和部署使用过程应当确保可以人为进行有效监控,降低 AI 产品偏离预期用途使用带来的风险等。

(4)人员管理。确立问责制,明确相关人员的权限和职责;对员工开展相关 AI 风险管理培训等。

(5)用户权益保障。保障透明度,确保用户可以了解 AI 产品和服务的决策和运行机制;建立用户的反馈和投诉机制,为用户提供人工审查的途径等。

元宇宙的法律问题及应对探析

裴虹博*

作为近年科技领域最火爆的理念，“元宇宙”充斥整个互联网，甚至扎克伯格为其将公司名由脸书（Facebook）直接更名为Meta。那么，元宇宙到底是什么？元宇宙的英文为“Metaverse”，直译为“幻境”，国内翻译为“元宇宙”。人们头戴虚拟现实（Virtual Reality，VR）设备，就可以身临其境地感受眼前的虚拟世界，而基于元宇宙平台，呈现在人们眼前的是另一个开放式世界，在那个世界中，人们可以定义自己的身份，可以自己建造房屋，结伴旅游，是一个高自由度的“世界”。

2022年10月，国际刑警组织推出了专门为全球警察执法而设计的元宇宙INTERPOL Metaverse，该元宇宙空间允许注册用户参观位于法国里昂国际刑警组织总秘书处总部的虚拟场景，这是第一个专为全球执法机构设计的元宇宙。目前这款元宇宙已经开始全面运作，世界各国的警察都可以透过VR装置进入这个虚拟空间，除了可以直接参观国际刑警组织总部，各国警察之间还可以在元宇宙中互动，甚至参加法医调查等培训课程。①

元宇宙理念已经广泛进入了公众视野，各行各业都在寻找元宇宙商机，政府部门、大学院校、金融机构、文旅产业也在加速布局元宇宙板块。未来，元宇宙或将深刻影响人们的社交、生活与工作。

---

* 裴虹博：北京德和衡律师事务所合伙人、德和衡争议解决业务中心副总监、商事与金融争议解决部主任，宁波仲裁委员会仲裁员。

① *The Virtual World Allows INTERPOL to Offer Immersive Training Courses to Law Enforcement Across the Globe* INTERPOL（Oct. 20，2022），https://www.interpol.int/News-and-Events/News/2022/INTERPOL-launches-first-global-police-Metaverse.

一、元宇宙的概念

元宇宙本身不是一种技术，而是一个高度复合型和抽象性的理念，目前并没有明确统一的定义。整体来讲，元宇宙是一种“联合体”模式下的虚拟共享空间，即通过虚拟增强的物理现实科技手段进行链接与创造的，与现实世界映射和交互的虚拟世界，力图打造新型“社会体系”的数字生活空间。元宇宙的内涵将随着技术进步和应用的不断拓展而逐渐丰富和演进。2021 年 10 月，在其年度开发者大会上，扎克伯格用 8 个单词去重点描述自己理想中的“元宇宙”，即参与感（Presence）、虚拟形象（Avatars）、个人空间（Home space）、瞬间移动（Teleporting）、互通性（Interoperability）、隐私安全（Privacy and safety）、虚拟商品（Virtual goods）、自然交互（Natural interfaces）。① 关于元宇宙的内涵，目前有两种观点：一种是 VR，该观点认为元宇宙脱离了现实世界，是一个与现实世界平行而又独立的虚拟空间，是映射现实世界的在线虚拟世界，人们在该空间内可以获得沉浸式体验；②另一种是增强现实（Augmented Reality，AR），该观点认为元宇宙是整合通信网络、算力、AI、扩展现实、数字孪生、区块链等多种新技术而产生的新型虚实相融的互联网应用和社会形态，它基于扩展现实技术提供沉浸式体验，基于数字孪生技术生成现实世界的镜像，基于区块链技术搭建经济体系，将虚拟世界与现实世界在经济系统、社交系统、身份系统上密切融合，把原本在现实世界的一定时间与空间范围内很难体验到的实体信息，通过电子技术进行模拟，然后投放到现实中，被人们所感知，并且允许每个用户进行内容交互生产与编辑。③

二、元宇宙的兴起

“元宇宙”（Metaverse）一词及其理念，最早是由尼尔·斯蒂芬森在其 1992 年的著作《雪崩》（*Snow Crash*）中首次提出的，描述一个基于 VR 的互联网世界。在书中，Metaverse 是一个虚拟的城市环境，沿着一条道路发展，覆盖了一个无特征

---

① 参见林华：《虚拟世界 = 虚拟现实 ≠ 元宇宙》，载数艺网 2022 年 3 月 16 日，https://www.d-arts.cn/article/article_info/key/MTIwMTU0MTQ3ODCDuZuqsIa4cw.html。

② 参见狮子国际：《元宇宙起源与发展：通往数字时代的星辰大海》，载雪球网 2021 年 8 月 27 日，https://xueqiu.com/9072874445/195756418。

③ 参见游淳惠、郑琪琦：《解构元宇宙热潮：重塑传媒产业价值与路径》，载《中国出版》2022 年第 21 期。

的、黑色的、完美的球形星球。这个虚拟世界中的土地可以被购买，并在上面开发建筑。Metaverse 用户可以通过高质量的个人 VR 眼镜，或通过高品质的公共 VR 眼镜进入，并与彼此产生互动。人们能够在 Metaverse 中以 Avatar（虚拟人物角色）自由生活，就像现实中一样。[①] 但最近元宇宙的大热，要归功于罗布乐思（Roblox）这家游戏公司。罗布乐思将元宇宙（Metaverse）写进招股说明书，并于 2021 年 3 月在纽约证券交易所上市。罗布乐思在 2021 年推出了一款游戏平台，平台提供可视化游戏开发工具——地图编辑器，利用地图编辑器，玩家可以自己制作游戏供其他玩家参与，其他游戏公司也有类似的游戏模式，为何罗布乐思大火？原因是玩家在罗布乐思平台开发出的游戏可以进行出售，其他玩家通过充值购买"萝卜币"（Robux），然后与开发者进行交易，平台从每笔交易中抽成一部分后，将剩余部分分给开发者。玩家不仅能购买游戏，还能购买装扮、房屋、地皮、艺术品等，玩家通过自由交易攒下的萝卜币，还可以在现实中兑换美元。

针对元宇宙理念的兴起，部分学者提出了一个观点，虚拟网络游戏就是新时代的工业革命。说到工业革命，大家最先想到的是蒸汽机、汽车、火箭，而哪种产业导致了工业革命的发生？答案是纺织业，因为衣食住行是人们的基本需求，衣甚至排在了第一位，而纺织又是重复简单的动作，很容易机械化，并且纺织业的产业链条很长，从棉花种植、采摘、轧棉、纺纱，到织布、印刷、印染，因此纺织品可以工业化。而运输的需求，又促进了煤炭、钢铁、蒸汽机的发展。纺织业能带动工业革命，有这样几个特征：行业空间大、需求大，市场足够大；链条足够长，这样在这个链条上的人都能吃到红利；需要的技术多，且这些技术成熟以后会暴发，引起连锁反应。而电子游戏产业跟纺织业的特征几乎一模一样：需求大，大家都需要进行娱乐活动；需要的技术多且链条很长，发布一款游戏要经过设计、开发、发行。涉及包括美术、音乐、文学、广告、运营、信息技术等人员；玩一款游戏要购买相应的游戏设备，包括电脑、手机、平板、手柄、VR 设备，并选择相应的操作系统。[②]

笔者认为，元宇宙的兴起离不开以下几种因素：

第一，信息技术取得突破性进展。计算、存储、5G 网络等、边缘计算、芯片、区

---

① 参见 Zoey：《科普 | 什么是元宇宙》，载百家号"NFTResearch"2022 年 11 月 11 日，https://baijiahao.baidu.com/s?id=1749185713936559429&wfr=spider&for=pc。

② 参见《潜逃还是拥抱？元宇宙已经闯进了你的事业、生活和人生》，载百家号"天文商学"2021 年 12 月 9 日，https://baijiahao.baidu.com/s?id=1718637611102101924&wfr=spider&for=pc。

块链、云原生、隐私计算数字基础设施是第一基础要素。元宇宙是要通过头戴式VR设备进入,若VR的帧数和分辨率不足,会让人感到晕眩,而5G的发展很好地解决了这个问题,为大量设备的同时接入提供了更为流畅的网络带宽,保证提高效率,通过高帧数和高刷新率可以使玩家拥有沉浸式体验。边缘计算则解决了计算资源弹性分配、优化响应时延等问题。AI芯片、DPU芯片等能够为云、数据中心或边缘等环境提供安全的加速基础设施。区块链可以为元宇宙中内容创作者的数字资产确权、保护和追溯等资产安全及身份认证等问题提供重要保障。

第二,资本寻求新发展。资本逐利的本质决定其需要不停地在世界范围内获取财富,而互联网已经发展到一个缓慢期、平稳期。元宇宙概念的兴起,让更多人意识到Web3.0互联网的新形态正在形成,创造出一个还未被开发的、虚拟的平行世界,自己可以与其他玩家共同加速创造一个新的世界,甚至是新的文明——而资本无疑是该项目中最大的受益者。为此,资本从一开始对元宇宙便较为关注,与非同质化代币(Non - Fungible Token,NFT)、金融游戏化(Gamefi)等概念相关的投融资事件开始涌现。作为元宇宙入口和当下应用的扩展现实(Extended Reality,XR)、虚拟人等概念也迎来了第二波资本潮,推动其产品的应用和落地,促进和推动元宇宙的发展。①

第三,政策支持。元宇宙概念兴起,我国各地方政府纷纷落实政策制定,从技术研发、产业融合、商业化落实等层面助力元宇宙概念发展。海外层面,虽然各国对元宇宙概念持不同的态度——日本和韩国相对积极,而美国及欧洲各国则多持谨慎观望态度,但整体来看,围绕元宇宙提出的政策多为鼓励及支持性的,利于行业发展。②

三、元宇宙的核心特征

按照元宇宙未来蓝图,元宇宙是一个集体模式下的虚拟共享空间,由虚拟增强的且具备物理收敛性和物理持续性的虚拟空间融合而成,它包括了所有的虚拟世界、增强现实和互联网,是一个能够完整运行的、跨越现实和虚拟世界、始终实

① 参见《易观分析:2022元宇宙应用场景发展趋势分析报告》,载先导研报网2022年10月27日,http://xdyanbao.com/doc/wc0hp3wzi2。

② 参见《易观分析:2022元宇宙应用场景发展趋势分析报告》,载先导研报网2022年10月27日,http://xdyanbao.com/doc/wc0hp3wzi2。

时在线的世界，无穷无尽的人们可以同时参与其中，并且能够连接互通，进行深度互动、协作和交易。

随着技术的不断升级发展，元宇宙的内涵也变得越来越丰富，不仅是一个平行于现实世界的虚拟世界，它更有可能发展成为一个与现实世界联通、连接的世界，今后现实与虚拟世界的界限会变得越来越模糊。成熟的元宇宙应具有以下核心特征：

（一）沉浸式体验

元宇宙强调更为密切、更能带来实际产出的沟通协作，具有强社交属性。为此，深度参与和沉浸感是元宇宙最明显的特征之一，也是元宇宙发展的主要突破口。XR 等技术与脑机接口技术的不断发展帮助元宇宙实现无处不在的沉浸感，替代手机成为无处不在的入口。

（二）虚实互动

数字孪生等技术通过模拟和复制物理世界，将数字世界的边界延伸，并反作用于物理世界。借助技术升级，元宇宙将重构生产方式，从自然人作为生产主体，逐渐转换为人类 + 机器人 + AI 的形式，极大加强生产力。

（三）去中心化组织与新型治理规则体系构建

元宇宙系基于“去中心化”理念开发的数字生态，元宇宙的底层是 P2P 点对点互联的网络，从而在逻辑上绕过了对平台中介的需求，去中心化系统在利益相关者之间表现出更公平的所有权、减少审查和更大的多样性，势必对建立在集中化、科层化原则的组织结构形成挑战。为此，元宇宙需要构建一个去中心化组织引导和构建元宇宙秩序，以及在此基础上产生对元宇宙治理规则体系构建的需求。

（四）新的经济形态

真正发展成熟的元宇宙一定会构建形成自己的经济系统，并且这一系统会和现实已有的经济系统挂钩，经济要素包括数字创造、数字资产、数字市场、数字货币、数字消费等内容。基于区块链的数字货币、NFT 与各领域打通，可能会形成支撑诸多元宇宙的新经济基础。数字资产会成为元宇宙发展不可或缺的基础。

(五)虚拟生命

基于元宇宙"联合体"模式的虚拟空间构建的设想,元宇宙中自然会促进全域身份认证的诞生,需要为个人、资产和组织提供跨平台移植且值得信任的数字身份,运用虚拟分身进行社交、消费、娱乐和工作。元宇宙中的虚拟身份未来会成为新的消费主体,逐步成为虚拟世界的生命概念。

四、元宇宙需面对的法律问题及应对策略

元宇宙所涉及的法律问题与传统互联网有所不同,元宇宙属于创造一个虚拟世界,并与现实世界紧密融合。而传统互联网仅算是连接现实世界的一种工具,所以传统互联网用现实中的法律规制即可,而由于元宇宙的性质特殊,意味着不同的空间下会有不同的规则要求,可能需要在元宇宙中建立一套独立的治理体系。换言之,元宇宙的法律关系可能需要在现实的物理维度、虚拟的空间维度、现实与虚拟的交汇维度三个方面展开,而元宇宙所涉及的法律问题,比传统互联网更具复杂性。下面就基于元宇宙背景下可能会涉及或引发的法律问题进行初步分析。

(一)虚拟人的法律属性

元宇宙"世界"中需要人们自建"社会成员"身份,与传统互联网不同的是,元宇宙世界中我们会用这种新的"社会成员"身份进行社交、生活和工作,我们的思想完全支配着虚拟世界中的角色。这种虚拟"社会成员"的"人格"如何界定?虚拟人在虚拟世界中的法律责任需要现实世界的主体承担,还是虚拟人仅作为一种法律客体受现实法律的保护?虚拟社会成员形象在虚拟世界中被他人伪装或模仿,该用哪些法律规范来维护自己的合法权益,用人格权中的肖像权保护、物权中的财产权保护,还是知识产权保护?对于抽象的问题,要借助现有的法律法规来进行定性,而我国现阶段对虚拟人大多采用知识产权进行保护,不同的虚拟人物可能对应着不同类别的知识产权:

(1)《著作权法》。例如,在广东原创动力文化传播有限公司诉北京某公司侵犯著作权纠纷案中,北京市朝阳区人民法院认为,喜羊羊与美羊羊的卡通形象属于《著作权法》规定的美术作品。上述判例使得虚拟人的保护变得有法可依,若有

人擅自使用该形象,可以以《著作权法》为依据进行主张。

(2)《专利法》。某些公司会对其虚拟人物以《专利法》中的外观设计专利保护起来,如国内的盲盒公司大多采取这种方法来防止其他厂商冒用其虚拟人物。

(3)《商标法》。权利人将角色的姓名进行商标注册,可以取得专用权。此办法也弥补了《著作权法》保护期限的不足,可以通过续展进行长期保护。

元宇宙中的虚拟人物并不仅仅是被创造出的人物,其行为还体现着现实世界的主体人格,笔者认为,仅靠知识产权来保护元宇宙中主体的“身份”问题不够完善,若把法律进行扩大解释,将元宇宙中虚拟人物扩大解释成具有独立民事行为能力的个体,更有利于对虚拟人物“身份”的保护。

元宇宙是在大数据、区块链、数字孪生、云计算的基础上衍生出的互联网下一代产物,因此互联网的许多规则都可以应用到元宇宙中去。若行为人用网络账号在互联网上违法乱纪,轻者对其账号采取制裁措施,重者可以直接穿透互联网对该行为人实施制裁,对于元宇宙,也同样可以采取把行为人和虚拟人一一对应的方法来进行管理。自2021年8月起,国家市场监管总局先后发布了《禁止网络不正当竞争行为规定(公开征求意见稿)》《市场主体登记管理条例实施细则(征求意见稿)》《互联网平台分类分级指南(征求意见稿)》《互联网平台落实主体责任指南(征求意见稿)》《互联网广告管理办法(公开征求意见稿)》等,国家可以结合元宇宙自身特点及未来互联网的发展趋势,建立新的法律空间,推出适用于元宇宙的法律规范体系。

(二)虚拟财产的归属和保护

上文已经提到,元宇宙中的“社会成员”可以通过交易或劳动来获得虚拟财产。如何定位虚拟财产的归属、如何对虚拟财产进行保护,是元宇宙值得探讨的问题。网络虚拟财产这一新客体种类所应用的场景越来越丰富。虽然虚拟财产应用于网络虚拟空间,但客观上已具有一定的使用价值、交易价值等,具有财产性特征。虚拟财产是伴随互联网兴起的新兴事物,如网游账号、QQ账号、微博和微信账户、游戏装备、淘宝网店、虚拟货币等皆属虚拟财产。近年来,虚拟财产被盗事件频发,因虚拟财产引起的纠纷也逐年增多。夫妻离婚,网店、游戏装备等是否可作为共同财产进行分割?亲人离世,QQ号码、微博账户能否被继承?网络账号被盗,如何估算其中虚拟财产的价值?《民法典》将虚拟财产和数据信息作为民事权利和物权的客体，受物权法保护，这就给了虚拟财产一个法律定位，为虚拟财产如何保护、分割和继承提供了法律依据，由此可以认为，数据与网络虚拟财产属于民事财产权利的保护客体范围。元宇宙将现实与虚拟高度结合，加上元宇宙的高度“去中心化”，个人之间可以绕过平台进行虚拟财产的直接交易，对“物”的限制也不局限于“有体物”，虽然当前我国不断强化对于虚拟财产的规制，但截至本文写作时，关于虚拟财产交易机制等方面，在立法层面尚无清晰规则。尤其是随着元宇宙这种新型业态的出现，相关虚拟财产的确权与流转将会呈现更为复杂的法律问题，有待进一步探索。对于元宇宙运营方而言，其在构建虚拟商业场景的过程中，应注重提供一套保障用户虚拟财产的完善体系。

(三)个人信息保护与数据安全

元宇宙的实现需要依靠海量数据信息的集合，所以科技公司纷纷以各种方式布局元宇宙，随着 2021 年 6 月滴滴公司赴美上市因数据安全问题被约谈，以及《数据安全法》于 2021 年 9 月 1 日正式实施，数据安全的监管和保护受到越来越多的人的重视。元宇宙作为一个虚拟空间，需要对用户的身份属性、行为路径、社会关系、财产资源、所处场景等信息进行深度挖掘及实时同步，该空间收集的个人信息是传统互联网无法企及的，而这些依赖物联网、云计算、区块链的数据时刻存在被盗用和滥用的风险。

2021 年 9 月 1 日《数据安全法》的正式施行，标志着数据安全步入法治化轨道，在《数据安全法》出台之前，我国关于数据安全的专门性法律是《网络安全法》。在数据保护的对象方面，《网络安全法》侧重于“网络数据”，即网络收集、存储、传输、处理和产生的各种电子数据，显然，这一概念不足以覆盖真实世界的所有数据。《数据安全法》明确了数据管理者和运营者的数据保护责任，使得数据安全建设有法可依，这对促进经济社会信息化健康发展，保护公民、组织的合法权益具有非常大的价值。除此之外，《刑法》，《民法典》，《个人信息保护法》，《国家安全法》，《关于维护互联网安全的决定》，《关于加强网络信息保护的决定》，最高人民法院、最高人民检察院《关于办理非法利用信息网络、帮助信息网络犯罪活动等刑事案件适用法律若干问题的解释》，最高人民法院《关于审理使用人脸识别技术处理个人信息相关民事案件适用法律若干问题的规定》等法律、司法解释也对数据安全与个人信息保护提出了较高的要求，共同构建了我国数据安全保护的法律法规体系。因此,在拥抱元宇宙的同时,也要做到加强行业自治,加大监管力度,坚持解决元宇宙数据安全问题导向,着力解决重点问题,引领元宇宙健康良性发展。

(四)非传统环境下的新型犯罪防控

“元宇宙”概念的大火,掀起了不小的波澜,虚拟现实已经与真正的现实越来越近,两者之间的界限越来越模糊,人们可以自由定义自己在虚拟世界中的身份。由于元宇宙是互联网基础上的产物,元宇宙的兴起同样会引发一些道德和法律方面的问题。对于利用元宇宙有关概念、技术的行为引发的新型犯罪,尤其是非传统安全犯罪的防控问题,值得关注。

2022 年 3 月 30 日,日本网友“秋空”在推特平台公开表示,自己在“VRchat”游戏中遭遇了“VR 强奸”,据“秋空”描述,自己在这款 VR 游戏中进行“VR 睡眠”时,游戏中的其他玩家强行闯入她的虚拟卧室,并坐在她的虚拟形象上对其进行了侵害。“秋空”事后发表感受称,虽然发生在虚拟空间,自己并未受到肉体上的伤害,但这件事给她的心灵带来了极大的阴影和创伤。[①] 2022 年 7 月,笔者也曾接到一位来自上海的女士的电话咨询,与上述情况类似。

这种发生在网络空间的“性侵”事件并不新鲜。早在 1993 年,记者朱利安·迪贝尔就曾发表了一篇题为《网络空间的强奸》(*A Rape in Cyberspace*)的文章。该文章记录了一起虚拟社区中一位玩家通过控制其他玩家的虚拟角色、声音等特征,作出一系列不当行为的事件,这恐怕是网络“性侵”事件的最早记录。[②]

作为时代的最新产物,在元宇宙的世界中尚无针对性的刑事政策规制,就会使得虚拟世界中非法侵入 VR 设备、破坏计算机信息系统、性暴力、青少年犯罪、新型恐怖主义犯罪等的数量大幅提升。虽然元宇宙是传统互联网的下一个阶段,但两者的差别还是较为明显的,元宇宙的特殊性在于其模糊了虚拟世界与现实世界,虽然其本质上属于虚拟世界,但在 VR 中犯罪给他人带来的伤害却是真实的、肉眼可见的。同样是网络暴力,传统互联网的网络暴力远远不及元宇宙的网络暴

---

① 参见《当“性骚扰”发生在虚拟世界》,载百家号“澎湃新闻”2022 年 9 月 15 日,https://baijiahao.baidu.com/s? id=1744014276041985640&wfr=spider&for=pc。

② 参见肖飒 lawyer:《元宇宙“性侵案”,板子会打在谁身上?》,载微信公众号“肖飒法律团队”2022 年 4 月 6 日,http://mp.weixin.qq.com/s/wHEUWkOrqndgv9EMaRBdhg。

力来得直接。在传统互联网络游戏中，玩家们通过控制虚拟人物，可以对其他玩家进行侵犯、谩骂、侮辱甚至杀害，但这并不会给其他玩家的精神状态或心理健康造成很大程度的影响，而元宇宙的本质并不全是游戏，它是给“社会成员”提供的另一个可以进行生产、生活、社交、娱乐的高度现实化世界，身临其境的感觉似乎可以使人们忘却自己置身于虚拟世界中，因此同样一种网络暴力在元宇宙所建构的“世界”中给人们所带来的伤害程度是不同的，当这种伤害达到一定程度的时候，就需要法律的介入来维持新秩序的平衡，保护个体的合法权益。另外，VR 还可能为非传统犯罪提供便利。如果恐怖组织想要攻击一处物理空间，他们可能会利用虚拟空间来策划、模拟和启动他们的演习，然后发动攻击。恐怖组织未来还可能利用虚拟世界进行宣传、招募和训练。

全国人民代表大会常务委员会《关于维护互联网安全的决定》第 4 条明确规定：“为了保护个人、法人和其他组织的人身、财产等合法权利，对有下列行为之一，构成犯罪的，依照刑法有关规定追究刑事责任：(一)利用互联网侮辱他人或者捏造事实诽谤他人……”但是这条法律也是针对通过互联网的方式对现实世界中的人进行侮辱、诽谤，是切切实实对他人造成了伤害，但是 VR 世界中的侵害是对虚拟形象的侵害，并没有直接侵害到现实世界中的人。“VR 性侵”这种行为从伦理道德上来讲，肯定违反了玩家的自由和个人意志，是有违法嫌疑的，由于法律的滞后性，目前在全球任何一个国家都没有明确的法律对元宇宙的内部世界进行规定，对虚拟空间中的猥亵行为缺乏充分的证据标准，无法用现有法律对其进行约束，也很难认定其构成犯罪。虽然现有法律对互联网进行了约束，但在互联网兴起的时代，VR 设备、AI、区块链等技术并不发达，无法做到建立另一个身临其境的平行世界，所以无须在互联网的内部建立新的秩序，法律对于互联网的约束还只介于虚实之间。如今，随着各种技术的成熟，元宇宙的开放式世界逐渐向人们打开，诸如“VR 性侵”这种性侵行为，对比传统互联网而言，会给玩家造成极大的心理创伤，需要考虑在元宇宙内部进行法律规制，然而遗憾的是，目前法律对于界定和防范虚拟空间的犯罪行为方面是存在很大空白的。

应当承认，作为互联网下一代产物的元宇宙是一把“双刃剑”，既能够给人们带来全新的体验，也可能引发一系列的新型犯罪问题。元宇宙类似于一个无限大且尚未建立文明与秩序的“世界”，在这个“世界”中既有现实中的元素，又有超现实的元素，人们把自己的想象放在这个“世界”中实现，网络空间中可能发生的犯罪行为基本上都可能在元宇宙中出现。元宇宙是互联网时代的升级版,元宇宙囊括了互联网的全部特征。与此同时,元宇宙除了具有互联网的全部特征外,还具有高科技性、复杂性等专属特征,使犯罪行为呈现多环节、多层次、多阶段的特点。在高科技包装下,元宇宙犯罪具有高度隐蔽性。由于元宇宙沉浸式的特点,诸多的元素若不建立一套规则制度,势必会影响我们的现实生活,我们应不断开阔视野,未雨绸缪,把握元宇宙时代的核心功能特征,对元宇宙可能引发的潜在刑事犯罪进行预估,加强各国之间元宇宙犯罪治理的国际合作,搭建起新型犯罪的预防体系,并在刑事政策层面提前做好应对之策。

结　语

如果将元宇宙作为未来互联网发展的终极形态,那么制定一套行之有效的元宇宙科学发展与良好运行的综合治理体系迫在眉睫,不仅要解决元宇宙中互联互通带来的资本扩张问题,还要应对元宇宙下新旧观念、文明的冲突与融合问题。无论元宇宙沿着怎样的技术路径发展,抑或为现实个体提供怎样的产品和服务,都需要遵守现行的社会秩序以及现行的法律规范体系。因此,在元宇宙可独立于现实物理空间得以最终成型之前,基于现有规范的演绎、解释与扩充,乃是最为现实的法治路径。作为法律人,笔者希望在元宇宙的“热”潮之下,进行更多的“冷”思考,从不同层次的法律视角描述元宇宙发展的规范图景。

主播跳槽索赔千万元，司法真的不宜过度介入吗

——浅谈直播平台"挖墙脚"行为是否构成不正当竞争的判断标准

周艾琳*

2020年11月27日，浙江省高级人民法院作出的(2020)浙民终515号民事判决，认定广州虎牙信息科技有限公司及主播"圣手"(李某)不构成不正当竞争。至此，一场索赔额高达13,195,000元的纠纷落下帷幕。有文章指出，对于主播跳槽问题，该主播和新的直播平台是否构成不正当竞争存在"构成论"和"不构成论"两种意见①。该案作为首例认定主播跳槽行为中主播方、新平台方均不构成不正当竞争的案件，引起了广泛关注。在判决中，浙江省高级人民法院的"司法不宜过度介入"似乎被一些网络文章错误解读。

笔者认为，不应简单以"构成论"与"不构成论"对涉及主播跳槽的不正当竞争纠纷进行归类，同时，对于"司法不宜过度介入"的前提也不能因为审判结果就断然判断。本文将结合案例对相关问题进行进一步讨论。

一、游戏直播的现象级热潮及其背后的乱象

(一)游戏直播的现象级热潮

中国互联网信息中心发布的第46次《中国互联网络发展状况统计报告》显

---

* 周艾琳：北京德和衡律师事务所联席合伙人，北京知识产权法研究会竞争法专业委员会委员，第四届北京市朝阳区律师协会知识产权业务研究会副秘书长。

① 参见《主播跳槽索赔千万，司法不宜过度介入》，载微信公众号"知产库"2020年12月1日，https://mp.weixin.qq.com/s/xDt2Ebj26nMQu9CvqSGdxQ。

示，“截至2020年6月，我国网民规模为9.40亿……互联网普及率达67.0%……我国手机网民规模为9.32亿……网民中使用手机上网的比例为99.2%”①。网络视频直播汲取了互联网的传播优势进行视频传播，是网络文化发展中的一种新型传播方式，目前网络视频直播已经覆盖各种领域，最常见的是秀场直播和游戏直播②。

艾瑞咨询的《2020年中国游戏直播行业研究报告》显示，2019年我国游戏直播市场仍在快速增长，独立游戏直播平台市场规模超过200亿元，直播业务仍是独立直播平台最重要的收入来源，占平台整体收入的93.5%，预计在2021年整体游戏直播市场规模将至近400亿元③。就用户数量而言，如图1所示，2019年中国游戏直播平台用户规模达到3.0亿人，较2018年上涨了15.4%，较2017年上涨了18.2%④。同时，根据小葫芦大数据平台的数据，游戏直播平台的活跃人数与付费礼物观众均显著增长，在2020年3月达到峰值，即当月弹幕观众人数达到1.45亿人，付费礼物观众超过5000万人⑤。

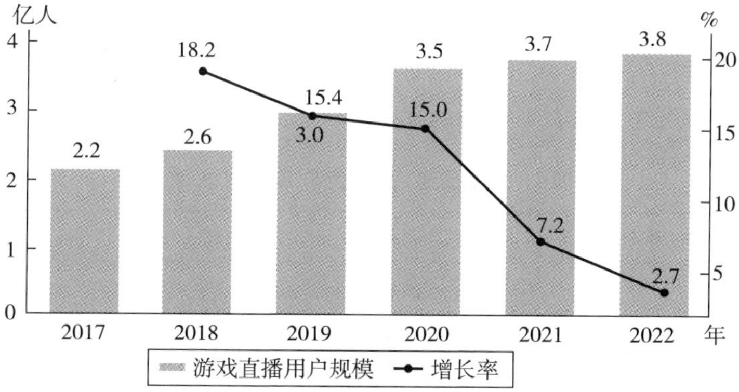

图1 2017~2022年中国游戏直播用户规模

注：游戏直播用户指每个月至少看过一次游戏视频直播的用户，包括游戏直播平台的用户以及游戏内部直播观众。

资料来源：艾瑞咨询根据企业公开财报、行业访谈及艾瑞统计预测模型估算。

① 参见中国互联网络信息中心：《第46次〈中国互联网络发展状况统计报告〉（全文）》，载中国网信网2020年9月29日，http://cac.gov.CN/2020-09/29/C_1602939918747816.htm。

② 参见陈楠：《国内网络视频直播的产业发展研究》，西北师范大学2019年硕士学位论文。

③ 参见《2020年中国游戏直播行业研究报告》，载艾瑞咨询网2020年7月31日，https://www.iresearch.com.cn/Detail/report?id=3625&isfree=0。

④ 参见《2020年中国游戏直播行业研究报告》，载艾瑞咨询网2020年7月31日，https://www.iresearch.com.cn/Detail/report?id=3625&isfree=0。

⑤ 参见《2020年中国游戏直播行业研究报告》，载艾瑞咨询网2020年7月31日，https://www.iresearch.com.cn/Detail/report?id=3625&isfree=0。

(二)主播竞争乱象

在游戏直播的热潮背后是主播竞争的乱象。竞争的本质是对客户即交易对象的争夺。在互联网行业,将网络用户吸引到自己的网站是经营者开展经营活动的基础,培养用户黏性是获得竞争优势的关键①。在游戏直播领域,培养并独家签约的主播占绝大多数,而知名主播及其所附带的观众和流量是同业竞争对手觊觎的对象。因此,游戏直播平台在培养独家主播的同时,也在努力"吸引"知名主播的加盟。

为了防止主播跳槽及其后续影响,平台会与主播约定高额的赔偿金,但主播跳槽事件依然频发。部分平台与跳槽主播的纠纷止于仲裁,有些平台则通过诉讼维权。有研究检索了审结日期为2015年1月1日~2019年7月31日的网络直播违约案例,除去无关案例后得到48个案例样本,其中94%的主播跳槽纠纷为违约之诉②。由于缺少上述48个案例的具体信息,笔者无法一一核查。通过检索中国裁判文书网,笔者以关键词"主播违约"进行搜索,剔除与网络主播违约跳槽纠纷无关的案例后,最终得到表1所列的案例样本。

表1 "主播违约"案例样本信息列举

序号	案号	案件名称	赔偿金额[1]	案由
1	(2018)沪0106民初7903号	北京密境和风科技有限公司与上海香蕉计划电子游戏有限公司其他合同纠纷	上海香蕉计划电子游戏有限公司及王某共同支付违约金200万元	合同违约之诉
2	(2018)鄂0192民初2804号	武汉鱼行天下文化传媒有限公司与陈某某合同纠纷	一审判令陈某某、扬州寰娱网络科技有限公司共同支付违约金1500万元	合同违约之诉
	(2020)鄂民终5975号		二审维持原判	

① 参见上海市浦东新区人民法院民事判决书,(2015)浦民三(知)初字第1963号。

② 参见蹇佳伶等:《网络直播平台如何维权——以网络主播被引诱跳槽实证研究为切入点》,载《传播与版权》2019年第11期。

续表

序号	案号	案件名称	赔偿金额	案由
3	(2017)浙0104民初3197号	杭州视琰文化传媒有限公司与陈某合同纠纷	一审判令陈某支付杭州视琰文化传媒有限公司违约金480万元	合同违约之诉
	(2019)浙01民终6611号		二审维持原判	
4	(2017)京0105民初82002号	上海熊猫互娱文化有限公司与陈某合同纠纷	一审判令陈某支付熊猫互娱公司违约金100万元	合同违约之诉
	(2020)京03民终3630号		二审维持原判	
5	(2018)粤0604民初25842号	佛山市一网红文化传播有限公司与黄某某合同纠纷	一审判令黄某某支付佛山市一网红文化传播有限公司违约金4万元及律师费1万元	合同违约之诉
	(2019)粤06民终1645号		二审维持原判	
6	(2018)粤0106民初27069号	广州博冠信息科技有限公司与陈某某合同纠纷	一审判令陈某某支付广州博冠信息科技有限公司违约金300万元	合同违约之诉
	(2020)粤01民终4168号		二审维持原判	
7	(2019)粤0192民初51685号	广州荔枝网络技术有限公司与袁某某网络服务合同纠纷	袁某某支付广州荔枝网络技术有限公司违约金50万元	合同违约之诉
8	(2019)浙0104民初3321号	杭州视琰文化传媒有限公司、方某合同纠纷	一审判令方某支付杭州视琰文化传媒有限公司违约金5万元及律师费1万元	合同违约之诉
	(2020)浙01民终4310号		二审维持原判	

续表

序号	案号	案件名称	赔偿金额	案由
9	（2019）浙0104民初3322号	杭州视琰文化传媒有限公司、张某某合同纠纷	一审判令张某某支付视琰公司违约金10万元及律师费1万元	合同违约之诉
	（2020）浙01民终4309号		二审维持原判	
10	（2019）浙0104民初168号	杭州视琰文化传媒有限公司、魏某合同纠纷	魏某支付杭州视琰文化传媒有限公司违约金25万元及律师费2万元	合同违约之诉
11	（2018）沪0106民初37963号	上海熊猫互娱文化有限公司与霍尔果斯狂战演艺文化有限公司、杨某某服务合同纠纷	霍尔果斯狂战演艺文化有限公司、杨某某支付熊猫互娱公司上海熊猫互娱文化有限公司57万元	合同违约之诉
	（2020）沪02民终1530号		二审撤诉	
12	（2017）粤0113民初7261号	广州虎牙信息科技有限公司与江某某网络服务合同纠纷	一审判令江某某支付广州虎牙信息科技有限公司违约金4900万元	合同违约之诉
	（2018）粤01民终13951号		二审维持原判	
13	（2017）粤0113民初6285号	广州虎牙信息科技有限公司与蔺某某服务合同纠纷	一审判令蔺某某支付广州虎牙信息科技有限公司违约金54万元及律师费4.5万元	合同违约之诉
	（2018）粤01民终13910号		二审维持原判	
14	（2019）京0105民初25301	上海熊猫互娱文化有限公司与戴某劳务合同纠纷	戴某支付上海熊猫互娱文化有限公司违约金70万元	合同违约之诉
15	（2018）沪0106民初47281号	上海熊猫互娱文化有限公司与霍尔果斯狂战演艺文化有限公司、李某某其他合同纠纷	霍尔果斯狂战演艺文化有限公司、李某某支付上海熊猫互娱文化有限公司38万元	合同违约之诉

续表

序号	案号	案件名称	赔偿金额	案由
16	（2018）沪 0106 民初 33950 号	上海熊猫互娱文化有限公司与李某某其他合同纠纷	李某某支付上海熊猫互娱文化有限公司违约金 140 万元	合同违约之诉
17	（2019）粤 0113 民初 3971 号	广州虎牙信息科技有限公司与王某某合同纠纷	一审判令王某某继续履行合同并支付广州虎牙信息科技有限公司违约金 300 万元	合同违约之诉
	（2020）粤 01 民终 5456 号		二审撤销一审判决第一项（王某某无须继续履行合同）、第三项，维持一审判决第二项（王某某支付广州虎牙信息科技有限公司违约金 300 万元）	
18	（2019）新 0104 民初 6059 号	乌鲁木齐边娱视听文化传媒有限公司与吴某某合同纠纷	一审判令吴某某支付乌鲁木齐边娱视听文化传媒有限公司培训费 5000 元及违约金 30 万元	合同违约之诉
	（2019）新 01 民终 4455 号		二审维持原判	
19	（2019）鄂 0192 民初 4194 号	武汉斗鱼鱼乐网络科技有限公司与王某某合同纠纷	一审判令王某某支付武汉斗鱼鱼乐网络科技有限公司违约金 1,300,883 元、公证费 983 元	合同违约之诉
	（2020）鄂 01 民终 3728 号		二审维持原判	
20	（2018）鄂 0192 民初 2812 号	武汉鱼行天下文化传媒有限公司与陈某合同纠纷	一审判令陈某支付武汉鱼行天下文化传媒有限公司违约金 288 万元	合同违约之诉
	（2020）鄂 01 民终 5969 号		二审维持原判	

续表

序号	案号	案件名称	赔偿金额	案由
21	（2018）鄂 0192 民初 2813 号	武汉鱼行天下文化传媒有限公司与尹某合同纠纷	一审判令尹某支付武汉鱼行天下文化传媒有限公司违约金 54 万元	合同违约之诉
	（2020）鄂 01 民终 5965 号		二审维持原判	
22	（2018）沪 0115 民初 86845 号	杭州战旗网络科技有限公司与徐某某合同纠纷	一审判令徐某某支付杭州战旗网络科技有限公司违约金 100 万元	合同违约之诉
	（2020）沪 01 民终 1356 号		二审维持原判	
23	（2018）鄂 0192 民初 2807 号	武汉鱼行天下文化传媒有限公司与尹某合同纠纷	一审判令尹某支付武汉鱼行天下文化传媒有限公司违约金 360 万	合同违约之诉
	（2019）鄂 01 民终 13333 号		二审维持原判	
24	（2018）浙 0103 民初 7520 号	杭州战旗网络科技有限公司与张某合同纠纷	一审判令张某支付杭州战旗网络科技有限公司违约金 1300 万元	合同违约之诉
	(2020)浙01民终363号		二审维持原判	
25	（2016）鄂 0192 民初 1897 号	武汉鱼趣网络科技有限公司与上海炫魔网络科技有限公司、上海脉森信息科技有限公司等著作权权属、侵权纠纷	构成不正当竞争，朱某、上海炫魔网络科技有限公司、上海脉森信息科技有限公司连带赔偿武汉鱼趣网络科技有限公司 90 万元	著作权侵权之诉、不正当竞争之诉
	（2017）鄂 01 民终 4950 号			
26	（2019）浙 01 民初 1152 号	杭州开迅科技有限公司与李某、广州虎牙信息科技有限公司不正当竞争纠纷	不构成不正当竞争	不正当竞争之诉
	(2020)浙民终 515 号			

[1]此处总结仅针对判决中的赔偿额部分，其余判决事项未全部录入。

通过表1可以看出,目前针对主播跳槽,原平台基本通过合同违约之诉进行维权。主播在签约时知悉合同中的违约责任条款,但高额的违约赔偿金依然无法震慑主播跳槽,不免令外界相信通过高回报引诱跳槽是该行业的普遍现象。然而,在行业自治规范缺失、合同法无法规制第三方引诱违约行为的情况下,极少有平台选择通过起诉引诱平台构成不正当竞争进行维权。其背后的原因笔者在下文中将着重讨论。

二、主播跳槽,司法不宜过度介入

现行有效的《反不正当竞争法》未对引诱违约行为进行类型化,其界定依据的是《反不正当竞争法》第2条的规定①。司法实践中,对于是否构成不正当竞争的判断一般从以下三个方面出发:(1)原告、被告间是否存在竞争关系;(2)原告是否因被诉行为遭受损害;(3)被诉行为是否具有不正当性②。浙江淘宝网络有限公司与上海载和网络科技有限公司等其他不正当竞争纠纷案即是依照上述三方面进行判断的典型案例。一审法院指出,"基于商业机会的开放性和不确定性,原告的合法权益因被诉行为而遭受损害,不代表被诉行为必定构成不正当竞争。只有当被诉行为不遵循诚实信用原则和公认的商业道德,通过不正当手段攫取他人合理预期的商业利益时,才为反不正当竞争法所禁止。反不正当竞争法所要求的商业道德是指特定商业领域中市场交易参与者所普遍认知和接受的行为标准,不能仅从某一经营者的单方立场来判断。具体到个案中,应当按照特定商业领域中市场交易参与者的伦理标准,具体分析特定行业的一般实践、交易双方的主观状态、行为方式、行为后果等进行综合评判"③。最终,一审法院判决认定上海载和网络科技有限公司与载信软件(上海)有限公司构成不正当竞争,二审判决维持原判。在山东省食品进出口公司、山东山孚集团有限公司、山东山孚日水有限公司诉马某某、青岛圣克达诚贸易有限公司不正当竞争案中,最高人民法院认为,适用《反不正当竞争法》第2条第1款和第2款认定构成不正当竞争应当同时具备以下条件:一是法律对该种竞争行为未作出特别规定;二是其他经营者的合法权益确因该竞争行为而受到了实际损害;三是该种竞争行为因确属违反诚实信用原则

① 参见李扬、蓝小燕:《引诱违约行为的反不正当竞争法评价》,载《知识产权》2018年第7期。

② 参见孔祥俊:《反不正当竞争法新原理·总论》,法律出版社2019年版,第220~276页。

③ 上海市浦东新区人民法院民事判决书,(2015)浦民三(知)初字第1963号。

和公认的商业道德而具有不正当性或者说可责性，这也是问题的关键和判断的重点①。

回到直播平台“挖墙脚”行为是否构成不正当竞争这一问题上，尽管论述的方式不同，上述最高人民法院提出的依据《反不正当竞争法》第2条认定构成不正当竞争应同时具备的三个条件这一判断原则在笔者检索到的两个引起社会广泛关注的案件中均得到体现。为什么武汉鱼趣网络科技有限公司与上海炫魔网络科技有限公司、上海脉淼信息科技有限公司等著作权权属、侵权纠纷案（以下简称鱼趣公司与炫魔公司、脉淼公司等著作权权属、侵权纠纷案）中认定平台构成不正当竞争，而在杭州开迅科技有限公司与李某、广州虎牙信息科技有限公司不正当竞争纠纷案（以下简称开迅公司与李某、虎牙公司不正当竞争纠纷案）中却得到否定结论？是否真的体现了“司法不宜过度介入”的趋势？两起典型案例判断标准的对比分析详见表2。

表2　两起典型案例的判断标准对比

判断标准	鱼趣公司与炫魔公司、脉淼公司等著作权权属、侵权纠纷案[1]	开迅公司与李某、虎牙公司不正当竞争纠纷案[2]
法律对该种竞争行为未作出特别规定	一审法院认为，炫魔公司、脉淼公司和鱼趣公司均是从事互联网直播业务的市场主体，炫魔公司、脉淼公司是全民TV的经营者，鱼趣公司为斗鱼TV提供主播核心资源，双方在网络游戏视频直播行业中具有同业竞争关系。 二审法院指出，鱼趣公司所主张的应受保护的利益并非绝对权，其受到损害并不必然意味着可以得到《反不正当竞争法》的救济，还需考虑竞争对手之行为是否违反本行业特有的诚实信用原则和公认的商业道德。从网络直播行业的竞争特点看，合同法律规范并不足以制止该类行为。因主播	一审法院认为，开讯公司主张的李某的不正当竞争行为可以分为两类：一是与虎牙公司的签约行为、收取预付款行为；二是通过原昵称、头像等用户导流行为。对于第一类行为，均系李某违反合同约定的竞业限制义务，在合同履行期内与开迅公司具有竞争关系的虎牙公司进行签约、履约的相关行为，上述行为均可通过合同约定和相关的法律规定进行规制；对于第二类行为，开迅公司、伊恬中心对原昵称、头像并不享有著作权，而是通过合同约定享有相关权益，亦属于可由合同法进行规制的行为。二审法院指出，在当事人能够通过合同方式得到有效救济的情况下，《反不正

① 参见钟鸣编著：《商标与不正当竞争裁判规则》，法律出版社2020年版，第410~415页；另参见最高人民法院民事裁定书，(2009)民申字第1065号。

续表

判断标准	鱼趣公司与炫魔公司、脉森公司等著作权权属、侵权纠纷案	开迅公司与李某、虎牙公司不正当竞争纠纷案
	资源对平台意义过于重大，竞争行为的发起者多为参与竞争的平台而非主播，而平台非合同方，通常也并不介意将违约之代价作为竞争成本，合同法律规范显然无法限制作为非合同方的竞争平台，《反不正当竞争法》介入并对行为作出评判具有必要性	当竞争法》的适用更应秉持审慎、谦抑的原则，而不应随意干预当事人的行为自由。本案中，开迅公司已与伊恬中心就李某的违约事项进行赔偿协商，并签订了赔偿总额为3,664,956元的补充协议，实际上已经通过合同方式弥补了李某跳槽所可能遭受的经济损失，足以平衡各方利益，故在本案中针对李某的违约跳槽行为，《反不正当竞争法》没有再行介入的空间和必要。 一审法院认为，直播平台之间，即开讯公司、虎牙公司之间并不存在合同法律关系，不能通过合同法进行调整。二审法院继承了一审法院的论述
其他经营者的合法权益确因该竞争行为受到了实际损害	一审法院认为，由于主播和观众之间的消费黏性较强，直播平台主要依靠主播吸引人气生存，朱某在与鱼趣公司的合同期尚未届满之前就改换直播平台，带走了原直播平台固定的受众群体，鱼趣公司为朱某所支付的合作报酬以及策划、宣传等费用未能获得合理的商业回报，损害了鱼趣公司的合理商业利益。 二审法院指出，网络直播行业中，主播并非企业员工，更类似于传统行业中参与竞争的企业产品，特别是自行发掘并培养的主播，实际上就是平台推向市场直接参与市场竞争，抢占市场占有率，获取流量的“优质产品”。主播的流失，将直接导致平台竞争力和市场占有率的下降。使用他人签约主播，实质上就是直接攫取他人竞争果实——不仅是平台花费大量人、财、物所培养的优质主播资源，也包括了平台通过激烈竞争和长期经营所积累的观众及流量	一审法院认为，开讯公司、虎牙公司具有同业竞争关系，虎牙公司使用李某从事主播业务等被诉侵权行为，目的在于吸引相关用户选择虎牙平台收看直播，以获取现实或潜在的商业利益，同时也会导致对手平台的用户、流量在一定程度上流失，从而对开讯公司的竞争优势和商业利益造成损失，两者存在对于用户群体及相应商业机会、竞争优势的争夺。故虎牙公司的行为属于市场竞争行为，开讯公司有权依据《反不正当竞争法》来主张相应合法权益

续表

判断标准	鱼趣公司与炫魔公司、脉淼公司等著作权权属、侵权纠纷案	开迅公司与李某、虎牙公司不正当竞争纠纷案
该种竞争行为因确属违反诚实信用原则和公认的商业道德而具有不正当性或者说可责性	一审法院认定，炫魔公司和脉淼公司的行为违反了诚实信用原则，直接损害了斗鱼TV的市场竞争优势，亦损害了网络直播行业的正常竞争秩序。 二审法院基于3个因素进行了综合考虑。首先，对于行业效率的影响，网络直播行业中，特别是《炉石传说》等游戏直播，因是基于特定游戏平台进行，录制和传播方式大同小异，平台的更换并不会带来实质的改变和提升，观众的用户体验和选择机会并不会增加。炫魔公司、脉淼公司也并未举证朱某更换至全民TV平台将带来积极影响。在此种情形下，炫魔公司、脉淼公司虽攫取了鱼趣公司的竞争资源和劳动成果，但所提供的仍是同质化的服务，并未促进行业效率的提升。其次，对竞争对手的损害程度。本案中，涉案主播为鱼趣公司自行培养，鱼趣公司对该主播资源的获取付出了巨大的劳动。在该种情形下，炫魔公司、脉淼公司擅自使用主播的行为实质上是直接取代了鱼趣公司本应拥有的竞争优势，造成了实质性的损害。但如前所述，这种损害并未带来行业效率的提升，事实上，炫魔公司、脉淼公司也并非无法避免该种损害，若确有必要使用鱼趣公司的主播资源，完全可以在平等协商的基础上争取“双赢”的效果，其竞争行为的正当性存疑。再次，对竞争秩序及行业发展的影响。炫魔公司、脉淼公司直接使用他人培养并独家签约的知名主播资源的行为，若得到认可，将会改变产业生态和竞争秩序。最	一审法院认为，李某的被诉侵权行为均可能涉及对合同义务的违反，但并未损害公共政策所保护的其他利益，如在合同约定的违约责任之外，另行要求李某承担其他侵权责任，亦超出了其在合同订立时可合理预见到的损失。因此，对于开迅公司与李某之间的法律关系，不应再适用《反不正当竞争法》进行调整。 一审法院认为，涉案网络直播行业属于新兴市场领域，对于各种商业规则仍在探索中，商业道德在相关市场共同体中尚未达成共识，应当结合市场经营者的行为方式、行为目的、行为后果等案件具体情形来进行分析判定。从虎牙公司的行为方式来看，其不存在恶意诱导的行为(证据未证明虎牙公司存在其他诱导行为)；从虎牙公司的行为目的来看，其作为一个经纪人，基于自身商业利益判断，选择与可以为其带来商业机会和竞争优势的跳槽主播合作，拓展头部主播阵容，从而提升平台竞争力，符合通常的商业伦理，不具有不正当竞争的目的；从虎牙公司的行为后果来看，一定程度上带走了原平台的用户和流量，但对于对手平台而言，平台的用户及流量损失系其依据合同可期待获得的利益，而并非如职务发明创造、商业秘密等其依据法律可直接享有的权利或合法权益，因此其可以在与主播签署的合同中约定包括流量损失在内的因违约产生的损失赔偿额的计算方法，以弥补其相应的损失。对于消费者而言，开讯公司并无证据证明虎牙公司利用李某在对手平台直播间，直接对用户进行了导流的行为，干扰了用户对于直播平台的选择，损害了消费者利益。从该行为对市场竞争秩序的影响来看，本案中，

续表

判断标准	鱼趣公司与炫魔公司、脉森公司等著作权权属、侵权纠纷案	开迅公司与李某、虎牙公司不正当竞争纠纷案
	后，对消费者福利的影响。主播平台的更换并不会增加消费者的选择，反而是若主播的培养者和资源投入者的利益不能得到保护，对无序竞争的放任将可能导致投入的减少和行业发展的减缓，消费者的利益最终将受到损害	开迅公司并未提供充分的证据证明平台单纯接收跳槽主播的行为对游戏直播行业市场秩序可能造成的影响到了已经需要《反不正当竞争法》介入的程度。 二审法院指出，并无证据证明虎牙公司系明知李某与其经纪公司就原昵称、头像进行约定的具体内容，亦无证据证明其主动要求李某使用原昵称、头像以针对性地对对手平台的用户及流量进行引流，其行为不构成不正当竞争。二审法院认为，凭资金优势以较高的薪酬吸引优秀主播加入，形成人才的正常流动，充分调动人才创新创业的积极性，有利于市场充分竞争。同时，游戏直播行业并非事关国计民生，可被给予充分的竞争自由和完全市场化的运营环境，司法应充分尊重相关行业的发展规律。鉴于主播在游戏直播行业中的重要性，相关行业可能会形成一些自律规范，但自律规范的形成过程势必存在多方利益的充分博弈，需要市场发展的积淀，司法不宜过度介入

[1]参见湖北省武汉市中级人民法院民事判决书，(2017)鄂01民终4950号。

[2]参见《虎牙不构成不正当竞争，法院驳回开迅1300万元索赔》，载微信公众号“知产宝”2020年12月2日，https://mp.weixin.qq.com/s/3ZdqKPj_iDROJjB6pyMEWQ。

笔者认为，以下两点值得强调。

(一)导致两案一个判定平台构成不正当竞争而另一个判定平台不构成不正当竞争的原因并非判断标准不一

通过表2的对比可以看出，两起案件的审理中，对于涉案平台是否构成不正当竞争，受案法院的审理思路是一致的，首先，法律对该种竞争行为未作出特别规定；其次，其他经营者的合法权益确因该竞争行为而受到了实际损害；最后，该种竞争行为因确属违反诚实信用原则和公认的商业道德而具有不正当性或者可责性。其中的重点均放在了对是否违反诚实信用原则和公认的商业道德的判断上。

在鱼趣公司与炫魔公司、脉淼公司等著作权权属、侵权纠纷案的二审中，受案法院从对于行业效率的影响、对竞争对手的损害程度、对竞争秩序及行业发展的影响，以及对消费者福利的影响四个因素来综合评价涉案平台被诉行为是否违反实信用原则和公认的商业道德而具有不正当性。

在开迅公司与李某、虎牙公司不正当竞争纠纷案中，一审法院则从涉案平台的行为方式、行为目的、行为后果来进行判断。在判断中，特别是对行为后果的判断着眼于对竞争对手、对消费者、对行业效率、对行业竞争秩序以及对未来行业发展的影响。这种判断与评价实际上满足了最高人民法院在(2009)民申字第1065号民事裁定书中指出的认定构成不正当竞争应当同时具备的三个条件。

此外，在开迅公司与李某、虎牙公司不正当竞争纠纷案中，受案法院对行为方式的评价着眼于是否存在恶意诱导的行为，对行为目的的判断着眼于商业伦理，这表明受案法院也充分考虑了涉案平台的主观意识。在鱼趣公司与炫魔公司、脉淼公司等著作权权属、侵权纠纷案中，受案法院虽然没有单独明确并大篇幅论述，但也指出，“在纠纷发生后特别是2016年7月本院向各被告送达鱼趣公司的起诉状和证据材料之后，炫魔公司和脉淼公司明知朱某与鱼趣公司签订了独家游戏解说协议，且朱某依据约定在2015年9月1日至2020年8月31日只能在斗鱼TV平台直播‘炉石传说’游戏解说，但炫魔公司和脉淼公司仍然未经许可，通过其经营的全民TV直播朱某的‘炉石传说’游戏解说，导致朱某在斗鱼TV的观众群随之流失”，实际上也评价了涉案平台的主观恶意。

现行《反不正当竞争法》未对引诱违约行为进行类型化，网络直播作为新兴市场领域，诸多竞争行为是否违反商业道德在市场共同体中并没有达成共识。上述两案在一审、二审中均充分考虑了主客观因素，其审判思路与判断标准对于日后直播平台可否选择通过不正当竞争之诉维权具有指导意义。

(二)对于“司法不宜过度介入”的理解

文首提到了在开迅公司与李某、虎牙公司不正当竞争纠纷案二审判决后，有文章以《主播跳槽索赔千万,司法不宜过度介入》为题,介绍了判决结果①。同时该文章提到了跳槽主播与新平台是否构成不正当竞争存在“构成论”和“不构成论”两种意见。其中,“构成论”的代表案例就是鱼趣公司与炫魔公司、脉森公司等著作权权属、侵权纠纷案,而“不构成论”就是基于开迅公司与李某、虎牙公司不正当竞争纠纷案。

通过表2的对比以及上文的论述可以看出,受案法院对于涉案平台被诉行为是否构成不正当竞争的判断思路是基本一致的。因此,很显然不应简单以“构成论”与“不构成论”对涉及主播跳槽的不正当竞争纠纷进行归类。作为新闻时事报道,该文题目着实能够吸引眼球,在开迅公司与李某、虎牙公司不正当竞争纠纷案的二审判决书中确实也有“司法不宜过度介入”的表述。但应该正确理解“司法不宜过度介入”的原因。该案二审浙江省高级人民法院认为,“凭资金优势以较高的薪酬吸引优秀主播加入,形成人才的正常流动,充分调动人才创新创业的积极性,有利于市场充分竞争。同时,游戏直播行业并非事关国计民生,可被给予充分的竞争自由和完全市场化的运营环境,司法应充分尊重相关行业的发展规律。鉴于主播在游戏直播行业中的重要性,相关行业可能会形成一些自律规范,但自律规范的形成过程势必存在多方利益的充分博弈,需要市场发展的积淀,司法不宜过度介入”②。首先,“司法不宜过度介入”的根本前提是涉案平台被诉行为不构成不正当竞争。在这一前提下,通过有竞争力的薪酬、职业训练与晋升机会吸引人才,对于企业和劳动者都是具有积极意义的。其次,“司法不宜过度介入”的重点在于对“过度”的定义,而非“司法可否介入”。最后,“司法不宜过度介入”,是指不宜过度介入相关行业形成自律规范的过程,而并非不宜介入是否构成不正当竞争的判断。同时,需要注意的是,在开迅公司与李某、虎牙公司不正当竞争纠纷案中,受案法院认定李某与虎牙公司不构成不正当竞争,但李某的违约责任依然存在。故草率理解“司法不宜过度介入”显然不妥。

2020年4月,广东省高级人民法院在其发布的《关于网络游戏知识产权民事纠纷案件的审判指引(试行)》第31条中明确了对游戏主播违约跳槽行为的审查,

---

① 参见《主播跳槽索赔千万,司法不宜过度介入》,载微信公众号“知产库”2020年12月1日,https://mp.weixin.qq.com/s/xDt2Ebj26nMQu9CvqSGdxQ。

② 参见《虎牙不构成不正当竞争,法院驳回开迅1300万元索赔》,载微信公众号“知产宝”2020年12月2日,https://mp.weixin.qq.com/s/3ZdqKPj_iDROJjB6pyMEWQ。

即"原告主张被告通过不正当手段引诱游戏主播违约跳槽,不当抢夺相关市场和利益,违反反不正当竞争法第二条规定的,应审查相关行为是否违背了商业道德,是否具备不正当性与可责性。游戏主播以自身知识和技能优势为其他平台获取市场竞争优势,未违背商业道德,未扰乱市场竞争秩序的,一般不构成不正当竞争行为。主播违反竞业禁止协议或相关独家、排他直播协议的,依照协议约定承担相应违约责任"。该条也体现了司法介入涉及主播跳槽的不正当竞争纠纷案的需要。

结　语

随着互联网以及游戏直播产业的蓬勃发展,大量新平台和新主播不断加入相关产业。比起其他领域的人才,优秀主播所附带的流量与观众更具商业价值,因此必然会导致平台间对于优秀主播的"争夺"。主播违约跳槽以及新平台获利并不能等同于不正当竞争。平台一方面在吸引人才,另一方面也需要面对自己培养的主播跳槽后如何维权的问题。本文通过案例检索发现,除合同违约之诉外,鲜有平台提起不正当竞争之诉。其原因既有现行《反不正当竞争法》未对引诱违约类型化,也有基于《反不正当竞争法》第 2 条主张主播或/和新平台构成不正当竞争具有一定证明难度。

通过对比两个典型案例,本文探讨了法院对于主播或/和新平台是否构成不正当竞争的审理思路与判断标准,也表达了对于引起大众关注的开迅公司与李某、虎牙公司不正当竞争纠纷案的二审判决中提到的"司法不宜多度介入"的理解。正如浙江省高级人民法院所指出的,"鉴于主播在游戏直播行业中的重要性,相关行业可能会形成一些自律规范,但自律规范的形成过程势必存在多方利益的充分博弈,需要市场发展的积淀"。笔者认为,在这个过程中,对于该行业不正当竞争行为的类型化是值得期待的。

航空/环保业务相关

关于民用航空管理几个基本概念讨论和对共有产权飞机、会员制分时共享飞机等商业模式的一点看法

——《民用航空法》修订背景下的立法规范和监管建议

黄振达*

我国民航业伴随改革开放的步伐稳健发展,正逐步成长为重要的国际和区域航空市场。当前中国是国际民用飞机重要进口国和国际旅客运输中重要的始发地和目的地。民用航空运输企业基于运行规章、飞机型号、飞行目的和用途等的分类,大致可区分为公共航空运输和通用航空运输。在具体管控各类航空业态的过程中,我国《民用航空法》、相关规章和民航部门政策文件对航空运输企业、航空承运人、航空运营人、航空运行人、缔约承运人、实际承运人等概念给予了不同的描述。本文尝试从国家法律、法规、规章、民航政策文件层面,从概念定义冲突角度,结合《民用航空法》修订计划,探讨如何构建统一的航空运输企业分类标准、航空业务术语,并实现精细化专业分类监管原则。同时考虑到共有产权飞机、会员制分时共享飞机使用权等商业模式目前在中国市场开始出现,并逐渐成为投资类产品趋势,就该模式的法律属性、金融属性和涉及的风险责任,尝试给予初步分析探讨。

---

* 黄振达:北京德和衡律师事务所高级联席合伙人、德和衡金融业务中心副总监,法学博士,北京市律师协会涉外律师人才库律师,西北大学兼职教授、西北大学经济管理学院 MBA 校外导师、西北大学法学院法律硕士校外导师、北京理工大学法律硕士校外导师。

一、目前我国民航法律、法规、规章、民航局政策文件中关于民用航空运输相关概念回顾与检讨①

基于法律概念层面的严谨性和规范性，我们首先对现行有效的法律、法规、规章、民航管控文件中关于航空运输主体、航空运输活动以及航空器概念进行全面回顾与相应小结检讨。

（一）第一组概念：民航企业、民用航空运输企业、公共航空运输企业

1.《民用航空财经信息管理办法》

该办法第 2 条规定："本办法适用于在中华人民共和国境内注册登记的从事民用航空活动企业（以下简称民航企业）的财经信息管理工作。民航企业包括公共航空运输企业（集团）（以下简称航空运输企业）、通用航空企业（集团）（以下简称通航企业）、民用机场（集团）（以下简称机场）和航空运输服务保障企业（集团）（以下简称保障企业）以及上述企业（集团）的所属企业。"

2.《民用航空运输销售代理业管理规定》（已失效）

该规定第 3 条第 2 项规定："民用航空运输企业，是指使用民用航空器经营运送旅客、行李、货物、邮件的企业。"

3. 原中国民用航空总局《对〈民用航空运输销售代理业管理规定〉的说明》

该说明第 2 条"关于适用范围"第 2 款规定："《规定》第二十条中'有经营权的任何民用航空运输企业'，是指取得经营许可的中国民用航空运输企业和在中国有指定销售代理人权利的外国民用航空运输企业……"

4.《重庆市民用航空条例》

该条例第 59 条第 1 项规定："（一）民用航空，包括运输航空和通用航空。运输航空，是指公共航空运输企业使用民用航空器运送旅客、货物、行李或者邮件，进行经营性客货运输的航空活动……"

5.《民用航空法》

该法第 91 条规定："公共航空运输企业，是指以营利为目的，使用民用航空器

---

① 为撰写本次论文，笔者和北京德和衡（上海）律师事务所俞徜律师先后检索查阅了 25 份法律、法规、规章文件，这些资料文件均对航空运输企业、公共航空运输企业、通用航空、航空运营人、航空承运人等概念进行了描述。本次只选择其中具有代表性的概念进行回顾与检讨，特此说明。

运送旅客、行李、邮件或者货物的企业法人。”

6.《公共航空运输企业经营许可规定》

该规定第2条第2项规定:“本规定所称公共航空运输企业,是指以营利为目的使用民用航空器从事旅客、行李、货物、邮件运输的企业法人。”

7. 南京市人民政府办公厅《关于印发〈南京市工商登记前置审批事项目录〉的通知》

目录第9项规定:“公共航空运输企业是指以营利为目的,使用民用航空器运送旅客、行李、邮件或者货物的企业法人。”

综上所述,上述概念,主要是从宏观上界定了民航企业的范畴和强调了公共航空运输企业性质是以营利为目的。按照我国《民法典》有关法人制度的规定看,民航企业应界定为营利法人。事实上,公共航空运输企业作为交通运输服务企业,具有公共服务职能,在被国家临时征用承担公益性质救援和紧急任务时,其以营利为目的的属性并不明显。对于市场经济下的商业主体,不必专门强调以营利为目的。本文下面提到的通用航空,没有提及以营利为目的,但是通航企业若不追求营利,那么其运营动机是什么呢?当然,专门用于公益性质的紧急医疗救援性质的通用航空行为除外。

(二)第二组概念:通用航空、经营性通用航空、通用航空短途运输、通用航空包机飞行

1.《民用航空法》

该法第145条规定:“通用航空,是指使用民用航空器从事公共航空运输以外的民用航空活动,包括从事工业、农业、林业、渔业和建筑业的作业飞行以及医疗卫生、抢险救灾、气象探测、海洋监测、科学实验、教育训练、文化体育等方面的飞行活动。”第147条规定:“从事非经营性通用航空的,应当向国务院民用航空主管部门备案。从事经营性通用航空的,应当向国务院民用航空主管部门申请领取通用航空经营许可证。”

2. 中国民用航空局《关于印发〈通用航空术语解释〉的通知》(民航发〔2020〕44号)

该解释规定,经营性通用航空活动分为三类,载客类、载人类和其他类。载客类包括通用航空短途运输和通用航空包机飞行。通用航空短途运输,是指通用航

空运输企业使用低于30座（包括机组座位）的民用航空器实施的定期载客运输飞行服务活动；短途运输航线距离通常不超过500公里。通用航空包机飞行，是指通用航空企业使用低于30座（包括机组座位）的民用航空器，按照与包机方订立的合法文本合同提供的不定期载客运输服务。此类包机活动，不对社会公众销售机票、不对非乘机人公布航班时刻，根据实际需要决定飞行频次。

3.《通用航空飞行管制条例》

该条例第3条规定："本条例所称通用航空，是指除军事、警务、海关缉私飞行和公共航空运输飞行以外的航空活动，包括从事工业、农业、林业、渔业、矿业、建筑业的作业飞行和医疗卫生、抢险救灾、气象探测、海洋监测、科学实验、遥感测绘、教育训练、文化体育、旅游观光等方面的飞行活动。"

4.《重庆市民用航空条例》

该条例第59条第2项规定："……通用航空，是指使用民用航空器从事公共航空运输以外的民用航空活动，包括从事工业、农业、林业、渔业和建筑业的作业飞行以及医疗卫生、抢险救灾、气象探测、海洋监测、科学实验、教育训练、文化体育等方面的飞行活动。"

5.《通用航空包机飞行管理暂行办法》

该办法第3条规定："通用航空包机飞行是指通用航空企业使用30座（含机组）以下的民用航空器，按照与包机方所订立的文本合同提供的不定期载客运输服务。"

6.《通用航空包机飞行（短途运输）经营管理暂行办法》

该办法第3条规定："通用航空包机飞行是指通用航空企业使用30座以下的民用航空器（初级类航空器除外），按照与用户所签订文本合同中确定的时间、始发地和目的地，为其提供的不定期载客及货邮运输服务。此类服务不对社会公众发售机票，不提前公布航班时刻，根据需要决定飞行频次，原则上不得从事危险品运输。"

由上述规定可以看出，通用航空的概念范围比较宽泛，既有商业运营目的明显的通航行为，也有出于人道主义、公益目的的救援航空行为，还有政府机构出于社会管理服务职能的空中探测、遥感服务等政府委托服务或者政府购买产品的行为。但是实际上，营利目的还是主要的，否则如何激活这个产业健康发展呢？从民用航空法律层面看，我国没有关于私人或私企拥有自用飞机的立法规定，也没有私人或私企商务包机的立法规定,以及外国来华公务机的监管立法规定等。据有关统计数据,截至 2019 年 12 月,我国私人或私企(非航空企业)拥有的私人商务飞机接近 300 架。为了更好地实现跨境国际飞行,很多私人飞机产权人将飞机产权国籍登记在境外国家或地区。没有私人商务飞机,却因为工作生活需要临时进行私人商务包机租赁飞行消费的行为,即业界所称私人商务包机,或说公务包机,通常是公务机管理公司或商务机管理公司负责市场营销、飞行申请以及全程飞行与保障服务。对于这些私人飞机的定义,核心标准在于该等飞机的座位数在 30 座及以下。如果私人飞机的座位数超过 30 座,则应当归属于公共航空运输企业管理范畴,即由《大型飞机公共航空运输承运人运行合格审定规则》(以下简称 CCAR-121 部)来管理。按照 CCAR-121 部的规定,私人或企业购买自用的飞机,委托给拥有经营许可和运行许可的航空管理公司代为管理和服务,或者飞机托管公司将拥有产权或管理权的飞机对外出租经营,实现私人商务包机或公务包机的商业服务行为,分别属于《一般运行和飞行规则》(以下简称 CCAR-91 部)和《小型商业运输和空中游览运营人运行合格审定规则》(以下简称 CCAR-135 部)规范管理。但是由于不允许公开航班时刻、票价信息,不得冲击公共航空运输市场秩序,不适用 CCAR-121 部。所以,目前通用航空商务包机的运输市场空间极为尴尬有限,变相或隐形的市场营销在所难免,合规冲突比较明显,建议民航管理部门给予规范和扶持。

(三)第三组概念:航空运营人、航空运行人、商业运输运营人、航空器代管人、航空器经营人、航空缔约承运人、航空实际承运人

1. 大型飞机公共航空运输承运人

依据 CCAR-121 部第 121.3 条"适用范围"的规定:"(a)本规则适用于在中华人民共和国境内依法设立的航空运营人实施的下列公共航空运输运行:(1)使用最大起飞全重超过 5,700 千克的多发飞机实施的定期载客运输飞行;(2)使用旅客座位数超过 30 座或者最大商载超过 3,400 千克的多发飞机实施的不定期载客运输飞行;(3)使用最大商载超过 3,400 千克的多发飞机实施的全货物运输飞行。(b)对于适用于本条(a)款规定的航空运营人,在本规则中称之为大型飞机公共航空运输承运人。"

附件 A"定义"规定:"定期载客运行:是指航空承运人或者航空运营人以取酬

或者出租为目的,通过本人或者其代理人以广告或者其他形式提前向公众公布的,包括起飞地点、起飞时间、到达地点和到达时间在内的任何载客运行。”

此概念表明,航空承运人和航空运营人存在属于同一个主体的情况适用,即这种情况下航空承运人就是航空运营人。只有出现航空器干租或湿租时,才会出现航空承运人和航空运营人分立情况。

2. 小型航空器商业运输运营人

依据 CCAR – 135 部附件 A“定义”的规定,小型商业运输和空中游览运营人,是指使用本规则第 135.3 条规定的民用航空器并从事本规则第 135.23 条规定的飞行和运行种类的航空运营人。

航空运营人,是指在中华人民共和国登记的公共航空运输企业、通用航空企业和从事民用航空飞行活动的其他单位。

依据 CCAR – 135 部第 135.3 条“适用范围”的规定:“(a)本规则适用于在中华人民共和国境内依法登记的运营人所实施的以取酬为目的的下列商业飞行活动:(1)使用下列小型航空器实施的定期、不定期载客或者载货飞行,以及长途空中游览飞行:(i)正常类、实用类、特技类和通勤类飞机。(ii)正常类直升机。(2)使用下列运输类飞机实施的载货或者不定期载客飞行:(i)旅客座位数(不包括机组座位)30 座及以下。(ii)最大商载 3400 千克及以下。(3)使用运输类直升机实施的定期、不定期载客或者载货飞行。(4)下列短途空中游览飞行:(i)除自由气球外,航空器的起飞和着陆满足下列条件之一的空中游览飞行:(A)在同一起降点完成,并且航空器在飞行时距起降点的直线距离不超过 40 千米。(B)在两个直线距离不超过 40 千米的起降点间实施。(ii)使用自由气球在运营人的运行规范中经批准的飞行区域内实施,并且每次飞行的起飞和着陆地点应当包含在该区域之内的空中游览飞行。(b)本规则所称小型商业运输和空中游览运营人,是指从事本条(a)款规定商业飞行活动的运营人。(c)小型商业运输和空中游览运营人在运行中所使用的人员以及小型商业运输和空中游览运营人所载运的人员,应当遵守本规则中的适用要求。(d)本规则不适用于无人驾驶航空器。”

小结:此概念表明,航空运营人的概念是对民用航空运输企业的统称,但是航空运营人组织形态为指企业形式,不包括自然人。适用 CCAR – 135 部规章的定期载客运输飞行,应该理解为具有通用航空短途运输活动性质,通常也称为通航通勤航空,如边远地区、农牧业民族地区由于路途遥远,利用通航飞机实现人们的出行。规章明确将其定义为“定期载客飞行”,那么其性质即以营利为目的,通用航空短途运输行为,应当允许公布定期航班时刻、公开销售机票,包括提供飞行代码,纳入统一的航空运输市场管理,实现规范运行。否则由此产生的旅客安全运输责任和保险保障等都是法律问题和监管责任问题。

3. 商业非运输运营人、私用大型航空器运营人、航空器代管人

《特殊商业和私用大型航空器运营人运行合格审定规则》(以下简称 CCAR－136 部)第 136.237 条第 2 款规定:“在 2022 年 6 月 30 日前已持有按照 CCAR－91 部颁发的具有一般商业飞行(跳伞)、农林喷洒作业飞行和直升机机外载荷作业飞行运行种类的商业非运输运营人运行合格证,以及航空器代管人和私用大型航空器运营人运行规范,应当在 2023 年 12 月 31 日前完成按照本规则规定的具有相应运行种类的特殊商业运营人运行合格证换发。”

CCAR－136 部第 136.9 条“私用大型航空器运营人的基本要求”规定:“(a)除本条(f)款规定外,私用大型航空器运营人应当经局方按照本规则审定合格,获得局方颁发的私用大型航空器运营人运行合格证(以下简称运行合格证)和私用大型航空器运营人运行规范(以下简称运行规范)后,方可按照运行规范的要求实施本规则规定的运行。(b)私用大型航空器运营人取得运行合格证和运行规范后,成为本规则规定的合格证持有人。(c)合格证持有人不得违反运行合格证和运行规范的要求实施运行。(d)合格证持有人应当确保所使用的航空器,包括安装的仪表和设备,满足 CCAR－91 部 C 章的要求。(e)合格证持有人应当按照 CCAR－91 部 G 章的要求对所使用的航空器进行维修。(f)使用本条(a)款所述航空器的下列运营人,无需按本规则 G 章要求进行审定即可按照下列要求行使私用大型航空器运营人的权利:(1)对于按照 CCAR－121 部和按照 CCAR－135 部运行的运营人,可以实施一般私用飞行。(2)对于按照本规则审定合格的特殊商业运营人,可以实施其运行规范中批准的运行种类的私用飞行。”

4.《民用航空飞行标准管理条例(征求意见稿)》(2021 年)

根据该征求意见稿的规定,航空器运行人,是指实际控制使用民用航空器实施飞行运行的单位或个人。航空器运行人包括公共航空运输运营人、特殊商业运营人、其他商业运营人以及从事非商业运营的单位或个人。公共航空运输运营人,是指以营利为目的,使用民用航空器运送旅客、行李、邮件或者货物的单位或个人,按照其所使用的航空器和运行特点分为大型飞机公共航空运输运营人、小

型商业运输和空中游览运营人。特殊商业运营人,是指以营利为目的,使用民用航空器从事农林喷洒、直升机机外载荷作业和跳伞服务等安全风险较大飞行活动的单位或个人。

5. 航空器经营人、缔约承运人、实际承运人

《民用航空法》第 158 条规定:"本法第一百五十七条规定的赔偿责任,由民用航空器的经营人承担。前款所称经营人,是指损害发生时使用民用航空器的人。民用航空器的使用权已经直接或者间接地授予他人,本人保留对该民用航空器的航行控制权的,本人仍被视为经营人。经营人的受雇人、代理人在受雇、代理过程中使用民用航空器,无论是否在其受雇、代理范围内行事,均视为经营人使用民用航空器。民用航空器登记的所有人应当被视为经营人,并承担经营人的责任;除非在判定其责任的诉讼中,所有人证明经营人是他人,并在法律程序许可的范围内采取适当措施使该人成为诉讼当事人之一。"

第 137 条规定:"本节所称缔约承运人,是指以本人名义与旅客或者托运人,或者与旅客或者托运人的代理人,订立本章调整的航空运输合同的人。本节所称实际承运人,是指根据缔约承运人的授权,履行前款全部或者部分运输的人,不是指本章规定的连续承运人;在没有相反证明时,此种授权被认为是存在的。"

从以上 3 组概念可以看出,《民用航空飞行标准条例(征求意见稿)》的法律位阶较高,属于法规层级,效力比规章优先。这个法规草案在有关概念解释上与以往相比有了较大突破:一是明确表达了航空器运行人就是航空运输运营人;二是明确了航空器运行人主体分为单位或个人,而过去的概念中都是指企业法人;三是将公共航空运输运营人分类为大型飞机公共航空运输运营人、小型商业运输运营人和空中游览运营人三个分级主体。这一明显变化非常关键。这个概念将传统的公共航空运输企业和通用航空运输企业的划分进行了交叉,即作为通用航空业务范畴的小型商业运输运营人和游览运营人属于公共航空运输运营人。而按照传统划分方法,小型商业运输运营人是指通用航空运输,即在前文提到的 CCAR－135 部界定的小型航空器商业运输运营人。存在运行规章的交叉。

此外,该草案明确了通用航空以营利为目的的法律性质。这与之前关于通用航空的定义存在不同。过去通用航空企业内部分类为经营性通用航空和非经营性通用航空,至于是否以营利为目的没有涉及。目前来看,通用航空企业也是以营利为目的的。随之产生的问题就是:是否存在不以营利为目的的经营性通航,

或者是否存在不以营利为目的的非经营性通航?因为按照中国民用航空局印发的《通用航空术语解释》的分类,经营性通用航空活动分为载客类、载人类、其他类,实际上基本把通行的通航活动都纳入了经营性之中,既然是经营性通航活动,营利应该是核心经营行为特征。

公共航空运输运营人的定义明确以营利为目的,并将概念扩大为包括小型商业运输和空中游览运营人。将小型商业运输运营人纳入公共航空运输性质,这是一次根本性突破。将过去通用航空性质的小型商业运输转为公共航空运输性质并进行民航运输市场化管理提供了法律依据。笔者倾向认为,短途通用航空运输作为定期载客飞行,应当纳入公共航空运输管理,建议在 CCAR－121 部中增加新的专门运行规章规范。但是,《民用航空飞行标准条例(征求意见稿)》将空中游览运营人也纳入公共航空运输概念,还需要细分认证。通常空中游览观光属于通航的典型活动特征。这一草案能否通过或进一步修改,未来有待观察。

最大的问题还在于,法律位阶最高的《民用航空法》将航空运输主体定义为航空器经营人、缔约承运人和实际承运人。这三个概念在民航法规、民航运行规章层面均没有提及,导致上述规范体系中针对航空运输主体和航空器的法定概念和定义存在实质性冲突和模糊,已经造成概念混乱。

(四)第四组概念:国内包机飞行、私人飞行与通用航空包机飞行(私人包机飞行)

1.《关于重申加强国内包机、包座销售管理的通知》

该通知明确,国内包机飞行,是指航空公司根据中国民用航空局批准的经营范围使用民用航空器从事除定期航班以外的国内不定期飞行。这是指公共航空运输企业的大型飞机的不定期包机飞行,适用 CCAR－121 部运行规章。并不是通常社会上所说的私人包机飞行概念。

2.《通用航空飞行计划审批与空管运行管理规定(试行)》

该规定"附件一:术语解释"规定:"……个人(私人)飞行,本规定所称的个人(私人)飞行是指中华人民共和国境内(港澳台地区除外)的中国公民驾驶民用航空器,以个人名义从事非经营性的通用航空飞行活动。个人(私人)飞行的申请人应当为航空器驾驶员本人。"可见,私人飞行是一个狭窄的运动型自驾体验通用航空活动概念。

包机飞行概念目前比较普遍流行。事实上，按照中国民用航空局方面监管的要求，私人包机、私人飞行的概念与社会上的私人商业包机飞行的概念是完全不同的。民航规章规定的私人飞行，专指私人驾驶飞机的自用或训练或娱乐运动性质行为。与包租飞机实现旅游或商务目的，实现异地起降的商业消费行为性质是不同的，即私人商务包机飞行在行业上称为通用航空包机飞行。

依据《通用航空包机飞行管理暂行办法》第 3 条“通用航空包机飞行是指通用航空企业使用 30 座（含机组）以下的民用航空器，按照与包机方所订立的文本合同提供的不定期载客运输服务”的规定，这类通航包机飞行属于商业包机租赁飞行或者说公务机租赁商业飞行的模式。类似概念，依据《通用航空短途运输管理暂行办法》第 3 条的规定：“通用航空短途运输是指通用航空企业使用 30 座（含机组）以下的民用航空器开展的定期载客运输飞行服务活动。短途运输航线距离原则上不超过 500 公里。”依据中国民用航空局 2020 年最新发布的《通用航空术语解释》，通用航空包机飞行，是指通用航空企业使用低于 30 座（包括机组座位）的民用航空器，按照与包机方订立的合法文本合同提供的不定期载客运输服务。此类包机活动，不对社会公众销售机票、不对非乘机人公布航班时刻，根据实际需要决定飞行频次。

此外，与私人包机概念对应的还有国内包机、包座、包销等航空运输销售概念，但其对应的是公共航空运输企业，适用 CCAR－121 部的概念。依据《关于重申加强国内包机、包座销售管理的通知》的规定，国内包机飞行，是指航空公司根据中国民用航空局批准的经营范围使用民用航空器从事除定期航班以外的国内不定期飞行。这里指的是公共航空运输企业的大型飞机的不定期包机飞行，即 30 座以上公共航空运输企业的包机飞行，行业上也称为包班或包座销售行为。

二、构建概念统一、标准清晰的民用航空管理法律法规规章文件体系势在必行

通过对前面四组航空运输概念的梳理，基本可以看出，民用航空运输管理领域基于管理目标、管理行为、管理标准、管理流程的分工，运行规章的差异，具体监管部门对于公共航空运输和通用航空运输的分类，相应的航空运输企业的分类界定，航空器运行人、航空运输运营人、航空承运人、国内包机飞行和通用航空包机飞行等均有不同的概念描述。飞行管理、运行管理、安全管理、运输管理、市场管

理等部门的监管服务角度不同,运行规章合格审定不同,民航企业运营的市场表现形式不同,都给概念统一带来了挑战。但是不统一上述概念,实践中经常出现概念混淆、业务监管范围交叉、监管方和被监管方之间存在理解冲突等现实问题。相信看过上述概念差异的人,可能都会觉得晕头转向,“知其所云不知其所以云”。这样的管控局面,在出现行政处罚时,可能面临行政争议、行政复议,甚至行政诉讼。实际上,也不利于改革的效率优先,难以兼顾公平原则。笔者希望借助本次《民用航空法》修订的契机,系统性地将民用航空法律、法规、规章、政策文件等统一协调大修一次。毕竟,中国民用航空总局纳入交通运输部之后,中国民用航空局为副部级单位,原来独立发布部委规章,现在需要按照交通运输部的名义起草发布,国家法律体系中的“行政规章”与民航局的“运行规章”的法律性质需要重新完善和程序构建。

我国《民用航空法》的立法定位应当建立在民用航空产业立法的高度,而不是仅站在民用航空运输管理的支点来进行。对这一点,笔者之前的一篇专门文章曾有专门论述①。航空产业从大的形态划分,应当主要区分为军事航空产业和民用航空产业。民用航空运输无疑属于民用航空产业链条中的下游运营环节。航空器从法律性质和使用功能上主要区分为国家航空器和民用航空器。根据《国际民用航空公约》和《日内瓦公约》的有关规定,用于军事、海关、警察使用的航空器,不属于民用航空器,不适用于国际民航组织有关国际公约和各国民用航空运输管理的有关规定。需要提示的是,这里的警察使用航空器主要是指基于国家安全管理执法性质用途,如边防警察、安全机关警察使用等。对于从事社会治安管理性质的民事警察事务的航空器,应当执行民用航空器管理有关规定。

此外,对于政府临时紧急征用民用航空企业运营管理的民用航空器执行国家任务,则通常被认定为不属于适用民航运输管理规章的范围。如外交行动、紧急国家救援、灾害或灾难救援等。但是对于政府采购服务,委托民航企业从事的付费商业合同行为,则应当属于民用航空运输服务事项,适用民航规章。对于因为国家任务征用强制的飞行,既然不适用民用航空管理办法,是否适用空军飞行管理办法?这个目前并无规定。因为民用航空器的机型和性能与空军作战飞机的

---

① 参见黄振达:《中国民用航空产业立法与司法实践刍议》,载中国律师网2020年2月8日,http://www.acla.org.cn/article/page/detailById/26824。

机型和性能完全不同,飞机运行体系也完全不同,因此完全适用应该不可能。但是国家任务的飞行管制相关问题需要解决,包括国家紧急征用的民航飞行的保险问题如何解决?是商业保险还是政策保险?凡此种种。笔者建议,应当进一步完善国家任务飞行的有关立法管制体系和配套体系建设。

民用航空运输领域的主要监管对象实际是按照民用航空运输行为分类、民用航空运输企业分类、民用航空器型号分类、民用航空运输运营人主体分类和承运人主体分类等实现。民用航空运输分为公共航空运输和通用航空运输两大类。民用航空企业是我国民用航空管理部门主要监管与服务的对象,其中核心是民用航空运输企业和机场企业。而民用航空运输运营人分类则主要是基于航空器、航空运输企业分类对应的运行规章不同而相应划分。构建统一的民航运输基本概念,是确保民航运输整体改革,实现管理优化的基本前提。

三、对于航空运输企业和航空运营人、航空器分类监管的建议

从前述的概念分类回顾和检讨可以看出,从民航监管标准统一、航空运输企业规范运营、社会消费者维权顺畅、航空业投资标准规范角度,均需要尽快统一上述航空运输相关概念。鉴于运行规章的相对科学性,原有的公共航空运输企业的内涵是比较清晰的。但是对于通用航空运输活动的具体分类的确较多,应当进一步规范,并结合运行规章的实践差异,尝试进一步专业分类,加强不同类别的差异化监管,尤为必要。

笔者认为,进一步规范的重点与核心如下:(1)是否考虑将通用航空中的私人包机飞行或说私人公务包机飞行与通航短途运输飞行(通勤飞行),即30座以下的通勤航空,统一归类为小型航空器商业运输运营人,并建议纳入CCAR-121部专章管理;将私人飞机拥有者作为产权人和委托人、公务机管理公司作为受托管理人和服务商定义为非商业运输的航空运营人,仍然执行CCAR-91部规章运行;对于其他类别的经营性通航按照CCAR-135部规章运行。这三类运行标准适用不同的运行规章和审批监管流程。(2)应当加强对外国来华公务机的单独监管,原则上按照国家间对等原则,参照有关公约和双边协定,基于上述分类原则分别监管,防止外国私人性质飞机,在外国公务机管理公司或其国内分公司的运作下,混淆飞行性质,在我国从事非法经营和非法运营,扰乱国内航空运输市场秩序。事实上,航空市场运输秩序既包括国内公共航空运输市场秩序,也包括我国

通用航空包机飞行运输市场秩序以及飞行航行秩序。

从法律和法理基础上看，我国境内的领空范围，属于我国国家航空主权，中国企业才具有经营权。而外国来华公务机由外国公务机管理公司负责，属于外籍飞机，不具有在我国境内自由飞行的航行权和经营权，其飞行规则应当是严格按照事先申请并获批的起降时刻、飞行航路、飞行和经停时间、地点、送审载客的客人名单进出境。超出批准范围之外的任何行为均属违规违法，并应当给予制裁，这是国家主权和市场经营权的管制领域。

对于私人自有飞机、自行使用应当单独监管。对于通用航空公司包括公务飞机管理公司在内，由于实践中存在前述几种类型业务综合运营管理的，在该类公司内部运营层面应当实现分类运营、分类审批、分类监管、专人负责，不允许混同经营，严禁人财物和运行规章不分。强化运营风险池分别设置。

综上所述，民航企业作为航空业运营主体，属于行政许可型管制行业。通常要获得行业经营许可、运行许可、航空器适航许可、维修资格资质许可、技术工种执照许可、标准工作手册建设、重要技术记录保存等管制性、强制性要求后才能合法合规地运营。在公共航空运输和通用航空运输分类监管总原则下，应当进一步细分各自范围内的详细分类监管，同时存在将原有分类的部分业务合并等情况。

四、对于“共有产权飞机”“会员制”分时共享飞机使用权等新商业模式的一点认识和监管建议

民用航空运输事业产生与发展的核心基础是强化民用飞机的公共运输服务职能和社会公共服务属性。民用航空运输企业属于市场化经济主体，同时客观上也承担着社会公共服务职能，具有社会基础设施使用性质。笔者认为，对于航空运输企业和航空器的投资行为，民用航空主管部门除了主要关注适航许可、运营许可安全管理、经营许可之外，还要适当监管其金融投资属性，防止其以金融投资、回报承诺或变相回报承诺的方式成为非法集资、违法理财的标的和媒介。航空运输企业投资回报率不是很高，不应该基于所谓的稳定现金流的测算和价值估值而过分宣传吸引社会投资。从航空运输企业和飞机制造企业的上市公司股票的价值看，其也是长期持有的对象，不具备短期高企获利能力。

目前市场上出现的“共有产权”飞机投资模式，即融资—购机—商业运营—投资回报—退出机制模式，应当限定在一个合理区间。我国目前的基本条件还不足

以维持并支撑中产阶层及以上群体广泛采取私人商业包机模式出行并成为消费常态。会员制飞机使用权分时共享模式更为复杂，如果采取境内外双重投资架构，如类似协议控制架构模式，在境外设立离岸公司购买飞机，境内设立协议公司用于飞机管理运营和会员制分时共享使用权产品销售或飞机产权份额销售，且投资回报承诺是境外公司，境内公司负责干租或湿租该境外飞机入境运营，则相关法律问题和法律风险更麻烦，监管更复杂。但是不监管，就出现了监管失职的可能。这类监管不能完全依靠民航监管机构，还需要国家金融监管部门、商务部门、外汇管理部门等协调进行。

参照美国联邦航空管理局的管控经验，参照我国民航 CCAR－91 部运行规章的附录 A 中关于部分产权项目的术语解释，自然人或法人可以共同拥有一架航空器的一定份额。单机共有产权基于飞机类型，限制产权人数是 16～32 位（个）自然人或企业组织。但是，使用用途限定在产权人自用而不是出租营利获取投资回报。投资者按照投资份额并计算出各自比例的周期内（如一年）的使用飞行小时数字。这个飞行小时使用额度只能投资者自用，不可用于对外出租取酬经营。即不能以营利为目的自购飞机并非法经营航空器，实现投资获利目的。在我国，作为私人自用的飞机运行规章是 CCAR－91 部，而作为通航商业包机适用的是 CCAR－135 部运行规章。对应我国有关法律看，符合我国《民法典》按份共有产权制度，并集体成为航空器共有产权人。从未来使用角度看，则构成用益物权。

实践中，经常出现私人飞机托管公司将飞机产权人的自用飞机的飞行服务小时私自换成商业包机飞行销售产品，赚取利润后和机主分享的情况。从现有规章立法本意和他国实践来看，共有产权只是单纯解决共有产权人共享飞机用于自身使用的消费功能，但不具有投资回报的溢价增值功能，不能用于对外商业服务，或者以变相间接的对外销售、虚假赠送方式进行商业营销、有偿交换等方式实现商业目的。这样的交易行为被实质性穿透后，可能涉嫌非法商业经营，干扰正常公共航空运输市场秩序、危害国家安全、影响飞行安全，并由此带来保险理赔、侵权损害赔偿、合同违约赔偿等关联法律争议和行政处罚，甚至刑事追责。如果出现上述情况，因为违反法律、法规和政府监管的禁止性规定，从根本上看是违法无效的行为，但是产生了实际损害赔偿的法律责任后果。赔偿责任主体范围将涉及飞机管理运营公司、飞机出租人、飞机产权人，甚至可能存在民航监管机关自身的渎职失职行为。同时也存在法律关系和法律责任竞合。如果该等飞机实施跨境飞行任务，更会带来跨法域冲突问题。因为飞行涉及的航权属于国家间主权范畴，临时航线的申请与使用同样涉及国家领空主权法律问题。这样的问题将导致飞机运营规章更加混乱，并面临他国执法机构的调查处罚等。

目前，对于共有产权飞机的商业模式，法律不禁止。但是从经济学的角度看，考虑投资回报率和有效概率，不可能大范围推广。投资者盲从和不真实可行的投资测算、对于市场的过度期待以及监管滞后，都可能催化新的非法集资、违法理财的渠道。按飞机投资、托管、运营和投资回报次序看，无论是盈利还是亏损，飞机投资红利分派之前，飞机的融资成本、托管成本、运营成本、税费等都是具备法律优先权和抵押担保权保障机制的，而投资者则是排序最后的分配者。飞机运营管理属于管制严格、专业性强的行业，飞机资产处置也是一个相对专业的市场，投资运营维护成本较高。飞机资产的金融属性原本属于国际上专业金融机构和飞机租赁公司与飞机制造商、飞机运营人之间的 B2B 项下的合同交易法律关系，很少出现个人投资者或家庭投资者。而此次新业态模式实现了 B2C 交易架构。因此，这类投资者需谨慎投资，认真进行法律咨询。

笔者认为，我国《民法典》关于按份共有制度、用益物权和担保物权等的法律规定①，以及现有民航规章等，对于共有产权飞机模式具有重要指导和规范意义。但是应当进一步细化标准和措施，规范投资框架和运营框架，明确监管责任。笔者建议，就飞机共有产权模式和会员制分时共享飞机使用权模式，民航监管部门和金融监管部门、市场监管部门应当适时联合调研有关企业，要求如实申报有关商业运营模型、产品设计、投资者情况、资金来源、安全运营管理、航空运输市场秩序，尤其是是否存在投资收益保底承诺或变相承诺、是否建立单机产品风险隔离制度，严禁同一投资者重复投资购买飞机产权份额或会员制消费产品、严禁不同产权飞机的资产和投资资金混同，例如，必须确保单一飞机产权的独立管理，包括资金账户监管、投资者客户名单，以及投资者消费使用记录台账等。监管目的就是必须确保共有产权飞机模式和会员制分时共享飞机使用权模式只适用于投资者自身使用消费功能，不能以营利为目的，事实上也不可能出现投资收益。有权监管机构应当重点审查现有飞机产权人主体、飞机产权人原始主体、飞机交易合同、交易价格、飞机技术状态和使用寿命、未来飞机退出机制、飞机处置条件等。

---

① 参见《民法典》第 298 条、第 305～310 条、第 323 条、第 386～388 条、第 390 条等。

如果有境外资本参与，需要考虑其是否满足合格境外有限合伙人或合格境内有限合伙人基金形式。审查其会员制消费是否符合我国商务部和金融监管机构关于会员卡、会员制的有关规定等。如果是国内公务飞机管理公司承诺或变相承诺投资者保底收益，则对于飞机管理公司的日常监管机构将扩大为除了民航监管部门之外的金融监管机构和国家市场监督管理部门等。因为此时的公务机管理公司的行业属性将发生多重性变化，其不再是单纯的民航运输企业或以民航运输企业为主业的范畴。

投资者投资组建航空运输企业则属于另外的问题。如果不严格管制，很可能出现将共有产权飞机的使用权、产权份额和经营现金流作为资产支持债券性产品进行境内外募集或流转，形成嵌套型金融投资产品。这样的虚拟经济还可以再加杠杆、再次循环起来。这时，底层资产起到了信用背书的作用。原本提供航空运输服务的实用功能产品成为金融投资产品，原本在大型金融机构通过贷款、融资租赁、售后回租模式进行的传统航空金融模式，变相通过共有产权飞机模式或会员制分时共享飞机使用权模式，成为非金融机构经济实体并以有限责任公司、基金或有限合伙或个人等形式参与金融游戏。这是否属于变相规避金融监管审查进行的无法可依的金融运作？是否属于变相规避民航规章有关要求，将自用的运输消费产品变成民航投资产品，并违反民航规章监管要求，破坏民航运输市场秩序和正常市场监管秩序？这些可能出现的问题，有待未来市场观察。但是有一点是明确的，作为民航运输市场秩序的监管机构，尽管不能越权干预企业的金融投资行为，但对于涉及民用航空器购买使用和商业运营服务的新模式，有义务、有职权及时调查研究，及时与法律、金融机构、商务部门、外汇监管部门研讨，及时做出行业监管标准和动作，及时研判并实施定向分类监管，对于违规者及时严厉查处，甚至采取行业市场禁入等规定。这是民航部门的使命担当，职责所在。

对于飞机共有产权、会员制分时共享飞机使用权等商业模型，笔者更倾向于将这些投资所有权、使用权物化为飞机资产所属公司的股权，而不是物权本身。原因在于股权退出方便，共有物权登记麻烦，产权份额无法分割和单独处置。即将飞机产权的上一级定义为一个合伙企业或法人公司，在其上设置合伙基金份额或购买人的股东架构。在飞机产权公司层面或者在其委托的飞机运营管理公司层面设置合法的消费制会员产品，作为消费使用权能的依据即可。这样就把飞机所有权和使用消费权分层设置，便于流通和处置，隔离必要的金融和市场风险。

因为这种消费使用权和产权权益之股权可以继承也可以流通，较好地解决了购买者和运营者痛点问题，规避了违规风险，但是必须严守法律风险和道德风险底线。涉及具体产品情况需要专门论证。

综上所述，笔者建议对目前通用航空各业态强化分类监管、分类运营，并在安全和运营监管原则指导下，满足合规监管的原则，即将合规原则提升为总体把控民航运输中的安全、飞行、运营、经营、市场秩序的最高原则统称。尽管看起来飞机运营管理公司按照 CCAR－135 部较高规章运行可以确保飞行安全，但是实际上存在数据不合规、申请信息不真实、信息失真的问题，可能影响国家安全，从根本上看也会影响安全管理。

论航空产品维修者责任归责原则

杨　佳*

任何产品随着使用年限的推移都会逐渐老旧,航空产品作为产品范畴内的特殊产品,亦不能免俗,所以,继航空产品的设计者、生产者与销售者之后,航空产品维修者作为航空产品的参与者进入大众视野。当前,我国《民法典》《产品质量法》以及特殊法《民用航空法》均未提及产品维修者乃至航空产品维修者的产品责任,仅在《民用航空法》中对维修者的行政责任进行了表明;相关国外立法已经将维修者分化为预防与恢复性维修、改进性维修,在我国的《载人自由气球适航规定》中也已经有"预防性维修"的表述,侧面说明维修类型也并非单一。航空产品维修者民事责任未明定,遑论其民事责任实现类型化。因此,在肯定产品维修者以及航空产品维修者产品责任主体地位之后,对维修者进行划分,实现预防性与恢复性维修、改进性维修适用归责原则类型化的制度构建任务应当被提上日程。

一、航空产品维修者归责原则的适用初探

设备在运行过程中会发生损坏、磨损、老化的情况,随着技术的更新换代,以往的产品亦可能不再满足现有的需求。航空产品作为高密度技术产品,对其产品本身以及组成产品的零部件的关注度也非常高,因此,航空产品的维修者在销售者之后,登上产品参与者的舞台。目前,对于航空产品生产者和销售者已存在虽不甚完美但有据可依的归责原则,但对于维修者的产品责任尚未见提及。维修者对航空产品的维修行为导致航空产品损害或缺陷,最终该缺陷造成的损害,维修

---

* 杨佳:山东德衡(济南)律师事务所执业律师,主要业务领域为并购重组、证券与资本市场、破产重整与清算等。

者应当承担相应的责任。实践中，在国外，航空产品维修者需要对自己维修活动的缺陷造成的损害事故承担责任早已有先例，1979 年 5 月，美国航空公司的一架 191 号客机起飞时因左边引擎突然脱落而失速坠毁，造成坠毁的主要原因是美国航空公司的维修部门在维修引擎时操作不当，违反了该型号客机原厂公司的维修程序，最终造成空难惨剧的发生。空难、坠毁等字眼令人触目惊心，每次飞机坠毁事件都让人心有余悸，并牵动着每个人的心，因此，对于航空器、航空产品以及零部件，每个细节都不能掉以轻心，每个进入航空产品视野的角色都应当在既定的规则下谨慎地进行自己的行动。

（一）产品维修者作为责任主体的必要性

在尝试突破以往责任主体范畴、增添新的角色作为责任主体的时候，首先要探讨的便是该新角色是否具有成为新主体的资格。在当前的制度体系中，产品维修者以及特殊产品的维修者都未在条文中明确规定为产品责任的主体，但实践先行，不少案例可以看出，维修者已然作为责任主体因其维修行为承担着相应的责任。以莆田万宝汽车销售服务有限公司（以下简称莆田万宝公司）与陈某凯产品责任纠纷案为例，法院认定事实如下：陈某凯在莆田万宝公司购买汽车，后续其汽车故障也在莆田万宝公司进行相应的维修，且该种维修对汽车造成了实质性的影响，莆田万宝公司集汽车销售者与维修者一体。另外，陈某凯也曾在中宝公司和宝田公司进行过小项的维修与保养，但该种维修未对陈某凯的汽车质量造成实质性影响，中宝公司和宝田公司是单纯的维修者。后该车辆在空旷地域发生自燃事件，因莆田万宝公司作为汽车的销售者和对汽车造成实质性影响的维修者，其对车辆的状况熟知，且莆田万宝公司未提供相应证据和鉴定证明汽车没有相应质量问题，法院最终认定莆田万宝公司作为汽车的销售者应当承担产品责任、作为汽车的实质性维修者应当另行承担相关责任。中宝公司和宝田公司虽为汽车的维修者，但是二者未对汽车质量造成实质性影响，因此法院并未对二者追究责任。

航空器本身不是危险的产品，对其设计、制造、维修等都是为了能使其在空中安全地飞行，航空器可预见与不可预见的缺陷对航空飞行的每一位亲身参与者而言都是有着或实在或潜在的危险的，所以每个加之于航空器上的活动与缺陷都应当实实在在地落在每个行为人身上。从以上案例不难看出，实务中，维修者已然作为实际的责任主体承担起民事责任，而且对维修的类型进行了一定的区分，因此,推理到航空产品领域也应贯彻这一精神,明确规定维修者为新的责任主体,并与已有的适航条例形成对应,对预防与恢复性维修、改进性维修进行区分,实现法律的适用合乎情理与法理。

(二)航空产品维修者单一适用归责原则的内在矛盾

在一般产品责任领域,从上文所述的案例也可得知,维修者虽然实际也是产品的参与者之一,但是法院在追究其责任之时并未将无过错责任肆意延展至维修者;在航空器领域,也尚未有权威的机构对航空产品维修者采取严格责任。我国当前对维修者的明确规定尚处于追究其行政责任之程度,从法理出发,若是对维修者追究责任,则应当定位于侵权责任的一般性规定,对维修者适用过错责任原则。但是上文案例对普通的维修类型进行了实质性与非实质性维修的划分,对航空产品维修者而言,维修工作主要包括检查、翻新、检修、改装等,这些维修工作的技术难度是不可同一而论的,我国已有的适航条例明确使用“预防性维修”的表述,国外也有明确区分预防与恢复性维修、改进性维修的类型,而这些不同的类型是存在质的区分的。因此,不同类型的维修主体以及其在不同场合下的行为类型,直接影响其主观过错是否应当被考虑,进而考虑其应当适用何种责任归责原则,最终定位于承担何种责任。

对航空产品维修者而言,因其本身行为造成航空产品存在缺陷的,维修者对该缺陷以及缺陷导致的损害后果承担责任自不待言。但是,航空产品维修者类型已经出现区分,对不同类型的航空产品维修者追究不同类型的责任、适用不同的归责原则也是区分类型之时的本意。一方面,预防与恢复性维修者作为一般性维修者,其并未改变航空产品的原有面貌,只是针对损坏部位或潜在风险进行修理,进而实现与整体的协调和稳定,经过航空产品一般性维修者的修理,航空产品仍然按照原有的程序运行,此时如果航空产品存有缺陷,理应考虑航空产品维修者是否存在过错;另一方面,改进性维修作为特殊的维修,其维修行为实际上已对航空产品造成了实质性改变和创造,也突破了原有零件和产品之间的联系,改变了原产品的运行程序,新的零件和产品与原零件和产品之间需要一定的磨合,随着新产品和零件的应用,航空产品维修者实际上取代了原有产品的生产者,成为该新产品的生产者,从这个意义出发,航空产品维修者的过错因素影响不大,理应从生产者的角度对维修者进行衡量。

因此,统一适用某一种归责原则是很难在两种不同类型的维修者之间实现平等的,航空产品维修者不能直接援引过错责任归责原则的一般性条款,也不能直接适用产品责任的无过错责任原则,换言之,航空产品维修者不能单纯地适用过错责任原则或无过错责任原则。

二、航空产品维修者归责原则的类型化:基于维修类型的分野

航空产品在流入市场被购买安装和使用之后,经过长时间的运行,其缺陷也慢慢显现,为了维持航空产品的使用和航空器的安全飞行,提供专业维修服务的人员和公司便进入我们的视野,航空产品维修者在此时具备了加之于航空产品上的行为,其也在此刻实际操控了航空产品的风险。

术业有专攻,首先,航空产品维修者存在技术傍身,航空产品的专业化分工也体现于此,航空产品维修者的分工极为细致;其次,航空产品维修者资质的取得需要经过特定的考核,我国《民用航空器维修人员执照管理规则》明确规定,民用航空器维修人员、民用航空器部件修理人员和民用航空器维修管理人员均须持有执照或资格证书。另外,据上文所论,航空产品维修者存在预防与恢复性维修、改进性维修两种分类。考虑以上因素不难得出,对于航空产品维修者所适用的责任归责原则也应体系区分,不能单纯地适用过错责任,也期望在对比中得出二者分别适用的不同归责原则。

(一)预防与恢复性维修:过错责任原则

航空产品的预防与恢复性维修属于一般性维修的范畴,主要是对航空产品进行日常检查和保养,针对航空产品的故障或者故障征兆进行修理,以期达到避免事故发生的目的。这两种维修行为都是在维持航空产品原先状态的情形下进行的维修工作,没有对航空产品的原有质量造成实质性影响,最大的区分在于,预防性维修工作的展开处于航空产品发生故障之前,恢复性维修工作的进行位于航空产品发生故障之后,但考虑二者均未实质影响航空产品且二者均属于一般性维修范畴,将二者归于一类讨论是合理的。

1. 过错责任原则——满足航空活动参与者的期待

在预防与恢复性维修中,航空产品维修者仅对产品存在的潜在故障征兆以及实际发生的故障进行维修,航空器的经营者、旅客及机组人员等航空活动参与者

也深知这一点，对航空产品预防与恢复性维修者即一般性维修者的维修活动有大致的了解——该种维修者的活动没有突破航空产品生产者对航空产品的原有体系和程序的设定，因此基本的维修行为便足以满足航空产品维修者对航空产品的设想。航空产品参与者对该种维修者的维修活动没有过高的期待，因而不会对航空产品的一般性维修者过于苛责，也不会要求对其赋予严格的责任，科以其无过错责任的归责原则。

2. 过错责任原则——兼采因果关系的认定

对航空产品预防与恢复性维修者采用过错责任原则，也是出于对该类维修者与损害事故之间的因果关系的考虑。在航空产品设计者和生产者之后，航空产品维修者参与到航空产品的质量把关流程中来，实际上也是其加注自己行为于航空产品之上，航空产品的缺陷与损害后果都具备了航空产品维修者的助力，维修活动导致的缺陷与相应的损害之间存在因果关系毋庸置疑，本部分的论述主要着眼于因果关系的强弱与责任原则之间的联系。

在预防与恢复性维修行为中，航空产品维修者只要遵循既定的维修程序与要求，对航空产品的维修行为不存在相应的主客观过错，其对航空产品的维修行为未直接改变航空产品的运行程序，就不会增加或扩大损害风险的发生概率，即航空产品维修者的维修行为与后续的损害事故之间的因果关系强度较弱。

联系刑法中的因果关系认定过程也可得知，虽然刑法的重点在于惩戒犯罪，但是航空器出行作为一项高风险活动（此处的高风险并不等同于不安全，而是飞机一旦发生事故的致害率），而且问题的实质皆为侵权，可以说，两部法律之间的法理是相通的。在因果关系的认定上，当一个新的因素介入，首先要考虑的是该因素是否异常，器件年久需要维修这是常识，因此航空产品一般性维修者的出现并非异常，而且据上文可知，航空产品的一般性维修者的维修活动并未突破原有的限制与程序，其一般性维修活动也并非异常，因此，在一般性维修者不存在过错的情况下，航空产品的一般性维修活动与后续的危害后果之间不存在较强程度的因果关系。

因此，在这个程度上，便不能对航空产品的预防与恢复性维修者要求更高的义务，赋予其无过错责任这一严格的责任原则。

3. 过错责任原则——与风险收益平衡原则相匹配

在航空产品的预防与恢复性维修情形当中，维修费用是比较低的，一般性维修难以取得较大收益，而且国外与航空器的恢复性维修有关的司法实践已经给我们以启示，因为维修费用较低，维修者不能对航空器行使留置权。与航空产品的制造和销售行为相比，预防与恢复性维修者收益有限，若与制造者和销售者承担相同严格程度的无过错责任，则会出现严重的不平衡，很难实现法律既定的公平与平等，美国司法实践中诸位法官也是考虑这一点，才未将无过错责任扩大至航空产品的预防与恢复性维修者之列。

进言之，航空产品的预防与恢复性维修者因维修行为所获得的边际收益也不处于高位，这与航空产品的生产者与销售者形成鲜明对比，无论是对于生产者、销售者还是一般性维修者，他们各自的边际收益随着行为的实施而增加，呈明显的正相关关系，但是预防与恢复性维修者与生产者和销售者的边际收益之间存在较大差距，在这种情况下，如果对预防与恢复性维修者适用严格的无过错责任归责原则，与航空产品的生产者和销售者并无二致，那巨大的收益落差就是不公允的最好证明。

（二）改进性维修：无过错责任原则

恢复性维修与改进性维修相比存在很大的差异。航空产品的改进性维修是维修者对航空产品的更新换代，是对既有系统的升级以及各项性能的提高，对航空产品而言，是一项拔高性活动，也可谓之重新构造，换言之，改进性维修者实际上更类似于生产者的角色，进行着生产者的活动。在这个意义上，航空产品的改进性维修者就应当与上文的预防与恢复性维修者形成区分，不能继续适用过错责任的归责原则，应更向无过错责任的归责原则靠拢。

1. 无过错责任——超出航空产品参与者的期待

航空产品的改进性维修，正如上文所述，实际上是对既有产品和系统的升级和提高，是对旧产品的改变，不再是以往的技术水平。因此，提及航空产品的改进性维修行为，航空活动的参与者们对改进性维修与其行为是超出对原有产品的期待的，航空活动的参与者对新的产品寄予更高的期待，航空产品的改进性维修者们实际上承担着更重的压力，因为更高的期待实质上就是更严苛的要求和更“吹毛求疵”的审视。

另外，对产品的改进性维修在更新原有产品的同时，也提高了产品的使用风险，因为新的产品和系统与以往的产品和系统之间存在一定程度的磨合，能否更好地服务于航空器的飞行活动,以及满足在此条件下航空活动参与者们的期待还未有定论。

因此,只有对航空产品的改进性维修者提出更严格的要求,并科以其更严格的无过错责任,方能满足航空活动参与者们的期待水平。

2. 无过错责任——兼采因果关系的认定

正如前文所论,航空产品的维修者是继航空产品的生产者和销售者之后介入到航空产品的相关活动中来的,若因其维修行为造成或者增加了航空产品的缺陷,乃至航空活动的风险或航空损害事故的发生,维修者的行为与相应损害后果之间存在因果关系自不待言。

一般性维修作为一项被大众熟知并默认存在的维修行为,其存在是寻常的,而且一般性维修者的行为仅是针对故障征兆和故障的修理,并未实际改变原有的产品运行原理与系统,对航空产品本身而言,这种维修也是不突兀的存在,并且其未实际改变原有产品运行系统的行为,也是对航空产品原有风险的保持或降低,维修行为对最终损害后果的贡献率非百分之百。简言之,航空产品的一般性维修作为一项介入因素并不异常,且即使损害后果实际发生,也并非完全因其导致。

与一般性维修相比,在人们的普遍认知当中,改进性维修行为的存在是非同寻常的,改进性维修对航空产品本身也是一种异常且突兀的维修行为,是对原有航空产品的改变,一旦因该维修行为或新零件的缺陷导致最后的损害后果,那便是对该损害后果承担着百分之百的贡献率,不能再往前溯及销售者或者生产者,因为自改进性行为完成之时,便中断了维修者与生产者和销售者之间以原有航空产品为媒介的联系。

3. 无过错责任原则——与风险收益平衡原则相匹配

依前文所述,航空产品的改进性维修者对航空产品进行维修之后,航空产品的性能和状态都有一定程度上的提升和更新,但正是因为这些升级,反而给以往既定的系统带来一定的风险。另外,与预防与恢复性维修者相比,改进性维修者的收益较高,因为该种维修者不再局限于原先的产品程序,而是将自己的技术拓展并附加在原有的航空产品之上,也会出售自己生产或获得的改进性产品,换言之,改进性维修者在这个过程中实际上扮演着生产者的角色,在其维修行为中,维修者凭借此获得较大的收益,而这部分收益是远超预防与恢复性维修者的,因此,改进性维修者要同预防与恢复性维修者形成区分。

报偿原理也能为航空产品的改进性维修者承担无过错责任提供依据，而这也是生产者据以承担无过错责任的依据之一。在报偿原理之下，发生损害是该原理的适用条件，即行为人受有利益是建立在受害人受有损害的基础之上的，在航空领域，不反对航空产品的改进性维修者获取利益，但是这些利益的取得不能以他人受到损害为前提，这也是正义的一种表现形式，虽然正义的全部含义我们无法完全涵盖，但是能为世人普遍接受的现象便不是违背正义的。

有多大收益，就应该承担与之平衡的多大的风险，即预防与恢复性维修者获取的收益有限，便不能要求其承担更重的责任风险，无过错责任对其而言便是过重的责任风险；改进性维修者获取的收益相较过高，便理应承担更高的责任风险，要求其承担无过错责任的归责原则便不失公允，这本就是正义的内在含义之一。

三、航空产品维修者归责原则类型化的制度构建

当前，《民用航空法》中尚未规定维修者的相关民事责任，《民法典》对产品责任的追究主体的规定已涵盖产品的生产者、销售者和仓储者、运输者，对生产者和销售者明定适用无过错责任原则，并明确规定二者的不真正连带责任，对仓储者和运输者适用的是过错责任原则，这可以看作对产品责任严格的无过错责任的放宽，是产品责任的进步之处。但不能止步于此，为了我国航空产业的更好发展，将其他主体进行涉及和明定也是当务之急。

（一）确定维修者作为产品责任主体的地位

要想追究一个主体的责任，尤其是类型化的责任，要先确定该主体的法律地位。根据前文所论，维修者作为产品责任主体是非常必要并有足够的资格，实践先行，已有将维修者作为产品责任主体的案例且不在少数，而当前尚无明文规定将维修者的产品责任定论，就无法进一步推动落实航空产品责任领域维修者的法律地位，更无法展开航空产品维修者责任的类型化研究。因此，究其根源，要确定维修者作为产品责任主体的地位，再一步步展开对航空产品维修者责任的落实与区分。

（二）区分航空产品维修者的不同类型以实现归责原则的类型化

航空产品维修者的类型已然明晰，主要区分为预防与恢复性维修即一般性维

修和改进性维修两大类别。

对航空产品的一般性维修者而言，无论是依据航空产品参与者的期待水平，还是因果关系的作用程度，更或者是考虑风险与收益均衡原则，对其适用严格的无过错责任归责原则有失公允。若是纠结在该领域因其技术难度很高而导致的受害人的举证困难，可另行规定举证责任倒置，或直接明定对航空产品的一般性维修者适用过错推定责任，而且，过错推定责任作为过错责任归责原则的一种特殊样态，可以在对航空产品的一般性维修者适用过错责任归责原的前提下，很好地解决受害人的举证难题。

对航空产品的改进性维修者而言，因其行为超出航空产品参与者的期待，其因果关系的作用程度较强，最重要的是，风险与收益要实现平衡，对其适用过错责任原则也有失公允，即使是过错推定责任也难以满足一般理性人的正义观，因此，对航空产品的改进性维修者理应课以严格的无过错责任的归责原则。

结　语

2022 年年底，首架国产大飞机交付使用，对我国研究尚为薄弱的维修者产品责任以及航空产品责任进行细致性探讨是当务之急，因为与国际上相比，美国、欧洲等国已经对产品责任进行了更为细节的规定，在航空损害事故发生之时的航空产品责任的博弈之中，很难不使我国落于困难境地。以其之长，补我之短。在国际交流日益丰盛的当今潮流之下，我们应利用四通八达的信息网，积极吸取他国的经验，避免我国也经历同样的教训。因此，笔者寄希望于司法解释以及司法判例的作出，将维修者以及航空产品维修者落实在产品责任领域并进行类型化规定，使其榜上有名，依法有据。

参考文献

1. 张超汉：《国际航空产品责任研究》，法律出版社 2017 年版。
2. ［美］斯蒂文·沙维尔：《法律经济分析的基础理论》，赵海怡、史册、宁静波译，中国人民大学出版社 2013 年版。
3. 郝秀辉、王锡柱：《论航空产品责任的承担主体及其归责原则》，载《北京理工大学学报（社会科学版）》2016 年第 1 期。

4. 王瀚、张超汉:《国际航空产品责任法律问题研究》,载《法律科学(西北政法大学学报)》2010 年第 6 期。
5. 张超汉:《国际航空产品责任事故中美国联邦航空局的适航责任探析——以“埃航空难”为例的分析》,载《河北法学》2019 年第 12 期。
6. 朱子勤、冯舸:《航空产品责任诉讼初探——以美国立法与司法实践为视角》,载《北京航空航天大学学报(社会科学版)》2014 年第 5 期。
7. 王瀚、张超汉:《航空产品责任诉讼的实践困惑及其价值探析》,载《北京理工大学学报(社会科学版)》2010 年第 5 期。
8. 王瀚:《美国航空产品责任惩罚性损害赔偿问题研究》,载《武大国际法评论》2018 年第 5 期。
9. 杜康平:《论航空零部件供应商的产品责任》,载《北京航空航天大学学报(社会科学版)》2013 年第 1 期。
10. 叶乃锋:《国际航空侵权责任研究》,西南政法大学 2007 年博士学位论文。
11. 冯志军:《产品责任归责原则的法经济学分析》,上海财经大学 2008 年博士学位论文。
12. 卢光宝:《美国民用航空器产品责任法律问题探究》,深圳大学 2020 年硕士学位论文。

气候变化诉讼实务比较研究

王海军　东　京*

一、气候变化诉讼的定义

近年来世界各地极端气候现象增多，全球变暖等气候变化问题成为各国关注的热点问题，2015 年 11 月 30 日，195 个国家签署通过了《巴黎协定》，该协定承诺将全球平均升温幅度控制在工业革命前水平的 2℃以内，为了达到这一目标，世界各国均需要配合出台各种措施并落实到位。

气候变化诉讼为各国控制气候变化的司法途径，对气候变化诉讼的讨论和研究有利于完善气候变化诉讼的发展，为控制气候变化出力。对气候变化诉讼内涵的不同理解，将气候变化诉讼区分为狭义的气候变化诉讼与广义的气候变化诉讼。广义的气候变化诉讼是与气候变化应对关联的诉讼；狭义的气候变化诉讼是直接提出应对气候变化诉求的诉讼。① 狭义的气候变化诉讼的直接诉求包括应对气候变化、救济已被损害的环境状态等，如检察院或公益组织提起的与气候变化有关的环境公益诉讼。而广义的气候变化诉讼更多的是指与气候变化有间接联系但又不直接以气候变化救济为诉讼目的的诉讼，如在民事纠纷中法院判令超额排放二氧化碳的约定无效。

二、气候变化诉讼的类型

在世界各国，气候变化诉讼案件的总量不断增加，通过梳理总结，可以将气候

---

* 王海军：北京德和衡律师事务所高级合伙人、德和衡环境资源与能源业务中心总监。
东京：北京德和衡律师事务所环境资源与能源业务中心执业律师。

① 张忠民：《气候变化诉讼的中国范式——兼谈与生态环境损害赔偿制度的关系》，载《政治与法律》2022 年第 7 期。

变化诉讼案件分为以下几类:控制温室气体排放类、保护生物多样性类、气候变化信息披露类、气候变化影响评估类、气候变化损害赔偿类等。

(一)控制温室气体排放类气候变化诉讼

控制温室气体排放类型的诉讼是气候变化诉讼中的一大类,该类案件在欧美地区气候变化诉讼中占比较高,其中欧盟的典型案例为圣戈班玻璃德国有限公司(以下简称圣戈班公司)诉欧盟委员会案(Saint - Gobain Glass Deutschland GmbH *v.* European Commission)[①]。圣戈班公司在全球设计、生产并分销高性能材料,其业务包括玻璃的经营。因欧盟采取温室气体排放限额交易制度,而圣戈班公司经营特殊装置,其向欧盟的相关部门申请分配免费的碳排放配额,遭到拒绝。2012年10月31日,圣戈班公司就欧盟的拒绝决定向法院提起诉讼,法院于2014年12月11日驳回了该起诉。2015年2月11日,圣戈班公司向法院提起上诉,欧洲法院一定程度上支持了圣戈班公司的诉求。由此可见,在控制温室气体排放类气候变化诉讼中,主要的争议为是否存在排放权、排放权的范围大小等事宜。

(二)保护生物多样性类及生态系统类气候变化诉讼

气候变化将对生物多样性产生重要影响,而保护生物多样性类型及生态系统类气候变化诉讼更偏向于主张政府的行为未尽到防止气候变化方面的公共管理义务,导致生物多样性被破坏或生态系统被打乱等后果。如马塔图阿区姆多里委员会诉新西兰案(Mataatua District Mdori Council *v.* New Zealand)[②]。该案原告针对新西兰政府没有执行有关气候变化的政策,违反了对毛利人的义务,提起了气候变化诉讼。

(三)气候变化信息披露类诉讼

气候变化信息披露类诉讼在方式上通常与政府信息公开诉讼类似,在目的上是为了获取政府或企业在气候变化领域的计划或实际排放数据,这有利于形成公众对政府、企业履行环保职责的监督,从而推动控制气候变化目标的实现。如在

---

① See Saint - Gobain Glass Deutschland GmbH *v.* European Commission, 2017 - 7 Reports of Cases before the Court of Justice and the Court of First Instance 1(2017), Case C - 60/15 P.

② See Mataatua District Mdori Council *v.* New Zealand 2016 WAI 2607(MDMC claim).

托尔高平板玻璃有限公司诉德意志联邦共和国案(Flachglas Torgau GMBH *v.* Federal Republic of Germany)①中,托尔高平板玻璃有限公司向德国请求获取《2005—2007 温室气体排放许可分配法》相关信息及对应年限排放许可证分配信息,德意志联邦共和国以相关信息涉密为由拒绝,最终法院认为政府拒绝提供信息的做法合法。

笔者认为,随着国家和民众对控制气候变化问题的重视,在实现"双碳"目标的大背景下,我国针对气候变化信息披露的政府信息公开申请将会大量涌现,由此衍生出的与气候变化有关的政府信息公开诉讼数量也会增多,这会促进我国有关气候变化政府信息公开的事务逐步规范化。

(四)气候变化影响评估类气候变化诉讼

这类诉讼主要是针对环境评估报告展开,如格雷诉规划部长案(Gray *v.* The Minister for Planning)②。2006 年 1 月,澳大利亚百年煤业有限公司向当地规划部门申请批准在某地建造大型煤矿。当地规划局长作出了就煤矿编制的环境影响评估公开的决定,原告格雷对该决定提出了疑问,因开采企业没有对煤炭燃烧的环境影响进行评估,也没有详细的温室气体影响评估。澳大利亚联邦法院支持了原告格雷,指出该案涉及的环境影响评估存在问题,因为没有考虑第三方燃烧煤炭可能产生的温室气体排放。法院强调,对于有可能直接或间接造成温室气体排放的项目,应根据《1979 年环境规划和评估法》适当考虑和评估项目的气候变化影响,仅在环境影响评估中提出气候变化问题是不够的,项目的提议者必须尝试进行精确量化。③

(五)气候变化损害赔偿类气候变化诉讼

前述气候变化类的诉讼更多的是针对政府的行为,而一旦涉及气候变化损害问题,往往会针对实施排放温室气体的企业。如环境部部长诉 PT 卡利斯塔 – 阿

① See Flachglas Torgau GMBH *v.* Federal Republic of Germany, Judgment of the Court (Grand Chamber), C – 204/09 – 14.02.2012.

② See Gray *v.* The Minister for Planning, Director – General of the Department of Planning and Centennial Hunter Pty Ltd. [2006] NSWLEC 720("Anvil Hill Case").

③ 参见王慧、邱歆菡:《气候变化诉讼的法域、类型及新发展》,载《法治社会》2022 年第 5 期。

兰案(Minister of Environment *v.* PT KalistaAlam)[①]。2012年11月8日,印尼环境部对一家名为PT卡利斯塔-阿兰的公司提起侵权诉讼,印尼环境部认为其因开垦土地造成包括碳损失在内的损失,带来气候损害,法院对印尼环境部的诉讼请求予以支持。

目前,我国也在积极探索有关气候变化、碳排放方面的损害赔偿类诉讼。如笔者代理的中华环保联合会诉中碳能投科技(北京)有限公司等被告生态环境保护民事公益诉讼案,已在北京市第四中级人民法院立案,截至本文完成时,案件正在审理中。该案是社会组织提起涉及碳排放数据造假、气候变化损害赔偿、维护国家碳交易市场安全的第一批公益诉讼案件。

三、我国气候变化诉讼的发展现状及特点

在我国,气候变化诉讼大体分为四种类型:大气污染环境公益诉讼、碳排放权交易和碳汇交易诉讼、能源替代诉讼三种并不直接提出气候变化诉求但与之关系密切的气候变化关联诉讼,以及直接提出气候变化诉求的"真正"的气候变化诉讼。气候变化关联诉讼数量多、涉及案由众多;"真正"的气候变化诉讼数量少、审理艰难。[②]

(一)我国气候变化诉讼的现状与类型

第一类为大气环境公益诉讼。此类诉讼虽然没有直接提出气候变化的相关诉求,但是其结果对减缓和适应气候变化具有明显影响。大气污染和气候变化具有同源性,煤炭等化石燃料在燃烧时既会产生颗粒物、二氧化硫等大气污染物,也会排放二氧化碳等气候污染物。正因如此,大气污染治理与温室气体减排具有协同效应。[③] 但对大气污染物是否包含温室气体,目前尚不存在明确的定论。首先,雾霾等大气污染物能够延长云的寿命,减缓全球变暖的趋势,从某种角度分析该类大气污染反而可以改善气候变化;其次,从监管政策角度来看,由于温室气体和

---

① Minister of Environment *v.* PT KalistaAlam, Decision of the Supreme Court No. 651 K/PDT/2015 (28 August 2015).

② 参见张忠民:《气候变化诉讼的中国范式——兼谈与生态环境损害赔偿制度的关系》,载《政治与法律》2022年第7期。

③ 参见赵悦:《气候变化诉讼在中国的路径探究——基于41个大气污染公益诉讼案件的实证分析》,载《山东大学学报(哲学社会科学版)》2019年第6期。

大气污染物排放控制尚未统筹，一些旨在改善空气质量的措施实际上不利于应对气候变化。①

在笔者代理的中华环保联合会诉中碳能投科技（北京）有限公司等被告生态环境保护民事公益诉讼案中，超额排放温室气体是否构成对环境的侵害，也成为摆在法官、律师眼前的难题。笔者认为，超额排放温室气体违反了国家碳交易市场的秩序，即使超额排放的企业已通过购买碳排放权弥补了碳汇，但其也仅是完成了碳交易市场为其设定的义务，并不代表其造成的损害已被弥补。

第二类为碳排放权交易和碳汇交易诉讼。最高人民法院发布的《环境资源案件类型与统计规范（试行）》（法〔2021〕9 号）将碳汇交易案件列为气候变化应对案件范围，这意味着碳汇交易案件具有应对气候变化案件的基本特点。同时，该规范也指出，气候变化应对类的案件与其他类型案件存在竞合关系，应当充分考虑案件本身对气候变化保护的推动作用。此外，在最高人民法院 2020 年修订的《民事案件案由规定》中，碳排放权交易纠纷、碳汇交易纠纷被纳入合同纠纷的下级案由中。

笔者认为，虽然涉及碳排放权交易和碳汇交易的诉讼中，辩论的焦点主要为交易的流程、交易模式，但也要充分考虑该两类案件对于碳排放市场、应对气候变化起到的作用，在必要时，法官、律师可以从应对气候变化的角度提出一些观点，以推动司法为应对气候变化助力。

第三类是能源替代诉讼。该类诉讼虽然未直接提起应对气候变化的诉讼请求，但清洁能源相比化石能源能够达到减排温室气体的目的是不争的事实，因此该类案件能够达到应对气候变化的目的。

第四类是直接针对气候变化提出诉求的诉讼。自然之友诉国家电网甘肃分公司弃风弃光案被视为我国狭义气候变化诉讼第一案。所谓弃风弃光，是指放弃可再生清洁能源的风能和光伏太阳能，转而替代使用化石能源。② 该案原告认为，被告的行为导致了二氧化碳、二氧化硫和氮氧化物等污染物排放增加，通过化石能源发电产生的大量温室气体使得气候变化加剧，据此提出判令被告停止弃风弃

---

① 参见李丽平、周国梅、季浩宇：《污染减排的协同效应评价研究——以攀枝花市为例》，载《中国人口·资源与环境》2010 年 S2 期。

② 陈微：《气候变化诉讼比较研究——基于两起“弃风弃光”环境公益诉讼案展开的分析》，载《法律适用》2020 年第 8 期。

光的行为,并支付生态损害赔偿金17.18亿元。该案一审被甘肃省兰州市中级人民法院裁定驳回起诉,理由是作为输配电企业的甘肃电网公司没有实施污染环境或破坏生态的行为,属于被告不适格。然而进入二审阶段后,甘肃省高级人民法院撤销一审裁定,并指定甘肃省矿区人民法院审理此案。① 截至本文完成时,笔者尚未在公开渠道查询到该案的进展情况。

笔者代理的中华环保联合会诉中碳能投科技(北京)有限公司等被告生态环境保护民事公益诉讼案,从分类上应归为真正的气候变化诉讼。该案中华环保联合会提出的诉求包含了要求被告通过替代性修复,以节能减排、增加碳汇等方式弥补因碳排放报告数据弄虚作假超额排放温室气体致使气候变化的损害行为。该诉求与气候变化直接相关,笔者相信,一旦实现该诉求,不仅能够在本案中实现控制气候变化的目的,还能够起到判例的指引作用。

(二)我国气候变化诉讼的特点

通过上述阐述不难发现,我国广义的气候变化诉讼数量较多,狭义的气候变化诉讼数量较少。而广义的气候变化诉讼对应对气候变化的推动效果一般是间接的,多数时候无法凸显此类案件与应对气候变化之间的关系。对于狭义的气候变化诉讼,因该气候变化诉讼往往是损害不特定多数人的利益,往往需要通过公益诉讼的方式维权。而气候变化公益诉讼的主体受到限制,一般只能由检察院或公益组织提起,但在实践中,符合条件的公益组织少之又少。从客体上看,气候变化问题牵扯的利益面巨大,且存在定性的不确定性,对于审判人员、律师、当事人而言都存在一定的诉讼难度。从举证责任方面来看,我国《民法典》第1230条规定:"因污染环境、破坏生态发生纠纷,行为人应当就法律规定的不承担责任或者减轻责任的情形及其行为与损害之间不存在因果关系承担举证责任。"该规定将污染环境、破坏生态纠纷案件中因果关系的证明责任归于实施行为的主体。但最高人民法院《关于审理环境民事公益诉讼案件适用法律若干问题的解释》第8条规定:"提起环境民事公益诉讼应当提交下列材料:(一)符合民事诉讼法第一百二十一条规定的起诉状,并按照被告人数提出副本;(二)被告的行为已经损害社会公共利益或者具有损害社会公共利益重大风险的初步证明材料;(三)社会组织提

① 参见甘肃省高级人民法院民事裁定书,(2018)甘民终679号。

起诉讼的，应当提交社会组织登记证书、章程、起诉前连续五年的年度工作报告书或者年检报告书，以及由其法定代表人或者负责人签字并加盖公章的无违法记录的声明。”该条第2项的规定又将损害后果与行为人行为的初步因果关系证明抛给了原告。笔者认为，这一规定在实践中虽然可由法官自由掌握，很多时候审判人员都不会死板地适用该规定，要求原告举证，但该条规定也确实加重了原告的举证责任。由于涉及气候变化的环境损害案件涉及的环保问题过于专业，且多数时候损害后果的发生是多种因素造成，原告在大多数时候无法证明某一具体行为对气候变化后果产生了怎样的损害。在中华环保联合会诉德州振华有限公司大气污染公益诉讼案中，根据检测中心提供的污染物排放时段计算出污染物的排放量，足以表明德州振华有限公司超标排放大气污染物。① 但因为被告提出“大气污染具有动态性质，大气污染的因果关系也是难以判定的，所以，该区域的损害不能仅有一家企业负责”的抗辩，最终，法院考虑多重数据和结果，才认为原告达到了初步证明的标准，这些数据和结果不仅包括德州市的环保监测数据和环保部（现为生态环境部）的环境风险和损害评估中心出具的鉴定报告，还包括德州市环保局对振华集团所作的行政处罚以及环保专家和法律专家的意见。② 在实践中，因法律对于环境公益诉讼中因果关系的举证责任归属规定得并不明确，具体尺度由主办法官掌握，可能造成因标准不同导致的案件结果差异，使原告的举证责任也产生了不确定性，不利于推动气候变化诉讼的发展。

笔者代理的中华环保联合会诉中碳能投科技（北京）有限公司等被告生态环境保护民事公益诉讼案中，代理律师与承办法官针对本案被告通过购买碳汇、汇算清缴的市场化方式是否已弥补损害、本案是否应由司法机关处理等问题展开了多次沟通、探讨；同时，各方也针对案涉的专业性且带有争议的问题咨询了有关专家、学者。因此，笔者认为我国的气候变化诉讼虽然处于起步阶段，学界及司法实践中对于很多问题尚在讨论中。但积极发展气候变化诉讼，有利于明晰各类气候变化诉讼的争议问题，可以进一步推动我国气候变化诉讼的发展，最终达到司法审判与“双碳”目标有机统一的局面。

---

① 赵悦：《气候变化诉讼在中国的路径探究——基于41个大气污染公益诉讼案件的实证分析》，载《山东大学学报（哲学社会科学版）》2019年第6期。

② 参见山东省德州市中级人民法院民事判决书，（2015）德中环公民初字第1号。

四、我国气候变化诉讼的展望

在实现“双碳”目标的大背景下，我国气候变化诉讼必将迅猛发展。目前我国《民法典》已将环境污染和生态破坏责任作为侵权编专章内容加以规定，同时在其他分则中也加入了绿色、环保的条款。此外，最高人民法院已经颁布了《关于审理环境民事公益诉讼案件适用法律若干问题的解释》《环境资源案件类型与统计规范(试行)》等文件，这些都是法律界对气候变化诉讼的顶层设计。但实践中，气候变化诉讼仍有进一步完善的空间。

首先，应当加快气候变化诉讼的立法进程，尽快解决法律法规相对滞后的问题。从立法层面明确气候变化诉讼的范围、受理条件、原告资格、证明责任、证明标准及其他问题。因气候变化事宜与每个人息息相关，提起气候变化诉讼有利于推动控制气候变化的事宜，而如今的气候变化诉讼大多为公益诉讼的范畴，建议拓宽提起气候变化诉讼的原告范围，让更多主体有资格提起气候变化诉讼。

其次，在司法层面，应当严格按法律规定受理案件。同时，各级法院、环境领域的律师应当加强对气候变化、能源、环境保护法律法规的学习，加深对该领域法律的理解。

最后，作为律师，我们希望可以通过参与各类气候变化诉讼，推进我国气候变化诉讼的发展；我们希望能够在每一个气候变化诉讼中发现实践中存在的争议问题，通过各方当事人、各方委托的律师及法官之间的良性互动，真正解决争议问题，或为解决问题提供有价值的思路。我们希望能够在代理此类案件时，充分发挥司法案件的指引作用，促进更多的人参与到控制气候变化的行动中，更好地保护我们赖以生存的家园。

参考文献

1. 朱明哲:《司法如何参与气候治理——比较法视角下的观察》，载《政治与法律》2022 年第 7 期。
2. 张忠民:《气候变化诉讼的中国范式——兼谈与生态环境损害赔偿制度的关系》，载《政治与法律》2022 年第 7 期。
3. 王慧、邱歆菡:《气候变化诉讼的法域、类型及新发展》，载《法治社会》2022 年第 5 期。

4. 孙彤:《中国气候变化诉讼的困境与出路》,载《争议解决》2022 年第 3 期。

5. 赵悦:《气候变化诉讼在中国的路径探究——基于 41 个大气污染公益诉讼案件的实证分析》,载《山东大学学报(哲学社会科学版)》2019 年第 6 期。

6. 邓禾、李旭东:《论实现碳达峰、碳中和的司法保障》,载《中国矿业大学学报(社会科学版)》2022 年第 5 期。

浅谈环境民事公益诉讼和生态损害赔偿磋商的衔接问题

王海军　袁　杰*

一、问题缘起

在笔者办理的一起生态环境保护民事公益诉讼案件中，笔者所代理的原告一方提出，因被告的破坏生态环境行为，被告应当承担赔礼道歉、生态环境修复或赔偿修复费用、赔偿生态环境服务功能丧失损失等民事责任的诉讼请求。案件审理过程中，被告一方抗辩其已经同当地的生态环境保护部门就其造成的生态环境损害达成"一揽子"赔偿协议，生态环境保护部门也组织专家对被告的生态环境修复进行了验收确认，案涉区域范围内遭受破坏的生态环境已经得到修复，应当驳回原告的诉讼请求。一审法院基本按照被告的抗辩作出认定，案涉生态环境已经得到修复，原告的诉讼目的已经实现，对于赔礼道歉等诉讼请求均未予以支持。借助此案，相信不少人也会有和笔者一样的疑问，在类似的生态环境保护民事公益诉讼案件中，若被告一方主动与生态环境保护部门达成生态环境损害赔偿协议，法院是否便不会再审查有无生态环境损害的事实？若是如此，极容易导致环境民事公益诉讼的诉讼请求被忽视。一般情形下，生态环境损害赔偿磋商环节除被告和赔偿权利人参加外，法院和原告很难知晓具体细节，只能就最后的赔偿协议进行审查、主张权利，是否会具体到赔偿协议所涉及的生态环境损害范围、损害程度，验收确认的生态环境修复范围、修复程度等，不得而知。所以，考察生态环境

* 王海军：北京德和衡律师事务所高级合伙人、德和衡环境资源与能源业务中心总监。
袁杰：北京德和衡律师事务所环境资源与能源业务中心执业律师。

损害赔偿制度与环境民事公益诉讼二者的衔接关系问题便显得十分有必要，思考生态环境损害赔偿制度的主体行政机关、环境民事公益诉讼的权利主体以及法院各自的角色，实现有效分工，才能切实保护好生态环境，不损害社会公共利益。

二、环境民事公益诉讼和生态损害赔偿制度建立的历史脉络

2012 年《民事诉讼法》修改时，在域外公益诉讼有关立法经验的基础上，结合我国的实际情况，原则性地构建了公益诉讼制度，为公益诉讼司法实践提供了法律依据。2014 年修订的《环境保护法》新增第 58 条，明确了对污染环境、破坏生态，损害社会公共利益的行为，符合条件的社会组织可以向法院提起诉讼。后续的最高人民法院《关于适用〈中华人民共和国民事诉讼法〉的解释》《关于审理环境民事公益诉讼案件适用法律若干问题的解释》对环境民事公益诉讼作出了进一步细致化的规定。

对比来看，生态环境损害赔偿制度源于 2015 年中共中央办公厅、国务院办公厅印发的《生态环境损害赔偿制度改革试点方案》(已失效)，2015 ~ 2017 年，在部分省份首先开展生态环境损害赔偿制度改革试点。从 2018 年开始，根据中共中央办公厅、国务院办公厅印发的《生态环境损害赔偿制度改革方案》，在全国范围内正式试行生态环境损害赔偿制度。2019 年，最高人民法院公布实施的《关于审理生态环境损害赔偿案件的若干规定(试行)》(以下简称《环境损害赔偿若干规定》)进一步确立了生态环境损害赔偿纠纷的司法裁判依据。

2021 年正式施行的《民法典》在侵权责任编专设“环境污染和生态破坏责任”一章，其中第 1234 条、第 1235 条更是从实体法的角度确立了对违反国家规定造成生态环境损害的行为，国家规定的机关或者法律规定的组织有权请求侵权人承担生态环境修复责任、赔偿相关损失和费用。至此，生态环境损害赔偿制度和环境民事公益诉讼制度有了基本法律层面的保障。

对比两项制度，生态环境损害赔偿制度和环境民事公益诉讼二者的目的都是保护生态环境；侵权人、被告或赔偿义务人都是违反国家规定造成生态环境损害的单位或个人；应当承担的责任范围都包括生态环境修复责任、赔偿相关损失和费用。主要不同点在于，有权提起生态环境损害赔偿磋商或诉讼的只有有关行政机关，即省级、市地级人民政府及其指定的相关部门、机构，或者受国务院委托行使全民所有自然资源资产所有权的部门；有权提起生态环境民事公益诉讼的原告

为检察机关、符合条件的社会组织或者法律规定的机关。从以上内容来看,两项制度出发点、主张权利的对象、请求承担的责任范围基本一致,只是不同的发起主体依照各自的案由、司法解释规定来自主张,两项制度应是互相有益的补充。

后诞生的生态环境损失赔偿制度,其建立应该也有这方面的考虑。有学者就认为,符合条件的社会组织开展了大量的环境公益工作,值得赞赏和尊敬,但受限于人员数量、技术积累以及资金支撑等因素,社会组织难以成为推动受损环境得以有效修复的主力军。检察机关处于法律监督者的地位,且其在环保专业技术以及监管情况了解程度上存在一定短板,应该以推动其他相关主体推进工作为主。而地方政府对本地区生态环境质量负责,有关部门对生态环境保护存在监管职能,对于环境污染和生态破坏的情况更为了解,也具有相关的技术能力和专业力量,能够支撑生态环境损害的调查和取证。① 建立生态环境损害赔偿制度,在制度设计上是必要的。

三、环境民事公益诉讼和生态损害赔偿制度衔接问题的现行法律规定

生态环境损害赔偿制度和环境民事公益诉讼两项制度并行,虽然基于同一目的而设计,但还是难以避免会遇到衔接上的问题,《生态环境损害赔偿制度改革方案》也提出要求,最高人民法院应当商有关部门根据实际情况,就生态环境损害赔偿制度与环境民事公益诉讼之间衔接等问题提出意见。

《环境损害赔偿若干规定》目前在以下问题上作出了明确规定:第一,明确受理阶段两类案件分别立案后由同一审判组织审理。为保障环境民事公益诉讼原告诉权,节约审判资源,避免裁判矛盾,《环境损害赔偿若干规定》第 16 条规定:“在生态环境损害赔偿诉讼案件审理过程中,同一损害生态环境行为又被提起民事公益诉讼,符合起诉条件的,应当由受理生态环境损害赔偿诉讼案件的人民法院受理并由同一审判组织审理。”第二,明确审理阶段两类案件的审理顺序。鉴于生态环境损害赔偿诉讼案件的原告具有较强专业性和组织修复生态环境的能力,为促进受损生态环境的及时有效修复,《环境损害赔偿若干规定》第 17 条明确:“人民法院受理因同一损害生态环境行为提起的生态环境损害赔偿诉讼案件和民

---

① 参见季林云、孙倩、齐霁:《刍议生态环境损害赔偿制度的建立——生态环境损害赔偿制度改革 5 年回顾与展望》,载《环境保护》2020 年第 24 期。

事公益诉讼案件,应先中止民事公益诉讼案件的审理,待生态环境损害赔偿诉讼案件审理完毕后,就民事公益诉讼案件未被涵盖的诉讼请求依法作出裁判。”第三,明确裁判生效后两类案件的衔接规则。为避免相关民事主体因同一损害生态环境行为被重复追责,妥善协调发展经济与保护生态环境的关系,《环境损害赔偿若干规定》第 18 条第 1 款明确:“生态环境损害赔偿诉讼案件的裁判生效后,有权提起民事公益诉讼的国家规定的机关或者法律规定的组织就同一损害生态环境行为有证据证明存在前案审理时未发现的损害,并提起民事公益诉讼的,人民法院应予受理。”明确对于同一损害生态环境行为,除非有证据证明存在前案审理时未发现的损害,原则上只能提起一次生态环境损害赔偿诉讼或者环境民事公益诉讼。

通过观察我们可以发现,以上规定仅解决了诉讼阶段,生态环境损害赔偿制度与环境民事公益诉讼制度的衔接问题,对于生态环境损害赔偿磋商阶段与环境民事公益诉讼的衔接问题未作出规定。结合笔者所代理案件引申出来的问题,一方面,关于若赔偿协议所列生态环境损害范围与实际不一致的问题,按照“就同一损害生态环境行为有证据证明存在前案审理时未发现的损害,并提起民事公益诉讼的,人民法院应予受理”的意见,即使存在前案,若原告主张存在其他区域的损害,法院应当对是否还存在未发现的损害进行查明。举重以明轻,在生态环境损害赔偿磋商环节,即使达成了赔偿协议,原告主张存在其他区域的损害,法院仍应当查明是否还存在未发现的损害,这一做法是《环境损害赔偿若干规定》第 18 条的应有之义。另一方面,对于生态环境损害赔偿磋商所做的修复如果能够被证实不足以弥补生态环境损害的,检察机关、符合条件的社会组织、法律规定的机关是否有权提起生态环境民事公益诉讼?按照“人民法院受理因同一损害生态环境行为提起的生态环境损害赔偿诉讼案件和民事公益诉讼案件,应先中止民事公益诉讼案件的审理,待生态环境损害赔偿诉讼案件审理完毕后,就民事公益诉讼案件未被涵盖的诉讼请求依法作出裁判”的意见,生态环境损害赔偿诉讼案件审理完毕后,法院仍然应当就环境民事公益诉讼案件未被涵盖的诉讼请求依法作出裁判。举例来说,假若生态环境损害赔偿诉讼诉请修复费用 1000 万元(该项诉请被法院全部支持),环境民事公益诉讼案件诉请修复费用 1500 万元,就生态环境损害赔偿诉讼案件未涵盖的 500 万元,法院应当继续审理并作出裁判。生态环境损害赔偿磋商阶段达成赔偿协议也是如此,法院应当继续就环境民事公益诉讼案件未被涵盖的诉讼请求部分进行审理并依法作出裁判。

笔者遇到的这些问题从理论上似乎并无太大的障碍,但落实到司法实务中,关于损害范围、修复程度等问题都非常专业化,需要收集大量的证据或进行相应专业鉴定以说明客观存在的环境污染、生态环境破坏事实,然而这方面检察机关、社会组织均缺乏有效的力量。所以,在被告一方达成生态环境损害赔偿协议后,检察机关、社会组织能否举证说明赔偿协议的不充分性存在很大的难度,下文笔者接着从实证的角度分析环境民事公益诉讼和生态损害赔偿制度的衔接问题。

四、司法裁判视角下制度衔接分析

笔者以"公益诉讼""赔偿协议""侵权责任纠纷(含子案由)"为关键词,在中国裁判文书网上进行检索,仅有数起相关联案例,具体如下:

在曲靖市人民检察院诉中国铁塔股份有限公司曲靖市分公司案①中,法院认为,本案争议的涉案林地生态环境损害修复、赔偿问题,经生态环境受损害地人民政府与被告中国铁塔股份有限公司曲靖市分公司磋商,已达成赔偿协议,该协议事实清楚,权责清晰,明确了本案公益代表人,制定了恢复治理方案,确定了恢复方案实施人,被告承担了修复费用和损失费用,主管部门积极履行监管职责,保障被损害生态环境修复方案完成,法院予以支持。因此公益诉讼起诉人诉请恢复被损害林地植被或赔偿恢复费用的请求得以实现,其申请撤回起诉,符合法律规定,不损害社会公共利益和他人利益,应予准许。

在北京市丰台区源头爱好者环境研究所与瑞安市鑫豪不锈钢制品厂环境污染责任纠纷案②中,法院认为,被告对 2013 年 2 月 ~2018 年 8 月其排放污水导致周围土壤被污染的事实并无异议,依法应承担相应的侵权责任。原告在本案证据交换阶段明确表示同意赔偿损失的金额以行政磋商阶段的鉴定结果为准,经鉴定被污染土壤的修复费用为 80,721.94 元。被告已经与温州市生态环境局瑞安分局磋商达成赔偿协议并支付了该笔费用及相应的生态环境损害调查和鉴定费用。据此,原告主张赔偿损失及鉴定费的诉讼请求均已经实现,应予以驳回。2018 年 8 月后,目前并无证据证明被告仍有在实施污染环境的行为,故原告主张被告停止

① 参见云南省曲靖市中级人民法院民事裁定书,(2019)云03 民初240 号。

② 参见浙江省温州市中级人民法院民事判决书,(2019)浙03 民初614 号。

侵权和消除危险的诉讼请求缺乏事实依据,法院不予支持。被告周围土壤环境污染已经导致社会公众对于自身健康的担忧和焦虑,对生活于优良生态环境的满足感、获得感的降低,造成了社会公众精神利益上的损失,被告应当向社会公众赔礼道歉,鉴于造成环境损害具体地点和范围,法院确定被告应在温州市级以上媒体上书面道歉。

在中国生物多样性保护与绿色发展基金会(以下简称绿发会)与山东金诚重油化工有限公司(以下简称金诚公司)等侵权责任纠纷案①中,法院认为,关于绿发会诉请赔偿的环境污染损失,本院受理的山东省生态环境厅与金诚公司、弘聚公司生态环境损害赔偿纠纷案,已判令金诚公司、弘聚公司承担了相应责任;万达公司、麟丰公司、利丰达公司对其污染案涉场地造成的损害已与作为生态环境损害赔偿权利人指定工作部门的山东省生态环境厅、作为应急处置及生态环境修复人济南市章丘区人民政府达成生态环境损害赔偿合同书,其中,万达公司、麟丰公司作为生态环境损害赔偿义务人,已履行了损害赔偿合同书约定的赔偿义务;利丰达公司因未依约履行生态环境损害赔偿合同书约定的赔偿义务,山东省生态环境厅已按合同之诉起诉其履行合同。由此可见,绿发会的此项诉讼目的已经实现,本案不再予以处理。关于绿发会要求被告在省级以上媒体向社会公开赔礼道歉的诉讼请求,金诚公司、弘聚公司在另案中已被判决履行该项义务;但万达公司、麟丰公司、利丰达公司对自己污染环境的行为仅依合同承担赔偿责任,因其行为严重损害了社会公共利益,即使承担了金钱赔偿责任,也无法完全弥补其行为带来的危害,根据最高人民法院《关于审理环境民事公益诉讼案件适用法律若干问题的解释》(2015 年)第 18 条的规定,对绿发会要求万达公司、麟丰公司、利丰达公司在省级以上媒体公开赔礼道歉的诉讼请求,法院予以支持。

上述三则案例中,案例一在赔偿协议达成后,公益诉讼起诉人申请撤回起诉,法院审查赔偿协议后同意撤诉。案例二在赔偿协议达成后,对于公益诉讼起诉人主张的赔偿损失及鉴定费的诉讼请求均被驳回,赔礼道歉请求予以支持。案例三在另案生态环境损害赔偿纠纷得到处理后,公益诉讼起诉人主张的赔偿环境污染损失不再予以处理,赔礼道歉请求则予以支持。基于这三则案例可以发现,法院在处理类似案例时,审查若存在生态环境损害赔偿协议,通常都会直接认为原告

---

① 参见山东省济南市中级人民法院民事判决书,(2016)鲁01民初780号。

请求被告修复生态环境的环境公益诉讼目的已经实现,不再予以处理。对于其他的诉讼请求包括赔礼道歉予以支持。对于生态环境实际受损范围、受损程度等与生态环境损害赔偿协议所列范围、修复程度等是否一致,基本上未作审查表述。

五、完善与建议

加快生态文明制度体系建设,是建设美丽中国的必然抉择,是实现"两个一百年"奋斗目标和中华民族伟大复兴的中国梦的客观需要,是坚持和完善中国特色社会主义制度的题中应有之义,意义重大而深远。① 环境民事公益诉讼制度与生态环境损害赔偿制度均是生态文明制度体系建设的重要组成部分,二者不应偏颇。

现行法律对于生态环境损害赔偿诉讼与环境民事公益诉讼二者的衔接问题作出了明确的规定,考虑生态环境损害赔偿到了诉讼阶段,法院会对生态环境损害事实进行了审查,除非出现其他损害事实,环境民事公益诉讼起诉人自无再就已经查明的生态环境损害提起诉讼的必要性。但是,关于生态环境损害赔偿磋商阶段与环境民事公益诉讼如何衔接的问题,目前仍然没有具体规定,从笔者查询的司法裁判来看,在存在生态环境损害赔偿协议的情形下,法院对于生态环境实际受损范围、受损程度等,基本上未作审查。因此,为充分发挥司法的能动性,确保生态环境得到了实际修复,有必要在制度上对环境民事公益诉讼和生态损害赔偿磋商的衔接问题作出规定。笔者提出如下建议,供有关机关参详。

若生态环境损害赔偿磋商先行进行,其后再提起的环境民事公益诉讼,为保障生态环境损害赔偿磋商机制的设立目的不落空,在磋商结案前环境民事公益诉讼可以中止审理。根据《生态环境损害赔偿管理规定》的规定,赔偿权利人及其指定的部门或机构可以积极创新公众参与方式,邀请相关部门、专家和利益相关的公民、法人、其他组织,参加索赔磋商、索赔诉讼或者生态环境修复,接受公众监督。在中止审理后,生态环境损害赔偿磋商阶段的赔偿权利人可以邀请提起环境民事公益诉讼的权利人参与生态环境损害赔偿的磋商,环境民事公益诉讼起诉人已经掌握的相关事实、证据材料可以更好地帮助赔偿权利人向侵权人、赔偿义务

---

① 参见王军、应凌霄、钟莉娜:《新时代国土整治与生态修复转型思考》,载《自然资源学报》2020年第1期。

人的生态环境损害行为进行权利主张，也有利于环境民事公益诉讼起诉人更好地接受磋商达成的赔偿协议，磋商成功后能同意撤诉。如磋商失败，环境民事公益诉讼继续审理和作出裁决，赔偿权利人可以依法提起生态环境损害赔偿诉讼，诉讼阶段的衔接可以按照现行法律规定执行。

若是环境民事公益诉讼已经先行提起，其后才有生态环境损害赔偿磋商或者二者同时发生，在环境民事公益诉讼结案前，赔偿权利人应当将磋商信息告知法院，法院将其追加为案件第三人。磋商本质上属于调解、和解的一部分，既然诉讼程序已经开启，为避免重复起诉，节约司法成本，在已经有环境民事公益诉讼的情况下，邀请赔偿权利人参加诉讼，生态环境损害赔偿的赔偿权利人与提起环境民事公益诉讼的权利人合力主张生态环境修复责任等并无不妥。若是要求整个环境民事公益诉讼停下来，等待生态环境损害赔偿磋商结果，磋商失败后等待生态环境损害赔偿诉讼，不仅效率低下，也完全挤压了环境民事公益诉讼的空间，不利于激发社会组织保护生态环境的积极性。

此外，生态环境损害赔偿制度本身也导致了生态环境保护体系的复杂化。当下，部分地区存在经济发展的压力，要求其与污染环境、破坏生态的企业“割袍断义”，主动积极地提起生态环境损害赔偿，客观上存在难度。在生态文明建设逐步推进以及环境司法改革不断深化之背景下，符合法定条件的环保组织、检察机关以及环保行政机关更能采取积极主动的措施来处理生态环境损害案件。在不突破现行生态环境损害赔偿与环境民事公益诉讼的衔接程序之下，也不妨考虑，若环境民事公益诉讼已经先行提起，生态环境损害赔偿磋商阶段或可以被吸收，或者发挥类似于检察院支持起诉的功能，合力保护生态环境，追究侵权人的损害赔偿责任。

总言之，应当注重环境保护的系统思维，做好环境民事公益诉讼和生态损害赔偿磋商的衔接工作，充分发挥行政机关、社会组织不同职能作用的同时，选择最合适的路径，以最低成本实现最好的法治效果。

天海
空阔

律师新型实务案例及学术文集

反垄断/涉外业务相关

我国反垄断争议可仲裁之理论证成

任　力*

反垄断法作为规范市场竞争秩序的基本法，又被称为经济宪法，具有很强的公法色彩。故此，反垄断争议在传统上也被认为是不可被仲裁的事项。近些年，西方国家尤其是美国逐渐改变上述观点和做法，试图将反垄断争议纳入可仲裁事项的范畴，甚至延伸至垄断行为人与执法机构之间的反垄断争议。① 相比之下，我国《反垄断法》未明确反垄断争议是否可仲裁，且《仲裁法》对此未作明确规定，这使得在司法实践中，反垄断争议是否具有可仲裁性成为一个备受争议的问题，甚至出现"同案不同判"的情况，当前反垄断已步入常态化的阶段，反垄断争议呈不断增多的趋势，有关部门正考虑利用《仲裁法》的修订契机，将反垄断争议纳入仲裁范围。② 值此之际，有必要对反垄断争议纳入仲裁的必要性和合理性进行分析，进一步探明其实践意义。

一、我国反垄断争议的可仲裁性充满争议

在现代社会，仲裁作为一种以非诉讼的途径解决民事、经济纠纷的方式，正以

---

* 任力：北京德和衡律师事务所高级合伙人、德和衡竞争与反垄断业务中心总监，法学博士，北京市律师协会竞争与反垄断法律专业委员会秘书长。

① 2019年9月4日，美国司法部反托拉斯局正式向美国俄亥俄州北区联邦地区法院提起针对诺贝丽斯公司（Novelis）收购爱励铝业（Aleris）的反托拉斯民事诉讼。同日，美国司法部公开披露本案当事各方（包括诺贝丽斯公司、爱励铝业以及反托拉斯局）已同意将本案核心争议——产品市场界定（product market definition）提交至仲裁，这标志着美国反托拉斯局将第一次通过仲裁机构解决反垄断争议。参见Justice Department Sues to Block Novelis's Acquisition of Aleris, U. S. Department of Justice (Sep. 4, 2019), https://www. justice. gov/opa/pr/justice - department - sues - block - noveliss - acquisition - aleris - 1。

② 《全国政协召开双周协商座谈会围绕"仲裁法的修订"协商议政　汪洋主持》，载百家号"新华社"2022年5月30日，https://baijiahao. baidu. com/s? i d = 1734258816613509855&wf r = spider&for = pc。

其快捷、经济、灵活的特点而成为最受青睐的争议解决程序，在商事活动中，经营者之间约定将与合同有关的一切争端提交仲裁解决，其中就包含反垄断争议。然而，无论是《仲裁法》还是《反垄断法》，乃至《关于我国加入〈承认及执行外国仲裁裁决公约〉的决定》均未对反垄断争议是否属于仲裁事项予以规定，由此导致当事人之间发生反垄断争议时，该等争议是否具有可仲裁性便成为争议焦点之一，落入司法审查的范围。从已有裁判结果看，最高人民法院对该问题持有不同的态度，这在已发生的两起"壳牌案"的不同裁判中得到体现。

在昌林公司与壳牌公司滥用市场支配地位纠纷案中，昌林公司认为，壳牌公司在中国的工业润滑油经销服务市场具有支配地位，并实施了一系列滥用市场支配地位的行为。壳牌公司在一审中提出管辖权异议，一审法院没有支持其主张。壳牌公司在上诉中主张：由于昌林公司与壳牌公司之间存在合法有效的仲裁约定，本案争议不属于法院受理范围，应裁定驳回昌林公司起诉。北京市高级人民法院二审裁定，昌林公司与壳牌公司因履行《经销商协议》而产生的争议仍应适用该协议中约定的有效仲裁条款，故对于昌林公司的起诉，法院不应予以受理。质言之，北京市高级人民法院认定反垄断争议具有可仲裁性。[①] 上述观点在该案的再审裁定中得到最高人民法院的肯定，其指出，"双方纠纷实质仍属于因履行《经销商协议》而产生的争议。昌林公司与壳牌公司签订的《经销商协议》第22条约定的仲裁事项为'因本协议引起的任何争议'，该约定有效，据此，无论壳牌公司在履行《经销商协议》中是否存在昌林公司所主张的垄断行为……双方纠纷应受该仲裁条款的约束。"[②]

与此不同，在汇力公司与壳牌公司横向垄断协议纠纷案中，最高人民法院认定涉案反垄断争议不可仲裁。具体来说，最高人民法院指出，本案中双方的争议属于垄断民事纠纷，故不属于合同纠纷及其他财产权益纠纷，仲裁机构对此类争议不具有管辖权。同时，最高人民法院认为，尽管双方在原始合同中约定了仲裁条款，但因《反垄断法》具有明显的公法性质，是否存在垄断行为的认定不属于合同相对人之间的权利和义务，理应由公权力机关进行确认。因此，即使存在仲裁条款，在我国法律未明确规定垄断纠纷可通过仲裁途径解决的情形下，双方原本

① 参见北京市高级人民法院民事裁定书，(2019)京民辖终44号。

② 最高人民法院民事裁定书，(2019)最高法民申6242号。

的约定不可以排除法院的管辖权。[①]

从上述两个案件的裁判可以看出，对于反垄断争议是否具可仲裁性，最高人民法院的裁判观点尚不统一。从总体情况及最新裁判观点来看，我国法院对反垄断争议的可仲裁性基本持否定看法。首先，除了前述案件外，上海[②]、江苏[③]等地法院在相关案件中均否定了反垄断争议可仲裁。其次，在汇力公司与壳牌公司横向垄断协议纠纷案之后，最高人民法院在VISCAS株式会社与国网上海市电力公司垄断协议纠纷案[④]中，再次否定垄断协议纠纷可仲裁。特别是在白城市鑫牛乳业公司与伊利集团滥用市场支配地位纠纷案中，最高人民法院推翻了一审法院作出的“该案应适用涉案合同约定的仲裁管辖”的裁定，再次重申其在汇力公司与壳牌公司横向垄断协议纠纷案裁定中的观点，认为“反垄断法具有明显的公法性质。在垄断行为的认定与处理完全超出了合同相对人之间的权利义务关系的情况下，本案当事人在合同中约定的仲裁条款不能成为排除人民法院管辖垄断纠纷的当然和绝对依据”。[⑤]

与之相对的是，无论是国内理论探讨还是域外实践，均认可反垄断争议具可仲裁性。一方面，从既有研究来看，国内理论界的观点几乎呈现“一边倒”的趋势，认为无论是基于纠纷可仲裁性的审查标准还是比较法经验的考察，我国无疑都具有确立反垄断争议可仲裁的必要性和可行性。[⑥] 另一方面，自美国联邦最高法院1985年判决的三菱汽车公司诉索勒·克莱斯勒—普利茅斯公司案（Mitsubishi

---

① 参见最高人民法院民事裁定书，(2019)最高法知民辖终47号。

② 参见上海知识产权法院民事裁定书，(2018)沪73民初813号。

③ 参见南京市中级人民法院民事裁定书，(2014)宁知民辖初字第44号；江苏省高级人民法院民事裁定书，(2015)苏知民辖终字第00072号。

④ 参见最高人民法院民事裁定书，(2019)最高法知民辖终356号。

⑤ 最高人民法院民事裁定书，(2021)最高法知民终924号。

⑥ 参见童肖安图：《社会公共利益视角下垄断纠纷可仲裁性研究》，载《华东政法大学学报》2021年第3期；邓志松：《反垄断争议的可仲裁性实务研究：欧盟与英国》，载《商事仲裁与调解》2020年第4期；吴佩乘：《论作为私人实施方式的反垄断民事纠纷仲裁》，载《北京仲裁》2020年第4期；林燕萍：《反垄断争议的仲裁解决路径》，法律出版社2016年版；孙晋、王贵：《论反垄断纠纷可仲裁性的司法考量——兼评某垄断纠纷管辖权异议案》，载《法律适用》2017年第7期；曹志勋：《论可仲裁性的司法审查标准——基于美国反垄断仲裁经验的考察》，载《华东政法大学学报》2012年第4期；杜新丽：《从比较法的角度论我国反垄断争议的可仲裁性》，载《比较法研究》2008年第5期；张艾清：《反垄断争议的可仲裁性研究——兼论欧美国家的立法与司法实践及其对我国的启示》，载《法商研究》2006年第4期。

Motors Co. *v.* Soler Chrysler – Plymouth Inc.)[①]认可国际反垄断争议可仲裁后，国际反垄断争议的可仲裁性已为包括美国、欧盟等大部分国家与地区的仲裁及司法实践所认可。[②] 应当说，反垄断法在国际商事仲裁中的适用已成常态，而非例外。[③] 再者，有的国家通过直接立法或间接立法的方式认可反垄断争议可仲裁。[④]

在上述背景下，两个值得追问的问题是：从实然法和应然法角度看，反垄断争议是否具有可仲裁性，前者解决的是反垄断争议的可仲裁性有无法律依据或法律障碍，即我国现行法是否允许当事人选择仲裁的方式解决反垄断争议，而后者关注的是确立反垄断争议具可仲裁性的合理性，即建立反垄断争议仲裁解决机制的制度优势。除此之外，还需关注我国确立反垄断争议可仲裁的现实意义。

二、我国反垄断争议适用仲裁的可行性

反垄断争议是否具可仲裁性，从根本上来说，将受当事人所选择的仲裁地国家的法律的支配。也就是说，这取决于仲裁地国家的法律关于反垄断争议的可仲裁性的规定。在我国，与反垄断争议可仲裁性有关的法律规范主要体现在仲裁法、反垄断法及国际条约中，其成为判定反垄断争议是否可仲裁的条文依据。总体来说，从《仲裁法》《反垄断法》《关于我国加入〈承认及执行外国仲裁裁决公约〉的决定》的相关规定来看，我国现行法既没有直接肯定反垄断争议可仲裁，也未明确否定反垄断争议的可仲裁性，由此我国反垄断争议适用仲裁无法律障碍，易言之，由仲裁机构对反垄断争议进行裁决具可行性。

（一）《仲裁法》关于反垄断争议可仲裁性的规定

我国《仲裁法》对纠纷的可仲裁性作了概括和列举式规定。《仲裁法》第2条

---

① 在该案中，美国联邦最高法院第一次确立了国际领域中的反托拉斯争议具有可仲裁性。参见 Mitsubishi *v.* Soler Chrysler – Plymouth，473 U. S. 614（1985）。

② 有研究对1964～2010年国际商会裁决的反垄断争议情况作了统计分析，发现除了保密的案件外，国际商会处理的普通反垄断争议仲裁案件数量高达55例，其中涉及欧盟竞争法以及美国、法国、德国和匈牙利等国的反垄断法。参见 Gordon Blanke，*Antitrust Arbitration under the ICC Rules*，in EU and US Antitrust Arbitration：A Handbook for Practitioners，Kluwer Law International，2011，p. 134 – 159。

③ 参见魏增产、陈丽娟：《仲裁员依职权适用反垄断法义务的来源探析》，载《北京科技大学学报（社会科学版）》2014年第2期。

④ 例如，瑞典1999年修订的《仲裁法》直接规定反垄断争议可仲裁；瑞士1996年修订的《反限制竞争法》、德国1998年修订的《反限制竞争法》删除了有关反垄断争议不可仲裁的规定。

规定了纠纷的可仲裁性标准,即平等主体的公民、法人和其他组织之间发生的合同纠纷和其他财产权益纠纷,可以仲裁。第3条列举了两类不可仲裁的纠纷类型:一类是婚姻、收养、监护、扶养、继承纠纷;另一类是依法应当由行政机关处理的行政争议。据此可知,《仲裁法》对反垄断争议是否具有可仲裁性未作明确规定,该问题需诉诸上述两个条文的理解和适用。具体来说,纠纷可仲裁须具备以下三个要件:一是该纠纷的当事人是平等主体的公民、法人和其他组织;二是该纠纷属于合同纠纷和其他财产权益纠纷;三是该纠纷不属于法律明文禁止的不可仲裁的纠纷类型。就反垄断争议而言,除了特殊行政垄断外,经营者之间因经济垄断而引起的反垄断争议往往满足纠纷可仲裁的三个要件,因而完全具备提交仲裁解决的法律基础。具体分析如下:

首先,在我国《反垄断法》明确禁止的四类垄断行为中,除了行政垄断的主体为行政机关和具有公共事务管理职能的组织外,垄断协议、滥用市场支配地位和经营者集中三类垄断行为的行为主体均为经营者,这决定了绝大多数反垄断争议是在平等主体的自然人、法人或者其他组织之间发生的。

其次,除了特殊的行政垄断外,其他反垄断争议大多发生于市场主体为了争夺交易机会或削弱竞争对手势力的经营活动中,其或者体现为以合同的形式固定销售价格、限定商品产量、分割销售市场等,或者体现为经营者滥用市场势力从事不公平、不合理的反竞争行为,或者体现为经营者之间的合并、兼并行为,尽管表现形式多样,但反垄断争议的实质大体相同,即市场主体之间因一方实施垄断行为而导致另一方利益受损,争议所体现的正是追求经济利益的财产属性与私权属性,[①]意味着可将其划归为合同纠纷和其他财产权益纠纷的范畴。

最后,从反垄断争议类型来看,依据涉案主体的不同,可将其分为两类:一类是行政争议,即因反垄断执法机构依法对涉嫌违法经营者或行政主体实施调查和处罚而引起的行政机关和经营者或行政主体之间的争议;另一类是民事纠纷,即因垄断行为给经营者造成损失或合同纠纷而引发的民事纠纷。就反垄断争议的

① 参见林燕萍:《反垄断争议的仲裁解决路径》,法律出版社2016年版,第173页。

可仲裁性而言，除了因行政垄断、经营者集中[①]而引起的反垄断争议可能属于由行政机关处理的行政争议外，经营者之间因垄断协议、滥用市场支配地位而引起的反垄断争议属于平等主体之间的合同纠纷和其他财产权益纠纷，并非不可仲裁的情况。

（二）《反垄断法》关于反垄断争议可仲裁性的规定

反垄断法实施的基本方式包括公共执行与私人实施两种，前者主要体现为行政执法，而后者则以民事诉讼为主。我国《反垄断法》确立了行政主导型的实施体制，除了将有关垄断行为的兜底条款的解释适用权力排他性地赋予执法机构外，还以专章的形式规定了对涉嫌垄断行为的调查程序。我国《反垄断法》第60条确立了反垄断法私人实施的法律依据和基础，即“经营者实施垄断行为，给他人造成损失的，依法承担民事责任。”一般而言，仲裁和诉讼是解决民事纠纷的两种主要途径和方式，是为了解决当事人之间对具体问题的争议而设置的程序性规则，相应地，民事责任的认定和追究可通过诉讼途径或仲裁途径，在反垄断争议满足纠纷可仲裁标准，且《反垄断法》未排除其可仲裁性的情况下，反垄断争议提请仲裁机构仲裁具有可行性。

需指出的是，根据最高人民法院《关于审理因垄断行为引发的民事纠纷案件应用法律若干问题的规定》的规定，垄断民事纠纷案件，是指因垄断行为受到损失以及因合同内容、行业协会的章程等违反《反垄断法》而发生争议的自然人、法人或者其他组织，向法院提起的民事诉讼案件。[②] 如果依照该标准，除了行政垄断外，因其他类型垄断行为而引起的反垄断争议皆可落入可仲裁的纠纷范围。

（三）《关于我国加入〈承认及执行外国仲裁裁决公约〉的决定》的相关规定

在全国人大常委会《关于我国加入〈承认及执行外国仲裁裁决公约〉的决定》

---

① 《反垄断法》第65条规定：“对反垄断执法机构依据本法第三十四条、第三十五条作出的决定不服的，可以先依法申请行政复议；对行政复议决定不服的，可以依法提起行政诉讼。对反垄断执法机构作出的前款规定以外的决定不服的，可以依法申请行政复议或者提起行政诉讼。”依此规定，因经营者集中而引起的反垄断争议需遵循行政复议前置程序，即须先向法定的行政复议机关申请复议，对复议决定不服再向法院提起行政诉讼，这在一定程度上否定了因经营者集中而引起的反垄断争议的可仲裁性。

② 参见最高人民法院《关于审理因垄断行为引发的民事纠纷案件应用法律若干问题的规定》第1条。

中,我国对承认及执行外国仲裁裁决附加了限制性条件:首先,遵循互惠原则,即只在互惠的基础上对在另一缔约国领土内作出的仲裁裁决的承认和执行适用该公约;其次,所涉争议须是根据我国法律认定为属于契约性和非契约性商事法律关系所引起的争议。其中,第一个限制性条件的内容是明确具体的,而第二个限制性条件则存在一定的解释空间,对此,最高人民法院作了进一步说明,指出:"所谓'契约性和非契约性商事法律关系',具体的是指由于合同、侵权或者根据有关法律规定而产生的经济上的权利义务关系,例如货物买卖、财产租赁、工程承包、加工承揽、技术转让、合资经营、合作经营、勘探开发自然资源、保险、信贷、劳务、代理、咨询服务和海上、民用航空、铁路、公路的客货运输以及产品责任、环境污染、海上事故和所有权争议等,但不包括外国投资者与东道国政府之间的争端。"① 显然,反垄断争议属于由于合同、侵权或者根据有关法律规定而产生的经济上的权利义务关系所引起的争议,我国具有承认和执行外国反垄断争议仲裁裁决的法律基础。

透过前述分析可知,我国反垄断争议提请仲裁机构裁决或请求我国法院承认和执行外国反垄断争议仲裁裁决皆无法律障碍。然而,在现有司法实践中,法院在否定反垄断争议可仲裁时,将现行法没有明确规定反垄断争议可仲裁作为裁判的依据和理由之一。可是问题在于,在法无明文规定的情况下,对于反垄断争议是否可仲裁属于民事审判中法官行使自由裁量权的事项,其结果或者是"法无明文禁止即可为",或者是"法无明文规定不可为",无论是哪一种选择,其背后实际上体现的是裁判者的政策倾向和价值偏好,裁判文书的释法说理应当围绕其作出"法无明文规定不可为"这一选择的理由进行。值得一提的是,最高人民法院曾明确指出,"只要不属于我国仲裁法第三条规定的不能仲裁的争议,我国法院不会以可仲裁性的理由否定该仲裁裁决。"②由是观之,以法律未明确规定来否定反垄断争议的可仲裁性与上述声明存在矛盾。

再者,在以"法无明文规定不可为"为由否定反垄断争议可仲裁时,判决书中的部分观点也值得商榷。在汇力公司与壳牌公司横向垄断协议纠纷案中,最高人民法院指出,"对是否构成垄断的认定和处理,反垄断法明确规定了行政执法和民

---

① 最高人民法院《关于执行我国加入的〈承认及执行外国仲裁裁决公约〉的通知》第2条。

② 罗东川、高晓力:《实现涉外仲裁有效支持 促进国际仲裁事业发展》,载《法制日报》2013年6月28日,第5版。

事诉讼两种方式,并未明确规定仲裁的方式。"但如前所述,《反垄断法》第60条只规定了垄断行为的民事责任,而未将民事责任的追究和认定方式限定为民事诉讼。此外,最高人民法院指出,垄断民事纠纷不属于仲裁法覆盖的纠纷类型时,明确论述了垄断民事纠纷不属于《仲裁法》第2条规定的合同纠纷,但未论述垄断民事纠纷与《仲裁法》第2条中的"其他财产权益纠纷"之间的关系,而从反垄断争议的实质来看,其更多体现为因垄断行为受到损失而引发的侵权纠纷。

三、我国反垄断争议适用仲裁的合理性

依现行法观之,我国反垄断争议适用仲裁并无法律障碍抑或说具有法律基础,由此,我国反垄断争议是否适用仲裁就落入法官行使自由裁量权的范围,即其属于政策选择问题,其结论取决于主审法官对通过仲裁途径来解决反垄断争议合理性的认识。

在以往的司法实践中,法院之所以主张反垄断争议不适用仲裁,其中一个重要理由是:作为规范市场竞争秩序的法律,反垄断法具有明显的公法性质,垄断的认定超出合同项下的权利义务范围,反垄断争议与公共利益密切相关,因此应受法院的管辖。① 换句话说,法院认为仲裁机构的私有属性使得仲裁机构尚不具备审理垄断案件的条件,故而无法确保仲裁审理的公正性,以及维护反垄断法实施所蕴含的公共利益。颇为遗憾的是,法院只是给出了这一论断,而并未详尽说明。若是仔细研判,便能发现从裁判目的、裁判依据、裁判能力三个维度上分析,无法得出仲裁机构不适宜处理涉及公共利益的反垄断争议,抑或说法院相比于仲裁机构在处理反垄断争议上更具优势这样的结论。

(一)民事诉讼和仲裁的根本目的是一致的

无论是通过诉讼还是仲裁来实施反垄断法,其核心功能均在于定分止争,不同于行政执法以维护公共利益为直接目的,两者对公共利益的维护和增进具有间接性,只要真正做到公正裁判,在实际效果上并无差别。反垄断法实施包括公共执行和私人执行,前者以维护公共利益或市场秩序为根本目的,带有一定的行政

---

① 参见最高人民法院民事裁定书,(2019)最高法知民辖终47号;上海知识产权法院民事裁定书,(2018)沪73民初813号;江苏省高级人民法院民事裁定书,(2015)苏知民辖终字第00072号。

管理和监督性质,垄断行为可能会面临行政管理方面的处罚,甚至刑事处罚,而后者以定分止争为价值追求,私人主体的目的是维护其自身利益,裁判机关在审理过程中适用反垄断法的基础在于合同关系或侵权关系。相比于公共执行,尽管反垄断法私人执行在一定程度上可以起到维护公共利益的实效,但这主要是通过公正裁判来间接实现的,也就是说,无论是法院还是仲裁机构只要能够有效实施反垄断法,其在维护反垄断法蕴含的公共利益这一问题上并无明显的优劣之分。再者,我国《反垄断法》未规定惩罚性赔偿责任制度,通过诉讼途径来实施反垄断法的主要功能仍在于补偿而非威慑,因而法院和仲裁机构的裁判目的并无二致。值得一提的是,虽然美国现行联邦反托拉斯法规定了3倍赔偿的惩罚性赔偿责任制度,使其反垄断法私人实施成为兼具保护私益和公益功能的救济方式,但美国法院并未以此为由否定反垄断争议的可仲裁性。①

另需指出的是,2022年修正的《反垄断法》第60条第2款规定:“经营者实施垄断行为,损害社会公共利益的,设区的市级以上人民检察院可以依法向人民法院提起民事公益诉讼。”该规定明确当垄断行为损害公共利益时,可能触发反垄断民事公益诉讼,从其条文表达可反面推导出并非所有垄断行为都会损害公共利益,由此可见,在以往的司法实践中,法院以涉公共利益为由全盘否定反垄断争议可仲裁的观点过于武断。

(二)仲裁能保障反垄断法公共利益的实现

“以事实为依据,以法律为准绳”是诉讼法和仲裁法共同遵循的基本原则之一,②无论是法院还是仲裁机构,在反垄断争议解决过程中均扮演中立裁决者的角色,法律和事实构成了两者裁判的主要依据,两者对公共利益的考量都需诉诸反垄断法的解释适用。由此,纵使公共利益是反垄断法私人实施所追求的重要目标,只要仲裁员能够依据法律条文对反垄断争议作出裁决,同样能够实现蕴含于反垄断条文之中的公共利益。就此而言,在裁判依据这一比较维度,法官与仲裁

---

① 参见张潇剑:《反垄断请求的可仲裁性问题研究——以美国为视角》,载《仲裁研究》2005年第1期。

② 我国《仲裁法》第7条规定:“仲裁应当根据事实,符合法律规定,公平合理地解决纠纷。”

员均应依据法律作出裁决，任何一方均不存在优势。① 值得注意的是，有观点认为，“仲裁机构的私有属性使得仲裁机构尚不具备审理垄断案件的条件，故无法确保仲裁审理的公正性”，②在笔者看来，这样的观点是站不住脚的，因为法官和仲裁员均负有实施反垄断法的义务，尤其是后者，更是具有这方面内生动力：首先，仲裁员具有尽可能地确保其作出的仲裁裁决被承认和执行的内生动力，这也被视为仲裁员所承担的首要义务；其次，如果仲裁员不依法实施反垄断法，很可能导致其作出的仲裁裁决在执行阶段被撤销或者不予执行，而这意味着该仲裁员没有履行其尽力义务。③

退一步而言，依据《仲裁法》第58条的规定，即便出现有悖于公共利益的涉反垄断争议的仲裁裁决，当事人也能够向仲裁委员会所在地的中级人民法院申请撤销该裁决，这在一定程度上可以倒逼仲裁员依法对反垄断争议作出裁决。域外司法实践中亦是如此。例如，在希尔森/美国运通诉麦克马洪案（Shearson/American Express *v.* McMahon）中，美国联邦最高法院指出，“以往的司法实践已表明，没有理由在一开始就认为仲裁员不会遵守法律，虽然仲裁裁决的司法审查有限，但这种审查足以确保仲裁员遵守相关法律法规的要求。”④

（三）仲裁员有能力对反垄断争议进行裁决

反垄断法具有较强的专业性和技术性，无论是反垄断法的制度设计还是具体实施均高度依赖于经济法学理论和方法，反垄断法的实施需充分发挥专家特别是经济学专家的作用。正因如此，最高人民法院《关于审理因垄断行为引发的民事纠纷案件应用法律若干问题的规定》对反垄断民事诉讼引入专家证人制度作了详尽规定，⑤尽管专家证人的介入有助于帮助法官查明案件事实和正确适用法律，但

---

① 参见潘志成：《讲真，垄断民事纠纷不适合仲裁吗？》，载汇业律师事务所官网2016年9月22日，http://www.huiyelaw.com/news-732.html。

② 《全国首例：刚刚最高院裁定确认“垄断纠纷不可仲裁”观点，本所华洪群执行主任5年前就已在类案中向江苏法院提出并被采纳》，载江苏新高的律师事务所官网，http://www.gdlaw.org/news/297.html。

③ See Gordon Blanke & R. Nazzini, *Arbitration and ADR of Global Competition Disputes: Taking Stock of (Part Ⅱ)*, Global Competition Litigation Review, Vol. 2, No. 1, 2008, p. 341.

④ See Shearson/American Express *v.* McMahon, 482 U. S. 220 (1987).

⑤ 参见最高人民法院《关于审理因垄断行为引发的民事纠纷案件应用法律若干问题的规定》第12条、第13条。

鉴于原告、被告都有各自的利益诉求和利益考量，如何在纷繁复杂的信息中作出正确的选择和判断，仍取决于法官的裁判能力。例如，在我国第一起纵向垄断协议民事诉讼案件——锐邦诉强生转售价格维持纠纷案中，原告、被告委托的经济学家就本案相关市场范围的界定、市场集中度的测算、所涉垄断行为对市场竞争的影响等给出了截然不同的专家意见。①

由此引出的一个问题是：如果反垄断争议适用仲裁，仲裁员是否具备裁判反垄断争议的能力？对此，笔者认为，相比于法官，仲裁员实际上可能更加能够胜任这一职责。依据现行法官选任制度，法官通常只是由具有法学专业背景、对理工或者经管等专业知识可能并不熟悉的人员担任，而仲裁委员会所聘任的仲裁员不仅包括法律专家，还有来自商界和科学技术领域的专业人士，仲裁员自身具备的专业知识使其能够完全契合解决反垄断争议所需的裁判能力。② 另外，从域外经验来看，仲裁机构有能力处理反垄断争议。在希尔森/美国运通诉麦克马洪案、恩吉姆诉日电电子公司案（Nghiem *v.* NecElectronic Inc.）中，美国法院明确指出：反垄断案件的复杂性，并不能绝对地排斥仲裁手段。根据三菱汽车公司诉索勒·克莱斯勒—普利茅斯公司案的经验，仲裁具有适应性和专业性，能够很好地处理类似反垄断案件等专业性很高的纠纷。③

值得关注的是，有学者指出，现行知识产权审判和民事审判格局难以涵盖所有竞争案件和有效满足司法审判实践需求，设立竞争法庭实现专业审判势在必行。④ 上述观点在目前的司法体制改革中也得到了实践，如北京知识产权法院在院级专业法官会议制度中新设了“竞争垄断委员会”，并配备了竞争垄断专业审判

---

① 参见上海市高级人民法院民事判决书，(2012)沪高民三(知)终字第63号。

② 我国《仲裁法》第13条规定：“仲裁委员会应当从公道正派的人员中聘任仲裁员。仲裁员应当符合下列条件之一：(一)通过国家统一法律职业资格考试取得法律职业资格，从事仲裁工作满八年的；(二)从事律师工作满八年的；(三)曾任法官满八年的；(四)从事法律研究、教学工作并具有高级职称的；(五)具有法律知识、从事经济贸易等专业工作并具有高级职称或者具有同等专业水平的。仲裁委员会按照不同专业设仲裁员名册。”《仲裁法》第67条规定：“涉外仲裁委员会可以从具有法律、经济贸易、科学技术等专门知识的外籍人士中聘任仲裁员。”

③ 另参见 Nghiem *v.* Nec Electronic Inc.，25 F3d 1437(1994)；Shearson/American Express *v.* McMahon，482 U.S. 220 (1987)。

④ 参见孙晋：《〈反垄断法〉修订背景下设立竞争法庭的理据和进路》，载《法律科学(西北政法大学学报)》2022年第3期。

团队，旨在提高竞争垄断案件专业化审判水平。[①] 诚然，上述举措在一定程度上能缓解法院在解决反垄断争议问题时裁判能力不足的问题，但归根结底，只是一种内部调适，且为“小修小补”，无法从根本上扭转审判人员知识结构单一的问题，反倒是折射出以仲裁解决反垄断争议的制度优势。

四、确立反垄断争议可仲裁的现实意义

由前述分析可知，通过仲裁途径解决反垄断争议具可行性和合理性。事实上，根据我国《反垄断法》实施的现实情况、商事仲裁的现有水平和发展条件，以及参考反垄断争议的可仲裁性这一国际主流趋势，我国确立反垄断争议的可仲裁性具有现实必要性。

（一）确立反垄断争议可仲裁符合本土国情

我国《反垄断法》实施以来，反垄断行政执法和民事诉讼得到了快速发展，取得了引人瞩目的成就，已与美欧并列成全球三大反垄断司法辖区。但同时应当看到，我国《反垄断法》实施仍旧面临不少挑战，尤其是行政执法和民事诉讼都存在难以克服的缺陷和弊端。

一方面，反垄断案件的调查除了知识能力要求之外，还需要大量的人力、物力投入，这和反垄断法中经济学工具的应用有关，也和反垄断案件涉及具有很强资源动员能力的企业有关。但在中国现有的行政体制结构下，反垄断执法机关却存在“先天不足”，科层体制中处于较低的位置，限制了其能够获取的权力资源。这方面，一个典型的例子就是，美国、欧盟和中国经济体量类似，美国联邦层面的机构即司法部反垄断局和联邦贸易委员会人数之和是我国部、局层面人员的约14倍，欧盟相关机构人员数量也远远超过我国。[②] 2018年，我国对现行反垄断执法机构的设置进行了较大调整，将多年来分散在商务部、国家发改委、原国家工商总局的反垄断执法机构合并，统一归属于国家市场监管总局。尽管反垄断执法机构“三合一”有助于提升反垄断效率、权威与稳定，但从长远来看，受制于国务院关于

---

① 参见《北京知识产权法院竞争垄断委员会及专业审判团队设立情况通报》，载百家号“知产北京”2022年3月18日，https://baijiahao.baidu.com/s? id=1727599176508770835&wfr=spider&for=pc。

② 李剑：《中国反垄断执法机构间的竞争——行为模式、执法效果与刚性权威的克服》，载《法学家》2018年第1期。

严格控制中央和国家机关各部委编制总量的总体要求,[①]要想增加执法机构的人员规模或者通过机构改革来扩充执法力量均不现实。

另一方面,《反垄断法》实施以来,我国的反垄断民事诉讼呈现逐年持续增长的态势。据统计,2008～2015年,我国法院受理反垄断民事诉讼案件430件,审结366件。[②] 在此期间,诞生了奇虎诉腾讯滥用市场支配地位案、锐邦诉强生纵向垄断协议案、华为诉IDC滥用市场支配地位案等一批在国际上有重大影响的标杆性判决,不断提升中国法院在反垄断领域的公信力和吸引力。但应当看到,我国的反垄断民事诉讼依然存在一些薄弱环节,尤其是举证难和证明难的问题,仍然是制约中国反垄断诉讼的“瓶颈”。依据现行反垄断民事诉讼规则,除了横向垄断协议纠纷外,其他垄断纠纷均适用“谁主张,谁举证”的基本原则。[③] 然而,在司法实践中,由于证明垄断行为的证据大多由被诉垄断行为人持有,即存在严重的“证据偏在”问题,在既有民事诉讼“谁主张,谁举证”的举证责任分配框架内,原告的较高败诉率几乎不可避免。[④] 据目前的统计数据,由于原告举证不足或者举证困难,诉讼能力比较弱,在绝大多数的反垄断民事诉讼案件中,原告均败诉。除了胜诉率偏低外,我国《反垄断法》未规定惩罚性赔偿责任制度,这使得原告方所负担的诉讼成本过高,而诉讼收益却过低,这种成本与产出之间的巨大差异使得原告缺少提起民事诉讼的内生动力,以致反垄断民事诉讼一直无法实现跨越式发展。

在我国执法资源较之发达国家相对匮乏,民事诉讼深受举证责任规则掣肘的情势下,跳出反垄断争议的解决只能诉诸行政执法和民事诉讼的思维定式,确立反垄断争议可仲裁无疑将成为进一步推动反垄断法实施的突破口。进一步言,建立与健全包括仲裁在内的反垄断私人执行制度,对于弥补反垄断执法和司法资源的有限性具有不可估量的意义。

需指出的是,随着我国仲裁制度的不断完善和仲裁人员素质的不断提高,通过仲裁途径解决反垄断争议已经具有客观基础。事实上,市场主体对通过仲裁途

---

① 参见中共中央办公厅、国务院办公厅《关于严格控制机构编制的通知》(厅字〔2011〕22号)的相关规定。

② 王闯:《中国反垄断民事诉讼概况及展望》,载《竞争政策研究》2016年第2期。

③ 参见最高人民法院《关于审理因垄断行为引发的民事纠纷案件应用法律若干问题的规定》第7条、第8条、第9条。

④ 参见朱理:《反垄断民事诉讼十年:回顾与展望》,载《中国知识产权报》2018年8月24日,第8版。

径解决反垄断争议充满信心，据上海国际经济贸易仲裁委员会相关工作人员介绍，该机构受理的案件中，有部分案件涉及分销协议中约定最低转售价格，而这可能涉及《反垄断法》的适用问题。① 当前，国家积极支持仲裁事业发展，这为反垄断争议纳入仲裁机制解决营造了良好外部条件。早在2016年，最高人民法院司改办工作人员对最高人民法院《关于人民法院进一步深化多元化纠纷解决机制改革的意见》的解读中即指出，"十八届四中全会提出完善仲裁制度，提高仲裁公信力。各级人民法院应当积极支持仲裁制度改革，尊重商事仲裁规律和仲裁规则，及时办理仲裁机构的保全申请，依照法律规定处理撤销和不予执行仲裁裁决案件，为提高仲裁公信力提供司法保障"。②

（二）确立反垄断争议可仲裁契合国际潮流

反垄断争议的可仲裁性在西方国家逐步得到承认，外国仲裁庭在裁决反垄断争议方面也积累了一些成功的案例。近些年，从发展趋势上看，发达国家和地区直接确立或者间接承认反垄断争议的可仲裁性，可以说目前认可反垄断争议可仲裁已经是国际主流趋势。在此背景下，在反垄断争议解决方面，与国际通行做法保持一致，将有助于反垄断争议的高效解决，打消外企对中国反垄断审查疑虑，③ 更好地服务国家全面对外开放、优化营商环境，更好地利用外资的总体战略。

值得注意的是，以美国和欧洲为例，这两大经济体对反垄断争议的可仲裁性的态度经历了从"否定"向"肯定"的转变过程，这意味着我国建立反垄断争议仲裁机制不可能一蹴而就，这一过程是循序渐进的，甚至是需要通过间接的方式推进。

在美国，虽然同样没有成文法规定反垄断争议可以通过仲裁解决，但美国法院在逐步认可仲裁作为有效解决平等主体之间垄断争议的方式，并将可仲裁的纠纷范围从"国际反垄断争议"扩展到"国内反垄断争议"。1968年，美国联邦巡回上诉法院在美国安全设备公司诉J. P. 马奎尔有限公司案（American Safety Equip-

---

① 参见林燕萍：《反垄断争议的仲裁解决路径》，法律出版社2016年版，第175页。

② 胡仕浩、龙飞：《深化多元解纷机制改革 提升社会治理法治水平——对〈最高人民法院关于人民法院进一步深化多元化纠纷解决机制改革的意见〉的解读》，载《人民法院报》2016年6月30日，第7版。

③ 参见《外媒：李克强打消外企对中国反垄断审查疑虑》，载环球网2014年9月10日，https://world.huanqiu.com/article/9CaKrnJFxvx。

ment Corp. *v.* J. P. Maguire & Co.）中确立了反垄断纠纷不具有可仲裁性的观点，主要理由是反垄断法涉及国家利益与反垄断案件不适宜由仲裁员裁决。随着商事仲裁的不断发展，美国司法界在反垄断争议的可仲裁性问题上的态度逐渐发生了转变。在1975年的三菱汽车公司诉索勒·克莱斯勒—普利茅斯公司案中，美国联邦最高法院推翻了美国联邦第二巡回上诉法院作出的反托拉斯争议不可仲裁的判决，[①]认为不存在任何公共政策上的缘由妨碍通过仲裁途径解决国际反托拉斯争议，换句话说，国际经贸领域的反托拉斯争议具有可仲裁性。[②] 1994年，在恩吉姆诉日电电子公司案中，美国联邦第二巡回上诉法院指出：无论是国内的反垄断争议或是涉外的反垄断争议，争议的本质并没有什么重大的不同，因此，国内的反垄断争议同样可以根据双方的约定适用仲裁的方式。[③] 也就是说，美国法院认为，国内反托拉斯争议亦可以通过仲裁途径解决。

尤其值得关注的是，除法院认可反垄断争议可仲裁外，执法部门在反托拉斯实践中开始引入仲裁机制，以此解决一些争议性问题。例如，2019年，美国司法部起诉诺贝丽斯公司收购爱励铝业违反反托拉斯法案标志着美国执法部门第一次通过仲裁机构解决反垄断争议。具言之，在提起反托拉斯诉讼以阻止合并之前，执法部门已与诺贝丽斯公司和爱励铝业达成协议，如果诺贝丽斯公司和爱励铝业无法解决美国司法部在该交易中的竞争关切，则会将此事提交具有约束力的仲裁。根据仲裁条款，如果美国司法部在仲裁中获胜，诺贝丽斯公司同意剥离爱励铝业在北美的铝制汽车车身板业务。最终，仲裁员裁定美国司法部胜诉，认为铝制汽车车身板构成反托拉斯法意义上的相关产品市场。[④] 对此，执法官员表示，替代性争端解决可以成为执法部门在适当情况下使用的一种重要工具，它可以在最大程度上使其执法资源最大化，进而节省税金支出、保护美国消费者。

欧盟法没有明确规定反垄断争议可仲裁，也没有对此表示反对，而是在立法

---

① 在美国安全设备公司诉J. P. 马奎尔有限公司案中，美国联邦第二巡回上诉法院指出，反托拉斯法项下的争议不同于一般私人纠纷，《谢尔曼法》（Sherman Antitrust Act）旨在保护国家在自由的市场竞争中的潜在利益，因而不能将反托拉斯争议提交给民商事领域的仲裁员裁决。参见 American Safety Equipment Corp. *v.* J. P. Maguire & Co.，391 F. 2d 821（1968）。

② See Mitsubishi *v.* Soler Chrysler – Plymouth，473 U. S. 614（1985）.

③ See Nghiem *v.* Nec Electronic Inc.，25 F3d 1437（1994）.

④ See *US Proposes Novelis to Divest Automotive Body Sheet Biz in North America*, The Economic Times（May 13，2020），https://economictimes.indiatimes.com/industry/indl – goods/svs/steel/us – proposes – novelis – to – divest – automotive – body – sheet – biz – in – north – america/articleshow/75707565.cms.

上给反垄断争议的可仲裁性保留了一定的法律空间。到目前为止,欧盟法院没有对反垄断争议是否可以提请仲裁直接表明态度,但其在Eco Swiss案[①]的先决裁决中间接地传达了对这一问题的立场。在该案中,欧盟法院指出,欧盟竞争法是欧洲社会和统一内部市场的基础,《罗马条约》第85条应当被认为是《纽约公约》项下的公共政策。同时,欧盟法院指出,在符合成员国国内程序法要求的情形时,成员国法院有权对违背国内公共政策的裁决予以撤销。多数欧盟学者都认为该案间接反映即使竞争法具有公共政策属性,竞争法案件也是可仲裁的。在此之后,瑞典、瑞士、德国等国家或者通过立法的方式确立反垄断争议可仲裁,或者取消了原有法律对反垄断争议不可仲裁的禁止性规定。[②]

近些年,一些欧洲国家的法院在个案裁判中也认可了反垄断争议可仲裁。例如,英国高等法院在微软移动通讯有限公司诉索尼欧洲公司等案[Microsoft Mobile OY(Ltd.) *v.* Sony Europe Limited & Ors]中认为,仲裁条款的管辖范围(适用英国法律)包括私人卡特尔侵害行为(作为关于供应合同中的条款解释问题)。[③]在一起关于铁路行业卡特尔损害赔偿诉讼案件中,英国多特蒙德地区法院作出了与英国高等法院在上述案件中相同的裁决,即认为仲裁条款有效。[④]

结　语

我国《反垄断法》确立了行政主导型的实施体制,大多数条文调整的是垄断行为人与行政机关之间的关系,仅有《反垄断法》第60条概括性地规定了民事责任,尽管该规定对垄断纠纷是否具有可仲裁性未作明确,但依据《仲裁法》第2条、第3条以及《关于我国加入〈承认及执行外国仲裁裁决公约〉的决定》的相关规定,结合反垄断争议的类型和特点,可以推导出反垄断争议具有纳入仲裁解决机制的可能性。在以往的司法实践中,法院大都认为《反垄断法》属于公法,反垄断纠纷因涉及公共利益而不适宜交由仲裁机构解决。然而,从裁判目的、裁判依据、裁判能力三个角度进行分析,可以发现,无论是通过诉讼还是仲裁解决反垄断争议都能

---

① See Case C-126/97, Eco Swiss China Time Ltd. *v.* Benetton International.

② 参见林燕萍:《反垄断争议的仲裁解决路径》,法律出版社2016年版,第179页。

③ See Microsoft Mobile OY (Ltd.) *v.* Sony Europe Limited & Ors [2017] EWHC 374 (Ch).

④ 参见《反垄断争议的可仲裁性(德国案例)》,载中国国际贸易仲裁委员会官网2018年1月29日,http://www.ccpit.org/Contents/Channel_3466/2018/0129/957424/content_957424.htm。

够实现公共利益,因而上述裁判理由值得商榷。首先,作为反垄断法私人实施的组成部分,诉讼和仲裁的目的均在于定分止争,由此其对公共利益的维护和增进是通过在个案中的依法裁判来实现。其次,在裁判依据上,诉讼和仲裁都遵循“以事实为依据、以法律为准绳”的基本原则,且仲裁人员和法官一样负有适用反垄断法的内生动力和义务。最后,由于仲裁员成分多元化的特点和仲裁庭组成方式的自主性,其更加能够胜任裁判反垄断争议这一职责。事实上,无论是出于本土反垄断实践情况的考量还是参考域外经验做法,我国都有必要建立反垄断争议仲裁解决机制,这不仅有助于强化和优化《反垄断法》的有效实施,而且还能够服务于国家优化营商环境、扩大改革开放、吸引外商投资的战略目标。

诚然,最高人民法院在个案裁判中否定了反垄断争议可仲裁,但在未来依然会有反垄断争议提交仲裁的可能,因为法院对于反垄断纠纷可仲裁性的司法审查难以做到一蹴而就。美国也经历了同样的过程,经过了诸多的案件判决及长达几十年的理念争论与实践变迁,最终以从国际扩展到国内的渐进式的方式确立了反垄断纠纷的可仲裁性。本文虽然肯定了反垄断争议的可仲裁性,但并非任何垄断案件都可以提交仲裁解决,只有部分垄断协议案件和滥用市场支配地位案件以及和垄断纠纷相关的合同争议可以申请仲裁。通过对可仲裁范围的限定,可在一定程度上缓解法院对仲裁可能会危及反垄断法公共利益的担忧。例如,虽然欧盟已全面认可反垄断可仲裁性,但欧盟法院在 2015 年的卡特尔损害索赔公司①诉阿克苏诺贝尔等公司案(CDC *v.* AKZO Nobel NV)②的裁定中指出,仲裁条款必须明确包含反垄断纠纷,如相关违反竞争法行为是一方当事人秘密参与的卡特尔,另一方当事人的损害赔偿诉讼请求权不受双方协议仲裁条款的制约。③ 实践中,若出现涉反垄断争议的仲裁裁决违背公共利益的情况,法院能对此进行司法审查,执法机构对于仲裁中可能出现的限制竞争问题也可展开反垄断调查,由此保障反垄断法的公益性。④

---

① 卡特尔损害索赔公司(CDC)是一家总部位于布鲁塞尔、受比利时法律管辖的公司,成立的目的是通过司法和法外方式对受卡特尔影响的企业提出损害索赔。

② See Case C-352/13, Cartel Damage Claims (CDC) Hydrogen Peroxide SA *v.* Akzo Nobel NV, Solvay SA/NV, Kemira Oyj, FMC Foret SA.

③ 参见邓志松:《反垄断争议的可仲裁性实务研究:欧盟与英国》,载《商事仲裁与调解》2020 年第 4 期。

④ 参见吴佩乘:《论作为私人实施方式的反垄断民事纠纷仲裁》,载《北京仲裁》2020 年第 4 期。

论我国反垄断法宽大制度的完善*

刘克江**

垄断协议是反垄断法规范得最严重的反垄断行为之一，垄断协议不仅损害消费者的利益，还给整个市场经济秩序带来伤害。然而，垄断协议的达成和实施具有隐蔽性，而且往往伴随垄断协议参与者的反调查措施，在当今的信息时代，网络技术发达，反垄断执法机构对垄断协议违法行为的发现和调查更加困难。应该承认，作为有效的执法手段之一的宽大制度①在反垄断实践中扮演着越来越重要的角色，成为对抗卡特尔极为有效的手段②。在我国，关于该制度的立法多是原则性规定，存在诸多至今没有克服的缺陷，如何完善我国的反垄断法宽大制度值得研究。

宽大制度，是利用垄断协议参与者的“囚徒”心理，鼓励其成为“告密者”而向反垄断执法机构报告情况，在符合法定条件的情况下，将获得免除对其的刑事惩罚或者减免经济处罚的制度。该制度的立法及实施旨在高效低成本地打击卡特尔行为，为此，世界上大多数国家和地区都在其反垄断法中规定有宽大制度。该制度的实施理念之一是有意在法律与经济政策的刚性之余，尝试着引入和依靠人

---

* 本文是一篇博士学位论文，写成于2019年6月，是作者对当时反垄断宽大制度的思考和分析。文中适用的也是当时有效的相关法律规定，请读者参照阅读。——笔者注

** 刘克江：北京德和衡律师事务所总裁兼管理合伙人，法学博士，最高人民检察院第六检察厅、第七检察厅“民事行政检查专家咨询网”专家，第十届中华全国律师协会反垄断与反不正当竞争专业委员会副主任，中国政法大学兼职教授。

① 如无特别说明，本文中的宽大制度、宽大政策、宽大待遇、宽大处理甚至宽大等术语属同义。

② 卡特尔，即垄断协议，该语在不同国家及地区有不同的称谓，美国的《谢尔曼法》将其称为合谋、联合、共谋等；欧盟直接将其称为限制竞争协议；德国的《反对限制竞争法》将其称为卡特尔。本文如无特别说明，这六个术语皆属同义。

的善良本性的自我发现,以及国家法律特别是刑罚和高额经济处罚的震慑力而奠基为执法的理论基石。通过鼓励违法者主动向执法机构报告案件事实,便于执法机构及时发现案件线索和收集证据,在节约执法成本的前提下,更为直接地查处垄断协议行为。运行宽大制度的过程,是一个将宽大待遇申请者、宽大人数、宽大幅度以及刑责和经济处罚上的减免等诸多因素糅合在一起进行综合考量的过程。

美国的基恩 · P. 尤因(Ky P. Ewing)教授在《21 世纪的竞争规则:美国经验的总结》中称,"宽大制度是破获卡特尔案件时的最强助力",并且"宽大制度的面世使得反托拉斯法律得以焕发出勃勃的生机"①。根据美国司法部反垄断局于 2000 年公布的一份报告,宽大制度更是"通过鼓励自首和指认结盟者的方式查办了比所有投入研究经费、秘密窃听和录像,以及联邦调查局的正式调查合在一起还多的国际卡特尔组织(Hammond 2000)"②。从这个意义上来说,对卡特尔的打击力度在很大程度上是由反垄断宽大制度的执法效果所决定的,因此,宽大制度一直是反垄断法理论与实践中的研究热门。

1978 年,宽大制度在美国率先创建;1993 年,宽大制度成为美国反垄断法的重要内容和重要工具,并开始为其他国家效仿;1996 年,宽大制度为欧盟竞争法所吸纳,并经历了 2002 年和 2006 年两次大修。当下,欧盟宽大制度包括罚款全额免除和部分减轻。

我国针对宽大制度的立法始于 2008 年的《反垄断法》。《反垄断法》及其配套规章的出台为宽大制度奠定了依法实施的基础与依据;因垄断所产生的严苛的法律责任和强有力的行政执法又营造出优秀的外部运行环境。

截至 2017 年,包括经济合作与发展组织(Organization for Economic Co - operation and Development, OECD)所有成员国在内,世界上已经有 60 多个国家和地区制定了与宽大制度相关的法律及政策。当下,在欧洲、美国和日本等发达国家和地区宽大制度已经成为反垄断主要利器,在查办、瓦解与抑制垄断组织形成方面起到了非凡的作用。2017 年 OECD 秘书处的一份调查报告显示,在加拿大、智利、德国、韩国和新西兰,45% ~55% 的卡特尔案件是在宽大待遇申请人的帮助下被调查的,在欧盟,这个比例达到 80%,而美国司法部处罚的卡特尔案件中有

① 参见全淑英:《反垄断法中的宽恕制度之比较研究》,华东政法大学 2009 年博士学位论文,第 23 页。

② 参见戴芸、张昕、包特:《反垄断法中"宽恕制度"的最优安排——一个文献综述》,载《产业经济评论》2016 年第 4 期。

90%与宽大待遇申请人的协助调查有关①。

2008年,我国开始实施《反垄断法》,并在第46条第2款规定了宽大制度②,该条款的内容虽然极具原则性,给出了关于宽大制度的简单勾勒,其中的关键词涉及申请主体是经营者、行为条件是主动报告与提出证据、结果是可以获得宽大待遇。可是,如何设计最优的激励机制?如何能够在不损害法律公正及保证实施效果的前提下更有力地打击卡特尔?如何能够在增加制度适用的透明度和可预见性的同时,更好地保护宽大申请者的人身及财产利益?如何进行制度建设才能约束执法机构自由裁量权过大、证据认定宽严适中、管辖权冲突等问题,都急需研究和完善。因此,探讨我国反垄断法宽大制度的完善,具有重大的现实意义。笔者根据近年来对欧美宽大制度的起源和发展的研究,以及我国2008年《反垄断法》实施以来宽大制度的实践,对我国宽大制度的完善提出如下意见和建议,以求抛砖引玉。

一、明确宽大制度的适用范围

此处的适用范围,要回答的是我国的宽大制度是否适用于纵向垄断协议。就该问题,笔者就案例样本及我国立法两个方面给予简要分析。

首先,从案例样本来看,2013年,我国的反垄断宽大制度遇到著名的"洋奶粉"案,该案的非法行为集中于各奶粉企业达成维持转售价格的垄断协议,而维持转售价格是纵向限制的特征,该案发生后,惠氏(中国)、惠氏(上海)、贝因美、明治(上海)主动申请宽大待遇而免除处罚。该结果说明,在我国,宽大同样适用于纵向限制。我国《反垄断法》对宽大政策的规定可操作性并不强,但无论是从法律诠释的角度,还是从法学家、立法工作者的初衷来看,宽大制度都应当适用于纵向垄断协议,这一点是毋庸置疑的。

其次,从我国立法上的文本解释来看,《反垄断法》第13条和第14条分别规定了横向垄断协议和纵向垄断协议。就此可以说明,我国的垄断概念体系包括两类,即横向和纵向垄断协议。继而,第46条第3款规定指向的是"垄断协议"的定

① 参见OECD秘书处第3工作组第127次会议材料《宽大制度的挑战与国际合作》,2018年6月,第4页。

② 《反垄断法》第46条第2款规定:"经营者主动向反垄断执法机构报告达成垄断协议的有关情况并提供重要证据的,反垄断执法机构可以酌情减轻或者免除对该经营者的处罚。"

义。该条第1款强调的是传统的普通的法律责任，对于该款，学界与实务界都不存在争议，即第1款应当适用于横向与纵向垄断协议。第2款又对宽大作了并不具体化的规定①，在这里，横向和纵向垄断协议并没有被明显地差别描述。因此，第46条第2款作为"垄断协议"的概念外延，应该与第2章、第46条其他各款一样，即同时囊括横向和纵向垄断协议。

最后，从学者本意和立法者的初衷来看，如果是把宽大的适用限定于横向垄断协议，所运用的立法技术并不复杂，只需要对第46条第2款略微给予限制就可以达到目的。而立法并没有如此做，所以，按照逻辑，我们应当将其解读为覆盖横向与纵向垄断协议。对于此问题，全国人民代表大会常务委员会法律工作委员会下属的经济法研究室编写的《〈中华人民共和国反垄断法〉条文说明、立法理由及相关规定》的相关说明解释得更加清楚："第46条第1款规定的经营者的经营行为违背《反垄断法》，本身就是指的是违反《反垄断法》第13条与第14条，而该两条所描述的就是横向与纵向垄断协议。但是接下来的描述是，其行为不能够证明所达成的协议满足《反垄断法》第15条所规定的不追究责任的情形。横向垄断协议具体包括固定价格、联合抵制交易等情形；纵向垄断协议则包括限定向第三人转售商品的最低价格等行为"。如此可见，《反垄断法》第46条规定的"垄断协议"是包括纵向垄断协议的。

二、明确宽大制度的适用主体与适用标准

宽大制度是作为解决反垄断执法当局应对垄断行为的一种重要制度而进入实务与理论视野的。就适用于该制度的主体而言，应以确定性的适用主体为前提性条件。按照宽大制度实施的原理，垄断协议能否为违法者竞相揭露，给予宽大待遇可否换取更多协议的实施者被制裁，是决定宽大制度适用主体范围的确定依据。

（一）宽大制度的适用主体

1. 建议将企业、个人、行会作为宽大制度适用主体范围

美国有法律明确规定宽大待遇可同时给予企业与自然人，这里的自然人多指

---

① 《反垄断法》第46条第2款规定："经营者主动向反垄断执法机构报告达成垄断协议的有关情况并提供重要证据的，反垄断执法机构可以酌情减轻或者免除对该经营者的处罚。"

企业的职工。其他国家和地区的立法很少规定自然人也一样可以接受宽大处理。还有为数不多的国家,另辟蹊径地以经营性利益为标准来界定为能否获得宽大待遇的条件,那么,如果这样继续扩大解释,自然人一定是属于经营者的一种。凭此,可以判定宽大制度也适用于自然人。不过,与美国界定下的自然人多指员工相比,笔者更倾向于将自然人界定为企业中的管理者,或者是参与垄断的普通员工。

现实中,同一地区的经营者集体有时会接受地区性行会的指令而为垄断行为,在西方不少国家,行会较普遍,且其有时对于一个地区的商业、市场发展作出的贡献特别可观,不过,行会有时也在垄断协议中扮演着重要的角色。一些国家对行会的企业成员及相关责任人分别处以独立的法律责任。在我国,2011 年 2 月施行的《工商行政管理机关禁止垄断协议行为的规定》第 2 条规定了垄断协议的两大主体①,即经营者与行会,显然,行会与经营者并列,是反垄断规制的主要对象。笔者建议,为了更有力地打击垄断协议,我国也应将行会的负责人或者与垄断协议相关的责任人员纳入宽大制度的适用范畴之中,这样可以更有力地鼓励“投诚与策反”。

2. 领导者与强迫者排除适用免除处罚

一般而言,卡特尔中的领导、组织、发起者,以及胁迫他人参与卡特尔之人不能享受宽大待遇。在欧盟法中,不适用宽大的主体还包括“煽动者”;美国、日本及德国的法中,除煽动者之外,上述几种人员都不在适用之列。不过,笔者认为,依据法理和推理,煽动者的危害不比其他几种人员小,应将其排除在适用之外。此外,有这样一个立法上的细节——笔者通过对德国与欧盟立法的细节考察发现,欧盟与德国的规定中,仅是宽大中的免除处罚不适用于组织者和胁迫者,此意味着,组织者和胁迫者仍有适用减轻罚款待遇的可能。

我国立法上没有明文规定发起者、领导者、胁迫者还有妨害者不适用宽大制度,但我国执法机构的执法实践与德国、欧盟的立法相对立,即将宽大待遇施与了组织者。在 2011 年广东海砂案件中,虽然海砂石公司是确定不疑的组织者,因其提供了部分证据,因而获得一半的罚款减幅。笔者建议,不妨借鉴欧盟与德国经

① 《工商行政管理机关禁止垄断协议行为的规定》第 2 条第 2 款规定:“垄断协议是指违反《反垄断法》第十三条、第十四条、第十六条的规定,经营者之间达成的或者行业协会组织本行业经营者达成的排除、限制竞争的协议、决定或者其他协同行为。”

验,作出一种折中的立法,将组织者、强迫者的免除处罚排除在宽大制度之外,同时,可根据其贡献给予减轻处罚的机会,此举意义有二,一是可以鼓励该类企业提供更多的证据;二是可进一步增强我国宽大制度适用范围的指引性①。

3. 适用主体的数量限制

一般而言,各国立法针对首位之后的申请者,或者虽是首位申请者但是达不到其他条件的,如提交的证据属非决定性或关键性证据的,可以给予减轻处罚。这一申请也是竞争法则在起着作用,因为,一旦交出的证据具有“增强性”价值,则其顺位不能提前,但其宽大幅度可以加大,同理,后告发者提供的同样的证据无由得到免除;申请的时间节点存在差异,减轻幅度也有区别。这种情况下,卡特尔参与人之间相互观望的动机不强,因而可以考虑同时允许两个甚至更多当事人申请减轻处罚,韩国法规定,前两位申请者可以得到同样幅度的宽大,其条件只要在法理上被认定是作出的贡献相若即可。欧盟容许四个企业可能获得不同幅度的宽大待遇:第一个申请人可以获得免除待遇,其他告发者如果满足减轻处罚的标准,则可依告发的时间顺序得到30% ~50% 、20% ~30% 或20% 以下的减轻。日本的宽大制度也适用于前四位告发者。

美国、加拿大和澳大利亚作为英美法系的三个重要国家,就刑责方面,宽大制度的免除只适用于首位申请者;大陆法系的日本、德国、法国以及英美法系的英国等国家则放宽到前四位申请者。这种促使申请者的竞赛机制在我国相关立法中尚未得到体现,不能不说是一个缺憾,笔者认为,从我国国情出发,不宜将宽大的顺位放宽到如欧盟和日本的前四位申请者,但是可以缩减到前三位申请者。

(二)宽大制度的适用标准

2015 年 12 月 24 日,在《横向垄断协议案件宽大制度适用指南(征求意见稿)》中,提出了一个原则性的建议,即给予经营者宽大的额度,应与其贡献程度相一致。在具体的描述中体现为:(1)表明了材料标准及证据标准、判断方式;(2)规定了著名的标记制度,简言之,即先允许提交初步报告且在执法机关确定的期限内补足材料,如果满足执法机关的条件,可以按照提交初步报告时的时间来确定其序位,标记即“占位”;(3)规定了附加义务;(4)规定了执法机构的信息公

① 参见计蓉:《中欧德反垄断法宽恕制度比较研究》,载《经济法论丛》2018 年第 2 期。

开及保密义务，要求执法机构在作出任何决定后都有义务向申请者说明决定的结果和理由，并在作出决定之后的20个工作日内向全社会公布，公布的方式以官方网站为主，并在相应的专业性报纸或电视台上予以披露，同时，执法机构对经营者提交的信息材料应当另卷进行封存，未经经营者许可不得对外公布。

1. 时间标准

根据提交申请时间的差异，可以分为执法机关启动调查前与调查后两个时间，如亚洲的日本、南美洲的巴西，以及非洲的一些国家，规定只有在调查前提出申请，才有全部豁免的可能。在美国，因为区别为公司宽大与个人宽大两种独立的制度，提出的申请时间也是有区别的，前者的要求是在执法当局着手调查的前后都允许提出申请；而于个人申请而言，仅允许在调查前提出申请。加拿大及英国等国家对于时间都不作确定的要求，即使反垄断执法机构开展调查后，符合法定要件的企业亦可减免惩罚①。

凭笔者掌握的材料来看，欧盟在宽大制度的适用方面体现了精确与细腻的特点，例如，较其他国家和地区更为关注证据及与之相关的举证责任；又如，欧盟委员会清醒地知道所谓的标记制度亦存在瑕疵，即假设只是采取以递交申请书附加符合条件信息的日期为申请日，会一定程度地打压其他企业申请宽大待遇的积极主动性。因为如果拟申请者在准备证据的过程中为其他合谋者探知，可能会诱发其他成员抢在该申请者前面提交申请，这种优先优胜的法则在鼓励竞赛的同时，也埋下了可能结出苦果的种子，而欧盟反垄断机关创设的标记系统可以有效地应对此种局面，申请者可以先向垄断主管当局提出申请，此时可以定义其为“准申请者”，经当局审查后为该日作出标记，企业只要在随后规定的期限内递交内容齐全的证据和信息，递交完毕之后才成功地成为申请者，“标记之日”可以视为企业最初的申请之日。相反，如果“准申请者”在规定的期限内没有提供内容齐全的证据和信息，则后续的申请者可能成为首位申请者。可以说，欧盟标记系统的应用在一定程度上缓解了举证繁多带来的压力。

2. 证据标准

上文提到，美国的宽大制度区分为公司宽大制度与个人宽大制度两种独立的立法，与之相对应，两种制度中关于证据提交的时间是不同的。可以说，这是按照

① 参见金美蓉：《论核心卡特尔参与者申请宽大的时间条件》，载《政法论丛》2008年第3期。

申请者的不同，要求不同的申请时间，进而对证据标准的要求也是有分别的。对于个人申请宽大，美国执法当局的要求相当粗略，几乎完全依赖于执法人员的判断，只要证明材料客观上是能够使得反垄断执法机构据此可以发现涉案卡特尔行为的相关信息即为条件满足①。所以，多数国家会因责任的免除与减轻、调查前申请与调查后申请等的差别而对证据方面提出不同的标准。

在我国，相关法律规定只有调查前后申请的区别，而无相关证据标准的差异。

如2011年2月实施的《工商行政管理机关禁止垄断协议行为的规定》及2019年1月3日国家市场监管总局发布的《禁止垄断协议行为的规定》（征求意见稿）第12条等仅提出“重要证据”的概念。

从逻辑的角度看，执法机构介入调查之前或者在介入调查之初，无相关情报予以依赖，发现垄断行为的可能性较低，此时，就申请者的证据要求及标准亦相应降低，而与之相反的是，此时的申请者应得到较高档次的宽大待遇，这是出于法益的考虑。所以，笔者认为，对于调查开始前的申请者，其所提供的证据资料一般要达到足以使执法机构得以开展调查的标准。如德国法律规定，在卡特尔局开始调查前，卡特尔成员提出的信息需要能够达到使得德国卡特尔局发布搜查令的标准，显然，发布搜查令是要求合乎证据调查设定标准的，否则等于授人以柄。

在原国家工商总局2009年发布的《工商行政管理机关查处垄断协议、滥用市场支配地位案件程序规定》第20条第3款作出了规定②，这说明该规定对证据标准进行了细化；2010年发布的《工商行政管理机关禁止垄断协议行为的规定》第11条第2款、第3款亦作出类似的规定③，可见，此也是一种补充规定。2010年，国家发展改革委出台《反价格垄断行政执法程序规定》，其第14条第3款描述的是“重

---

① See Antitrust Division of U. S. Department of Justice Individual Leniency Policy, 1994. https://www.justice.gov/atr/individual-leniency-policy (last visited December 26th, 2016).

② 《工商行政管理机关查处垄断协议、滥用市场支配地位案件程序规定》第20条第3款规定：“重要证据应当是能够启动调查或者对认定垄断协议行为起到关键性作用的证据。”

③ 《工商行政管理机关禁止垄断协议行为的规定》第11条第2款、第3款规定：“工商行政管理机关决定减轻或者免除处罚，应当根据经营者主动报告的时间顺序、提供证据的重要程度、达成、实施垄断协议的有关情况以及配合调查的情况确定。重要证据是指能够对工商行政管理机关启动调查或者对认定垄断协议行为起到关键性作用的证据，包括参与垄断协议的经营者、涉及的产品范围、达成协议的内容和方式、协议的具体实施情况等。”

要证据”的概念[①]。

可以发现,这几种规定的标准较《反垄断法》的规定科学得多,不过还是存在欠缺,表现在以下三方面:(1)上述三个规章的位阶低,不具有普适性,用于行政惩罚可能会起到作用,能否用于民事诉讼甚至是行政诉讼则难以确定;(2)没有对“重要证据”中何为“重要”作出说明,也没有对“酌情减免”中如何“酌情”作出说明;(3)申请者获得宽大待遇,与民事诉讼涉及的民事赔偿的证据存在冲突,这个问题没有解决。

三、完善我国宽大制度的处罚机制

目前,我国宽大制度的规定较为粗疏,为了更好地发挥宽大制度的优势效果,加大对卡特尔的打击力度,需要进一步完善宽大制度的处罚机制。

(一)免除处罚

《反价格垄断行政执法程序规定》第14条第2款规定的是免除罚款的标准与条件[②],《工商行政管理机关禁止垄断协议规定》第12条规定的是免除与减轻[③]。

概括地说,各国免除处罚以证据质量标准和顺位参考为主,即只要对垄断行为的查处起到决定性作用,该决定性作用可以是发生在启动时的,也可以是发生在认定时的,即可免除处罚。笔者认为,对于免除及减轻幅度,主要以三个因素作为参考:顺位、证据、协助。即首位报告者+对于启动调查和完成查处起到关键性作用的证据+始终予以配合协助=完全免责。

(二)减轻处罚

减轻处罚的标准是申请者在查处过程中作出了重要贡献。在告发的时间标

---

① 《反价格垄断行政执法程序规定》第14条第3款规定:“重要证据是指对政府价格主管部门认定价格垄断协议具有关键作用的证据。”

② 《反价格垄断行政执法程序规定》第14条第2款规定:“第一个主动报告达成价格垄断协议的有关情况并提供重要证据的,可以免除处罚;第二个主动报告达成价格垄断协议的有关情况并提供重要证据的,可以按照不低于50%的幅度减轻处罚;其他主动报告达成价格垄断协议的有关情况并提供重要证据的,可以按照不高于50%的幅度减轻处罚。”

③ 《工商行政管理机关禁止垄断协议规定》第12条规定:“对第一个主动报告所达成垄断协议的有关情况、提供重要证据并全面主动配合调查的经营者,免除处罚。对主动向工商行政管理机关报告所达成垄断协议的有关情况并提供重要证据的其他经营者,酌情减轻处罚。”

准上，免除处罚仅给予首位申请者；减轻待遇则可以有多个指标，但需要对宽大的人数与各自的减轻幅度有详尽的立法规定——其实这两者是一个问题的两个方面：拉开不同顺位申请者在幅度上的距离，才能形成竞争规则，只是，这一差距越大，有机会适应宽大的人数越少。

2019 年 1 月 3 日，国家市场监管总局发布了《禁止垄断协议行为的规定（征求意见稿）》，对比 2011 年实施的《工商行政管理机关禁止垄断协议行为的规定》，申请条件没有调整，但是，基于程序性规定作了较大幅度的改观。在减免幅度方面给予了明确：对于首个报告者可以免除或者给予不低于 80% 的减轻，改变了《行政管理机关禁止垄断协议行为的规定》第 12 条“免除”的绝对化，可以说，这也是我国的一个创举，即对于首个免除者的幅度不是绝对化的免除，而是设定两个档次，至于何种情形下予以免除、何种情形下予以不低于 80%，则没有说明，显然是将决定权赋予执法机关。但是，无论是《工商行政管理机关禁止垄断协议规定》还是《禁止垄断协议行为的规定（征求意见稿）》对于非首个报告者都是“酌情减轻处罚”。只有明确的数值，才算是达到宽大制度的确定性与透明性，而对此的最低要求，即使是最新的《禁止垄断协议行为的规定（征求意见稿）》也未明确，这不能不说是个缺憾。

（三）减轻幅度

减轻幅度的出现，是因为被调查的许多企业的行为并不能最终被认定为违法。所以，从此角度看，赋予执法机关相当的自由裁量权是应当的，但是，需要避免的是教条主义。针对某些个案，执法机关应根据经济效率、损害程度，以及消费者从中受到的损失等因素进行具体分析，我国《反垄断法》第 15 条就规定了六种可予以免除责任的联合限制竞争行为。

四、完善我国宽大制度的和解机制

反垄断法实施语境下的和解，是指以签订和解协议的方式来代替依据法律规定应当承担相应法律责任的争议解决机制①。

该制度基于反垄断案件调查和审理过程中执法机关与经营者的平等协商，进

① 参见刘继峰：《竞争法学原理》，中国政法大学出版社 2007 年版，第 323 页。

而达成合意，以结束纠纷，是一种非正式的执法程序，制度可以缩减执法成本，对当事者的处罚亦相应减少。所以，目前大多数国家的反垄断法都规定有这种制度。我国《反垄断法》第 45 条规定了经营者的承诺制度①，在《工商行政管理机关查处垄断协议、滥用市场支配地位案件程序规定》中也规定了承诺制度，与欧美国家的反垄断和解制度极为相似。

我国的经营者承诺制度，是指经营者主动承认违法行为并承诺在执法机关认可的期限内采取具体措施消除后果影响，使垄断行为及时得到制止，能及时保护消费者合法权益并进行积极的民事赔付，以达到提高执法效率，节约执法成本，这样一种制度可称为承诺或和解制度。

在 2009 年 5 月出台的《工商行政管理机关查处垄断协议、滥用市场支配地位案件程序规定》第 15 ~ 19 条规定了具体的承诺或和解制度的内容，具体如下：(1)向执法机关认可的期限内采取措施消除影响；(2)以书面形式提出申请，申请书载明违法事实及可能造成的影响、承诺采取的具体措施以消除影响、实现承诺的日程安排及保证声明；(3)执法机关在全面考虑后，可以作出中止调查的决定书；(4)作出中止调查决定后，承诺人应依照承诺日程进行汇报；(5)如果不实现承诺，执法机关可以恢复调查，恢复的条件包括承诺者没有践行承诺、中止调查所依据的事实发生重大变化、中止调查是基于承诺者的错误信息而作出的。

根据我国关于承诺制度的法律规范，有学者这样批评我国的承诺及和解制度：我国现行的反垄断法只是勾勒出了反垄断执法和解制度的大体轮廓，远未达到完善和科学的地步②。可以看出，和解制度体现的是非强制性、契约性、主动性等特征，就主动性而言，可以是执法机关依职权的主动，也可以是当事人一方甚至是被害人一方的主动。依据这些特征，笔者就我国的承诺制度提出如下完善建议：(1)执法机关启动和解前提下的达成和解，违法者的减轻惩罚额度可以考虑设置为 30% ~50%；如果是申请者垄断协议人启动和解，可以考虑减轻 50% ~70%。(2)和解的配套措施是承诺制度与保密制度两种。(3)申请须以书面形式，且既

---

① 《反垄断法》第 45 条第 1 款、第 2 款规定："对反垄断执法机构调查的涉嫌垄断行为，被调查的经营者承诺在反垄断执法机构认可的期限内采取具体措施消除该行为后果的，反垄断执法机构可以决定中止调查。中止调查的决定应当载明被调查的经营者承诺的具体内容。反垄断执法机构决定中止调查的，应当对经营者履行承诺的情况进行监督。经营者履行承诺的，反垄断执法机构可以决定终止调查。"

② 参见殷继国：《反垄断执法和解制度：国家干预契约化之滥觞》，中国法制出版社 2013 年版，前言。

定的格式化标准的书面形式。

五、完善我国宽大制度的具体实施程序

程序正义能够为实体正义的实现提供支撑和巩固,规范的程序在运行过程中可以有效地规范执法机关公权力行使,保障处罚结果公正。

(一)申请程序

我国《反垄断法》对于宽大申请的形式要件(是只能书面申请,还是包括有条件的口头申请)、申请的受理程序、申请的登记,以及申请者的保密义务等均未作出明确规定,这意味着对当事人程序利益的保障较为缺乏①。

1. 申请前咨询

构建科学的制度平息和消除申请者的顾虑,需要增加立法的确定性、执法的透明性。为此,《横向垄断协议案件宽大制度适用指南(征求意见稿)》第5条设计了咨询程序②。但是,该征求意见稿规定得还是过于简化。未来,在我国反垄断法宽大制度事前咨询程序的构建中,笔者建议:(1)明确赋予相关当事人向执法机关了解与自己相关的垄断协议行为及宽大申请的实体权利及程序的权利,以便增加经营者对自己行为的预先判断,增强确定性与透明性,促成当事人积极利用宽大制度,及时提出申请。(2)明确事前咨询程序的性质和地位。事前申请程序的制度目的仅是为申请者提供法律帮助,让其了解更多信息,指导其进行宽大申请。该程序的地位不及下文的登记程序,所以,也不能实现"占位"。(3)建立保障咨询者利益的配套规则。

2. 登记制度

宽大制度是一种依据法定条件减免处罚的制度,所谓的条件,指的是正式申请的条件,要求标准高,所以,笔者建议,在申请前增设咨询程序;正式申请之外,建议构建一种非正式的申请程序,就是所谓的标记制度,该制度的优势是给未有足够证据的垄断协议成员创造正式申请的机会,或者是为正式申请做好铺垫与准

---

① 参见王玉辉:《论我国反垄断法宽大制度的完善》,载《中州学刊》2012年第2期。

② 《横向垄断协议案件宽大制度适用指南》(征求意见稿)第5条规定:"经营者与执法机构的事先沟通 执法机构鼓励经营者尽可能早地报告垄断协议有关情况。经营者申请宽大前,可以匿名或者实名通过口头或者书面方式与执法机构进行沟通。"

备。结合我国的国情,将标记制度修正为“登记制度”更为合理。

我国《反垄断法》中尚未确立登记制度,《横向垄断协议案件宽大制度适用指南(征求意见稿)》第7条提到了标记制度,“经营者在申请宽大时暂时无法提供全部材料的,可以先向执法机构提交关于垄断协议的初步报告”。除此之外,还对初步报告的相关内容、申请标记的有效期、申请的后果等作了具体规定。

3. 正式申请

对于经营者向执法机构提交正式的宽大申请,笔者建议主要包括以下内容:(1)申请者的名称和住址、涉嫌违法行为的其他成员的名称及住址;(2)违法行为开始的时间、违法情形及涉及的相关市场;(3)协议的条款解释与说明;(4)受影响的相关市场、地域、产品的销量;(5)支持宽大申请的说明;(6)试图或已经参与垄断行为的自然人的姓名、职务、办公地点;(7)其他。

申请者提交宽大申请及相关证据后,可以要求执法机关出具收据,以确定自己的序位。执法机关在处理完现有宽大申请前,不得再行受理与同一违法行为相关的其他同等条件的申请。也就是说,对申请审核之后就可以决定对申请者的责任减免。据此,对申请的审核起着过程性的作用,而审核之后的决定起到结果性的作用,所以,笔者认为,审核和决定两个程序应该分开。在收到宽大申请之后,执法机关应当及时对该申请进行审核,以确定是否给予申请者责任减免。

(二)决定公告与救济

经历审查程序之后,多数执法机构会作出宽大幅度与处罚的决定,也可能作出处罚决定,两个决定都涉及罚款的数额,在作出决定之后,依法给予保密的同时,也应及时向社会公告。公告内容包括罚款的数额及依据、施予宽大的理由与依据宽大的额度等。

如果执法机构作出的宽大决定存在疏漏或错误,则应当设置相应的救济条款,可以规定由该反垄断执法机构或其上级领导机关对错误的决定予以及时纠正;如果造成损失,还应予依法国家赔偿。如果在决定后发现申请者隐瞒信息或者提交虚假材料,或以欺骗、行贿等不正当方式向执法机构进行申请的,则由该机构或上级机构撤销宽大的决定,并且依法追究相关涉案人员的法律责任。

(三)限制执法机构的自由裁量权

在实施和适用宽大制度时,多数国家会将权力交由执法机构,而执法机构的自由裁量权过大,使得该制度一向受到诟病。因此,对自由裁量权施以科学的制约便成为各国学界和实务中探索的一个重点主题。

我国相关法律法规规定,执法机关可以要求主动报告情况者提供重要证据,如果满足要求,则可以对其酌情给予减轻处罚①。"酌情"的用语,表明赋予执法机关相当的自由裁量权。垄断协议参加人提交宽大申请后,其能否得到宽大、获得何种程度的宽大,亦由执法机构确定。然而,对于一个企业来说,如果其申请成功与否处于或然状态,能够得到何种幅度的宽大亦处于未知状态,可能会破坏其申请意志。为了破除这些消极因素,我国立法中应尽可能限制执法机构的自由裁量权,如果加以限制,就等于增强了该制度的确定性和预测性,而调查前申请者的自动免除责罚机制不失为一种鼓励申请者与限制裁量权并举的制度。

(四)保密及保护

宽大待遇的申请者享受罚金及行政法上的减免待遇的同时,亦存在同盟者对其反水行为进行打击与报复的可能性,有时这种打击与报复不是使用武力报复,但会采取经济孤立的形式,如终止与该企业的一切交易、废除企业间的信息共享机制等,这同样会产生不利的影响,如因行业的排斥导致市场的缩小。然而,如何对申请者进行保护?在我国并没有法律上的规定公权力可以为宽大待遇申请者提供这种保护。

我国《反垄断法》第41条规定,反垄断执法机构及其工作人员对于工作中知悉的商业秘密负有保密义务。《横向垄断协议案件宽大制度适用指南(征求意见稿)》第16条也规定了执法机构及其工作人员对于申请者所提交的信息有全面保密义务②。不过,从该条规定的义务内容来看,执法机构的保密义务只是针对企业的商业秘密,而没有将宽大申请人的情况、宽大申请文件等信息包括在内,这与我

---

① 《工商行政管理机关禁止垄断协议行为的规定》第12条规定:"对第一个主动报告所达成垄断协议的有关情况、提供重要证据并全面主动配合调查的经营者,免除处罚。对主动向工商行政管理机关报告所达成垄断协议的有关情况并提供重要证据的其他经营者,酌情减轻处罚。"

② 《横向垄断协议案件宽大制度适用指南(征求意见稿)》第16条规定:"执法机构的保密义务 对经营者依据本指南申请宽大所提交的报告、形成的文书等材料,执法机构将另卷封存保管,未经经营者同意不得对外公开,任何其它机关、组织、个人均无权查阅;上述材料也不作为相关民事诉讼的证据使用,法律另有规定的除外。执法机构不予宽大的,不得以经营者提交的材料作为认定经营者从事垄断协议行为的证据。"

国《刑法》关于侵犯公民个人信息罪的规定存在不一致之处。

《工商行政管理机关查处垄断协议、滥用市场支配地位案件程序规定》第5条也规定有保密的内容①。

笔者建议,我国应当明确执法机关的保密范围,至少应含有以下几种:(1)商业秘密;(2)个人信息;(3)案件结果。具体做法包括不得任意在官方网站上将案件信息予以披露,在进行宣传时应隐去当事人的一切信息,如果造成了不应该的泄密,要进行责任追究。

结　论

实施《反垄断法》极大可能地增加垄断协议参与者的风险,为避免受到严重惩罚,卡特尔组织的行动十分隐蔽,普通的调查甚至侦查手段很难收到预期效果,而卡特尔案件对证据的要求极高,这使得破案难度极大。对我国而言,《反垄断法》实施仅有十几年时间,积累的经验并不多,所以,利用宽大制度作为破获卡特尔案件的手段之一不失为一种目前看来相当划算的方式。

在《反垄断法》施行之后,已经有多部部门规章规定有宽大制度,虽然如此,目前我国的宽大制度尚存在很多的问题,如透明度和确定性不足的问题、程序性规定不足的问题、适用条件尚需进一步完备的问题、证据标准还未统一的问题,等等②。笔者主要致力于以下几个方面的描述:

第一,在实体方面:(1)针对不同的宽大待遇分别规定明确的证据质量标准与告发时间标准,以使告发者准确预知其告发行为能否获得宽大,以及获得何种程度的宽大;(2)为鼓励卡特尔参与人抢先申请宽大,须对宽大的数量、序位与幅度进行科学设计;(3)应要求告发者在案件查处过程中始终密切配合,作为给予宽大的条件;(4)为吸引卡特尔当事人进行告发,还必须为其提供必要的保护,防止其所提供的证据被用于追究其民事责任。

第二,就程序要求而言,设立事前咨询程序,便于申请者确立准确的预期;建立优先序位保留的登记制度,以便促进申请者尽早申请、执法机关及时发现违法;完善格式化的书面申请方式、明确的口头申请情形、规范化的受理程序,从而提升

---

① 《工商行政管理机关查处垄断协议、滥用市场支配地位案件程序规定》第5条第1款规定:“任何单位和个人有权向工商行政管理机关举报涉嫌垄断行为,工商行政管理机关应当为举报人保密。”

② 参见潘丹丹:《反垄断法不确定性的意义追寻》,吉林大学2010年博士学位论文,第23页。

宽大制度适用的确定性、便捷性，促进反垄断法宽大制度的有效实施。

第三，就证据质量要求而言，至少体现为两个特征：一是能够启动调查；二是足以认定为卡特尔。如果证据起不到此种作用，则无由免除责任，但可减轻处罚。

第四，就处罚对象而言，建议采用双罚制度，包括企业和个人。

第五，引入刑事责任极有必要，虽然刑事责任的介入在世界上并非通行的做法，但是在全球化日益强化的前提之下，反垄断法的刑事化是一种立法趋势。

综上所述，我国应建立确保宽大制度有效运行的法律责任体系，建立执法机构之间的协商合作机制，建立一系列微观制度，如主体范围、时间要求、证据要求、行为标准、保障措施等。宽大制度的建设是一个法律精细化的过程。我国的相应国家机关应注重将反垄断立法与我国市场环境相匹配，使这一制度的框架构建更加符合我国市场经济发展的需要，制度的价值真正在实践中得以实现。

【题后说明】

本论文成文于2019年，文章中讨论的问题和建议，在其后我国的立法中部分得到回应。2022年8月1日施行的新修订的《反垄断法》第56条第3款规定："经营者主动向反垄断执法机构报告达成垄断协议的有关情况并提供重要证据的，反垄断执法机构可以酌情减轻或者免除对该经营者的处罚。"该规定延续了2008年8月1日施行的《反垄断法》第46条第2款的规定。2019年1月4日，国务院反垄断委员会发布并实施《国务院反垄断委员会横向垄断协议案件宽大制度适用指南》，细化了《反垄断法》规定的宽大制度的操作内容，也采纳了本文作者的部分建议。

参考文献

1. 林文：《中国反垄断法执法报告：2008—2015》，知识产权出版社2016年版。
2. 戴芸、张昕、包特：《反垄断法中"宽恕制度"的最优安排——一个文献综述》，载《产业经济评论》2016年第4期。
3. 綦书纬：《完善我国〈反垄断法〉宽大制度的研究——兼就〈横向垄断协议案件宽大制度适用指南（征求意见稿）〉提出几点建议》，载《价格理论与实践》2016年第3期。
4. 徐士英：《中国关于垄断协议的立法与实施——竞争文化视角的分析》，载《法治研究》2014年第3期。

5. 殷继国:《反垄断执法和解制度:国家干预契约化之滥觞》,中国法制出版社 2013 年版。
6. 王晓晔:《反垄断法》,法律出版社 2011 年版。
7. 刘继峰:《横向价格卡特尔法律规制研究》,中国政法大学出版社 2010 年版。
8. 金美蓉:《核心卡特尔规制制度研究》,对外经济贸易大学出版社 2009 年版。
9. 李俊峰:《反垄断从宽处理制度及其中国化》,载《现代法学》2008 年第 2 期。
10. 王先林:《知识产权与反垄断法:知识产权滥用的反垄断问题研究》,法律出版社 2008 年版。
11. 张晨颖:《论卡特尔赦免制度原理——兼议我国〈反垄断法〉第 46 条之适用》,载《清华法学》2008 年第 1 期。
12. 时建中主编:《反垄断法:法典释评与学理探源》,中国人民大学出版社 2008 年版。
13. 陈根发:《宽容的法理》,知识产权出版社 2008 年版。
14. 游钰:《卡特尔制度研究》,法律出版社 2006 年版。
15. 黄勇、李志强:《论国际卡特尔的危害及对其制裁与遏制》,载《山西大学学报(哲学社会科学版)》2006 年第 4 期。
16. 王先林:《WTO 竞争政策与中国反垄断立法》,北京大学出版社 2005 年版。
17. 苏力:《法治及其本土资源》,中国政法大学出版社 2004 年版。
18. [美]D. D. 埃利斯:《美国反托拉斯法刑事制裁的域外适用》,载王晓晔、[日]伊从宽主编:《竞争法与经济发展》,社会科学文献出版社 2003 年版。
19. 苏永钦:《走入新世纪的私法自治》,中国政法大学出版社 2002 年版。
20. 王晓晔:《欧共体竞争法》,中国法制出版社 2001 年版。
21. 王源扩等:《经济效率与社会正义》,安徽大学出版社 2001 年版。
22. 应松年主编,王万华、高家伟撰稿:《比较行政程序法》,中国法制出版社 1999 年版。
23. 王晓晔:《竞争法研究》,中国法制出版社 1999 年版。

关于中国知网之反垄断行政处罚案的研究分析

罗　毅*

2022年12月26日,国家市场监督管理总局(国家反垄断局)公开了对中国知网滥用市场支配地位违反《反垄断法》的处罚决定,并按知网主体公司2021年销售额(17.52亿元)的5%,处以罚款8760万元。现就该案的基本情况、对平台经济反垄断监管的影响以及对经营者的启示和借鉴分析研究如下。

一、案件基本情况

(一)知网在中国境内中文学术文献网络数据库服务市场内具有支配地位

本案作为滥用市场支配地位类型的案件,首先需要界定相关市场并论证知网在相关市场内具有支配地位。对此,执法机关将本案相关市场界定为中国境内中文学术文献网络数据库服务市场。在这一相关市场内,知网2014~2021年的市场份额均超过50%,并且呈现一家独大的市场格局。此外,知网具有较强的市场控制能力(议价能力),用户依赖度高,竞争对手进入难度大,因此被执法机关认定具有市场支配地位。

(二)知网垄断行为之一:通过独家合作,限定出版单位、高校只能向知网提供学术文献

知网与多家学术期刊出版单位签订独家合作协议,要求不得向其他竞争对手

* 罗毅:北京德和衡律师事务所执业律师,法学博士,国家发改委营商环境发展促进中心专家库成员,北京市市场监督管理局反垄断专家库成员。原为国家发改委价格监督与反垄断局、法规司处级干部。

的平台授权使用文献数据；与大量高校签订独家合作协议，要求不得向其他竞争对手的平台提供博士和硕士学位论文数据。为了确保独家，知网还采取多种奖惩措施，包括差异性的版权使用费标准、通过免费提供学术不端检测等服务进行绑定、监测独家合作协议的执行情况等。这些变相强制独家合作的行为，构成了《反垄断法》禁止的限定交易类滥用市场支配地位行为。

（三）知网垄断行为之二：以不公平高价销售学术文献数据库服务

自2014年以来，知网为获取超额的垄断利润，采用了不公平高价手段：(1)在成本基本稳定的情况下，超过正常幅度提高价格，年均涨幅达10.06%，采购价格年均涨幅超过30%的高校等知网用户有66家。(2)整体涨幅显著高于同行业竞争者，数据库服务毛利率远高于行业平均水平。(3)将学术价值较高的期刊拆分进行单独销售，采取高定价高折扣、不透明无标准的不合理定价机制，变相提高价格。上述不公平高价销售数据库服务的行为，构成了《反垄断法》禁止的不公平高价类滥用市场支配地位行为。

二、本案体现出的平台经济反垄断监管趋势

（一）对不同性质平台企业在执法方面平等对待

本案被处罚主体知网为国有企业，表明反垄断执法机构对各种性质企业执法一视同仁，也一定程度体现了对平台经济的常态化监管。

国家在中央经济工作会议等重要会议上，都明确传递出国家认可平台经济价值、支持平台经济发展的大趋势。在知网案件中，知网长期通过独家协议和高价手段获取超额垄断利润、损害市场竞争和用户利益，此前反垄断执法机构就对其进行过调查。之后再次进行调查，主要原因在于近年来知网的独家、高价等垄断行为过于显著，犯了众怒，引发了社会舆论和新闻媒体的高度关注，执法机关对其开展调查。因此，本案体现出反垄断执法部门对国有企业一视同仁的态度，也不代表近期国家支持平台经济发展的趋势有转变。同时，该案也体现了国家提出的对平台经济提升常态化监管水平的要求。

（二）独家和高价是当前反垄断监管部门的关注重点

“独家”和“高价”，是执法部门认定知网垄断违法的两个关键词，实际上也是

当前监管部门的关注重点。例如,2021 年国家市场监管总局对腾讯收购中国音乐集团作出的行政处罚中,主要的附加限制性条件就是要求腾讯不得与上游版权方达成独家版权协议;此外,监管侧也高度关注不公平高价、串通涨价损害用户利益的情况。由此可见,反垄断执法机关倾向于认为,对于具有垄断地位的企业而言,独家协议将不当提高市场进入壁垒限制竞争,高价会直接损害用户利益,二者对市场竞争的损害都很大,类似行为会受到重点关注。

(三)处罚的主要意图是恢复相关市场竞争秩序

一方面,考虑知网从 2014 年起就开始滥用市场支配地位,并且有多种不同的滥用行为,最终本案确定的上一年度销售额 5% 的处罚标准并不算高,执法机关也没有同步没收知网不公平高价获取的违法所得,表明处罚的目的并非打压企业。另一方面,执法部门督促知网围绕解除独家合作、减轻用户负担、加强内部合规管理等方面,制定并对外公开了 15 项整改措施,表明处罚的主要意图是恢复事后的市场竞争秩序,并且对其他市场主体起到事前警示和预防,体现出常态化监管事前事中事后全链条的特点。

三、对经营者的启示和借鉴

(一)经营者应尽力避免出现损害大量用户利益、引发舆论爆点的垄断行为

本次知网之所以成为典型案例,与其垄断行为损害大量用户利益、长期累积了不满情绪,导致引爆舆论点密不可分。对经营者而言,实际上都可能存在类似可能引发舆论爆点的垄断风险,特别是新闻媒体长期关注的问题。未来平台常态化监管阶段,经营者除了杜绝上述垄断行为外,要更多站在用户、交易相对方、平台内经营者角度设计定价等经营策略,避免类似公众关切的热点痛点问题转化为实际的垄断违法风险。

(二)保持合理适度的价格和利润水平

执法机关要求知网的学术文献数据库服务实际成交价格三年内下调 30% 以上,并且降价不降低服务质量,体现出监管侧对知网平台价格水平的一定程度干预。实际上,反垄断监管部门对平台的定价水平非常关注,想进一步降低平台收

费水平,减少具有市场支配地位的经营者实施不公平高价销售这种剥削性滥用行为,降低消费者的支出,提升其福利水平。对于这一点,经营者要时刻保持清醒,认识到过高的收费水平(不公平高价)不但会大大增加垄断风险,而且可能引起监管侧的重点关注。因此,未来仍要保持合理适度的价格水平,在利润最大化和安全合规经营之间取得平衡。

(三)在经营决策和运营中加强企业竞争和反垄断合规十分重要

总体来看,本案案情较为复杂,如果知网做好了企业内部的竞争合规工作,应该是能够规避类似的违法风险。因此本案中知网的整改措施包含了不少加强合规建设的内容。近年来,反垄断监管部门非常重视企业的竞争合规,国家层面先后出台《经营者反垄断合规指南》《企业境外反垄断合规指引》,各省市也密集颁布竞争合规或反垄断合规指南,以此来引导和鼓励企业做好竞争合规。对于经营者而言,在当前阶段也需要积极响应监管部门的要求,加强竞争合规建设,确保竞争合规覆盖主要业务板块,重要经营行为合规审查到位,及时处置违法风险,规避处罚后果。

航运反垄断法豁免制度研究

张晓黎*

一、引言

(一)问题的缘起及选题意义

第二次科技革命带来了生产力的飞速发展,掌握先进技术的竞争者的生产率高于其他竞争者,因而占据了更多的市场份额。这些竞争者利用市场优势地位操控市场的行为称为垄断。国际航运业是全球经济的重要组成部分,垄断组织的势力早已渗透其中。他们尤其喜欢在航运价格方面施加影响,通过垄断某一航线的定价权排挤其非成员承运人。世界上主要的航运国家都制定了航运反垄断法以制止本国航运市场上的垄断行为,然而,截至笔者完稿时,我国尚未制定航运反垄断法规制航运市场上垄断组织滥用市场优势地位的行为。

选择国际航运业反垄断法豁免制度作为研究对象,主要原因如下:

1.现实因素。能否控制航运定价权决定了一国在国际航运领域乃至整个国际贸易领域能否掌握话语权。国际航运垄断组织垄断运费定价权的行为实际上属于反垄断法的调整范围。但为了促进航运业发展,各国多又制定了航运反垄断豁免制度,在一定程度上保护航运垄断组织的垄断定价权。虽然我国已于2007年颁行《反垄断法》,并于2022年修正,但其中并无关于航运业的专门规定,并且我国也尚未制定航运法这一部门法来规制我国航运市场的垄断现象。因此,国际航运垄断组织可以屡次利用运价侵害我方货主的利益,而不受我国法律约束。为了保护我方货主利益,我国需要出台航运反垄断法;而为了我国航运业与世界航

---

* 张晓黎:山东德衡律师事务所执业律师。

运市场接轨,我国同时需要制定反垄断豁免制度。

2. 理论因素。各国反垄断法的立法目的可以归结为"维护国内市场的公平秩序""吸引积极因素繁荣国内市场""保护本国从业者利益",而并不以排除竞争为出发点。航运反垄断法的核心制度是反垄断豁免,因为它决定了航运反垄断法的效力范围,并且决定航运反垄断法的立法目的能否实现。我国制定中的航运法应当吸收这一制度,以求快速跟上国际航运立法的步伐。

根据协议所涉利益主体不同区分国际航运市场上的定价协议,对本文来讲更有实际意义,因为这可以为后文确定反垄断豁免主体提供方便:(1)国际班轮公会的定价协议。这种协议是在班轮公会内部由管理层或者某几个具有优势地位的班轮公司主持,组织各成员班轮公司签订的,旨在确定统一运价、运费率以及调整航线运输能力的协议。这种协议是国际航运市场上控制运价的最主要方式,班轮公会组织班轮公司形成合力从而能够更加有力地操控国际航运价格。因此,这种协议也成为国际条约与各国航运法调整的最主要的对象。(2)平等主体间(班轮公司与托运人)签订的运价协议。这种协议中决定运价的主要因素是燃油价格、货物数量与质量以及其他运输固定费用的大小。原本这种双方自愿签订的协议是不会被反垄断法规制的,但是由于近年来班轮公会受到了越来越多的限制,使得成员公司不得不转变方式控制运价。他们先是私下商定好价格,然后按照此价格独自与托运人签订运输合同。因为这样仍然可以操控运费定价权,故每个班轮公司都会按照协议维护统一运价。实质上,这是一种以平等主体签订的合同形式掩盖垄断性定价合同的实质的行为。(3)不同班轮公司之间签订的运价协议。这种协议可以是公开签订的也可以私下拟定,过去在各国立法充分保护班轮公会的反垄断豁免特权的时候这种协议多是公开的;时至今日,班轮公会的豁免特权日渐衰落,班轮公司多私下签订定价协议。

(二)研究对象

从 1997 年开始,在我国南方部分城市,外国班轮公会除了对中方货主征收运输费用之外,还额外征收码头作业费(Terminal Handling Charge,THC)。时隔 9 年之后,我国才由原交通部、国家发改委和原国家工商总局出具调查报告,认为这一费用属于运费的组成部分,承运人只有在与托运人协商后才能收取;班轮公会以我方货主拖欠该费用为由扣押货物的行为是滥用优势地位的垄断行为。此后,外国班轮公会向中方货主征收 THC 的势头虽然得到一定程度的遏制但却并未彻底消除,根本原因在于我国未通过立法认定这一行为是不是垄断、是否应受反垄断法的管制。综观国际航运条约与航运发达国家的立法惯例,都将班轮公会以及班轮公司间的垄断性定价行为排除在反垄断法的效力范围之外。当前,我国航运法正在紧锣密鼓地制定当中,对于反垄断豁免这个在国际航运反垄断法中占据重要地位的制度,应当明确地将其纳入我国航运反垄断法体系。

本文拟先从法经济学和法学理论角度为航运反垄断法豁免制度找到存在的必要性,然后研究美国和欧盟航运法的反垄断豁免制度的特点,从中吸取我国建立航运法垄断豁免制度的有益经验,并对我国建立反垄断豁免制度提出立法建议。

(三)现有文献概述

我国航运业随着国民经济的腾飞正处在高速发展之中,我国国际航运法制进程明显加快,学界各种关于航运反垄断法与反垄断豁免制度的文献日益增多。但是,目前国内对于国际航运反垄断法豁免制度的研究大多数停留在对国际班轮公会的功能与垄断性定价协议的剖析①、美国和欧盟反垄断豁免制度规定以及国际惯例的分析②层面,虽然一定程度上可以对我国制定航运反垄断豁免制度提供一定的借鉴意义,但都未能从实体资格的认可与程序操作层面系统地构建出一套适合我国国情的行之有效的制度。因此,本文拟花费更多笔墨填补这一空白,希望能为我国早日制定航运反垄断法豁免制度尽一己绵薄之力。

(四)研究目的

国际航运市场的反垄断豁免制度就是对远洋运输承运人(主要是班轮公会)、托运人以及码头经营者所签订的限制竞争的协议,在符合一定标准的情况下寻找一个不受航运反垄断法管制的正当理由。而且,无论是国际条约还是各国航运法

---

① 参见郑丙贵:《后班轮公会时代国际班轮市场管制》,载《大连海事大学学报(社会科学版)》2007年5期;张辉:《国际航运竞争形态的转变及其法律规制》,载《武汉理工大学学报(社会科学版)》2009年第2期;桂啸:《航运的晴与雨(上篇):处在变革时代的国际集装箱班轮运输业》,载《中国远洋航务》2008年第8期。

② 参见高鹤程:《海商法领域的反垄断去向何处——论班轮公会反垄断法豁免的发展和对中国的启示》,载《研究生法学》2009年第1期;郑丙贵:《欧盟航运竞争规则新体系探讨》,载《上海海事大学学报》2009年第1期。

的立法习惯，都将这一制度作为管制国际航运协议的重要选择。我国目前正处在加紧制定航运法的关键阶段，通过对美国、欧盟航运反垄断法豁免制度的研究，可以吸取有益经验，促使我国航运法与全球航运市场的立法政策保持一致。

（五）基本架构

首先，通过对反垄断法以及航运反垄断法的发展历史、立法价值进行分析，将航运反垄断法豁免制度定位到其产生与发展的历史背景中，并从法经济学与法学理论角度分析航运反垄断法豁免制度存在的合理性与必要性。

其次，美国通过3部航运法确立了较为详尽的航运反垄断豁免制度，欧盟也通过一系列的条例在30余年间建立了主要针对国际班轮公会定价协议的反垄断豁免制度。我国航运法正在制定当中，因此需要对发达国家的航运反垄断法豁免制度进行比较研究，从中吸取我国建立这一制度的有益经验。

最后，研究我国反垄断豁免制度立法缺失现状以及因此引发的种种问题，提出我国建立航运反垄断法豁免制度的重要意义，并从实体与程序两方面提出立法建议。

二、航运反垄断法豁免制度的法经济学和法律依据

（一）法经济学依据

1. 反垄断法产生的根本原因

反垄断法属于经济法范畴，因此它的作用归根结底是为一国经济发展保驾护航。反垄断法确定的是最基本的经济法律原则和规则，调整的是一国国内市场的所有领域与行业，故可以认作该国的“经济宪法”。

根据美国著名经济学家乔治·曼昆（N. Gregory Mankiw）的观点，某种商品市场上的进入壁垒（Barriers to Entry）是该领域产生垄断现象的根本原因。市场上的某些企业或依靠政策优惠握有某些稀缺资源，或因其生产某种产品的个别劳动时间短于社会必要劳动时间而拥有更强的生产能力，或是天然握有某种稀缺资源，这就能够在市场上取得垄断地位[1]。资本主义经济由自由竞争阶段发展到垄

---

① 参见［美］曼昆：《经济学原理（微观经济学分册）》，梁小民、梁砾译，北京大学出版社2012年版，第313页。

断阶段时，垄断出现了。垄断脱胎于竞争之中，它与竞争有天然的联系，它不是抑制竞争，只是扰乱了竞争的正常秩序。在垄断组织内部，享有垄断地位者能够通过抬高价格等手段获得更多的经济利益，在这种诱惑下，即使组织成员已经达成了某种合作协议，他们之间对于资源、市场份额的竞争仍然不可避免。这样看来，至少能够保证垄断组织内部存在竞争。同时，垄断组织外部的企业为了与垄断组织争夺市场份额，也纷纷同垄断组织展开了客户与市场的竞争。但是，无论是组织内部还是外部的竞争，因为都是在市场的自发调节下展开的，势必会存在无序性与随意性，造成资金、资源以及人力的浪费。这样就形成了恶性竞争的局面。例如，无论是垄断组织内部还是外部，各企业为了抢占市场份额竞相压低价格；而当他们取得了垄断地位后，又开始抬高价格以弥补前面降价的损失。在这一过程中，竞争的盲目性造成的各种资源的大量浪费及引起的市场动荡，才是垄断的最大弊端。

通过上述实证研究可以发现，垄断只是会造成竞争的无序性而不是排除竞争的存在。因此，各国制定反垄断法也并非消除一切垄断行为而是为了保护市场上的良性竞争秩序，维护本国市场稳定发展①。

2. 现代反垄断法豁免制度

反垄断法豁免制度（又称反垄断法适用的除外制度），就其性质而言，是对于反垄断法效力范围的一种限制。即通过法律明文规定将某些虽然表面上呈现垄断性特征，但却会或将来会促进社会经济发展的某些行业、行为排除适用反垄断法的制度。反垄断原则源于 1623 年英国《垄断条例》（The Statute of Monopolies），通过法定的反垄断制度废除原来由君主授予的专利垄断特权（Patent Pool）。现代意义上的反垄断法起源于 19 世纪末，当时资本主义市场被托拉斯企业操控，严重扰乱了经济秩序。因此，资本主义各国政府才开始制定反垄断法。

---

① 欧共体委员会在其 2002 年关于欧共体竞争政策的第 XXXII 报告中指明，其竞争政策的目的如下：首先，维护和促进欧共体市场的竞争，制止任何违反竞争的行为；其次，推动欧共体统一大市场的形成，早日实现该经济政策框架的促进有效竞争的目的。参见钟刚：《反垄断法豁免制度研究》，北京大学出版社 2010 年版，第 135 页。我国《反垄断法》第 1 条也明确指出，反垄断法的目的是保护市场公平竞争，促进社会主义市场经济健康发展。美国《克莱顿法》规定："……实质上减少竞争，或者妨碍、破坏、阻止竞争的行为为非法行为"。日本《关于禁止私人垄断和确保公正交易的法律》规定："本法的目的是……促进公正而自由的竞争"。德国《反对限制竞争法》规定："企业或企业协会为共同的目的所订的合同以及企业协会的协议，其目的如果是限制竞争……则无效"。

(1)美国。

美国的反托拉斯法体系(Antitrust Acts)由《谢尔曼法》(Sherman Act)、《克莱顿法》(Clayton Act)和《联邦贸易委员会法》(Federal Trade Commission Act)组成。1890年《谢尔曼法》的通过标志着反垄断法的开端。当时,蓬勃发展的产业革命席卷整个北美大陆,兼并之风盛行使得大公司(Large Company)甚至巨型公司(Huge Company)遍布全美。具有强大生产能力的企业握有庞大的资金,他们可以任意调配市场资源。这类企业的投资往往具有很大的随意性与人为性,严重限制了贸易的自由竞争。因此,美国国会在整合各州反垄断立法情况之后,制定了美国历史上第一部由联邦干预制定的法律——《谢尔曼法》。该法第1~3条规定了对于"……垄断或企图垄断……联合"等垄断商业市场和贸易的行为主体进行罚款或适用徒刑。该法为联邦司法部门惩治滥用优势地位操控市场的行为提供了法律依据,但是没有将"垄断"行为的表现形式予以详尽描述与分类,这就造成法官在具体案件的认定中自由裁量权过大。同时,该法并未规定反垄断法的效力范围。虽然当时众多托拉斯企业扰乱了市场秩序,但是也的确有部分托拉斯行为是有利于市场繁荣的,故是不应被反垄断法规制的。

1914年出台的《克莱顿法》标志着美国反垄断立法者思路的调整,它通过具体规定托拉斯行为模式、诉讼时效、责任主体等[①],将《谢尔曼法》的立法原则细化,同时,《克莱顿法》还在第7条中规定了豁免适用该法的行业[②],从而使得美国反垄断法的效力范围更加明确。这样,美国反垄断法认可了部分大公司的优势地位,同时对于侵害美国民众利益、破坏市场秩序的托拉斯行为进行管制。美国曾有学者提出,反托拉斯法只有在竞争不能获利的情况下才可以使用[③]。因此,美国此后又分别针对不同的行业制定了更加细致的反垄断豁免标准,如航运业、保险业、劳资争议以及州行为等,这样既可以从规模经济中获取巨大经济效益,又可以防止托拉斯企业对市场进行破坏。

---

① 参见美国《克莱顿法》第2条、第5条、第11条、第12条。

② 根据《克莱顿法》第7条第6款的规定,美国民航局、联邦通信署、联邦电力署、州际贸易委员会、证券交易委员会(按美国1939年《公用事业控股公司法》第10条之授权)、海事委员会、农业部等机构按照成交法令行使管辖权的交易,不适用该条款。

③ 参见[美]查理斯·R.吉斯特:《美国垄断史》,傅浩等译,经济科学出版社2004年版,第227页。

(2)欧盟。

虽然19世纪末美国开始大刀阔斧地组建反垄断法律体系,而欧洲市场上也频繁出现大企业滥用市场优势地位损害消费者利益的情况。但是,欧洲各国却陷于"一战"的泥潭中,无暇调控国民经济。欧洲各国虽然也在战后陆续制定了竞争法,但真正有划时代意义的竞争法(欧洲习惯称反垄断法为竞争法)是1951年签订的《欧洲煤钢共同体条约》(European Coal and Steel Community),其第6章和第7章对卡特尔行为的认定标准,才是欧共体最早关于反垄断制度的规定。1962年欧盟理事会的第17条规则规定了对于垄断行为的执法权,这强化了欧盟反垄断的可操作性。2004年通过的欧盟理事会第139/2004号条例规定,关于控制企业合并(欧共体合并条例)表明欧盟已经将反垄断政策的重点放到了规制企业合并方面。

欧盟最早的反垄断豁免制度规定在《建立欧共体条约》第81条第3款[①]中。随后的几十年中,欧盟委员会又先后制定了一系列的适用规则与指南,将上述原则性规定更加细化,如单独豁免(Individual Exemption)与集体豁免(Block Exemption)的认定标准与申请程序、通知与告知义务等。

(3)日本。

19世纪末,日本走上了封建军事帝国主义的发展道路,虽然国内工业被少数大财团控制,但并未制定相应反垄断法进行管制,反而为筹备"一战"通过了一系列维护垄断限制竞争的法律。日本在"二战"中战败后,美国为了防止日本垄断势力再次壮大,干预日本国会制定了反垄断法。1947年的日本《禁止垄断法》第6章第21~24条规定了四种不适用该法的行为[②]。此后,通过制定单行法以及修改《禁止垄断法》,日本先后对濒于破产的中小企业、转售价格以及合理化垄断等行为适用反垄断豁免,并最终于20世纪80年代前期制定了较为系统的反垄断豁免制度[③]。20世纪80年代后,由于日本一跃成为世界第二大经济体,加上当时世界经济局势趋于稳定,日本政府遂追随欧美各国的脚步,采取较为宽松的经济政策。

---

① 该条款规定,获得反垄断豁免的积极条件,有助于改进商品的生产、分销或有助于促进技术进步或者经济发展,并使消费者可分享收益;消极条件,不得向企业施加对于实现上述目标而言并非必需的相关限制措施。

② 这四种行为分别是自然垄断行业的固有行为、急于事业法令的行为、行使知识产权的行为,以及一定的合伙行为等。参见郑鹏程:《反垄断法专题研究》,法律出版社2008年版,第179页。

③ [日]金泽良雄:《经济法概论》,满达人译,中国法制出版社2005年版,第235页。

故这一时期日本以加强国际竞争力、合理化发展企业经营活动为其反垄断法适用除外的指导原则①。

3. 反垄断法豁免制度之功用

反垄断法豁免制度(Exemption in Anti - monopoly Law),指的是对于特殊行业、特殊主体的行为,立法者基于某种立法价值取向,虽然该行为违反了反垄断法的基本原则、基本条款,但却免于被定义为垄断行为并受到反垄断法惩罚的制度。可见,反垄断法豁免制度的对象有行业和行为两种②。究其本质,这一制度实为对反垄断法适用范围的限制,即它将反垄断法效力不能及的领域排除在反垄断法的调整范围之外,从而限制反垄断法效力的发挥。这一制度同样产生于美国。1911年,美国联邦最高法院依据《谢尔曼法》审理标准石油公司案(United States *v*. Standard Oil Company)时作出了具有划时代意义的判决:判定《谢尔曼法》第1条和第2条适用的除外,即"合理的"限制竞争的行为将不被认定为托拉斯行为。反垄断法豁免制度就此诞生。它对各国经济发展有如下作用:

(1)调整急剧变化的市场经济。市场经济是最具有活力的经济形态,在众多因素的作用下,它每天都发生着巨大的变化,对于同一事物的看法不能是一成不变的。例如,在改革开放初期,我国国有企业为解决就业、发展生产立下了汗马功劳。可是时至今日,国有企业固有的"政企不分"的管理体制已经不能适应现代产权制度的需要,因此就必须实行国企改革。同样,对于同一经济现象在过去可以很肯定地将其认定为"垄断"行为,但是经济形势变化了,它现在会促进市场发展,就不能用原有的反垄断法对其进行规制;否则就会违背反垄断法的立法目的。因此,需要用反垄断法豁免制度对反垄断法进行救济性的补充规定和修改,从而使反垄断法的价值发挥到最大。

(2)维护一国国内市场经济的健康发展。立法者制定反垄断法的目的首先是通过调整不正当的垄断行为,促进国内市场的稳定、健康、有序发展。因此,作为规定反垄断法适用范围的反垄断法豁免制度也与反垄断法有着同样的价值取向。

(3)维护市场经济弱势群体的利益。中小型企业握有的技术、资金有限,这就

---

① [日]根岸哲、[日]舟田正之:《日本禁止垄断法概论》,王为农、陈杰译,中国法制出版社2007年版,第366页。

② 《联合国示范竞争法》关于豁免条件的规定是:(1)将有关的协议通知主管机关;(2)市场保持有效竞争;(3)协议在整体上有利于提高公共利益。

决定其不能在市场上发挥很大的影响力。但是中小企业在解决就业、促进第三产业发展方面所起的作用是有目共睹的。因此,在适用反垄断法时,有必要将他们具有垄断特征的行为与大企业的恶意排除竞争行为相区别。日本在这方面的经验值得借鉴①。

(4)促进发展中国家反垄断法的发展。世界上最早的反垄断豁免制度始于20世纪初,在这100多年的历史中,基本上所有发达国家都制定了反垄断豁免制度。而这些国家也在全球经济中占有举足轻重的地位。因此,对于像我国这样的发展中国家而言,迅速制定体现当今最高立法技术水平的反垄断法适用豁免制度势在必行。

4. 国际航运市场反垄断法豁免制度

(1)国际航运市场垄断现象概况。

根据新制度经济学代表人物道格拉斯·C. 诺思(Douglass Ceil North)的观点,个体受到新制度背后潜藏的巨大利益诱惑而自发地倡导的制度变迁,称为诱致性制度变迁(Seductive System Changes)②。这是班轮公会产生并垄断航运市场定价权的内因。19世纪末,国际航运市场严重供过于求,大多数班轮公司迫不得已与托运人签订"特惠契约",承诺运价折扣来保证最起码的运营。这样一来,班轮营运人便不能根据运价的标尺作用来预测航运市场的动态了。为了维护共同利益,陆续有班轮公司号召成立了班轮公会这一非政府间组织,旨在维护运费利益、遏制恶性运价竞争③。全球第一个班轮公会——加尔各答班轮公会(Calcutta Conference)于1875年成立。此后的100余年间,班轮公会一直垄断着国际航运市场的定价权。

曼昆认为,垄断即企业间针对价格和产量形成的勾结(Collusion),这些企业被称作卡特尔(Cartel)④。联合国贸易和发展委员会(United Nations Trade and

---

① "到1959年,根据这些豁免法建立的卡特尔的数目达到了595个。在这595个卡特尔中,370个是根据《中小企业商业组织法》得到豁免的,172个根据《进出口交易法》得到豁免的,加在一起,这两类卡特尔占被豁免的卡特尔总数的约90%。"转引自[美]高柏:《日本经济的悖论》,刘耳译,商务印书馆2004年版,第165页。

② 参见[美]道格拉斯·C. 诺思:《经济史上的结构和变革》,厉以平译,商务印书馆1992年版,第18页。

③ 参见陈凯、陈继红:《班轮公会的前世今生》,载《中国远洋航务》2010年第4期。

④ 参见[美]曼昆:《经济学原理(微观经济学分册)》,梁小民、梁砾译,北京大学出版社2012年版,第337页。

Development Board,UNTDB)在《班轮公会行动守则公约》(Convention on a Code of Conduct for Liner Conference)对班轮公会的定义[①]也完全符合曼昆的描述,并且属于企业间的横向卡特尔定价。班轮公会的卡特尔行为主要有以下几种:

①价格卡特尔。在实体规则方面,班轮公会制定适用于其内部成员的共同运价划定标准,列明划定运价考虑的各种因素与参数;在程序规则方面,他们也制定了较为详尽的运价制定程序。

②航线卡特尔。班轮公会根据成员公司各自的班轮运载能力以及对某条航线的熟悉程度,对其控制下的航线安排最优的航运组合,从而垄断对该航线的运输权。

③运费制度。本来运费应当是各承运公司根据实际的花费自行决定的,但是班轮公会成员公司之间签订了统一固定费用的协议,这样对于固定费用较少的公司而言是不公平的。

④码头停靠制度。班轮公会与码头经营人签订协议,占用码头的某些停靠位置以及划定某段归该班轮公会的专有停靠时间,这样也形成了班轮公会独占性的码头使用。

(2)班轮公会垄断航运定价权的原因。

根据诺思的理论,强制性制度变迁(Forced System Changes)——由政府制定政策扶植的制度变迁,是班轮公会一直握有垄断性定价权的原因。班轮公会设立后,确实通过制定统一运费保证了承运人的运费利益,通过划分航线较为合理地调配运力,维持了国际航运市场的稳定与发展。因此,世界上主要航运国家纷纷制定有利于班轮公会发展的政策,并将班轮公会的垄断性定价协议排除在本国反垄断法的调整范围之外。时至今日,基本上所有航运发达国家或地区或通过成文法或通过判例确立了适用本国航运领域的反垄断豁免制度:美国先后制定《1916年航运法》《1984 年航运法》《1998 年航运改革法》,确立了详细的航运反垄断豁免制度;欧盟通过欧共体第 4056/86 号规则、欧盟第 1419/2006 号规则等调整着航运反垄断豁免的适用;日本、韩国、加拿大等国亦均在相关法律中确立了这一

① 根据该公约的定义,班轮公会,是指两个或两个以上经营船舶的承运人,在特定的地理范围内,在某一条或数条航线上提供运输货物的国际班轮服务,并在一项不论何种性质的协定或安排的范围内,按照统一的或共同的运费率及任何其他有关提供班轮服务的协议条件而经营业务的组织。参见《班轮公会行动守则公约》第一章。

制度。

虽然前文已经分析过班轮公会成员公司之间的联合方式属于卡特尔，而他们关于运价与航线划分的协议是一种利用市场优势地位操控市场的行为，但是班轮公会却能够毫无障碍地在全球航运市场上生存发展 100 多年。这是由于国际航运业的特殊性决定了班轮公会的垄断行为对于航运业发展的促进作用是大于其阻碍作用的。

①国际航运业的特殊性是班轮公会合理存在的外在因素。

首先，不存在拥有绝对优势(Absolute Advantage)的班轮公司。国际班轮运输是为国际贸易业提供服务的第三产业，由于该行业还受到燃料费、航海技术、劳工工资水平等诸多外在因素的影响，并没有哪个公司在该领域拥有绝对的优势，也就排除了某个或某几个大型公司成为寡头垄断的局面发生。这同时还为这些提供同质服务的企业之间进行价格恶性竞争奠定了基础。

其次，行业壁垒(Barriers)高。鉴于船舶与集装箱的建造花费较高，需要班轮公司有雄厚的资金作为入行保障。而且，从事海上运输还有许多不确定的风险，也需要有足够的资金(如海上保险费用)投入来保证船舶在各个航线上的航运安全。所以，各国法律对于班轮公司经营资格、经营范围的审批(或核准)都有严格的限制。这也正是国际航运市场上的竞争者不如其他行业那么多的原因。

再次，国际航运业的边际成本(Marginal Cost)①小。无论是集装箱运输还是杂货运输，由于每个航次的载货总量是一定的，而且固定费用基本相当，该次班轮是满箱运输还是空箱运输，总成本不会相差太多。因此我们说国际航运是边际成本小的行业。

最后，国际航运业的规模经济(Economies of Scale)效益明显。由于该行业的边际成本小，要想在付出同样成本的情况下达到利益最大化，就应该尽可能地扩大业务范围，实现规模效益。更何况，海上运输各种不确定因素太多，为了更好地抵御外来风险，班轮公司更应当争取扩大其企业规模，提高生存能力。2010 年首日全球十大班轮公司运载力市场份额排名如表 1 所示。

---

① 参见[美]曼昆:《经济学原理(微观经济学分册)》，梁小民、梁砾译，北京大学出版社 2012 年版，第 502 页。

表1 2010年首日全球十大班轮公司运载力市场份额排名

排名	公司	市场份额/%
1	马士基航运	15
2	地中海航运	10.9
3	达飞轮运	7.6
4	长荣海运	4.1
5	美国总统轮运	4.0
6	赫伯罗特	3.4
7	中远集运	3.3
8	中海集运	3.3
9	韩进海运	3.2
10	日本邮船	3.0

资料来源：www. alexa. com/siteinfo/axs – alphaliner. net。

由表1数据可知，早在2010年时，十大班轮公司已占据全球航运市场一半以上的份额，尤其是排在前两位的马士基与地中海两家公司，已经占据了1/4的市场份额，国际航运业的规模效益可见一斑。

以上四点是从经济学角度分析的航运市场的特殊性，另外，海洋安全事关一国的国防利益，近年来频发的海盗事件更使之成为大众关注的焦点。因此，海洋安全的重要战略地位也加重了航运业进入壁垒高、规模效益明显的程度。

通过上述分析可以看出，国际航运业既具有竞争性又具有垄断性。竞争性表现在各班轮公司提供的服务基本同质，没有一家公司能够在运输服务方面拥有统领市场的绝对优势。同时，该行业拥有严格的进入资格限制，既严格控制了该领域的竞争者数量，也在一定程度上防止竞争者的混乱涌入造成市场的无序。总之，上述原因的存在使得班轮公司的“竞争—降价—联合—垄断”发展模式成为可能，也为班轮公会的成立与发展提供了外部条件。而垄断则表现在几家大型班轮公司主导着国际航运市场，虽然单从市场份额来看这些企业已经形成了寡头垄断的局面，但是由于全球班轮公司的数量不是很多，平均到各个航线上就不能认定为寡头垄断了。

②班轮公会能促进国际航运业的发展。

班轮公会是产生在全球航运这个大市场中的，归根结底，其存在100多年的合理性在于其能够克服航运业的缺点，并将优点发挥到最大。具体如下：

首先，降低班轮公司的运输成本。前文已经论证，班轮公会的定价协议本质上是一种对外限制竞争、对内争取利益最大化的协议，因此它在成员内部能够较好地协调个体间利益冲突，促使成员公司的生产者剩余（Producer Surplus）最大化。生产者剩余 = 总利润（Gross Profit）– 总成本（Total Cost），由于航运业是服务于国际贸易业的，国际货物贸易总量的多少直接决定航运业务量的多少，因此，一定时期整个航运业总利润可以看作是一定的。而“运输成本”在一定时期也可以认为是固定的，且前文已表明班轮公司提供的服务是同质的，为了能在竞争中抢占先机，班轮公司只能竞相降低运费。这种牺牲掉的运费利润相当于增大了运输成本。班轮公会在充分考虑航线运费的所有影响因素之后制定统一的运费，可以保护公会成员因擅自降低运费而牺牲的福利，故可以降低运输成本。

其次，稳定航运市场价格。运费是班轮公司最主要的利润来源，航运市场的瞬息万变导致了运费价格的不断涨跌。班轮公会为成员统一安排营运项目，根据不同情况均衡调整各条航线的运输能力，这就能够防止出现某些热门航线班轮公司蜂拥而上而冷门航线门可罗雀的现象发生：热门航线利润高故班轮公司蜂拥而至，在利润被瓜分后各公司纷纷降低运价以求生存；当班轮公司经营热门航线难以再取得利润时，他们又涌向原本的冷门航线——这就是投资的盲目性。因此，班轮公会统一制定或商定价格、整体调控航线运营能力的协定，可以稳定航运费用价格，维持整个航运市场的良性运行。

再次，保护货主的利益。整体调控航线协定能够保证各条航线的承运能力基本相当，使其运费价格最大程度体现价值规律，因而使得托运人付出的运费能够物有所值。

又次，维护其他非班轮公会成员班轮公司的利益。在理想状态下，如果各个班轮公会的协议都能够发挥应有的维护竞争的作用，那么它们形成的合力就能够最大限度维护整个航运市场的有序竞争，不至于出现班轮公司在运力过剩的航线上竞相降价的局面。当然，现实中由于班轮公会多会选择排挤其他班轮公司从而独占某条航线运营的竞争策略，其他班轮公司的利益往往会受到班轮公会的侵犯。

最后，促进全球货物贸易的发展。既然班轮公会统一商定运费价格，能够保证国际航运市场价格稳定，并遵循常态的经济运行规律发展，促进其向着稳定、有序的良性局面前进,那么良性运行的国际航运市场也会为其服务的全球货物贸易市场的蓬勃发展注入最大的活力。

(二)法律依据——航运反垄断豁免制度符合我国反垄断法的目标

我国目前并未制定专门的航运反垄断法,更没有与之相配套的反垄断豁免制度。但是通过分析航运反垄断法豁免制度对发展一国航运业的巨大作用以及我国现行法律制度可知,制定这一制度有助于规范我国航运市场,促进我国航运政策与国际航运业政策在内在价值上保持一致。

每一部法律制定的根本目标都是保护法益,任何制度的建立都是为了实现立法目的。上文通过对反垄断的法经济学分析,得出它是为了维护市场正常竞争秩序、鼓励经营者提高竞争力、加强国际贸易联系、提高一国市场的生产能力。这些都是各国制定反垄断法干预市场经济所欲达到的目标,这些都只能在公平竞争的市场环境下产生。通过分析我国《反垄断法》第 1 条的立法目的可以看出,我国《反垄断法》欲达到的目标是保护我国市场经济参加主体的公平竞争权,其调整的对象是市场经济中的竞争关系。

有学者认为,竞争法保护竞争但不保护竞争者①,这种观点是不符合我国《反垄断法》立法目的的。因为我国《反垄断法》是为了"防止和制止垄断行为"才制定的,既然其规制的是"行为",行为是由市场上的竞争者做出的,所以《反垄断法》的保护对象就不能撇开对象单谈行为。因为法律制止了一方竞争者的垄断行为,实际上就保护了其他竞争者。

我国制定航运反垄断法豁免制度也是符合现行《反垄断法》的立法目的的。前面论述过,班轮公会运用运价协议垄断了航运市场的定价权,但是考虑航运业的特殊性,许多国家授予班轮公会以豁免权。国际航运市场的竞争者获得利润的最主要途径就是承担班轮运输从而收取运费,因此运费定价权对于竞争者来说意义重大。既然班轮公会已经在大多数国家获得了反垄断豁免,那么他们自不肯轻易放弃既得利益。而组织外部的竞争者在利益的驱使下又迫切地想要自由控制运费。这样势必会出现班轮公会擅用垄断地位操控运价市场而损害其他竞争者的现象。我国作为一个航运大国,却并未制定出航运反垄断豁免标准,这不能不

---

① 参见[日]金泽良雄:《当代经济法》,刘瑞复译,辽宁人民出版社 1988 年版,第 17 页。

说是一种立法缺失。应当认识到,对于班轮公会促进航运业发展的协议行为,应许以反垄断法适用的豁免;但是必须制定详尽的认定标准,充分考虑所有相关主体的利益之后才可以适用。而对于班轮公会最终会破坏经济效率的垄断行为是要以反垄断法明文禁止的。以求既维护航运市场的繁荣,又可以保护市场上竞争者的合法利益。

三、国外航运反垄断法豁免制度及对我国的借鉴作用

(一)美国航运反垄断法豁免制度

美国航运法经过100多年的发展,在制度建制方面已经比较健全,法律体系也日趋完备,在维护美国航运市场有序竞争、提高航运市场运行效率方面发挥着日益重要的作用。

严格来讲,美国历史上一共有两部航运法:《1916年航运法》和《1984年航运法》。1998年制定通过的"航运改革法"通常会被并入《1984年航运法》,但是我国仍习惯将之分开称呼。本文为了方便讨论,也遵循我国惯例对它们分别分析。

总体上美国航运立法体系分为州立法与联邦立法,但是鉴于篇幅限制,笔者认为研究联邦立法更有借鉴意义。

1.美国航运反垄断法豁免体系

(1)法律渊源。

美国国会以成文法的形式制定了适用于整个联邦的航运反垄断法。分为联邦立法①和美国联邦海事委员会(U.S. Federal Maritime Commission,FMC)制定的实施细则。

(2)空间效力。

只要这条航线的始发地或目的地之一是属于联邦的港口即归于本法的管制。可以看出,在美国适用豁免的航运协议的范围是比较广泛的,这样可以尽最大可能地管制限制本国航运市场的垄断行为,同时又可将与本国无关的行为排除。

(3)与美国航运政策的关系。

政策最直接体现当局者的统治目的、反映其价值取向,法律的价值基础也应体现统治政策。例如,《1916年航运法》体现了威尔逊总统努力向海外扩张的外

---

① 联邦立法指《1916年航运法》、《1984年航运法》和《1998年航运改革法》。

交政策,通过国家的干预以维护美国在国际航运业甚至全球经济中的绝对霸权。美国航运政策可以总结为两点:对内维持国内航运市场稳定、积极提高生产效率、维护交易公平、保护国内当事人的正当利益;对外限制外国竞争者跨入美国市场抢夺资源,或抬高其参与美国航运市场竞争的门槛,并努力扩大美国在国际航运市场的影响力。

(4)监管主体。

①FMC 及其下属执行机构。《1984 年航运法》首次在联邦航运法中明确了 FMC 对于班轮公会和承运人的管理权力。FMC 是由美国国会直接下属的一个机构,对于国会制定通过的航运法律和政策,它是执行的最有效力量,主要从事法律的适用、执行和解释工作。而 FMC 的执行局,顾名思义,它主要在海事委员会的领导下负责航运法的具体实施、执法工作。首先,对于班轮公司违反航运法的提高或降低运价行为,由执行委员会进行垄断程度的认定、罚款数额的确定以及罚金的追缴,从而切实保障美国货主的利益。其次,监督检查码头的运营,对于码头经营人乱收费、限制船舶停靠时间等扰乱码头正常经营秩序的行为进行规制。再次,对于远洋运输中介人(包括承运人、托运人以及码头经营人)之间的协议内容进行审批,监督其执行,保护各方主体的利益不受非法侵害,使得航运交易双方处于平等地位。最后,对于航运途中(包括在停靠港停靠时)发生的海上事故,负责人员救援、进行调查与认定、协调双方的赔偿数额。

②联邦政府。在 FMC 成立之前,联邦政府司法部(Department of Justice)下属的反托拉斯局(Antitrust Division)全面负责美国航运市场的监督管理工作。在 FMC 成立之后,两者的分工就比较明确了:联邦司法部既可以对违反航运法的托拉斯行为处以罚金、提起民事诉讼,又可以对违反刑事法律的行为提起刑事诉讼;而 FMC 只能对其处以罚金以及提起民事诉讼。但是,前者仍然在制定航运法的基本原则、海运法的修改与完善、FMC 的人事任免等方面发挥着不可替代的作用。

(5)被豁免主体。

主要规定在《1916 年航运法》《1998 年航运改革法》以及 FMC 2010 年通过的无船承运人(Licensed NVOCC)的豁免规则中。下文将详细论述。

(6)反垄断豁免资质的取得。

根据各国立法惯例,某种资质的取得通常需要两种条件:实体条件和程序条件。美国航运法律和法规对于申请人反垄断豁免资质的取得也是这么规定的。

2. 反垄断豁免的实体性要求

美国航运法对于主体获得反垄断豁免的资质作出了列举式规定，主要体现在《1916 年航运法》《1984 年航运法》《1998 年航运改革法》以及 2010 年 FMC 通过的无船承运人的豁免规则中。

(1)《1916 年航运法》。

当时正是垄断资本主义经济蓬勃发展的黄金时期，美国为了强化其在国际航运市场的影响力，制定了这部旨在促进美国国际货物贸易增长、扩大美国航运霸主地位的法案。法案在讨论中出现过对于班轮公会到底是促进竞争维护船公司利益还是妨碍竞争的争议，最终立法者追寻时代潮流，承认了班轮公会协议可以豁免适用于联邦反托拉斯法。在该法的第 2 条中，承认了班轮公会可以免受《谢尔曼法》的规制；但同时又规定，班轮公会要平等地对每个班轮公司开放，使它们有随时自由进入与退出的权利。

(2)《1984 年航运法》。

本法规制的是远洋运输关系。规定只要班轮公司愿意在某一特定航线上提供公共运营服务，无论它是首次还是重新加入班轮公会，只要它的理由合理而不违反公平竞争原则，那么班轮公会都要无条件答应；也规定了成员尽到合理通知义务后的随时退出权。除此之外，新的协议是对已经备案或者已经生效的被豁免协议的具体执行计划，其他除外适用于反托拉斯法的协议也适用豁免制度。无疑，这些规定大大降低了班轮公会在封闭的范围内按其意愿任意操控某条航线的航运能力或者随意固定运费价格的可能性，降低了垄断现象出现在美国航运市场的可能性①。

(3)《1998 年航运改革法》。

该法除了承认 1984 年航运法的所有豁免对象之外，还在第 3 条中规定，凡是

---

① 《1984 年航运法》第 7 条规定：美国的反垄断法不适用于班轮公会的协议、海运承运人之间的协议、承运人公会之间的协议、船舶共享协议以及劳资谈判方面的协议等，也不适用于该法规定范围内的联合行动。以下协议不能被豁免：(1)与航空、铁路承运人或不受 1984 年航运法管辖的航运承运人签订的协议；(2)受《1984 年航运法》管辖的航运承运人之间就运费中的内陆承运人报酬的部分所进行的讨论或签订的协议；(3)受《1984 年航运法》约束的航运承运人就成立、经营或维系一个海运码头所达成的协议。

已经报备并且生效的协议及根据其而衍生出的二级协议不受反托拉斯法的规制[①]。

同时,分析该法第3条对于尚未在FMC报备的协议或者行为的豁免,是采取了“合理性”认定标准,即协议不会对美国国内航运服务业产生实质性影响,对美国贸易发展有积极意义。上述豁免决定由FMC以是否侵犯公平的商业竞争为标准作出。该条实际上赋予了FMC自由裁量权,对于何为“合理”垄断行为留出了太大的判断空间。这就对FMC的工作人员的业务水平提出了很高的要求,他们要充分理解立法目的,权衡反垄断豁免申请所涉及的所有主体的利益,才能作出是否授予反垄断豁免的决定。

《1998年航运改革法》对于班轮公会设置了反垄断豁免标准,在第5条b款用列举方式作出进一步规定,要求班轮公会任何行为都要遵循自愿、公平的标准,对于市场上所有班轮公司要一视同仁。要以尊重航运市场的正常运行为其任务,保护正当竞争。并且其签订协议商定定价、费率等对市场的操控行为,必须高度透明,需在FMC的监督下行事[②]。上述对于班轮公会的规定是比较严格的,原因也正如上文分析的,班轮公会的特殊地位决定了它很容易通过定价、费率、航线等协议控制航运市场,导致托拉斯行为的发生,因此必须严格限制班轮公会适用反垄断法的除外资格。

(4)FMC实施规则。

FMC为了具体执行航运法的有关规定,制定了27条实施规则。2010年2月18日通过了对无船承运人(Licensed NVOCC)的豁免,允许其不公布运价以减少

---

① 《1998年航运改革法》第3条第2项规定:“反托拉斯法律”是指修订后的《谢尔曼法》、修订后的《克莱顿法》、修订后的《联邦贸易法》和《反托拉斯民事程序法》等。

② 参见《1998年航运改革法》第5条b款规定班轮公会协议获得反垄断豁免的条件:(1)该公会目的的陈述;(2)任何远洋公共承运人,只要他愿意在一特定贸易或航线上提供服务,无论是首次还是重新加入班轮公会,都应提供合理、公平的条件;(3)不处罚公会成员在合理通知公会之后的退出;(4)任何成员都可以请求聘请独立、中立的机构对公会及其成员的义务进行充分的监察;(5)防止公会从事该法第10条c款的第(1)项或第(3)项所列行为;(6)制定实现下列目标的磋商程序:(A)通过商业方式解决争议;(B)通过与托运人合作的方式防止和消除不正当行为;(7)建立反应灵敏的、公平的程序,要充分考虑托运人要求的和投诉;(8)规定公会的任何成员只要在不超过5个正常日的情况下通知,就可对于公会已经公布的运价协议内不包括的商品的运输,关于其费率或服务条款,做出区别于原运价协议的独立行动。公会应在运价本中给内部成员提供新的费率和服务条款,该新费率和服务条款于收到通知后不超过五个正常日生效。在该运价本生效之时或之后,其他成员只要通知公会,即可采用该费率或服务条款以代替现有公会运价本有关费率和服务条款的规定。

花费[①]。

3. 反垄断豁免的程序性要求

对于协议的签订人申请反垄断豁免进行程序性规定的最主要原因是对其取得反垄断豁免特权的资质进行严格的审查,防止那些可能限制竞争、破坏航运市场秩序的托拉斯行为得到许可。为了实现商业效率,美国航运法规定的反垄断豁免的审查程序是比较简便的。

(1)《1916 年航运法》。

该法在第 9 章中规定固定运价的协议、获得运价优惠等特权的协议、限制竞争的协议应当向 FMC 备案。根据美国商业和渔业委员会(亚历山大委员会,Alexander Committee)的观点,这就是美国以立法形式对于航运反垄断法适用豁免制度的规定,只要班轮公会的商定运价、费率以及航线的协议不违反该法要求的公告和听证程序,并且无害于任何第三方的利益,就可以除外适用反托拉斯法。该法并没有制定具体的申报程序、更没有申报期限的规定,在实践中主要依靠 FMC 制定的具体实施规则加以补充规定。这样是不利于美国航运反垄断豁免制度体系的完备与统一的。

(2)《1984 年航运法》。

①审查主体。该法规定,相关协议[②]都必须提交 FMC 下属的运作办公室(Operation Office)进行审查。该法第一次明确了运作办公室在班轮公会等提交的反垄断豁免申请协议中的实质性审查职能。除此之外,该机构还负责市场分析(Market Analysis)和竞争监督(Competition Oversight)[③]。

②审查过程。协议的审查期限为 45 日,只要自提交之日起至第 45 日 FMC 没有提出异议,该协议即生效。如果 FMC 要求申请人补充材料,则 45 日的期间从补齐之日重新计算。另外,对于根据一个已提交并生效的协议而实施的行动或

---

① 具体程序如下:无船承运人需在运价本中继续公布包括涉及货物运输条款在内的标准规则;无船承运人在运价本中公布的规则应免费为公众所获取;无船承运人所收取的运费必须是在货物被接受之日前为客户所同意且以书面形式记录在案;无船承运人必须将客户同意的运费和条款等文件保存 5 年,且须在 FMC 要求时迅速交出。

② 根据《1984 年航运法》第 7 条的规定,协议的具体类型包括对费率、货物空间协调或其他服务条件的商讨、固定或管制;运输业务、收入、利润或亏损的集中或分担;对港口的分配或对起航的管制;对货物运输量或所运输的货物性质的限制或管制;进行排他性、优先性或合作性的工作计划;控制、管制或阻止国际海洋运输领域的竞争;讨论并就任何涉及服务合同方面的事项达成一致。

③ 参见於世成:《美国航运法研究》,北京大学出版社 2007 年版,第 94 ~ 95 页。

签订的协议,或其本身是一个不需要提交或公布的任何行动或协议,反托拉斯法也不适用[①]。该期限较好地体现了效率与公平相结合的立法原则。45日的期间既可以督促FMC提高审查效率从而及早解决问题,又能保证他们不会因时间太短而仓促地授予申请人豁免资格从而侵犯其他竞争者的平等竞争权。

(3)《1998年航运改革法》。

①审查主体。该法延续了《1984年航运法》的做法,仍然由运作办公室负责审查。

②审查程序。该法基本未修改《1984年航运法》的程序性规定,只是使其更加系统了。首先,公告。FMC在接到反垄断豁免申请后,7日内报美国联邦公报(Federal Register,FR)公布。其次,初步审查。FMC对照《1998年航运改革法》第5条的规定,看申请协议是否符合要求。如果协议不具备该条规定的要求,应驳回该协议的反垄断豁免申请,并书面告知申请人理由。再次,生效。期限同于《1984年航运法》,另外,该法补充规定申请人可以要求缩短上述审查期限,但最少不少于14日。最后,救济性规定。即使反垄断豁免已经生效,但是FMC仍然随时可以对该协议进行监督,如果发现其有可能妨碍竞争,则仍可将该协议认定为"实质性反竞争协议"(Substantially Anti - competitive Agreement)而对其签发禁令[②]。

该法的最大亮点在于对错误授予豁免资格的救济性措施。FMC签发的"禁令"可以弥补先前的错误最大程度挽救相关主体利益,而由FMC行使这项权利可以节省另行设置新的"豁免禁令委员会"的开支。并且这一禁令的设置与美国反垄断法的"禁令"制度遥相呼应,确保了法制的统一。

(二)欧盟航运反垄断法豁免制度

欧盟的成员国中既有成文法国家又有判例法国家,因此,条约、协议和判例都是欧盟航运法竞争法律规则的法律渊源。欧盟的航运竞争法始于1986年,当时由《罗马条约》(Rome Treaty,即欧盟第4056/86号条例和第4057/86号条例)、《1990年控制集中法案》(The Control of Concentration Act,1990)组成了欧盟航运

---

① 参见《1984年航运法》第6条。

② 参见於世成:《美国航运法研究》,北京大学出版社2007年版,第95页。

法的最基本框架。其最主要的立法目的是建立欧洲共同内部市场、促进市场内部公平竞争、保护市场主体尤其是中小公司的利益。由于欧盟并没有形成完整的航运竞争法律体系,故本部分只对其反垄断豁免法案中有借鉴意义并有重大影响的原则及章节进行针对性分析;至于实体性和程序性的规则,美国航运法已经为我们作出了很好的示范,值得借鉴。

1. 欧盟航运法反垄断法豁免制度之缘起

尽管早在1962年,欧盟理事会就在第17/62号规则中确立了第一个竞争法规则,但直到1986年欧洲法院审理 Nouvelles Frontieres 案时,欧盟竞争法的各项规则通过第4056/86号规则才正式被认定可以在航运领域适用①。《欧共体条约》第81条是关于限制竞争的垄断行为的原则性认定标准,它普遍适用于各个行业,而第82条也是一个普适性的除外适用规则。欧共体第4056/86号规则②是欧共体最早的航运反垄断法规定,对该规则的研究对于从整体上把握欧盟航运法反垄断豁免制度有着重要意义。而前文已经提到,班轮公会的定价协议对于我国航运市场的影响是最大的,因而,研究欧盟法律对班轮公会的制度演变可以更好地帮助我们处理同欧洲的航运法律关系。

2. 欧共体第4056/86号规则

(1)实体条件。

豁免对象为欧洲的班轮公会③。根据第4056/86号规则第2条确定的标准为,只要班轮公会的"一部分技术协议、决定和一致性行为"能够促进航运科学技术的进步,能够促交流、谋发展,就可以获得反垄断法的豁免。第3条的豁免对象主要是承运人之间的定期海上运输服务协议④,在司法实践中,该条的适用是被严格控制的。根据该条,只有班轮公会成员公司之间签订以商定运费(及其条件)为内容的协议才会得到豁免。规则第4条细化了豁免的条件,要求这些协议除非能

① See(1986)ECR 1452.

② 全称为《关于将欧共体条约第85、86条适用于海上运输实施细则的欧洲经济共同体理事会规则》(Council Regulation of EEC Laying Down Detailed Rules for the Application of Articles 85 and 86 of the Treaty to Maritime Transport),1987年7月1日正式生效。

③ 在2003年欧洲班轮事务协会(European Liner Affairs Associations,ELAA)成立之前,欧洲最大的班轮民间组织是远东船公会(Far Eastern Freight Conference,FEFC)。因其后期垄断市场与价格的行为受到托运人与竞争对手的猛烈抨击而于2003年宣布解散,并诞生了ELAA这个更适合现代航运发展的组织。2010年7月1日,ELAA与世界海运理事会(World Shipping Council,WSC)合并。

④ 参见於世成:《论欧共体的海运竞争法》,载《中国海商法年刊》1994年第1期。

够更好地促进经济贸易的增长，否则不能有任何歧视性的条款。如果违反，该条款自动且自始无效。第 5 条是享有豁免权的附加义务，目的是保证运输合同相对方的利益不因班轮公司享有豁免而受到损害。这条规定的出发点是保护商业利益，防止获得垄断权的班轮公会以及班轮公司此后将制定运价的秘密泄露给其他利益相关体。这就使得反垄断豁免体系在保护法益方面更加完备与人性化，也是十分值得我国学习的。

(2)效力范围。

①时间范围。豁免从起运港(Port of Shipment)起锚(Unmoor)时起至目的港(Port of Destination)抛锚(Anchor)时止，只允许此期间的海上货物运输收取的服务费用适用该豁免制度。

②对象范围。仅针对海上运输服务(Supply Vessels)，排除适用于不定期船运输(Tramp Service)和欧盟内的沿海运输(Cabotage)。

欧共体第 4056/86 号规则作为欧盟航运法反垄断豁免制度的开端，规定了较为完备的反垄断豁免的实体性规则，但是在程序方面不像美国航运法那样有着一系列完善的规定。因此，这方面美国法更加值得我们借鉴。当然，毕竟这一规定使得欧洲班轮公会的豁免权作为一种航运惯例纵横欧洲 20 余年，大大促进了欧洲班轮公会势力的扩大，对于整个欧洲的航运技术提高、海上货物贸易发展也起到了非常积极的作用。

3. 欧盟第 1419/2006 号规则

(1)立法背景。

欧盟航运反垄断法豁免的最主要对象是班轮公会，这决定了在欧共体第 4056/86 号规则存续的 20 余年间，欧洲班轮公会是主宰欧洲海运市场的绝对力量。纵观这 20 年间的欧洲海运市场，虽然取得了有目共睹的发展成绩，但是班轮公会的反垄断豁免特权一直饱受诟病。这一规定的确最大限度上保护了班轮公会成员公司的利益，可是托运人与其他班轮公司却在班轮公会控制运价、控制费用率，乃至控制整条航线运营计划的情况下，遭到了不公正的对待，其平等竞争权被侵犯。基于此，欧盟委员会于 1999 年 4 月 28 日公布《〈欧共体条约〉第 85 和 86 条实施规则现代化的白皮书》(European Commission White Paper on Modernization of the Rules Implementing Articles 85 and 86 of the EC Treaty)；2002 年 12 月 16 日，欧盟理事会颁布《关于实施〈欧共体条约〉第 81 和 82 条竞争规则的规定》(第

1/2003 号条例》;2006 年 9 月,理事会通过了第 1419/2006 号条例,废止第 4056/86 号条例;2008 年 7 月 1 日,欧盟委员会正式通过《〈欧共体条约〉第 81 条适用于海运服务业的指导规则》,于同年 8 月 1 日生效①。

(2)立法者的价值取向。

立法者在制定一项法案的过程中考虑的因素体现了立法者的价值取向。一项法案的通过需要考虑多项因素,欧盟第 1419/2006 号规则历经近 10 年的时间才最终制定通过,其中所牵涉的利益之复杂可见一斑;而通过对这些因素的分析,可以在下文讨论制定我国航运反垄断法豁免制度的内容中充分参考。

①制度因素。政治、经济、法律体制是决定一个新制度能否顺利运行的关键因素,要求这三者在新制度制定的过程中对彼此的价值观具有高度一致的认同感②。到 2006 年时,欧盟的各项体制已经足够成熟,足以使得立法者确信可以取消班轮公会反垄断豁免制度。首先,欧盟内部的政治、经济一体化的程度已经很高,各成员国有着较高的政治认同度和经济上的相互依赖关系。而且欧盟理事会在欧盟成立的近 20 年中已经制定了较为完备的欧盟反垄断法律体系,无论是欧洲的政治、经济还是法律系统,其运行的最终目的都是促进欧洲一体化发展,促进各成员国经济增长、政治稳定。班轮公会如果继续存在,将会限制欧洲航运市场的正常竞争秩序。因此,取消对班轮公会的垄断豁免特权会是符合竞争与发展的时代潮流的,也与上述三者的价值目标是一致的。

②市场因素。反垄断法是规制市场经济的法律,因此必须考虑市场经济条件是否成熟、能否承载一个新制度的诞生。近年来,国际航运市场上独立营运人的实力日益壮大,使得单独的班轮公司已经可以承担航运市场上的各种风险。这就造成班轮公会当初获得豁免权的最大缘由——非联营的班轮公司力量难以独立抵抗航运风险失去了说服力。同时,欧盟成员国之间的经济联系越来越紧密,他们迫切地需要资源共享、信息交流,这也需要打破原来的航运市场壁垒。

③国际组织的引导。经济法是为维护市场经济秩序而服务的,在全球经济合作日益加强的趋势下,各国经济立法政策、原则也有趋同的势头。在该条例的讨论过程中,经济合作与发展组织(Organization for Economic Co-operation and

① 参见郑丙贵:《欧盟航运竞争规则新体系探讨》,载《上海海事大学学报》2009 年第 1 期。

② 参见钟刚:《反垄断法豁免制度研究》,北京大学出版社 2010 年版,第 145 页。

Development, OECD）正致力于国际航运政策的改革建议，发表了一系列报告①。虽然作为一个非政府组织，OECD 的改革建议并不具备司法效力，但它反映了当今全球航运业最新发展趋势，故一直深深影响着各国航运立法的立法实践。该组织也将废除班轮公会反垄断法豁免制度的建议提供给了欧盟理事会，并且被最终采纳。

（3）条例的影响。

该条例的施行具有划时代的意义。它结束了欧洲班轮公会凭借其反垄断豁免特权操控欧洲航运定价权长达 30 多年的历史，至此，欧洲航运市场的各方力量对比将重新排列。

①保护托运人和非班轮公会成员的利益。班轮公会凭借豁免适用于欧盟反垄断法的特权，擅自提高或降低运费或者运费比率，这就剥夺了其他非成员班轮公司根据价值规律制定经营策略的权利。欧盟重新将班轮公会纳入反垄断法的规制体系，大大降低了班轮公会对欧洲航运市场的控制力量，使得市场规律能够更好更自由地发挥作用。而班轮公会也不能任意联合提高运价来侵害托运人的利益了。

②提高欧洲航运市场乃至全球航运业的生产效率。此前班轮公司依靠班轮公会的庇护享受高运价带来的巨额利润，使得他们没有竞争压力，无心革新航运技术、提高服务质量。而班轮公会对于欧洲航运市场的垄断一旦被打破，所有班轮公司在欧洲航运市场上又处于了同一起跑线上，竞争的压力就会促使他们积极将最新的航海技术运用到运营中，以便提高生产效率。而欧洲航运市场在全球航运市场中占有举足轻重的地位，因此欧洲航运业的发展势必促进全球航运市场生产效率的提高。

③为其他国家取消班轮公会反垄断法豁免权提供参考。随着国际航海技术的提高、国际航运生产效率的提高、国际航运市场环境的优化，班轮公会享有的反垄断豁免特权已经越来越阻碍航运生产能力的提高。欧盟敢为天下先地取消班轮公会的这一特权，顺应了时代潮流。各国也纷纷对后班轮公会时代的欧盟航运市场倾注了更多的关注，期望它在取消反垄断豁免制度后展现新的生机。欧盟航

---

① 这些建议是指《班轮运输竞争政策》《班轮运输共同政策理事会建议》《提高竞争规则适用于国际班轮运输的相容性》《国际海运业的管制问题》等。

运市场也不负众望,据ELAA的统计数据显示,虽然条例实施之初的2009年年初欧洲集装箱货运量呈递减状态,但是递减速度持续放慢。至2011年,欧盟的实际货运量已恢复,并呈增长态势。任何新制度的运行都会带来市场的动荡,欧盟航运市场在反垄断豁免制度取消后只是经历了较短时间的调试便又重新恢复了发展的良好势头,可见欧盟第1419/2006号条例是符合市场规律的,值得各国航运法在市场高度发达后予以借鉴。

(三)国外航运反垄断豁免制度对我国的借鉴作用

美国通过制定航运部门法的形式确立了航运反垄断豁免制度,欧盟则制定了一系列的单行条例将这一制度确定下来。从立法形式来看,美国模式更值得我们借鉴。欧盟取消对于国际班轮公会组织的反垄断豁免,是因为欧盟的航运市场发展至今已经高度发达,先进的航海技术、科学的航运管理已经使得班轮公司能够独立承受海上运输中的种种风险,因此他们不需要组成联盟便可独立地担当远洋运输任务。而我国当代航运业起步于中华人民共和国成立后,比欧盟与美国晚了几十年甚至近百年,因此我国相对不够成熟的航运市场环境决定了反垄断豁免制度必须被立法者采纳,以便降低班轮公司在我国承担货物运输时所面临的风险。

关于适用豁免的地理范围的规定,欧盟的做法更值得我们借鉴——豁免自起运港起锚时起至目的港抛锚时止。考虑我国多年来受到国际班轮公会等组织滥用市场优势地位的限制,因此需要严格限制反垄断豁免适用的空间范围。

至于具体的实体与程序的建构,美国跟欧盟都有着较好的经验可以借鉴,但是由于美国将这一制度系统地归纳到了一部航运法中,更加便于从业人员在实务中操作。故美国的做法更值得借鉴。

四、我国航运反垄断法豁免制度的缺失与对策

(一)我国航运反垄断法豁免制度的现状

1. 制度的缺失

我国尚未制定航运反垄断法,也未规定相应的反垄断豁免制度。虽然我国参加了相应的国际条约并制定了海运条例,但是反垄断豁免却始终未通过立法形式作为一种正式的制度确定下来。

(1)国际条约。

我国1980年加入《1974年班轮公会行动守则公约》,该条约在第14条、第15条和第16条分别规定,班轮公会可以协议全面提高运费率、促进贸易性运费率和附加费用,肯定了班轮公会的豁免权。诚然,根据法源的效力等级,可以认为我国目前承认班轮公会的豁免权。但是该条约也只做了原则性规定,并没有针对豁免权取得的实体条件、申请程序等具体操作问题加以规定。固然公约签订时考虑了各国航运市场发达程度不同,因而赋予各国立法机关更多的自主选择空间,但是鉴于我国尚未在国内法体系内建立反垄断豁免制度的现实,该国际条约对于实践不具有太大的指导意义。

(2)国内法。

《反垄断法》是一部适用于我国全部行业的一般性反垄断法,于2007年8月30日发布,自2008年8月1日起施行,并于2022年修正。其第20条是关于垄断协议豁免的规定,第26条是不予禁止集中的规定,第35条是对限制性条件不予禁止的规定。这些都是关于《反垄断法》适用除外的一般性规定,是对以前立法的突破性进展。虽然在法理上可以将其运用到航运领域,但是因为缺少具体的实施规则,仍然需要制定单行法或者出台相关司法解释使其能够运用到航运法的司法实践中。

《国际海运条例》于2001年12月11日发布,自2002年1月1日起施行,并先后于2013年、2016年、2019年和2023年进行了修改。这是目前我国现行法律中明确认可班轮公会协议定价权的最高效力等级的文件,在第15条、第18条以及第25条中规定了班轮公会协议备案的实体条件。第26条规定国务院交通管理部门是负责调查的部门。第28~33条规定了具体的调查程序①。

对于《国际海运条例》的上述规定,并不应该理解为是对班轮公会反垄断豁免权的认可,至多只能认为是管制航运市场的一种方式。主要是因为:

首先,该条例在总则第4条中明确指出,该条例的制定是出于监督管理海上运输经营活动的目的。因此其所有的规则都是以此为出发点的,上述对于班轮公会协议备案的规定,只是为了更方便各级政府的交通主管部门管控航运业务,而

① 《国际海运条例》第15条主要规定了班轮公会的报备制度;第18条规定班轮公会的限制竞争行为应受到反垄断法的规制;第25条规定国务院交通主管部门对于班轮公会的行为可以实施调查权的情况。

非从法律上认可班轮公会的豁免地位。

其次,该条例效力等级不够,无法协调与其他部门法的关系。前文已述,反垄断法是一国"经济宪法",而航运反垄断法也应当规定一国航运市场最基本的法律原则与规则,因此应当由全国人大常委会制定的航运基本法来规定航运反垄断豁免制度。国务院制定的《国际海运条例》仅对交通行政部门的日常行政工作起到指导作用,并且只能规定行政处罚。而对于严重侵害相对人利益需要进行民事赔偿的情况,该条例就无法作出民事赔偿规定而只能援引其他民事法律。但是我国现行法并没有对于航运垄断行为的直接民事赔偿规定,这就为相对人取得民事赔偿制造了很大的障碍。

可以看出,虽然我国反垄断法已经有了适用除外制度,但是具体到航运法领域并没有真正行之有效的规定,因此我国应当加快步伐弥补这一立法缺失。

2. 引发的问题

早在 1997 年,部分外国班轮公会就开始在我国广西、海南以及广东等地区征收启运港接货费(Original Receiving Charge,ORC);2000 年 5 月以后,一些班轮公会组织相继派代表到上海、大连和青岛等口岸,组织当地货主讨论推行码头操作费(Terminal Handling Charges,THC)的打算,因我方一致反对,上述提议暂时搁置。到 2002 年 1 月 15 日,由泛太平洋商品稳定化协议(Pan – Pacific Stabilization Agreement,TSA)正式确定对我国货主的 THC 标准之时,班轮公会这一不提高货物运费而增收附加费用的做法在我国引起了轩然大波。虽然原交通部、国家发改委、原国家工商行政管理总局于 2002 年 12 月组成了调查组,依法对国际班轮公司在中国港口收取 THC 的问题展开了调查,但是直到 2006 年 4 月 18 日,原交通部才将调查结果向社会公告。报告中指出,THC 在性质上属于国际集装箱班轮运费的组成部分,国际班轮运输经营者享有集体订立运价协议的权利。但是由于这些在我国征收的 THC 没有事先与我货主协商,因此是不合法的。2008 年,马士基(中国)航运公司单方向中国提高 THC 事件说明,航运公司采取了垄断运费的新的策略。班轮公司集体私下约定 THC,但是由他们遵照约定单独向货主征收,这样就能更加隐蔽地垄断航运市场的运费制定权了。2020 年下半年,国际运价暴涨了 5 ~6 倍甚至 7 ~8 倍,2021 年上半年较 2020 年年初上涨了 10 倍,到美东航线的 40 英尺箱已突破 20,000 美元/箱。

班轮公会或班轮公司能够在二十几年的时间里频繁利用 THC 侵害我国货主

的利益,是因为我国航运反垄断法以及反垄断豁免制度的缺失。因为没有现行法明确界定班轮公会的哪些行为是滥用优势地位的垄断行为,哪些是可以适用反垄断豁免的,才使得班轮公会可以频繁利用我国的立法漏洞扰乱我国航运市场。虽然三部委的调查结果肯定了班轮公会的集体定价权并且也认定了 THC 的性质,但是这个调查报告在效力上却无法与制定法相提并论。它既没有明确指出班轮公会享有反垄断豁免特权,也没有引用现行法的规定禁止征收 THC。因此,我国仍应当尽早出台关于航运反垄断豁免的立法。

(二)我国航运反垄断法豁免制度的价值和立法原则

1. 我国航运反垄断法豁免制度欲实现的价值

(1)公平、正义和效率。

各国反垄断法并不一定会将上述目标写入法律条文中,但却是它们的内在价值追求。航运市场经济是开放的经济,每一个参加者应当平等地使用资源、分享信息以及争取交易机会。航运垄断组织恰恰是因为剥夺了其他竞争者的公平交易机会、侵害了他们的劳动成果,才被各国航运法律所禁止。因此,“公平”是我国航运反垄断法与反垄断豁免制度所欲保护的法益。法律的“正义”体现着政府的道德化和制度的伦理性,它能理顺社会各阶层的利益关系,使立法者尊重每一个社会成员的需求。前文有述,班轮公会在正常情况下能够维护托运人、承运人等各方主体的利益,因此我国豁免班轮公会的某些行为也是为了促进航运业发展,从而更好地满足个体需求,以实现法治的正义。“效率”是市场经济的要求,航运反垄断法能够减少航运市场上扰乱市场秩序、降低生产效率的因素,使得各种资源发挥最大能效,提高整个航运业的运行效率。

(2)提高航运业的福利(Welfare)水平。

海上气候多变、远洋运输条件不确定,决定了承运人比其他运输方式的从业人员承担了更大的风险,因此需要立法对承运人加以特殊照顾来提高他们的生产积极性,保障其获得更多利益。之所以要制定详细的审查标准与审查程序来限制承运人的豁免申请,也是怕承运人滥用这种优势而伤害托运人的利益。同时,还可以通过对码头经营人的日常管理行为进行管制来进一步规范码头作业。这样,航海运输参加人的既得利益得到维护并加以扩大,就可以提高我国航运业的整体福利水平。

(3)促进我国航运市场的国际化水平。

虽然欧盟已经取消航运法反垄断豁免制度,但截至本文完稿时,这一制度在那些航运市场达不到欧盟的发达程度的国家中仍发挥着积极作用。《1974年班轮公会行动守则公约》实质上是通过制定严格标准来规范班轮公会的各种协议,发挥其对全球航运业的促进作用,从而使得这些协议能够除外适用于各国反垄断法。虽然我国立法已经认可了班轮公会协议的反垄断豁免地位,但却一直未在立法中规定具体的豁免标准,因此至今没有一家班轮公司的协议明确得到我国《反垄断法》的豁免。在实践中,一旦发生班轮公会滥用市场优势地位侵害我方货主的情况,基本上都是由国务院某部门(通常是交通运输部、商务部等)出面调查,待原因查明后再由这些部门在船货双方之间进行调解,对违反相关规定的一方施以罚款等惩罚。这样做最大的弊端是造成"法无定法"的局面。因为调查的主要依据是国务院出台的航运规定与暂行办法等,这些政策性文件不时在调整,可能会出现案情相同但处理结果相异的现象。所以我国应当学习世界航运发达国家的做法,将对国际航运协议的反垄断豁免制度纳入航运法体系中,这样才能尽早在国际航运市场中建立新秩序,营造适合我国航运业发展的法制环境。

2. 我国航运反垄断法豁免制度的立法原则

(1)合理原则(Rule of Reason)。

这一原则是美国联邦最高法院的大法官爱德华·怀特(Edward White)在审理标准石油公司诉美国政府案(Standard Oil Co. of New Jersey *v.* United States)中确定下来的。各国在随后近百年的司法实践中,纷纷将其作为本国反垄断法判定垄断行为的最基本标准。我国也应当参考上述做法,并注意考虑以下因素:①该被指控的垄断行为限制竞争所造成的经济损失与其所获经济收益究竟哪个更大;②该行为所控制的航运业务所占的市场份额(Market Share)是多大,时间有多长;③该条航线本身的进入壁垒、营运成本等竞争条件是什么样的[①]。如果某一限制竞争的行为经过上述考量被认为是"合理"的,是经过理性人的正确判断而做出的,是当下的经济条件允许的行为选择,那么就可以排除适用于航运反垄断法。

(2)社会福利原则。

正所谓"经济基础决定上层建筑",一国制定反垄断法归根结底是为了促进本

① 参见钟刚:《反垄断法豁免制度研究》,北京大学出版社2010年版,第75页。

国国民经济的发展。因此，我国在制定航运反垄断法豁免制度的时候，要将这一行为放到国内航运业乃至整个国民经济的大环境下进行考量，判定其对经济的促进作用能否抵销其限制竞争所带来的不良后果。如果答案是肯定的，就可以对其豁免；如果是否定的，则对其适用反垄断法的制裁。

（三）我国航运反垄断法豁免制度的建议

决定航运经济环境的各种因素力量对比时刻在变化，因此，为了克服法律的滞后性弱点、避免浪费立法资源，应当在制定法定航运反垄断法豁免制度的基础上，增设酌定豁免制度。

1. 法定豁免体系

（1）豁免对象。

①班轮公会的运价协议、费用率协议、营运协议是目前各国航运反垄断豁免的最主要对象，我国也应当首先将其规定为调整对象。

②承运人与托运人之间的协议。

③承运人之间的协议。承运人包括两类：远洋公共货运人（Common Carrier）和无船承运人。前者是各国航运反垄断法传统的豁免对象；FMC 于 2010 年通过了对无船承运人的豁免实施规则，这一做法是目前航运反垄断法的最新动态，我国也应当将无船承运人的运价协议排除在反垄断法规制之外。

④承运人与班轮公会之间的协议。

⑤托运人之间的协议。无论是承运人之间的协议还是托运人之间的协议，归根结底都是对市场自由竞争的人为干预，都容易扰乱市场的正常秩序。既然对于承运人之间的协议有了反垄断法的规制，那对于托运人之间关于承运人的选择、最高运价标准等的协议也应当由反垄断法进行管制。对于符合“合理原则”的协议应适用反垄断法豁免制度，这是对澳大利亚立法的借鉴。

⑥承运人、托运人与码头经营者的协议。承运人、托运人与出发港或目的港码头经营人之间的协议同样是班轮运输业务不可分割的组成部分，他们之间关于码头使用费（含费率）的协议也会对航运市场产生影响，故也应受到反垄断法的制约。

（2）豁免程序（审批程序）。

一般性程序可以借鉴美国《1998 年航运改革法》的做法。

①申请。由反垄断豁免的申请人向航运反垄断执法机关提出。

②公告与听证。反垄断执法机关应将申请在报纸以及公共网站等媒体向大众公布。由于申请人获得批准后就拥有了其他竞争者不具有的权利,在涉及其他相关人员利益的情况下,应当组织听证,使得整个审核程序更加透明。

③初步审核。经过各种资质的审查后,对于认定符合豁免条件的申请人,在一定期限内(美国法的规定为45日)授予其反垄断豁免资格,监管当局应当在备案后颁发给申请人证书;如果不符合条件,则驳回申请并说明理由。对于缺少证明材料的,应当限期责令其补全。审核期限自材料补齐后重新计算。

④事后保障性措施。反垄断执法当局可以随时抽查被豁免企业的业务行为,如果发现新的违反航运反垄断法的情况,反垄断执法当局可以没收其资格证书并且报有关部门按照相关法律处理。

(3)监管主体。

航运业从属于交通运输业,相对于国务院商务部,国务院交通运输管理部更具专业性,故可以在交通运输部中设立“中国海事委员会”,专门负责航运法反垄断豁免的执法工作。由于交通运输部目前正着手制定《航运法》,因此能更好地把握立法目的来审核申请人是否具备资质。同时可以借鉴美国的做法,赋予该委员会以行政处罚权,对于其日常执法工作中发现的违反反垄断法的行为处以警告、罚款、限期整改等行政处罚。

(4)救济制度。

由于反垄断豁免资格使航运从业者能够拥有优于其他竞争者的市场地位,对于该资格的授予应当谨慎。而且即使是已经认可的豁免,如果在事后发现确实存在不合法的情况,也应当制定救济制度剥夺这一资格。

①行政救济。

根据我国《行政复议法》第12条的规定,对于“中国海事委员会”的授予反垄断豁免资格行为不服的,可以向该委员会的上级主管机关即交通运输部提起申诉。申诉理由可以包括海事委员会的调查程序违法以及申请主体完全不具备豁免资格两种。

②司法救济。

首先,在民事诉讼方面,如果认为被豁免主体的行为侵犯了自己的公平竞争权,可以依据即将出台的《航运法》和《民事诉讼法》等相关法律向法院提起诉讼,将该被豁免主体列为民事诉讼的被告以获得相应民事赔偿。

其次，在行政诉讼方面，如果对于上述“中国海事委员会”授予反垄断豁免资格的行为不服，可以不向交通运输部提起行政复议而直接向法院提起行政诉讼；对于经过复议的，以作出复议决定的交通运输部为被告。

最后，在刑事诉讼方面，如果认为该被豁免主体的垄断行为已经触犯了《刑法》，则应按照《刑法》规定处以刑事处罚。

2. 酌定豁免

制定航运反垄断法的酌定豁免制度，是为了克服法律的滞后性，保证法律的权威性。法律只有具备公定力才能在公民中树立权威，时常修改的法律虽然可能会更好地反映变化了的社会生活，但却使人们不能根据现行法预测自己的行为。因此，需要设定酌定豁免制度，既可以节省立法资源，又可以防止新情况发生后出现的立法漏洞。

(1)监管主体。

监管权利还是应该由交通运输部下属的“中国海事委员会”行使。因为这一部门无论是从对我国航运政策的运用上还是从对即将制定的航运反垄断法的内在价值的理解上，都有其他主体不可比拟的优势。同时，“中国海事委员会”还可以对申请酌定豁免的协议进行实质性认定，如果其不符合酌定豁免的条件但属于法定许可的范围，则可直接授予其法定许可资格，免得新部门还要与该委员会进行交涉。

(2)豁免的实体条件。

笔者认为，应从上述我国航运反垄断法欲实现的价值以及获得豁免资格的判断原则方面加以考虑，即那些不侵害我国航运市场的公平、正义和效率，能够提高航运市场的整体福利水平，符合理性人正当选择的行为都可以获得豁免。

(3)程序条件。

程序条件可以参照上述法定豁免的程序。

结　论

班轮公会因擅自对中方托运人收取 THC 而引发的争议已有 20 多年，这对于一国的法治进程来说是一段不算短的历史。虽然我国政府也曾先后组织过调查、制定过行政规章，但却并未能从根本上杜绝此类现象的发生。究其原因，是因为现行法并未对这类垄断现象的性质予以认定,更没能将其纳入法律体系的规制范围。

从更深层次上讲,上述 THC 争议反映了我国目前航运反垄断法的一个空白,即对于反垄断法关于班轮公会协议以及其他国际航运协议的适用豁免制度的规定。虽然欧盟已经于 2008 年剥夺了班轮公会协议不适用于欧盟航运反垄断法的特权,但是美国等航运发达国家并未紧随欧盟将这一制度取消。目前,我国的航运反垄断法正在紧锣密鼓地制定当中,面对各国航运反垄断法对于国际航运协议是否继续适用反垄断豁免并不完全一致的态度,我们一定要从我国航运业的实际状况出发,既不能保守又不能冒进。由于我国航运市场并不发达且目前我国托运人仍受到国际航运协议的影响,一定要毫不犹豫地将航运反垄断法豁免制度纳入我国航运反垄断法的体系中来。

参考文献

1. 钟刚:《反垄断法豁免制度研究》,北京大学出版社 2010 年版。
2. [意]尼古拉·阿克塞拉:《经济政策原理:价值与技术》,郭庆旺、刘茜译,中国人民大学出版社 2001 年版。
3. [美]道格拉斯·诺斯、[美]罗伯斯·托马斯:《西方世界的兴起》,厉以平、蔡磊译,华夏出版社 2009 年版。
4. [美]道格拉斯·C. 诺思:《经济史上的结构和变革》,厉以平译,商务印书馆 1992 年版。
5. 於世成:《美国航运法研究》,北京大学出版社 2007 年版。
6. [美]曼昆:《经济学原理(微观经济学分册)》,梁小民、梁砾译,北京大学出版社 2012 年版。
7. [德]路德维希·艾哈德:《来自竞争的繁荣》,祝世康、穆家骥译,商务印书馆 1983 年版。
8. 张湘赣:《中国反垄断问题研究》,中国财政经济出版社 2005 年版。
9. [美]高柏:《日本经济的悖论》,刘耳译,商务印书馆 2004 年版。
10. 张穹:《反垄断理论研究》,中国法制出版社 2007 年版。
11. [日]根岸哲、[日]舟田正之:《日本禁止垄断法概论》,王为农、陈杰译,中国法制出版社 2007 年版。
12. 时建中:《反垄断法:法典释评与学理探源》,中国人民大学出版社 2008 年版。
13. 彭海斌:《公平竞争制度选择》,商务印书馆 2006 年版。

14. 尚明主编:《反垄断——主要国家与国际组织反垄断法律与实践》,中国商务出版社 2005 年版。

15. 高鸿钧等:《法治:理念与制度》,中国政法大学出版社 2003 年版。

16. 朱家贤:《WTO 竞争规则与中国竞争立法》,经济管理出版社 2006 年版。

17. [日]金泽良雄:《当代经济法》,刘瑞复译,辽宁人民出版社 1988 年版。

18. 张琳:《欧盟的海运竞争政策》,载北京大学法学院海商法研究中心主办:《海商法研究》第 11 辑,法律出版社 2004 年版。

19. 刘爽:《国际班轮运输运价协议法律问题研究》,大连海事大学 2008 年硕士学位论文。

20. 郑丙贵:《后班轮公会时代国际班轮市场管制》,载《大连海事大学学报(社会科学版)》2007 年第 5 期。

21. 张辉:《国际航运竞争形态的转变及其法律规制》,载《武汉理工大学学报(社会科学版)》2009 年第 2 期。

22. 桂啸:《航运的晴与雨(上篇):处在变革时代的国际集装箱班轮运输业》,载《中国海运》2008 年第 8 期。

23. 高鹤程:《海商法领域的反垄断去向何处——论班轮公会反垄断法豁免的发展和对中国的启示》,载《研究生法学》2009 年第 1 期。

24. 郑丙贵:《欧盟航运竞争规则新体系探讨》,载《上海海事大学学报》2009 年第 1 期。

25. 陈凯、陈继红:《班轮公会的前世今生》,载《中国远洋航务》2010 年第 4 期。

26. 蓝鹭安:《论班轮公会反垄断豁免法》,载《中国海商法年刊》2007 年第 1 期。

27. 林忠明:《欧共体班轮公会豁免规则及其最新发展》,载《中国海商法年刊》2007 年第 1 期。

28. 贾炳贵、王学锋:《欧盟国际海运反垄断豁免制度发展趋势前瞻》,载《中国海洋大学学报(社会科学版)》2005 年第 4 期。

29. 刘慧:《欧盟竞争法的最新发展动向及其对班轮运输的影响》,载《集装箱化》2007 年第 5 期。

30. 欧盟竞争委员会:《关于审查第 4056/86 号条例(将欧盟竞争规则适用于海上运输)的白皮书》,载《中国远洋航务公告》2005 年第 4 期。

31. 徐剑华、邝光海:《班轮运输业反垄断豁免前瞻》,载《世界海运》2005 年第 5 期。

32. 王守仁:《THC 与国际贸易惯例》,载《中国经贸》2002 年第 5 期。

33. 刘柳:《从欧盟到中国:航运反垄断豁免制度初探》,上海海事大学 2006 年硕士学位论文。

34. 沈晓平:《我国航运竞争法之研究》,大连海事大学 2000 年硕士学位论文。

35. 宋杰:《反垄断豁免制度研究》,天津财经大学 2006 年硕士学位论文。

36. Liza Lovdahl Gormsen, *A Principled Approach to Abuse of Dominance in European Competition Law*, Cambridge University Press, 2010.

37. Roger Zach, Andreas Heinemann and Andreas Kellerhals, *The Development of Competition Law: Global Perspectives*, Edward Elgar Publishing, 2010.

38. Sandra Marco Colino, *Vertical Agreements and Competition Law: A Comparative Study of the EU and US Regimes*, Hart Publishing Ltd., 2010.

39. Josef Drexl, Laurence Idot, *Joël Monéger: Economic Theory and Competition Law, Cheltenham*, Edward Elgar Publishing, 2009.

40. Femi Alese, *Federal Antitrust and EC Competition Law Analysis*, Taylor and Francis, 2016.

41. Alla Pozdnakova, *Liner Shipping and EU Competition Law*, Kluwer Law International, Sold and Distributed in North, Central and South America by Aspen Publishers, 2008.

42. Einer Elhauge, Damien Geradin, *Global Competition Law and Economics*, Hart Publishing Ltd., 2007.

43. Hanns Ullrich, *The Evolution of European Competition Law: Whose Regulation, Which Competition?*, Edward Elgar Publishing, 2006.

44. Mark Furse, *Competition Law of the EC and UK*, Blackstone Press, 2004.

45. Richard Whish, David Bailey, *Competition Law*, Oxford University Press, 2003.

46. Khemani R. Shyam, *A Framework for the Design and Implementation of Competition Law and Policy*, NA, 1998.

47. Brendan J. Sweeney, *The Internationalization of Competition Rules*, Routledge, 2010.

48. Ignacio De León, *An Institutional Assessment of Antitrust Policy: The Latin American Experience Kluwer Law International*, Sold and Distributed in North, Central and South America by Aspen Publishers, 2009.

欧盟国际采购工具法案对中国工程企业参与欧盟公共采购项目的影响与应对

陈　宇*

历经十年的磋商和酝酿,欧洲议会和欧盟理事会在2022年6月23日正式通过了《国际采购工具法案》(International Procurement Instrument,以下简称IPI法案),该法案已在2022年8月底正式生效,有效期5年。可以预期,IPI法案将对非世界贸易组织(World Trade Organization,WTO)框架下的《政府间采购协议》(Government Procurement Agreement,GPA)成员的企业参与欧盟国家政府采购项目造成很大的限制,尤其对中国等新兴经济体国家具有较强的针对性,这将对在欧盟开展经营的中国企业,特别是中国工程类企业产生重大的负面影响。本文通过梳理和研究该法案的立法过程和关键条款,评估其影响以及提出中国企业的应对建议。

一、IPI法案的立法回顾

(一)立法背景

据统计,一个国家的政府采购通常约占其国内生产总值(GDP)的10%~20%。[①] 欧盟的观点认为,其已经在很大程度上向第三国开放了其公共采购市场,因此,希望欧盟企业在外国公共采购市场上有一定程度的对等准入。但事实上,

---

* 陈宇:北京德和衡律师事务所高级联席合伙人,法学博士,美国匹兹堡大学访问学者,高级经济师,北京市涉外律师人才库律师,中国人民大学法学院法律硕士实务导师。

① 以2016年数据统计为例,欧盟的公共采购支出占其当年GDP的13.4%,日本为16.2%,美国为9.4%。

欧盟认为其企业在海外公共采购市场面临很多的障碍，比如，缺乏透明度（没有在线发布通知或程序分散），要求在本国设立公司如合资企业（中国、印度尼西亚）或当地设立（巴西、印度尼西亚），当地原产地要求（印度和印度尼西亚是 50%）或“购买国货”政策（中国、美国）等。早期，欧盟试图在 WTO 2014 年修订的 CPA 的范围内，以多边方式实现这一目标，以及签署《双边自由贸易协定》（Free Trade Agreement，FTA），如《欧盟—日本经济伙伴关系协定》（Economic Partnership Agreement，EPA）等。但结果并不理想，因为许多经济体至今没有加入 CPA 或以双边协定方式向欧盟开放其公共采购市场。欧盟认为，这些事实证明，其很难通过贸易谈判让第三国承诺开放其公共采购市场。在这种情况下，欧盟认为 IPI 法案是在全球范围内追求商业利益的一个合法和必要的工具，通过鼓励贸易伙伴国家参与谈判，促使贸易伙伴国家改善在公共采购领域的歧视性措施，加速开放公共采购市场，实现贸易互惠的目的。①

（二）2012 年草案形成了 IPI 法案的雏形

在 2012 年，欧盟提出了第一版的 IPl 提案供其成员国讨论。其将欧盟公共采购分为“涵盖性采购”（covered procurement，指欧盟已作出关于市场准入的国际承诺）以及“非涵盖性采购”（non – covered procurement，指欧盟未作出任何市场准入的国际承诺），草案仅针对“非涵盖性采购”，即不属于欧盟与第三国之间的国际采购协议或 CPA 规定的争端解决机制的货物和服务。对于非涵盖性采购，在原产国严重缺乏对等的公共采购准入的情况下，该提案设计了两套程序来限制外国产品进入欧盟公共采购市场。一是分散程序，在满足其合同总价值扣除增值税后等于或超过 500 万欧元，并且构成投标的非涵盖货物的比例至少为合同总价值的 50% 的情况下，允许各成员国的采购当局（procuring entity）在经欧盟委员会批准后自行决定将来自第三国的某项投标排除在招标程序之外（草案第 6 条）。二是集中程序，由欧盟委员会发挥核心作用，主要包括进行调查、与第三国谈判和决定采取必要的限制性措施（排除市场进入或价格惩罚），然后由成员国当局在其采购

① See European Commission：Amended Proposal for a Regulation of the European Parliament and the Council on the Access of Third – country Goods and Services to the Union's internal Market in Public Procurement and Procedures Supporting Negotiations on Access of Union Goods and Services to the Public Procurement Markets of Third Countries，NO. 60（COD），2，（2012）.

程序中适用。另外,其他关键条款涉及异常低价竞标(提案第 7 条)和例外情况(提案第 13 条)等。[①]

经欧洲议会和理事会讨论,该草案被认为实施程序过于复杂,特别是它包含了两种不同的程序来启动关闭欧盟公共采购市场,一种是由成员国的主管部门自下而上推动,另一种是由委员会自上而下推动。此外,一些成员国不认为限制进入欧盟市场的措施是鼓励第三国开放市场的正确方式,而且担心该提案可能存在贸易保护主义升级的潜在风险。最后,欧洲议会和理事会未能就提案的正式立场达成一致。

(三)2016 年修正案确立了以欧盟委员会为中心的执法框架

在 2014 年欧洲议会、欧洲理事会的修正案清单基础上,欧盟委员会于 2016 年 1 月 29 日提交了一份修正提案。这次修正案的目的在于消除该法案原来可能存在的负面影响,如导致完全关闭欧盟公共采购市场、增加招标当局和实体的行政负担和欧盟内部市场的分裂风险等。同时,该提案还将重点放在欧盟委员会调查第三国限制性措施所发挥的作用上,并提供了与第三国磋商以消除其歧视性措施这一障碍的途径。其主要的修改内容包括如下几个方面。

程序方面,调整和简化了程序。该提案取消了成员国的分散程序,仅保留集中程序,缩短了欧盟委员会对第三国涉嫌歧视性做法和措施的调查时限,并公开其调查结果,以及这些国家为消除歧视性措施和做法而采取的任何行动,从而提高法案执行中的透明度(修正案第 6 条)。

应对措施方面,取消对第三国完全关闭欧盟采购市场的措施,只留下价格调整措施(修正案第 8 条),惩罚力度较为温和。价格调整措施是指,当投标书中总价值至少为 500 万欧元(不包括增值税)且 50% 的非涵盖货物和服务来自采取或维持歧视性措施的第三国时,该投标将成为价格罚款的对象,最高惩罚上限为 20% 。而且,外国投标人有责任证明非涵盖货物或服务的比例(2012 年的提案中,在存在临时市场关闭措施的情况下,这一义务由欧盟成员国的国家订约当局承

---

① See European Commission: Proposal for a Regulation of the European Parliament and the Council on the Access of Third – country Goods and Services to the Union's Internal Market in Public Procurement and Procedures Supporting Negotiations on Access of Union Goods and Services to the Public Procurement Markets of Third Countries, 124 final, COM(2012).

担)(修正案第8条、第11条)。

调控对象范围方面,扩大了豁免范围,更加聚焦在主要贸易伙伴国。引入两项豁免措施,一项针对欧洲中小型企业,另一项针对原产于享受普惠制待遇的最不发达国家的货物和服务(修正案第4条、第5条)。[①]

总之,2016年修正案的目的在于提高IPI法案的有效性和实用性,弱化其负面影响。这些条款的修订对于法案的最终成型和被欧盟各方认可起到了重要的推动作用。具体包括:

第一,保证了欧盟贸易政策的统一性。

最初法案中的分散程序提供的可选性有关可能会导致产生不同的使用模式和欧盟内部市场的分裂,[②]修正案删除成员国主导的分散程序后,集中程序仅能在欧盟层面做出决定,可以充分考虑所有的法律、经济和政治后果,消除了各个欧盟成员国对待外国商品和服务方面有不同做法的风险,能更好地保持欧盟贸易政策和欧盟内部市场的一致性。[③]随着分散程序的删除,欧盟委员会加强了对限制性措施应用的控制,从而减少了错误应用规则的风险。因此,修正后的提案改善欧盟贸易政策和欧盟内部市场的一致性,有利于欧盟遵守在公共采购领域已作出的国际承诺。

第二,实现IPI调整措施与欧盟贸易政策的延续和平衡。

修正案将可能的限制性措施限制在价格处罚上。因为按照最初的草案,有可能给贸易伙伴传递完全关闭欧盟公共采购市场的错误信号,这与欧盟的开放贸易政策并不一致,也不符合整个欧盟的经济利益。而且,价格惩罚措施只适用于评估过程,不会决定最终投标价格,因此也不会损害招标当局的实际利益。

但从另外一方面来说,删除分散程序和对价格惩罚的限制也可能带来IPI措施有效性下降的风险。

欧盟仍能够利用集中式程序作为限制市场准入的手段,并在任何时候开始对歧视性做法进行调查。价格惩罚措施作为一种不太极端的关闭市场方式,确保欧

① See European Commission: Amended proposal for a Regulation of the European Parliament and the Council on the Access of Third – country Goods and Services to the Union's Internal Market in Public Procurement and Procedures Supporting Negotiations on Access of Union Goods and Services to the Public Procurement Markets of Third Countries, 34 final, COM(2016).

② See European Commission: Impact Assessment Report, section 6.6.2(4), 33.

③ See European Commission: Impact Assessment Report, section 7.1.1(3), 40.

盟市场将在原则上保持开放,同时允许在必要时采取有针对性的措施。更重要的是,修正后的法案将允许采取更有针对性的措施,特别是将限制性措施直接指向在某些中央以下各级政府的可能性。

第三,减少了成员国招标当局的行政负担,提高该法案的执行效率。

首先,根据相关影响进行评估,与分散程序的通知过程有关的行政费用为350万欧元,[①]取消该程序后解除了与通知程序有关的所有潜在风险和负担。其次,欧盟授权成员国预先选择需要适用IPI措施的招标当局或实体,将有助于确保行政能力有限的订约实体不必适用该措施。最后,由于中小企业的规模和能力有限,常常因为烦琐的程序而面临特殊的问题。鉴于修正案提高了投标价值的门槛使较小的公司已经不大可能受到该法案的影响,缩小了方案的适用范围,进一步也减少了招标当局的行政负担。

第四,降低了被第三国贸易报复的风险。

拟议的修正案将允许直接针对第三国中那些对歧视性措施负有实际责任的区域和地方政府,而无须针对整个第三国,这种更有针对性和合理性的措施将进一步减少欧盟被贸易报复的风险。

(四)2021年之后立法程序进一步完善了法案的细节

经过多年的僵局,欧盟成员国最终开始趋向于一个共同的立场。在德国担任欧盟理事会主席期间,修正后的IPI提案重新启动,在葡萄牙担任主席国期间,各成员国对立法文本进行了重要修正并达成了妥协。2021年6月,欧盟理事会与议会同意再次启动IPI法案立法进程。同时,欧盟理事会和议会对欧盟委员会的修订提案做了多处关键条款的修正。

1.将2016年草案中的IPI工具不触发的条件中规定的单个项目投标来自非涵盖国(指非GPA成员国以及未与欧盟签署政府采购双边协议的国家)的份额不超过50%降为不超过15%。

2.将2016年修正案中调查与谈判两个独立流程合并为一个流程,时限也从之前的最多27个月缩短为最多14个月。根据IPI草案的规定,欧盟可以自己发起或者应相关利益方的申请,对未加入GPA或者未与欧盟签订关于政府采购协

---

① See European Commission: Impact Assessment Report, section 6.6.2(6), 34.

议的非涵盖国发起调查，以判定是否在其政府采购程序中对外国企业存在歧视性政策，调查的同时邀请该非涵盖国进行磋商谈判并要求做出整改。如在规定的时间内得出的调查结论为存在歧视性政策且该非涵盖国在规定的时间内未能废除或修改歧视性政策，则可针对该国启动使用 IPI 工具。

3. IPI 调整措施包括：(1)价格评分调整措施，即价格评分时，在报价基础上可最多增加投标评估分数的 40%，用以计算价格得分。如果价格是唯一的获得合同标准，分数调整设定最高为投标评估分数的 100%。IPI 措施被触发时，在进行价格评分前，先对来自非涵盖国企业的报价进行分数调整后再进行排名。该调整仅用于评标过程，与最终签约价格无关。(2)直接排除该国企业参与投标的资格。(3)为上述(1)和(2)的结合使用。

其他重要的修改包括制定了基于投标人的原产地确定程序；调整措施有可能同时考虑使用价格和质量标准；对货物、服务、工程以及特许权实行有区别和有比例的门槛；增加了中标人不得规避 IPI 措施的额外合同义务（"附加条款"）；允许可能出现例外情况，如出于公共政策目的或不相称的价格/成本增加；要求定期修订豁免于该条例的招标当局名单（名单有效期为 3 年，可每 3 年修订一次）等。①

经过这 3 次重要的修改后，欧盟的基本立法思路得以最终确立，即 IPI 以打开非涵盖第三国的公共采购市场为目的，由欧盟委员会为实施主体和各成员国的采购当局为执行主体，在不关闭欧盟市场、不增加贸易报复风险和各成员国执行负担的前提下，以相对温和的价格惩罚措施为主要制裁手段，以第三国中央政府及其次级政府为对象，通过以罚促谈的策略，通过谈判磋商程序迫使非涵盖第三国开放公共采购市场，来解决欧盟单方面开放公共采购市场带来的贸易不平衡问题。

欧洲理事会和欧洲议会于 2022 年 3 月 14 日就建立新的 IPI 草案达成了临时协议。在经过进一步讨论和完善法案条款的细节后，欧洲理事会和欧洲议会于 2022 年 6 月 23 日最终签署了 IPI 法案。

---

① See Marcin Szczepański，EU International Procurement Instrument，European Parliamentary Research Service，PE649.403 – March，(2022) 10.

二、IPI 法案的重要条款解读

IPI 法案包括序言和三章,共 15 条。序言部分介绍了欧盟委员会制定该法案在国际和欧盟层面上的法律依据、出台的贸易背景情况以及法案的重要条款概述和其在欧盟层面的法律基础等,从总体上对法案予以说明。第一章是一般性规定,包括法案针对的主题事项、适用的公共采购范围和法案涉及的重要法律定义、原产地规则等;第二章为该法案的关键条款,详细规定了对第三国的调查和协商程序、IPI 调整措施以及订约主体豁免和例外情况等内容;第三章为其他实施程序、报告和审查制度等条款。现就其中的重要条款分析如下。

(一)事项与定义

1. 主题事项和适用范围

根据 IPI 法案第 1 条的规定,其针对的主题事项(Subject matter and scope of application)是第三国对欧盟运营商、货物和服务进入第三国公共采购和特许权市场的限制性做法,且第三国没有加入 GPA 或以双边协定方式向欧盟开放其公共采购市场。根据该法案,欧盟委员会经调查和磋商程序后有权对第三国的限制性做法在“非涵盖性采购”范围内采取调整措施。①

2. 重要定义

法案中大部分法律概念沿用了欧盟有关指令中的定义,②仅就“分数调整”(score adjustment)、“第三国措施或做法”(third – country measure or practice)、“调整措施”(IPI measure)、“非涵盖性采购”(non – covered procurement)进行了单独的定义。③

3. 原产地规则

原产地规则(determination of origin),是指为了保证法案的调整措施发挥实际的作用,必须能够明确地认定第三国的经营者、货物和服务的法律规定。法案分别对三者制定了确认规则。商品的原产地应根据欧洲议会和理事会第952/2013号条例(欧盟)第 60 条来确定。服务的原产地应根据提供该服务的法人

---

① 参见 IPI 法案第 1 条第 2 款、第 5 款。

② 参见 IPI 法案第 1 条第 2 款、第 5 款。

③ 参见 IPI 法案第 2 条第 1 款第(d)项、第(i)项、第(j)项、第(k)项。

或自然人的原产地来确定。因此,经营者的原产地规则是法案需要解决的关键所在。具体分为以下三种情况。

第一,自然人(natural person)。自然人依据其国籍或拥有永久居留权的国家来确定。

第二,法人(legal person)。法人以是否从事实质性业务活动为标准,法人身份是根据其法律设立,并在其境内从事实质性业务活动的国家。如果该法人没有在其设立的国家境内从事实质性商业活动,则法人的身份应根据对该法人的所有权、财务参与或重要管理事项可能施加直接或间接支配性影响的一个或多个人的身份来确定。①

第三,集团(投标联合体)。如果来自受 IPI 措施限制的第三国经济经营者、货物或服务在一个集团中的占比低于该集团提交的投标价值的 15%,则 IPI 措施不应适用该次投标,除非其提供了至少一项用于集团满足投标资格要求的业绩标准。

所以,以原产地规则为代表的定义部分实现了法案确定适用对象的基础功能,这往往也是许多法律容易出现漏洞的地方,值得中国企业认真对待,特别是值得结合欧盟委员会可能出台的法案细则一并研究。

(二)调查和磋商程序

调查和磋商程序(Investigations and Consultations),是指欧盟委员会可主动或在欧盟、成员国的有关方提出有适当证据的投诉后,对第三国被指控的措施或做法展开调查。②具体步骤如下。

1. 发起调查

欧盟委员会在《欧洲联盟公报》上发布通知,启动对被指控的第三国措施或做法的调查。这种启动通知应包括委员会对第三国措施或做法的初步评估,并邀请有关各方和成员国在规定时间内向委员会提供相关信息。

2. 磋商

欧盟委员会应邀请有关第三国提交其意见,提供相关信息,并与委员会进行

---

① 根据 IPI 法案第 3 条第 1 款(b)项第二段,在下列任何一种情况下,该人或该等人应被推定为对法人具有支配性影响,他们直接或间接:(1)持有该法人的多数认购资本;(2)控制该法人发行的股份所附的多数票;(3)可以任命法人的行政、管理或监督机构的一半以上成员。

② 参见 IPI 法案第 5 条。

协商,以消除或纠正被指控的第三国措施或做法,委员会将定期向成员国通报磋商的进展。

3. 调查终止

如果委员会在调查后发现,被指控的第三国措施或做法没有继续实施,或没有导致欧盟经济运营商、货物或服务进入第三国公共采购或特许权市场的严重和经常性损害,委员会应终止调查,并在《欧洲联盟公报》上发布终止通知。

4. 调查暂停和恢复

如果第三国采取令人满意的纠正行动,消除或补救对欧盟经营者、货物或服务进入第三国公共采购或特许市场的严重和经常性的损害,从而会改善该国公共采购市场的准入。或者第三国在合理的时间内,并在作出承诺后的6个月内,向欧盟承诺结束或逐步取消其限制性措施、做法,包括将现有相关协议的范围扩大到公共采购领域等。在这两种情况下,委员会可以在任何阶段中止调查和磋商。

但如果欧盟委员会认为中止的理由不再成立,有权随时恢复调查和磋商,在调查和磋商暂停或恢复的情况下,委员会应在《欧洲联盟公报》上发布通知。

5. 调查期限

调查应在启动之日起9个月内结束。在有正当理由的情况下,委员会可将这一期限延长5个月,在《欧洲联盟公报》上发布通知,并将这一延长通知第三国、各有关方和成员国。

6. 结束公告

调查和磋商结束后,委员会应公开发布一份报告,列出调查的主要结果和拟议的行动方案。同时,委员会应向欧洲议会和理事会提交该报告。

7. 例外

鉴于欧盟鼓励低收入国家可持续经济增长的政策,欧盟委员会不对最不发达国家在公共采购领域的限制性措施进行调查。①

透明度原则(Transparency Principle)为该程序阶段的重要指导原则,是支撑其调查和磋商程序的合法性基础之一。欧盟委员会通过将该程序的相关信息及时在《欧洲联盟公报》上发布,保证各个利益相关方及时掌握进展。调查和磋商程

---

① 参见欧盟第978/2012号条例附件四。

序的主要价值在于,希望以此来督促非 GPA 的第三国能够主动积极磋商,与欧盟达成公共采购市场准入的协议。而且,欧盟与某一国开展的谈判也会给其他国家施加压力,这也是欧盟立法的核心目的。

(三)IPI 调整措施

IPI 调整措施(IPI measures),是指如果调查证实了限制性措施或做法的存在,而与有关国家的磋商并没有使纠正令人满意,或者如果有关第三国拒绝参与磋商进程,如果欧盟委员会认为符合欧盟的利益,应采取调整结果、排除投标或其组合的调整措施。①

1. 调整措施的考量因素

第一,调整措施应与第三国措施或做法具有相称性,欧盟委员会应选择相称的、能最有效补救欧盟运营商、货物或服务进入第三国公共采购或特许市场的损害程度的措施。

第二,应考虑有关货物和服务的替代供应来源的可用性,以避免或尽量减少对采购当局和采购实体的重大负面影响。

第三,应考虑采取措施是否符合欧盟的利益,应在对欧盟运营商的利益等所有各种利益的整体评估基础上做出调整。

2. 调整措施的门槛条件

调整措施仅适用于估计价值超过门槛条件的公共采购程序。其中,对于工程和特许权,该项目的估计价值应等于或超过 15,000,000 欧元(扣除增值税),对于货物和服务,其估计价值应等于或超过 5,000,000 欧元(扣除增值税)。IPI 调整措施的对象仅针对估计价值较高的大型采购项目,缩小了法案的适用范围,这既保证中小型公司参与的项目已经不大可能受到该法案的影响,也减少了招标当局的行政负担。

3. 调整措施的种类

欧盟委员会要求订约当局或订约实体采取的措施包括:第一,对原产于该第三国的经营者提交的投标书进行分数调整;第二,排除原产于该第三国的经营者提交的投标。

---

① 参见 IPI 法案第 6 条。

4. 调整措施的适用范围

欧盟委员会规定调整措施的适用范围包括：

(1)基于欧洲议会和理事会确定的共同采购词汇的部门或货物、服务和特许权类别，以及任何适用的例外；①

(2)订约当局或订约实体的具体类别；

(3)经营者的具体类别；

(4)等于或高于规定的具体门槛；

(5)分数调整措施的百分比值。

根据第三国和其提供货物、服务、工程、特许权的部门，分数调整设定最高为投标评估分数的50%。在公共采购程序中，如果价格是唯一的获得合同标准，分数调整设定最高为投标评估分数的100%。一项调整措施的结果应在分别明确计算各自部分的百分比值基础上算出。对结果的调整只应适用于评估来自有关第三国的经济经营者提交的投标书的目的，这种措施不影响中标后与中标者签订的合同中所要支付的价格。

5. 调整措施的撤销、暂停与恢复

如果欧盟委员会认为第三国采取了令人满意的纠正措施，以消除或补救对欧盟经营者、货物或服务进入该第三国公共采购或特许市场的损害，或者如果第三国承诺取消有关限制性措施、做法，委员会可以撤销 IPI 措施或暂停其适用。但是，如果事后欧盟委员会认为第三国所采取的纠正行动或承诺已被撤销、中止或不适合在当地执行，其应公开其调查结果，并立即恢复 IPI 措施。

可以看出，从决定到撤销、暂停与恢复，调整措施保留充分的适用弹性，充分说明了施加调整措施不是目的，整个程序一直留有与第三国继续谈判达成协议的空间。

6. 实施期限

一项调整措施应在其生效后 5 年内到期，到期后可以延长 5 年的期限。欧盟委员会应在该调整措施到期前 9 个月，通过在《欧洲联盟官方公报》上发布通知，启动对该投资促进措施的审查。这种审查应在相关通知发布后 6 个月内完成。

① See Regulation (EC) of the European Parliament and of the Council of 5 November 2002 on the Common Procurement Vocabulary (CPV), No. 2195/2002, 1 (2002).

在这样的审查之后，欧盟委员会可以延长投资措施的期限，对其进行适当的调整，或替换不同的调整措施。

7. 招标当局免于适用 IPI 法案的标准

基于合理地减轻各成员国招标当局的行政负担，根据成员国的合理要求，为了在各成员国之间公平分配受 IPI 措施约束的投标程序，欧盟委员会可以通过一份该成员国人口在 5 万以下的行政单位的豁免名单，且这些当局满足从提出豁免请求前的 12 月 31 日起的过去 3 年中签署的合同总价超过属于 2014/23/EU、2014/24/EU 和 2014/25/EU 号指令范围内的上述门槛合同总价值的 80%，才能被授予豁免该名单中的地方招标当局不适用该法案。

8. 中标者的附加义务

在符合一定条件下，[①]招标当局和实体还应在公共采购文件中规定中标人的下述义务：(1) 不将合同总价值的 50% 以上分包给原产于受 IPI 措施限制的第三国的经营者。(2) 对于标的包括货物供应的合同，确保在合同有效期内，为执行合同而提供的、原产于受 IPI 措施限制的第三国的货物或服务不超过合同总价值的 50%，无论这些货物或服务是由中标者直接提供还是由分包商提供。

而且，中标人应向招标当局或应其要求向招标实体提供与(1)或(2)相应的充分证据，最迟在合同执行完成后提供。如果出现不遵守(1)或(2)所述义务的情况，中标人应按合同总价值的 10% ~30% 向招标当局支付费用。可以看出，这条附加义务堵塞了第三国的经营者通过分包的方式间接取得欧盟公共采购项目，从而规避 IPI 法案适用的可能性。

9. 例外情况

在特殊情况下，招标当局和招标实体可以决定不对公共采购程序适用 IPI 调整措施，如果满足以下条件之一：(1) 只有来自受 IPI 措施限制的第三国的经营者的投标书符合投标要求；(2) 出于与公共利益有关的压倒性原因，如公共卫生或环境保护，不采取 IPI 措施是合理的。

这是 IPI 法案为像传染病疫情、地质灾难等突发自然灾害或者特殊招标情况预留了例外开口，保证各成员国在特殊情形下的自主权。目前的规定相对比较原

① 如果公共采购程序受制于 IPI 措施，并且是在框架协议基础上授予合同，且这些合同的估计价值等于或高于第 2014/23/EU 号指令第 8 条、第 2014/24/EU 号指令第 4 条和第 2014/25/EU 号指令第 15 条规定的价值，并且这些框架协议受制于 IPI 措施。

则，有待出台细则进一步明确。但在程序上，招标当局或订约实体决定不采用IPI措施，它应在不晚于签署合同后30日内向欧盟委员会提供各成员国认可的证明材料。

三、对中国企业的影响及应对

（一）IPI法案立法过程中的中国因素

中国问题一直也是欧盟起草IPI法案过程中的一个重要考量因素，这在法案的三个主要立法阶段都有所体现。

在2012年，欧洲议会发布的《关于欧盟和中国不平衡的贸易的决议》中表达了它对中国的关注："外国企业在获得中国公共采购方面面临困难的事实，例如被排除在重大政府采购项目之外（如中国的三峡大坝、鸟巢和其他2008年奥运场馆等），这与进入欧洲公共采购得到保障的事实形成鲜明对比。"并"呼吁欧盟委员会迅速制定……一份欧洲文件，以确保在公共采购市场开放方面的对等性"。[①]

在2016年，欧盟对于中国的态度更加明显。其认为，中国的公共采购市场是巨大的，但在很大程度上没有被欧盟所开发，因为进入这个市场的机会受到法律和政策的限制，有利于国内货物和服务而不是外国货物和服务。虽然中国的公共采购政策不符合GPA，但只要中国不是GPA的签署国，欧盟就不能在WTO法律框架内对其提出疑问和调整。[②]因此，欧盟迫切需要采取单方途径来提出和解决与中国在公共采购方面的不对等问题。

2019年，在欧盟委员会和欧盟外交与安全政策高级代表向欧洲理事会会议提交的《欧盟—中国：关系战略展望》中，提到"中国公司在克罗地亚建造一座桥梁（3.45亿欧元）和在波兰建造水项目（5300万欧元）"，但欧盟公司在获得中国以及其他外国市场的采购机会方面经常遇到困难。特别是在欧盟公司具有高度竞争力的行业（如运输设备、电信、发电、医疗设备和建筑服务）。而且，这种保护主义趋势正在上升。进而，在其中提出的塑造双边战略关系10项具体行动中明确提出，"促进互惠并开放在中国的采购机会，欧洲议会和理事会应在2019年底前

---

① See *European Parliament Resolution of* 23 *May* 2012 *on EU and China*: *Unbalanced Trade*? https://www.europarl.europa.eu/doceo/document/TA-7-2012-0218_EN.html.

② See Gisela Grieger, *Why China's Public Procurement is an EU Issue*, European Parliamentary Research Service, PE 593.571, p. 2.

通过《欧盟国际采购工具法案》"[①]。

在国际贸易层面,欧盟一直试图在2014年修订的GPA的范围内,以多边方式实现这一目标,签署方包括加拿大、欧盟、日本、英国和美国等。欧盟也尝试以双边方式,通过签署自由贸易协定,如欧盟—日本EPA的政府采购章节。然而,结果是好坏参半,因为许多新兴经济体仍然没有加入GPA或以双边方式向欧盟开放其公共采购市场,如巴西、中国、印度和俄罗斯等主要新兴经济体。而且,中国与欧盟之间持续多年的贸易顺差问题更为突出。特别是从2016年以来,中国一直居于欧盟前五大逆差来源地的首位,且差额逐年增长。这导致双方多年来在反倾销、技术性贸易壁垒、保障措施和知识产权等领域的贸易摩擦持续不断,[②]欧盟也不断强调中国必须采取应对措施来改变贸易一直失衡的局面,贸易失衡已经是影响双方关系的一个重要因素。同时,由于多方面的因素,中国加入GPA的谈判进展缓慢,导致中国的公共采购市场并没有对欧盟企业开放,欧盟由此一直将中国视为在公共采购领域采取歧视性措施的典型对象之一。所以,这些因素都促使欧盟将中国问题作为制定该法案的一个重要因素,意图推动甚至是迫使贸易伙伴国家参与GPA谈判,加速开放公共采购市场。从这个意义上看,IPI法案有可能成为中欧贸易摩擦的一个新的领域。

(二)给中国工程企业提出的应对建议

首先,在国家层面上,各国的贸易政策博弈是长期的和根本性的,这有待于我国政府适时出台相应的应对措施。而企业本身仅仅是这种国家间利益博弈的着力点,事实上处于相对被动的地位。但这并不意味着中国企业只能无所作为,最为可行的是,是否能够通过合理利用和规避IPI法案的不利规则,为中国企业提供一些有参考价值的应对思路。具体包括如下。

1. 在参与项目方式上,与外国企业开展多种形式的合作

在总结现有与跨国企业在第三方市场合作经验的基础上,中国企业可以在对外承包工程的设计咨询、造价咨询、投融资、工程建设标准化、建设施工和运营管

---

① See *Joint Communication to the European Parliament, the European Council and the Council EU – China – A strategic outlook*, https://ec. europa. eu/info/publications/eu – china – strategic – outlook – commission – contribution – european – council – 21 – 22 – march – 2019_en.

② 参见黄辉:《中欧贸易摩擦》,社会科学文献出版社2005年版。

理等方面，深化与有意愿的国家、国际组织、大型跨国企业、国际金融机构等方面开展多边合作。①

在股权投资方面，中国企业既可以通过成立属地公司等方式推进属地化建设，提高本土化成分，也可以以收购、参股、合资等方式（占比不超过15%）与国际承包工程企业合作，支持参股企业以直接参与投标的方式来间接参与欧盟项目，为高水平参与项目竞争创造便利化条件。

在分包方面，中国工程企业可以作为专业分包商参与欧盟项目，同时控制不超过参与项目合同总价值的50%。例如，在工程项目的投融资、设计咨询、设备采购、建设施工、运营管理等多个方面进行参与，不断提升国际竞争力，有利于推动对外承包工程发展向产业链高端延伸。

2. 在项目选择上，合理选择招标项目

中国企业可以关注IPI法案管辖之外的当地项目，以及该法案的例外条款中的项目，寻找参与欧盟项目的机会。

在非欧盟资金支持的项目方面，中国企业可以关注多边开发银行资助的上海米昂木业有限公司、私人投资的项目和惠及民众的“小而美”民生项目。民生项目相对来说规模小、周期短、经济和社会效益较好，当前“小而美”项目成为我国对外合作的优先事项，特别是聚焦清洁能源、农业经济、卫生健康、文化教育等领域，将得到我国对外援助资金的重点政策支持。②

在IPI法案的例外条款方面，一是关于招标方，欧盟将来发布的免于适用法案的采购当局清单，关注在例外清单上的招标当局发布的招标项目。二是关于投标要求，中国企业可以寻找不对公共采购程序适用IPI调整措施的招标项目（满足投标方唯一、公共卫生或环保因素等），但这类项目更有赖于欧盟委员会和招标方，其范围和程度有赖于该法案落实的情况。

3. 密切跟踪IPI法案的实施进展，及时调整和制定有针对性的应对措施

首先，IPI法案为欧盟实际执行法案预留了一定的弹性空间。其明确规定，是否采取IPI调整措施需要考量与第三国限制性措施的相称性、替代供应来源的可用性、符合欧盟利益的整体性三个重要因素。这些规定为欧盟委员会实际执行法

① 参见《关于促进对外承包工程高质量发展的指导意见》，商合发〔2019〕273号。

② 参见《关于推进共建“一带一路”绿色发展的意见》，发改开放〔2022〕408号。

案提供了灵活性,法案的实际执行还需要结合中欧政治和贸易关系的实时变化等外部因素来调整。其次,现在法案的条款规定较为原则,法案的实施情况有待进一步考察。例如,评分调整措施、豁免 IPI 措施清单的认定等具体程序标准和要求都有待于欧盟委员会在明年发布实施细则,才能提供更为具体和详细的执行细节来支持该法案的实施。①所以,中国企业有必要密切跟踪,通过更长时间的观察和研究,再进一步完善企业内部的合规制度和制定具体的应对措施。

参考文献

1. European Commission: Amended Proposal for a Regulation of the European Parliament and the Council on the Access of Third – country Goods and Services to the Union's internal Market in Public Procurement and Procedures Supporting Negotiations on Access of Union Goods and Services to the Public Procurement Markets of Third Countries, NO. 60 (COD), (2012).
2. European Parliament, Draft Second Report on the Proposal for a Regulation on the Access of Third – country Goods and Services to the Union's Internal Market in Public Procurement, 27 July 2021.
3. European Commission: European Commission Takes Action to Open Up International Procurement Markets, Press Release, 29 January 2016.
4. European Commission: Commission Reviews Relations with China, Proposes 10 Actions, Press Release, 12 March 2019.
5. European Commission: Mission Letter to Trade Commissioner Hogan, September 2019.
6. Council of the EU, Trade: Council Agrees its Negotiating Mandate on the International Procurement Instrument, Press Release, June 2021.
7. *European Parliament*, *EXPO*, *Public procurement in international trade*, Study, October 2012.
8. *European Parliament*, *EPRS*, *Reciprocal Access To Public Procurement Markets*, Blog Post, January 2014.
9. *European Parliament*, *EPRS*, *Why China's public procurement is an EU issue*, At a glance, 2016.

① 参见 IPI 法案第 12 条。

10. *European Parliament*, *EXPO*, *Openness of public procurement markets in key third countries*, Study, July 2017.

11. *European Parliament*, *EXPO*, *Foreign subsidies and public procurement*, In – depth analysis, September 2021.

12. *European Parliament*, *EPRS*, *EU international procurement instrument*, EPRS briefing, March.

公司集团跨境破产的路径选择及立法创新

——“一带一路”视域下欧盟新《破产程序条例》最大亮点述评

贾树学　刘锡富*

随着我国“走出去”及“一带一路”倡议的实施，近几年中国企业对欧盟投资迅速增长，根据商务部《中国对外投资发展报告(2018)》，近5年中国对欧洲地区投资存量增长3.1倍，2017年中国对欧洲地区直接投资流量更是创历史最高值，达184.6亿美元，同比增长72.7%。① 作为中国重要的贸易伙伴及主要投资目的地，欧盟区域内贸易及投资法律环境的评估一直是律师实务的重要组成部分。现阶段对国外投资法律环境的评估，多局限于资本进入、合规经营、反垄断、劳工及环境风险等方面的内容，而对投资目的地破产法律制度，特别是公司集团破产的立法及司法现状几乎没有涉及，一旦投资主体在目的国经营陷入困境，在通过破产方式退出市场或对企业进行重整的过程中，如果对当地破产法律制度缺乏深入了解，中国公司无论是作为债务人还是债权人，其破产利益的维护将面临极大的法律风险。鉴于此，本文对2017年在丹麦之外，欧盟全境内生效的欧盟新《破产程序条例》的全新内容——公司集团破产作立法论及解释论阐述，以期对我国“走出去”及“一带一路”倡议的实施，乃至下一步我国有关跨境破产法律制度的完善有所裨益。

---

* 贾树学：山东德衡律师事务所兼职律师，青岛科技大学副教授。
刘锡富：山东德衡律师事务所合伙人、企业重组与破产业务中心秘书长。

① 参见《中国对外投资发展报告(2018)》，载中华人民共和国商务部网，http://www.mofcom.gov.cn/article/gzyb/。

一、全球范围内公司集团跨境破产立法现状

作为企业跨境破产领域的代表性立法成果，联合国国际贸易法委员会《跨境破产示范法》、[①]欧盟原《破产程序条例》[②]（以下简称原《条例》）及美国新《破产法》第15章，[③]都没有任何涉及公司集团跨境破产的内容，其所有制度设计都是基于单一企业法人主体的破产。这主要有两方面的原因：一是《跨境破产示范法》及原《条例》的制定或生效时间都在20世纪90年代，[④]且其整个立法过程涵盖的时间还要向前推移，[⑤]当时公司集团现象没有现在明显，公司集团对全球经济的影响力、集团破产固有的复杂性及造成的司法困境尚未得到充分体现；二是公司集团本身结构及法律关系的复杂性叠加破产情形及跨境因素，使立法者在尚无确定立法进路可循的情况下"谨小慎微"，这也正是原《条例》在制定时故意将公司集团破产制度留待日后规定的原因。[⑥] 但随着全球经济一体化进程的加快，由多层次法人实体架构而成的公司集团，作为企业降低经营风险及提高经营效率的一种组织形式，快速在全球范围内发展起来，相应地，公司集团破产案例也越来越多，特别是在全球性经济危机情形下更是如此，欧盟至今尚未从2008年金融危机造成的经济衰退中恢复元气。公司集团大量破产与立法领域的步履蹒跚，使欧盟及世

---

① 参见UNCITRAL Model Law on Cross – border Insolvency，1997年12月15日联合国国际贸易法委员会第72次全体会议通过。

② 其英文全称为Council Regulation（EC）No. 1346/2000 of 29 May 2000 on Insolvency Proceedings，以下简称Regulation（EC）1346/2000。

③ 美国新《破产法》的全称为《破产滥用预防及消费者保护法》（Bankruptcy Abuse Prevention and Consumer Protection Act of 2005），其第15章有关跨境破产的内容全面移植了联合国贸易法委员会公布的《跨境破产示范法》，于2005年10月17日生效。

④ 虽然欧盟《破产程序条例》生效是在2002年，但其前身是1995年的《欧盟关于破产程序公约》，该公约制定后因当时没有完成各成员国的签署而夭折，1999年生效的《阿姆斯特丹条约》赋予欧盟理事会在民事司法合作方面的立法权，其制定的条例、指令无须经成员国签署条约的形式即可在各成员国生效，由此，欧盟理事会将1995年《欧盟破产程序公约》直接转化为《欧盟破产程序条例》，并于2002年5月31日生效，直接适用于除丹麦外的欧盟成员国。美国新《破产法》第15章则是移植了联合国公布的《跨境破产示范法》的主要内容。

⑤ 就欧盟而言，实际上从欧共体时期就已经开始了跨境破产的立法尝试并先后制定了数个有关跨境破产的公约草案，除上述《破产程序条例》外，还有如《欧共体破产公约草案》（1970年、1982年）及《关于破产的某些国际方面的欧洲公约》（1990年）。

⑥ See Burkhard Hess, Paul Oberhammer & Thomas Pfeiffer: *External Evaluation of Regulation No.* 1346/2000/*EC on Insolvency Proceedings*，JUST/2011/JCIV/PR/0049/A4，5.2.1.，该评估由欧盟委托海德堡大学及维也纳大学进行，故该文件一般被称为"Heidelberg/Vienna Study"，本文以下也将其简称为Heidelberg/Vienna Study。

界主要经济体在司法领域无法摆脱困境。随着“欧洲 2020 发展战略”[①]的提出，作为司法领域支持欧洲经济增长及稳定就业的重要措施，以促进企业拯救为出发点[②]的跨境破产制度的改革被提上议事日程，作为这次修法的重要组成部分，公司集团跨境破产制度应运而生。

经过欧洲议会、欧盟委员会及欧盟理事会长达数年的讨论和审议，2015 年 5 月 20 日，欧盟跨境破产立法改革的最新成果——新《欧盟破产程序条例》（以下简称新《条例》）正式公布，并于 2017 年 6 月 26 日在除丹麦外的欧盟各成员国生效，作为有约束力的法律文件，在全球范围内开公司集团跨境破产立法之先河。本次改革在保留原基本框架的前提下，对原《条例》进行了大幅修订及增补，内容涉及跨境破产几乎所有的基本制度，其中在适用范围、破产管辖、法律适用、承认与执行、跨境合作等方面主要是进行了完善性修订，而破产公示制度及公司集团破产制度则是增加的全新内容。破产公示制度比较简单，且以往跨境破产国内立法方面也多有涉及，但关于公司集团跨境破产制度，从具有普遍约束力的立法层面上讲，在全球范围内欧盟迈出的是具有里程碑意义的一步，[③]这也使公司集团跨境破产成为这次欧盟跨境破产制度改革的最大成果及亮点，其实施及今后的司法实践必将对全球公司集团跨境破产的立法及司法实践产生重要影响。下文首先阐述公司集团跨境破产立法的必要性，在分析欧盟对公司集团跨境破产立法路径的选择后，对新《条例》增设的公司集团跨境破产制度的具体规则进行阐述与评析。

二、公司集团破产面临的司法困境及立法必要性

公司集团跨境破产的立法必要性，从宏观层面上来说，是对全球经济一体化进程中公司集团快速发展、集团破产案例不断涌现的司法必要性的立法呼应，而从微观层面上来看，其必要性则体现在原《条例》中传统“分别破产”原则对公司集团破产现实的不适及相应立法缺失所造成的司法困境。

由于原《条例》所有的规则设计都是基于单一法人实体，在公司集团破产情形下，“如果没有其他立法授权或者没有可以对破产进行干预的司法裁量权，独立实

---

① See Europe 2020 – A European Strategy for Smart, Sustainable and Inclusive Growth.

② 《破产程序条例》侧重传统的破产清算，负责破产事务的人通篇用的是“liquidator”即“清算人”一词。

③ 德国虽然早于欧盟启动了有关公司集团破产的立法，但至今尚未颁布。

体原则的运用意味着每个实体都必须单独地加以审查,进行单独的破产管理"①,各破产程序之间相互独立,没有法定的协作义务,也没有协调进行重组的义务,这将有悖于欧盟当下拯救企业及稳定就业的破产目标的实现,因为分别破产使集团内部各成员之间原来存在的、基于公司法的"协同效应"丧失,直接影响集团整体破产财产价值的最大化及集团重整的实现。② 比如,在典型的集团模式——母公司负责最终产品生产、位于其他成员国的子公司负责零部件生产或产品销售的公司集团模式下,各子公司发挥着类似"营业所"③(establishment)的职能,受母公司的垂直管理与控制,在没有破产程序启动的情况下,母公司及各子公司之间的法律关系及利益调整受公司法规则的约束,但一旦某一子公司进入破产程序,子公司与母公司及子公司相互之间基于公司法规则的组织架构及法律关系将不再发挥作用,因为进入破产程序后,公司将由清算人接管,清算人在履行自己职责时遵循的是破产法规则而非公司法规则,即使母公司想继续保留该子公司在集团内的职能或在当地的销售渠道,但从法律上却可能无法阻止子公司清算人及债权人通过尽快清盘实现破产利益,一旦发生,这将对集团原有组织架构、业务运行的协调性及整体性造成严重损害。在集团整体陷入破产情形下,如果多个子公司都照此单独行动,将对破产的有效进行、破产财产价值的最大化及集团重整带来极大的负面效应。

在对破产财产价值的影响方面,欧盟委员会对原《条例》的《适用效果评估报告》④专门以 KPNQwest 破产案为例加以说明。在 KPNQwest 案中,KPNQwest 在多国拥有经营电缆的子公司,当位于丹麦的母公司 KPNQwest N. V. 宣告破产时,很多子公司也不得不进入破产程序,因实行分别破产,各子公司在电缆出售上各自为政,难以进行有效协调,最终所得收入远低于集团如果整体出售时的可得收益。

---

① 联合国国际贸易法委员会第五工作组第 31 届会议:《破产中的公司集团的处理办法》,A/CN. 9/WG. v/WP. 74/Add. 1,第 2 段 2006 年 12 月发布。

② See Janis Sarra, *Legal and Governance Issues in Dealing with Cross - Border Business Enterprise Group Insolvencies*, Rev. 2 Int. Insolv. ,2008 ,p. 1 ,4.

③ "营业所"是原《条例》规定的单一法人破产情形下启动一个从属破产程序的依据。

④ See European Commission, Commission Staff Working Document :IMP Act Assessment Accompanying the document Revision of Regulation (EC) No. 1346/2000 on insolvency proceedings ,Strasbourg, 416 final, 3. 2. 3, SWD(2012).

另外,分别破产将使集团或各公司重整的希望变得渺茫,或至少极大增加重整的难度。在上述典型公司集团架构下,集团各独立实体承担不同的职能,内部资源如销售渠道、财务管理、知识产权及售后服务等也会在集团内部各子公司之间进行协调利用,任何子公司在缺少对集团内部的资源利用及协调后,很难重整成功,进而影响整个集团的重整,这直接与欧盟当下拯救濒危企业以实现经济复苏与增加就业的战略目标不符。公众调查中,49%的答复者认为原《条例》不足以应对现在公司集团破产的形势。① 对公司集团破产进行立法,可以说欧盟已经到了不得不为之时。

三、基本模式的选择:"协调"而不"合并"

如上所述,以独立法人实体为基础分别破产的既有原则与破产效率的提高、财产价值的最大化及集团重整背道而驰,已越来越无法适应公司集团破产的司法现状、欧盟当下经济形势及长远发展战略。要破解这一司法困局,必须借助立法以打破各成员破产程序之间的樊篱,加强各成员破产程序间的合作(cooperation)与协调(coordination),直至破产的合并(consolidation)。分别破产—合作协调—合并破产,这一由弱到强的集团破产统一化进路之终极理想即合并。②

破产合并的核心是"一集团,一程序,一财产",即针对一个公司集团启动一个破产程序,由一个法院管辖,适用统一法律,对集团所有财产进行合并并在集团所有债权人中进行分配,对各子公司的民事责任也不进行区别划分。但破产合并面临诸多难以克服的理论及现实障碍。

第一,财产及责任独立是公司人格独立的本质及内在要求,破产合并中对各法人实体财产及责任的混同,将从根本上颠覆公司法所确立的公司人格独立及有限责任之经典原则,但"公司具有独立的法人地位及有限责任原则仍然被各国公司法及破产法奉为圭臬"③。

第二,作为集团基本构成单位,子公司独立人格、独立财产与责任独立性的丧

① See European Commission, Commission Staff Working Document :IMP Act Assessment Accompanying the document Revision of Regulation (EC) No 1346/2000 on insolvency proceedings ,Strasbourg, 416 final, 3.2.3, SWD(2012).

② See Robert van Galen, The Recast Insolvency Regulation and Groups of Companies, Yale 16 ERA Forum 16, 247(2015).

③ 解正山:《跨国破产立法及适用研究——美国及欧洲的视角》,法律出版社2011年版,第159页。

失,将导致公司集团所具有的分散风险及提高效率的基本价值不复存在,公司集团这种商业组织结构也就失去了存在的意义。

第三,破产程序间的利益冲突。非破产情形下,集团所有债权人债权都能够得到偿付,各子公司之间并无明显利益冲突,但一旦进入破产,各子公司的利益冲突则会凸显出来,此时,各子公司的利益是其各自债权人的利益,在集团整体破产财产一定并在集团所有债权人中统一分配的情况下,某一子公司债权人相较单独破产时破产利益的增加,意味着另一子公司债权人相较单独破产时破产利益的减少,这样,各自管辖范围内财产不等的不同破产程序,在对待破产程序是否合并的问题上无疑会持截然不同的立场。剩余财产在集团所有债权人中重新分配,背离了债权人交易之时的法律评估及对本来合法利益的期待。

第四,成员国间法律冲突。各成员国破产法及与破产相关法律上的差异所导致的私法冲突,也是欧盟跨境破产统一化进程中立法者无法回避的现实。欧盟内部并非所有成员国都对公司集团破产作出了制度安排,即使已经对此立法的国家,具体制度上也存在巨大差异。比如,法国法律允许母公司破产程序在一定程度上延伸扩展至子公司,而德国则严格坚持公司法人人格独立原则;另外,一些由公司法规定但只有在公司破产时才发挥作用的规则,如有关破产责任的规定,各成员国的规定相互之间也存在巨大差异,有些国家公司法规定了母公司对子公司债务承担全部责任,有些成员国则严格区分母、子公司的责任;还有某些特定情形下可能会使母公司对子公司承担责任的规则如“刺破公司面纱”(piercing of the corporate veil),各国规定也不尽相同。类似这些破产情形下适用而各国规定相异的特定规则,经过多年的实践检验已根植于各国具体国情,如果忽略这些差异冒进统一立法,其实施效果将难以保证。

基于对上述各种因素的考量,欧盟立法者在公司集团跨境破产立法路径的选择上没有冒进,而是选择了一条相对温和的路线:对集团公司各破产程序进行“协调”而不“合并”。在明确规定破产参与人合作与沟通义务、强化破产执业人职权的同时,创设全新、独立的“集团协调程序”(group coordination proceedings)加强对各破产程序的协调,从而为欧盟内部公司集团破产制定了一套完整的程序规则。

四、协调模式的选择:创设独立“集团协调程序”

欧盟在以往公司集团跨境破产实务中主要存在以下两种协调模式:第一种是

通过管辖权规则，将各子公司的主要利益中心（Center of Main Interests，COMI）定位于母公司主要利益中心所在地，从而实现母公司所在地法院对各子公司“主要破产程序”的统一管辖，又称为“集团主要利益中心”模式；第二种是母公司破产程序与各子公司破产程序之间借鉴原《条例》单一法人实体破产情况下的主、从程序[①]之间的协调模式，从而实现对集团各破产程序的协调，其中母公司破产程序认定为主要程序而各子公司破产程序认定为从属程序，该模式被称为“主、从程序协调模式”[②]。但最终欧盟并没有选择其中任一协调模式，而是创设了全新的独立“集团协调程序”。下面对上述两种协调模式进行分析，以便更好地理解欧盟在集团破产程序协调问题上的路径选择。

（一）“集团主要利益中心”（Group COMI）模式

该模式主要是通过主要破产程序管辖标准——“主要利益中心”的认定这一工具来实现各程序间的协调，即在子公司管理职能主要来自母公司管理层的情况下，将母公司管理职能作为认定子公司“主要利益中心”的决定因素，从而将子公司“主要利益中心”定位于母公司“主要利益中心”所在地，进而实现母、子公司主要破产程序都由母公司所在地法院管辖并统一适用该法院所在地法，有时甚至为所有平行程序指定同一破产清算人。该模式首先由英国法院在司法实践中适用，此后被欧盟许多其他成员国借鉴，从“主要利益中心”理论角度被称为“总部机关”（head office）理论或“管理中枢”（mind of management）理论。

该模式在欧盟司法实践中经历了一个从否定到接受的过程。根据原《条例》的规定，“在没有相反证据的情况下，公司注册办公地被推定为其主要利益中心所在地”[③]，所以，要将各子公司主要利益中心定位于母公司主要利益中心所在地，首先要推翻子公司“注册办公地”这一推定的“主要利益中心”，具体到“集团主要利

---

① 单一公司法人破产情形下，新《条例》继承了原《条例》的主、从破产程序模式：将公司主要利益中心（COMI）所在地启动的破产程序作为“主要破产程序”（main proceeding），其在成员国会得到自动承认，具有普遍效力，同时为保护其他成员国债权人利益，允许在公司存在营业点（establishment）的成员国启动“从属破产程序”（secondary proceedings），但其效力仅限于该成员国境内的财产。

② 另外一种建议比较多的模式是为母子公司所有破产程序指定统一破产清算人。See European Parliament，REPORTwith recommendations to the Commission on insolvency proceedings in the contex of EU company law，part Ⅲ，para. 1. c.，另外，提出该模式建议的成员国还有塞浦路斯、芬兰、荷兰、斯洛文尼亚等。

③ 参见有关破产程序的理事会第 1346/2000 号条例（EC）。

益中心”模式，就是母公司对子公司的管理职能能否作为推翻各子公司“注册办公地为其主要利益中心”之推定。在 Eurofood 案[①]中，欧盟法院明确强调，只有客观且为第三人所明知的事实，且该事实足以证明公司主要利益中心并非位于其注册办公地时，注册办公地这一推定的“主要利益中心”才能被推翻，且指出“如果一公司在其注册地所在成员国开展业务，仅存在其经济决策由母公司作出或其受母公司控制之事实，不足以推翻原《条例》对‘主要利益中心’所做的推定”[②]。另外欧盟法院还特别指出，只有一种情形下原《条例》对“主要利益中心”的推定可推翻，即在其注册地成员国不存在任何业务的信箱公司（letterbox company）。[③] 这表明欧盟法院对原《条例》第 3 条第 1 款采取了狭义解释，通过严格的形式标准，将可推翻“注册办公地为主要利益中心”这一推定的因素限定在类似信箱公司的非常极端的情形，这就基本上封杀了“集团利益中心”模式在公司集团破产中的适用空间。不过在此后的 Interedil 案[④]中，欧盟法院采取了相对务实的态度，没有继续遵循 Eurofood 案对原《条例》第 3 条第 1 款的狭义解释，而是表明在确定一个公司的主要利益中心时，应给予公司行政中心更多的重视，如果公司行政中心不在其注册地，且对所有相关事实的综合评估表明公司的管理监督中心及利益管理中心位于另一成员国，则原《条例》第 3 条第 1 款所作的推定可以被推翻。[⑤] 这就为“集团利益中心”模式在公司集团破产中的适用留下了空间。

该模式在此后的司法实践中取得了一定成功，通过将母、子公司所有主要破产程序集中到母公司所在地，所有破产清算人（或指定的单一破产清算人）在母公司所在地——也是集团重大事项通常决策地的法院，就集团清算或重组事宜进行协调并作出决定，能“一定程度上避免高度一体化的集团在破产中沿用传统破产法，背离破产法对效率价值目标的追求”[⑥]。不过，该模式面临的现实障碍是公司集团架构的多样性及复杂性。子公司管理职能源自母公司的情形只存在于内部

---

① See Eurofood IFSC Ltd. , Case C – 341/04, [2006] ECR I – 3813, Judgment of May 2006.

② 见 Eurofood 案判决第 36 段。

③ 见 Eurofood 案判决第 35 段。

④ See Interedil Srl *v*. Fa. . imento Interedil Srl, Case C – 396/09, [2011] ECR I – 09915, Judgment of October 211.

⑤ 参见 Interedil 案判决第 59 段。

⑥ 张玲：《欧盟跨界破产管辖权制度的创新与发展——“主要利益中心”标准在欧盟适用的判例研究》，载《政法论坛》2009 年第 2 期。

管理及业务高度一体化的公司集团，而有些公司集团，包括母公司在内的各成员，其无论是管理还是业务都是独立运行的，特别是在现代市场经济环境下，有些公司集团母公司的设立可能仅仅基于规避某些法律规则或实现特定的财务目的，在这些情况下，任何一个子公司的主要利益中心都难以定位到母公司主要利益中心所在地。所以新《条例》最终并未采纳"集团利益中心"作为公司集团破产的协调模式。不过如上文所述，其采纳了 Interedil 案的观点，对在什么情况下"注册办公地为公司主要利益中心"可被推翻的问题作出明确规定①，并放弃了 Erofood 案的狭义解释，从而为"集团利益中心"协调模式的实现打开了一扇窗。新《条例》前言第 53 条明确规定："如果法院发现这些子公司的主要利益中心位于同一成员国，公司集团破产程序规则的引入，并不限制在同一管辖法院启动数个针对集团子公司的破产程序。"但要注意的是，这仅限于"公司的主要利益中心位于同一成员国"的情形，而非公司集团破产普遍适用的规则。

（二）主、从程序协调模式

很多情况下公司集团中母、子公司破产程序间的关系与单一法人破产情形下的主、从破产程序非常相似，此情形下公司集团中各子公司虽是独立法人，但其职能则类似于单一法人情形下的"营业点"（establishment），所以单一法人实体破产中的主、从程序协调模式在很多公司集团破产案例中得到了运用。在单一法人主、从程序破产模式下，主、从程序的合作与协调主要规定在原《条例》第 31 条、第 33 条及第 34 条。其中第 31 条规定的是主、从程序间信息交流与合作的义务，属于相对"软性"规定（soft measures），对从属程序没有实质性影响，但第 33 条及第 34 条则规定了主要程序对从属程序的特定权力，其中第 33 条规定了主要程序请求从属程序全部或部分中止清算的权力，第 34 条规定了主要程序终止从属程序的权力。

在公司集团破产情形下，赋予母公司破产程序类似于主要程序的主导性权力，对提高集团破产的整体效率特别是提高集团重组的可能性当然具有明显的积极作用，但无法否认的是，"主要利益中心"及"营业点"对应的主、从破产程序与母、子公司各自对应的破产程序在法律关系上是完全不同的。在单一法人情形

① See Council Regulation（EU）No. 2015/848，Whereas（30）.

下,因为“营业点”不具有法人资格,从公司法层面来说并不存在“营业点债权人”,有的只是“公司债权人”,所有债权人明知的交易对象是该“公司”而非某一“营业点”,破产实体只有一个即该公司法人,只是考虑到跨境的特殊因素,类似原《条例》的有关跨境破产的国际法将该法人的破产分为主、从两个或以上程序,并赋予主要程序更多的主导权,这并没有破坏公司法原则。而在公司集团破产情形下,多个破产程序的存在及各程序的独立并非类似原《条例》的国际法的选择,而是公司人格独立这一公司法原理的基本要求,不能仅仅基于跨境破产对效率的追求而为各独立实体的破产贴上“主、从”标签,从而改变公司法基本原则。[①]

就原《条例》第 34 条主要程序对从属程序的终止权来说,在公司集团破产情形下,无论母公司还是母公司债权人,在法律关系上其都不是子公司的债权人,其无权将母公司或集团诉求强加于子公司,也无权要求母、子公司债权人必须平等受偿,是否通过重组等方式终止破产程序也必须由子公司的债权人自己决定;子公司债权人没有义务为了拯救母公司而牺牲自己的利益。再看原《条例》第 33 条主要程序请求从属程序中止的权利,中止条件是“并非明显对主要程序债权人没有利益”(not manifestly of no interest to the creditors of the main proceedings),而问题是,公司集团情形下并不存在“主要程序债权人”,存在的只是各子公司的债权人,那么要中止某一子公司破产程序也必须以“集团整体利益”之名而为之,但同样,子公司及其债权人并没有这种义务,因为公司法层面上不仅子公司没有以自己财产协助拯救母公司的义务,相反,出于保护子公司债权人利益,一般禁止子公司的财产向母公司转移。

另外,公司集团破产情形下,不同法人实体的存在是债权人交易时合法期待利益的基础,其有权就特定的债务人法人实体通过其认为合适的方式实现其破产利益,该特定债务人的破产财产只能用于清偿该法人的债权人。该理念在欧盟法院案例中也得到了体现,在 Eurofood 案及 Rastelli 案[②]中,欧盟法院明确表示,在原《条例》建立的破产体系中,具有独立法人资格的债务人其破产管辖权具有独立性。[③]

总之,在公司集团破产情形下,尽管中止或终止某些程序对于集团所有破产

---

① 许多国家如瑞典、马耳他、波兰、斯洛文尼亚及瑞士等也在其提交的报告中都明确指出主、从破产程序模式不能简单适用于公司集团破产。

② See Rastelli *v.* Hidoux, Case C – 191/10, [2011] ECR I – 13209, Judgment of December 2011.

③ 参见 Eurofood 案第 30 段及 Rastelli 案第 25 段。

程序的协调、集团重组甚至整体出售等方面都会产生显著的积极作用,但公司法层面上,无论母公司还是其他任何主导性公司都无权将破产程序中止或终止的义务强加于任一子公司,即在公司法层面上集团内不存在"特权"公司法人。这一公司法原理成为新《条例》采纳"主从破产程序模式"难以逾越的法理障碍。

(三)新《条例》的选择

在"主要利益中心"概念难以适应公司集团复杂多样的架构形式,主、从破产模式难以逾越公司法法理障碍的情况下,欧盟立法者及理论界不再追求通过某一确定的标准来确认母公司或某一特定公司在集团破产协调中的主导作用,而是选择了相对比较温和的市场经济导向模式,即在不划分各破产程序等级的前提下,赋予各破产程序平等的集团协调程序启动权,并通过独立协调人保证协调程序的独立性。新《条例》中集团协调程序的具体内容见下文。

五、公司集团跨境破产制度的主要内容

基于对公司集团复杂架构下各成员破产利益的冲突及各成员国间法律差异的现实考量,在公司集团跨境破产立法路径的选择上欧盟终究没能迈出"合并"的一步,而是选择了通过合作与协调来实现对各破产程序的管理;在协调模式的选择上,新《条例》没有追求母公司破产程序或某一子公司破产程序的主导性,而是寻求一种市场经济导向性协调模式,在该模式下,集团所有成员没有等级上的主次,所有程序之破产执业人(insolvency practitioner,原《条例》用的是"破产清算人")①都有权行使原《条例》第 33 条规定的中止请求权或按第 34 条提出自己的重组计划,提出最佳解决方案的破产执业人将主导整个集团的重组。一般情况下,集团内规模及作用小的子公司不太可能提出类似方案并发挥主导作用;②同

---

① "破产执业人"是新《条例》规定的概念,替代原《条例》"破产清算人"(insolvency liquidator)一词,旨在契合新《条例》适用范围的扩大。除破产清算程序外,新《条例》将"破产前程序"(pre - insolvency proceedings)及以重整为目的的"债务人占有程序"(debtor - in - position proceedings)纳入了适用范围,以落实这次修法的目的之一,即加强对企业的拯救。

② See Burkhard Hess, Paul Oberhammer and Thomas Pfeiffer: External Evaluation of Regulation, No. 1346/2000/EC on Insolvency Proceedings, JUST/2011/JCIV/PR/0049/A4, 5.2.1. 该评估由欧盟委托海德堡大学及维也纳大学进行,故该文件一般被称为"Heidelberg/Vienna Study",本文以下也将其简称为"Heidelberg/Vienna Study"。

时，创设全新的"集团协调程序"，任一破产程序的破产执业人都可申请启动该程序，为保证该程序的独立性，协调程序之协调人不能是任一破产程序的破产执业人。就整个公司集团破产制度的内容来说，主要包括各程序间的合作与沟通、破产执业人权力与职责及集团协调程序三个方面。

（一）明确规定合作与沟通义务

破产不仅打破了集团内部原有的经济结构，而且会阻断信息的交流与沟通，特别是有关合同、财务、投资及劳动力等方面的信息将难以像以前一样在集团内部流通。信息流通不畅及交流的缺失势必对法院及破产执业人活动的正常及高效进行造成障碍，故在集团破产情形下，各破产程序在成员国法律允许范围内进行合作及信息交流是必要的。此前，集团破产中的合作与信息交流都是在自愿基础上、通过破产执行人与法院或相互之间达成协议的方式来实现的，新《条例》为加强对破产程序的协调，将各程序主要参与人间及相互之间的合作与沟通作为一项义务加以明确规定。

1. 破产执业人之间的合作与沟通义务

新《条例》规定，集团任一成员破产程序指定的破产执业人，应当与集团其他破产程序的执业人进行合作。① 该义务同样适用于债务人占有程序（debtor - in - position proceeding）中的债务人。② 新《条例》同时对破产执业人合作义务的内容进行了具体规定：（1）在对机密信息作出保护安排的前提下，尽快与其他程序交流相关信息；（2）考虑是否有对集团各破产成员事务的管理与监督进行协调之可能，如有则就其进行协调；（3）考虑是否有对集团破产成员进行重组之可能，如有则就重组计划的提出及谈判进行协调。另外，在各程序所适用法律允许的情况下，可通过协议指定某一破产执业人并赋予其更多权力，或协商在破产执业人间分配某些任务。③

2. 法院之间的合作与沟通义务

合作与沟通义务不仅限于破产执业人或债务人占有程序的债务人，集团数个破产程序间有效的协调及管理需要所有主要参与者协调行动，故新《条例》第57

---

① See Regulation (EU) 2015/848, Art 56(1).

② See Regulation (EU) 2015/848, Art 76.

③ See Regulation (EU) 2015/848, Art 56(2).

条第1款规定:集团任意成员中已经启动破产程序的管辖法院应与其他任何已经启动或已被请求启动破产程序的法院进行合作。就法官来说,这种合作有时至关重要,特别是当某一程序牵涉外国相关破产法律的适用问题时,新《条例》第571条第1款明确授权该程序法官与外国和序的法官进行沟通,或相互之间直接向对方要求提供相关信息或协助。如果法官不愿自己亲力亲为或存在语言障碍,该条也允许法院指定独立个人按照法院指示负责与外国法院的沟通与合作事宜。法院与法院之间的合作限于各程序所适用之法律允许且不存在利益冲突的情形。新《条例》同时列明了法院之间可能的合作方式:(1)在破产执业人任命方面进行协调;(2)通过法院认为合适的方式进行信息交流;(3)集团各成员财产及业务监督管理方面的协调;(4)听证方面的协调;(5)需要情形下在破产议定书批准方面的协调。①

3. 破产执业人与法院之间的合作与沟通义务

新《条例》第58条要求并授权法院在与其本国法律不相冲突的情况下对外国破产执业人提供相关信息及协助,同样,破产执业人在法院提出请求时也有义务与法院进行沟通与合作。

无论是破产执业人之间、法院之间还是破产执业人与法院之间的合作与沟通义务,其适用的前提条件是:能够促进对破产程序的有效管理,与各程序所适用法律(国内法)相适应,且不产生利益冲突。② 破产执业人及法院在合作及沟通过程中发生的费用由各个程序自行承担。③ 这样,如果某一程序中破产财产承担的该项费用较多的话,可能会影响其合作的积极性。当然新《条例》也没有否认合作相关方可通过协议方式来决定各自承担的合作费用。

(二)强化破产执业人的权力与职责

新《条例》虽然规定了上述破产执业人、法院之间及其相互之间的合作及协助义务,但没有规定任何强制措施,如果某破产执业人或法院违反上述义务,在法院地法有相关规定的情况下,受害人虽然可以据此提出损害赔偿请求,但要确认某一特定非合作性行为与某一破产程序的财产或债权人的损失之间是否相关并非

① See Regulation (EU) 2015/848, Art 57(3).
② See Regulation (EU) 2015/848, Arts 56(1), 57(1), 58.
③ See Regulation (EU) 2015/848, Art 59.

易事。为此，新《条例》通过加强破产执业人对其他程序的参与来强化各程序间的合作与协调。

1. 在能够促进对破产程序有效管理的必要范围内，破产执业人被赋予在其他任何程序中听证的权利。这应该包括在其他程序中的债权人会议、法庭听证的权利。①

2. 新《条例》赋予破产执业人的一项最重要的权力是请求其他破产程序中止财产变现权力，但请求必须满足以下条件：(1)已提出针对集团所有或某些成员的重组计划，且该计划有合理的成功可能性；(2)中止的目的是重组计划的实施；(3)重组计划有利于中止行为所在程序的债权人；(4)请求或被请求中止资产变现的程序没有加入已启动的集团协调程序。②

如果满足上述条件，被请求法院必须全部或部分中止财产变现，不过法院应听取被请求程序的破产执业人的意见，并要求提出请求的程序的破产执业人采取任何法律允许的可行措施保证被请求程序债权人的利益不受侵害。③

中止时间不超过 3 个月，如果法院认为合适且不违反法律规定，在上述 2 ~ 4 项条件仍然满足的情况下，可延长相同期限，但原期限加上延长期限总计不得超过 6 个月。④

3. 申请启动集团协调程序(group co – ordination proceedings)的权利(具体内容下文详述)。⑤

破产执业人的上述职权及程序性设置的最大功能在于，其保证了在集团重组中受益最大的程序的破产执业人得以在集团其他破产程序中提出重组计划，即使其他破产程序不愿合作或反对该重组计划。⑥

(三)创设独立集团协调程序

新《条例》最大的亮点在于采纳德国提出的建议，⑦创设了全新的针对公司集

---

① See Regulation (EU) 2015/848, Art 60(1)a.

② See Regulation (EU) 2015/848, Art 60(1)(b).

③ See Regulation (EU) 2015/848, Art 60(2).

④ See Regulation (EU) 2015/848, Art 60(2).

⑤ See Council Regulation (EU) No. 2015/848, Art 60. (1)(c).

⑥ See Commission Proposal, 3.1.5.

⑦ See Proposal by the German delegation on the provisions on the treatment of company groups, Doc. 15675/13.

团破产的集团协调程序,程序目的在于通过调解等争议解决方法实现对集团各破产程序的协调管理。从整体来看,协调程序的规定在效力上比较温和,主要是通过具体规则来引导并激励各破产程序利益相关者参与协调,而非通过具有约束力的特定义务强加协调。

1. 程序的启动及管辖

集团任一破产程序的破产执业人可向任一有管辖权的法院提出启动集团协调程序的请求,①即协调程序的提出不限于仅向破产执业人所在程序的管辖法院提出,但请求的提出必须符合破产执业人所在程序的成员国的法律规定。② 如果多个破产执业人向多个法院提出了集团协调程序,则最先受理的法院具有优先管辖权,③不过,如果集团所有破产程序2/3以上的破产执业人一致认为最先受理法院之外的另一法院更合适行使管辖权,则该法院具有排他管辖权;该管辖合意必须以书面形式提交至该管辖法院,即使协调程序已经启动的情况下也可进行。④

提交启动协调程序的请求时,破产执业人必须同时提交以下材料:(a)拟任命的集团协调人的具体情况,包括其是否符合新《条例》规定的条件、任职资格及其本人的书面同意函;(b)协调大纲,特别应说明该协调程序符合新《条例》规定的条件;(c)各破产程序指定的破产执业人名单,以及各破产程序管辖法院或类似机构的名单;(d)协调程序的估算费用及集团各成员的分担数额。⑤

法院收到启动集团协调程序的请求后,经审查如果符合下列条件,应尽快将该请求及请求中所提议的协调人通知各破产程序的执业人:(a)协调程序的启动能促进对集团各破产程序的有效管理;(b)任一集团成员破产程序的债权人不会因加入该协调程序而遭受财务上的不利益;(c)所提议的协调人符合新《条例》规定的条件。⑥ 其他程序的破产执业人,应在收到该通知的30日内表示是否加入该协调程序及是否同意该指定的协调人,如果破产执业人所在程序成员国的法律对加入集团协调程序有特别要求,则执业人必须获得该成员国的同意。⑦ 如果破产

---

① See Council Regulation (EU) No. 2015/848, Art 61(1).

② See Council Regulation (EU) No. 2015/848, Art 61(2).

③ See Council Regulation (EU) No. 2015/848, Art 62.

④ See Council Regulation (EU) No. 2015/848, Art 66.

⑤ See Council Regulation (EU) No. 2015/848, Art 61(3).

⑥ See Council Regulation (EU) No. 2015/848, Art 63.

⑦ See Council Regulation (EU) No. 2015/848, Art 64.

执业人拒绝加入，则集团协调程序对其所在破产程序不产生法律效力，协调程序管辖法院及协调人的权力也不及于该程序。[①] 如果某一破产执业人同意加入集团协调程序但反对协调程序指定的协调人，法院则应该停止对该协调人的任命并要求提出反对意见的破产执业人就集团协调程序提出一个新的启动请求。[②] 注意这里要求的不是提出新的协调人人选，而是要求对协调人持反对意见的破产执业人重新提出集团协调程序的启动请求。

如果30日的通知期限内没有破产执业人对协调程序及协调人提出异议，法院即可启动集团协调程序，同时法院应该任命协调人，决定协调大纲、估算费用及各成员分担数额，并将程序的启动通知各破产执业人及程序协调人。[③] 集团协调程序启动后，此前拒绝加入协调程序或协调程序开始后才启动的破产程序的执业人，可申请加入协调程序，如果协调人认为申请符合新《条例》规定的条件[④]且获得协调程序中其他破产执业人一致同意，可裁决同意其加入协调程序，并将该裁决及同意的理由通知法院及其他破产执业人；如果上述两类破产执业人加入协调程序的请求被拒绝，其可以按照协调程序所在成员国的法律提出申诉。[⑤]

2. 程序协调人及其职责

程序协调人必须是其所在成员国法律规定的适格的破产执业人，为保证协调人的中立及独立性，其不能是集团内任一破产程序指定的执业人，且其与集团各成员、债权人及各破产程序所指定的执业人之间不存在利益冲突。[⑥]

程序协调人必须履行的职责有两个，一是概括提出集团各破产程序间协调行动的建议，二是提出集团协调计划(group coordination plan)，该协调计划应对以下事项作出明确规定：通过协调方式解决集团破产的综合措施；重建集团或其部分成员之经济机能及财务健康的措施；涉及集团内部交易及撤销行为的纠纷的解决；集团成员破产执业人之间的协议。[⑦]

---

① See Council Regulation (EU) No. 2015/848, Art 65.

② See Council Regulation (EU) No. 2015/848, Art 67.

③ See Council Regulation (EU) No. 2015/848, Art 68.

④ 即上文提到的启动集团协调程序的条件的前两项：能够促进对集团各破产程序的有效管理，且任一集团成员破产程序的债权人不会因此而遭受财务上的不利益。

⑤ See Council Regulation (EU) No. 2015/848, Art 69.

⑥ See Council Regulation (EU) No. 2015/848, Art 71.

⑦ See Council Regulation (EU) No. 2015/848, Art 72(1).

程序协调人可以行使的职权包括：在各个程序进行听证及参与破产程序的进行，如参加债权人会议；调停破产执业人之间的争议；向提出要求的法院或单位提交或解释其协调计划；要求破产管理人提供信息以协助协调程序；要求不超过6个月的、为债权人利益及协调程序所需的执行措施的中止及该中止措施的取消。[①]

集团协调程序中同样规定了各破产程序中执业人与协调人之间的合作义务，特别是破产执业人应与协调人沟通任何与协调人履行职责有关的信息；对于协调人提出的协调计划，破产执业人必须予以考虑，但不一定同意，如果不执行则必须向法院及协调人作出解释。[②] 这一任意性规定，主要是因为有时协调人提出的建议可能并没有体现某一特定类别债权人的利益，在此情况下如果强制实施协调计划或建议，有悖于集团协调程序着眼所有债权人利益的基本原则。

结　语

欧盟新《条例》增加全新的公司集团跨境破产制度，旨在强化对集团各成员破产程序的管理与协调，从而提高破产效率，实现集团破产财产价值的最大化。在立法理念上，新《条例》总体上采取了比较谦抑的态度：一是在基本模式的选择上，坚持协调而不合并，集团各破产程序保持独立；二是在协调模式的选择上，新《条例》没有如学界所期待的引入“集团主要利益中心”或“主、从程序协调模式”，而是在明确规定破产程序参与者之间的合作及沟通义务的同时，创设全新的公司集团破产协调程序，并明确规定集团协调计划中不能包含任何程序上或财产上的合并。[③] 与这一立法理念相适应，新《条例》有关合作及协调的具体条款表现出明显的软法性质，虽然其目的是适应公司集团破产的复杂性及不同破产程序间难以调和的利益冲突及国内法矛盾，但可能也会为这一全新制度未来的实施效果带来诸多不确定性。

从合作与沟通来说，新《条例》虽然规定了破产程序参与人之间的合作与沟通义务，但如上文所述，该义务的前提条件是：能够促进对破产程序的有效管理、与各程序所适用的国内法相适应及不产生利益冲突；信息交流的前提是对机密信息

① See Council Regulation (EU) No. 2015/848, Art 72(2).
② See Council Regulation (EU) No. 2015/848, Art 70.
③ See Council Regulation (EU) No. 2015/848, Art 72(3).

的有效保护。[①] 该条件为义务的履行留下了过大的空间,如某破产执业人如果不想合作,其完全可以以该合作并不能促进对其破产程序的有效管理或保护机密信息为由加以拒绝。该规定的具体内容更像是合作指引而非合作义务。

就协调来说,公司集团破产制度的核心——集团协调程序,其启动、管辖、加入及执行等相关规则的任意性特征也非常明显。

第一,就协调程序管辖权来说,新《条例》并未规定特定程序的主导权,相反,集团任一破产程序的执业人可向任一破产程序的管辖法院提出启动请求,在多个法院收到启动请求的情况下,最先受理的法院行使对整个协调程序的管辖权。虽然破产执业人可向任一破产程序的管辖法院提出启动协调程序的请求,但由于债权人通常希望协调程序由其所在国法院管辖,破产执业人一般也会迫于债权人压力向其所在程序的本国法院提出启动请求,这样就会造成对管辖法院的竞争从而导致挑选法院问题(forum shopping),同时,一旦协调程序由该国法院管辖,集团协调人一般也会位于该国,且除条例明确的情形外,协调程序适用的法律及司法惯例也将准用该国具体规定。但现实是,欧盟各国经济发展水平、跨境破产特别是集团破产立法及司法水平仍存在巨大差距,是否每个成员国的法院及其任命的协调人都能担此重任?立法者显然没有重视该要素,而是将各国国内法置于同一水平之上加以考量。[②] 虽然新《条例》规定,经 2/3 以上的破产执业人一致同意,可以变更管辖法院,但要达到 2/3 多数通过,在利益冲突及法律差异凸显的集团跨境破产情形下,这并非易事。

第二,集团协调程序不具有强制性,各破产程序执业人可选择是否加入,即使选择加入,对于协调人提出的协调计划(coordination plan),虽然必须予以考虑,但不一定必须执行,如果不执行,条件仅仅是"向法院及协调人作出解释";另外,最初选择不加入的破产程序,即使在协调程序启动后也可再申请加入,这可能就会导致某些破产程序在协调程序启动之初抱着观望的态度拒绝加入,只是等待日后看协调程序是否对自己有潜在利益时再决定是否加入,从而影响整个集团协调程序的效率。

第三,某一程序的破产执业人即使选择加入协调程序,也可反对协调程序指

---

① See Council Regulation (EU) No. 2015/848, Arts 56(2), 57(2).

② See Nicholaes Tollenaar, *Dealing with the Insolvency of Multi – National Groups Under the European Insolvency Regulation*, 23 Yale Insolv. 5, p. 65, 67(2015).

定的协调人,如果反对,法院则应该停止对该协调人的任命,此时提出反对意见的破产执业人需要就集团协调程序提出新的启动请求,即申请重新启动集团协调程序,而非仅提出新的协调人人选。这样规定的目的虽然在于防止破产执业人对协调人过于随意的反对,但无疑会降低整个集团协调程序的效率。

正因如此,有学者质疑新《条例》中有关集团破产长达20个条款的规定对公司集团破产的促进作用可能有限,①有学者甚至将集团协调程序称为“跛脚的鸭子”。② 新《条例》于2017年6月在除丹麦外的欧盟成员国正式实施,其适用效果如何还需要司法实践的检验,但无论如何,此次修法是欧盟在公司集团跨境破产立法道路上迈出的重要一步,具有里程碑式的意义,其实施无疑将对今后全球范围内公司集团跨境破产的立法及司法实践产生重要影响。

① See Christoph Thole & Manuel Duenas, *Some Observations on the New Group Coordination Procedures of the Reformed European Insolvency Regulation*, 24 Yale Insolv. Rev., p. 227 (2015).

② See Christoph Thole & Manuel Duenas, *Some Observations on the New Group Coordination Procedures of the Reformed European Insolvency Regulation*, 24 Yale Insolv. Rev., p. 221 (2015).

论商事仲裁中香港特区法律的查明及法律适用

——以中国国际经济贸易仲裁委员会一起股份转让合同纠纷案为线索

易　燕*

本人代理一起在中国国际经济贸易仲裁委员会(以下简称贸仲)审理的股份转让合同纠纷时,根据合同约定适用香港特区法律(以下简称香港法)。而香港法受历史传统的影响,其和内地法有着巨大的不同。除了适用制定法外,香港还适用判例法。本案涉及三个方面的问题:首先,对于香港法查明举证责任如何分配?其次,当香港法查明发生冲突时如何处理?最后,如何完善我国内地的香港法查明和适用的法律机制?本文就该案遇到的三个问题展开讨论,以期能够抛砖引玉,为我国贸易仲裁中的香港法查明及适用问题提出几点建议。

一、本案基本情况

2012年7月23日,申请人(以下简称A公司及其担保人)与被申请人(以下简称B公司及担保人)签订《股份转让合同》(以下简称《合同》),《合同》约定:由申请人向被申请人转让其合法持有的100% C公司股份,被申请人向申请人支付相关股份转让对价。

《合同》签署时,申请人持有C公司97%的股份,D公司持有C公司3%的股份,C公司持有中外合作经营企业D公司开发的某房地产项目(以下简称项目)

---

* 易燕:北京德和衡律师事务所高级联席合伙人,对外经济贸易大学、北京理工大学校外硕士实践导师,北京市律师协会民法专业委员会副秘书长。

74%份额商品房产权之分配权益。

本案最后一笔股份转让款6000万元[1]被申请人一直未支付,本案申请人于2019年1月15日向广州市中级人民法院申请财产保全,于2019年1月16日向贸仲提起仲裁申请,请求被申请人支付股份转让尾款、利息补偿金、违约金、特价包销权的利益损失及包干责任的预期利润损失总计4.2亿元。本案被申请人提出了反请求,主张股份转让尾款已经通过其多付的"超支工程款"予以抵销,且申请人应当支付被申请人多支付的工程款7000多万元。申请人和被申请人就仲裁时效、主体资格、抵销权、特价包销权、工程经济包干责任、利息补偿金和复利、违约金的适用和附件二债务清偿等一系列问题产生严重争议。根据《合同》约定,如因合同履行发生争议,适用香港法。因此,申请人和被申请人均提交了香港法查明的专家法律意见书。而本案中申请人和被申请人同时委托了香港特区同一家律师事务所的不同大律师,而对于上述争议焦点,两个大律师得出完全相反的结论。就本案所涉及的香港法查明及适用问题,仲裁委到底应该采纳哪方意见?笔者将在下文进行分析。

二、香港法查明的举证责任分配

从理论上来说,香港法属于"域外法",根据最高人民法院《关于适用〈中华人民共和国涉外民事关系法律适用法〉若干问题的解释(一)》第17条的规定,涉及香港特别行政区、澳门特别行政区的民事法律适用问题,参照适用本规定。[2] 就本案而言,虽然合同双方均约定了适用香港法,但对于香港法的查明举证责任到底分配给哪方,仲裁庭也没有给出明示。根据内地的"谁主张,谁举证"原则,仲裁庭告知双方均可就焦点问题查明应适用的香港法规定及相关判例进行举证。

(一)香港法查明的法律性质

香港是中国的一个特别行政区,《香港特别行政区基本法》第8条规定:"香港原有法律,即普通法、衡平法、条例、附属立法和习惯法,除同本法相抵触或经香港特别行政区的立法机关作出修改者外,予以保留。"第84条规定:"香港特别行政

---

① 本文中所提货币均为人民币。

② 参见朱德玲、周晓菊:《香港法查明问题研究——以深圳前海合作区为视角》,载《法制博览(中旬刊)》2013年第11期。

区法院依照本法第十八条所规定的适用于香港特别行政区的法律审判案件，其他普通法适用地区的司法判例可作参考。”因此，依照《香港基本法》，司法机关在适用香港法律时，也可以参考其他普通法地区的案例。

域外法的查明只是仲裁庭裁决的一个环节，本案中香港法的适用应参照涉外法律适用，而查明香港法的责任和义务到底是交由当事人还是由仲裁庭自己查明？目前法律没有统一的规定，合同中也没有约定。将域外法定性为“特殊的事实”是当今世界各国普遍的做法。对于本案中香港法的查明从法律定性上应当参照“特殊的事实”，由当事人承担证明责任，由仲裁庭给予必要的引导。

（二）香港法查明的责任划分

在本案中，申请人一方选择的是香港籍的仲裁员，首席仲裁员为内地仲裁员。虽然本案当事人双方约定了适用香港法，但是由谁负责查明应当适用的香港法？是仲裁庭还是当事人？本案中有一位仲裁员是香港籍仲裁员，是否应当直接由该仲裁员来查明香港法及判断如何适用？目前无关于香港法查明的举证责任分配的统一法律规定和规则指引。本案中申请方和被申请方的担保人均为香港籍居民，对委托专业香港律师查明香港法也更为熟悉和方便。因此，本案中仲裁庭把香港法的查明直接分配给双方当事人的做法是比较妥当的。

本案中，双方当事人均选择适用香港法，且被申请人还提出了反请求，因此，本案中的申请人和被申请人均有责任和义务就自己的请求和反请求提供香港法的查明。仲裁庭可以就本案的焦点问题进行归纳并责令双方当事人就焦点问题进行香港法查明而不是漫无目的地查找。仲裁庭虽然可以依职权让双方当事人提供香港法查明，但就香港法查明的具体要求应该向双方当事人明示。作为涉案的双方当事人，虽均为香港人，但并非专业法律人士，并不精通香港法律。而本案仲裁庭有一名仲裁员是香港籍仲裁员，该香港籍仲裁员应当承担其香港法查明的辅助和明示作用，明确各自查明的范围和需要注意的事项，以便双方均能够有针对性地对涉及的香港法适用进行查询。

三、本案的争议焦点及双方查明的冲突

本案双方争议较大，双方当事人均委托了香港大律师对争议焦点问题进行查明，而双方均委托了同一家律师事务所的不同大律师对争议焦点问题发表查明意

见。申请人和被申请人提交的查明文件出自同一家律师事务所的不同大律师,但就同一问题却得出完全相反的结论,就本案所遇情况该如何处理?

如上文所述,本案涉及的争议较多(主要包括6个争议焦点),每个焦点问题双方委托的大律师查明的制定法规定完全相同,但由于不同人对制定法的理解不同,其得出的结论却完全相反,且双方大律师均引用了不同的判例来佐证自己的说法。由于篇幅有限,本文只就其中的两个焦点问题进行阐述,从该两个焦点问题可以看出双方律师对香港法法律适用的不同看法和逻辑思维方式的不同。

(一)关于仲裁时效的冲突

申请人主张申请人的仲裁请求未过仲裁时效,被申请人的反请求已经超过仲裁时效和保证责任期间。而被申请人的结论正好相反。申请人和被申请人均依据《香港时效条例》第347章及《香港仲裁条例》第609章,认为申请人和被申请人的请求和反请求均适用6年的普通时效,《香港时效条例》及其他时效法规均适用于仲裁。而就说理部分,双方得出完全不同的结论。

1. 就时效问题,申请人委托的香港大律师认为:

(1)根据香港案例 Marren 诉 Dawson Bentley and Co. Ltd 案(被申请人一方的《香港法专家意见书》也援引了上述案例),仲裁时效应在诉因产生的次日计算。所以,申请人应在合同签署之日(2012年7月23日)起计180日(2013年1月18日)的次日(遇公众假期后移)开始计算6年,由于2013年1月18日的次日即2013年1月19日是星期六,是公众假期,依照约定应后移到此后第一个工作日,即2013年1月21日才是一个完整诉因出现的日期。所以,申请人应在2013年1月21日(星期一)起计算6年,即2019年1月20日前展开仲裁程序。

(2)根据《香港时效条例》第347章第2条的规定,“诉讼”(action)包括在法院进行的任何法律程序。仲裁财产保全,是人民法院依法采取的司法强制程序,自然属于诉讼程序的一部分,也是展开仲裁的必要法律行为。申请人于2019年1月15日就本案提起了仲裁财产保全并向贸仲邮寄仲裁申请材料,2019年1月16日贸仲正式收到本案仲裁申请材料。2019年1月15日即“展开仲裁程序”的日期,也是符合《香港时效条例》的启动诉讼程序的日期。

(3)依据香港法关于被申请人的反请求是一项新申索,而被申请人提出新申索的时间为 2019 年 5 月，所以被申请人的反请求已过仲裁时效。

2. 而被申请人的香港大律师就同一问题，依据相同的法律规定和案例，却得出完全相反的结论。被申请人的大律师认为：

（1）根据《合同》的约定，最后一笔股份转让款付款到期日为 2013 年 1 月 16 日下午 3 时 30 分，而仲裁委发出的仲裁通知书显示的是 2019 年 1 月 17 日，被申人主张依据《香港时效条例》，申请人应当于 2019 年 1 月 15 日提起仲裁申请。

（2）对于申请人的利息补偿金的请求，被申请人的香港专家意见认为该请求是派生债务，因此没有独立的时效，其诉讼时效和主债务的时效是一样的，主诉讼时效已过，该项派生请求也超过时效。

（3）相反，被申请人的反请求未过仲裁时效，被申请人的反请求适用衡平法上的抵销而不是《香港时效条例》所述的新申索。因此，衡平法抵销不受时效限制。（关于抵销权问题，申请人和被申请人均申请了香港法查明。但是从两个大律师的论证及相关证据材料来看，申请人主张被申请人无抵销权，而被申请人主张其享有衡平法上的抵销权且不受仲裁时效的约束）

（二）关于利息补偿金、复利和履约保证金的冲突

申请人提交的《香港法律意见书》认为，关于利息及复利的约定是合法有效的且不受《香港放债人条例》的约束。关于履约保证金的约定也是合法有效的且违约金的条款是对整个合同的一种保证。而被申请人的观点正好相反，其认为利息补偿金、复利和履约保证金都具有惩罚性质，依据香港法是无效条款。

（1）申请人的《香港专家意见书》认为：申请人可以根据《合同》向被申请人索偿欠款期间的 3% 利息和复利。至于复利，由于这不是一个贷款协议，所以没有法律条文限制申请人申索复利。反之，《香港仲裁条例》第 609 章第 79 条规定，仲裁庭可判给利息。关于 1 亿元违约金的约定，也不属于惩罚性条款。一般而言，若约定的赔偿是一项真正预计以补偿对方因违约所蒙受的损失，该合约条文是有效的；但若约定的赔偿其实是罚款，以迫使对方履行合约的责任，该合约条文是无效且不能执行的。如申请人因被申请人的毁约行为招致损失，其损失应远超 1 亿元违约金，履约保证金条款支付 1 亿元违约金的约定不会视为罚款性条款。换言之，被申请人辩称此为无效的惩罚性条款不能成立。

（2）被申请人的《香港专家意见书》认为：无论是利息补偿金还是违约金，均

属于惩罚性条文,在法律上不能被执行,而仲裁委也没有权力修改该条文。根据香港普通法,交易双方可以约定利息及违约金,但是不能订立具有损害补偿性质或者惩罚性损害赔偿性质的协议。惩罚性赔偿的本质是支付规定的金钱,以作为对违约方的恐吓,违约赔偿金的本质是对损害约定的预估。如果规定的金额与违约可能导致的最大损失的比例过高且不合理,将被视为罚款。

就本案而言,关于争议焦点及香港法的查明结果存在巨大冲突,仲裁庭应如何对待该冲突问题及如何适用香港法的查明成为本案的关键所在。

四、香港法查明的法律适用

由于本案的争议焦点较多且分歧较大,而仲裁庭的首席仲裁员又是内地仲裁员,其对香港制定法和判例法本身了解也较少。就该案的香港法查明如何适用问题将是仲裁庭面临的首要问题。当双方提交的香港法查明发生冲突时或者无法查明时,仲裁庭到底应当采纳哪方观点?应当如何适用相关法律?笔者提出以下几点建议以期为仲裁庭解决此难题,也希望能在仲裁规则中设立一项特殊的域外法查明和适用规则,为仲裁委裁决类似案例提供裁决依据。

(一)建立仲裁委的香港法查明机构名册

随着相关纠纷数量的不断增加,涉及香港法查明的案例也在逐渐增多。我国内地在相关法查明及适用方面已经培养出了一些具备两地法律知识和实操经验的仲裁员、律师和研究人员但香港法查明及法律适用仍存在颇多阻碍。就本案而言,当双方当事人提交的香港法查明意见完全冲突时或者有些当事人无法查明香港法律规定时,仲裁庭该如何处理该类障碍?

笔者建议,可以在仲裁委设立一个香港法查明机构名册,遇到与本案类似的香港法查明发生严重冲突的情况时,仲裁庭应当及时告知双方当事人可以共同指定一个仲裁庭内部的香港法查明机构重新进行查明,双方达不成合意的,可以由仲裁庭通过摇号的方式从仲裁委备案名册中重新选择一家查明机构进行香港法查明。仲裁庭应当把双方当事人已经查明的法律文件提交重新指定的查明机构,由该查明机构站在公允的立场上综合评判,得出比较公平的结论供仲裁庭裁决时参考。

当然,当事人初次进行香港法查明时,可以自己从仲裁庭指定的查明机构名册中选取,也可以自行选取。关于香港法查明的提供问题,首先应当遵循当事人意思自治原则,允许其委托自己比较信任的查询机构进行查询。当双方的查询发生冲突时,仲裁庭从节约社会资源和司法资源的角度,不能让双方继续就该问题寻找不同的查询机构继续查询而反驳对方。此时,仲裁庭可以参考双方选定首席仲裁员的规则,应当组织双方当事人重新共同选定一家查明机构,当无法达成一致意见时,可以由仲裁庭通过摇号的方式从备案的查明机构名册中指定一家机构重新进行查明(查明的费用由双方分摊),其重新指定的查明机构查询的结果可以作为仲裁庭裁判的主要参考依据。

(二)建立内地和香港之间的立法和司法协助

目前就我国香港法查明还存在诸多问题,除了本文提到的查明冲突问题外,在无法查明及查明责任的分配上均存在一系列问题。要让仲裁员裁决时能有法可依,首先要做从立法上进行修改,保障其有法可依。我国立法机构应当结合各地仲裁委在香港法查明时遇到的一系列问题,有针对性地指定解决方案和进行相关立法。例如,在不增加我国现行仲裁法及仲裁规则负担的前提下,有必要为涉港澳台案件的域外法查明设立专门的全国性的程序性制度,建立统一的域外法查明标准。

另外,内地仲裁委和香港仲裁委也可以建立相应的司法协助,在内地仲裁员审理涉及香港法查明或者适用香港仲裁规则时,香港和内地建立专门的大数据平台供两地仲裁委查询,以弥补互相不了解对方法律而无法作出裁决的漏洞。

(三)仲裁委可借鉴深圳前海法院的审判经验

深圳前海法院关于涉及港澳台的审判实践具有丰富的经验,其相关经验可以推广到仲裁领域。前海法院制定的《域外法查明办法》,详细规定了查明途径、查明程序以及当事人的权利义务等,明确了域外查明的充分努力原则,不能简单以不能查明为由而驳回当事人的请求,或者以法律查明冲突为由要求当事人继续查明而使查明无休止。《域外法查明办法》明确了法院应当依职权查明域外法的情形、途径和原则等,包括对出具法律意见书的专家的资质及利害关系进行审查。该院制定的《关于审理民商事案件正确认定涉港因素的裁判指引》通过列举、类举的方式,详细阐述了30项涉港因素及其认定方式,为准确适用香港法提供指引,为完善我国冲突规则提供了很好的蓝本。

总之，本文从一起香港股份纠纷案引发的香港法查明问题展开，就香港法查明过程中所遇到的冲突问题如何适用进行讨论，以期能建立一套专门的香港法查明制度，从程序到实体让仲裁员都有法可依、有法必依，希望能够推动内地和香港两地的仲裁法律融合和法治建设。

参考文献

1. 刘来平：《外国法的查明》，法律出版社 2007 年版。
2. 肖芳：《论外国法的查明——中国法视角下的比较法研究》，北京大学出版社 2010 年版。
3. 崔迪：《中国判例法之路》，载《法制与社会》2009 年第 9 期。
4. 黄漫山：《域外法查明引入第三方法律查明平台的可行性及问题分析》，载《特区经济》2016 年第 6 期。
5. 朱德玲、周晓菊：《香港法查明问题研究——以深圳前海合作区为视角》，载《法制博览（中旬刊）》2013 年第 11 期。
6. 江保国：《超越隔阂：人民法院港澳台法查明实证研究》，载《法商研究》2017 年第 4 期。

论外国法院民商事裁判在我国的承认与执行

李清华*

外国法院民商事裁判的承认与执行是国际民商事诉讼程序的最终归宿，对于相关争议的实质解决及当事人既判利益的最终实现具有十分重要的意义。本文以外国法院裁判承认与执行制度构建的背景为引入，从国内法、国际公约、双边条约、互惠原则四个方面分析我国目前的制度现状，并在对近六年人民法院承认并执行外国法院生效判决案例进行实证研究的基础上，采用以法律为依据并结合实践案例的研究方法，对外国法院民商事裁判在我国的承认与执行现状展开阐释与分析。

一、外国法院裁判承认与执行制度构建之背景

外国法院裁判的承认与执行是指一国法院依据本国立法或者有关的国际条约，对外国法院判决在本国的域内效力予以承认并执行该外国法院的判决。① 基于国际法的国家主权平等原则，一国法院做出的裁判原则上只在本国具有既判力和执行力，不具备域外效力，未经执行地国家许可的强制跨境执行行为会构成对他国主权的侵犯进而产生国家责任，故而须借助外国法院裁判承认与执行的国际合作制度工具，以确保本国司法结果的确定力、拘束力、执行力，避免重复诉讼带来的不必要的司法资源耗费，节约司法成本，②推动争议的实质解决及当事人既判

---

* 李清华：北京德和衡（济南）律师事务所高级合伙人，山东省律师协会国际贸易与国际投资法律专业委员会委员，山东省涉外仲裁服务百人团成员，青岛仲裁委员会仲裁员，济南市涉外律师人才。

韩晓庆对此文亦有贡献。

① 参见韩德培主编：《国际私法》（第3版），高等教育出版社、北京大学出版社2014年版，第535页。

② 参见李旺：《国际民事诉讼法》（第2版），清华大学出版社2011年版，第122页。

利益的最终实现。

二、我国承认与执行外国法院裁判的制度现状

(一)国内法

1. 相关法律规定

(1)《民事诉讼法》(2021 年修正)

该法第 288 条规定:外国法院作出的发生法律效力的判决、裁定,需要中华人民共和国人民法院承认和执行的,可以由当事人直接向中华人民共和国有管辖权的中级人民法院申请承认和执行,也可以由外国法院依照该国与中华人民共和国缔结或者参加的国际条约的规定,或者按照互惠原则,请求人民法院承认和执行。

该法第 289 条规定:人民法院对申请或者请求承认和执行的外国法院作出的发生法律效力的判决、裁定,依照中华人民共和国缔结或者参加的国际条约,或者按照互惠原则进行审查后,认为不违反中华人民共和国法律的基本原则或者国家主权、安全、社会公共利益的,裁定承认其效力,需要执行的,发出执行令,依照本法的有关规定执行。违反中华人民共和国法律的基本原则或者国家主权、安全、社会公共利益的,不予承认和执行。

该法第 246 条规定:申请执行的期间为 2 年。申请执行时效的中止、中断,适用法律有关诉讼时效中止、中断的规定。前款规定的期间,从法律文书规定履行期间的最后一日起计算;法律文书规定分期履行的,从最后一期履行期限届满之日起计算;法律文书未规定履行期间的,从法律文书生效之日起计算。

(2)最高人民法院《关于适用〈中华人民共和国民事诉讼法〉的解释》(2022 年修正)

该解释第 541 条规定:申请人向人民法院申请承认和执行外国法院作出的发生法律效力的判决、裁定,应当提交申请书,并附外国法院作出的发生法律效力的判决、裁定正本或者经证明无误的副本以及中文译本。外国法院判决、裁定为缺席判决、裁定的,申请人应当同时提交该外国法院已经合法传唤的证明文件,但判决、裁定已经对此予以明确说明的除外。中华人民共和国缔结或者参加的国际条约对提交文件有规定的,按照规定办理。

该解释 542 条规定:当事人向中华人民共和国有管辖权的中级人民法院申请

承认和执行外国法院作出的发生法律效力的判决、裁定的，如果该法院所在国与中华人民共和国没有缔结或者共同参加国际条约，也没有互惠关系的，裁定驳回申请，但当事人向人民法院申请承认外国法院作出的发生法律效力的离婚判决的除外。承认和执行申请被裁定驳回的，当事人可以向人民法院起诉。

该解释第 544 条规定：对外国法院作出的发生法律效力的判决、裁定或者外国仲裁裁决，需要中华人民共和国法院执行的，当事人应当先向人民法院申请承认。人民法院经审查，裁定承认后，再根据民事诉讼法第三编的规定予以执行。当事人仅申请承认而未同时申请执行的，人民法院仅对应否承认进行审查并作出裁定。

该解释第 545 条规定：当事人申请承认和执行外国法院作出的发生法律效力的判决、裁定或者外国仲裁裁决的期间，适用民事诉讼法第 246 条的规定。当事人仅申请承认而未同时申请执行的，申请执行的期间自人民法院对承认申请作出的裁定生效之日起重新计算。

该解释 546 条规定：承认和执行外国法院作出的发生法律效力的判决、裁定或者外国仲裁裁决的案件，人民法院应当组成合议庭进行审查。人民法院应当将申请书送达被申请人。被申请人可以陈述意见。人民法院经审查作出的裁定，一经送达即发生法律效力。

（3）最高人民法院《关于人民法院受理申请承认外国法院离婚判决案件有关问题的规定》（2020 年修正）

该规定指出：

①中国公民向人民法院申请承认外国法院离婚判决，人民法院不应以其未在国内缔结婚姻关系而拒绝受理；中国公民申请承认外国法院在其缺席情况下作出的离婚判决，应同时向人民法院提交作出该判决的外国法院已合法传唤其出庭的有关证明文件。

②外国公民向人民法院申请承认外国法院离婚判决，如果其离婚的原配偶是中国公民的，人民法院应予受理；如果其离婚的原配偶是外国公民的，人民法院不予受理，但可告知其直接向婚姻登记机关申请结婚登记。

③当事人向人民法院申请承认外国法院离婚调解书效力的，人民法院应予受理，并根据《关于中国公民申请承认外国法院离婚判决程序问题的规定》进行审查，作出承认或不予承认的裁定。

(4)最高人民法院《关于人民法院为“一带一路”建设提供司法服务和保障的若干意见》

该意见第6条规定:加强与“一带一路”沿线各国的国际司法协助,切实保障中外当事人合法权益。要积极探讨加强区域司法协助,配合有关部门适时推出新型司法协助协定范本,推动缔结双边或者多边司法协助协定,促进沿线各国司法判决的相互承认与执行。要在沿线一些国家尚未与我国缔结司法协助协定的情况下,根据国际司法合作交流意向、对方国家承诺将给予我国司法互惠等情况,可以考虑由我国法院先行给予对方国家当事人司法协助,积极促成形成互惠关系,积极倡导并逐步扩大国际司法协助范围。要严格依照我国与沿线国家缔结或者共同参加的国际条约,积极办理司法文书送达、调查取证、承认与执行外国法院判决等司法协助请求,为中外当事人合法权益提供高效、快捷的司法救济。

2. 外国法院裁判在中国申请承认和执行的构成要素

根据上述国内法律规定的内容,外国法院裁判在中国申请承认与执行需要满足以下要素:

(1)前提依据:承认与执行申请应以该国与中国之间存在国际条约或可适用互惠原则为前提。

(2)申请人:应为案件当事人或外国法院,除非中国缔结或参加的国际条约另有约定,申请人向中国法院提交申请书并附外国法院作出的发生法律效力的判决、裁定正本或者经证明无误的副本以及中文译本;外国法院判决、裁定为缺席判决、裁定的,申请人应当同时提交该外国法院已经合法传唤的证明文件,但判决、裁定已经对此予以明确说明的除外。

(3)管辖法院:应为有管辖权的中级人民法院或由国际条约或互惠原则确定,但生效离婚判决除外;可依据《民事诉讼法》相关规定确定管辖权。

(4)核心审查标准:中国法院应以该终局裁判是否违反中国法律基本原则或国家主权、国家安全、社会公共利益为审查标准。

(5)申请执行时效期限:2年,申请执行时效从法律文书规定履行期间的最后一日起计算;法律文书规定分期履行的,从规定的每次履行期间的最后一日起计算;法律文书未规定履行期间的,从法律文书生效之日起计算。

(二)国际公约

到目前为止,国际上尚未形成统一的专门性外国裁判承认与执行的国际公约。我国于1980年加入的《国际油污损害民事责任公约》第10条约定:“由具有第九条所述管辖权的法院所作的任何判决,如可在原判决国实施而不再需通常复审手续时,除下列情况外,应为各缔约国所承认:(1)判决是以欺骗取得;(2)未给被告人以合理的通知和陈述其立场的公正机会。”缔约国之间对于在一个或若干个缔约国领土(包括领海)内发生油污损害事件引发的赔偿诉讼判决应予承认,但该公约仅适用于国际油污损害纠纷,适用范围十分有限。

2017年9月12日,中国驻荷兰大使吴恳代表中国政府签署了《选择法院协议公约》。该公约是一项全球性的涉及民商事管辖权和判决承认与执行的国际公约,于2005年6月30日由海牙国际私法会议第二十次外交大会通过,2015年10月1日生效,但我国目前尚未批准该公约。

2019年7月2日,海牙国际私法会议第二十二次外交大会各国代表签署《承认与执行外国民商事判决公约》谈判文本,该公约适用于民商事裁判的承认与执行,对公约适用范围、请求及拒绝承认与执行的条件、先决问题、承认与执行的可分割性、损害赔偿范围、司法和解协议、需提供的文件、程序、诉讼费用、缔约国声明、与其他国际文书的关系、生效及退出等内容做出了较为细致的阐述。会议上,包括中国在内的数十个国家代表确认了该文本,这意味着该公约的条款得到海牙国际私法会议的确认,进而可以开放供各国签署,但目前我国尚未正式签署该公约。

(三)双边条约

在我国尚未加入专门性多边公约且互惠原则的具体规定仍不完善的情况下,已签订的双边条约实为我国承认与执行外国法院民商事裁判的首要国际法依据,实践中我国已签订的大部分双边条约亦均涉及外国法院民商事裁判承认与执行的内容。目前,我国已与39个国家签订了民商事司法协助条约,其中,与伊朗的条约尚未生效,与韩国、新加坡、泰国、比利时的条约中不包括承认与执行法院裁判,其余34个缔约国的生效裁判可以在我国得到承认与执行,具体见表1。

表 1 我国与其他国家签订民商事司法协助条约情况

序号	签订日期	缔约国	双边条约名称	是否承认与执行法院裁判
1	1987 年 5 月 4 日	法国	关于民事、商事司法协助的协定	是
2	1987 年 6 月 5 日	波兰	关于民事和刑事司法协助的协定	是
3	1987 年 11 月 20 日	比利时	关于民事司法协助的协定	否
4	1989 年 8 月 31 日	蒙古国	关于民事和刑事司法协助的条约	是
5	1991 年 1 月 16 日	罗马尼亚	关于民事和刑事司法协助的条约	是
6	1991 年 5 月 20 日	意大利	关于民事司法协助的条约	是
7	1992 年 5 月 2 日	西班牙	关于民事、商事司法协助的条约	是
8	1992 年 6 月 19 日	俄罗斯	关于民事和刑事司法协助的条约	是
9	1992 年 9 月 28 日	土耳其	关于民事、商事和刑事司法协助的协定	是
10	1992 年 10 月 31 日	乌克兰	关于民事和刑事司法协助的条约	是
11	1992 年 11 月 24 日	古巴	关于民事和刑事司法协助的协定	是
12	1993 年 1 月 11 日	白俄罗斯	关于民事和刑事司法协助的条约	是
13	1993 年 1 月 14 日	哈萨克斯坦	关于民事和刑事司法协助的条约	是
14	1993 年 6 月 2 日	保加利亚	关于民事司法协助的协定	是
15	1994 年 3 月 16 日	泰国	关于民商事司法协助和仲裁合作的协定	否

续表

序号	签订日期	缔约国	双边条约名称	是否承认与执行法院裁判
16	1994年4月21日	埃及	关于民事、商事和刑事司法协助的协定	是
17	1994年10月17日	希腊	关于民事和刑事司法协助的协定	是
18	1995年4月25日	塞浦路斯	关于民事、商事和刑事司法协助的条约	是
19	1995年10月9日	匈牙利	关于民事和商事司法协助的条约	是
20	1996年4月16日	摩洛哥	关于民事和商事司法协助的协定	是
21	1996年7月4日	吉尔吉斯斯坦	关于民事和刑事司法协助的条约	是
22	1996年9月16日	塔吉克斯坦	关于民事和刑事司法协助的条约	是
23	1997年4月28日	新加坡	关于民事和商事司法协助的条约	否
24	1997年12月11日	乌兹别克斯坦	关于民事和刑事司法协助的条约	是
25	1998年10月19日	越南	关于民事和刑事司法协助的条约	是
26	1999年1月25日	老挝	关于民事和刑事司法协助的条约	是
27	1999年5月4日	突尼斯	关于民事和商事司法协助的条约	是
28	2000年3月20日	立陶宛	关于民事和刑事司法协助的条约	是
29	2001年4月9日	阿根廷	关于民事和商事司法协助的条约	是

续表

序号	签订日期	缔约国	双边条约名称	是否承认与执行法院裁判
30	2003 年 7 月 7 日	韩国	关于民事和商事司法协助的条约	否
31	2003 年 11 月 19 日	朝鲜	关于民事和刑事司法协助的条约	是
32	2004 年 4 月 21 日	阿联酋	关于民事和商事司法协助的协定	是
33	2007 年 6 月 18 日	科威特	关于民事和商事司法协助的协定	是
34	2008 年 3 月 19 日	秘鲁	关于民事和商事司法协助的条约	是
35	2009 年 5 月 19 日	巴西	关于民事和商事司法协助的条约	是
36	2012 年 12 月 18 日	波黑	关于民事和商事司法协助的条约	是
37	2014 年 5 月 4 日	埃塞俄比亚	关于民事和商事司法协助的条约	是
38	2016 年 1 月 23 日	伊朗	关于民事和商事司法协助的条约	是
39	2010 年 1 月 10 日	阿尔及利亚	关于民事和商事司法协助的条约	是

（四）互惠原则

在缺乏相互承认与执行条约的情况下，国家间形成的积极互惠关系也成为促进国际民商事司法合作的一种依据。从大多数国家的立法来看，确立互惠原则是十分普遍的，互惠原则的认定标准通常包括事实互惠（西班牙、土耳其、俄罗斯、中国、科威特等）、推定互惠（乌克兰、斯洛文尼亚、墨西哥、约旦、黎巴嫩、厄瓜多尔、秘鲁等)、法律互惠(白俄罗斯、德国、日本、韩国、沙特阿拉伯、塞尔维亚等)。[①] 就我国而言,1995 年的"五味晃"案件[②]确立了司法实践中的"事实互惠"认定标准,即根据外国法院是否存在承认或执行我国法院裁判先例的客观事实,认定两国之间是否存在互惠关系、我国法院是否可适用互惠原则对该国法院裁判予以承认和执行。[③]

但我国采用的事实互惠认定标准的弊端也是显而易见的,以我国与日本法院之间关于裁判承认与执行的案例为例,1995 年的"五味晃"案件中我国未对日本法院判决予以承认或执行;2004 年日本大阪高等法院、2006 年日本东京高等法院均基于互惠原则作出了拒绝承认与执行中国法院判决的裁决书,[④]目前两国在该项司法实践中止步不前,互惠原则几乎沦为国家利益博弈的工具,成为拒绝实现外国判决执行力的手段。

三、我国承认与执行外国法院裁判的司法实践

经检索,申请承认和执行外国法院民事判决、裁定案件中申请承认离婚判决案件约占 90% 以上,涉及意大利、法国、韩国、美国、澳大利亚、西班牙、新加坡、乌拉圭、加拿大等国,全部案件最终均得到国内法院的承认。法院依据《民事诉讼法》、最高人民法院《关于适用〈中华人民共和国民事诉讼法〉的解释》、最高人民法院《关于中国公民申请承认外国法院离婚判决程序问题的规定》、《关于人民法院受理申请承认外国法院离婚判决案件有关问题的规定》等规定,认为鉴于相关外国法院作出的离婚判决已生效,且该判决不违反我国法律的基本原则和我国国家主权、安全及社会公共利益,符合我国法律规定的承认外国法院离婚判决效力

---

① 参见王雅菡:《外国法院判决承认与执行中互惠的认定标准》,载《武大国际法评论》2019 年第 4 期。

② 1994 年,日本公民五味晃向大连市中级人民法院申请承认与执行日本横滨地方法院的判决、扣押令和债权转让命令,大连市中级人民法院层报最高人民法院。最高人民法院于 1995 年 6 月 26 日做出《关于我国人民法院应否承认和执行日本国法院具有债权债务内容裁判的复函》,认为中国与日本之间没有缔结或者参加相互承认和执行法院判决、裁定的国际条约,也未建立相应的互惠关系。根据《民事诉讼法》的规定,中国人民法院对该日本国法院的判决不予承认和执行。故大连市中级人民法院裁定驳回申请人五味晃的承认与执行申请。

③ 参见王吉文:《外国判决承认与执行的国际合作机制研究》,中国政法大学出版社 2014 年版,第 47 页。

④ 参见日本大阪高等法院第 28090358 号裁决书。

的条件,故对相关判决中关于解除双方婚姻关系的部分予以承认,对财产分割、子女抚养等内容不予认可。

自2016年至今,共检索到12起申请承认和执行外国法院非离婚判决、裁定的案件,其中11起得到法院支持,仅有1起被驳回。11起予以承认和执行的案件中,5起依据中国与相关国家缔结的双边司法协助条约中关于承认与执行的约定,经审查相关外国法院判决不违反我国法律的基本原则或者国家主权、安全及社会公共利益,故根据《民事诉讼法》、最高人民法院《关于适用〈中华人民共和国民事诉讼法〉的解释》及相关双边协定对外国法院判决予以承认和执行。剩余6起案件中,法院认为,鉴于中国与相关国家并未缔结或者共同参加关于相互承认和执行生效民商事裁判文书的双边协定或国际条约,依照《民事诉讼法》第289条的规定,我国法院可以按照互惠原则进行审查;根据外国法院承认和执行我国法院裁判的先例认定两国之间存在互惠关系,且相关民事判决并不违反我国法律的基本原则或者国家主权、安全及社会公共利益,故依照《民事诉讼法》、最高人民法院《关于适用〈中华人民共和国民事诉讼法〉的解释》对外国法院判决予以承认和执行。唯一的1起被驳回的案件为无锡洛社印染有限公司、黄某泽申请李某山、TAHOME有限公司承认与执行法院判决、仲裁裁决案件①,法院认为涉案美国法院的民事判决尽管依据美国加利福尼亚州法律已经生效并进入执行程序,但同时该判决又因李某山等提起上诉而进入上诉程序,在本院向上级法院请示过程中,该案正在美国加利福尼亚州上诉法院审理,尚不具备终局性和确定性,故涉案美国法院民事判决尚不构成《民事诉讼法》第289条规定的"发生法律效力的判决";遂驳回申请人无锡洛社印染有限公司、黄某泽关于承认并执行美国加利福尼亚州圣马物奥郡高等法院第502381号民事判决书的申请。

结 语

随着我国对外开放战略的进一步深入,"一带一路"建设的不断推进,我国与其他国家之间的跨境经贸往来、人员交往必会愈加密切,国际民商事纠纷及申请承认与执行外国法院裁判案件的数量也会不断增加。基于我国尚未加入专门性外国裁判承认与执行的国际公约、双边条约合作不充分、事实互惠标准的认定具

① 参见江苏省无锡市中级人民法院民事裁定书,(2017)苏02协外认1号之二。

有显著局限性的现状，我国应尽快推动统一规范的国际公约的制定，并以“一带一路”建设为契机，根据国际司法合作交流意向、对方国家承诺给予我国司法互惠等情况，酌情考虑由我国法院先行给予对方国家当事人司法协助，积极促进形成互惠关系，倡导并逐步扩大国际司法协助范围，以更加积极主动的姿态投入国际司法协助一体化的进程中，助力法院裁判自由流动目标的实现。

中国香港地区跨境破产制度与实践

——从三个典型案例出发

张美萍　张澄澄*

跨境破产(Cross－border Insolvency),也称涉外破产等,是指由于一个破产案件涉及不同法域的实体或财产从而产生管辖权冲突而引发的法律问题。在跨境破产案件的语境下,债权人、债务人以及破产财产位于两个或两个以上的国家或法域,因而会涉及多个国家(或地区)的相关法律制度,从而在实践中产生了诸多问题。

本文将基于基础跨境破产理论,对我国香港地区现行的跨境破产一般制度及相关司法典型案例进行讨论,并对我国香港地区与内地的具体破产程序的承认与协助现状进行分析。

一、跨境破产基础理论

基于对跨境破产域外效力的不同规定,目前全球范围内的跨境破产相关制度可以归纳为三种主要理论,即单一性破产(Unity)理论(普遍性原则/Universalism)、复式破产(Pluralism)理论(地域性原则/Territoriality)、折中理论(Hybrid)(修正的普遍性原则/Modified universalism)。

单一性破产理论(普遍性原则)认为,一国(地区)法院之破产宣告效力应当

---

* 张美萍:北京德和衡律师事务所高级合伙人、德和衡(青岛)律师事务所主任,司法部全国千名涉外律师人才,全国律协涉外律师领军人才,全国律协反垄断与反不正当竞争委员会委员。

张澄澄:北京德和衡(青岛)律师事务所跨境投资与争议解决部律师助理。

及于本法域内以及本法域外债务人所有动产、不动产和其他利益,包括分支机构的财产。具体到破产执行程序时,则主要表现为在世界范围内针对目标债务人应只有一个破产宣告、指定一个破产管理人、由一个破产程序来解决针对该债务人在国际范围内所有财产的求偿要求。复式破产理论(地域性原则)则强调一国(地区)法院作出的破产宣告效力受到该国(地区)领域的限制,债务人财产所在地的法院均有权启动破产程序,并对位于本国境内的财产行使破产管辖权,以将破产财产依据本国(地区)法律分配给本国(地区)的债权人。这也意味着根据财产所有权所在地的情况,全球范围内针对一个债务人可以存在多个破产程序。

总体而言,各国在立法与司法实践中倾向于选择的跨境破产效力原受本国立法价值以及经济利益等多种因素影响,因而无论是单一性破产理论还是复式破产理论在实践中都遇到了诸多困难,故现阶段的国际司法文本中多采用二者结合的折中理论(修正的普遍性原则),即在推进域内破产程序的域外效力的同时,有条件地承认域外破产程序与指令的域内效力。目前,包括我国香港地区及内地在内的相关破产法律法规在立法精神上都采取这一修正的普遍性原则。

另外一点需要指出的是,当基于跨境破产域外效力进行讨论时,应当将具体实践规定区分为域外破产的域内效力(包括境外破产管理人在域内能否进行破产管理活动等一系列问题)以及域内破产的域外效力两个层面的问题,以进行深入讨论。下文在讨论分析香港现行的跨境破产规则与实践时,亦将采取这一标准进行分类讨论。

二、香港跨境破产[①]立法现状与实践现状

总体而言,香港有关破产制度的相关规定见于《香港法例》第 6 章之《破产条例》(2019 年修订)与第 32 章之《公司(清盘及杂项条文)条例》(2016 年修订),其中《破产条例》所规定的法律主体系自然人,属自然人破产制度(Bank ruptcy law)的有关规定;而有关企业与公司破产(Liquidation or winding - up)的相关规定则集中于《公司(清盘及杂项条文)条例》。需要指出的是,香港并未确认采用《贸易法委员会跨国界破产示范法》(Uncitral Model Law on Cross - Border Insolvency),而是基于普通法原则,通过判例确认了一系列具体的裁判依据。

---

① 香港法律制度中公司破产多称清盘,为避免语意模糊,下文统一使用"破产"一词。

正如前文所述，跨境破产的域外效力应当具体分为域外破产的域内效力与域内破产的域外效力两个具体方面，下文将以此为分类标准讨论香港跨境破产的立法与实践情况。

（一）域内破产的域外效力：具有跨境特征的企业或公司在香港申请破产的情形

域外公司向我国香港特区法院申请破产的条件与效力见表1。

表1　域外公司向我国香港特区法院申请破产的条件与效力

<table>
<tr><th>公司类型</th><th colspan="2">申请的条件</th><th>申请的效力</th></tr>
<tr><td>注册香港公司</td><td colspan="2">由公司、债权人或分担人向法院呈请，申请进行公司破产[1]</td><td rowspan="3">可在香港法院申请破产，破产受理后原则上具有域外效力</td></tr>
<tr><td rowspan="3">非注册公司（包括注册非香港公司）[2]</td><td>注册非香港公司</td><td>一向在香港经营业务，将香港作为主要营业地</td></tr>
<tr><td rowspan="2">其他非注册公司</td><td>营业地虽不在香港，但该公司与香港存在充分联系[3]</td></tr>
<tr><td>不满足以上条件的其他非注册公司</td><td>不可在香港法院申请破产</td></tr>
</table>

[1]香港《公司（清盘及杂项条文）条例》（2016年修订）第179条与清盘申请有关的条文规定：（1）向法院提出将公司清盘的申请，须以呈请方式提出，呈请须在符合本条条文的规定下由公司提出，或由任何一名或多于一名债权人（包括任何一名或多于一名或有或预期的债权人）、任何一名或多于一名分担人或任何分担人的破产案受托人或遗产代理人提出，或由所有或任何该等人士一起或分别提出……（2）……凡公司自动清盘，清盘呈请可由破产管理署署长提出，亦可由根据本条其他条文而就此事获授权的任何其他人提出，但除非法院信纳自动清盘在妥为顾及债权人或分担人的权益下无法继续进行，否则法院不得依据呈请而作出清盘令。

[2]参见香港《公司（清盘及杂项条文）条例》（2016年修订）第326条关于非注册公司的含义的规定：（1）就本部而言，非注册公司（unregistered company）乃包括任何有限责任或非有限责任的合伙、任何社团及任何公司，但下述者除外——（由1997年第3号第48条修订）：（a）根据以下条例注册的公司：《1865年公司条例》（1865年第1号）、《1911年公司条例》（1911年第58号）、《修订前的本条例》或《公司条例》（第622章）；（b）少于8名成员而并非在香港以外成立或设立的合伙、社团或公司（由1998年第23号第2条修订）；（c）根据《有限责任合伙条例》（第37章）在香港注册的合伙（由1984年第6号第259条修订）。（2）为免生疑问，现宣布在第（1）款中，非注册公司包括注册非香港公司（由2004年第30号第2条代替）。

[3]上述两条标准主要源于《公司（清盘及杂项条文）条例》（2016年修订）第327条（1）（c）中“法院认为将公司清盘是公正公平的”之表述，并通过香港法院之具体判例得到确认，下文将通过香港跨境破产具体案例分析详细论述。

1. 域外公司在香港申请破产需满足的条件

在香港活动的公司实体，要向香港法院呈请破产，首先必须要确认的便是该公司是否系香港域内之注册公司。若该公司为注册香港公司，则直接向法院呈请即可，该情形并非跨境破产案件中的主要实体类型，司法实践中亦无过多争议，故不进行重点讨论。

与之相对的，在香港域内提出破产申请，同时具备跨境破产特征的实体往往为《公司(清盘及杂项条文)条例》第 326 条所规定的“非注册公司”，《公司(清盘及杂项条文)条例》第 327(3)条对其在香港申请破产所要满足的条件进行了明确规定，即：(1)如公司解散或已停业，或只为将事务结束而继续营业；(2)如公司无能力偿付其债项；(3)如法院认为将公司清盘是公正公平的。[①]

第 327(3)条的前两条相对易于判断，司法实务中的裁判要点主要在于如何判定“将公司清盘是公正公平的”。基于这一条款，香港法院基于判例和《公司(清盘及杂项条文)条例》的补充条款确认了以下要点：

(1)该公司一向在香港经营业务，即在香港设立了固定的营业地点。《公司(清盘及杂项条文)条例》(2016 年修订)的第 327A 条明确规定：凡在香港以外成立为法团并一向在香港经营业务的公司在香港停业，可根据本部作为非注册公司而予以清盘。该条款的裁判要点在于如何认定实体“一向在香港经营业务”，何种营业地点可以被认定为满足该条款要求。

需要注意的是，在对于“营业地点”进行解释时，香港法院既往判例指出，不宜做过于广泛的扩张解释。公司在香港设立的营业地点不宜理解为公司在香港经营业务的任何地点。一个典型判例是 Singamas Management Services Ltd. 诉 Axis Intermodal (Uk) Ltd. T/a Seaaxis 案[②]，在该案判决中，Sakhrani 法官指出，仅通过代理人在香港经营业务的域外实体不宜因此被认定为具有在香港设立的营业地点。这一点在下文所述香港镛记控股清盘案[③]的终审判决中也有所体现。在香港设立的营业地点应反映该公司在香港有充分的实质业务活动，须在香港设有永久

---

① 参见香港《公司(清盘及杂项条文)条例》(2016 年修订)第 327 条关于非注册公司的清盘的规定。

② See Singamas Management Services Ltd. *v.* Axis Intermodal (Uk) Ltd. T/a Seaaxis [2011] 5 HKLRD 145.

③ Kam Leung Sui Kwan *v.* Kam Kwan Lai And Others, [2015] 18 HKCFAR 631.

机构。员工来港临时公干场所、居住场所以及公司一般保有的不动产则不宜被认定为公司设立的营业地点。

(2)公司与香港有其他充分的联系。如果公司在香港未设立固定的营业地点,那么只有满足其"与香港有充分的联系"这一条件,法院才能将其在香港申请破产这一请求认定为"公平公正"。公司在某地申请破产,意味着其主要的破产程序、破产管理人往往位于该地,在该地申请破产能极大限度地促进程序推进以及为相关债权人提供权利保护,如果目标公司和该地联系相对松散,无论是在程序上还是在债权人权利保护上都很难被认定为是公正的,还极易造成司法资源的浪费。基于这一法理上的考量,香港法院认为只有在公司与香港具有充分联系的情况下,公司才能向香港法院申请破产。

但是实践中,如何认定"具有充分的联系",其影响因素则是多样的,一般来说,如果存在公司及其附属公司的股东和董事居住地、公司相关资产所在地、附属公司经营业务所在地、公司收入来源地、行政决定地或争端发生地等位于香港的情况,[①]那么香港法院有极高的可能性会受理该公司的破产申请。这一标准也在后来的香港镛记控股清盘案中得到确认,就该案的具体案情与裁判,本文后文将集中进行讨论。

2. 香港域内生效的破产程序具备何种域外效力

从理论上来说,目前就香港域内生效的破产效力而言,香港法院采取一般的普遍性原则,即原则上香港域内的破产决定效力可以及于域外,根据香港法律进行的破产,"适用范围原则上覆盖全球。被清盘公司的所有资产,不论位于何处,均受香港清盘法律规管。全球的债权人具有相同权利,主张其在香港法律下的可证债权"[②]。

但是,正如前文所述,为了维护本法域下的经济稳定以及其他利益,目前世界各国常见的跨境破产实践中往往都承认本法域内的破产决定具有域外效力,但是对域外破产的域内效力认定则采取更加严格的态度。因此香港法院作出的破产决定在域外实际上是否能够产生效力仍要视该司法管辖地的法律而定,同时也要

① 参见杨靖:《跨境企业集团破产管辖权的确定依据——以香港镛记控股清盘案为借鉴》,载《人民司法》2020 年第 25 期。

② 《立法会司法及法律事务委员会关于与内地就承认和协助公司清盘(企业破产)事宜的拟议合作框架》,香港立法会-CB(4)715/19-20(04)。

考虑香港与该司法管辖区之间是否订立了某种合作机制。目前,基于最高人民法院发布的《关于开展认可和协助香港特别行政区破产程序试点工作的意见》(以下简称《试点意见》),香港的清盘人或者临时清盘人可以就香港的清盘及债务重组程序,向内地试点地区的有关中级人民法院申请认可与协助。①

3. 香港镛记控股清盘案——域外公司于香港申请破产

镛记酒家是一家以炭烧烧鹅享誉香港的餐饮公司,曾被《财富》杂志评为世界15大食府之一。镛记酒家由甘穗辉于20世纪30年代创办,经过多年经营,由最初的大排档逐渐发展成为一个颇具规模的家族企业集团。企业集团中,镛记控股有限公司(以下简称镛记控股)是集团的最终控股公司,其在英属维尔京群岛注册成立,自身并未经营任何业务。镛记控股百分百控股,LongYau Ltd. 旗下有包括镛记酒家(香港注册成立)、镛记置业等在内的10家企业。②

甘穗辉去世前,将镛记控股的股份分给了妻子、3个儿子及1个女儿。之后,大儿子甘健成获得母亲麦少珍10%股份,所持股份增至45%。二儿子甘琨礼从弟弟甘琨岐、姐妹甘美玲处各获得10%股份,所持股份增至55%,成为镛记控股大股东。后兄弟决裂,甘健成要求甘琨礼收购其持有的45%镛记控股股份。兄弟决裂时镛记控股结构见图1。因甘琨礼未正面回应,甘健成遂于2010年3月向香港高等法院提出申请,要求将镛记控股清盘。

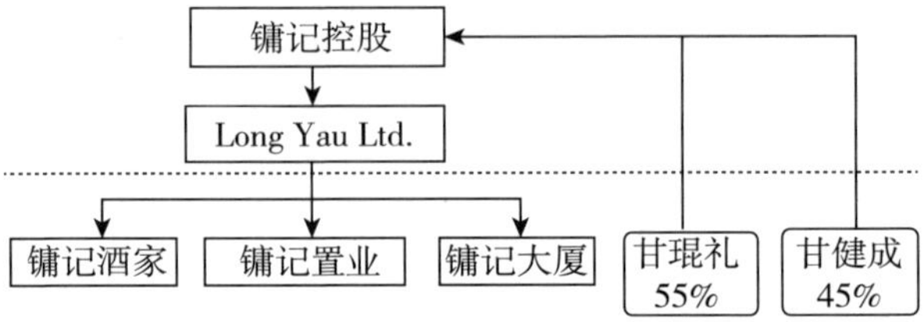

图1 镛记控股结构

镛记控股清盘案先后经历香港高等法院一审,香港上诉法院二审,直至香港终审法院终审,争议的核心焦点在于镛记控股作为域外注册控股公司能否向香港法

---

① 参见《最高人民法院与香港特别行政区政府关于内地与香港特别行政区法院相互认可和协助破产程序的会谈纪要》,法发〔2021〕15号。

② 参见《镛记清盘案:终审法院的裁决》,载香港律师协会网2016年1月,https://www.hk-lawyer.org/tc/content/%E9%8F%9E%E8%A8%98%E6%B8%85%E7%9B%A4%E6%A1%88%EF%BC%9A%E7%B5%82%E5%AF%A9%E6%B3%95%E9%99%A2%E7%9A%84%E8%A3%81%E6%B1%BA。

院申请破产,即香港法院是否应基于《公司(清盘及杂项条文)条例》第327(1)(c)条"将公司清盘是公正公平的"受理该申请。最终香港终审法院裁定受理镛记控股的破产申请,并向镛记控股下达了清盘令。终审判决裁判要点有二:

(1)镛记控股未曾在香港设立营业地点:没有证据显示该公司在镛记大厦设有办公室或有此需要,亦无证据显示该公司把其账簿及记录存放在该大厦。该公司没有在香港设立办公室以处理股份转让或股份登记事宜,于2009年4月之前亦无举行过董事局会议或股东大会。其后仅有八项由该公司或其董事作出的书面决议,而该等决议全部关于内部事务。

(2)镛记控股与香港有充分的联系,这一联系通过股东与该公司的附属公司产生:该公司及其附属公司的股东和董事均居于香港。该公司的相关资产及其附属公司所经营的业务均在香港,其收入亦来自香港的业务。该公司的行政决定及导致有关争端的相关事件均在香港发生。①

镛记控股清盘案的意义在于确定了域外公司欲在香港进行破产申请时,其与香港产生"充分联系"的连结点,包括公司及附属公司股东和董事的居住地、公司的相关资产所在地、附属公司经营业务所在地、公司收入来源地、公司行政决定地及争端发生地等。

同时,香港律师界也指出,这份判决表明了香港法院在裁定域外控股公司与香港是否存在相关联系时,将会采取更加宽松的态度。而基于这份判决,当存在有关股东身居香港、附属公司亦在香港存在广泛业务及资产的情况下,香港法院将会认定其与香港存在"充分联系"②。

(二)域外破产的域内效力:域外已经生效的破产程序需要在香港生效的情形

1. 域外破产案件在香港生效的相关规则

域外破产案件在香港生效的条件与效力规则参见表2。

---

① See Kam Leung Sui Kwan *v.* Kam Kwan Lai And Others (2015) 18 HKCFAR 631.

② 参见《镛记清盘案:终审法院的裁决》,载香港律师协会网2016年1月,https://www.hk-lawyer.org/tc/content/%E9%8F%9E%E8%A8%98%E6%B8%85%E7%9B%A4%E6%A1%88%EF%BC%9A%E7%B5%82%E5%AF%A9%E6%B3%95%E9%99%A2%E7%9A%84%E8%A3%81%E6%B1%BA。

表 2 域外破产案件在香港生效的条件与效力规则

属性	条件	产生效果
香港法院对域外破产案件提供协助的条件	域外破产程序是集体程序（如开曼清偿程序、我国内地破产清偿程序）	对于在香港以外成立的公司，香港法院可以承认在其成立地展开的集体清盘程序（包括自动清盘）
	域外破产程序在公司注册地启动	
香港法院就域外破产案件的申请承认与协助订立的标准程序	域外破产管理人需向作出委任的域外法院申请致予香港法院的请求书	该请求书会列出将在香港申请的命令内容
	域外破产管理人需向香港法院申请“标准格式命令”	标准格式命令将授权清盘负责人管有及控制公司在香港的财产，调查该公司在香港的事务，以及为促成以上目的展开法律程序
		规定搁置在香港展开或继续针对公司或资产的法律程序，或香港法院批准的除外
	若申请其他实体命令，则破产管理人应按照一般诉讼原则被指名为答辩人	一般为影响某一特定方的实体命令，如要求披露文件和接受口头讯问
香港法院承认与协助域外破产案件后产生的法律效力	域外破产程序在效力上等同于该公司在香港进行破产程序	—
	破产管理人取得其在域外法院取得的同等的所需权利	法院只会因应清盘负责人执行的职务需要，给予清盘负责人所需的权利
		如果清盘负责人根据其赖以被委任的法律不能处理某件事情，香港法院就不会有权利让该清盘负责人在香港处理该件事情
		给予协助的命令必须符合香港的实体法和公共政策[1]

[1]《立法会司法及法律事务委员会关于与内地就承认和协助公司清盘（企业破产）事宜的拟议合作框架》，香港立法会－CB(4)715/19－20(04)。

2. 上海华信案——域外已经生效的破产程序在香港的生效

上海华信国际集团有限公司（以下简称华信公司）是在内地注册成立的投资

控股公司。2019 年 11 月,上海市第三中级人民法院依照《中华人民共和国企业破产法》裁定该公司进入破产清算程序,并随后指定三家律师事务所作为华信公司的破产管理人。

华信公司位于香港的资产包括一项对其子公司上海华信集团(香港)有限公司(以下简称华信香港公司)的债权,该项债权额度约为 72 亿港元。华信公司破产管理人发现,早在 2018 年 8 月已有第三方在香港取得了针对华信公司的缺席判决,获赔 2900 万港元。为执行该判决,第三方已于 2019 年 8 月取得了针对华信香港公司向母公司所负债务的第三债务人暂准令。为了阻止第三方将暂准令转为绝对命令,破产管理人向香港高等法院原讼法庭申请承认与协助,并要求中止扣押程序。2019 年 12 月,上海市第三中级人民法院向香港高等法院原讼法庭发出请求书(Letter of request)。①

本案核心焦点在于香港法院是否应对内地人民法院任命的破产管理人予以承认和协助,以及满足何种条件时应当批准该种承认和协助。该案裁判要点如下:

(1)该案所涉内地破产程序系集体程序,且为在注册地(内地)提起的破产程序。

(2)破产管理人申请的权利与《中华人民共和国企业破产法》和香港法院之"标准格式命令"相符,即破产管理人所申请的权利系基于其职务需要,在《中华人民共和国企业破产法》授予的权利范围之内,同时符合香港实体法与公共政策。②

基于以上原因,香港法院批准了内地破产管理人的有关申请,并提供了承认和协助,暂时搁置了包括第三方暂准令在内的相关程序。

上海华信案作为内地破产程序在香港申请承认并协助,且获得香港法院批准的首宗相关案例,其意义在于为内地破产管理人向香港法院提起破产程序承认与协助申请提供了相对确定的实务标准。该案强调的一系列裁判要点,包括集体程序标准、注册地标准,以及香港法院所承认的破产管理人的权利范围,都是内地破产管理人赴港申请跨境破产协助时需要注意的核心要求。但是夏利士大法官也

① 参见张烁:《从"广信案"到"华信案":香港对内地公司跨境破产清算承认与协助的新发展》,载《法律适用》2020 年第 14 期。

② See Re The Joint And Several Liquidators Of Cefc Shanghai International Group Limited (In Liquidation In The Mainland Of The People's Republic Of China [2020] 1 HKLRD 676/[2020] HKCFI 167.

指出:“将来应向内地管理人提供更多协助的实际程度,需在每宗案件按情况逐次决定,而法院在何等程度上信纳内地和香港同样提倡以单一方式处理跨境清盘,亦相当可能应向关于承认方面的发展。”①

可见,未来内地破产管理人能否获得更多协助,需要基于具体问题进行具体分析,同时更取决于内地人民法院能否承认与协助符合条件的香港破产程序。

三、香港与内地的跨境破产合作机制发展:以《试点意见》与《内地破产管理人向香港特区法院申请认可和协助的程序实用指南》为例

在相当长的一段时间内,内地和香港之间缺乏有效的跨境破产合作机制,香港回归后,内地与香港签订了一系列司法协助文件,但是对于破产案件程序的规定仍然长期处于缺位的状态,最高人民法院还明确指出,2006 年公布的最高人民法院《关于内地与香港特别行政区法院相互认可和执行当事人协议管辖的民商事案件判决的安排》不适用于承认香港清盘令。香港法院的清盘令也不属于 2007 年修正的《中华人民共和国民事诉讼法》第 265 条所指的外国法院判决。

造成内地与香港一直以来在破产合作机制上存在困难的主要原因在于双方在法律体系和司法环境上存在较大的差异。为了解决这一问题,顺应两地商事主体在跨境破产领域日益增长的法治需求,在充分考虑了两地司法制度的差别、两地过往的跨境破产案件审判实践的基础上,最高人民法院和香港特别行政区政府开展了长达 4 年的磋商,最终于 2021 年 5 月内地与香港签署了《关于内地与香港特别行政区法院相互认可和协助破产程序的会谈纪要》(以下简称《会谈纪要》),首次为两地相互认可与协助跨境破产程序构建了合作机制。在《会谈纪要》的基础上,最高人民法院制定了《试点意见》,香港律政司也公布了《内地破产管理人向香港特区法院申请认可和协助的程序实用指南》(以下简称《实用指南》),在构建内地与香港的跨境破产合作机制这一问题上进行了试验性的合作,下文将从《试点意见》与《实用指南》的具体内容出发,对内地与香港的破产合作机制展开讨论。

---

① 该引文的原文为:“The extent to which greater assistance should be provided to Mainland administrators in the future will have to be decided on a case by case basis and the development of recognition is likely to be influenced by the extent to which the court is satisfied that the Mainland, like Hong Kong, promotes a unitary approach to transnational insolvencies”。

(一)《试点意见》与《实用指南》的具体内容

《试点意见》的主要内容见表3。

表3 《试点意见》的主要内容

类别	主要内容	相应条文
试点地区与管辖法院	上海市、福建省厦门市、广东省深圳市人民法院	第1条
	债务人在内地的主要财产位于试点地区、在试点地区存在营业地点或在试点地区设有代表机构	第5条
适用案件类型	香港破产程序仅限于公司,不包括个人	第2条
	香港破产程序的性质为“集体清偿程序”	
	债务人主要利益中心位于香港,并存续6个月以上。其中,主要利益中心一般指债务人的注册地,在实际操作中,也应综合考虑债务人主要办事机构所在地、主要营业地、主要财产所在地等因素进行认定	第4条
申请材料的提出	破产管理人应按照《试点意见》提交材料	第6条、第7条
	试点人民法院应当在收到认可和协助申请之日起5日内启动通知与公告程序,并赋予利害关系人提出书面异议的权利	第8条
法律效力	人民法院认可香港破产管理人身份	第10条
	债务人的个别清偿无效	第11条
	已经开始而尚未终结的有关债务人的民事诉讼或仲裁应当中止	第12条
	人民法院有关债务人财产的保全措施应当解除、执行程序应当中止	第13条
	人民法院可依照香港管理人申请或债权人申请指定内地管理人。内地管理人行使本意见第14条的职责,债务人在内地的事务和财产参照《中华人民共和国企业破产法》的规定	第15条
	人民法院依申请裁定对破产财产变价、破产财产分配、债务重组安排、终止破产程序等事项进行协助	第16条

续表

类别	主要内容	相应条文
债权清偿方式	债务人在内地的破产财产在依据内地法律规定清偿了应当优先清偿的债务后，剩余财产则在相同类别债权人受到平等对待的前提下，按照香港破产程序分配和清偿	第20条
裁定救济途径	人民法院作出裁定后，管理人或者利害关系人可以自送达之日起10日内向上一级人民法院申请复议。复议期间不停止执行	第21条
报告请示制度与沟通联系机制	试点人民法院在审理跨境破产协助案件过程中，应当及时向最高人民法院报告、请示重大事项	第23条
	试点人民法院应与香港法院积极沟通和开展合作	第24条

资料来源：最高人民法院《关于开展认可和协助香港特别行政区破产程序试点工作的意见》，法发〔2021〕15号。

香港《实用指南》的主要内容见表4。

表4 香港《实用指南》的主要内容

类别	主要内容	相应条文
向内地人民法院申请破产请求书	破产管理人应先向指定该管理人的内地人民法院申请致香港法院原讼法庭的请求书	第1条
向香港法院申请"标准格式命令"	管理人在获得内地人民法院出具的请求书后，可借附有宗教式誓章或非宗教式誓词的证据以单方面原诉传票，向香港法院原讼法庭申请标准格式命令	第2条
召开庭审的需要	香港法院原讼法庭可以书面方式处理有关标准格式命令的申请。如果香港法院认为合适，可以指示召开庭审	第3条

资料来源：《内地破产管理人向香港特区法院申请认可和协助的程序实用指南》。

注：需要注意的是，香港系普通法系地区，因此香港律政司并非香港特区的立法机关，它只在请求书方面给香港高等法院以具体的指导。香港法院在认可与协助内地跨境破产程序方面已有相应的判例规则，在以往的实务中多次按照普通法规则以颁令的方式给内地的破产程序提供过协助，因此在破产案件中仍然需要符合已经通过判例确立的各项内容。对于这一内容上文已经进行了详细的介绍，故不再赘述。

整体上来说，《试点意见》在规定内容方面比较详细细致，为内地试点人民法院与香港法院开展跨境破产合作提供了比较详细的指导；与之相对应，《实用指南》则比较简单，但是考虑香港法院不乏依据普通法规则为内地破产程序提供承认和互助的相关判例,因此整体上来说无论是《试点意见》还是《实用指南》对于推动内地与香港的跨境破产合作机制的完善都具有一定的意义。

但是,必须要认识到的是,两部法律规范在内容、位阶上均存在明显的不同。同时,虽然《试点意见》第24条提及内地试点法院应与香港法院积极沟通和开展合作,但对于如何构建两地法院定期和不定期的会晤通报机制并没有给出明确的答案。

总而言之,目前内地与香港的跨境破产司法合作虽然还存在一些待解决的问题,但无论是《试点意见》还是香港普通法规则下跨境破产的相关实践与规定,都为两地破产管理人在跨境破产案件中提供了极为有益和富有针对性的实务指引,极富成效和现实价值。

(二)森信洋纸有限公司清算案——《会谈纪要》签订后跨境破产合作第一案

森信洋纸有限公司(以下简称森信洋纸)是一家于1981年3月24日根据香港法律注册成立的公司,公司在香港从事纸制品贸易已有40多年。2020年8月14日,森信洋纸A类股股东通过书面决议,自愿申请破产清盘,并委任了破产管理人。因此,森信洋纸自2020年8月14日起已在香港进行破产程序。考虑森信洋纸在深圳具有相当数量的资产,破产管理人认为,根据香港法律,宜向内地人民法院寻求帮助,以便于债权人利益的实现。

2021年8月30日,香港管理人向深圳市中级人民法院提交了香港破产法院出具的《根据认可和协助香港特别行政区破产程序试点方案发出的司法协助请求函》(以下简称《司法协助请求函》),申请深圳市中级人民法院作出裁定,请求在内地认可清盘人的身份,并就香港清盘人在内地可以行使的权力给予指示。

2021年12月15日,深圳市中级人民法院作出民事裁定,认可森信洋纸的香港破产程序,并认可森信洋纸破产管理人的香港管理人身份。该裁定主要理由如下:

(1)森信洋纸在深圳的资产为其在内地的主要财产,故深圳市中级人民法院对该案具有管辖权。

(2)森信洋纸于1981年在香港注册成立,在香港从事纸制品贸易已有40多年,主要财产也在香港,故香港为森信洋纸的主要利益中心所在地。

(3)森信洋纸在港破产程序系公司破产集体清偿程序。

(4)香港破产管理人申请认可其作为森信洋纸破产管理人的身份,并允许其在申请事项范围内履行职责,符合香港有关法律规定,亦符合《中华人民共和国企业破产法》和《试点意见》有关规定。亦未发现违背公序良俗的情形。①

森信洋纸清算案作为香港与内地签订《会谈纪要》后,香港管理人首次在内地提出的认可和帮助香港破产程序申请并获内地法院承认的案件,该案件在具体实务操作上完整适用了《试点意见》的相关规定,是《试点意见》落地后的重要参考案例,提示相关从业人员在实务工作中应基于该文本,严格落实相关条款,以体现《试点意见》的重要实务价值。该意见对两地跨境企业重组具有重大的示范意义,对推动破产程序合作也具有重要的实践意义。

四、总结与实务启发

总体上来说,除成文法规定外,基于普通法规则与丰富的司法实践经验,香港跨境破产制度在实务工作上有章可循,无论是在域外公司于香港域内申请破产还是域外破产于香港域内生效的情境下都有着相对丰富的实务资源可供参考。在具体的操作流程上亦有文本指引与判例要点。在该类实务工作中,考虑到香港地区所适用的普通法规则基础,香港宜基于现有典型判例(如香港镛记控股清盘案、上海华信案等),采取判例法体系下之基本方法论进行操作。

同时,在香港与内地的跨境破产合作领域,就香港生效之破产程序需要在内地获得承认与帮助的相关问题,森信洋纸有限公司清算案也体现了《试点意见》与《实用指南》在实务工作中的重要价值。《试点意见》所构建出的实务要点整体上呈现相对清晰具体的特征,对于实务工作具有重要意义。

但是,需要指出的是,基于《会议纪要》所订立的《试点意见》与《实务指南》作为试点性质的法律文件,在一些基础性问题上仍然留下了空白,同时,由于香港与内地在整体法律制度和司法体系上都存在较大差异,因此在具体规定上仍然存在一些衔接的难点,在实务操作中可能会造成相当的困难。

总体上来看,目前学界对于内地与香港跨境破产机制可能存在的问题的处理原则主要基于互惠要求与“主要利益中心”的认定标准两个方面。

---

① 参见广东省深圳市中级人民法院民事裁定书,(2021)粤03认港破1号。

就互惠原则问题，目前国际上通用的观点[①]认为，破产程序的域外承认不宜强调互惠原则，以避免造成两国（或地区）在司法上的相互推诿，阻碍债权人正当利益的实现。目前，香港法院在处理跨境破产案件时明确指出不以是否满足互惠原则为裁判要件，但是《中华人民共和国企业破产法》第5条仍然强调"按照互惠原则进行审查"，因此也有学者指出，今后在内地与香港进行跨境破产合作时，最高人民法院可考虑不再强调《中华人民共和国企业破产法》《中华人民共和国民事诉讼法》有关互惠条件的规定。但是到目前为止，内地法院在处理跨境破产案件时是否会考虑互惠原则，仍然是实务工作中需要注意的问题。

司法实务中可能遇到的另一个问题在于《试点意见》中对于"主要利益中心"的规定，一般来说"主要利益中心"系公司注册地，但是《试点意见》提出，也应综合考虑包括主要办事机构所在地、主要营业地、主要财产所在地等因素。而香港法院目前对域外破产决定在香港生效的标准仍为单一的公司注册地标准。因此实务中可能存在部分境外公司在中国内地申请破产并被受理，但由于其注册地并非位于中国内地因此无法向香港法院申请承认与协助的问题。在处理这类复杂的破产案件时，从业人员应当格外注意。

---

① 一个典型例证便是《贸易法委员会跨国界破产示范法》（Uncitral Model Law on Cross - Border Insolvency）的相关规定。

境外债券融资项目在境内诉讼的难点问题研究

王鹏飞*

境外发行债券是国内企业融资的重要工具。按照发行主体及增信措施不同，中企境外发债可分为境内企业直接到境外发债、设立境外发行主体并由境内公司提供跨境担保或承诺的间接发债两类，后者主要分为内保外贷模式下发债和维好协议＋股权回购承诺模式下发债两种情形，在实践中又以内保外贷的方式更为常见。

随着经济形势下行压力越来越大，不少企业频频曝出债券违约事件，债券持有人或债券受托人纷纷通过法律途径主张权利，而境外债券发行人也难逃被起诉的境遇。由于债券违约诉讼本身具有一定的新颖性，司法机关在诉讼的主体、条件、程序和诉讼利益归属等方面的认识不一，而境外发行债券的特殊性更加突出。正是在这个背景下，最高人民法院、证监会于2019年12月召开全国法院审理债券纠纷案件座谈会，意图尽快统一裁判尺度。

近年来，笔者代理了多起境外债券项目在境内的违约诉讼案件，对于此类纠纷中的难点问题深有体会，故对境外债券在境内诉讼的若干问题进行解析，以期对此类纠纷的预防和处理提供参考。

一、境外债券纠纷基本特征

境外债券项目基本模式见图1。

---

* 王鹏飞：北京德和衡律师事务所高级合伙人，北京市律师协会涉外律师人才，山东省人民政府国有资产监督管理委员会产权交易评审专家，仲裁员，北京工商大学法学院、上海政法学院硕士生校外导师。

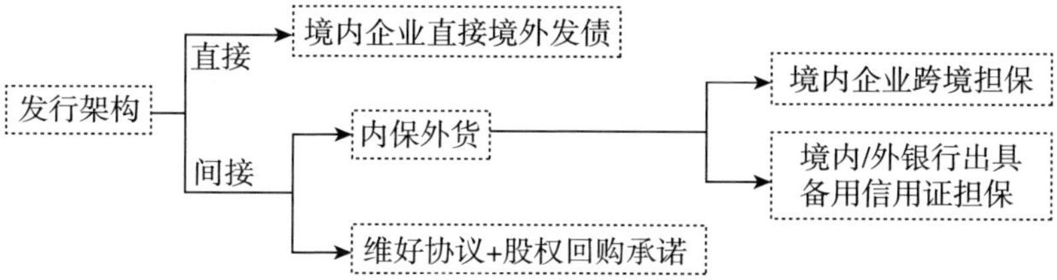

图1　境外债券项目基本模式

在2009年至2015年,中国企业在境外发行债券出现一股热潮,相应的债券违约也陆续出现。自2014年至2018年年底,国内外与中国企业有关的债券市场共有几百个主体发行的300多只债券发生违约,涉及债券规模超过人民币2000亿元。

此类纠纷通常具有涉外因素明显、涉及法域较多、法律关系复杂等特点。涉外性主要体现在法律主体、法律行为、法律程序、证据材料等方面的因素。多法域体现在主从合同分别适用不同法域的法律、由不同法域法院管辖、司法文书跨域协助送达、生效法律文书的认可与执行以及财产域外冻结程序,特别是债权人在境外提起主债权诉讼时会同时在国内提起担保诉讼。法律关系复杂体现在该类纠纷涉及债权债务关系、信托关系、中介机构服务关系、债券持有人之间的合同关系、债券转让关系、行政监管关系、境内外的主从合同关系等多个法律关系,需要在审理时仔细加以甄别。

以上是境外债券纠纷的特殊之处,但并非主要难点问题,本文不再予以赘述。由于境外融资项目通常以内保外贷的方式提供增信担保,而境外发行债券的融资项目多采用信托形式进行收益管理,所以其诉讼难点问题主要集中在内保外贷系列问题和信托结构系列问题上。为便于理解,笔者采取交易因素叠加法进行研究,首先分析内保外贷模式下境外融资纠纷案件的普遍性难点问题,然后叠加信托结构因素,进一步分析相应的特殊性难点问题。上述普遍问题和特殊问题,构成了题述的境外债券融资项目的境内诉讼难点问题。

二、普遍性难点问题

内保外贷模式下境外融资项目的基本结构见图2。

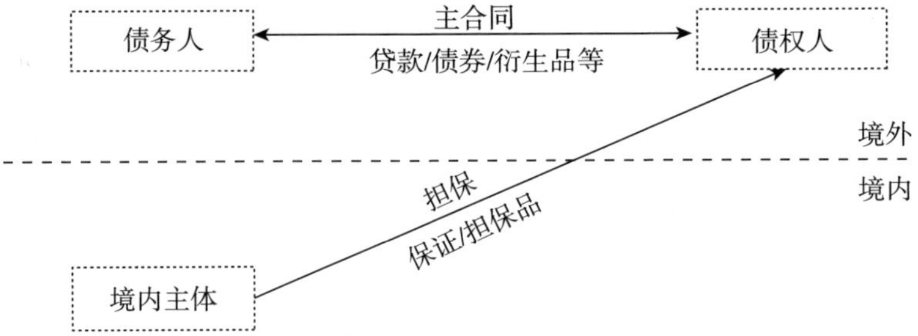

图2　内保外贷模式下境外融资项目的基本结构

(一)境外融资项目中内保外贷担保协议的效力问题

关于境外融资项目中内保外贷担保协议的效力问题,法院在2014年前后的裁判意见存在明显的分界线。

在2014年之前,根据中国人民银行公布的《境内机构对外担保管理办法》(已失效)及国家外汇管理局公布的《境内机构对外担保管理办法实施细则》(已失效)的相关规定,对外担保必须经过国家外汇管理局批准,因此最高人民法院《关于适用〈中华人民共和国担保法〉若干问题的解释》(以下简称《担保法司法解释》,已失效)第6条吸收了上述行业管理规定,对未经国家外汇管理局批准的内保外贷担保协议作出了无效的规定。而法院在审判实务中几乎无例外地将未经国家外汇管理局批准或登记的内保外贷担保协议认定为无效。

2014年,国家外汇管理局颁布《跨境担保外汇管理规定》(以下简称29号文),该文件第29条明确规定"外汇局对跨境担保合同的核准、登记或备案情况以及本规定明确的其他管理事项与管理要求,不构成跨境担保合同的生效要件",上述规定引起了法院裁判意见的显著变化。根据笔者对公开裁判文书的统计,在29号文颁布后至2017年年底,除去尚未公开的法院裁判文书,人民法院引用29号文的裁判案例共26件,除利奥电脑国际有限公司与李某国保证合同纠纷案外,[①]其他案件的审理法官均认为是否在国家外汇管理局办理备案手续(其他形式跨境担保不需要办理内保外贷备案登记)并不影响跨境担保项下担保合同的效力。

由此可见,《担保法司法解释》第6条由于其立法的基础性规定已经发生变

---

① 参见广东省深圳市中级人民法院民事判决书,(2016)粤03民再36号。

化，内保外贷登记规则已从效力性规定变为管理性规定，法院在审判实务中多数认定未经备案的内保外贷担保协议是有效的。

（二）内保外贷项目未经登记，担保人代偿款项或强制执行款项的出境问题

虽然内保外贷项目未经备案不会影响担保合同的效力，但可能影响担保合同执行完毕后的资金出境。根据外汇管理局的规定，如保证人未在外汇管理局办理内保外贷登记，在其向境外的债权人偿还债务时，会出现无法办理资金汇出的情况，直接影响债权清偿。在这种情况下，外管局通常要求保证人前往外汇管理局补办内保外贷登记，但如果采取申请强制执行的方式实现回款，保证人显然不会配合补办登记，以此种方式实现资金出境已然是不现实的。

从实际操作中看，境外债权人有时采取如下变通方式实现债权受偿：

（1）内存外贷：境内公司在境内银行存进款项，作为人民币保证金，存款期限为2～3年，该境内银行的境外银行向该境内公司的海外子公司或特殊目的公司提供贷款。

（2）内存离岸贷：境内公司在境内银行存入款项，作为人民币保证金，存款期限为2～3年，该境内银行直接向境外借款人发放离岸美元或港元贷款。使用此种方式的境内公司一般是自身存在境外投资行为的企业，并且已获取ODI证书，境内或境外主体至少有一方为实际经营实体，需提供报表、交税单、银行流水等以证实存在可核实的经营收入。

此外，部分债权人还采取贸易对敲、自贸区跨境直贷、跨国公司资金池调拨、境内外平行贷款等方式办理资金出境。

需要特别注意的是，上述方式均存在法律合规风险和违规操作风险，不应盲目操作，而应由专业律师事先对法律风险进行评估。

（三）内保外贷项目的双法域问题

在内保外贷模式下的境外融资项目中，主债权合同通常约定适用境外法，由境外法院行使司法管辖权，而境内的担保合同则约定适用国内法，由境内法院管辖各方发生的争议。因此，如果债权人在境内单独向担保人提起诉讼，境内法院是否需要审查境外主合同的效力，是否需要由境外法院预先作出主债权判决，就

成为诉讼双方辩论的焦点问题。从司法实践来看,担保合同虽然是从合同,但在我国境内是允许单独起诉的,并且从笔者承办过的案件的经验来看,审理的高级人民法院均未要求预先作出主债权判决,但在审查担保合同效力时,境内法院通常需要查明并适用境外法。

为提高债权人诉讼与执行的效率,债权人可以在境内外同时发起担保诉讼和主债权诉讼。根据内地与香港相互认可和执行法院判决的最新安排,对于境外取得的主债权诉讼生效判决,债权人可以向申请人住所地或者被申请人住所地、财产所在地的中级人民法院申请认可和强制执行,对于境内取得的担保诉讼生效判决,当事人可以向香港高等法院申请认可和执行。

(四)维好协议的法律效力问题

内保外贷模式下境外融资项目的基本结构见图3。

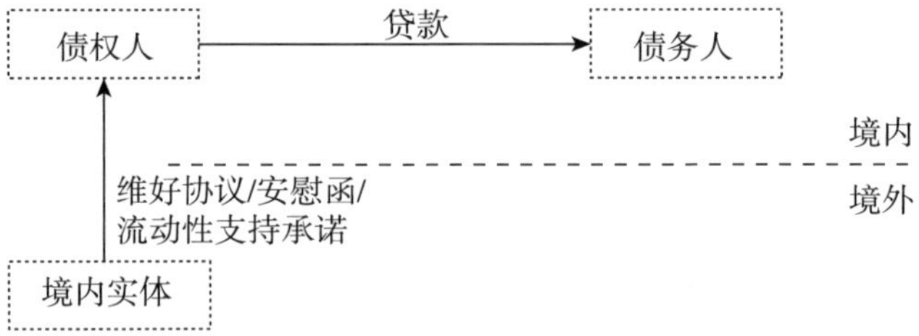

图3 内保外贷模式下境外融资项目的基本结构

在维好协议模式的境外融资项目中,境内主体会签订维好协议、安慰函或流动性支持承诺书,向债权人承诺维持发行人的正常运营并对发行人提供流动资金支持,以确保发行人能够按期偿还债务。从法律性质上看,该境内主体对债权人承担的是一般合同义务,不是真正的担保责任和连带还款责任。债权人只能根据维好协议的约定,要求境内主体在法律法规允许的范围内向债务人提供资金,而不能强制境内主体代替债务人直接向债权人做出任何偿付。

三、特殊性难点问题

境外债券融资项目的基本结构见图4。

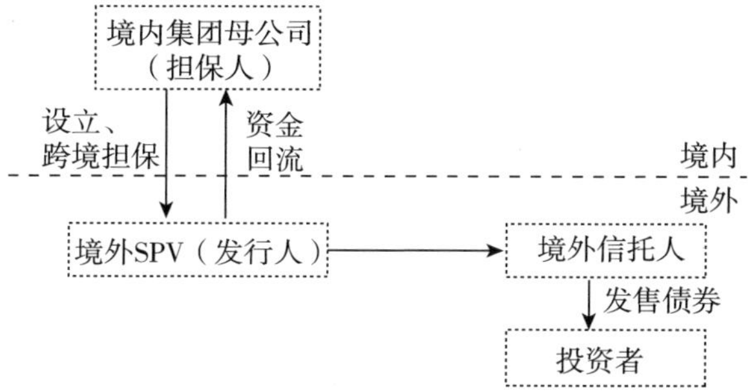

图 4　境外债券融资项目的基本结构

由图 4 可见，在信托结构的境外发债项目中，债权人由单个主体变为多个债券持有人（通常称为投资者），债券持有人与发行人之间增加了受托人的角色，负责管理债券持有人的收益并发起债券诉讼。在债权债务关系层面，由发行人与债券持有人签订《票据认购协议》并将其作为主合同，同时由受托人与境内保证人签订境内担保协议，由受托人作为担保受益人，约定担保人向受托人履行担保责任，债券持有人作为被担保人，不直接享有担保权益，甚至不在担保协议上作为签字一方出现。在信托法律关系层面，受托人与发行人签订《信托契约》，约定受托人代表全体债券持有人行使债权并收取一定的受托管理费，受托人享有对发行人主张违约、发起诉讼等权利。

在这种发行模式下，《信托契约》和《票据认购协议》还会约定如下特殊条款，对受托人的诉讼权利予以保障，并相应限制了债券持有人的直接诉讼权。这些条款主要包括以下三个方面：

（1）“受托人绝对诉讼权利条款”

No Note holder may proceed directly against any Notes Obligor unless the Trustee, having become bound soto proceed, fails to do so with inareasonable time and such failure is continuing.

任何票据持有人（债券持有人，下同）不得直接对任何票据债务人提起诉讼，除非受托人在受约束的情况下，未能在可转让的时间内提起诉讼，且此类情况仍在继续。

（2）“受托人满意条款”

The Trustees hall not be bound to exercise any discretion or power oractat the request or direction of the Note holders unless it is first indemnified and/or securedand/

or prefunded to its satisfaction against all actions, proceedings, claimsand demands to which it may in it sopinion render itself liable and all costs, charges, damages, expense sand liabilities which it may incur by sodoing.

受托人无义务行使任何酌情决定权或权力,或根据票据持有人的要求或指示行事,除非其首先获得赔偿和/或担保和/或预先获得资助,以使其对所有行动、诉讼、索赔和要求感到满意。因为在受托人看来,其可能会承担责任以及由此可能产生的所有费用。

(3)"受托人自由裁量权条款"

The Trustee will have absolute and uncontrolled discretionas to theexercise of its functions and will not be responsible for any loss, liability, cost, claim, action, demand, expense or inconvenience incurred or suffered by anyperson which may result from their exercise, non – exercise, any delay in such exercise or any delayingiving any direction where the Trustee is seeking such directions or where instructions sought are not provided by the holders of the Notes.

受托人将对其职能的行使拥有绝对和不受控制的自由裁量权,如果受托人正在寻求指示或持有人未提供指示,受托人并不对任何人因其行使、不行使、该等行使的任何延迟或在发出任何指示时的任何延迟而招致或遭受的任何损失、责任、成本、索赔、行动、要求、费用或不便而承担责任。

从上述条款可知,在包含信托架构的境外债券发行项目中,债券持有人的直接诉讼权利受到协议的限制,那么在发行人违约的情况下,债券持有人应当如何主张诉讼权利?如何才能摆脱受托人对持有人诉讼权利的限制?这就是信托架构下境外债券诉讼的特殊难点问题。

(一)债券持有人自行起诉或通过受托人起诉存在人为制造的困难

《信托契约》中的绝对诉讼条款和自由裁量条款赋予了受托人对诉讼的控制权,虽然债券持有人有权通过特别决议指示受托人提起诉讼,但受托人仍然可以援引满意条款加以拒绝,导致持有人在发起诉讼时较为被动。即便发起诉讼后,也需要持有人与受托人进行频繁沟通及发送明确的指令,导致诉讼进程比较拖沓。

之所以限制债券持有人的诉讼权利,其原因在于公司债券的本质特征。公司发行债券进行融资的实质是以同一借款条件同时向很多人借入较小金额的款项，每个债券持有人所持有的债券数额相对较低，允许每个债券持有人单独采取诉讼措施要求债务人还款或冻结债务人的资产是不经济的，甚至在一定条件下还可能损害其他多数债券持有人的利益，因此《信托契约》对债券持有人的某些诉讼权利加以限制，防止部分债券持有人在无充分理由的情况下任意提起诉讼，以达到保护债券持有人整体利益的目的。

在实际案例中，受托人故意不提起诉讼的原因有很多，有的是持有人开出的费用和条件不能使受托人满意，有的是受托人与发行人之间存在千丝万缕的关系，导致受托人过失迟延诉讼或故意拖延诉讼。而更多的原因是受托人有自己的利益考量，特别是受托人对发行人享有债权时。例如，某银行在与某公司的债权债务关系中同时是贷款行、受托管理人和债委会委员，该银行为保护自己的债权安全，抢在受益人之前先行冻结发行人的财产。又或者受托人在发行人两个以上的项目中担任受托人，他会衡量不同项目带给自己的收益从而决定先以哪个项目启动对发行人的诉讼措施，而落于后位项目的债券持有人自然处于不利的境地。即使受托人同意发起诉讼，但经过漫长的决议、准备、诉讼、破产和重组程序后，持有人最终获得清偿的金额可能不到本金的1/3。

(二)债券持有人可选的诉讼路径及可行性分析

受托人在协议中对持有人的诉讼权利进行了广泛而严格的限制，持有人单独发起诉讼是困难的，指令受托人发起诉讼又存在种种被拒绝的理由。发行人的资产、资信情况瞬息万变，如果受托人迟迟未向发行人提起诉讼，持有人应当如何设计诉讼路径以保护自身权益？对此我们曾探索了多种绕行式的诉讼方案，在此分别对其可行性进行分析，便于读者得出自己的认识。

1. 债券持有人绕开主合同中约定的限制诉讼条款，以自己的名义在境内单独提起担保诉讼

经论证，此种诉讼途径存在一定的法律障碍。由于担保协议中约定的受益人通常是受托人而非持有人，并且《票据认购协议》作为主合同限制了持有人直接提起诉讼的权利，如持有人自行提起担保权诉讼将面临诉讼主体不适格的问题。

2. 债券持有人先从受托人处受让担保权益，然后在境内单独提起担保之诉

在受托人不配合的情况下无法实现担保权益转让，即便受托人同意转让，也

会陷入法律逻辑困境。担保协议项下的担保权益约定归属于受托人,按照国内担保权利转让的相关规定,如果转让从合同项下的权利,必须将主合同中的债权一并进行转让,单独转让担保权利无效。但是主合同项下的债权又归属于持有人,所谓将债权转让给持有人会陷入自相矛盾的逻辑困境。英美法系中信托法律关系实行双重所有权制,受托人是普通法中的所有权人,持有人是衡平法中的所有权人,能够在一定程度上解决上述逻辑问题。

3. 债券持有人委任共同受托人,由共同受托人提起诉讼

《信托契约》通常约定持有人经受托人同意后可以委托共同受托人承担信托责任,故理论上持有人可以委任共同受托人提起诉讼。但是由于接受共同受托人的任命是受托人的权利,并且需要由受托人将担保受益权转让给共同受托人使其成为共同受益人,因此这种诉讼路径亦需要受托人的配合。

4. 债券持有人解除受托人职务后直接提起诉讼或另行委任新的受托人提起诉讼

在国内外信托机制中,解任受托人需要具备必要的条件。根据国内《信托法》的规定,受托人处理信托事务,出现违背信托目的行为或者影响信托目的实现的其他重要事项时,如管理运用和处分信托财产有重大过失等,可以由持有人决议解任。如果受托人不接受解任时,持有人委派的代表可以请求法院解任。五洋债违约事件中,债券持有人通过债券持有人会议罢免了五洋债的主承销商和受托管理人德邦证券的受托管理人资格,这是中国市场上第一例罢免受托人资格的案件。

除了决议辞任的情形外,美国 1939 年颁布的 TIA 则进一步规定了利益冲突情形下的强制辞任权,当受托人与发行人存在“交叉股权或交叉董事;受托人是同一发行人两项发行的受托人,存在财产竞争;受托人同时是发行人的贷款人;受托人有受托投资部门,为客户投资本债券;受托人拥有向发行人提供融资意见的部门,而意见可能违背债券持有人的最佳利益”等关系时,受托人必须强制予以辞任。

受托人解任后,债券持有人可以共同委任新的受托人发起诉讼,也可以根据法律规定直接向发行人起诉,而后者必然会导致一些新的实务问题。例如,多个债券持有人分别直接面对发行人时,法院是否可以将各自起诉的案件作为同一个案件处理? 再如,如果不能作为一个案件,则存在不同案件均对同一财产进行保

全的受偿顺序问题。当然,多个债券持有人直接起诉时,也可以采取集中票据权利的方式进行诉讼,由一个持有人集中其他持有人的债权,在持有人内部提前约定清偿资金的分配比例和收回资产的分割方式。

四、律师建议

为解决上述诉讼难点问题,笔者向债券投资者、承做境外债券发行项目的律师、立法机关与监管部门提出如下建议:

(一)债券投资者应重视协议条款的约定

作为债券投资者,应务必重视《信托契约》和《票据认购协议》条款的约定,尽量避免对自己的诉权设置太多障碍,特别是不要将受托人满意条款作为受托人提起诉讼的前提条件,而应该作为受托人提起诉讼后的附随权利,同时注意在自由裁量条款和绝对诉讼条款中加入持有人特殊决议除外条款。对于担保协议,应当将持有人也列为担保协议项下的实际受益人,并约定情况紧急时债券持有人有权以自己的名义直接提起诉讼。此外,还可以考虑在条款中赋予持有人在辞退、更换受托人方面享有更广泛的权利。

(二)律师应重视提前设定纠纷救济措施

在债券发行业务中,作为债券持有人的律师起草保证合同、信托契约、认购协议时,不仅应当对商业交易发表法律意见,还应当着重关注产生债券纠纷时的救济路径设计,尤其是持有人与受托人之间的诉权分配和受托人怠于起诉的救济措施。

(三)国家应择机出台《信托法》修正案或者《信托受托管理办法》

我国提出了债券受托管理人的概念,但没有对可能影响其尽责履职的利益冲突情形做出规范,而只是要求其充分履行信息披露义务。在境内债券发行项目中,受托人通常担任债券的主承销商,这种双重角色影响受托人履责。一方面,发行人是主承销商的客户和业务来源;另一方面,作为承销商又需要对债券发行承担保荐责任,上述机制促使受托人尽职尽责地照顾持有人的合法利益。尤其在资产证券化领域,受托人角色利益冲突的现象更为严重,信托计划受托人或者资管计划管理人,既是逻辑上的发行人,又承担受托人义务,还被允许使用自有资金或者管理的信托计划。

资管计划的募集资金认购自己发行的证券化产品,将发行人、受托人、证券持有人以及集合资金产品管理人的身份集于一身。

基于上述现实背景,受托人难以在协议中作出对自己不利的约定。因此,建议国家尽快通过《信托法》修正案或者出台《信托受托管理办法》,在债券市场全面推行受托人制度,在保障受托人合法权益的同时,一方面强调受托人的资格要求、利益冲突和强制解任的情况;另一方面注重保护持有人的救济权利,防止受托人怠于履行责任所产生的损害,同时对受托人滥用权利、怠于行使权利造成持有人的利益损害建立监管、处罚、追责和损害赔偿一体化的法律约束机制。

参考文献

1. 丁德应、陈芳:《境外银行对中国企业跨境融资与担保实务》,经济管理出版社 2015 年版。
2. 卫倩倩:《跨国银行监管的法律问题研究》,广西师范大学 2012 年硕士学位论文。
3. 靖剑辉:《内保外贷:对外承包企业项目开发融资新途径》,载《国际工程与劳务》2017 年第 3 期。
4. 黄慧敏:《我国外保内贷的相关法律研究》,深圳大学 2017 年硕士学位论文。
5. 季峤:《浅析内保外贷频繁履约问题》,载《吉林金融研究》2017 年第 3 期。

天海
空阔

律师新型实务案例及学术文集

金融/房地产业务相关

当前金融领域争议热点问题的法律框架和司法原则

——兼评穿透式审判的价值功能与不足

黄振达*

一、对当前金融争议热点问题产生背景的简要回顾

金融创新与金融不良债权处置是最近几年全社会比较关注的话题之一。笔者认为，金融创新在传统信贷业务之外，在人民银行和银保监会监管允许的投融资范围和路径下，借助资管产品、信托架构、基金架构、供应链金融产品、房地产信托产品和资产证券化产品等模式，将传统的银行、保险、信托等金融机构资金、社会资本与证券市场、债券市场以及各种生产要素交易市场等结合或融合，融通资金并满足社会资源供给，实现了投融资端的供需平衡。其主要表现形式就是金融产品、金融衍生品不断地推陈出新。在利用互联网技术和大数据应用开展的金融创新中，笔者认为技术金融和数据金融、智能金融是未来金融创新的主要方向和路径依赖。

金融创新创造了社会财富，推动了经济繁荣，提高了生产力，但是同时作为产品端的金融创新产品大多体现出混业经营模式，由于市场固有风险、监管政策变动风险、交易主体诚信风险、债务逾期风险等原因，也导致了各种经济纠纷和违法

* 黄振达：北京德和衡律师事务所高级联席合伙人、德和衡金融业务中心副总监，法学博士，北京市律师协会涉外律师人才库律师，西北大学兼职教授、西北大学经济管理学院 MBA 校外导师、西北大学法学院法律硕士校外导师、北京理工大学法律硕士校外导师。

犯罪行为产生。由于金融产品存在风险,则必然导致出现金融不良债权,相应就产生了金融不良债权的处置问题。本文重点就当前金融领域争议纠纷等热点问题,展开初步分析与讨论,目的在于结合目前金融监管和金融司法审判实践,明晰基本的法律框架和司法政策导向,并提出相应的问题思考。

当下讨论中国金融和中国经济离不开对中国房地产业、民营企业、金融机构的关注。总体而言,根据我国国民经济"八五"计划至"十四五"规划,国家对房地产行业的支持政策经历了从"加快建设""活跃房地产二级市场"到"保持平稳运行""房住不炒"的变化。"八五"计划至"十一五"规划时期,国家层面大力提倡发展并活跃房地产行业与市场,极大地促进了我国房地产行业的发展,同时拉动了其他行业的快速发展,城市化进程得到明显推进。"十二五"规划至"十四五"规划期间,国家提出加强市场监管、规范房地产市场秩序、加大保障性住房供给以及"房住不炒"的理念,开始推动房地产行业转型升级。当前对于房地产业政策调整带来的直接影响就是房地产行业普遍存在债务逾期问题,无论是传统房地产信贷还是房地产金融,如信贷市场、债券市场、商业保理、融资租赁,甚至包括小额贷款、典当行等均与房地产企业之间产生了各种类型的债权债务关系。房地产业过去的百强企业排名就是银行融资、低成本融资进行信用评级的主要依据,然而从目前来看,百强房地产企业普遍遭受严重债务危机,企业债务重组,企业破产或破产重整大量出现。这些现实问题实际都是各种金融创新产品纠纷和争议的最终体现。

笔者认为,房地产企业因为政策调整带来的债务问题不能简单看待。首先,房地产整体金融债务规模已经构成金融监管的系统性风险,在局部区域也构成了地方社会稳定风险。银行、信托等金融机构呆坏账、金融资产不良率等具体指标均已经有所体现。其次,基于房地产债务危机引发了房地产行业整体债务风险,房地产上下游产业包括基建工程、建材装饰、家居行业等均面临严重连锁债务危机。最后,由于房地产企业的资金链断裂,无法按期交房,购房者无法按期收房,引发了更大范围的居民消费者的住房贷款逾期风险和居民家庭财产受损风险。在这些问题中,由于房地产企业的传统信贷规模比例不大,更多的是在金融创新产品下资金融通和投融资支持方面出现的债务逾期违约问题,因此解决目前金融领域热点争议和纠纷的重点之一就是房地产行业债务问题。

房地产行业债务危机主要涉及上市类房地产企业以及民营企业集团。上市公司破产或者破产重整、退市日渐增多,据统计,截至2022年12月31日,2022年全国申请或被申请破产重整的上市公司共21家。2019年共有14家上市公司申请重整,2020年则为17家,2021年共有23家申请破产重整。2022年我国共有11家上市公司的重整计划被人民法院裁定批准,相应的,2019年共6家,2020年共13家,2021年共19家被人民法院裁定批准破产重整。从A股过往退市数据来看,2022年全国A股市场共有42家上市公司被强制退市。2019年至2021年退市数量分别为10家、16家、20家,并且财务指标类退市案例增多。这些数据说明上市公司资产负债率高、经营利润出现严重问题,不良债务则是这些问题的直观反映。

从中国银行研究院提供的有关数据来看,根据国际会计标准,资产负债率在70%以上的企业即为高负债企业。我国民营上市企业资产负债率在70%、75%和80%以上的企业由2010年的106家、70家和53家分别增长至2020年的179家、128家和97家,增幅分别为68.9%、82.9%和83%。民营企业流动负债占总负债比重由2010年的81.66%下降至2016年的69.01%,之后又上升至2020年的74.3%,这表明2016年以来民营企业短期债务占比有所上升。同时,流动比率由2010年的1.54降至1.42,短期偿债能力出现明显下降。在短期偿债能力出现下降的同时,民营企业利息偿付也受到影响,利息保障倍数中位数由2016年的12.06降至2020年的7.6。利息保障倍数快速下降将影响利息偿付能力的安全性与稳定性。2014年至2021年9月15日,债券市场违约金额(包括展期、实质性违约等)共计9929.6亿元,其中,民营企业债券违约金额为6236.32亿元,占比达62.8%。2022年我国债券市场集中违约主要是地产企业,尤其是民营地产类企业。

除了房地产企业和民营企业面临债务重组、破产或破产重整外,金融机构由于债务逾期和无法清收金融不良债权,也导致部分金融机构出现了破产或破产重整。例如,2019年5月,包商银行因信用风险被原中国银保监会和中国人民银行组织接管。经查实包商银行存在严重的经营和财务问题,并且已经资不抵债。2020年11月,包商银行接到中国人民银行和原中国银保监会公布的《关于认定包商银行发生无法生存触发事件的通知》,中国人民银行、原中国银保监会认定该行已经发生"无法生存触发事件",进入破产程序,2021年2月该行被法院裁定破产。这是继海南发展银行破产以来的另一起较大银行破产事件。

2022年,其他各类金融机构也相继出现进入司法破产程序的情形。我国法院在2022年分别受理了网信证券有限责任公司(网信证券)、瑞盈信融(深圳)商业保理有限公司、辽阳农村商业银行股份有限公司(辽阳农商行)、辽宁太子河村镇银行股份有限公司(太子河村镇银行)、易安财产保险股份有限公司(易安财险)、新华信托、忠旺集团财务有限公司(忠旺财务公司)等各类金融机构破产案件,范围涵盖证券公司、商业保理公司、商业银行、信托机构、保险公司和财务公司,适用程序包括破产清算、破产重整,还包括实质合并破产程序。根据公开披露的信息,2020年以来已经有8家财务公司被批准破产或解散,另有3家公司被其他财务公司吸收合并。其中,核工业建设集团、营口港集团、大连港集团、云南冶金集团、国电集团、辽宁本钢集团、中国化工集团、一拖财务等8家集团下属财务公司被批复解散,自行清算。

二、解决当前金融争议热点和纠纷的基础性法理准则

(一)必须兼顾公法与私法平衡

金融监管的立法执法体系,在类别上属于公法和行政监督、行政执法序列,具有效力强制性特点。行政法的核心含义是:法无明文规定不可为。金融监管必须有法可依才能遵循之,金融实践中,除了金融法律、法规外,部门规章、规范性文件甚至是行业协会自律文件都是各级各类金融服务机构需要认真遵循的执业法令和职业纪律,否则属于金融企业不合规范畴,应当面临一定的制裁和惩罚。金融各部门法主要体现了纵向监管行政属性和金融部门组织法特征,当然也兼有行为法规范要求,如商业银行法、保险法、证券法等。金融立法核心在于其代表了国家对金融秩序制定和维护,所以公法性质尤为明显。金融政策的核心是确保金融市场秩序稳健、防范系统性金融风险、确保社会稳定。中央与地方政府、金融机构不对投资者具体合同行为保底兜底,不承诺任何刚性兑付。金融产品应当做到卖者尽责,买者风险自负。这些都是公法明确的基本原则。

在中央政府和地方政府之间关于金融监管与处置问题上,2017年以来,金融监管架构模型主要在于金融监管的事权归属中央政府机构,但是金融风险化解工作则主要是属地化处置,地方政府承担主要风险化解责任。实践中,具有系统性金融风险的重大项目或重点企业的破产、破产重整、债务重组,在目前阶段是以行政意志主导下处置模式为主要特征,包括参与或指导债务重组、介入司法重整程

序，体现了行政与司法的交叉，公法意志在私法的司法救济路径中得到延伸。

加快相关法律法规建设，构筑严密风险隔离墙和监管体系是国家立法机关、中央金融监管部门以及地方政府机构和地方立法执法部门各自的职责范围。在国家层面以金融部门法、法规、规章体系建设为核心。首先，证券法、期货和衍生品法、防范和处置非法集资条例已经陆续完成修订或颁布实施。其次，金融稳定法、地方金融组织监督管理条例、非银行支付机构条例等法案已经面向社会征求意见。最后，“商业银行法”“银行业监督管理法”“信托法”“保险法”等主要金融法律修订也在进行中。除了上述国务院和立法机关开展金融立法和监管改革措施外，各省市也在中央授权和地方自治权范围内开展对应性工作。其主要针对地方金融服务机构展开，具体主要是指：(1)围绕7类地方金融组织，如小额贷款公司、融资担保公司、区域性股权交易市场、典当行、融资租赁公司、商业保理公司、地方资产管理公司；(2)从事地方金融业务的4类其他机构，如省级人民政府监督管理的投资平台公司、信用互助的农民专业合作社、社会众筹机构P2P、地方各类交易所。这些地方金融服务类机构目前正面临地方立法、执法机构的监管修补工作、机构改革与股权业务重组、处理历史遗留问题等重点事项。

与前述金融监管部门法体系之公法属性对应的，则是私法项下的民商法体系。笔者认为，与金融司法审判紧密关联的民商法体系主要是指以《民法典》为代表，涵盖了民法、合同法、担保法、物权法、侵权行为法等内容的民商事行为规范，以及以《公司法》《破产法》为代表的典型商事组织和商事行为法律，这两部法律将商事组织设立、运营、退出机制等企业生命周期予以流程化规范。其私法属性核心含义则在于：法无明文禁止皆可为。私法鼓励在排除禁止条件下的积极创新。正是因为私法鼓励创新的法律属性，整个社会才有了科技创新、组织创新、技术创新、金融创新等持续进步的动力，推动了人类社会的不断发展。除了以《民法典》和《公司法》、《破产法》为核心（包括附属的司法解释），重要的民商事法律体系还包括2020年最高人民法院颁布的指导性司法文件《全国法院民商事审判工作会议纪要》（以下简称《九民纪要》），以及最高人民法院关于审理证券、银行、信托、保险、票据、担保、租赁、供应链金融、信用证等纠纷的专项司法解释。还有一个极为关键的司法指导性文件——《全国法院金融审判工作会议纪要》即将颁布。此外，以最高人民法院为主的司法判例，也是体现金融司法审判的价值观，对于理解立法意图和司法政策起到重要的指引作用。例如，《九民纪要》明确指出在司法审判当中要注意处理民商事审判和行政监管的关系，这和注意处理刑民交叉关系一样，都是提醒注意公法与私法的兼顾平衡协调问题。

在公法追求持续稳健和有法可依的治理准则，以及私法鼓励不断创新追求卓越的践行准则的共同推动下，社会经济领域形成了纵横交织的法律管制和鼓励创新双重架构。金融创新产品的设计研发、运营推广和投资收益等都需要对创新产品或商业模式性质的识别、运营秩序的识别、冲突性质的识别和解决路径的界定。我国目前金融司法审判的变革已然发生。除了在试点城市设立专门金融法院外，金融司法审判文书借助金融立法和司法实践、市场经济实践乃至国际社会规则，已经将过去简单的法条表述判决书模式转变为深度分析法理、明确金融监管意义和监管价值，揭示交易主体真实意图是否违规或违法，指出交易真实目的，点评交易的法律后果等多维度，从法律条款、法理、道德伦理和社会价值角度进行剖析阐释。这样的金融司法判决的转变是呼应社会文明进步的体现，也是成文法体系与英美法系不断融合的具体表现，有利于对法条解释和实践做法进行对比分析，更好地起到了弘扬依法治理、鼓励或禁止特定交易行为等司法政策的作用。

（二）分业监管和混业经营的冲突与平衡

我国目前对于金融业监管采取分业监管的模式，而企业投资运营中很多企业集团则采取了混业经营模式，并出现创新的混业性质金融产品。这对于分业监管模式来说存在一定监管挑战。

具体而言，首先，金融企业应当持牌经营。金融企业牌照资质、金融管理备案手续、金融企业的持股审批许可并严禁匿名代持等，都是足以影响金融投融资合同效力的关键要素，也是区分合法与违法的核心要件之一。《公司法》对于股权代持有明确规范要求，但是我国目前针对金融机构股权代持和上市公司主要发行人股份代持行为，则采取严格监管政策。金融企业对于主要股东出现隐名代持股权，如果金融监管机构不予追认许可的，其股权代持行为归于无效。上市公司主要股东的股权代持如果不能完整披露并补救，也归于无效。是否具有金融许可牌照对于该金融机构破产申请和重整、破产企业案件集中管辖也具有决定意义。金融机构的接管、托管、破产必须经过金融监管机构特殊审批许可制度，人民法院才能立案，并实行案件集中管辖制度。金融机构恶意逃废金融债务、恶意以关联公司发起破产清算的，金融监管机构可以撤销该申请主张。例如，2022 年，金融监管机构对于新华联控股集团财务有限责任公司破产重整不予认可，同意其依法进入破产程序。金融监管机构同意辽阳商业银行股份有限公司、辽宁太子河村镇银行股份有限公司破产的批示。这些都体现了金融监管的效力强制性特点和确定的法律后果。

其次，金融企业超越经营许可范围所签订经营合同的法律效力，在司法实践认定上大多属于无效合同。而其他性质企业在一般性经营意义上，不能仅根据超出经营范围而认定交易合同无效。两者之间存在重大差异，这也是国家对于金融企业实施公法性质的监管属性强化的例证。

最后，基于所有权项下的占有权、经营使用权、收益权、担保权（他项权）的应用创新，是金融创新的主要方向和路径。目前围绕银行信贷资金、资管产品、理财基金、专项基金、产业基金、信托架构、商业保理、票据融资、融资租赁、供应链融资、资产证券化 ABS、房地产信托产品 REITS、应收账款质押等均是发端于此领域。其主要表现特征为基于实际基础资产、基础权益、基础性现金流、基础交易合同等进行融产品创新设计和交易，如权益份额分拆等，并以前述基础性资产权益为抵押担保，实现风险控制。这样的交易模式如果追本溯源，笔者认为，应该是以海商法下，国际海运货物运输中的货物和货物买卖合同、运输单证分离为肇始。

金融创新即使再眼花缭乱，归根结底也要依托底层资产权益或第三人、实控人抵押担保，以满足风险防御机制。对于界定金融创新产品的法律效力，穿透式审查目前是金融监管和司法审判中主要使用的工作模式。通常来说，否定某一个金融创新产品和交易合同的典型模式就是“名为投资实为借贷”“名为股权实为借贷”“名为合伙实为借贷”“名为保理实为借贷”“名为融资租赁实为借贷”“名为售后回租实为借贷”“名为买卖实为借贷”等。金融创新立法客观上存在滞后性，尤其是上位法缺失，故而界定其金融属性和法律属性就成为金融监管和司法审判、仲裁主要面临的问题。通过穿透式审查来定性某一个金融产品或交易合同，对于揭示交易本质、界定交易性质，判断其属于哪个金融部门法和基本法具体条款适用就成为解决该争议，体现支持或否定的司法政策态度之关键。穿透式审查之中依然需要依托公法和私法的纵横交织格局，进行拆分定性和裁决。

（三）关于股权投资和债权融资的交叉规范

我国现行法律体系中对于股权投资与债权融资关系实行的是泾渭分明的立

法体制。立法上唯一连接点就是《证券法》关于上市公司发行可转股债产品的内容。然而由于实践中创新“明股实债”的债权性投资模式,也就产生了是否存在刚性兑付、保底兑付等问题的争议和纠纷。一般而言,股权投资属于公司法意义下的风险自担的绝对投资理念。而债权性投资则存在按期回赎和还本付息的借贷性质金钱之债含义。鉴于投融资方的信息不对称和实际控制人或大股东掌控运营控制权,实践中产生了投资对赌、稳定投资收益、确保投资者退出机制的金融投资创新产品。对于投资端而言,目前金融司法审判的态度是支持投资方股东、实际控制人、第三人对于投资端的投资交易行为给予担保、承诺回购或受让。对于被投企业自身的回购承诺,因为存在资本金减资和股东之间表决不一等实际问题,很难顺利完成退出,还可能引发更多关联争议。

严禁银行资管机构、信托或私募基金等金融机构对于发行的金融产品进行刚性兑付。支持被投资人企业股东、实际控制人或其他第三人对金融投融资机构的合同承诺兑付或承担补偿义务。对于金融投资机构和被投标的企业之间的投资协议、回购协议、对赌协议等,穿透式审判思维将界定以上是否具有“名为投资实为借贷”性质。如果定性为借贷合同法律关系,原投资关系归于无效,所涉行为属于虚假通谋性质的民商事行为。反之,则采取给予有效认定并支持合同约定的态度。但是从目前司法审判实践来看,交易各方设计了创新的复杂交易架构,多个关联主体分别签署不同性质的交易合同,最终实现各层级的合同目的,最终实现主要合同目的。人民法院司法审判依职权将整体交易合同体系、资金流转完整流程、合同目的等全部审查、梳理、分析后得出司法认定结论。笔者认为,囿于仲裁管辖和仲裁合同条款的约定,围绕一个仲裁合同款项试图穿透裁决整个真实交易将显得力不从心,这一点值得有关各方关注,后文将进一步阐释。

而对于普通个体投资者来说,参与金融资管产品、私募基金产品、理财平台产品,继而通过投资中介机构或者该被投资特定企业形成的投资纠纷,如信托产品、基金产品到期不予清算兑付或者投资失败、亏损,甚至投资机构消失等问题,投资风险自负是主要的处置原则。投资受托管理人、托管人等依据职责承担各自的责任。但是对于挪用投资资金、没有依法报备基金投资产品、不依法独立开设投资清算账户、多基金产品资金混同等严重违约违规行为,有关责任方将在民商事责任、行政处罚和刑事处罚上承担相应法律责任。

（四）行政、刑事、民商事的交叉问题

实践中不良金融债权逾期催缴与暴力催债、黑恶势力介入催债犯罪存在一定程度交叉，如“裸贷”“校园贷”等。职业放贷者以高息放贷为投资经营主业，借助民间借贷的高息保护政策进行职业牟利，甚至可能利用境外黑钱、博彩资金、地下钱庄的资金进行职业放贷，这些严重干扰了正常金融秩序，违反了金融企业持牌经营的强制性规范。金融债务处置中如果存在刑民行交叉的复杂案件，需要考虑分类处置原则，即以刑民并举、先刑后民等不同模式区别对待。笔者认为，对于资金来源合法性审查应当成为穿透式审查模式关注的重点之一，兼顾对资金周转的合法性审查。

三、思考与建议——对穿透式审判思维的评析

对于上述金融热点和争议的讨论离不开金融监管和司法服务基础框架下对法理和价值观的认知。不熟悉现有政策法律、法规和规章，不熟悉现有金融司法审判价值观，任何金融创新都是对高风险的挑战。国家层面的金融政策是重要的风向标，如对于虚拟货币管制政策变化从宽趋严，虚拟货币的交易支付目前阶段是从严掌握。除了少量交易允许以虚拟货币作为对价支付外，其余的以虚拟货币作为主要交易支付方式的交易则以无效认定为主。金融机构的负面清单都是判断和影响司法审判走向的强烈信号。依靠稳健可靠的专业律师团队，与金融机构或与被投融资企业一起合作，站在彼此对立面的角度更好地辨析，实现律师团队“刹车机制”功能才是维护金融机构或被投融资企业合法利益的专业服务保障。金融创新产品的标准模式就是要充分专业论证，而不是拍脑袋的发明，不能完全依靠事后补强。

从穿透式金融监管到穿透式金融审判，意图是追求客观事实和法律事实的统一。但是在这个过程中，确保人民法院实现独立行使司法审判权，而不是陷入行政监管的思维定式，实现公允判决是关键。具体而言，笔者认为，简单的行政法规、规章乃至行业监管自律规范、框架指引等不应当成为主导司法审判的逻辑和主要裁判依据。例如，《资管新规》只是规范性文件，不属于行政法规和规章，属于准司法文件体系。最高人民法院《九民纪要》第 31 条提出：“违反规章一般情况下不影响合同效力，但该规章的内容涉及金融安全、市场秩序、国家宏观政策等公序

良俗的，应当认定合同无效。人民法院在认定规章是否涉及公序良俗时，要在考察规范对象基础上，兼顾监管强度、交易安全保护以及社会影响等方面进行慎重考量，并在裁判文书中进行充分说理。”

笔者认为，穿透式金融监管和穿透式金融司法审判与以公司法为主的商事法律体系存在立法价值的冲突。商事主体对于商事外观行为应当承担商事责任。凡是商事行为都进行穿透式审查与审判，将使商事交易变得不具有确定性和可持续性，长期下去将导致商业诚信和市场经济道德体系崩塌。商事主体应当具备基本的商事法律基础知识、风险控制意识和风险识别能力，自行承担商事责任是其主要的责任依据。对于明显违反金融监管立法的行为与交易，认定其无效是正常的，但是对于交易双方刻意采取规避措施，即便认定为无效，但是依然获得了“名为实为”模式下的借贷资金，这样的交易行为应当予以惩罚性罚款，并区别于行政处罚，提高交易成本上限，压制该等交易模式创新泛滥问题，否则无效判决依然是司法审判的主要内容，行政与司法审判都没有实现功能性价值和作用。我国目前仍是民商事法律合一的立法体系，但是商法的独立价值和功能是不能回避的客观存在。尊重商法的独立性要素要件，应当成为司法审判的关注点之一。

事后的穿透式审查或审判可能也不是唯一法宝，穿透模式也无法穷尽真实的交易意图，无法复原真正完整的交易架构，而且并不是所有层级的法院都具备穿透式审查和审判的资源、经验和专业力量。同时穿透式金融监管和金融司法审判实际上扩大了审查范围，超出诉讼请求范围，审查了与争议交易相关的其他交易合同、交易文件。尽管依据《民事诉讼法》有关规定司法机关可以依职权做出扩大审查决定，但是对于仲裁而言，严格依据仲裁合同条款和争议合同进行仲裁，仲裁庭无法扩大仲裁审查范围，无法实现将跨越其他当事人主体的交易合同一并审查裁决并追加第三人，由此将会产生诉讼和仲裁对于同一争议的不同定性和不同裁决，其将产生不同的法律后果。长此以往，如何实现公平正义也将成为摇摆不定的对赌选择。笔者认为，穿透式审判最为有效的应用首先应该体现在刑事案件的侦查（现场调查）、移送起诉到刑事审判全程，《刑事诉讼法》对此给予了立法支持。其次是行政案件的现场行政调查、行政复议、行政诉讼全程，《行政诉讼法》也对此给予了立法支持。但是民商事领域的《民事诉讼法》由于强调了人民法院纠问式的呈堂审案模式，因此穿透式审理的有效性实际受到了很大影响。

关于没有上位法规定和违反地方性规章的金融产品创新，如何适用法律规范的问题，笔者认为应当回归《民法典》一般的法律原则进行规范处理，但重点主要在于判决说理部分应更为恰当。《民法典》的基本原则，如公序良俗作为司法审判的兜底依据有助于应对不断创新的社会民商事发展。而《刑法》的基本原则不能简单作为具体刑事审判的兜底依据，如"口袋罪"。这是因为罪刑法定原则本身要求疑罪从无。在将基本原则作为裁判依据的问题上，刑法和民法有不同的价值选择，这也是公法和私法的"分水岭"之一，是人权和财产权的主要界限标准、严与宽的相对标准。但是即便对于《民法典》的基本原则，民商事司法审判中也应当慎用。这些都是法律的谦抑性原理的内在要求。

央行数字货币的经济效应与审慎管理进路

陈燕红 *

前　言

党的十九大报告指出，中国特色社会主义进入了新时代，这是我国发展新的历史方位。报告同时明确，全面深化改革总目标是完善和发展中国特色社会主义制度、推进国家治理体系和治理能力现代化。在经济建设方面，报告提出，“以供给侧结构性改革为主线，推动经济发展质量变革、效率变革、动力变革，提高全要素生产率”“加快建设制造强国，加快发展先进制造业，推动互联网、大数据、人工智能和实体经济深度融合”。当前，我国经济已由高速增长阶段转向高质量发展阶段，正处在转变发展方式、优化经济结构、转换增长动力的攻关期，建设现代化经济体系是跨越关口的迫切要求和我国发展的战略目标。经济发展质量的提升与变革，需要从以往粗放的要素驱动、投资驱动转向精细的效率驱动、创新驱动，而目前分布式账本技术（Distributed Ledger Technology，DLT）、大数据、金融科技等信息技术的创新发展与应用，不仅改变了社会的互动方式，使现代经济活动更加灵活、敏捷、智慧，而且为我国经济的转型升级提供了新工具、新动能和新活力。推动新的信息技术与实体经济深度融合，大力发展数字经济，是深化供给侧结构性改革，推进我国经济体系和治理能力现代化的重要举措。①

近年来，数字经济正在经历高速增长、快速创新，并广泛应用到其他经济领域

* 陈燕红：北京德和衡律师事务所高级合伙人，法学博士，华北电力大学新金融法研究中心主任、副教授、硕士研究生导师，国际商会（ICC）银行专业委员会数字化工作组专家，天津仲裁委员会仲裁员，深圳市前海国际商事调解中心调解员。

① 参见姚前：《推进央行数字货币研发助力数字经济发展》，载人民政协网，http：// www. rmzxb. com. cn/c/2017—11—28/1883451. shtml。

中。数字经济正日益成为中国乃至全球经济发展的驱动力，在加速经济发展、提高现有产业劳动生产率、培育新市场和产业新增长点、实现包容性增长和可持续增长中发挥着重要作用。2016 年，二十国集团（G20）探讨共同利用数字机遇、应对挑战，促进数字经济推动经济实现包容性增长和发展。根据 G20 发布的《二十国集团数字经济发展与合作倡议》，“数字经济”被定义为“以使用数字化的知识和信息作为关键生产要素、以现代信息网络作为重要载体、以信息通信技术的有效使用作为效率提升和经济结构优化的重要推动力的一系列经济活动”。

金融是现代经济的“源头活水”，金融活，则经济活；金融效率高，则经济效率高。在我国步入经济新常态的背景下，如何从金融的视角出发，为数字经济等新经济业态的塑造和发展增砖添瓦，更好地为数字经济的创新发展提供良好的货币金融生态，是值得金融各界人士审慎思考的重大问题。从农业文明到工业文明，再到信息科技文明演进的过程中，数字金融是数字经济的血脉，而央行数字货币则是数字金融皇冠中的一颗“明珠”。央行数字货币作为货币体系中的新生力量，对主权国家、全球货币金融体系演进与变革的影响将无远弗届。

一、央行数字货币的概念、特性与研发的必要性及价值

（一）概念

央行数字货币（Central Bank Digital Currency，CBDC），又称法定数字货币，是指由一国货币当局（央行）基于国家信用发行的新的法定货币形态，是法定货币在数字经济时代的延伸，具有法偿性。央行发行的作为其负债的央行货币（基础货币）分为纸钞和央行存款（包括储备金存款）两种类型。纸质钞票可以全年（365 天）、全时段（24 小时）进行交易；央行存款以前通过纸质的央行账簿进行管理，现在大多数国家已经实现了数字化或电子化。央行存款主要用于银行间大额结算，其可用性受到央行结算系统运行时间和直接参与者进入央行账户资格的限制。与这两类央行货币相对应，CBDC 可分为如下两类：第一类，大众日常交易中替代纸币使用的 CBDC；第二类，以央行存款为基础，采用分布式账本技术等新技术用于大额结算的 CBDC。CBDC 被视为货币形态的一次重大革命，有望成为数字经济时代发展的基石。目前，随着移动互联网、可控云计算、终端安全存储和区块链技术的演进，全球范围内的支付方式发生了重大的变化，货币形态也从商品货币、金属货币、纸币、电子货币，一直演变为今天的数字货币，货币的“无形化”已经超

越了物理形态的限制,在提供支付结算便利化的同时,也为央行的货币发行创新、金融基础设施的优化,以及金融效率的提升带来新的机遇与挑战。

(二)特性

不同于传统货币形态,CBDC 是基于密码学和网络点对点技术,由计算机编程产生,并在互联网等虚拟环境发行和流通的电子货币。它的发行和流通机制包含设计、印制、发行、流通、兑换、回笼、银行间结算、时间约束甚至智能合约等多重环节,因此在研发和实际应用中,CBDC 应当具备多方面的特性。

第一,可控匿名性。非经用户(持有人)或有关监督管理和行政执法部门同意(授权或批准),任何单位和个人都无法追踪(跟踪)数字货币的交易信息和实际用途。

第二,不易伪造、变造性。伪造货币,是指在 CBDC 的发行和流通过程中,仿照真币的密码(编码),采用各种手段制作的假币。变造货币,是指在真币的基础上,利用技术手段,改变 CBDC 原可执行脚本及计算机程序的假币。CBDC 应具备不被轻易伪造、变造的特性。

第三,系统无关性。CBDC 应能够在多种交易介质和支付渠道上完成交易,具有较好的普适性,并能复用现有的金融基础设施。

第四,安全性。任何个体在交易时无法更改或者非法使用 CBDC。在实现路径上,CBDC 的安全性可通过硬件安全、密码技术等实现。

第五,可传递性。CBDC 可以在不同用户之间连续转让和交易。

第六,可编程性。CBDC 可以附加用户自定义的可执行脚本,从而为基于数字货币的数字经济和数字金融提供底层技术支持。①

第七,可分性。CBDC 既可以面额为准作为整体使用,也可以被分为更小的单位使用。只需要保证各部分面额之和与原面额相等,用户就可以根据实际需要,进行交易和支付。CBDC 的面额切分和交易,跟纸币的兑换(如 100 元人民币面额可以兑换为 5 个 20 元人民币或者 100 个 1 元人民币),找零(如 100 元人民币面额购买 20 元商品后找零 80 元)本质上是一样的。

---

① 参见姚前:《数字货币初探》,中国金融出版社 2018 年版,第 198 ~ 200 页。

（三）研发 CBDC 的必要性及价值

事实上，近几十年来，国际金融组织和主要国家的央行一直都在密切关注法定货币数字化的演进动态和发展趋势。例如，早在 1996 年，10 国集团（G10）[①]的货币管理机构就曾在国际清算银行（BIS）召开专题会议，讨论、研判电子货币对本国货币政策执行、货币政策传导机制，以及国内/国际支付体系的影响，并在此基础上提出应对方案和行动指南。此后，G10 货币管理机构委托 BIS 定期跟踪、研究法定货币数字化、电子货币在全球的应用，并定期发布研究报告，供 G10 货币管理机构参考和镜鉴。[②] 特别是近几年来，全球范围内越来越多国家的央行开始关注数字加密货币，积极研究和论证发行央行数字货币的必要性及可行性，部分国家已开始搭建央行数字货币底层基础设施，启动技术系统测试等工作。[③] 对于主权国家而言，积极推进 CBDC 的研发和应用，一方面，是顺应数字经济发展的历史趋势；另一方面，在私人数字货币日益发达的背景下，各国货币当局出于维护货币主权和金融稳定，保持央行货币和支付系统竞争力的考虑，也需要积极应对。对于发达国家，CBDC 的推出有助于其维护金融支付体系的安全性。私人数字货币，尤其是以 Libra 为代表的数字稳定币的诞生及应用，可能对主权国家的金融稳定和货币主权带来较大威胁。因此，央行有必要研发 CBDC，以有效应对私人货币可能带来的垄断等风险，维护货币主权。此外，如果央行能够依托区块链等新技术设计出更加科学的利率传导机制，也将会对货币政策的实时、有效传导产生积极影响。而在金融基础设施欠发达的部分国家，CBDC 的优势将更加明显，CBDC 的推出有助于提高金融支付系统的效率，提升金融普惠。对于国内通货膨胀、国际制裁等严重影响国内经济金融稳定的国家来说，发行 CBDC 或为寻求破

---

① G10 的会员国包括比利时、荷兰、加拿大、瑞典、法国、瑞士、德国、英国、意大利等。此外，国际清算银行（BIS）、欧盟执行委员会（EC）、国际货币基金组织（IMF）经济合作与发展组织（OECD）等四家国际机构为 G10 的官方观察员。

② 参见中国人民银行数字货币研究项目组：《法定数字货币的中国之路》，载《中国金融》2016 年第 17 期。

③ 例如，2020 年 1 月，柬埔寨中央银行宣布，其正在研发柬埔寨国家支付门户，并已开发出名为“Bakong”项目的准央行数字货币；2020 年 7 月，新加坡官方宣布，新加坡已开发出基于区块链的跨境支付网络系统，可实现更便捷、更高效，运行成本更低的国际结算系统；同月，立陶宛央行宣布正式发布数字加密货币 LBCOIN，该央行数字货币基于区块链技术生产，可直接与立陶宛中央银行以及专用区块链网络进行交换。

局的一种尝试。

二、中国人民银行数字货币的运行体系及最新进展

2019 年 6 月 18 日，脸书(Facebook)发布由其主导的加密货币 Libra 白皮书与测试网，Facebook 宣称，Libra 的使命是建立一套简单的、无国界的货币和为数十亿人服务的金融基础设施，通过打造一个新的去中心化区块链、一种低波动性加密货币和一个智能合约平台的计划，为负责任的金融服务创新开创新的机遇。Libra 项目的愿景是成为一种低门槛的、稳定的、全球化的数字加密货币。① Facebook 发行 Libra 稳定币，是在世界货币体系及金融资源匹配结构性失衡的历史背景下，提出的一种由非主权国家主导的，锚定法定货币的虚拟货币系统，因此被很多人视为是冲击现行国际金融货币体系的颠覆性力量，引发了各国的关注与重视。此后，全球各国央行开始密集释放研发数字货币的信号。中国在前期研发的基础上，也进一步加快了“中国版”央行数字货币的研发和测试速度：2019 年，人民银行数字货币研究所研发基地先后落户深圳、南京和苏州；2020 年 4 月，人民银行数字货币研究所宣布，将在深圳、苏州、雄安新区、成都及未来的冬奥场景进行央行数字货币的封闭试点测试。中国人民银行数字货币(Digital Currency Electronic Payment，DC/EP)，是由中国人民银行发行的法定数字货币，它本质上是中国人民银行的负债，由中国人民银行提供信用担保，具有无限法偿性，是我国现有货币体系的有效补充。根据目前中国人民银行数字货币的架构设计，我国拟采取“双层运营体系”：上层是中国人民银行对商业银行，下层是商业银行对公众。中国人民银行按照 100% 准备金制将中国人民银行数字货币兑换给商业银行，再由商业银行或商业机构将数字货币兑换给公众。通过双层运行结构可以实现中国人民银行的中心化管理(发行和监管)，同时避免单层运行结构中中国人民银行直接面对公众所带来的资源浪费，运营工作成本增加，及其他可能的风险。中国人民银行在系统架构和顶层设计上积累了优势，而商业银行经过长期的稳健运营和发展，已拥有较成熟的 IT 技术设施、遍布全国的服务网点、丰富的专业人力资源储备，因此，双层运行结构可以形成中国人民银行和商业银行之间的互补，激励各

① 参见区块链研究中心：《Libra 稳定币对我国货币政策的影响及应对策略》，载金融科技研究院网 2020 年 4 月 20 日，http://thuifr.pbcsf.tsinghua.edu.cn/pdf/741ef680f4472a9032f6.pdf。

家商业银行开启“赛马模式”，自行寻找合作伙伴和研发适用技术，从而推动数字金融新型基础设施不断优化和成熟。[①] 目前，DC/EP 已陆续在国内部分城市、商业银行及小额支付等场景进行了试点，而现阶段的试点测试是技术研发过程中的测试环节，并不会影响测试环境以外的人民币的发行和流通，也不会影响我国的宏观经济金融秩序。

三、央行数字货币的经济效应分析

（一）有助于更加科学地调控货币供应量

CBDC 可以作用于总量指标和利率指标，加强货币中介目标的可测性，通过事前和事中的调控增加可控性。央行一般通过公开市场操作和再贴现业务向市场投放或回收流动性，通过适时调整再贴现总量及利率，明确再贴现票据选择，以达到吞吐基础货币和实施金融宏观调控的目的，同时发挥调整信贷结构的功能。由于央行数字货币具有可追溯的特性，央行再贴现贷款可以使用一定比例的央行数字货币进行发放，既可以保证国家政策资金的精准投放，避免资金发放多级流转过程中的腐败问题，防止“跑冒滴漏”，也有助于对洗钱等非法金融活动以及恐怖主义融资等违法犯罪行为进行有效规制。

（二）有助于提升货币政策的有效性

在传统纸币发行和流通体制下，央行难以对货币的去向和用途进行准确跟踪和掌握，也很难对基础货币的运行情况进行有效监测，进而影响了货币政策执行和政策调整的有效性、精确性。CBDC 的发行和应用，可能会使央行对货币供应量、货币流通速度、货币乘数以及货币时空分布等指标的测算更加精准；可以更加灵活地运用政策工具追踪资金流向，360 度全覆盖地进行金融风险监测和风险评估，从而提升货币政策制定的审慎性、有效性和科学性。[②]

---

① 参见王梦汐：《一文读懂数字货币的由来，发展和演进》，载新浪网，http://finance.sina.com.cn/zl/authority/2020-09-04/zl-iivhuipp2436955.shtml?cre=zhuanlanpc&mod=g&loc=18&r=0&rfunc=95&tj=none。

② 参见盛松成、蒋一乐：《央行数字货币才是真正货币》，载《中国金融》2016 年第 14 期。

（三）有助于提高货币政策传导效率

CBDC可以通过三个阶段/路径影响利率政策传导，进而影响实体经济。一是政策工具的设定，即二级市场上CBDC的利率或数量；二是法定数字货币的价格和利率变化对经济中其他资产的利率和价格的传递；三是金融市场波动对实体经济的传递。第三阶段本身可细分为一系列传导渠道，包括实际利率渠道、银行贷款渠道和预期/信号渠道等。CBDC可能会带来一系列经济稳定状态结构的变化，如均衡利率或稳定状态信贷息差的变化，进而使金融市场和实体经济对货币政策的变化更加敏感，使利率期限结构更平滑，利率传导机制更顺畅。①

（四）有利于为未来可能实施的负利率政策创造条件

CBDC的发行将对各国央行的利率政策调控带来新的机遇。负利率是央行实施货币政策的新工具，目前，全球范围内已经有瑞典、丹麦、日本、瑞士和欧元区的货币管理机构实施了负利率政策，这些国家和地区的负利率政策只针对商业银行在央行的存款，以达到刺激银行发放信贷、引导资金进入实体经济、提高经济通胀水平以及减轻本币升值压力等目的。就实施执行的效果而言，部分国家政策比较奏效，但欧元区和日本等经济体的政策效果没有达到预期，在负利率政策实施过程中出现了比较明显的负面作用。负利率政策通过以下途径产生积极影响：第一，通过对银行征税的方式促使银行更多地发放贷款，从而间接地促进投资；第二，央行与商业银行间的负利率政策最终会传导至存款，使储蓄的收益下降甚至收益变为负数，这将进一步促使投资者追求高收益、高风险的金融投资产品；第三，储蓄收益的下降，可进一步促进居民消费，促进物价水平的提升和经济增长；第四，可通过降低本国汇率水平来增加出口。②

CBDC的发行与应用，可为负利率的实施创造一定的外部条件：第一，随着数字货币在更多场景的应用，居民的资金将更多地以CBDC的形式存在，一旦开始实施负利率政策，居民将无法通过持有现金的方式规避负利率的影响，因此不会影响货币的信用创造过程；第二，CBDC作为一种电子化的金融资产，对其交易数

---

① Jack Meaning, B. D., James Barker & Emily Clayton, *Broadening Narrow Money: Monetary Policy with A Central Bank Digital Currency*, Staff Working No. 724, Bank of England, p. 1 – 36(2018).

② 参见钟伟、郝博韬：《负利率时代：能走多远？离中国有多远？》，载《国际金融》2016年第11期。

据进行统计更加简便易得,可以通过底层数据系统快速、全面甚至实时跟踪、观察货币政策的实施效果,监管部门可以根据市场的实际表现适时调整政策,达到精准施策的目的;第三,由于现金逐步减少甚至消失,CBDC 数字账户体系建立,央行可能不再面临传统的"流动性陷阱"①,因为央行既可以维持常态化的正常利率,也可以在经济出现通货紧缩时,采取必要和暂时的负利率政策;第四,CBDC 使央行更有可能采取精准的价格型货币政策调控工具②,以更好地达到经济调控和服务市场主体的目的,比如,针对普惠金融、绿色金融实施更加精准的差别化利率定价。③

(五)推动数字经济发展,提高经济透明度,赋能金融监管

第一,CBDC 有助于为数字经济的发展提质增效。以数字技术为载体而衍生的数字经济、数字资本和数字资产,促进了虚拟经济与实体经济的跨界融合,成为世界经济发展的新动能、新引擎。数字化经济的发展和升级,离不开数字货币和数字金融,CBDC 的研发和推广,有助于提高经济金融活动透明度,壮大数字经济、盘活数字资产、活跃金融市场要素,进而推动数字经济更好、更快发展。

第二,CBDC 有助于提高经济活动的透明度,赋能金融监管。CBDC 的可溯源性、可追踪性等特征,可以完整反映资金去向,有利于监管机构实时锁定货币动向,实现特定的金融监管和其他经济政策目的;有助于减少偷逃税款、贪污、挪用、非法经营以及洗钱、非法集资、参与恐怖融资等经济金融领域违法犯罪行为的发生。此外,央行数字货币在提高跨境贸易支付结算便利性方面也具有明显优势。④

四、中国人民银行数字货币的制度设计与审慎管理进路

中国人民银行数字货币(DC/EP)可界定为:由中国人民银行主导的,在保留

---

① "流动性陷阱"(liquidity trap)是约翰·梅纳德·凯恩斯(John Maynard Keynes)提出的一种假说,是指当一定时期的利率水平降低到不能再低时,货币需求弹性就会变得无限大,即无论增加多少货币,都会被人们储存起来。发生流动性陷阱时,再宽松的货币政策也无法改变市场利率,使货币政策失效。

② 价格型货币政策工具,是指通过资产价格变化,影响微观主体的财务成本和收入预期,使微观主体根据宏观调控信号调控自己的行为。

③ 参见钟伟、魏伟、陈骁等:《数字货币:金融科技与货币重构》,中信出版集团 2018 年版,第 272 ~ 276 页。

④ 参见李建军、朱烨辰:《数字货币理论与实践研究进展》,载《经济学动态》2017 年第 10 期。

传统纸质人民币发行机制的同时，发行以加密算法、账户松耦合形式为基础的，主要替代流通中现金（M0）的数字虚拟货币。目标是以研发 DC/EP 为起点，最终构建起一整套完备的，符合我国资源禀赋的，兼具法偿性、安全性、高效性和便捷性的数字货币发行和流通体系。中国人民银行发行数字货币是一项极其复杂的系统工程，在规划和研发的过程中，不仅需要考虑对货币政策和金融稳定的影响，对技术安全、场景应用、推广和普及教育等方面也都需要统筹考虑。就我国而言，中国人民银行在 DC/EP 的研发和应用、机制设计、技术路线、信息安全以及法律规范的调整与完善等方面都需要协同推进，应秉持审慎和包容的态度，对各项技术性能进行周密的测试和评估。

（一）DC/EP 定位 M0，坚持中国人民银行中心化管理思路

DC/EP 定位为 M0 而非 M1 或 M2，不仅有现实依据，也是充分适应货币发展规律的。

第一，目前我国金融领域的批发资金所依托的支付系统已实现电子化，且支付效率不断优化提升，支持 M1 和 M2 流通的银行间支付清算系统、商业银行内部系统等各类大额支付系统（RTGS）已能满足经济发展和金融活动的日常需求，因此用 DC/EP 替代 M1 和 M2，不仅无助于进一步提升支付结算效率，甚至可能会造成对现有大额支付系统资源的极大浪费。

第二，在国内零售环节，法定货币的数字化供给仍无法跟上需求端的变化，特别是在金融基础设施较为薄弱的边远和农村地区，公众对现金人民币的依赖度仍然较高，加之以商业银行存款货币为基础的电子支付工具，一般都基于账户紧耦合模式，而此种模式在应用场景覆盖面、支付效率、用户隐私保护和匿名性等方面还存在不足和缺陷。

第三，现金的管理成本较高，且更容易被不法分子用于洗钱、非法融资、支持恐怖组织活动等违法犯罪行为。而 DC/EP 作为数字化的现金，依托其可控匿名性、便捷高效、可追踪等特性，能够有效降低现金的管理成本，减少利用现金实施违法犯罪活动的风险，更好地维护金融管理秩序，实现金融安全。

对 M0 发行、流通实行中心化管理是全球各国央行的通行做法。坚持 DC/EP 发行的中心化管理，有利于抵御私人加密货币（包括 Libra 等稳定币）、各类加密资产对法定货币的侵蚀，维护人民币作为法定货币的地位以及中国人民银行作为央

行的法定货币发行权，进而保证数字人民币的法偿性。同时，DC/EP 的中心化管理，也有助于实现支付即时结算，提高支付体系效率，优化货币政策传导机制。当然，要实现并维护好中国人民银行在 DC/EP 发行中的中心化管理地位，需要统筹管理 DC/EP 的额度、全量交易数据信息，制定统一的技术规范、安全标准和业务标准，并对 DC/EP 的发行、兑换、流通、回笼、结算等全生命周期进行记录和监测，并不断完善和优化 DC/EP 的底层架构和基础设施，实现跨机构互联互通，为 DC/EP 的发行和流通创造良好、稳定的秩序与环境。①

（二）做好 DC/EP 的场景应用，探索符合我国国情的 DC/EP 运行模式

在探索 DC/EP 的运行模式，实施规划、设计、研发和内测等各个环节，都应当明确如下几点：第一，对于任何一个主权国家而言，创造一种全新的货币形态，都必然与本国的金融货币制度、金融货币法律规范相关，同时必然要限定在特定的金融货币监管和规范体系内，因为货币制度的最终目的在于保证国家货币政策的正确制定和执行，完善央行宏观调控体系，并在此基础上维持币值稳定，以此促进国家经济发展，实现国家金融安全；第二，要以顺应数字经济发展趋势和充分满足现实应用需求为导向，在底层技术层面确保 DC/EP 系统的完整性、前瞻性和可拓展性；第三，充分考虑我国金融生态、金融基础设施、金融系统的短板和痛点以及现行金融市场的切实需求，做好有效融合，及时修正，实现迭代优化；第四，在体制机制设计方面，要与我国现行人民币的发行、流通机制相适应，保持机制的延展性，在试点、内测等实践基础上探索出符合 DC/EP 特性和规律的政策工具。而在顶层法律规范和监管治理方面，要实行 DC/EP 和传统人民币均一化管理的方式，搭建数字货币与传统货币适用一体化监管和治理的框架。

（三）提高推广和教育普及力度

从传统货币转向数字货币，需要考虑迁徙成本。在 DC/EP 应用的最初阶段，居民和商户的接受程度可能不高，对用户的认知、宣贯和普及教育都需要耗费一定的时间成本和经济成本。特别是在国内部分偏远地区，金融基础设施较为薄

① 范一飞：《关于数字人民币 M0 定位的政策含义分析》，载中国金融新闻网，https://www.financialnews.com.cn/ll/gdsj/202009/t20200914_200849.html。

弱，用户基于消费惯性，可能仍倾向于使用和贮存纸币，这可能在一定程度上对人民币 DC/EP 的流通及金融普惠等价值目标的实现带来挑战。用户习惯的培养，一方面取决于 DC/EP 基础设施的安全性、易得性和便捷性；另一方面也需要通过多元化渠道进行推广和普及教育，提高公众的认知程度和金融素养。①

（四）强化系统建设与安全保障

DC/EP 作为一种稳定、高效、便捷的支付手段，需充分考虑网络基础设施建设、终端普及率、网络就绪度等技术要素，提前测试和评估系统运行和维护的各项成本。② DC/EP 系统需要最大限度地保持系统可用性，并实施保障和应急计划以支持全天候不间断的连续访问。从网络支付安全的角度来看，类似社交媒体盗用、短信木马链接、骗取验证码以及黑客攻击等违法犯罪行为，已成为移动支付安全领域十分突出的问题。从数据安全的角度考虑，加密技术虽可提高数据传输的安全性和完整性，但是安全风险始终无法消除。因此，DC/EP 系统在电信、软件、认证、网络安全等方面应当提前考虑到位，且有一整套应急和风险缓释方案。③

（五）在技术创新、风险与金融安全之间做到动态平衡

中国人民银行在技术路线的选择方面，需秉持审慎、包容的态度，主要从法律规范和监管制度、运行机制和技术路线等方面统筹安排，在符合法律法规和制度规范要求的前提下，对各项技术审慎评估，对运行机制反复进行试点内测，保证底层基础设施及关键节点运行顺畅，从而寻求 DC/EP 系统在效率与安全、创新与风险、稳定与灵活之间的动态平衡点，并在长期动态演进中保持稳定。

（六）通过立法完善中国人民银行数字货币的治理和规范体系

中国人民银行数字货币系统运行的合法性与稳健应用，有赖于健全、平衡且与时俱进的法律体系作保障，从而真正发挥其在推动数字经济、数字金融体系发展中的价值。发行中国人民银行数字货币在货币的法偿性、形态、反假币等方面对现行法律体系提出了新的要求。

---

① 参见谢平、石午光：《数字货币新论》，中国人民大学出版社 2019 年版，第 208 页。

② 参见张正鑫、赵岳：《央行探索法定数字货币的国际经验》，载《中国金融》2016 年第 17 期。

③ 参见刘贵生、司晓玲：《现金的价值与生命力》，载《中国金融》2018 年第 4 期。

第一,中国人民银行数字货币的法律地位需要明确。《人民币管理条例》第2条第1款规定,“本条例所称人民币,是指中国人民银行依法发行的货币,包括纸币和硬币”。人民币的范畴并未包括数字货币,因此需要在法律规范中调整对“人民币”的定义,将数字货币等形态纳入其范畴。

第二,货币法偿性。《中国人民银行法》第16条规定,“中华人民共和国的法定货币是人民币。以人民币支付中华人民共和国境内的一切公共的和私人的债务,任何单位和个人不得拒收”。而在现实应用中,考虑到数字货币需依托特定网络基础设施进行流通,因此可能出现因技术因素无法接收中国人民银行数字货币的情况,会对货币“法偿性”造成不利影响。因此,在立法上应考虑以列举的形式对特定情形下拒收中国人民银行数字货币的行为免予处罚。

第三,反假币问题。目前相关法律规范对货币“伪造”“变造”的定义及反假币工作的具体程序无法适用于数字货币,需要结合数字货币的技术特性和流通的具体环节重新界定货币中“伪造”“变造”的定义,并提出适合数字货币特性的反假币工作机制。①

第四,目前,数字化人民币还无法完全适用实物现金流通的监管规则,可考虑通过拟定针对数字人民币的专门性监管规范,做好DC/EP发行、流通的制度建设,并根据实际运行中的需求、发现的问题及法律漏洞等,持续做好法律规范的完善,真正做到有法可依、有法必依,执法必严、违法必究。

结 语

以数字技术为载体而衍生的数字经济、数字资本和数字资产,促进了虚拟经济与实体经济的跨界融合,成为世界主要国家经济发展的新动能、新引擎。数字化经济的发展和升级,离不开数字货币和数字金融,央行数字货币在提高货币政策传导效率、赋能金融监管等方面将发挥重要作用。中国人民银行数字货币的研发和推广,有助于提高经济金融活动透明度,壮大数字经济、盘活数字资产、活跃金融市场要素。但在数字货币审慎测试,真正上线并成为纸币的替代支付方式之前,仍然面临法律制度规范不完善、系统安全有待提升等诸多挑战。当下及未来,金融监管部门和学术界应考虑关注中国人民银行数字货币的需求、发行数量和发

① 参见刘向民:《央行发行数字货币的法律问题》,载《中国金融》2016年第17期。

行节点、外部影响机制及科学审慎的治理对策等基础性理论命题。除此之外，鉴于数字货币的特殊属性，还应重点研究数字货币在监管领域的基础理论和技术模型应用，如数字货币监管模型、数字货币利率实施理论、数字货币 KYC 用户识别理论、数字货币反洗钱 AML 监管理论、数字货币大数据分析决策模型等。[①] 通过对数字货币监管理论的深入探究，为央行对经济金融系统的宏观审慎调控及各项货币政策的精准实施夯实理论基础和研究范式，也为数字经济、数字金融更好地发展注入新动能。

① 参见李建军、朱烨辰：《数字货币理论与实践研究进展》，载《经济学动态》2017 年第 10 期。

从金融基础设施建设角度论资管产品托管人的信息披露义务

徐宇辉　迟井瑜*

作为服务和支持中国经济发展的重要行业，在以国内大循环为主体、国内国际双循环相互促进的发展格局中，中国资产管理行业正进入新的蓬勃发展期。以2019年为例，我国资产管理行业规模截至2019年年底总计95.1万亿元，与我国2019年度的GDP总量相当(99.0865万亿元)，这相当于2019年度9.2个广东省或9.94个江苏省或13.4个山东省的生产总值，从中可窥见资产管理行业的重要地位。随着资产管理行业的飞速发展，如何避免雷曼兄弟和MF全球破产或麦道夫等类似的欺诈事件，更好地对管理人进行有效监督、保护投资者利益、树立投资者信心？不断发挥以资管产品为载体，引导社会资本为资本市场、实体经济注入资金血液，促进服务实体经济的同时帮助居民群体更好地分享中国经济的发展成果和红利，培育有利于内需增长的财富效应，资管产品托管人承载着重要的重要使命与责任。本文在阐述资管产品交易结构与托管业务模式的基础上，借鉴国际证监会组织(International Organization of Securities Commissions，IOSCO)证券监管目标和原则("监管体系应对集合投资计划的法律形式和结构以及客户资产的隔离与保护做出规定")以及IOSCO发布关于集合投资计划(Collective Investment Scheme，CIS)资产托管标准的最终报告，从金融基础设施建设角度提出加强托管人信息披露义务及其他方面的相关建议。

---

* 徐宇辉：山东德衡律师事务所高级合伙人，最高人民检察院民事行政案件咨询专家，山东省律师协会金融法律专业委员会副主任。

迟井瑜：山东德衡律师事务所执业律师、金融业务中心秘书长，"青岛市金融知识进万家"宣讲团讲师。

一、资管产品的含义

(一)英国对 CIS 的定义

英国是投资基金的发源地,1868 年英国成立的外国及殖民地政府信托基金(foreignand colonial government trust)是人类历史上第一只投资基金。在英国法律制度下,基金又被称为"集合投资计划"(CIS)。根据英国《2000 年金融服务与市场法》(Financial Services and Markets Act 2000)第 235 条的规定:①

(1)CIS 是指与任何属性的财产(包括金钱)有关的管理计划,其目的或效果是使参与该管理计划的人(无论是通过成为该财产或其任何部分的所有者或其他方式)能够参与该安排,参与或获得因收购、持有、管理或处置财产而产生的利润或收入以及从该等利润或收入中支付的款项。

(2)这些计划必须确保参与人员(参与者)对安排的财产管理没有日常控制权,无论他们是否有权咨询或发出指示。

(3)这些计划还必须具有以下特征:参与者的款项以及向其支付的利润或收入集中在一起;由该计划的管理人进行管理。由上可知,CIS 的本质在于基金管理人将募集到的投资者的资金集中管理,投资于各类资产,如股票、债券或者其他资产组合等,只要符合以上特征的均可称为 CIS,并受统一的监管。CIS 是统合性的总称,比如在英国 CIS 分为经认可的集合投资计划(Recognized CIS,一般指英国境外的基金);经授权的集合投资计划(Authorized CIS)[(Investment Companies with Variable Capital,ICVC)或被称为获授权认可的开放式公司型投资基金(Authorized Open – ended Investment Company,OEIC)、信托型基金(Authorized Unit-

---

① 参见《英国 2000 年金融服务与市场法》第 235 条,载英国立法网,https://www. legislation. gov. uk/ukpga/2000/8/section/235"235 Collective investment schemes。(1) In this Part "collective investment scheme" means any arrangements with respect to property of any description,including money,the purpose or effect of which is to enable persons taking part in the arrangements (whether by becoming owners of the property or any part of it or otherwise) to participate in or receive profits or income arising from the acquisition, holding,management or disposal of the property or sums paid out of such profits or income. (2) The arrangements must be such that the persons who are to participate ("participants") do not have day – to – day control over the management of the property,whether or not they have the right to be consulted or to give directions. (3) The arrangements must also have either or both of the following characteristics—(a) the contributions of the participants and the profits or income out of which payments are to be made to them are pooled; (b) the property is managed as a whole by or on behalf of the operator of the scheme。

Trust,AUT)、契约型基金(Authorized Contractual Scheme,ACS)];未受监管的集合投资计划(Unregulated CIS,UCIS),一般限于向专业投资者出售[对冲基金(Hedge Funds)、私募股权(Private Equity)、创投资本(Venture Capital)为其典型示例]。

(二)我国资管业务及资管产品的含义

中国人民银行、原中国银保监会、中国证监会、国家外汇管理局《关于规范金融机构资产管理业务的指导意见》规定:

资产管理业务是指银行、信托、证券、基金、期货、保险资产管理机构、金融资产投资公司等金融机构接受投资者委托,对受托的投资者财产进行投资和管理的金融服务。金融机构为保护委托人利益履行诚实信用、勤勉尽责义务并收取相应的管理费用,委托人自担投资风险并获得收益。金融机构可以与委托人在合同中事先约定收取合理的业绩报酬,业绩报酬计入管理费,须与产品一一对应并逐个结算,不同产品之间不得相互串用。

资产管理业务是金融机构的表外业务,金融机构开展资产管理业务时不得承诺保本保收益。出现兑付困难时,金融机构不得以任何形式垫资兑付。金融机构不得在表内开展资产管理业务。

私募投资基金适用私募投资基金专门法律、行政法规,私募投资基金专门法律、行政法规中没有明确规定的适用本意见,创业投资基金、政府出资产业投资基金的相关规定另行制定。

资产管理产品包括但不限于人民币或外币形式的银行非保本理财产品,资金信托,证券公司、证券公司子公司、基金管理公司、基金管理子公司、期货公司、期货公司子公司、保险资产管理机构、金融资产投资公司发行的资产管理产品等。①

我国资管产品基本符合 CIS 的特征,在我国,资管产品是一个统合性的称谓,虽然与英国归属金融监管局统一监管不同,我国资管产品主要根据管理人的不同而归属于中国证监会或中国银保监会监管,但是随着资管新规及其配套规则的颁布,在我国,不同监管部门对资管产品的监管原则、标准已经基本统一,监管部门也会根据功能监管的需要对资管产品进行联合或交叉监管。

---

① 参见中国人民银行、原中国银监会、中国证监会、国家外汇管理局《关于规范金融机构资产管理业务的指导意见》第2条、第3条。

需要特别提到的是私募基金管理公司未取得金融机构许可证，还不属于我国法律严格意义上的金融机构，且现行法律并未对私募基金强制统一托管，即根据《私募投资基金监督管理条例》第15条的规定，“除基金合同另有约定外，私募基金财产应当由私募基金托管人托管。私募基金财产不进行托管的，应当明确保障私募基金财产安全的制度措施和纠纷解决机制”，但是笔者认为私募基金产品符合CIS或我国资管产品的核心特征，因此在本文中笔者将私募基金纳入资管产品中，一并论述其产品结构及托管人的信息披露义务。

二、资管产品的交易结构

资管产品的核心交易结构是管理人统一管理由募集投资人的资金所设立的资管产品，并将资金投资于债券、资产支持证券等固定收益证券、股票、衍生品、私募股权、非标等底层资产，资管产品主要由托管人进行托管，以确保资管产品资产独立于管理人、托管人及其他资管产品的资产。目前在我国管理人主要由银行，银行理财公司，信托、证券、基金、期货、保险资产管理机构，金融资产投资公司，私募基金管理人等机构担任，资管产品的托管人主要由商业银行、证券公司等机构担任，中国证券投资基金业协会托管机构公示信息显示，截至2021年11月12日我国共有55家托管机构。资管产品的交易结构见图1。

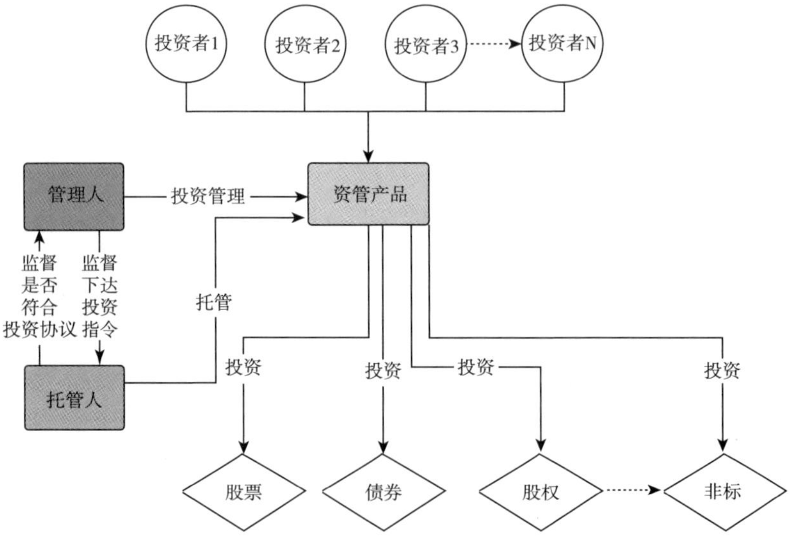

图1　资管产品的交易结构

三、托管的含义、相关规定与我国关于托管人义务

(一)含义

资产托管业务是托管机构作为独立的第三方机构,依据相关法律法规与托管合同的约定,安全保管受托资产,监督管理人的投资运作行为,按照约定提供托管资产的清算交割、会计核算、信息报告等服务,并在职责范围内保护投资者权益的一项业务。①

(二)IOSCO 关于托管的相关规定

在吸取金融危机的教训,吸收现有重要支付系统、证券结算系统和中央对手等国际标准执行经验的基础上,2012 年支付结算体系委员会(CPSS)和 IOSCO 技术委员会联合发表了《金融市场基础设施原则》(PFMI),金融基础设施一般指提供交易、清算和结算服务的交易所、中央对手方和中央证券存管机构以及支付系统,也被用于指代其他提供交易、清算和结算服务的机构,②笔者认为,托管机构属于提供清算和结算的服务机构,也属于金融基础设施机构之一。

IOSCO 公布的《国际证监会组织证券监管目标和原则》(2017 年修改)共有 38 条证券监管原则。证券监管三项目标分别为:保护投资者利益;保证市场公平、高效和透明;减少系统性风险。其中第 25 个原则明确提出监管体系应对集合投资计划的法律形式和结构以及客户资产的隔离与保护做出规定。IOSCO《〈国际证监会组织证券监管目标和原则〉实施状况评估办法》也将资产委托给独立的托管人和/或托管人的义务或托管人的职能有特殊法律或监管保障作为评价标准之一。IOSCO 发布的《关于 CIS 资产托管标准的最终报告》(Final Reporton Standards for the Custody of CISA Ssets)列出了 8 个标准,分为两部分,旨在确定监管框架应继续审查的核心问题,以确保投资者的资产得到有效保护。该报告第一节主要讨论与托管功能有关的关键方面,第二节致力于更具体地制定关于任命和托管人持续监督的标准。其中在标准 4 中该报告明确提出负责实体应设法确保现有

① 参见杨洪、方铭辉:《崛起的资产托管业务》,中信出版集团 2018 年版。

② 参见[英]李儒斌(Rubern Lee):《运转全球市场——金融基础设施的机构治理》,银行间市场清算所股份有限公司译,中国金融出版社 2019 年版。

的托管安排通过集合计划文件或以其他方式对投资者保证透明。

（三）我国关于托管人义务的相关规定

关于托管人的义务在《证券投资基金法》,《商业银行理财业务监督管理办法》,《信托公司集合资金信托计划管理办法》,原中国保监会、原中国银监会《关于规范保险资产托管业务的通知》等规范中均有要求，概括起来主要为安全保管基金财产，开设资金账户、证券账户、其他投资账户；对所托管的不同财产分别设置账户，确保财产的完整与独立；保存托管业务活动的记录、账册、报表和其他相关资料；按照合同的约定，根据管理人的投资指令，及时办理清算、交割事宜；办理与基金托管业务活动有关的信息披露事项；对财务会计报告、中期和年度报告出具意见；复核、审查管理人计算的资产净值和基金份额申购、赎回价格；按照规定召集基金份额持有人大会；按照规定监督管理人的投资运作等。

资管产品的托管人仅是托管资管产品财产，其并不对资管产品底层资产进行托管，底层资产根据其类别需由中国证券登记结算有限责任公司（中证登）、中央国债登记结算有限责任公司（中债登）、银行间市场清算所股份有限公司（上清所）等机构进行托管，因此从结构上来说资管产品托管应该属于“中间层托管”，中间层托管是资管产品财产独立、监督管理人按投资协议约定投资及防止管理人挪用资管产品资产的重要制度设计，其义务的履行至关重要，但是经笔者查阅相关法律规范，目前我国关于托管人的义务规定比较全面，但是从加强金融基础设施建设与对投资人的保护制度设计初衷而言，对托管人向投资人的直接信息披露义务及细化内容仅为原则与框架性规定，阳光是最好的防腐剂，为了促进对投资者的保护，加强对管理人的监督，笔者认为应加强托管人对投资人的信息披露。

四、关于对资管产品托管人的信息披露制度及其他方面的建议

（一）完善资管产品协议

在协议中明确列明托管人义务，并细化标明托管人的相关义务属共同行为/单独行为，并披露给投资人，以在发生纠纷时较容易确定托管人与管理人为连带责任还是按约定各自承担责任。关于《证券投资基金法》第36条所列的托管人的义务，笔者认为：

1. 安全保管基金财产，开设资金账户、证券账户、其他投资账户属于托管人的

单独行为。

2.对所托管的不同财产分别设置账户，确保财产的完整与独立属于托管人的单独行为。

3.保存托管业务活动的记录、账册、报表和其他相关资料属于托管人的单独行为。

4.按照合同的约定，根据管理人的投资指令，及时办理清算、交割事宜，因需在指令和清算与交割动作同时具备的情况下方可完成此项义务，属于托管人与管理人的共同行为。

5.办理与基金托管业务活动有关的信息披露事项属于托管人的单独行为。

6.对财务会计报告、中期和年度报告出具意见，此时如管理人已出具相关报告，且对管理人报告中关于托管相关的事项托管人出具虚假/错误意见的应属于托管人与管理人的共同行为。

7.复核、审查管理人计算的资产净值和基金份额申购、赎回价格如管理人已计算相关净值等信息错误，托管人并未复核此处应属于与管理人的共同行为。

8.按照规定召集基金份额持有人大会属于托管人的单独行为。

9.按照规定，关于监督管理人的投资运作应细化托管人的投资运作监督流程与内容。目前资管产品协议主要约定托管人的投资监督义务为表面一致审查义务，主要体现在托管人对管理人投资指令审核的内容包括：一是划款指令要素、印鉴和签名是否正确完整；二是划款指令金额与指令附件投资协议等证明文件中约定的金额、投资比例、投资限制是否一致；三是划款指令中收款账户信息与指令附件投资协议等证明文件约定的收款账户信息是否一致。若指令附件投资协议未约定收款账户信息的，划款指令中的收款户名应与本协议约定的投资方向一致。管理人应保证以上所提供的作为划款依据的文件资料真实、有效、完整、准确、合法，没有任何重大遗漏或误导，托管人对此类文件资料的真实性和有效性不做实质性判断，此处如管理人的指令违反投资产品协议而托管人未能尽到审查义务，给投资人造成损失的情况应当属于托管人与管理人的共同行为。

（二）尽快制定司法解释或相关行政法规，明确对托管人归责原则适用过错推定原则

“托管人作为专业第三人，监督基金管理人的投资行为，避免投资者的利益因

信息不对称或专业知识不足而受到侵害。从这一角度来看,资产托管业务的内涵其实是信用补充与专业服务。在功能上,托管人通过安全保管基金资产,同步监督管理人的日常投资活动,也即提供信用补充和权力制衡服务。”[①]笔者认为,资管产品的托管人发挥信用补充功能,其相近于“承销人”在承销证券时所发挥的专业信用补充功能,当投资者发生损失主张赔偿时,资管产品托管人应该就其已经勤勉尽责进行举证,如不能举证证明其无责任,则应当承担违约或侵权责任。

根据《证券法》第2条第3款的规定,“资产支持证券、资产管理产品发行、交易的管理办法,由国务院依照本法的原则规定”,《证券法》已授权国务院制定相关法规,笔者建议应尽快制定相关司法解释或行政法规并借鉴《证券法》第85条对承销人的归责原则,明确对托管人适用过错推定原则。

(三)托管人报告应与管理人报告同步并就相关义务履职情况逐条披露给投资者

托管人应按季、半年度、年度制作托管报告,并就产品协议约定事项逐条向投资者披露是否履职,披露文件要将划款指令同步披露(同时约定投资人对划款指令的保密义务),如涉及投资协议或产品协议修改相关事项,托管人必须在管理人向投资人充分披露并履行相关程序后方可执行划款指令。

(四)资管产品托管人应加强信息系统建设

目前托管人的系统主要为外购或外购与自建相结合,拥有贴合业务、强大高效的系统将在划款、投资监督过程中发挥巨大的作用,因此资管产品托管人应加强信息系统建设。

(五)资管产品托管人应加强人员队伍建设

资管产品托管人在交易结构中处于中间层托管的位置,托管的产品为银行,银行理财公司,证券、信托、基金、保险资管、期货资管、金融资产投资公司等多家管理人的货币、股票、债券、私募股权、衍生品、资产证券化、非标等多种产品,每种产品的性质、比例、范围、投资协议均有不同,每一个品类都需要基本的专业知识

---

① 洪艳蓉:《论基金托管人的治理功能与独立责任》,载《中国法学》2019年第6期。

与业务能力，如投资协议禁止投向上市公司股票，那么是否可以投向新三板公司的股票？中信银行托管总部就凭借对这一问题的理解，认为可以投资，成功抢得一单大业务。托管人应加强托管部门运营团队的建设，人员专业化与覆盖率方面的建设，以确保可以在及时、高效、充分地监督审查后进行划款。

（六）资管产品托管人应加强与私人银行与投行等部门的联动，提升业界影响力，提高议价能力

目前资管产品的托管人主要为管理人指定，托管人往往因完成沉淀存款等指标的目的处于弱势地位，议价能力较弱，监督的底气不足，有鉴于此，托管人可以与私人银行、投行等部门联动，利用专业的能力促进资源整合，搭建平台促进销售及项目引进，从而变被动为主动，提升议价能力，使权责利相匹配，以更好地保护投资者利益，避免陷入“不给牛吃草还要牛来跑”的恶性循环。

（七）寻找合适契机建立专业的商业银行托管子公司

以商业银行为例，托管业务为表外业务、轻资产业务，为了避免风险向表内传导，提升专业化与高效化水平，通过合适的契机以商业银行为代表的托管人可以借鉴理财子公司的模式成立托管子公司，向道富银行、纽约梅隆银行为代表的专业托管银行发展。

综上，完善的信息披露制度及专业的托管人运营机制在资管产品托管人对管理人监督、保护投资者利益、增加市场透明度、树立投资者信心方面发挥着至关重要的作用，是在国内国际双循环大背景下资管业务能够实现以资管产品为载体引导社会资本为资本市场、实体经济注入资金血液，促进服务实体经济发展的同时帮助居民群体更好地分享中国经济的发展成果和红利，培育有利于内需增长的财富效应的关键性制度设计与因素。

加密数字货币的监管路径分析及合规建议

——以加密金融服务商为例

张　宁*

加密数字货币(Cryptocurrency,常用复数 Cryptocurrencies,又称密码货币,密码学货币)是一种使用密码学原理来确保交易安全及控制交易单位创造的交易媒介,是数字货币(虚拟货币)的一种。加密数字货币基于去中心化的共识机制,在区块链技术的驱动下日益兴盛。① 与此同时,由于加密数字货币的非法定性,加之我国对虚拟货币监管的持续加码,相应的法律政策风险应运而生。本文将针对近期"加密金融服务商"在中国境内的经营业务进行分析,解读我国有关加密数字货币的相关法律政策并提出相应建议。

一、加密数字货币的概念界定

数字货币,是一种存在于区块链网络中的二进制数据,它的存在并非源于客观自然力,而是区块链参与者在共识机制下形成的公共账本,其社会价值并非源于自身,而是源于使用者群体的共识。② 世界银行认为加密货币是依靠加密技术

---

* 张宁:北京德和衡(上海)律师事务所高级合伙人,德和衡刑民交叉业务中心副总监,上海金融法制研究会青工委委员,上海市浦东新区女律师联谊会副会长。

郭政芃对此文亦有贡献。

① 参见程雪军、李心荷:《论加密数字货币的法律风险与治理路径:从比特币视角切入》,载《电子政务》2022 年第 11 期。

② 参见齐爱民、张哲:《论数字货币的概念与法律性质》,载《法律科学(西北政法大学报)》2021 年第 2 期。

达成共识的数字货币的子集。[①] 国际货币基金组织认为它们是价值的数字呈现，通过密码学和分布式账本技术的进步实现。它们以自己的账户单位计价，可以在没有中介的情况下对等传输。笔者认为，加密数字货币是一种使用密码学原理来确保交易安全及控制交易单位创造的交易媒介，是数字货币（虚拟货币）的一种。加密数字货币可以降低发行成本，在支付和结算时可以实现匿名性与安全性，并跨地域实现国际支付，避免高昂的交易成本，因此时常超越地域管辖在更广泛的空间运行。加密数字货币的价格相较于法币体系以及数字货币存在巨幅波动，使加密数字货币与法币世界缺乏稳定的价值锚，无法成为价值尺度和流通媒介，阻碍了加密数字货币在现实世界的应用。[②]

二、现行监管路径

（一）加强我国加密数字货币法律治理的必要性

近年来，在区块链技术的驱动下，以加密数字货币为代表的数字货币促进了货币创新性的变革，各种类型的加密数字货币层出不穷。一方面，加密数字货币作为数字金融市场的新兴形式，其价值性日渐增强；另一方面，去中心化的加密数字货币脱离了国家法定货币发行和治理体系，缺乏国家信用的支撑，不具有法偿性、强制性等属性，其运行过程中呈现出风险溢出的状态。就民法规制而言，我国《民法典》第 127 条虽明确网络虚拟财产为法律保护的财产类型，但这种立法条文并非实质性法律规范，甚至未对网络虚拟财产的概念进行界定，加大了数字货币等网络虚拟财产司法保护的无序性。在此背景下，反思加密数字货币规制路径，形塑技术驱动的监管政策尤为必要。

（二）行政监管规制指引

2013 年 12 月 3 日，中国人民银行、工业和信息化部、原中国银监会、中国证监会、原中国保监会联合发布《关于防范比特币风险的通知》，将比特币定位为不具法偿性的虚拟商品，不是真正意义上的货币，不应作为货币在市场上流通。

---

① World Bank：*Distributed Ledger Technology and Blockchain*，http：/ /documents. worldbank. org / curated /en /134831513333483951 /pdf /WP—PUBLIC—Distributed—Ledger—Technology—and—Blockchain—Fintech—Notes. pdf.

② 参见莫涛：《区块链世界的桥梁：稳定币的认识与展望》，载《现代商业银行》2018 年第 13 期。

2017年9月4日，中国人民银行等部门发布《关于防范代币发行融资风险的公告》(以下简称《公告》)，明确指出任何所谓的代币融资交易平台不得从事法定货币与代币、"虚拟货币"相互之间的兑换业务，不得买卖或作为中央对手方买卖代币或"虚拟货币"，不得为代币或"虚拟货币"提供定价、信息中介等服务。各金融机构和非银行支付机构不得开展与代币发行融资交易相关的业务。

2018年8月24日，原中国银保监会、中央网信办、公安部、中国人民银行、国家市场监管总局发布的《关于防范以"虚拟货币""区块链"名义进行非法集资的风险提示》指出，要防范一些不法分子打着"金融创新""区块链"的旗号，通过发行所谓"虚拟货币""虚拟资产""数字资产"等方式吸收资金，侵害公众合法权益。

2021年国家发改委等部门专门印发《关于整治虚拟货币"挖矿"活动的通知》，同年9月，中国人民银行、中央网信办、最高人民法院、最高人民检察院等部门联合发布《关于进一步防范和处置虚拟货币交易炒作风险的通知》(以下简称《通知》)，将加密数字货币一类的虚拟货币相关业务定性为非法金融活动。

2022年4月13日，中国互联网金融协会、中国银行业协会、中国证券业协会联合发布《关于防范NFT相关金融风险的倡议》，呼吁"不以比特币、以太币、泰达币等虚拟货币作为NFT发行交易的计价和结算工具"。同年4月14日，中国人民银行支付结算司司长温信祥在国新办新闻发布会上表示，要加强对虚拟货币等新型领域风险防范，全方位堵截犯罪资金。

关于对数字货币金融的监管，上述政策规定符合中国国情，有利于维护国内金融稳定，但我国至今还没有成熟的针对数字货币的金融行政监管法律，在金融法、行政法等法律规范方面皆存在缺位问题。

三、对加密金融服务商在中国境内开展经营业务的分析

(一)有关加密金融服务商在中国境内设有经营场所的违法性认定及责任追究探讨

实务中存在加密金融服务商的住所以及注册地均在境外，但是相关迹象表明其对外投资的中国境内公司实际运营加密金融服务交易平台，提供了针对中国境内居民开放的虚拟货币交易服务。依据《通知》第11条的规定，"市场监管部门加强市场主体登记管理，企业、个体工商户注册名称和经营范围中不得含有'虚拟货

币'‘虚拟资产'‘加密货币'‘加密资产'等字样或内容”。可以推断出，在我国注册成立以虚拟货币交易为经营范围的企业(或者实际以虚拟货币交易为主要营业范围的经营场所)属于违法行为。且我国《通知》第2条已明确，虚拟货币相关业务活动属于非法金融活动，一律严格禁止、依法取缔，构成犯罪的依法追究刑事责任。

也就是说，在中国境内无论是设立加密金融服务交易平台还是从事与加密金融服务相关的业务均属于非法行为。然而《通知》并未明确该非法行为所应承担的法律责任系何种责任。实务中往往参照较为成熟的虚拟货币——比特币的法律规定。依据《关于防范比特币风险的通知》第3条的规定，“依据《中华人民共和国电信条例》和《互联网信息服务管理办法》，提供比特币登记、交易等服务的互联网站应当在电信管理机构备案。电信管理机构根据相关管理部门的认定和处罚意见，依法对违法比特币互联网站予以关闭”。2013年发布的《关于防范比特币风险的通知》系部门规章，且其引用的相关管理部门的处罚文件均为行政法规，由此可见，针对虚拟货币交易违法者，以行政处罚责任为主的立法导向。2021年6月以来，中国政府开始全面关停比特币等虚拟货币的“挖矿”，并要求银行与支付机构全面排查识别虚拟货币交易所及场外交易商的资金账户，及时切断交易资金支付链路，数字货币在我国的合法空间十分有限。

我国第一起加密数字货币案件是高某建与刘某宾不当得利纠纷案，[①]该案的法律依据为2013年发布的《关于防范比特币风险的通知》的规定：“比特币具有没有集中发行方、总量有限、使用不受地域限制和匿名性等四个主要特点。虽然比特币被称为‘货币’，但由于其不是由货币当局发行，不具有法偿性与强制性等货币属性，并不是真正意义的货币。从性质上看，比特币应当是一种特定的虚拟商品，不具有与货币等同的法律地位，不能且不应作为货币在市场上流通使用”。法院认为，对于比特币这种不合法的标的物，其交易亦不受法律保护，高某建通过比特币交易平台误将自己的比特币汇入刘某宾账户，但该种交易行为在我国不受法律保护，其行为所造成的后果和风险自担。因此，对高某建要求刘某宾返还31.659比特币的请求，人民法院不予支持。

---

① 参见山东省商河县人民法院民事判决书，(2015)商民初字第1531号。

（二）加密金融服务商通过改变持股主体，与中国公司进行切割，能否直接规避其在中国境内设置技术和运营团队的各种限制

改变持股主体实质上只是在外观形式上掩盖其实际的违法行为。依据《通知》第7条的规定，“全方位监测预警。各省级人民政府充分发挥地方监测预警机制作用，线上监测和线下排查相结合，提高识别发现虚拟货币交易炒作活动的精度和效率。人民银行、中央网信办等部门持续完善加密资产监测技术手段，实现虚拟货币‘挖矿’、交易、兑换的全链条跟踪和全时信息备份。金融管理部门指导金融机构和非银行支付机构加强对涉虚拟货币交易资金的监测工作”。根据该规定，严令禁止提供加密金融服务、建立虚拟货币财产的交易平台，并不是通过企业注册登记或者持股控制等组织架构方式识别，而是通过业务实质进行准确监测。只要其在中国境内的运营团队实际上实施了搭建“虚拟财产交易平台”的行为，就属于应当被禁止的情形，简单地改变企业持股主体并不能直接规避相关的限制。

（三）中国用户通过VPN在加密金融服务商运营的加密金融交易服务网站上进行交易的法律后果分析

依据《通知》第4条规定：“参与虚拟货币投资交易活动存在法律风险。任何法人、非法人组织和自然人投资虚拟货币及相关衍生品，违背公序良俗的，相关民事法律行为无效，由此引发的损失由其自行承担；涉嫌破坏金融秩序、危害金融安全的，由相关部门依法查处。”也就是说，中国用户明知其进行的为虚拟财产交易，在不存在被诈骗的情形下仍然进行投资的行为并不发生民事法律效果，其行为后果不被法律所保护，属于非法从事民事活动。

在梁某、张某慧合伙协议纠纷案中，①梁某与张某慧协商以入股方式合伙购买矿机，用以虚拟货币“挖矿”。2021年6月11日，梁某与张某慧签订一份《合伙协议》，约定双方经过友好协商，就chia项目合伙相关事宜达成以下协议：(1)双方出资相等金额，各占50%股份；(2)盈利分配，各占50%；(3)双方不允许退股，不允许转让，如需转让必须征得双方同意。梁某与张某慧确认双方之间存在合伙关系，但双方就合伙事项并未进行清算。庭审中，梁某陈述，梁某共向张某慧账户转

---

① 参见湖南省郴州市中级人民法院民事判决书，(2022)湘10民终1053号。

入52,000元投资款,且矿机货币收益一直处于亏损状态。张某慧陈述,认可收到梁某50,000元投资款,但梁某作为投资者应当承担亏损。法院认为根据上述通知的规定,双方签订的案涉《合伙协议》以及合伙进行虚拟货币挖矿的行为无效,由此引发的损失亦应当由合伙投资人自行承担。当事人非法从事民事活动,并据此主张权利的,不应得到人民法院的支持。由此可见,以加密数字货币为交易对象的任何协议或者合同,在我国目前都无法得到认可和保护。根据相关行政法规的规定,加密数字货币在我国不可流通使用,不具有货币性质,甚至无法成为合同的标的物。

(四)境外虚拟货币交易平台允许中国境内用户在其网站进行交易的行为性质

《通知》第3条规定:"境外虚拟货币交易所通过互联网向我国境内居民提供服务同样属于非法金融活动。对于相关境外虚拟货币交易所的境内工作人员,以及明知或应知其从事虚拟货币相关业务,仍为其提供营销宣传、支付结算、技术支持等服务的法人、非法人组织和自然人,依法追究有关责任。"

境外虚拟货币交易平台的交易网站在中国境内违法运营,尽管注册账号需要通过VPN进行,但由于VPN属于远程访问技术,只是利用公用网络架设专用网络,并未脱离互联网的定义范围。[①] 若允许境内用户通过VPN在其网站上进行交易,则属于该条所述的通过互联网向我国境内居民提供虚拟货币交易服务,应当认定为非法金融活动。

四、加密金融服务商在中国境内开展业务的刑事法律风险

加密数字货币的去中心化、匿名性、全球可兑换性、交易便捷性和不可撤销性[②]等特征,决定了其衍生的违法犯罪具有技术性、隐匿性和易传播性特点。一方面,其网络交易方式避开了金融机构的介入,交易过程脱离了金融监管,难以追溯到犯罪分子的真实身份,调查取证难度大。另一方面,加密数字货币的价值波动性使其成为经济泡沫与骗局的温床,存在诸多刑事法律风险。而目前我国对于加

---

① 参见乔向杰、张凌云、黄玉婷编著:《旅游信息化基础教程》,中国旅游出版社2016年版。

② 参见胡春健、陈龙鑫:《涉虚拟货币领域刑事犯罪研究》,载《上海法学研究》2020年第20卷。

密数字货币的刑事法律评价模糊，现行法律法规都没有针对加密数字货币作出明确规范。

（一）是否构成非法经营罪

非法经营罪是指《刑法》第225条规定的，违反国家规定，扰乱市场秩序，情节严重的犯罪行为。

上海市闵行区人民法院在夏某某、王某3非法经营案一审刑事判决书中认定，被告人夏某某等人未经国家有关主管部门批准，非法从事股票、股指期货、虚拟货币交易等业务，扰乱市场秩序，情节严重，其行为已构成非法经营罪。[①] 湖南省邵阳市双清区人民法院在罗某波、裴某毫非法经营案一审刑事判决书中认定，被告人罗某波、裴某毫、赖某娇、林某明违反国家规定，经营代币融资交易平台、发行代币吸收资金，进行非法网络平台的经营活动，扰乱市场秩序，情节严重，其行为均已构成非法经营罪。[②]

由此可见，在司法实务中，因该行为未经特别许可，且符合《刑法》第225条第4项的实体要件——“严重扰乱市场秩序”，加之虚拟货币交易使用的是区块链技术，其具有去中心化和不可修改性特征，在诈骗等犯罪中往往会面临取证困难的问题。因此，为实现刑法打击犯罪的目的，司法实务将其扩大到了非法经营罪的规制范围。

但笔者认为，加密金融货币服务商所从事的虚拟货币交易服务是否构成非法经营罪有待考证。理由在于，非法经营罪的客观构成要件是“违反国家规定”、“未经批准或许可”和“情节严重”。而刑法中的“违反国家规定”是指“违反全国人民代表大会及其常务委员会制定的法律和决定”与“国务院制定的行政法规、规定的行政措施、发布的决定和命令”。而虚拟货币交易服务的应运而生再次印证了法律的滞后性特征，目前并未有任何的“国家规定”对之进行专门性的禁止或监管。其中《通知》以及2017年发布的《关于防范代币发行融资风险的公告》虽全面禁止有关虚拟货币的交易服务，但由于其均不属于法律法规或者国务院决定、措施、命令，达不到刑法上“国家规定”的高度。有鉴于此，基于罪刑法定原则，笔者认为虚

---

① 参见上海市闵行区人民法院刑事判决书，(2020)沪0112刑初1153号。

② 参见湖南省邵阳市双清区人民法院刑事判决书，(2020)湘0502刑初75号。

拟财产交易服务在实践中是否构成非法经营罪具有很大的辩护空间。

（二）是否构成非法吸收公众存款罪

非法吸收公众存款或者变相吸收公众存款是指《刑法》第176条规定的，违反国家金融管理法律规定，向社会公众（包括单位和个人）吸收资金的犯罪行为。

尽管虚拟货币交易平台不为我国监管体系所承认，即平台本身不具有吸收公众资金、提供理财服务的金融机构资质，但根据《刑法》第176条规定的非法吸收公众存款罪，客观上的“非法吸收资金”体现为未经金融监管部门许可，擅自吸收社会公众资金做资本运作的行为。

单纯从构成融资模式上看，加密金融服务商平台符合非法吸收公众存款罪中“非法吸收公众存款”的行为，但虚拟货币是否属于《刑法》所称的“资金”仍有争议。《通知》第1条明确了虚拟货币的性质即虚拟货币不具有与法定货币等同的法律地位，不应也不能作为货币在市场上流通使用。有学者认为，非法集资行为中的“资金”囊括了金钱和其他财物，虽然虚拟货币不是金钱，但因为比特币等虚拟货币能够自由流通、市场价格明确、具有真实的物质利益，故而可将其视为“其他财产”①。从这一意义上讲，将虚拟货币作为刑法意义上的财物完全可以涵摄进“资金”的范畴当中。

笔者认为，无论虚拟货币是否可以纳入“资金”的语义范围，虚拟货币交易本身亦不符合非法吸收公众存款罪的利诱性特征，传统的非法吸收公共存款犯罪往往伴随有“还本付息”或“承诺回报”的特征，而在虚拟货币交易服务中，投资者明知虚拟货币价值随市场行情而变动而看中了未来市场并不符合这一特征。除非投资者对此并不知晓，亦即虚拟货币交易服务提供者故意隐瞒事实虚构高回报承诺，若如此则应该归于诈骗罪，而非将其认定为非法吸收公众存款罪。

（三）是否构成擅自发行股票、公司、企业债券罪

擅自发行股票、公司、企业债券罪是指《刑法》第179条规定的，未经国家有关主管部门批准，擅自发行股票或公司、企业债券，数额巨大、后果严重或者有其他严重情节的犯罪行为。

---

① 参见邓建鹏：《监管真空期ICO如何自我救赎?》，载《上海证券报》2017年8月4日，第12版。

在数字资本市场中，首次代币发行项目（Initial Crypto - Token Offering，ICO）是一项加密代币专门性的资金募集行为，发起者承诺这些代币将会投资区块链事业，或者可能用于当下或未来数字平台访问服务，募集对象与回报形式均是诸如比特币、以太坊等虚拟货币。但由于早期缺乏监管约束、行业自律和透明度等原因，ICO往往沦为规避监管的非法证券发行或非法集资的渠道。且在《公告》中曾明确指出ICO涉嫌非法发行证券犯罪，有学者认为新发行的虚拟货币可以直接作为股票凭证的，直接评价为股票的发行行为；倘若是积累到一定数量或者一段时间后用以兑换股权凭证，可以评价为变相发行股票。[①] 也有学者认为代币可以自由转让，彰显一定财产性、投资性和流通性，行为人可以因此取得分配红利、共享公司利润等股东权利，故其可能作为有价证券。[②]

但笔者认为，代币及其发行的法律性质需结合个案情形分别判断，在我国代币发行是否构成证券发行，继而能否适用证券监管法律法规和构成证券发行相关犯罪不可一概而论。首先，证券定义的关键因素之一是证券代表对发行主体的某种权利，比特币没有发行主体，不属于证券序列。其次，我国现行《证券法》第2条仅规定了股票、公司债券，存托凭证和国务院依法认定的其他证券，但国务院至今未做认定。最后，政府债券和证券投资基金份额准用该法，对证券范围并无兜底性规定。不仅如此，我国《刑法》有关证券发行的犯罪，其犯罪对象较之《证券法》更为狭窄，仅限于股票、债券。因此，即便加密数字货币具备某些证券特征，将其界定为证券依旧缺乏法律依据。而对犯罪构成要件的解释必须坚持罪刑法定原则的基本要求。诚然，拉人头、收取入门费的欺骗型ICO行为有构成组织、领导传销活动罪之嫌疑，ICO发行者如果以骗取数字代币为目的，客观上没有切实可行的项目存在，则该行为也有构成诈骗罪的可能性，[③]但难以将其定性为擅自发行股票、公司、企业债券罪。

五、合规谏言：完善法律制度体系的实务思考

我国现有监管制度对加密数字货币的合法性持否定态度，且不断出台相应的

---

① 参见林雁琳、邹万承：《ICO与功能型代币的法律分析探讨与制度建议》，载《月旦会计实务研究》第13期（2019年）。

② 参见许明毅：《ICO融资的类型与刑法评价》，载《江西警察学院学报》2020年第1期。

③ 参见李想：《ICO行为的刑法定性误区及其匡正》，载《运城学院学报》2022年第2期。

政策进行严格限制。严格禁止加密数字货币交易平台的创设、运营,若其违反相应政策将会面临“清除”、罚款等行政处罚,只是行政处罚规则尚未明确,实务中往往引用既有的《治安管理处罚法》《计算机信息网络国际联网安全保护管理办法》等法律规范,国家对于监管正在继续加码,未来不排除行政监管处罚进一步明确。

根据我国《刑法》的相关规定,纯粹的加密数字货币投资交易行为并不属于我国《刑法》的规制范围,之所以近年来与加密数字货币有关的犯罪频发,是因为加密数字货币交易平台以及交易过程易被当作实施特定犯罪的工具或者手段,在涉及加密数字货币交易的过程中易触发诈骗、非法吸收公众存款、传销、洗钱等犯罪。同时,区块链中犯罪嫌疑人难以锁定、资金流向难以查清、中心化交易所的电子数据和专业机构对链上的数据转移追踪与分析难度较大。

此外,因金融活动本身具有跨区域性,金融风险极易跨境转移。数字资产交易,尤其是以区块链为技术基础、交易节点间不存在国家主权壁垒的代币发行交易,多地乃至多国往往都有管辖权。然而目前世界各国对代币发行交易的监管态度各不相同,除我国严厉禁止外,多数处在不同程度的观望状态,境外的非法代币发行项目依然有损害我国金融消费者权利及金融管理秩序的可能。因此探索管辖权分配和协调的机制对我国监管政策的实施具有重大意义。[①]

金融监管部门应该积极应对,加强监管者和司法者的专业化建设,通过对金融机构以及其他相关服务提供者的监管来实现加密数字货币领域的规范。

结 语

随着区块链法治与政策背后所蕴含的国家战略思维日渐重视与风险防控需求不断提升,将对数字货币的监管造成持续的影响,虚拟货币法律风险将成为国家金融体系监管下的一大重点,在加强对数字货币的法律规制与监管路径,建立和完善数字货币法律监管框架和制度的基础上,未来不排除国有金融部门与非国有金融机构进行创新企业合作的可能。在与金融手段相关的其他安全维度下,要持续关注世界各国金融监管机构的最新研究,不断完善加密数字货币立法。在增强支付自主权的前提下参与数字货币全球治理框架的构建,大力推进国家对金融科技的探索。

---

① 参见朱娴:《代币发行交易中的犯罪风险》,载《国家检察官学院学报》2018 年第 6 期。

破产程序中金融债权的保护问题研究

贾明君　胡金雯*

随着我国经济的发展和供给侧结构性改革的深入,"僵尸企业"加快出清,破产企业越来越多,各地法院纷纷成立破产法庭专业化处理破产业务。其中,企业出于融资需要往往向以银行为主的金融机构进行借款,因此在破产程序中,金融债权人往往是主要债权人。尽管金融债权人在破产程序中以其担保债权人的身份具有优先受偿性,但是在破产实务中参与度较低,特别是参与破产重整的积极性普遍不高,甚至对破产重整程序有所阻碍。本文试图根据金融债权人在破产程序中的表现找出金融债权人在破产程序中的困境,以提出解决之道,在保护金融债权、维护国家安全的基础上谋得破产程序之下的各方共赢。

一、金融债权在破产程序中显现的特点

(一)优先受偿性

为保障金融安全,企业在向银行借款时往往会被要求提供担保,一般来说,实务中多是以房产和土地为主的抵押物进行抵押担保。因此,当企业被裁定进入破产程序后,以银行为主的金融债权人便成为主要的债权人,根据《企业破产法》第109条之规定,对破产人的特定财产享有担保权的权利人,对该特定财产享有优先受偿的权利。因此,金融债权人往往以其具有抵押担保债权而在破产程序中处于优势地位,可以就抵押物处置后的财产优先受偿,往往成为破产程序中的最大受

* 贾明君:山东德衡(济南)律师事务所高级合伙人,合规与企业法治业务中心总监,山东省律师协会企业法律顾问委员会委员,山东政法学院兼职教授。

胡金雯:山东德衡(济南)律师事务所合规管理业务部律师助理。

益人。

(二)低参与性

在金融机构内部,以银行为例,放贷属于业务部门职责,一旦触发风险则由风险管理部门介入,而风险管理处鲜少有针对破产领域的专门决策小组或相关机构,对破产中维护自身权益缺乏有效的防范措施,导致在破产程序中处于被动地位,基本上除了债权申报、参加债权人会议进行表决投票外并无实质参与。特别是在破产重整程序中,银行内部对重整计划草案表决顾虑重重,国有金融机构的决策难度更大:"市级银行没有决策权限就要到省行甚至到总行,层层审批的流程复杂不说,通常是一套流程下来仍然没有进行有效的决策,谁都不想承担决策失误的风险,消磨了金融机构正确行使债权人权利的积极性,最终结果就是在表决投票中投出反对票成为最稳妥的结果。"①

(三)高对抗性

正是源于上述优先受偿性,金融债权人在破产程序中处于优势地位,在抵押物市场价值判断、对抵押物变价处置方案等方面容易与破产管理人产生分歧。特别是在破产重整程序中,金融债权人因为手握特定财产的抵押权多倾向于实现个体清偿,而普通债权人则寄希望于破产重整以增加债权受偿的可能性,因此二者的利益冲突显而易见。同时现实中金融债权人大多为国有企业,受限于破产清偿率较低、破产认识局限、审批流程烦琐、投票人无实际权利、无法轻易让渡利益等原因,金融机构习惯于在破产程序中投反对票。企业破产重整程序之下,金融债权人归属于抵押权人组,具有一票否决权,"金融债权人因对抵押物的评估角度不同、利益出发点偏差、审批程序的限制等种种因素,最终成为重整计划通过的最大障碍"②。

---

① 傅忠彬、周倩:《关于对房地产企业破产程序中金融机构债权人有效行权维权的建议——以某省某市第一起重整成功的房地产破产案件为例》,载《法制博览》2019 年第 1 期。

② 范丰盛:《破产程序中金融债权人抵押物处置问题的探索——以管理人实务为视角》,载微信公众号"光正大律师"2017 年 10 月 18 日,https://mp.weixin.qq.com/s/C8tp4zENEecNdOnCM1czQQ。

二、金融债权在破产程序中所面临的困境

（一）抵押物贬损甚至灭失的风险

1. 债务人自身恶意逃债

从破产申请到受理，再到裁定破产，在受理期限不断被拉长的同时，“破产企业的剩余财产处于债务人的实际控制的时间在加长，这样一来就极易出现债务人采取隐匿、转移等方式减损剩余财产的情况”[①]。即使进入破产程序中，管理人审计财产、组织债权申报到召开债权人会议，再到实质处置财产可能还有较长时间，也增加了债务人恶意逃债的可能性，如笔者曾遇到过债务人以机器设备老化已自行处置为由，将机器设备铭牌抹去而导致无法完成财产评估工作，最终导致抵押物灭失的情况。

2. 管理人对抵押物的损害

抵押物在破产程序启动后即划归为破产财产，交由破产管理人统一管理。《企业破产法》通过第 109 条规定了担保物权的绝对受偿地位，根据最高人民法院《关于适用〈中华人民共和国企业破产法〉若干问题的规定（二）》第 3 条第 2 款之规定，“对债务人的特定财产在担保物权消灭或者实现担保物权后的剩余部分，在破产程序中可用以清偿破产费用、共益债务和其他破产债权”。以此可以推论出特定财产的担保物权是优先于破产费用和共益债务的清偿。然而，在破产实践中，当企业几乎所有的财产都设定了抵押的情况下，确实出现破产管理人直接处置财产，以弥补破产费用和共益债务的情况。

3. 抵押物价值的潜在损失

在实务中，管理人往往为了快捷高效而将财产打包处理，特别是在抵押物众多的情况下，并不会分别处置。但这些抵押权通常并不完整属于一个金融债权人，当资产进行打包拍卖时，金融债权人就会无力控制。司法拍卖会在保留价的基础上按规定比例降低，当两次流拍后强制以物抵债，然而，在破产拍卖中，并没有保留价进行兜底，买受人即使有购买意向也不会直接出手，而是伺机而动，争取以最低价购入，这就造成了财产处置中抵押物价值的潜在损失。在这个过程中，

---

① 雷丹、梁言：《营商环境优化与破产程序中债权人保护制度的完善》，载《法制博览》2022 年第 10 期。

金融债权人既无财力也无意愿整体接受以物抵债，只能眼睁睁地看着抵押物被低价处置，却毫无办法，这无疑造成了抵押价值的潜在损失。

（二）表决权受限

《企业破产法》为平衡全体债权人的利益，通常认为无担保债权人处于弱势地位，给予其一定的利益倾斜，在破产程序中会抑制担保债权人的相关权益。

从表决事项上来看，对于债务人的特定财产享有担保权的债权人，未放弃优先受偿权利的，对于通过和解协议、通过破产财产的分配方案不享有表决权。从表决规则上来看，债权人会议的决议表决事项，不仅由出席会议的有表决权的债权人过半数通过，并且其所代表的债权额要占无财产担保债权总额的1/2以上。在破产重整程序中，债务人或者管理人有权提交重整计划草案，而金融债权人不享有提交草案的权利。尽管金融债权人具有一票否决权，但实质上最终权利掌握在法院手里，法院具有强制破产重整方案通过的权利。当企业为高杠杆借贷经营时，往往是金融债权人承担着更多的经营风险，但在破产重整中却处于弱势地位，发声无力，很难使金融债权人心甘情愿地在破产重整中投出同意票。

（三）地方政府干预

破产企业中不乏当地知名企业或纳税大户，无论是出于地方政府对于财政收入、政绩形象的考量，还是出于维护社会稳定、保障基本民生的目的，地方政府往往倾向于牺牲金融机构的利益，这一现象被学者形象地形容为“金融债权被地方政府和地方法院作为缓解社会矛盾的维稳调节杠杆”。因此，有的地方政府会在破产程序中对于破产企业进行偏袒，暗中支持破产企业逃废债，在破产实务中存在重整计划不符合法律规定、在分组投票中未获通过的情况下，被法院强行裁定重整，导致金融债权严重受损。

（四）破产重整被强行裁定后无救济途径

一旦破产重整方案被法院强制裁定通过后，即进入破产重整阶段，法律尚未对债权人赋予复议或者上诉的权利，因此金融债权人只能被动接受重整方案并且履行相应的义务，这对于权益受到侵害的金融债权人来说是非常不公平的。在一些破产法律比较完善的国家，如美国、日本，都在法院强制批准重整计划时以举行听证会等形式给予债权人一定的发言权，给利益受到损害的当事人提供程序保障。

三、破产程序下对金融债权的保护

（一）金融债权人积极参与破产权益保护

首先，金融机构可以增强对破产法律制度的了解，加强对破产问题的研判，明晰各级审批权限，明确职责分工，形成有效、高效的操作规范，切实提高基层工作人员在破产清收工作中的积极性和可操作性。

其次，积极参加债权人委员会，提高知情权与话语权。根据《企业破产法》第68条、第69条之规定，债权人委员会虽没有决策权，但是对破产管理人的履职具有极大的监督作用，因此可以通过要求管理人作出工作报告等方式了解管理人的工作内容及计划，对于有可能损失自身利益的情况及时提出异议及诉求，同时如果发现管理人在工作中不尽职甚至有违法行为，可以及时纠正或者直接向法院汇报要求更换管理人。

最后，利用自己的优势提高谈判沟通能力。破产重整中牵涉各方利益，问题复杂而艰巨，各方的沟通和博弈尤为重要。对此，“债权银行应充分了解破产企业审计、资产评估以及偿债能力情况，积极参与战略投资者引进、破产重整方案制定等相关工作，用好监督权、撤销权、追索权、异议权等法律赋予的有利手段，积极通过债权人会议或债权人委员会发声，积极寻找谈判突破口，抓住一切契机对破产主导方形成有利制约，切实提高债权银行在破产重整案件中的话语权，督促制定相对有利的偿债方案”①。

（二）完善信息披露制度，增强债权人监督作用

进入破产程序中，债务人、管理人与债权人之间存在信息不对等的情况，不仅加剧了沟通成本，阻碍破产进程的推进，还有可能侵害到债权人的权益。尽管《企业破产法》中规定了债务人对管理人的信息披露义务、管理人对债权人会议及债权人委员会议的信息披露义务，但较为模糊，并没有切实起到监督作用。因此，应在破产进程中完善信息披露制度，针对债务人及管理人披露信息内容、时间、流程

① 于春露：《破产强裁案件中的银行债权保护》，载《中国城市金融》2017年第1期。

节点等内容，以及披露不实信息及拒绝披露信息所承担的责任均应作出细致明确的规定。只有明确完善的制度才能保障债权人发挥其监督作用，防范债务人恶意逃废债的行为，倒逼管理人公正尽职履责，才能提高债权人的博弈能力，切实保护债权人的合法权益。

（三）保障金融债权人的权利行使及救济渠道

企业破产是在法院主导之下进行的，法院应在破产程序中扮演居中裁判者的角色，在现有法律条文含糊时确立法律规则及边界，对各方违规违法行为进行评价及追责，而不能推诿责任，将一切都交由破产管理人处置。当金融债权人的知情权、决策权、监督权不能得到保障时，需要法院及时保障其权利的正常行使。同时，立法机关应在破产重整中增加金融债权人的决策权，赋予其提出、参与制定破产重整方案的权利，兼顾金融债权人的利益，使金融债权人切实参与到破产进程中来。

立法机关应建立明确的法律规定切实保护破产重整下的债权人的权益，一方面可以增设法院强行裁定的门槛，比如设立听证会制度，在充分论证破产重整方案可行性的基础之上，广泛听取各方建议及诉求，以期最大限度上维护各方利益；另一方面建立明确的强行裁定后的程序救济途径，如明确规定对确有错误的强行裁定，可以向上一级法院进行复议或者申请再审，避免债权人投诉无门。

（四）加强打击恶意逃废债的法律制裁力度

金融债权人及管理人应加强债务人恶意逃废债的审查力度，积极利用撤销权对债务人转移财产的行为予以纠正，同时法院可以适用最高人民法院《关于适用〈中华人民共和国企业破产法〉若干问题的规定（二）》第6条之规定，对于可能危害债务人财产的情况出现时，可以根据管理人的申请或者依职权及时对债务人的全部或者部分财产采取保全措施，以减少对债务人恶意逃废债的行为。

目前《刑法》中对于逃废债务规制不一，“公安机关对这些行为的刑事规制标准把握往往比较宽松，由此导致法院移送的多数案件未能进入立案侦查阶段，使得法院打击逃废债的力度大打折扣”①。人大代表徐诺金在2022年的两会期间提

---

① 潘光林、方飞潮、叶希希：《“僵尸企业”司法处置路径探索——立足于以温州法院的实践》，载《法制与经济》2016年第7期。

出增加“侵害金融侵权罪”的规定,“对于恶意逃废银行债务情节严重的企业及其主要责任人追究刑事责任,将对恶意逃废银行债务的企业级主要负责人的打击上升到国家法律的高度,使打击逃废银行债务的行为制度化、规范化,为保障国家金融安全与稳定提供法律依据和制度依托”①。

① 李国辉:《全国人大代表徐诺金:进一步完善金融债权保护》,载《金融时报》2022 年 3 月 7 日,第 5 版。

防范小微企业快贷法律风险，推动普惠金融可持续发展

杨培银　韩尚宏*

“普惠金融”作为一种新兴的金融形式，指的是以可负担的成本为有金融服务需求的社会各阶层和群体提供适当、有效的金融服务模式，这种模式的重点服务对象主要是小微企业（含个体工商户）及企业主、农民、城镇低收入人群等客户群体。

其中，银行小微企业信用快贷业务，就是面向小微企业的一种金融服务，指通过对小微企业及其实际控制人在银行的金融资产、抵押物、信用状况、业务办理等全面信息的采集和分析，对优质小微企业发放的可通过电子渠道在线申请、实时审批、签约、支用和还款的快捷自助贷款业务。这种快贷业务突破了传统的抵押、担保等限制，是以信用为基础的贷款业务，表现出无抵押、无担保、纯信用、循环贷、利率低的特点，同时最高放款金额可高达300万元。该企业信用快贷简洁明快，发放贷款效率高，但鉴于该类贷款无担保措施，纯依靠信用，再加上该类贷款的所有流程都是线上操作，相较于传统企业贷款存在一定风险。

本文主要对因办理企业信用快贷业务所产生的借款合同纠纷案件中，如何证明企业实际控制人为共同借款人并要求其承担共同还款责任的问题及风险防控措施进行探讨。

---

* 杨培银：北京德和衡律师事务所执行总裁兼管理合伙人，山东省优秀律师，中国海洋大学法律硕士教育中心法律实训专家库入库专家，聊城市法律顾问委员会法律专家库专家。

韩尚宏：山东德衡律师事务所房地产金融业务部执业律师。

一、普惠金融小微企业信用快贷业务流程

首先，企业通过企业网银开通小微企业快贷业务，需要在企业网银填写贷款发放账号、实际控制人信息，随后企业需认真阅读《小微企业快贷业务授权协议》《企业征信授权书》，通过勾选确认的方式签署上述协议，授权其填写的实际控制人为其办理小微企业快贷业务。

其次，被授权的实际控制人登录个人网银，通过其网银账户选择“个人贷款—小微企业快贷—快贷申请”后继续操作，填写贷款数额、期限及发放账号等信息，阅读《个人征信授权书》，通过勾选确认的方式签署该授权书，授权银行查询其征信信息。系统根据相关信息生成贷款方案，被授权人认真阅读贷款方案及《银行小微企业快贷借款合同》《小微企业快贷最高额保证合同》，被授权人通过勾选确认的方式签署上述合同。

最后，签约完成后，银行根据贷款信息将贷款发放到企业账户。

二、快贷业务流程存在企业实际控制人能否确认为共同借款人的法律风险

某银行普惠金融小微企业信用快贷业务，由企业和实际控制人共同向银行申请贷款，并承担连带清偿责任。该贷款产品面向市场初期，为便于贷款人进行申办，简化了贷款申请流程，申请贷款的企业和实际控制人在银行开通网银后通过手机纯线上操作即可完成贷款申请，不需要到银行填写纸质申请材料和签订纸质借款协议。甚至在线上申请贷款操作时，没有人脸识别和电子签名流程。

银行审核通过贷款申请后向企业账户发放贷款，企业负有偿还责任自不必说，但作为共同借款人的实际控制人，却没有经其签署的借款协议或其他书面材料，从而确认其共同借款人身份。

另外，还有部分企业让企业员工或其他第三方作为授权的实际控制人，而企业员工或其他第三方在并没有签署任何纸质材料确认其实际控制人及共同借款人身份的情况下，就被他人用手机网银代办了企业贷款，导致其与企业共同承担偿还债务的责任。

三、律师代理思路

从 2005 年普惠金融诞生至今，金融机构对中小微企业信贷投放力度不断加

大。贷款投放力度增加，伴随的是贷款逾期偿还风险增加、诉讼案件大量出现。笔者曾在2019年至2022年代理某银行2018年至2020年因发放普惠金融小微企业快贷导致的金融借款合同纠纷案件。在快贷业务流程存在瑕疵的情况下，律师通过了解业务办理流程，收集案件证据材料，最终法院将企业及实际控制人认定为共同借款人，由其共同承担连带还款责任。笔者就如何证明企业授权的实际控制人为共同借款人，追究其共同借款人的连带清偿责任，代理思路如下：

1. 通过线上贷款操作流程来证明企业实际控制人知悉自己的共同借款人身份。该业务的线上办理需要企业网银与企业实际控制人的网银共同操作完成，登录企业网银将操作权限授权给实际控制人后，被授权的企业实际控制人需再登录个人网银，登录后选择"个人贷款—小微企业快贷—快贷申请"后继续操作，在按照系统指引办理的过程中，关于贷款申请的关键信息，包括贷款数额及期限、利率、发放账号等，都是由企业实际控制人进行选择和填写的，同时还需要通过勾选确认的方式签署《个人征信授权书》《小微企业快贷借款合同》等电子协议。

2. 通过线上勾选签署的借款协议，确认共同借款人身份。在线上办理业务的过程中，被授权的企业实际控制人阅读并同意后，通过勾选确认的方式签署借款协议，借款协议中载明借款主体为借款企业和企业实际控制人，以双方当事人认可的数据电文方式签署，借款人进入贷款人电子系统的方式为双方认可的身份认证方式，凡通过该身份认证方式后的操作均视为借款人本人（或其授权代理人）所为，借款人承诺为由此产生的法律后果承担责任。

3. 每笔线上贷款业务办理成功后，银行会自动生成代表该笔贷款的业务单号。银行放款给企业后，银行留存放款回单上的业务单号、企业的活期存款明细账上记录该笔借款的流水单号以及企业实际控制人个人贷款对账单上的业务单号是一致的，以此证明是企业和企业实际控制人对同一笔款项进行了申请，企业实际控制人为共同借款人。

4. 贷款人按照线上流程指引进行操作，银行系统后台运行数据会记录其每一步操作，关键步骤的时间点，如企业授权给企业实际控制人的授权时间、勾选《个人征信授权书》《借款合同》等协议的时间、业务办理成功的时间以及放款时间，上述时间都与银行诉讼中所主张的时间相印证。

四、法律风险防控

笔者代理相关案件已取得胜诉判决，但企业实际控制人被认定为共同借款人的法律风险仍然存在。为完善小微企业快贷业务流程，除了为小微企业快贷业务提供增信措施外，也需要增加相关认证措施以对抗企业实际控制人对其承担连带责任的抗辩理由。

1. 线上申办业务流程中增加人脸识别和电子签名模块。企业实际控制人在登录个人网银办理业务时，先进行人脸识别，才能正式开始办理业务，在业务办理成功后，须对系统自动生成的《借款协议》进行电子签名。通过以上流程限制，只能由被授权的企业实际控制人本人对业务进行申办，并通过电子签名的方式确认自己作为共同借款人身份的电子版借款协议。

2. 增加其他保证人作为增信措施。为保障贷款的偿还，在申请办理贷款时，银行可要求除企业和企业实际控制人作为共同借款人外，增加一名自然人作为该笔借款的保证人，共同承担连带清偿责任。

3. 委托公证机关办理网络赋强公证。委托公证机关对贷款出具赋予强制执行效力的公证债权文书，如发生纠纷，则可以不经诉讼程序直接提起强制执行程序。根据最高人民法院《关于人民法院办理执行异议和复议案件若干问题的规定》第22条第1款的明确规定，公证债权文书对主债务和担保债务同时赋予强制执行效力的，人民法院应予执行。根据上述规定，公证机关可以对主合同和担保合同的真实性与合法性予以证明，并赋予其强制执行效力。

青岛市市北区人民法院受理的某金融借款合同纠纷案中，银行向法院提交了某公证处出具的线上电子公证书，证实与借款人通过某公证处网络赋强公证平台对双方线上签署的《小微快贷借款合同》进行公证，并依法赋予其强制执行力。《公证书》记载，借款人存在违约情形或可能危及作为出借人的银行债权的情形的，银行有权自行或委托第三方向公证机构申请出具《执行证书》并凭本合同的《公证书》和《执行证书》向有管辖权的人民法院申请强制执行，而无须经过诉讼程序。借款人承诺自愿放弃抗辩权并自愿接受有管辖权的法院予以强制执行。法院据此驳回原告起诉。

结　语

2015年国务院发布的《国务院关于印发推进普惠金融发展规划（2016—2020年）的通知》中提道："普惠金融是指立足机会平等要求和商业可持续原则，以可负担的成本为有金融服务需求的社会各阶层和群体提供适当、有效的金融服务。"

2022 年 4 月 6 日，原中国银保监会发布《关于 2022 年进一步强化金融支持小微企业发展工作的通知》，通知提出银行业金融机构总体继续实现单户授信 1000 万元以下（含）的普惠型小微企业贷款“两增”目标，即此类贷款增速不低于各项贷款增速、有贷款余额的户数不低于年初水平。加大信用贷款投放力度，力争普惠型小微企业贷款余额中信用贷款占比持续提高。

普惠金融鼓励金融创新，丰富金融市场层次和产品，帮助老百姓摆脱“融资难、融资贵”的困境，目前国家仍在不断推出新的政策，进一步推动普惠金融服务的发展。但在积极发展普惠金融的同时，要树立风险防范意识、提升风险防范能力，避免不必要的损失，这样才能让普惠金融模式实现可持续发展。

场外配资案件中“金主”和中介的行政、刑事责任研究

秦　辉*

场外配资在我国证券市场已存在多年，其高杠杆往往被认为是助涨助跌的帮凶，到2015年则已发展到极致。凡是有多年炒股经验的投资者，对2015年千股跌停的现象一定记忆犹新。可以说，场外配资是证券市场的“毒瘤”，不仅挤压证券公司正常融资业务的空间，其过分的高杠杆更容易导致投资者受损，引发众多纠纷。有鉴于此，配资首次于2016年进入行政处罚的视野，2019年修订的《证券法》颁布以来则以追究刑事责任为主。2021年4月30日，中国证监会、公安部联合发布2020年场外配资违法犯罪典型案例，彰显了行政、司法部门严厉打击场外配资违法活动的态势。2015年以来，从追究配资中介、软件开发商的行政责任到追究中介刑事责任，进而将“金主”纳入刑事责任追究的范围。无论是从追究责任的程度还是刑事责任主体的范围，都有较大的变化。其中究竟有什么缘由？本文结合场外配资惩处案例、《证券法》的修改等阐述了场外配资各主体相关法律责任的演进历程，并对细化中介、“金主”的行政责任、刑事责任提出了自己的见解。

一、配资案件处罚情况

（一）2015年股市异常波动时

2016年11月25日，中国证监会对2015年股市异常波动时的9例涉及开发、

* 秦辉：北京德和衡（上海）律师事务所合伙人、德和衡证券业务中心副总监，天津仲裁委员会仲裁员，上海市证券、基金、期货业纠纷联合人民调解委员会调解员。

使用具有证券账户开立、交易、清算等功能软件的场外配资进行处罚，因该类案件所涉主体包括开发配资软件的开发商和使用配资软件的中介，仅举其中2例予以说明。处罚的相关情况见表1。

表1　2例场外配资处罚的具体情况

主体	违法内容	处罚种类	处罚金额	涉及法条
杭州恒×网络技术服务有限公司	开发运营的HOMS系统，包含子账户开立、提供委托交易、存储、查询、清算等多种证券业务属性的功能。恒×网络明知客户经营方式，仍向不具有经营证券业务资质的客户销售该系统，提供相关服务，并获取收益	行政处罚	没收恒×网络违法所得109,866,872.67元，并处以329,600,618.01元罚款	违反了《证券法》第122条的规定，构成《证券法》第197条所述非法经营证券业务的行为
湖北福×澜海资产管理有限公司	2013年10月14日至2015年9月2日，福×澜海使用杭州恒×网络技术服务有限公司HOMS系统、上海铭×软件技术有限公司FPRC系统为客户提供账户开立、证券委托交易、清算、查询等证券交易服务，且按照证券交易量的一定比例收取费用，获取非法收入1,642,909.37元	行政处罚	没收福X澜海违法所得1,642,909.37元，并处以4,928,728.11元罚款	违反了《证券法》第122条的规定，构成《证券法》第197条所述非法经营证券业务的行为

注：给予行政处罚时适用2014年修正的《证券法》。相关规定参见2019年修订的《证券法》第122条、第202条。

（二）2019年《证券法》修改前后

1. 行政处罚

经在中国证监会网站查询，笔者发现除2016年11月25日对涉及配资的9例案件当事人进行处罚外，之后中国证监会未对配资案件当事人作出处罚。

2. 刑事责任追究

经在威科法律信息库查询，输入"配资""非法经营"等进行检索，2015年1月至2021年6月25日，法院共判决182起非法经营案，其中2015年1月至2019年12月26日，法院共判决8起，其余174起皆为2019年《证券法》颁布后判决的案件。判决的罪名中，以非法经营罪居多，偶有诈骗罪、合同诈骗罪。根据中国证监会网站发布的内容，因"金主"涉及配资而被追究刑事责任的罪名还有操纵证券、期货市场罪，开发并运营配资软件的厦门蓝象网络科技有限公司也因涉嫌非法经营罪被移送检察机关审查起诉；在深圳聚牛汇友股票配资案中，实现对配资公司、配资软件开发商和"金主"的全链条打击。由上可知，2019 年《证券法》修改前后，司法机关正对包括配资中介、"金主"和软件开发商等在内的各主体实施全链条严厉打击。

而在以非法经营罪判处的案例中，法院笼统以非法经营证券业务判决的居多，至于是构成非法经营证券经纪业务还是融资融券业务，则较少提及，笔者只搜索到一个判决中提到被告构成非法从事证券经纪业务。[①]

二、《证券法》《刑法》涉及配资的规定

(一)2014 年与 2019 年《证券法》有关条文对照

2014 年《证券法》与 2019 年《证券法》有关法律条文的对比见表 2。

表 2 2014 年《证券法》与 2019 年《证券法》修改条文对照

2014 年修正后的《证券法》条文	2019 年修订后的《证券法》条文	主要修改内容
第 125 条： 经国务院证券监督管理机构批准，证券公司可以经营下列部分或者全部业务：(1)证券经纪；(2)证券投资咨询；(3)与证券交易、证券投资活动有关的财务顾问；(4)证券承销与保荐；(5)证券自营；(6)证券资产管理；(7)其他证券业务	第 120 条第 1 款： 经国务院证券监督管理机构核准，取得经营证券业务许可证，证券公司可以经营下列部分或者全部证券业务：(1)证券经纪；(2)证券投资咨询；(3)与证券交易、证券投资活动有关的财务顾问；(4)证券承销与保荐；(5)证券融资融券；(6)证券做市交易；(7)证券自营；(8)其他证券业务	增加证券融资融券业务为证券公司的证券业务
第 122 条： 设立证券公司，必须经国务院证券监督管理机构审查批准。未经国务院证券监督管理机构批准，任何单位和个人不得经营证券业务	第 120 条第 4 款： 除证券公司外，任何单位和个人不得从事证券承销、证券保荐、证券经纪和证券融资融券业务	将证券承销、证券保荐、证券经纪和证券融资融券业务列为证券公司的专营业务

① 参见浙江省杭州市西湖区人民法院刑事判决书，(2020)浙 0106 刑初 343 号。

续表

2014 年修正后的《证券法》条文	2019 年修订后的《证券法》条文	主要修改内容
第 197 条: 未经批准,擅自设立证券公司或者非法经营证券业务的,由证券监督管理机构予以取缔,没收违法所得,并处以违法所得 1 倍以上 5 倍以下的罚款;没有违法所得或者违法所得不足 30 万元的,处以 30 万元以上 60 万元以下的罚款。对直接负责的主管人员和其他直接责任人员给予警告,并处以 3 万元以上 30 万元以下的罚款	第 202 条第 1 款: 违反本法第 118 条,第 120 条第 1 款、第 4 款的规定,擅自设立证券公司、非法经营证券业务或者未经批准以证券公司名义开展证券业务活动的,责令改正,没收违法所得,并处以违法所得 1 倍以上 10 倍以下的罚款;没有违法所得或者违法所得不足 100 万元的,处以 100 万元以上 1000 万元以下的罚款。对直接负责的主管人员和其他直接责任人员给予警告,并处以 20 万元以上 200 万元以下的罚款。对擅自设立的证券公司,由国务院证券监督管理机构予以取缔	1. 明确了除证券公司外,任何单位和个人不得从事证券承销、证券保荐、证券经纪和证券融资融券业务,违反该规定即按第 202 条规定进行处罚 2. 提高了处罚幅度,即从原来的违法所得 1 ~ 5 倍提高到 1 ~ 10 倍,没有违法所得的,从 30 万 ~ 60 万元提高到 100 万 ~ 1000 万元;对直接责任人员从 3 万 ~ 30 万元提高到 20 万 ~ 200 万元

(二)中国证监会相关通知、意见

2015 年 6 月 13 日、7 月 12 日,中国证监会先后发布《关于加强证券公司信息系统外部接入管理的通知》《关于清理整顿违法从事证券业务活动的意见》;2015 年 9 月 17 日,证券基金机构监管部发布《关于继续做好清理整顿违法从事证券业务活动的通知》。从这些通知和意见内容来看,中国证监会着眼点在于稳定股市,不急于在股市异常波动时对配资中介采取雷霆行动,防止配资中介短期内集中抛售,进而防范股市非理性下跌。事后看来,采取这些措施切实有力。例如,《关于清理整顿违法从事证券业务活动的意见》在第 6 条规定“对违法从事证券活动的行为,中国证监会将依法查处;涉嫌犯罪的,依法移送公安机关”,以警示新的配资行为。众所周知,刑法是对严重危害社会行为的一种制裁。对前期违法配资的惩处,和早期的唐某“老鼠仓”一样,中国证监会一直贯彻慎用刑法的理念,即首先进行行政处罚,在社会对配资危害性有足够认识后,才开始启动刑事制裁手段。这正是证券监管领域的特点,符合我国的刑事政策。

(三)刑法中的有关规定

1.《刑法》条文

《刑法》第225条规定,非法经营罪是指,“违反国家规定,有下列非法经营行为之一,扰乱市场秩序,情节严重的,处五年以下有期徒刑或者拘役,并处或者单处违法所得一倍以上五倍以下罚金;情节特别严重的,处五年以上有期徒刑,并处违法所得一倍以上五倍以下罚金或者没收财产:(一)未经许可经营法律、行政法规规定的专营、专卖物品或者其他限制买卖的物品的;(二)买卖进出口许可证、进出口原产地证明以及其他法律、行政法规规定的经营许可证或者批准文件的;(三)未经国家有关主管部门批准非法经营证券、期货、保险业务的,或者非法从事资金支付结算业务的;(四)其他严重扰乱市场秩序的非法经营行为”。

2.追诉标准

最高人民检察院、公安部《关于公安机关管辖的刑事案件立案追诉标准的规定(二)》(公通字〔2022〕12号)第71条规定,未经国家有关主管部门批准,非法经营证券、期货、保险业务,或者非法从事资金支付结算业务,具有下列情形之一的,应予立案追诉:(1)非法经营证券、期货、保险业务,数额在100万元以上,或者违法所得数额在10万元以上的;(2)非法从事资金支付结算业务,数额在500万元以上,或者违法所得数额在10万元以上的;(3)非法从事资金支付结算业务,数额在250万元以上不满500万元,或者违法所得数额在5万元以上不满10万元,且具有下列情形之一的:①因非法从事资金支付结算业务犯罪行为受过刑事追究的;②2年内因非法从事资金支付结算业务违法行为受过行政处罚的;③拒不交代涉案资金去向或者拒不配合追缴工作,致使赃款无法追缴的;④造成其他严重后果的。

三、配资相关问题分析

(一)配资中介违反的监管规定

配资中介违反《证券法》中关于证券经纪、融资融券业务由证券公司专营的规定;另外,还涉嫌出借或借用他人证券账户。

（二）配资中的非法经营涉及的证券业务

证券业务有多种，有的是证券公司独家经营，有的则可由其他机构经营，如证券投资咨询业务，可由证券投资咨询机构经营；财务顾问也可由其他机构经营。结合2014年和2019年公布的《证券法》的规定，配资中的非法经营，其实主要就是未经批准从事证券经纪和融资融券等证券公司的两种专营业务，虽然损害的都是证券监管秩序，但所造成的后果显然不一样。无论是行政处罚还是追究刑责，都宜按同时从事两种类型的非法经营进行惩处，以做到罚当其罪。

（三）“金主”提供资金以及股票主账户的行为是否为融资融券业务的判断

如果“金主”单纯地提供资金不提供证券账户，且对资金是否用于配资炒股不知情，则是民间借贷，不构成行政违法；但如果“金主”既提供资金、又提供证券账户，则显然不同于一般的民间借贷，出借其证券账户，说明其知晓他人使用其证券账户，至少构成未经批准从事融资融券业务。至于是否要承担刑事责任，则可以下列情形之一作为是否需要承担刑事责任的前提条件：一是考量其出借本金及利息大小；二是在金额较小情形下考量其出借次数，一般应当达到3次；三是利用资管计划从事配资的；四是明知他人操纵市场仍然配资的；五是有其他严重情节的。

（四）“金主”与中介违法行为在类型上的不同

“金主”主要构成非法从事融资融券业务，而中介则主要构成未经批准从事证券经纪和融资融券业务，违法类型比“金主”多一个。在特定情况下，如“金主”协助配资中介从事证券经纪业务，亦可构成非法从事证券经纪业务。至于是否可能构成操纵，中介和“金主”都有可能构成，如罗山东操纵案中，法院认为，金某（“金主”）在明知罗山东用配资资金操纵证券市场，仍提供资金、账户，配资中介亦因明知操纵仍提供配资行为被刑事追责，均构成共同操纵。

（五）“金主”、配资中介可同时构成操纵市场和非法经营罪

非法经营和操纵市场有自身的构成要素，两者并行不悖，“金主”、配资中介均可同时构成操纵市场和非法经营罪。实践中，对“金主”、配资中介以操纵市场进

行处罚的已有案例，但“金主”构成非法经营尚缺乏判例。

（六）可适当提高非法经营罪的起刑点

通过对《证券法》的修改，对非法经营的处罚标准是责令改正，没收违法所得，并处以违法所得1～10倍罚款，没有违法所得的，则罚款为100万～1000万元；对直接责任人员给予警告，罚款20万～200万元。相反，非法经营罪的起刑点则为经营所得30万元、违法所得5万元，大大低于2019年修订后《证券法》的处罚标准，不符合金融领域交易金额较大的特点。

四、建议

（一）建议区分“金主”过错情形，分别适用行政责任和刑事责任

笔者认为，对金额较小的进行行政处罚，对金额较大的追究刑事责任。根据出借账户、资金的不同进分类处罚，如单纯出借资金而不出借账户且对资金用途不知情的，此时以民间借贷予以处理；对同时出借资金、出借账户但不明知资金用途，金额较小的，追究行政责任；对金额较大、出借次数达3次、利用资管计划从事配资等情形之一的，可追究刑事责任；对同时出借资金、出借账户且明确知道资金、账户用于配资炒股的，以非法经营罪从重追究刑事责任。例如，知道用于操纵市场、内幕交易的，以操纵证券、期货市场罪，内幕交易罪及非法经营罪等追究刑事责任。

（二）建议提高非法经营罪的刑事追诉立案标准

证券交易往往交易金额大，而非法经营罪的追诉标准却相对较低，且比2019年修订的《证券法》的罚款金额低得多，一来不利于行刑衔接，二来未充分考虑刑法的谦抑性，对当事人和整个社会存在较大影响。为减少刑事责任门槛过低情况，建议以贯彻落实《关于依法从严打击证券违法活动的意见》为契机，适当提高非法经营罪的刑事追诉立案标准。

（三）对配资中介等处罚时，建议在处罚决定书或判决中明确按非法经营的类别（从事经纪业务或融资融券业务）分别处罚

经查询，在非法经营罪的判决中，法院一般笼统地以当事人未经批准，非法从

事证券业务进行事实认定,而所从事的证券业务包括证券经纪和融资融券业务。建议司法部门分清当事人从事非法证券业务的类别,在维护当事人合法权益的同时,保障法律的准确实施。

可变利益实体(VIE)结构中的法律风险和主体责任分析

刘克江*

在中国法律的范畴内,可变利益实体(Variable Interest Entities,VIE)结构一直是一个模糊的存在,利用VIE结构,境外投资人得以参与中国市场并获得丰厚的回报,中国企业也规避了中国监管机构的监管,顺利从境外获得融资或者在境外上市。但是丰富多彩的VIE结构设计中,蕴藏的法律风险和各方参与主体的责任也一直是一个模糊的存在,无论是立法,还是司法,都没有对其给出清晰的界定。为了保障中国企业的合法利益,界定清楚VIE结构中的法律风险和主体责任,确定受外国公司控制的境内企业的外国投资者地位显得尤为重要,也为中国立法和司法机关加强对VIE结构的监管提供理论支撑。

一、VIE结构中的法律关系效力充满争议

长期以来,为了规避中国监管机构的监管,实现境外投资者参与中国政府限制或者禁止行业的投资,中国企业与境外投资者共同通过VIE结构,成功实现了境外融资和境外上市。中国企业利用境外投资者的资金实现了自我发展,境外投资者利用VIE结构分享了中国改革发展的红利,获得了丰厚的投资收益。但是,中国法律至今没有对VIE结构的法律效力作出规范,VIE结构的各方都是在“默

* 刘克江:北京德和衡律师事务所总裁兼管理合伙人、法学博士,最高人民检察院第六检察厅、第七检察厅“民事行政检查专家咨询网”专家,第十届中华全国律师协会反垄断与反不正当竞争专业委员会副主任,中国政法大学兼职教授。

认合法"[①]中运作。虽然也有相应的争议披露,包括仲裁案件或者诉讼案件,但是大部分 VIE 结构中的各方主体都相安无事,或者对其中的风险默默承受。2019 年,上海证券交易所设立科创板,监管机构允许 VIE 在交易所上市,并将其与其他发行人一视同仁。这种默示承认让境外投资者和中国企业受益匪浅。[②] 在反垄断领域,号称首期涉 VIE 结构交易经营者集中案件获得国家市场监管总局的无条件批准,对今后类似结构交易的反垄断申报具有里程碑意义。[③]

可变利益实体,英文表述为 Variable Interest Entities,来自美国会计准则(US GAAP)的第 46 号解释函(FIN46),意指投资企业持有具有控制性的利益,但该利益并非来自多数表决权。根据 FIN46 的规定,只要符合 VIE 的标准,财务报表即须合并操作。同时,会计程序委员会第 51 号会计研究公报——"合并财务报表"也进行了相应的调整,明确了除投票权外,还可以考虑其他因素作为是否需要合并报表的考量,最终系统地解决了 VIE 的合并问题。我国 VIE 结构的成功尝试是 2000 年 4 月 17 日新浪赴美纳斯达克上市,因此 VIE 结构在中国又被称为"新浪模式"[④]。

根据媒体的报道,中国国际经济贸易仲裁委员会上海分会(以下简称贸仲上海分会)受理了一起仲裁案件:[⑤]T 公司是一家从事互联网游戏运营业务的中国内资企业,拥有从事业务所需的 ICP 牌照及其他许可(根据当时中国政府的规定,外商投资企业无法获得这些牌照及许可)。境外投资者通过一家英属维尔京群岛(The British Virgin Islands,BVI)公司在中国境内设立了一家外商独资企业(Wholly Foreign Owned Enterprise,WOFE)。WOFE 与 T 公司签订了一系列利润输送类协议,同时与 T 公司创始股东签订了一系列控制类协议。在合作过程中,创始股东与境外投资者在 T 公司控制权方面产生纠纷。创始股东希望通过否定 VIE 协议的效力而夺回 T 公司控制权,境外投资者则希望执行 VIE 协议以实际获得对 T 公司的控制。该案件的核心焦点便在于 VIE 结构中的系列协议是否有效。

---

① 刘燕:《在"默认合法"中爆发的法律风险——协议控制—VIE 模式下风险事件及案例述评》,载《证券法苑》2019 年第 3 卷。

② 参见李睿:《让 VIE 活下去》,载《董事会》2022 年第 Z1 期。

③ 参见《中伦助理首起涉 VIE 架构交易经营者集中案件获无条件批准》,载搜狐网 2020 年 7 月 22 日,https://www.sohu.com/a/409061844_120051855。

④ 马小虎:《VIE 架构的诞生》,载《互联网周刊》2020 年第 17 期。

⑤ 参见孔焕志、隋雪芹:《贸仲上海第一起 VIE 仲裁案》,载商法网 2012 年 12 月 21 日,https://law.asia/zh-hans/%E8%B4%B8%E4%BB%B2%E4%B8%8A%E6%B5%B7%E7%AC%AC%E4%B8%80%E8%B5%B7vie%E4%BB%B2%E8%A3%81%E6%A1%88/。

贸仲上海分会仲裁庭认为,WOFE 通过与 T 公司以及创始股东签订利润输送协议以及控制协议的方式,取得了对 T 公司决策、收益等的控制权,这一安排的核心目的和结果是使本无网络游戏运营资格的 WOFE 能够参与中国网络游戏的运营并获得相应收益,[①]这一安排违反了现行法律关于外商不得签订相关协议或提供技术支持等间接方式实际控制和参与境内企业的网络游戏运营业务的明确规定以及《合同法》[②]等相关规定。因此,仲裁庭依据《合同法》,以 VIE 协议(包括控制类协议及利润输送协议两部分)是"合法形式掩盖非法目的"及违反国家"行政法规的强制性规定"为由,裁决该案中的 VIE 协议无效。

无独有偶,2016 年 7 月 2 日,最高人民法院对长沙亚兴置业发展有限公司(以下简称亚兴公司)与北京师大安博教育科技有限责任公司(以下简称安博公司)之间的合作合同纠纷案作出终审判决,法院认为,《合作框架协议》并未违反法律、行政法规的强制性规定。亚兴公司主张《合作框架协议》因违反《中外合作办学条例》第 6 条及《外商投资产业指导目录》[③]、商务部《实施外国投资者并购境内企业安全审查制度的规定》第 9 条的强制性规定无效。但《外商投资产业指导目录》及商务部《实施外国投资者并购境内企业安全审查制度的规定》系部门规章和部门产规范性文件,而非法律和行政法规。根据《合同法》第 52 条第 5 项[④]有关"违反法律、行政法规的强制性规定"应当认定无效的规定及最高人民法院《关于适用〈中华人民共和国合同法〉若干问题的解释(一)》第 4 条[⑤]"合同法实施以后,人民法院确认合同无效,应当以全国人大及其常委会制定的法律和国务院制定的行政法规为依据,不得以地方性法规、行政规章为依据"的规定,《外商投资产业指导目录》及商务部《实施外国投资者并购境内企业安全审查制度的规定》不能作为认定合同效力的依据。就本案所涉及的内资企业取得义务教育机构的举办权,但其股东权利根据合同约定受外资企业控制是否违反《中外合作办学条例》第 6 条规定"中外合作办学者可以合作举办各级各类教育机构。但是,不得举办实施义务教

① 参见孔焕志、隋雪芹:《贸仲上海第一起 VIE 仲裁案》,载商法网 2012 年 12 月 21 日,https://law.asia/zh-hans/%E8%B4%B8%E4%BB%B2%E4%B8%8A%E6%B5%B7%E7%AC%AC%E4%B8%80%E8%B5%B7vie%E4%BB%B2%E8%A3%81%E6%A1%88/。

② 《合同法》已失效,相关规定参见《民法典》。

③ 此目录已失效,现行有效的规定参见《鼓励外商投资产业目录》(2022 年版),每年更新。

④ 相关规定参见《民法典》第 146 条。

⑤ 此解释已因《民法典》的施行而失效。

育和实施军事、警察、政治等特殊性质教育的机构”的问题,最高人民法院征求了教育部政策法规司的意见。该司答复称,根据该条例,中外合作办学的主要特征包括:外方应为教育机构,外方可以直接参与学校办学与管理,教育教学内容可以部分采用国外课程等。外资通过与内资企业的股东签订合同的方式控制民办学校,并非直接参与学校办学与管理,相关活动不属于《中外合作办学条例》的调整范围。因安博公司系内资企业,结合教育部政策法规司的上述答复意见及本案的具体情形,应当认定案涉《合作框架协议》不适用《中外合作办学条例》第 6 条的规定。故对亚兴公司有关《合作框架协议》因违反法律、行政法规的强制性规定而无效的主张,最高人民法院不予支持。①

最高人民法院对亚兴公司与安博公司之间的《合作框架协议》认定为有效,但是对于 VIE 结构中安博公司与 WFOE 北京安博在线软件公司(以下简称安博在线公司)之间的《独家合作协议》《认购期权协议》《委托书》的效力,以及《合作框架协议》订立后,双方是否按约履行,亚兴公司按约取得的投资权益是否会受到损失两项诉讼请求,以“不属于本案审理范围”为由没有作出认定。

从上述仲裁案和诉讼案可以看出,对 VIE 结构中不同法律关系效力的判断存在不同的认识。

二、VIE 结构中的法律主体和法律关系分析

VIE 结构的设计存在区别,有的层级多,有的层级少,对于不同的行业和不同的中国政府的政策,存在的法律主体和法律关系也不同。主要包括如下几种。

(一)VIE 结构的基本设计

实践中,VIE 结构至少包括三部分,一是境内运营主体公司,其性质上属于内资企业,符合中国政府对于外资限制或者禁止的产业的经营资格,能够合法获得相应的牌照或许可。二是境外投资者控制的投资主体公司,也称特殊目的公司(Special Purpose Vehicle,SPV),通常会在开曼群岛、BVI 等离岸地注册成立,便于境外融资或者境外上市。三是境外投资主体公司设立的 WFOE,便于通过 VIE 协议控制境内运营主体公司,实现将境内运营主体公司的收益通过 WFOE 转移到境

---

① 参见最高人民法院民事判决书,(2015)民二终字第 117 号。

外投资主体公司，实现境外投资主体公司的投资回报或者提供境外上市后的收入来源。一个基本的 VIE 结构设计见图 1。

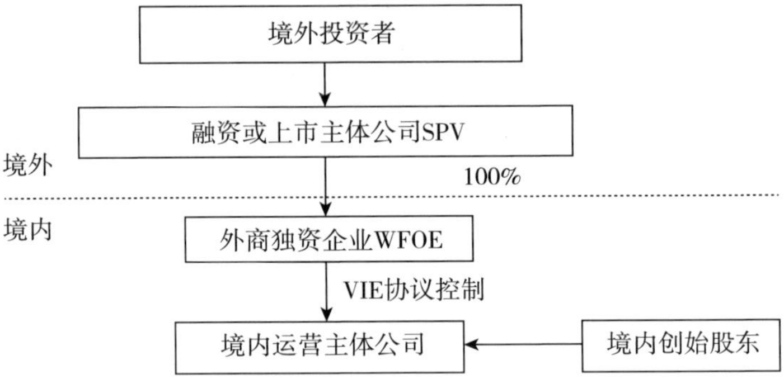

图 1　基本的 VIE 结构设计

（二）VIE 结构的复杂设计

为了规避自身的风险，境外投资者与境内运营主体公司的境内股东一般会将 VIE 结构进行复杂设计，包括在境外设立更多的离岸公司层级，境内股东也占有境外投资主体公司一定比例的股份，从而成为境外投资主体公司的股东。在境内 WFEO 与境内运营主体公司之间再设置一层境内主体公司，一般是由境外投资者设立并控制，将 VIE 结构前移到 WFEO 与境内主体公司之间，而由境内主体公司通过股权参与境内运营主体公司之中，体现了对境内运营主体公司的控制和利润转移到境外的“双保险设计”。复杂的 VIE 结构设计见图 2。

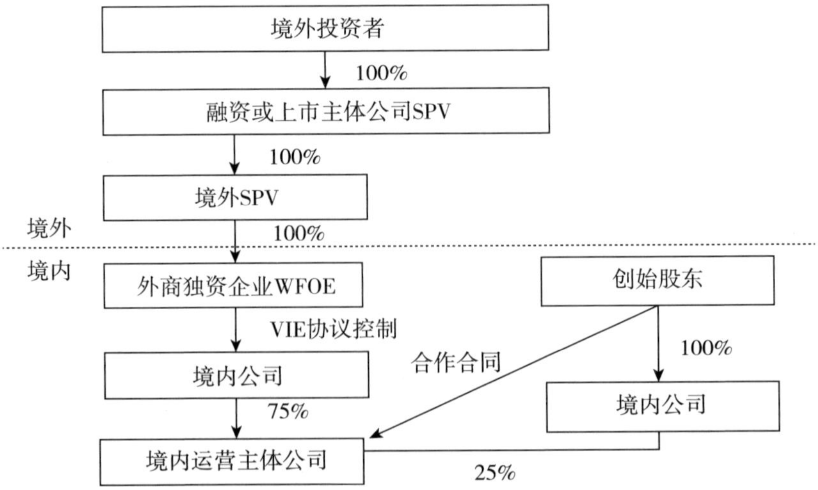

图 2　复杂的 VIE 结构设计

纷繁复杂的VIE结构的设计是在基本设计的基础上,根据境外投资者和境内运营主体公司的境内股东之间的谈判协商以及境内运营的行业类型、合作条件来设计的。另外一种情形是境外SPV与境内运营主体公司均由同一个境内创始股东控制或投资。VIE结构的设计越是复杂,无论是对境外投资者,还是对境内运营主体公司及其境内股东来说,风险就越大;而且将来一旦发生纠纷,无论是通过仲裁,还是通过诉讼,胜诉的难度也越大。

三、VIE结构中的争议类型和风险分析

根据VIE结构的设计以及各方主体之间的法律关系,可以总结出VIE结构的争议类型,从而对不同的法律关系的风险作出分析。

(一)VIE结构中系列协议的法律效力争议

对于VIE结构中系列协议,也需要进行分类。一是利润转移类协议,目的是将境内运营主体公司的收入转移到境外SPV,实现境外投资者的投资回报或者成为上市公司的收入来源;二是控制类协议,主要是境外投资者通过股权质押、股权代持以及协议控制公司决策、董事委派、股权转让等,实现对境内运营主体公司的控制;三是辅助利润转移和协议控制的相关协议,如专利许可协议、管理服务协议、投票权委托协议等,目的是利润转移的对价安排和控制权的实际操作等。

贸仲上海分会仲裁的境外投资者与创始股东对于T公司的控制权之争,本质上是VIE结构中系列协议之一的控制类协议的法律效力问题。仲裁庭认为,控制类协议属于合同法规定的"合法形式掩盖非法目的"及违反国家"行政法规的强制性规定",进而认定VIE协议无效。最高人民法院在亚兴公司与安博公司合作合同争议案中,法院以安博公司与安博在线公司之间的系列控制协议不属于本案审理的范围,没有对其效力作出认定,令人遗憾。但是法院对于"(安博公司)将目标学校的盈利以支付接受安博在线公司服务对价的方式支付给安博在线公司"并未作出否定的结论。

(二)VIE结构中合作协议的法律争议

最高人民法院在亚兴公司与安博公司合作合同争议案中,对于亚兴公司与安

博公司之间的《合作框架协议》的效力进行了肯定，认定安博公司是内资企业，非外资企业。湖南省高级人民法院认为：就法律上而言，安博在线公司并非安博公司的股东，安博公司的股权仍登记在我国自然人名下，因此安博公司的所有人仍为我国自然人，安博公司基于其自身经营政策考虑通过合同将其股东投票权和利润转移给外商投资企业并不能就此改变安博公司的法定注册类型，而且，亚兴公司所主张的以是否存在协议控制作为确定企业性质的标准还存在法律上的不确定性，因为安博在线公司现在只是基于合同关系实现对安博公司的控制，一旦安博公司股东与安博在线公司再签订解除此种对投票权的让渡，则是否还能认定安博在线公司实际控制安博公司存疑。因此，仅仅根据不确定的投票权让渡和利润转移安排而认定安博公司系外商投资企业不符合我国当前立法中主要依据投资主体划分内资企业和外资企业的标准。在安博公司的股东解某军、薛某国均为我国自然人的情况下，应认定安博公司系我国内资企业。《合作框架协议》是亚兴公司与安博公司的真实意思表示，双方订立合同的过程及履约行为显示，该协议并不存在欺诈、胁迫及其他意思表示不真实的情形。这里存在的一个值得思考的问题是如果安博公司的股东解某军、薛某国作为我国的自然人，其是为外国投资者或外国投资者指定的外国主体代持股权，是否依然可以“仅仅根据不确定的投票权让渡和利润转移安排而认定安博公司系外商投资企业不符合我国当前立法中主要依据投资主体划分内资企业和外资企业的标准”而认定安博公司为内资企业。

（三）VIE 结构中股权代持的法律效力争议

VIE 结构中，境外投资者为了保证对境内运营主体公司的实际控制，除安排 WFOE 与境内运营主体公司签署系列协议外，有时会在 WFOE 与境内运营主体公司之间设立另一个境内公司。一般情况下是境外投资者安排境内自然人代持该境内公司的股权，同时，安排该境内公司在境内运营主体公司持有超过 51% 的股权，间接实现对境内运营主体公司的控制权。对于境外投资者安排的境内自然人代持境内公司的股权的代持协议的效力，尚未出现公开披露的争议或裁决。但是境外投资者安排境内自然人代持境内公司的股权，是否能够决定该境内公司的企业性质，依然值得探讨。

(四)VIE结构中境内创始股东与境外投资者之间的合作关系争议

VIE结构中的合作双方实质上是境内创始股东与境外投资者之间的合作关系,之所以用“合作关系”,是因为双方为了规避中国政府的监管并不签署书面的合作合同,一般合作模式是境外投资者提供资金,境内创始股东提供业务,合作条件会在WFOE与境内运营主体公司之间的协议中约定。该业务一般是中国政府限制或禁止境外投资者控股或者参与的业务,如当时条件下的增值电信业务、网络游戏运营业务等。因此,为了规避中国政府相关的限制或禁止性规定,境外投资者与境内创始股东之间不会存在书面的合作合同,但是,就实质而言,双方都是合作内容的谈判者和实际履行者。而且,正如最高人民法院审理的VIE案件中亚兴公司主张安博公司是外资企业一样,亚兴公司认为其实际的合作对方是境外投资者安博教育控股公司(Ambow Education Holding Ltd.),境外投资者100%控股WFOE安博在线公司,安博在线公司通过系列协议实际控制安博公司,亚兴公司考虑与境外投资者之间没有书面合作合同,而是对与其存在《投资框架协议》的安博公司提起诉讼,并主张《投资框架协议》无效。从另一个方面来说,如果境内创始股东通过股权控制的境内运营主体公司出现违约或其他妨碍经营收入向境外转移等情形时,境外投资者如果想获得补偿,也只能通过其控制的WFOE一系列协议为基础起诉境内运营主体公司,能否获得补偿,则依赖于境内运营主体公司的偿债能力。如果境内运营主体公司出现偿债困难甚至停产停业等情况,境外投资者也无法直接起诉或对境内创始股东提起仲裁,原因的相同点在于双方没有书面合作合同。

四、通过立法规范VIE结构中的法律关系效力的现实意义

从VIE结构中的争议类型和风险分析可知,现存的VIE结构中各方主体的风险没有全面披露,也可能是在“默认合法”的情形下无法通过诉讼或仲裁的途径实现维权而导致相关企业“默默承受”。关于VIE结构尚未有立法进行规范,在部分部门规章中偶然提及。例如,2009年由新闻出版署(现为新闻出版总署)、国家版权局、全国“扫黄打非”工作小组办公室颁发的《关于贯彻落实国务院〈“三定”规定〉和中央编办有关解释,进一步加强网络游戏前置审批和进口网络游戏审批管理的通知》中规定,外商不得通过设立其他合资公司、签订相关协议或者提供技术

支持等间接方式实际控制和参与境内企业的网络游戏运营业务。① 在该通知中，明确禁止了外商用签订协议等方式实际控制或参与中国境内的网络游戏运营企业的事务。《商务部实施外国投资者并购境内企业安全审查制度的规定》中明确了对 VIE 结构的态度，明确将协议控制等词汇纳入监管范围。因此，通过立法规范 VIE 结构中的各类法律关系的效力，无论是对于境内创始股东、境外投资者，还是 VIE 结构中其他各个主体都有利于依法维护自己的权利。笔者认为，对于以下几个方面的立法，规范各个主体的权利义务具有现实紧迫性。

（一）立法确认 VIE 结构中受外国企业控制的境内企业视同外国投资者

虽然中国法律没有规定对 VIE 结构中受外国企业控制的境内企业视同外国投资者，但是至今的司法实践说明，中国法律并没有否定 VIE 结构及其安排的合法性，或者说没有相关的最高人民法院的裁判明确否定 VIE 结构及其安排的合法性。

2015 年 7 月 7 日，我国商务部在官网发布的《中华人民共和国外国投资法（草案征求意见稿）》在第 2 章中对于 VIE 结构曾经有过规定，具体为“受前款规定的主体控制的境内企业，视同外国投资者”。但是在 2020 年 1 月 1 日起施行的《外商投资法》第 2 条中规定了“外商投资”和“外商投资企业”的概念，对于“外国投资者”的概念没有进行界定。《外商投资法》对于“外国投资者”的定义留下的空白，使 VIE 结构中境内创始股东与境外投资者之间的实质上的合作关系依然没有法律依据。如果《外商投资法》对于“外国投资者”的定义采纳了《外国投资法（草案征求意见稿）》中的定义，并且规定“受前款规定的主体控制的境内企业，视同外国投资者”，则在最高人民法院审理的亚兴公司与安博公司合作合同争议案中，亚兴公司主张的安博公司是外商投资企业就会是另一个结果。因为，安博在线公司正是受“依据其他国家或者地区法律设立的企业”控制的境内企业，应当“视同外国投资者”，进而安博公司是受安博在线公司 VIE 系列协议控制，因此安博公司的性质可以认定为外商投资企业，而非“内资企业”。由此可见，如果立法确认 VIE 结构及其安排的合法性，则最高人民法院对于亚兴公司与安博公司之间合作合同

---

① 参见原新闻出版总署、国家版权局、全国“扫黄打非”工作小组办公室颁发的《关于贯彻落实国务院〈“三定”规定〉和中央编办有关解释，进一步加强网络游戏前置审批和进口网络游戏审批管理的通知》（新出联〔2009〕13 号）第 4 条。

纠纷将会得出另一个判决结果。

(二)确认境内创始股东控制的境内运营主体公司与境外投资者控制的WFOE之间的合作是中外合作性质的合同关系

如果立法确认了受外国企业控制的境内企业视同"外国投资者",则境外投资者控制的WFOE与境内运营主体公司之间的合作关系,在性质上是中外合作合同。根据"揭开公司面纱理论"或者"穿透理论",VIE结构中的合作协议效力及于境外投资者和境内创始股东,从而解决VIE结构下系列争议无法可依的情况,保护了VIE结构中各方主体的合法利益,也保证了境内创始股东可以直接依法追究境外投资者的合同责任;相反,也保证了境外投资者可以直接依法追究境内创始股东的责任。

(三)确认VIE结构中系列协议的法律效力

VIE结构的系列协议是VIE结构的精华所在,既然外国政府认可VIE结构的法律效力,允许VIE结构项下财务报表合并并允许在境外上市,中国政府对此也是"默认合法",因此,需要立法确认VIE结构中系列协议的法律效力,便于维护VIE结构的稳定,维护各方主体的合法利益。否则就会出现"一旦安博公司股东与安博在线公司再签订解除此种对投票权的让渡,则是否还能认定安博在线公司实际控制安博公司存疑"的情形,从而导致VIE结构的不确定性,也不利于维护各方主体的合法利益。

结　语

VIE结构对于中国企业引进境外资金进而实现自身发展、走出去上市等起到了非常重要的作用。在我国,借助VIE结构在境外成功上市的企业包括门户类网站(新浪、网易、百度等),电子商务平台(阿里巴巴、京东、当当网、唯品会等),网络游戏公司(盛大游戏、九城、巨人网络),软件服务企业(高德、金山),传媒出版企业(华视、博纳影业)和教育培训类企业(新东方、学而思)等,截至2014年6月

27 日在美国上市且未退市的中国企业共 202 家，其中 84 家采用了 VIE 结构模式。① 从历史的角度进行检验，采用该模式没有对中国经济带来负面的影响。但是中国对于 VIE 结构的“默认合法”，而且对于 VIE 结构中的系列协议的效力认定存在不确定性，对于各方参与主体利益的维护存在不确定性，有待后期通过立法予以明确。因此，通过立法确认外国投资者控制境内企业视同外国投资者，是面对事实，并未与现行法律冲突，确认 VIE 结构的合法性，将会进一步加大中国企业与境外投资者的合作关系，并依法维护各方主体的利益。

① 参见刘纪鹏、林蔚然：《VIE 模式双重道德风险及监管建议》，载《证券市场导报》2015 年第 10 期。

现阶段城市更新重点任务及法律风险防范

李旭修　吕士威*

2021年，作为中国第二个百年奋斗目标和“十四五”开局之年，“城市更新”首次被写入政府工作报告，提到前所未有的高度，成为全国关注的热点。

这是因为，截至2020年年底，我国常住人口城镇化率达63.89%，城镇化正式开启下半场。按照国际经验，下半场的城镇化面临城镇化问题的集中爆发期，在我国首当其冲的是土地资源稀缺带来的发展约束。而城市更新作为破解资源约束、实现可持续发展的重要手段，将势不可当地成为中国城镇化下半场的“主角”。

由于城镇化进程和发展基础差距较大，我国不同城市在城市更新的深度、广度和多样性方面存在较大差异，各地城市更新情况普遍受到当地城市总体战略目标、市民需求偏好以及政策完备程度等诸多因素的影响，但随着全国城镇化进入下半场，我国城市更新由原来的拆建类项目为主，逐渐演化为目前整治类项目为主、改建类项目为辅，即加强修缮改造，注重提升功能，提高城市品质和人居环境质量。

而整治类项目以老旧小区改造、历史文化街区改造为代表，为了了解该类工作中的法律风险，笔者对既往该类项目多发的法律问题和纠纷进行收集、汇总、研究、分析，找出问题、分析风险、防患于未然，以期对高效、有序地推进现阶段城市更新和城市建设工作有所助力。

---

* 李旭修：山东德衡律师事务所总裁兼管理合伙人，全国优秀律师，山东省政协委员，山东省律师协会公司法律专业委员会主任。

吕士威：山东德衡律师事务所高级联席合伙人，山东德衡建设工程与房地产业务中心顾问总监。

姜晖、王明、王众、王学成、刘辉、闫金泉、刘笑冰等律师对此文亦有贡献。

一、现阶段城市更新的工作重点和任务

2020 年 4 月 3 日公布的国家发改委《关于印发〈2020 年新型城镇化建设和城乡融合发展重点任务〉的通知》(发改规划〔2020〕532 号),提出"十四五"期间要加快推进城市更新:改造一批老旧小区,完善基础设施和公共服务配套,引导发展社区便民服务。改造一批老旧厂区,通过活化利用工业遗产和发展工业旅游等方式,将"工业锈带"改造为"生活秀带"、双创空间、新型产业空间和文化旅游场地。改造一批老旧街区,引导商业步行街、文化街、古城古街打造市民消费升级载体,因地制宜发展新型文旅商业消费聚集区。改造一批城中村,探索在政府引导下工商资本与农民集体合作共赢模式。开展城市更新改造试点,提升城市品质和人居环境质量。

2020 年 7 月 10 日发布的国务院办公厅《关于全面推进城镇老旧小区改造工作的指导意见》(国办发〔2020〕23 号),明确城镇老旧小区改造任务,2020 年新开工改造城镇老旧小区 3.9 万个,涉及居民近 700 万户;到 2022 年,基本形成城镇老旧小区改造制度框架、政策体系和工作机制;到"十四五"期末,结合各地实际,力争基本完成 2000 年年底前建成的需改造城镇老旧小区改造任务。

2021 年 8 月 30 日发布的住房和城乡建设部《关于在实施城市更新行动中防止大拆大建问题的通知》(建科〔2021〕63 号)总思路为:以内涵集约、绿色低碳发展为路径,转变城市开发建设方式,坚持"留改拆"并举、以保留利用提升为主,加强修缮改造,补齐城市短板,注重提升功能,增强城市活力。

2021 年 11 月 4 日发布的住房和城乡建设部办公厅《关于开展第一批城市更新试点工作的通知》(建办科函〔2021〕443 号)发布第一批 21 个试点更新城市名单,明确通过试点城市的更新,因地制宜探索城市更新的工作机制、实施模式、支持政策、技术方法和管理制度,推动城市结构优化、功能完善和品质提升,形成可复制、可推广的经验做法。

在国家大力提倡和推动城市更新的大背景下,各地方政府纷纷出台相关政策,加快推进城市老旧小区改造,社会各界对城市更新的关注度也空前提升,城市更新在全国拉开了帷幕。

根据前述国家层面的政策文件,以及各地出台的相关规范性文件、改造行动方案可知,在城镇化的下半场,我国更加注重生态文明建设,坚持以人民为中心,

出台了棚户区改造、老旧小区改造等一系列城市更新的相关政策,2020 年 10 月通过的“十四五”规划和 2035 年远景目标建议中,明确提出实施城市更新行动,将城市更新提升到远期战略规划的地位。并且,在“十四五”整体规划的基础上,国家针对城市更新出台了相关重点政策和实施细节,从中可以看出,现阶段国家城市更新的重点是老旧小区、老旧街区改造项目,其中就包括居民小区和历史文化街区。

那么老旧小区、历史文化街区改造过程中多发的纠纷有哪些,审判实践是怎样的? 笔者通过以下第二、三部分向大家展示。

二、老旧小区改造中常见的法律纠纷及审判实务

笔者分别以“老旧小区”“改造”“城市更新”为关键词进行组合,通过 Alpha 和威科先行数据库检索老旧小区改造过程中的常见纠纷,共检索到民事案由 1200 余个,其中最高人民法院案例 3 个,高级人民法院案例 9 个,中级人民法院案例 300 余个,基层人民法院案例 800 余个;行政案由共检索到案例 200 余个,其中最高人民法院案例 1 个,高级人民法院案例 30 余个,中级人民法院案例 90 余个,基层人民法院案例 100 余个,专门法院案例 20 余个。

经过数据分析,笔者发现案件类型主要涉及民事案件、行政案件、刑事案件、执行案件和国家赔偿案件,其中以民事案件数量居多,占比高达 76.2%,其次是行政案件,占比达 16.13%,刑事、执行、国家赔偿案件数量较少。

以下将占比较大的民事纠纷和行政纠纷案例进行分述。

(一)老旧小区改造常见民事法律纠纷及审判实务

在老旧小区改造中民事纠纷大多为城市更新改造项目合作合同纠纷、老旧小区改造费用承担纠纷、个别业主阻碍工程实施引发的纠纷、租赁合同纠纷以及因改造工程质量问题引发的纠纷等。

1. 就城市更新项目进行合作的各方,因一方未取得城市更新主体资格或项目未纳入城市更新项目(未能立项)而发生的纠纷

该类纠纷总体来看虽与城市更新相关,但纠纷类型仍然属于合同纠纷,对合同有效性的判决仍以是否存在法定无效情形为标准,而项目未纳入城市更新项目,究竟属于不可抗力、政府原因还是属于一方违约,需要根据不同事实、不同原

因进行判断。通常来说，若系因一方不作为导致未能或迟延纳入城市更新项目，则应认定为一方违约；而如因政策变动或政府规划调整等致使项目无法立项，则可认定为不可归责于任何一方的原因，不属于违约情形。

2. 老旧小区改造费用由谁承担引发的纠纷

此类纠纷分为在改造工程委托人（招标人）与受托人（中标人）间发生的纠纷和业委会或物业公司与业主发生的纠纷两类。

老旧小区改造资金来源较为复杂，有的为产权人自费改造项目，有的为政府出资改造项目，也有的为社会资本参与改造项目，亦有多元合作模式（多方资金合作）。不同资金来源的改造项目，最终承担改造费用的责任主体不同，但在具体案件中，仍应首先判断纠纷的类型，若为改造工程委托人（招标人）与受托人（中标人）间发生的纠纷，则应遵循合同相对性，由委托人或招标人支付费用；若为业委会或物业公司与业主发生纠纷的案件，通常是产权人自费改造项目，该类纠纷在老旧小区改造中较为常见。一方面，有些业主不同意改造，但民主决议程序通过了改造的意愿表决和改造方案，持不同意意见的业主常常拒交费用；另一方面，部分业主虽然同意改造，但对费用承担有异议，亦不积极支付费用。另有部分案件，有关改造方案未经业主大会依法表决通过，业主拒不缴纳改造费用。

此类案件如何判决，通常视有关改造方案是否经业主大会或业主代表大会依法表决通过而定。若改造方案业经民主表决通过，对因小区公共区域及公共设施的改造和维修需求发生的费用，业主应当承担，垫付款人向未付款业主追偿，或物业公司要求业主缴纳或补足维修基金，一般会得到支持。但若改造方案未经民主表决程序，或表决未通过，则业主不承担有关费用。

3. 老旧小区改造项目中，个别业主阻碍工程实施引发的纠纷

老旧小区改造项目中，常见情况如业主大会或业主代表大会表决通过同意增设电梯，业委会已与施工单位签订施工合同并支付了定金或首期工程款，之后因某业主坚决不同意加装电梯并阻碍施工单位实施工程，致使工程迟迟不能开工，甚至导致施工单位因合同无法履行而解除合同；又如，在更换窗户、上下水改造等工程实施过程中，部分业主不予配合且为达阻挠施工之目的与施工人员发生肢体冲突，引发侵权纠纷。

对于此类案件，司法实践普遍认为老旧小区的改造系为提升改善老旧小区房屋居住品质及环境，在改造施工过程中需要全体住户的理解与配合，因个别业主

阻碍造成工程延滞的损失,其应承担赔偿责任;个别业主为阻碍工程施工发生肢体冲突事件,由侵权行为实施方对被侵权方承担责任。

4. 因租赁房屋被纳入城市更新项目导致租赁合同不能履行、租房不能进行公司注册等引发的纠纷

该类纠纷亦很多见,大部分案例中法院认为因老旧小区改造这一客观事实导致租赁合同解除,不可归于合同任何一方,双方互不承担违约责任。但有案例中法院认为双方合同中并未明确约定涉案厂房纳入城市更新改造范围属于导致双方合同不能履行的不可抗力情形,一方不能以出现不可抗力为由主张解除合同,但若租赁合同约定房屋纳入改造项目为可以终结本合同的"不可抗力"情形,出租人有权根据合同约定行使单方解除权。亦有案例认为出租人隐瞒了案涉房屋纳入老旧小区改造项目的情况,导致承租人无法注册公司,属于出租人根本违约。

5. 老旧小区改造工程存在质量问题,业主行使权利引发的纠纷

老旧小区改造通常包括改建或扩建工程,是工程就难免有质量问题,那么在出现质量问题的情况下,有关业主如何维权才是理性的?能因水、电管线工程问题拒交水电费吗?能因其他工程问题要求拆除改建的设施吗?

老旧小区改造作为一项惠民工程,对大多数业主存在利好,居民应予以理解并支持,在惠民工程竣工验收合格后,业主对工程存在的质量问题可请求施工单位在维保期内维修,司法实践中一般不支持其拆除并恢复原状的诉求;水电改造工程出现问题,业主不能要求返还或拒交水、电费,而是应当要求施工单位维修。

(二)老旧小区改造常见行政法律纠纷及审判实务

老旧小区改造中常见的行政纠纷多为行政许可纠纷、行政行为合法性纠纷、行政征收纠纷、拆违行为合法性纠纷问题等。

1. 业主要求撤销行政许可纠纷

此类纠纷如政府审批加装电梯项目。政府下发加装电梯项目确认书,低楼层业主认为对其权利造成侵害,要求撤销行政许可的纠纷。该类纠纷,政府在审批项目时应严格按照现行法律规定依法处理,同时兼顾利益平衡原则。以加装电梯项目为例,如果已充分考虑加装电梯不可避免会对低楼层住户产生影响,从而采取北面安装、茶色玻璃避光等措施尽量减少通风、采光、隐私、噪声等对低层住户

影响、保障低楼层住户的合法权益的，政府作出加装电梯项目确认书的行为符合法律规定，不应撤销；反之，若政府在审批项目时未充分考虑低层住户的诉求和利益，导致项目有关问题超出法律规定标准，严重影响低层住户居住和生活的，则其行政许可应予撤销。

2. 行政行为合法性纠纷

政府增设许可条件，以申请行政许可项目不满足其增设的条件为由不予许可或撤销许可，业主主张确认其行为违法或撤销其行为的纠纷。同为加装电梯项目，有案例显示，政府在办理规划许可和施工许可时要求申请人提供小区无违章建筑的证明，否则不予办理规划许可和施工许可，或对已办理的，通知给予撤销。对于此种情况，有审理法院认为，将“无违章建筑”作为实施增设电梯许可的条件，属于将违章建筑的处理与规划许可不当牵连，有违依法行政的基本原则，属于在法律规定的许可条件以外增设新的许可条件，增加了申请人的法外义务，该行为违法，行政机关以此为由撤销已做出的行政许可不当，应予纠正。

3. 拆违行为合法性纠纷

拆除违章建筑是老旧小区改造的一项重要内容。政府执法部门通常会在小区内张贴限期拆除违建的通知，内容一般是要求社区居民在老旧小区改造工程中积极配合拆除违建，是对全体住户提出的具有共性的要求，主要为宣传或倡导作用。但若通知明确具体某户需限期拆除，则属于具体行政行为，具有可诉性。

司法审判中，对于有具体针对某人某户的通知是否违法或是否应被撤销，关键看所涉建筑是否为违章建筑，若属违章建筑，则占有、使用人负有拆除义务，以消除违法状态；但若不属于违章建筑，则通知明确责令其限期拆除显然是违法的，该行为应当撤销。

三、历史文化街区改造中常见的法律纠纷及审判实务

笔者以“历史文化街区”“历史建筑”“城市更新”为关键字，通过 Alpha 数据库检索最高人民法院和北京、上海、广东以及陕西、天津、山东等省高级人民法院和基层人民法院审理的历史文化街区改造相关的案例，共检索到民事案由 49 个，其中最高人民法院案例 6 个，省高级人民法院案例 9 个，基层法院案例 34；行政案由共检索到案例 296 个，其中最高人民法院案例 42 个，省高级人民法院案例 21

个,基层人民法院案例 233 个。

由上述案例数据分布情况可知,历史文化街区改造中的纠纷以行政纠纷为主,并且大多集中在基层人民法院,争议类型主要包括政府信息公开、行政行为的可诉性与合法性、征收过程中的产权问题等。而该类改造中的民事纠纷与老旧小区改造中的民事纠纷基本一致,因此,在本部分笔者仅对有代表性的行政案例进行归纳分析,具体如下:

(一)关于撤销历史文化街区称号的行政行为是否具有可诉性的争议

有些历史文化街区的隶属政府,综合考量各种因素,决定撤销该历史文化街区称号,该街区内的居民认为政府此行为对其利益产生重大影响,因此提起行政诉讼要求确认政府的该等行政行为违法或要求撤销政府的该等行政行为。

司法实践普遍认为,政府作出撤销历史文化街区称号的通知,并不直接设定行政相对人的权利义务,不属于行政复议或行政诉讼受理范围。

(二)政府改变历史文化街区内土地规划用途合法性纠纷

在司法实践中,部分地方政府存在未听取土地使用权人陈述、申辩意见,即通过地方政府编制的规划文件调整尚在土地使用期内的土地用途的情况。大部分省市的地方性法规中存在"历史文化街区核心保护范围内不得进行新建、扩建活动,但扩建必要的基础设施和公共服务设施除外"的相关规定,但少部分亦规定了除外情形,有些地方政府即以扩建基础设施或服务设施为由,改变土地规划用途进行改建、扩建,此类活动极易引发纠纷。

司法实践中,法院会严格审查政府改变规划的程序合法性、正当性。若有程序违法情形,如未依法对利害关系人进行专门性的告知,听取其意见保障其权利,则会被认定行为违法;若政府程序合法,所许可事项不违反法律法规的规定,则法院会认定其行为并无不当。

(三)拆违行为合法性纠纷

在历史文化街区项目中,同样会有政府发布拆违公告或通知进而引发纠纷,该类纠纷处理方式老旧小区改造中该类案件的处理方式相同,这里不再赘述。

（四）关于历史建筑保护的行政公益诉讼

实践中，国家及各地均出台了关于保护历史建筑的相关政策文件，若存在违反该类规定，对历史建筑造成损坏的情形（如产权人或实际使用人在未经依法申报审批的情况下违法施工，造成历史建筑的破坏），地方检察机关有权以行政公益诉讼立案并向地方有关部门制发检察建议，由当地政府配合整治工作。通常检察机关会向有关主管部门制发检察建议，建议其依法履行行政监管职责，督促相关责任单位对被损坏的建筑编制修复整改方案并实施，检察机关和受理法院还会参与竣工验收，检视验收情况，确保历史建筑得到有效恢复。

（五）历史文化建筑产权归属引发的纠纷

因历史文化街区的建筑多历史悠久，导致大量历史建筑成为无主房，后来发展成公房。有时历史文化建筑保护中心等国资背景的主体作为产权人，易与承租人产生纠纷，在历史文化街区保护改造中，面临腾退安置的难题。据了解，很多建筑被评价为文物之后，会由政府实施征收行为，但征收补偿并不多，在建筑物共有人之间、产权人与实际占有人之间都容易引发分配纠纷。

在历史建筑保护部门要求实际占有人腾退建筑物的纠纷中，若实际占有人不能举证证明其占有使用该房屋的合法依据，则会被判令限期腾退房屋。

在征收补偿款的分配纠纷案件中，需结合各共有人之间有无约定、登记的产权人与各参与分配主体的关系、对建筑物占有使用的历史权源等因素，综合判定各主体的分配比例。

（六）政府征收程序合法性引发的纠纷

历史文化街区改造中涉及大量历史建筑的征收，而征收目的是否符合公共利益、征收行为程序合法与否、补偿是否符合法律规定或被征收人预期等问题常常在该类改造项目中引发纠纷。

对于征收目的是否符合公共利益，若被征收房屋所在街区已被政府批复同意确定为历史文化街区保护规划的区域，并且该规划符合当地国民经济和社会发展计划，则审判机关会认定征收目的符合公共利益需要。

关于行政程序问题，通常法院会严格依照法定程序进行审查，若行政征收程序合法,则法院会予以维持,若程序违法,法院则判令撤销或认定行政行为违法。

四、现阶段城市更新多发的法律纠纷及防范建议

(一)现阶段城市更新多发法律纠纷的类型

通过笔者在第二、三部分对有关案例的归纳分析可见,在以老旧小区改造和历史文化街区改造为工作重点的当前阶段,疑难法律问题主要包括三大方面:一是政府行政行为或程序合法性问题,如行政许可或不予许可的行为是否合法、是否可撤销,拆除违章建筑、对有关建筑物进行征收的程序或有关文件是否合法等;二是与城市更新或城市建设项目相关的合同纠纷,如拟参与改造项目的主体之间的合作合同、委托合同等效力争议、违约纠纷,或被改造标的物的承租人与出租方因标的物被纳入改造项目导致租赁合同的履行障碍或被解除等发生的争议,或者标的物被征收导致共有人之间、产权人与使用人之间发生的补偿分配争议等;三是因实施项目改造引发的纠纷,如项目改造费用承担纠纷、业主因改造项目存在质量问题而拒交使用费或要求拆除引发的纠纷、个别业主不同意改造而进行阻碍引发合同违约问题或侵权赔偿纠纷等。

(二)风险防范建议的视角

在了解了当前城市更新工作的重点任务、该等工作面临的疑难法律问题的情况下,笔者认为还需明确本文的研究目的是帮助城市更新和城市建设的实施主体提前预判风险、防范风险。因参与城市更新和城市建设的主体众多、法律关系复杂,因此,在提出风险防范建议之前,必须明确我们是站在哪个主体的角度来谈风险防范。

参与城市更新和城市建设的主体从其各自职责来看,主要分为四大主体:

一是政府。政府是城市的经营主体,是城市更新和城市建设的发起人,是政策制定者和实施城市更新及建设的监督者。

二是权利主体。权利主体,是指被改造项目土地或建筑的原产权人,包括社区业主或村民、商户和机构等,其有权对城市更新和建设表达自己的意愿,有权依法参与民意调查,参与有关民主表决事项的投票表决。

三是市场主体。市场主体,是指愿意参与城市更新和建设投资的市场资本

方，或愿意承担城市更新和建设实施工作的开发商、施工人等。

四是运营主体。运营主体如物业服务企业、服务设施运营商等，是城市更新项目完成后的更新资源的支配主体、运营管理方。

本文研究的意义是助力城市更新和城市建设高效、有序推进，减少争议，加快城市更新进程。通过对上述主体的介绍可知，政府是城市更新的主导者、政策制定者，城市更新能否有序、稳步推进，主要取决于政府。因此，下文笔者将站在政府角度，即重点针对前面梳理出的法律问题中的政府行政行为或程序合法性的风险防范提出建议。

（三）现阶段城市更新的风险防范建议

1. 政府应制定能够使本区内城市更新和建设工作落地的政策和制度

由于城市更新刚刚开启新的阶段，在法律法规没有细化到规范城市更新具体实施层面的情况下，目前各项城市更新工作的主要依据是政策。政策完备，则城市更新和建设有法可依，政策缺失，必然难以保障城市更新和建设有序推进。

作为城市更新的主导者，政府应做好自上而下的法规政策制定和管理体系建设，在不违反上位法、顶层政策的前提下，结合本区实际，制定能够落地和具体实施的政策体系，包括各种改造模式的流程指引、报批报规的具体程序、多元主体的利益关系、市场主体参与办法及资金的回报模式，以及涉及行政许可、行政审批等事项的指引等，让所有参与城市更新和建设的主体有法可依、有章可循，让所有政府部门及其工作人员能够依法行为、高效作为。

2. 政府各部门应严格依法行政和作为

从以往多发纠纷的类型可知，政府部门行政行为存在瑕疵、不合法、违反上位法等是造成行政纠纷的主要原因，因此，在政策体系搭建完成后，依法行政和作为是防范行政类纠纷的最重要的措施，能够避免绝大多数行政纠纷。

那么政府部门及其工作人员如何做到依法行政?

首先，应当对所负责的行政事务相关的法律法规、规范性文件以及本部门制定的操作指引等系统学习、精熟于心，并做到认真、负责，既要精准掌握有关文件的规定，又要真正领会文件的精神，能够针对不同情况，灵活运用政策法规履行职责。

其次，应当做好角色和职能定位，在工作中做到无私、透明。现在国家提倡服务型政府，与传统的管制型政府相比较，服务型政府突出强调“公民本位、权利本位、社会本位”的价值理念，强调转变政府职能，寓管理于服务，为社会和公众提供满意的公共服务和公共产品。在城市更新和建设中，因涉及广大民众的利益，要打造现代化宜居城市，必须重视群众的利益和诉求，政府部门应转变角色和职能定位，积极服务于各参与主体，真负责、多交流，真正做到无私、透明，必然能够实现春风化雨。

最后，应切实做到依法行政。政府通过依法行政提高治理水平，依靠法治建设推动公共服务的体制和机制创新，将政府服务纳入法治轨道，使政府服务行为成为法律义务。政府及其工作人员要遵循特定的行政程序，在法定的范围内依法行事，依照法定的程序履行责任，既不失职又不越位。政府要做到服务职能定位明确，服务内容透明公开，服务高效廉洁，接受人民群众的监督和问责。由于制度完善，政务公开，流程简化，减少了权力寻租和贪污腐败，从而提高了政府效能，增强了执政能力，便能够减少行政矛盾和争议。

3. 聘请专家和法律服务团队

政府应当为城市更新指挥部聘请专家、法律服务团队为其提供专业服务。

在依法治国、依法行政的大背景下，政府为保障其行为的公信力、保障其在市场经济中跟上时代的步伐，应当聘请各领域专家尤其是法律专业团队提供支持。这是因为，在其他主体拥有强大智囊团的情况下，政府只有拥有更强大的专业支持，才能减少行政决策的盲目性、随意性，实现科学决策、依法决策、民主决策。而有了法律服务团队的参与，更能够通过对政府重大决策和事务合法性论证、参与对规范性文件等抽象行政行为的审查，以及对法律事实和法律风险的分析、预判，形成“事前防范、事中控制为主，事后补救为辅”的政府法律事务风险防范机制，能够有效地提高政府行政决策水平，帮助政府防范风险。

以上为笔者通过研究既往案例，梳理出的重点法律问题，并站在特定主体角度提出的风险防范建议，相信在依法治国、依法行政的大背景下，我们的城市更新和城市建设一定能够有序开展，稳步推进。

房地产开发经营资质缺失导致合作开发合同无效规定的再解读

杨光明　曾　强*

一、引言

在诸多导致合作开发房地产合同无效的情形中，最高人民法院《关于审理涉及国有土地使用权合同纠纷案件适用法律问题的解释》（以下简称《国有土地使用权合同纠纷司法解释》）第13条规定了因缺乏房地产开发经营资质而导致合作开发合同无效的内容，从该司法解释在2005年6月18日首次发布以来，这条规定已成为导致合作开发合同无效的最主要同时也是在实务中适用最多的法律规范。而在十几年来的司法适用中，这一规定也逐渐出现适用范围过大进而偏离立法目的的趋势，由此也引发了不小的争议，有政协委员建议废止《国有土地使用权合同纠纷司法解释》第13条的规定。虽然最高人民法院在2020年年底修正的《国有土地使用权合同纠纷司法解释》中，仍然保留了前述规定，但是笔者仍认为，对该条规定的理解和司法适用仍有再深入解读的空间和必要。

二、《国有土地使用权合同纠纷司法解释》第13条的定性及存废的再讨论

（一）《国有土地使用权合同纠纷司法解释》第13条的本质是法律、行政法规中有关房地产开发企业监管的强制性规定的延伸和违法后果的确定

要对《国有土地使用权合同纠纷司法解释》第13条进行定性，首先要明确的

* 杨光明：北京德和衡（深圳）律师事务所高级合伙人、德和衡争议解决业务中心执行总监。
曾强：北京德和衡（深圳）律师事务所高级联席合伙人。

是,这一条规定是对法律、行政法规中有关房地产开发企业监管的强制性规定的司法解释,是对违反这些强制性规定所导致的法律后果的司法界定,而非法院造法。在此基础上,笔者接着要讨论的则是《国有土地使用权合同纠纷司法解释》第13条到底是对哪一个法律、行政法规的强制性规定的解释?

关于这个问题,我们可以从最高人民法院《关于政协十三届全国委员会第三次会议第3323号(政治法律类416号)提案答复的函》中窥见端倪,即国务院制定的《城市房地产开发经营管理条例》第9条规定:"房地产开发企业应当按照核定的资质等级,承担相应的房地产开发项目。具体办法由国务院建设行政主管部门制定。"而根据前述规定的授权,原建设部公布的《房地产开发企业资质管理规定》第3条则进一步规定:"房地产开发企业应当按照本规定申请核定企业资质等级。未取得房地产开发资质等级证书(以下简称资质证书)的企业,不得从事房地产开发经营业务。"此法律规定即为《国有土地使用权合同纠纷司法解释》第13条中"房地产开发经营资质"的法源。

除此之外,对于为什么要在司法解释中规定因房地产开发经营资质缺失而导致合同无效,最高人民法院在前述对政协全国委员会提案的答复中继续提到:"该规定主要基于如果合作开发房地产合同中的各方均无房地产开发经营资格,国家就失去了管理和监督的基础,合作开发项目的整体规划、配套设施、质量管理、资金保障、售后服务等均可能失去保障,最终损害人民群众的切身利益和社会公共利益。"由此来看,除从违反法律、行政法规有关房地产开发企业监管的强制性规定来解释《国有土地使用权合同纠纷司法解释》第13条外,从《合同法》[①]第52条第4项所规定的"损害社会公共利益"这一合同无效事由来解读,也能有合理解释的空间。

(二)《国有土地使用权合同纠纷司法解释》第13条所指向的强制性规定性质的再讨论——效力性强制性规定抑或管理性强制性规定

从《国有土地使用权合同纠纷司法解释》第13条的规定以及最高人民法院的复函中所指向的强制性规定来看,既然司法解释规定缺乏房地产开发经营资质的合作开发合同无效,那么很显然最高人民法院认为《城市房地产开发经营管理条

① 《合同法》已因《民法典》的施行而失效。

例》第9条以及原建设部公布的《房地产开发企业资质管理规定》第3条属于“效力性强制性规定”。但是,深究起来,笔者则认为这两条强制性规定在本质上应属于管理性强制性规定,理由如下。

所谓房地产开发经营资质,实质上是房地产开发经营的一个准入门槛,是国家对房地产业进行宏观管理、监督的一个重要手段,反映了国家公权力对房地产业健康发展的必要控制和合理干预。因此,从这一点来说,对房地产开发经营资质的管理更偏向于行政管理属性,而非决定民事法律行为效力的依据。

在多年以来的行政管理实践中,我国住建部门针对房地产开发企业的监管体系已经比较完善,配套的规章、规范性文件也比较齐全。实践中,如果没有房地产开发经营企业的资质,房地产开发企业申办相应的用地以及申请开发建设许可、后期的房屋预售许可存在阻碍。

因此,从行政许可和行政管理的实效来看,针对房地产开发企业的成熟的监管体系已经能充分起到对房地产开发企业进行宏观管理和监督的作用。同时,行政许可的准入门槛较高,几乎也能避免无资质销售商品房的情况发生,因而也很难理解为缺乏房地产开发经营资质的双方签订的合作开发合同损害了社会公众利益进而导致合同无效。因此,将房地产开发经营资质的管理性规定定性为效力性强制性规定,既没有必要,也不利于商事交易的安全和稳定。

(三)《国有土地使用权合同纠纷司法解释》第13条存续合理性的再探讨

诚如前文所论述的观点,既然我国在房地产开发监管的各项规定及行政管理和许可体系已经足以管控无资质开发房地产所带来的风险,且土地合作开发并不只是一个僵化的、单独的“房地产开发”环节,而是包括土地征收和出让、规划许可、开发许可、房屋销售等连续、复杂的多个环节。而实践中因土地合作开发引发纠纷、诉讼的,大多都还在前期土地征收、出让,规划许可等项目立项环节,还没有到房地产开发建设这个环节。而根据我国土地和房地产开发的行政管理规定,开发前期与土地使用权人以及与政府之间有关土地征收、出让的环节,并没有对房地产开发经营企业资质作出硬性要求。例如,在深圳市的城市更新中,政府规章就区分了城市更新申报主体和城市更新实施主体,并且仅对城市更新实施主体应具备房地产开发经营资质做出要求,而对于城市更新申报主体则并无此限制。

因此,考虑到合作开发房地产合同纠纷产生的阶段大多集中在开发建设,且只有具备了房地产开发经营资质才有可能获得政府许可进行后续房地产开发建设,即使争议双方在诉讼发生时都没有开发经营资质,也很难说这个阶段的合作开发合同有违反效力性强制性规定或者损害社会公众利益的情形。因此,从这个角度来说,《国有土地使用权合同纠纷司法解释》第13条有把管理性强制性规定强行定性为效力性强制性规定的倾向。适用这一条的规定会把很多本可以有效处理的合同全部按照无效处理,造成很多不必要的损失。尤其是对投入资金进行开发的房地产开发企业来说,一旦合作开发合同被认定为无效,则很多无形的资金投入无法通过在合同有效状态下的预期利益、履行利益等方式进行补偿,最终只能收回向合同相对方支付的合同对价及部分利息(有时会因为被认定对合同无效具有过错,无法获得足额补偿的利益),造成较大损失无疑是巨大的。

从前述论述、分析出发,笔者认为,《国有土地使用权合同纠纷司法解释》第13条被废止所带来的实际效果可能比其继续存续具有更好的效果。但是,很遗憾的是,在2020年政协第十三届全国委员会第三次会议中建议废止《国有土地使用权合同纠纷司法解释》第13条(2020年修改前的第15条)的提案未被采纳,其中的《国有土地使用权合同纠纷司法解释》的该条内容并未被删除,而是变为第13条继续保留、适用。

三、该条在司法实务中的疑难问题

由于《国有土地使用权合同纠纷司法解释》第13条得以继续保留,因此,讨论该条规定的废止与否似乎并无实际意义。但是,在适用《国有土地使用权合同纠纷司法解释》第13条的司法实务中,仍然有很多值得探讨的疑难问题。在司法实务中对该条的适用范围越来越广的裁判倾向和大环境下,仍有一些另辟蹊径且谨慎适用该条规定的案例值得我们在实务中学习、借鉴。

(一)疑难问题:《国有土地使用权合同纠纷司法解释》第13条规定的“合作开发房地产”的范围应如何理解

从《国有土地使用权合同纠纷司法解释》第12条对“合作开发房地产合同”的定性可知,所谓“合作开发房地产”,是指当事人“以提供出让土地使用权、资金等作为共同投资,共享利润、共担风险合作开发房地产”。因此,在绝大部分“合资合作开发房地产合同纠纷”的案例中,法院基本上都重点关注是否共享利润、共担风险以及是否是一方提供土地使用权、一方提供资金进行共同投资、开发，只要符合前述两个关键条件，则可以被认定为《国有土地使用权合同纠纷司法解释》所规定的合作开发房地产合同。但是，在笔者看来，司法实务中这样的操作模式有进一步精细化裁判的空间，具体如下。

《国有土地使用权合同纠纷司法解释》是针对其所指向的《城市房地产开发经营管理条例》中有关房地产开发企业经营资质的强制性规定所规定的违法后果。因此，《国有土地使用权合同纠纷司法解释》中"合作开发房地产"的定义和范围也应参照《城市房地产开发经营管理条例》。而该条例第 2 条规定："本条例所称房地产开发经营，是指房地产开发企业在城市规划区内国有土地上进行基础设施建设、房屋建设，并转让房地产开发项目或者销售、出租商品房的行为。"条例的第 4 章同时也把转让房地产开发项目或者销售、出租商品房的行为归类为"房地产经营"行为。也就是说，《国有土地使用权合同纠纷司法解释》中的"合作开发房地产"应当作限缩解释，即严格意义上的房地产开发经营应当仅限于商品房的开发建设及经营，而且也仅限于以获取经济利益或投资利益为目的的开发经营。

基于此，当笔者在讨论、分析合作开发房地产合同的效力之前，首先要明确并界定的是，争议所涉及的合同中约定的合作开发是否属于《城市房地产开发经营管理条例》中所规定的房地产开发经营。判断依据主要是看争议的合同中是否约定了商品房开发建设及销售、销售利润分成等条款，如果有，则应当认定为严格意义上的合作开发房地产合同，此时才能适用《国有土地使用权合同纠纷司法解释》的相关规定；否则，该司法解释难有适用空间，进而其中有关房地产开发资质缺失而导致合作开发合同无效的规定也不应予以使用。

例如，在一则合作开发房地产合同效力争议案例中，广东省高级人民法院认为："广州体育学院是从事教育事业的高等学校，而非以营利为目的的公司、企业……从上述证据来看，合同双方签订《合作经营合同书》，已明确约定涉案项目建成后的产权人为广州体育学院。从合同目的来看，双方当事人显然不是为了建设商品房；从合同内容来看，涉案项目建成后也不能以商品房的形式流入市场。根据《城市房地产开发经营管理条例》第二条关于'本条例所称房地产开发经营，是指房地产开发企业在城市规划区内国有土地上进行基础设施建设、房屋建设，并转让房地产开发项目或者销售、出租商品房的行为'的规定，以及《最高人民法院关于审理涉及国有土地使用权合同纠纷案件适用法律问题的解释》第十四条关于'本解释所称的合作开发房地产合同,是指当事人订立的以提供出让土地使用权、资金等作为共同投资,共享利润、共担风险合作开发房地产为基本内容的协议'的规定,本案的《合作经营合同书》不具备合作开发房地产合同的一般特征,不属于上述司法解释所界定的合作开发房地产合同。由于本案不属于房地产开发经营,因此,检察机关以广州体育学院、安士丹公司不具备房地产开发经营资质为由,主张《合作经营合同书》无效,理据不足,本院不予采纳。"①

此外,在中行宝丰支行与中南汽修厂合作建房合同纠纷案中,最高人民法院认为:"从《合作建房合同》的签约主体看……均非房地产开发企业,不具备房地产开发经营资格。从合同的内容看,双方约定由甲方出地,乙方出资金合作建设十二层综合办公楼,建成后双方5∶5分配综合办公楼为各自办公使用……综上,《合作建房合同》约定中南汽修厂出地、中行宝丰支行出资,双方合作改造中南汽修厂老旧综合办公楼并按5∶5分配重建新房的主要内容,体现了合作建房双方共同出资、共担风险、共享利益的法律特点,但合作建房目的是改造中南汽修厂老旧办公楼以部分由划拨用地使用权人自用及部分交由中行宝丰支行使用,而非擅自变性为开发项目以售房等开发行为获益,故合同性质应认定为在国有划拨土地上的合作建房合同……可见,双方在《合作建房合同》中的有关约定内容,尽管不甚详尽,但并未违反法律、法规强制性规定。"②最终最高人民法院并未适用《国有土地使用权合同纠纷司法解释》中有关在划拨土地上合作开发合同无效的规定进而认定该合同无效。

(二)疑难问题:在集体土地上的合作开发房地产合同是否也在《国有土地使用权合同纠纷司法解释》的适用范围内

2020年修改前的《国有土地使用权合同纠纷司法解释》在开篇就限定了因"国有土地使用权"产生的合同纠纷才适用该司法解释,并且,在该司法解释首次发布时的新闻发布会答记者问环节,最高人民法院也明确指出,司法解释不适用于集体土地的合同纠纷。因此,至少在《国有土地使用权合同纠纷司法解释》修改前,理论上,如果是集体土地合作开发合同,人民法院不能援引适用该司法解释的

---

① 广东省高级人民法院民事判决书,(2014)粤高法审监民提字第94号。

② 最高人民法院民事判决书,(2014)民提字第187号。

规定,以在起诉时当事人一方没有开发资质为由认定合作开发合同无效。但很遗憾的是,虽然有最高人民法院在新闻发布会上答记者问上的前述表态,但在笔者检索的不少案例中,法院都是习惯性地直接适用该司法解释中有关房地产开发经营资质缺失导致合同无效的规定。除此之外,最高人民法院 2020 年 12 月修正的《国有土地使用权合同纠纷司法解释》删除了该司法解释的适用范围是因“国有土地使用权”产生的合同纠纷这一内容。对于这一修改内容,虽然没有引起太多重视,但或许是最高人民法院传达的一个信息,即该司法解释将扩大适用于因集体土地使用权产生的合同纠纷。

在集体土地上的合作开发房地产合同的无效事由除缺乏房地产开发经营资质外,最核心、适用最多的无效事由其实是违反《土地管理法》有关禁止以集体土地作为建设用地进行开发的强制性规定。但是,在司法裁判规则下,仍有案例为我们提供了可资借鉴的例外情形。

第一种是以集体土地合作开发房地产的当事人在合作开发合同中约定由一方办理集体土地的征收、出让等手续,再进行房地产开发的,合作开发合同有效。

这一观点可以体现在荆北房地产公司与城堡投资公司合作开发房地产合同纠纷案,在该案中,湖北省高级人民法院认为:“根据城堡投资公司与荆北房地产公司、荆北村委会签订的《协议书》及《补充协议书》的约定……其实质是荆北房地产公司、荆北村委会以集体土地变更为国有出让土地后出资,城堡投资公司以资金出资,共同出资、合作开发房地产,本案案由应为合资、合作开发房地产合同纠纷。双方能否继续合作,须以城堡投资公司垫资和荆北房地产公司将荆北村委会集体土地变性登记至城堡投资公司名下为前提,即荆北房地产公司、荆北村委会并非直接以集体土地出资,故双方签订的合同不存在因违反《中华人民共和国土地管理法》第十一条关于‘农民集体所有的土地依法用于非农业建设的,由县级人民政府登记造册,核发证书,确认建设用地使用权’的规定而无效的情形……根据上述约定,荆北房地产公司有义务办理征用、参与竞买,并根据约定将土地使用权办理至城堡投资公司名下。上述约定义务不违反法律、行政法规的效力性禁止性规定,亦非在法律上或事实上不能履行,荆北房地产公司、荆北村委会在法律上或客观上并无办理征用审批手续及参与竞买的障碍。综合以上分析,《协议书》及《补充协议书》不存在《中华人民共和国合同法》第五十二条规定的法定无效情形,应为合法有效。”①

第二种是如果在双方约定开发的集体土地范围内,部分土地性质已征转国有建设用地,并且已经征转的土地也属于双方合作开发的范围,合作开发合同有效。例如,在一起合资、合作开发房地产合同纠纷案件中,最高人民法院就认为:“案涉农村集体土地已有大部分经湖北省人民政府批准转化为建设住宅用地,因此,‘以房换地’的外部条件已经部分成就,至于剩余土地能否转化为建设用地以及国有土地是否确定用地规划条件,并不影响双方合作建设合同中‘以房换地’条款的效力,故原审法院认定该合同合法有效并无不当。”②

(三)疑难问题:《国有土地使用权合同纠纷司法解释》规定的“合作开发房地产合同”在实务中的其他例外情形

除本文第一个疑难问题中所提到的非以投资获利为目的的非经营性的、非商品房开发经营不属于《国有土地使用权合同纠纷司法解释》所规定的“合作开发房地产”范围外,在司法实务中,也有法院的裁判认为,该种合同不符合“一方提供土地、一方提供资金共同投资,共享利益、共担风险”这一典型特征,也不属于《国有土地使用权合同纠纷司法解释》所规定的合同。最为典型的一类例外情形就是签订合同时,双方均没有提供土地使用权,而是约定由各方共同摘牌土地使用权,之后再合作开发。虽然该类合同纠纷属于《民事案件案由规定》中的“合资、合作开发房地产合同纠纷”,但是不属于前述司法解释第 12 条所规定的“合作开发房地产合同”。

较为经典的案例来自浙江省高级人民法院审理的案件,③在该案中,杭州市中级人民法院在一审中认为:“《最高人民法院关于审理涉及国有土地使用权合同纠纷案件适用法律问题的解释》中的合作开发房地产合同是以提供出让土地使用、资金等作为共同投资的合作形式,这一点与本案中双方共同去取得土地使用权,共同投资开发房地产的合作形式存在显著的区别……本案中程 × × 与凯恩 × × 公司也确实均不具备房地产开发的资质,但由于《最高人民法院关于审理涉及国有土地使用权合同纠纷案件适用法律问题的解释》所约束的合作开发房地产合同

---

① 湖北省高级人民法院民事判决书,(2014)鄂民二终字第 00008 号。

② 参见最高人民法院民事裁定书,(2017)最高法民申 952 号。

③ 参见浙江省高级人民法院民事判决书,(2009)浙民终字第 147 号。

是以合作方已经取得土地使用权作为前提，通常的形式为一方出土地，一方出资金，而本案合同签订时土地使用权尚未取得，双方签订合同的目的就是共同取得土地使用权，共同投资开发，即在合同履行中双方均应成为项目土地的合法使用权人，而目前法律并不禁止土地使用权人对自己享有使用权的土地进行开发利用。因此，《最高人民法院关于审理涉及国有土地使用权合同纠纷案件适用法律问题的解释》中的上述对合作开发房地产合同效力的规定，并不适用于本案中的《联合开发协议书》。”而浙江省高级人民法院在二审中则认可了一审观点，最终并未适用《国有土地使用权合同纠纷司法解释》中有关缺乏房地产开发经营资质导致合同无效的规定来认定该案合作开发合同无效。

四、总结：对司法解释的修订和明晰司法裁判倾向的一些建议

行文至此，笔者的观点鲜明可见，即既然有关房地产开发企业的开发经营资质的强制性规定应被理解为管理性强制性规定，且从行政监管实效来看，违反该规定并不会导致损害社会公众利益的结果发生，因此，《国有土地使用权合同纠纷司法解释》第 13 条有关房地产开发经营资质缺失即导致合作开发合同无效的规定应当予以修订。

但司法解释的修订并非一日之功，尤其是房地产市场严调控的大政策背景下，司法裁判的政策导向作用也更加凸显，这在涉及合作开发房地产合同纠纷的司法实务中则体现为法院有扩大《国有土地使用权合同纠纷司法解释》适用范围的倾向。笔者认为，既然法律和司法解释的修订有难度，那么，从保护合同双方合法利益以及维护交易稳定性的角度出发，法院在裁判环节中应当更严格地适用《国有土地使用权合同纠纷司法解释》的相关规定，包括严格界定区分经营性房地产开发和非经营性房地产开发，区分争议发生时所处的开发阶段等，综合各种因素，谨慎地认定合同无效。笔者的一些观点和建议也是一家之言，虽然最终的效果难以预见，但是本文第三部分总结的疑难问题分析和例外情形也可以为众多争议相关方提供有益的解决思路。

工程总承包纠纷典型法律问题研究

贾国栋　刘笑冰*

在建设工程发承包领域，长期以来我国以施工总承包作为主要的承包模式。近年来，随着国家大力提倡推广工程总承包模式，实践中，已有越来越多的工程项目采用工程总承包。本文基于近三年各地高级人民法院及最高人民法院的相关判例，总结出工程总承包领域内存在的联合体承包、招投标、合同性质与效力、工程款给付责任、合同价款调整等5大类共18个典型问题。一方面对典型案例中的裁判观点进行归纳，另一方面对该等裁判观点作进一步解读，以期对工程总承包模式下的纠纷预防有所裨益。

一、联合体承包问题

自工程总承包兴起以后，联合体承包作为资源整合、优势互补的最优范式应运而生。所谓联合体承包，是指两个以上具备相应资质的承包人作为一个承包单位与建设单位签订涉工程设计、采购、施工等内容的承包模式。联合体承包模式下的法律关系一般分为对内和对外两类法律关系：对内法律关系涉及各承包人之间的项目分工、责任承担及利益分配等内容；对外法律关系涉及与发包人、后手承包人及材料供应商之间的金钱给付义务、质量缺陷责任等内容。虽然对联合体各

* 贾国栋：北京德和衡（上海）律师事务所合伙人、德和衡环境资源与能源业务中心副总监。
刘笑冰：山东德衡律师事务所建设工程与房地产业务中心/房地产业务部执业律师。

方应当就项目共同对发包人承担连带责任没有争议,[①]但联合体内各承包人之间、联合体与后手承包人之间的责任承担[②]及资质认定却存在一定的争议。

(一)作为联合体牵头人的设计单位与联合体成员的施工单位之间是什么关系,设计单位是否负有支付工程款的义务?

1. 裁判要旨

作为联合体牵头人的设计单位与同为联合体成员的施工单位不存在分包关系,因而其不承担向施工单位给付工程款的义务。

2. 法官说理

"上述合同及协议的内容表明,尽管奥地设计公司系联合体牵头人,但对内其在联合体中只承担总体性事务性工作,不承担支付工程款的义务,对外其在施工合同中的地位与华西装饰公司相同,仅为联合承包体的成员之一,亦不承担给付工程款的义务。因此,奥地设计公司虽然系承包联合体牵头人但其并非工程总承包人,华西装饰公司作为承包联合体之一亦非工程的分包人或转包人,其与奥地设计公司并不存在实体上的权利义务关系。"[③]

3. 笔者看法

通常来讲,联合体协议是由各承包人签订的关于各方权利义务的内部协议,该协议关于内部分工、责任承担等内容对联合体各方均具有约束力。依据合同相对性原则,实际施工的联合体一方亦应当依据其与发包人的对待给付关系向实际享有物化后劳动成果的发包人请求支付工程价款。正如上文法院裁判观点所言,奥地公司虽系联合体牵头人,但实际施工的联合体一方与牵头人并不存在分包关系,牵头人并不负有工程款给付义务。

---

① 《房屋建筑和市政基础设施项目工程总承包管理办法》第10条第2款规定:"设计单位和施工单位组成联合体的,应当根据项目的特点和复杂程度,合理确定牵头单位,并在联合体协议中明确联合体成员单位的责任和权利。联合体各方应当共同与建设单位签订工程总承包合同,就工程总承包项目承担连带责任。"

② 虽然《建筑法》第27条规定了共同承包的各方对承包合同的履行承担连带责任,但该规定过于模糊,导致司法实践中对该类型问题的处理产生了争议。

③ 贵州省高级人民法院民事判决书,(2018)黔民初122号。

（二）联合体一方对外实施的法律行为，联合体其他成员是否亦应承担相应法律后果？

1. 裁判要旨

联合体一方对外实施的法律行为，法律后果由联合体全部成员承担。

2. 法官说理

"同时，耀龙公司作为顺洋公司设立的项目公司，在本案中承接除了专属于顺洋公司的权利义务之外的顺洋公司其他权利义务，可视为耀龙公司属联合体的组成部分，其在本案中与其他主体设立、变更或终止权利义务关系的行为应视为代表联合体行使，其行为产生的法律效果应由联合体全部成员共同享有或承担。"①

3. 笔者看法

关于联合体一方的对外履行行为产生的法律效果是否应当由联合体全部成员承担素来存在争议。② 笔者认为，鉴于目前法律规定过于模糊，《建筑法》第 27 条之规定应当限缩解释为联合体各方应就项目对发包人承担连带责任。而联合体一方是否有权代表其他成员实施民事法律行为仍应当尊重意思自治，有约定即从约定，无约定仍应严格遵守合同相对性原则，根据个案参酌各方参与合同履行的程度、是否实际享有了物化后劳动成果等实质因素综合认定其是否承担连带责任。

（三）以联合体形式承包工程的，应依据联合体中哪一方的资质判断联合体是否符合发包方的资质要求？

1. 裁判要旨

以联合体形式承包项目工程的，应当以实际履行的联合体一方的资质作为判断联合体是否具备承建 EPC 总承包工程的法定资质。

2. 法官说理

"本院认为，案涉工程虽名义上由辽宁科大公司与三冶集团公司联合中标，但根据施工合同、补充协议的签订主体、约定内容及合同的履行情况可以确认，案涉

---

① 广东省高级人民法院民事判决书，(2019)粤民终 2432 号。

② 最高人民法院(2021)最高法民申 7296 号民事裁定书即因依合同相对性原则持反对观点。

工程由辽宁科大公司实际施工。故发包人拜城峰峰公司与承包人辽宁科大公司之间建立建设工程施工合同法律关系,系合同的实际履行主体。本案中,根据案涉工程施工内容及辽宁科大公司的资质,辽宁科大公司不具备承建EPC总承包工程的法定资质,违反了《中华人民共和国建筑法》的效力性强制性规定,施工合同、补充协议应当依据《中华人民共和国合同法》①第五十二条之规定确认为无效。"②

3. 笔者看法

"名为……实则……"的模式在建设工程领域大量存在,本案即名为"联合体承包",实则为"规避关于资质的强制性规定"。③ 从立法旨意来讲,利用国家允许的联合体承包模式规避立法对于施工资质的强制性规定实际上已经造成了建筑质量风险的增加,违背了整个建筑法体系的立法目的。由此,不难看出,新疆维吾尔自治区高级人民法院以实际履行的联合体一方的资质作为判断联合体是否具备承建EPC总承包工程的法定资质,正是基于上述立法目的的考量。

二、招投标问题

(一)招标文件中约定承包人应承诺在项目所在地另行修建其他项目,是否属于以不合理条件限制、排斥潜在投标人的行为?

1. 裁判要旨

招标文件中约定承包人应承诺在项目所在地另行修建其他项目,属于以不合理条件限制、排斥潜在投标人的行为。

2. 法官说理

"本案中,余干管委会要求投标人如中标本项目,则需出具承诺函,承诺同期在该县投资兴建装配式建筑生产项目,并明确表述若未充分兑现承诺则自愿无条件退出项目、签订的本项目及其他相关合同无效、赔偿招标人的各项损失、无须补偿投标人的所有投入。上述资格条件的设置与案涉项目的实际需要不相适应,且与本案合同履行无关,属于以不合理条件限制、排斥潜在投标人的行为。"④

---

① 《合同法》已因《民法典》的施行而失效。

② 新疆维吾尔自治区高级人民法院民事判决书,(2019)新民终451号。

③ 与本案类似,在(2020)最高法民申32号民事判决书中最高人民法院否定了名为"投融资合作开发",实为"工程总承包"合同的效力,且进一步认为投资人无法取回投资收益。

④ 最高人民法院民事判决书,(2020)最高法民终115号。

3. 笔者看法

根据《招标投标法》第32条第2款的规定，招标人禁止打乱立法对市场资源的优化配置，招标人设定的商务条件与招标项目的具体特点和实际需要不相适应或者与合同履行无关的行为属于以不合理条件限制、排斥潜在投标人或者投标人，本案即属于此类情形。

（二）招标文件是否属于合同文本的有效组成部分？

1. 裁判要旨

招标文件属于合同文本的有效组成部分。

2. 法官说理

"从实践情况看，招标人和中标人依据本条规定自中标通知书发出之日起三十日内按照招标文件和中标人的投标文件订立的书面合同，实际是根据招标文件和中标人的投标文件订立的合同书。因此，在当事人通过招标投标方式订立建设工程施工合同的情况下，招标文件、中标人的投标文件以及中标通知书，本身就是合同文本的组成部分。案涉招标文件已经约定工程价款付款时间。中南建筑公司在投标文件中承诺，如其中标，完全接受并响应招标文件主要合同条款规定的全部内容。"①

3. 笔者看法

按照现行建设工程施工合同示范文本，招标文件、投标文件、中标通知书均属于合同文本的重要组成部分。依据最高人民法院《关于审理建设工程施工合同纠纷案件适用法律问题的解释（一）》第22条的规定，当事人签订的建设工程施工合同与招标文件、投标文件、中标通知书载明的工程范围、建设工期、工程质量、工程价款不一致，一方当事人请求将招标文件、投标文件、中标通知书作为结算工程价款的依据的，人民法院应予支持。可见，招投标文件的效力还要高于合同约定。

---

① 最高人民法院民事判决书，（2019）最高法民终1996号。

（三）双方在招标前签订合作意向性质的框架协议是否属于“先定后招”的情形？

1. 裁判要旨

双方在招标前签订合作意向性质的框架协议不属于“先定后招”的情形，不违反《招标投标法》的禁止性规定。

2. 法官说理

“本案中，中铁公司与运达通汇公司在进行招标投标前签署了《施工总承包框架协议》，在该协议序言部分明确：‘为确立甲乙双方的合作意向’并非双方实际据以履行的合同依据。双方不论在价款、付款进度均与双方经过招标投标所签订的六份合同有差别，并不存在违反《招标投标法》相关禁止性规定情形。运达通汇公司在一审审理过程中并未就合同的效力提出疑问，且双方按照六份合同完成了涉案工程并交付使用。现运达通汇公司在二审审理中主张合同无效缺乏依据，本院对其该项上诉请求不予支持。”①

3. 笔者看法

所谓的“先定后招”是指《招标投标法》第43条规定的，在确定中标人前，招标人不得与投标人就投标价格、投标方案等实质性内容进行谈判。在以往常见的案例中，当事人双方在招标前签订的意向性协议通常会被人民法院认定为先定后招。但如仔细加以辨别，若意向协议不涉及投标价格、投标方案等实质性内容，仅仅表达合作的意向，不排斥其他投标人的竞争，则不会影响中标结果。只有在就投标价格、投标方案等实质性内容进行谈判的行为影响中标结果时，才能认定中标无效。也只有在中标无效的前提下，才能认定基于此签订的合同无效。②

三、工程总承包合同性质与效力问题

（一）工程总承包单位就其已竞价部分是否可以直接进行劳务分包？

1. 裁判要旨

工程总承包单位就其已竞价部分可以直接进行劳务分包。

① 北京市高级人民法院民事判决书，（2021）京民终209号。

② 参见最高人民法院民事裁定书，（2020）最高法民申348号。

2. 法官说理

“中航公司作为总承包单位就其已竞价部分可以直接向有资质单位进行劳务发包，不违反法律规定，对于江油公司所称《劳务分包合同》未依法进行招标程序而无效的理由，本院不予支持。中航公司与江油公司前往行政部门备案的劳务分包合同与未备案的合同虽存在部分差异，但因本案所涉劳务分包合同可以采用直接发包，且差异部分并非实质性内容，故该情况亦不影响《劳务分包合同》的效力。对于江油公司主张《劳务分包合同》无效的理由，本院不予支持。”①

3. 笔者看法

根据最高人民法院《关于审理建设工程施工合同纠纷案件适用法律问题的解释（一）》第 5 条及《房屋建筑和市政基础设施项目工程总承包管理办法》第 21 条的规定，工程总承包人是可以对劳务作业部分直接分包的。

（二）工程总承包人将建设工程主体结构分包是否违反法律强制性规定？

1. 裁判要旨

《建筑法》对于建设工程主体结构分包的限制仅及于施工总承包人，而不包括工程总承包人。

2. 法官说理

“二审法院认为中机公司将建筑工程主体结构和土建工程分包给郑建工公司，违反了《中华人民共和国合同法》第二百七十二条第三款和《中华人民共和国建筑法》第二十九条第一款的规定，属于违法分包。本院认为，从前述两个法律条款的内容看，对总承包人和承包人、建筑工程总承包和施工总承包均进行了明确区分，对于建设工程主体结构的分包限制仅及于施工总承包人和承包人，截至目前，并没有对建筑工程总承包人分包建设工程主体结构的禁止性规定……中机公司作为工程总承包方，经发包方中益公司对郑建工公司单位资质审查报审同意后，将土建工程进行分包，涉案的总包和分包合同均应合法有效。”②

---

① 北京市高级人民法院民事裁定书，（2021）京民申 8110 号。

② 河南省高级人民法院民事裁定书，（2019）豫民申 5894 号。

3. 笔者看法

从《建筑法》第29条第1款[①]的表述上来看，我国立法是区分了工程总承包和施工总承包的，且工程总承包没有建设工程主体结构分包的限制。从项目管理的角度来看，这样的区分也更加符合工程总承包人的市场定位。

（三）BT项目承包人又将工程施工发包给具有资质的承包人，双方签订的建设工程施工合同是否有效？

1. 裁判要旨

建设—移交（BT）合同关于不得将主体工程、关键性工作全部肢解分包的约定不影响BT项目承包人的项目公司与具有资质的承包人之间的建设工程施工合同的效力。

2. 法官说理

“本院认为根据城投公司与洪宇公司BT合同的约定，涉案工程并非由项目公司建造完成，而是通过洪宇公司设立项目公司的方式负责建设西江四桥，项目公司将西江四桥部分工程发包给有桥梁建设资质的中铁公司，与BT合同约定并不矛盾，即使违反BT合同关于不得将主体工程、关键性工作全部肢解分包的约定，也并不导致《梧州市西江四桥主桥及引桥工程土建部分技术合作施工合同》无效。中铁公司要求确认《梧州市西江四桥主桥及引桥工程土建部分技术合作施工合同》无效的诉请本院不予支持。”[②]

3. 笔者看法

关于合同效力的规定只能由法律规定，而不能由当事人约定。在后手与总承包人的施工合同并未违反效力性强制性规定的情形下，当然不能受发包人与总承包人之间的约定影响。

---

① 《建筑法》第29条第1款规定：“建筑工程总承包单位可以将承包工程中的部分工程发包给具有相应资质条件的分包单位；但是，除总承包合同中约定的分包外，必须经建设单位认可。施工总承包的，建筑工程主体结构的施工必须由总承包单位自行完成。”

② 广西壮族自治区高级人民法院民事判决书，（2020）桂民终947号。

（四）总承包合同分为数份合同而签订，是否影响总承包合同关系的认定？

1. 裁判要旨

总承包合同分为数份合同，虽然各份合同目的不同，但存在关联关系，各合同的法律关系仍为总承包合同关系。

2. 法官说理

滨海鼎昇公司与远达水务公司之间先后签订了《总承包合同》《施工协议》《采购协议》《服务协议》《补充协议》等合同。从以上合同内容看，以上合同主要约定了远达水务公司负责案涉项目工程的全过程建设，其中包括项目设计、设备及材料采购、建筑安装、调试运行、技术培训、质量保修等内容，各个合同只是对建设工程总承包的某一方面具体内容进行约定。从以上合同目的看，每个合同签订的具体目的不尽相同，但是该具体目的之间存在关联关系，且各个合同的最终目的皆是案涉项目工程顺利建设和使用。因此，原审判决认定远达水务公司与滨海鼎昇公司之间的法律关系为建设工程总承包合同关系，并无不当。①

3. 笔者看法

在本案中，发包人和承包人双方不仅签订《总承包合同》，还签订了《施工协议》《采购协议》《服务协议》《补充协议》等合同。欲确定数份合同的关系以及属何种法律关系，必先明确该类合同的性质。笔者认为，此类“总—分”性质的工程总承包合同应当认定为“联立合同”。所谓“联立合同”，依当事人意思，多份合同间具有一定依存关系的结合，一个合同的效力依存于另一个合同的效力。当数个合同构成合同联立时，其中一个合同不成立、无效、撤销或者解除时，另一个合同应当同其命运。② 从合同效力来看，其他几份合同皆是依《总承包合同》而成立；从合同目的来看，虽然具体目的各不相同，但最终目的皆是案涉项目工程顺利建设和使用，由此，又具有经济目的上的整体性特征。因此，虽然数份合同内容不尽相同，合同目的又有所差异，但其本质上属于“联立合同”。虽然双方签订了多份合同，但合同的数量并不影响法律关系的确立，法律关系仍然是总承包合同关系。

---

① 参见最高人民法院民事裁定书，(2021)最高法民申2258号。

② 参见舒金曦：《“合同联立”的司法认定标准》，载中国法院网2021年7月22日，https://www.chinacourt.org/article/detail/2021/07/id/6169121.shtml。

四、工程款给付责任问题

(一)承兑汇票未承兑的情况下,承包人的工程价款请求权是否消灭?

1. 裁判要旨

承兑汇票未承兑的情况下,持票人的工程价款请求权未消灭,仍可依据原法律关系寻求司法救济。

2. 法官说理

"本案中,山河集团提起的是建设工程施工合同纠纷诉讼,山河集团与宏信公司是建设工程施工合同的相对方,宏信公司负有向山河集团支付工程款的给付义务。汇票只是支付工程款的一种手段,山河集团已经提交证据证明案涉 13 张商业承兑汇票无法承兑,且明确要求在本案中向宏信公司继续主张被拒绝承兑汇票对应数额的工程款给付义务,此种情形下,应当尊重债权人根据基础法律关系主张权利的选择,一审判决认定山河集团应通过行使票据追索权主张权利,将另行诉讼的利益分配给了债权人,属认定不当。"①

3. 笔者看法

近期地产商商业汇票承兑风险大幅度增加,由此产生的纠纷也呈复杂化、多样化的特点。分析此问题应当首先回归债法的本质追根溯源、寻求答案。无论是商业汇票承兑还是金钱给付均为发包人履行工程款支付义务的方式之一,如债权人与债务人之间欲依债的更新以新债取代旧债,应当以双方当事人之间达成更新合意为前提条件。② 回归到本案,如商业汇票被拒绝承兑,新债务未有效成立,当事人之间未形成更新合意,债权人仍有权以金钱给付的方式请求债务人支付工程价款。

(二)实际施工人是否有权向没有合同关系的总承包人主张权利?

1. 裁判要旨

总承包人并非"发包人",实际施工人与总承包人之间没有合同关系,其主张总承包人在欠付工程款范围内承担付款义务,于法无据。

---

① 最高人民法院民事判决书,(2019)最高法民终 1341 号。

② 参见朱燕、陈其庆:《债的更新应以双方达成消灭旧债合意为成立要件——山河建设集团有限公司与湖北宏信房地产开发有限公司建设工程施工合同纠纷案》,载中国应用法学研究所主编:《中华人民共和国最高人民法院案例选》第 6 辑,法律出版社 2022 年版。

2. 法官说理

“《最高人民法院关于审理建设工程施工合同纠纷案件适用法律问题的解释（一）》第四十三条第二款规定……此处的‘发包人’仅指建设单位，不包括转包人、违法分包人等其他建设工程施工合同主体。中铁安徽公司系案涉工程的总承包人，而非上述法律规定的‘发包人’，且中铁安徽公司与市政路面公司不存在合同关系，因此，市政路面公司主张中铁安徽公司在欠付工程款范围内对纬明公司的付款义务承担连带责任，与上述法律规定不符。”①

3. 笔者看法

自司法解释赋予实际施工人突破合同相对性向发包人主张工程欠款的权利后，司法实践中一度出现该权利滥用的情形，此种情况必须予以矫正。在近3年的案件当中，可以见到司法实践对实际施工人的突破呈收紧态势。其主要体现在以下两方面：其一，从施工方的角度看，合法的分包人、借用资质及多层转包和违法分包关系中的实际施工人不能突破合同相对性直接请求发包人支付工程价款；其二，从总包方的角度看，总承包人不属于“发包人”，实际施工人亦无权突破合同相对性向总承包人请求支付工程价款。综上，建设工程法律关系中的各方当事人仍然应当严格遵守合同相对性原则，请求与其存在合同关系的一方履行义务。

（三）承包人是否可以主张对人防工程享有优先受偿权？

1. 裁判要旨

人防工程具有市场认可的变现价值，承包人可针对其使用收益所得价款优先受偿。

2. 法官说理

“根据以上规定，在认定建设工程是否适宜折价、拍卖时，应当充分考量该工程是否具有市场所认可的变现价值。首先，涉案工程虽为人防工程，但平时用作商城，具备商业用途和商业价值，并且其使用的价值可以通过市场进行定价和交换。其次，涉案工程使用收益权利的定价、变现以及可能导致的使用人的变更，并不影响涉案工程的权属、规划及用途。最后，涉案工程凝聚了承包单位投入的建

---

① 安徽省高级人民法院民事裁定书，(2021)皖民申26号。

设资金、建筑材料和人力，工程欠款可以就涉案工程优先受偿，既符合有关建设工程价款优先受偿权的立法旨意，也符合国家鼓励社会资本积极参与人防工程投资建设、开发利用的政策方向。因此，涉案工程欠款可以就涉案工程经营使用所得价款优先受偿。”①

3. 笔者看法

该案争议焦点在于人防工程是否属于不宜折价、拍卖的范围，我国法律及司法解释并未对此予以明确，因此在实践中产生了较大的争议。从最高人民法院的裁判观点可知，其将项目工程分为所有权和使用收益权，从人防工程的价值可变现性、权能之间的影响及是否符合建设工程价款优先受偿权的立法旨意等方面进行论证，最终认定其可以进行折价、拍卖。

（四）劳务分包的承包人是否有权向总承包人主张劳务工资？

1. 裁判要旨

劳务分包的承包人不是农民工本身，其无权请求总承包人承担给付劳务工资的责任。

2. 法官说理

“关于本案是否适用《建设领域农民工工资支付管理暂行办法》相关规定由陕建公司承担给付劳务工资连带责任的问题。杨某伟与徐某君之间形成建设工程劳务分包合同关系，而非劳务合同关系，故其不属于《建设领域农民工工资支付管理暂行办法》第一条规定的农民工。虽然杨某伟实际承包的是案涉工程劳务作业，所需支付成本基本为劳务人员工资，但其基于建设工程劳务分包合同关系向徐某君、陕建公司主张的系工程款，而非劳务工资，性质不同，不应混淆。杨某伟申请再审中提交供本院参考的其他法院生效裁判文书，案件案由亦定性为劳务合同纠纷，而非建设工程分包合同纠纷，案件原告为农民工，诉讼请求为给付劳务工资，法律关系、诉讼请求及理由与本案均不同。”②

“劳务分包人不属于《最高人民法院关于审理建设工程施工合同纠纷案件适

① 广东省高级人民法院民事判决书，(2019)粤民终972号。

② 黑龙江省高级人民法院民事裁定书，(2021)民黑申2419号。

用法律问题的解释》第二十六条[1]规定的实际施工人，本案中李某作为劳务分包人不具有援引《最高人民法院关于审理建设工程施工合同纠纷案件适用法律问题的解释》第二十六条之规定进行救济的主体资格。”[2]

3. 笔者看法

当事人提起民事诉讼，不能将两种法律关系、两类诉讼标的混同在一起主张权利。本案中，实际施工人如基于劳务分包关系提起诉讼，又依据《建设领域农民工工资支付管理暂行办法》向总承包方主张给付劳务工资，属于混淆了法律关系和给付义务的对应关系，总承包人不应当承担给付劳务工资的连带责任。退一步讲，即使实际施工人突破合同相对性追索工程款，亦应向发包人主张，与总承包方无关。

（五）合作开发关系下，未直接与承包人形成合同关系的合作方应否当对工程款承担支付责任？

1. 裁判要旨

在合作开发关系下，虽未直接与承包人形成合同关系，但作为业主单位和实际受益人的合作方应当对工程款承担支付责任。

2. 法官说理

“前述事实均表明同盛公司作为涉案工程的业主单位和实际受益人，其认可新中恒公司的发包行为。由于同盛公司与新中恒公司之间系合作开发关系，新中恒公司在诉讼中对此也进行了自认，而涉案工程的发包行为和建设行为均发生在同盛公司与新中恒公司合作开发涉案项目期间，故涉案工程款的债务应属于同盛公司与新中恒公司的合伙债务。安天扬公司主张同盛公司承担支付涉案工程款的责任，于法有据，本院予以支持。”[3]

3. 笔者看法

针对合作开发房地产情形下，一方与承包人签订建设工程施工合同时，工程

---

① 此解释已失效，相关规定参见最高人民法院《关于审理建设工程施工合同纠纷案件适用法律问题的解释（一）》第43条。

② 山西省高级人民法院民事裁定书，（2020）晋民申1160号。

③ 贵州省高级人民法院民事判决书，（2020）黔民终1201号。

款给付责任主体的确定问题，素来存在较大争议。江苏省高级人民法院[①]、北京市高级人民法院[②]、河北省高级人民法院[③]等各地人民法院均对此问题做出过解答。贵州省高级人民法院与北京市高级人民法院、河北省高级人民法院的意见相同，认定虽然合作开发的一方未与承包人形成施工合同关系，但出于对公平原则的考虑，其作为实际受益人应当支付工程款。

（六）总承包单位未提供服务的，是否仍可收取总承包服务费？

1. 裁判要旨

总承包单位未提供服务的，不得收取总承包服务费。

2. 法官说理

“关于总承包服务费，是指总承包人为配合、协调建设单位进行的专业工程发包，对建设单位自行采购的材料、工程设备等进行保管以及施工现场管理、竣工资料汇总整理等服务所需费用。分包工程不与总承包工程同时施工时，总承包单位不提供相应服务，不得收取总承包服务费；虽在同一现场同时施工，总承包单位未向分包单位提供服务的或由总承包单位分包给其他施工单位的，不应收取总承包服务费。”[④]

3. 笔者看法

总承包服务费是发包人向总承包人支付的因总承包人配合、协调项目工程服务所产生的对价，因此总承包单位是否提供相关服务是其是否有权收取总承包服务费的必要条件。同时，如总承包人提供的服务是其总承包范围内的事项，应当由其负责，亦不应当收取总承包服务费。

---

① 江苏省高级人民法院《关于审理建设工程施工合同纠纷案件若干问题的解答》（现已失效）第24条规定：“合作开发房地产合同中的一方当事人作为发包人与承包人签订建设工程施工合同，承包人要求合作各方当事人对欠付的工程款承担连带责任的，应根据合作开发协议等证据查明事实，依法作出裁判。”

② 北京市高级人民法院《关于审理建设工程施工合同纠纷案件若干疑难问题的解答》第39条第1款规定：“两个以上的法人、其他组织或个人合作开发房地产项目，其中合作一方以自己名义与承包人签订建设工程施工合同，承包人要求其他合作方对欠付工程款承担连带责任的，应予支持。”

③ 河北省高级人民法院《关于印发〈建设工程施工合同案件审理指南〉的通知》第16条规定：“合作开发房地产合同中的一方当事人作为发包人与承包人签订建设工程施工合同，承包人要求合作开发的各方当事人对欠付的工程款承担连带责任的，人民法院应予支持。”

④ 河南省高级人民法院民事判决书，(2021)豫民终433号。

五、合同价款调整问题

(一)固定总价合同在不超出承包范围内是否允许调价?

1. 裁判要旨

固定总价合同只要不超出承包范围,不允许调价。

2. 法官说理

"案涉合同约定,案涉合同系固定总价合同,承包范围以内和工程量清单中的工程量无论发生多大的变化,均不影响合同条款的有效性,五冶公司不得以工程量发生变化、设计变更向华江公司提出工期和费用索赔,工程价款调整的范围只有土建工程量清单(附件2)。上述第二部分和第三部分在土建工程量清单中没有相应的单价参照,但并未超出五冶公司的承包范围。五冶公司主张按照上述第二部分和第三部分对合同总价进行调整,但未提供证据证明五冶公司与华江公司就此问题达成协议。综上,五冶公司主张按照上述第二部分和第三部分调增工程价款,不能成立。"①

3. 笔者看法

固定总价合同,属于承包人承担较大风险的合同形式。在约定的承包范围内,除非出现工程变更,一般不予调整已确定的合同总价。

(二)施工期间人工费、材料费发生重大上涨,是否可以按照行政机关的文件调差?

1. 裁判要旨

施工期间人工费、材料费发生重大上涨,可以按照主管行政机关的文件予以调差。

2. 法官说理

一审法院对人工费与争议部分建材的造价依照更新的政府指导价格予以调差,更能反映实际工程造价,亦平衡了双方利益,符合实质公平,法院予以维持。因本案中一审法院确已切实考虑到因人工费上涨带来施工成本增加,结合工程开工竣工时间已按照实际履行中更新的政府指导价格对人工费予以调整,华西公司

---

① 最高人民法院民事裁定书,(2021)最高法民终750号。

并未提供证据证明人工费的涨幅系《协议书》签订时不可预见的情况，现结算方式对其明显不公平，故华西公司关于人工费上涨构成合同履行的情势变更应予调整的上诉主张依据不足，法院不予支持。[①]

3. 笔者看法

施工过程中遭遇材料价格上涨，承包人是否有权主张调价？这是施工领域纠纷较多争议较大的问题之一。在合同明确约定了价格风险范围的情况下，按照合同约定履行自不必说；但实践中大部分情形下发包人利用优势地位在合同中约定价格上涨风险全部由承包人承担，或合同价格已包含全部风险。在此种情况下，双方易产生较大争议。首先，在合理的涨幅范围内（至于合理涨幅的范围，若合同中没有约定，通常会按照当地建设行政主管部门发布的文件认定），建筑材料的价格变化不应调整合同价格；如果材料价格大幅上涨，全部由承包人承担风险显然有失公平，法院有可能依据《民法典》中关于重大情势变更的规定，予以调整价格。当然，材料价格风险与工期息息相关，因一方工期违约导致实际购买材料时遭遇涨价的，损失应归于违约方。

① 参见最高人民法院民事判决书，(2020)最高法民终8号。

公司/民事业务相关

家族信托项下有限合伙企业作为上市公司控股股东的可行性探讨

田小皖*

《孟子》有云:“君子创业垂统,为可继也。”家族财富传承在当今社会是一个历久弥新的话题,不论拥有财富的多寡,人人均有传承财富的需求,而在众多财富资产中,股权是一类比较特殊的资产,基于其附带的人身性、特别的财产属性、特定的变现路径以及附加权利等,使它的传承较其他资产更为困难,而上市公司股权因为面向公众、受到多方监管,其传承更是艰难。

据统计,在近4000家民营上市公司中,50~60岁的董事长人数超过了50%,而65岁以上的董事长也有300多人,民营上市公司的家族传承已逐渐成为一个迫在眉睫的问题。通过参考欧美家族企业传承经验,以我国信托制度为基础,构建家族信托为顶层制度的上市公司传承解决方案,成为上市企业家及各服务机构的探索方向,其基本方式见图1。

由上市公司大股东作为委托人,设立家族信托、置入资金后,家族信托作为有限合伙人(Limited Partner,LP),委托人(或其控制的机构)作为普通合伙人(General Partner,GP),组成有限合伙企业,有限合伙企业从委托人处购买上市公司股票。该方案既可以保持上市公司控制权的统一和稳定,又兼具隔离功效,将所有权、管理权和收益权分割开来。即便大股东个人发生意外,也不会使公司股票的所有权发生变动,避免继承人之间发生“争产大战”。但是该方案的难点在于,上市公司股票作为家族财富的一大重要来源受公开市场的监管,在出售和转让方面

* 田小皖:北京德和衡律师事务所高级联席合伙人,国际信托及遗产规划师(TEP),拥有中美法学教育背景及实践经验,在家族财富传承与配置领域深耕多年。

有诸多限制，尤其是容易产生家族信托项下有限合伙企业能否直接持有较大比例的上市公司股票及随后产生的实际控制人认定问题。实务中，笔者通过案例从家族信托通过有限合伙企业持有上市公司股份和有限合伙企业成为上市公司控股股东两个方面来论证其可行性。

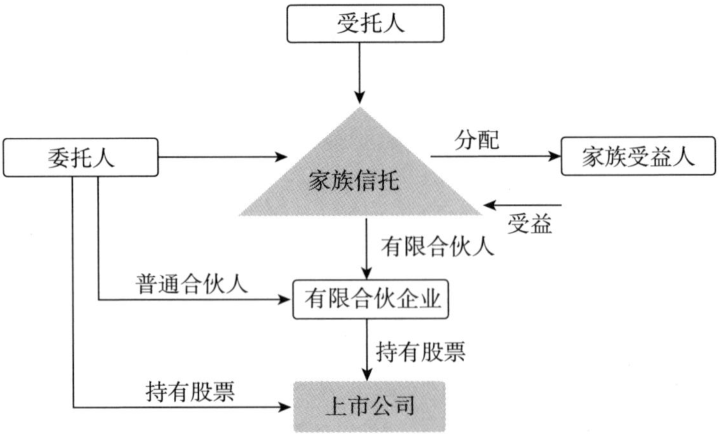

图1　上市公司构建家族信托的基本方式

一、家族信托项下有限合伙企业持有上市公司股份的可行性问题

2022年8月20日三孚股份发布公告，公司实际控制人孙某靖以自有资金设立家族信托，家族信托与孙某靖共同出资设立唐山恒泽企业管理咨询合伙企业（LP，以下简称恒泽管理）。2022年8月19日，恒泽管理作为增资方与实际控制人孙某靖、元亨科技签署《增资协议》，恒泽管理通过向元亨科技增资，成为元亨科技持股75%的股东，即家族信托通过恒泽管理及元亨科技间接控制三孚股份25.64%的股份。变更前和变更后三孚股份的股权比例持有情况参见图2和图3。

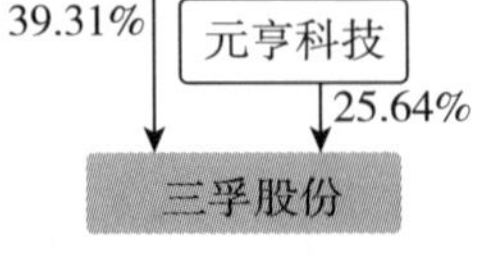

图2　三孚股份2022年8月20日股权变更前股权持有情况

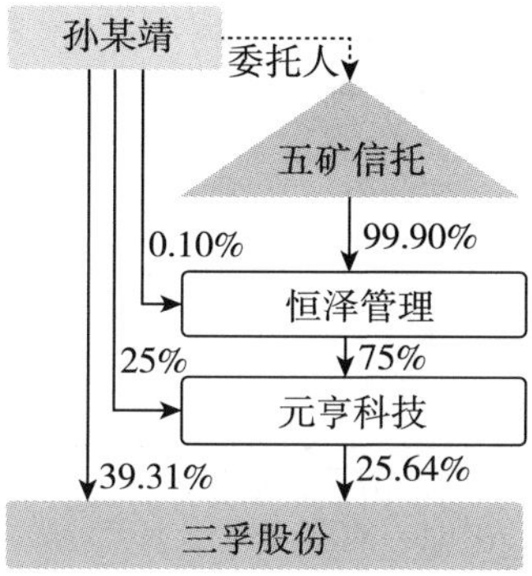

图3　三孚股份2022年8月20日股权变更后股权持有情况

三孚股份之所以能够成功引入家族信托,主要原因有:第一,权益变更前后不会导致公司实际控制人和公司控股股东发生变化;第二,该变动只是实际控制人与所控制的不同主体之间的股份变动,实际控制人孙某靖直接持有公司股份数额、间接控制股份数额没有发生变化,合计控制公司股份的比例仍然是64.95%;第三,发生该变动的原因是"为实现家庭成员成长、家族基业传承",理由正当;第四,增资方恒泽管理的增资资金源于家族信托以及孙某靖自有(筹)资金,来源正当。

在另一则案例中,欧普照明股份有限公司(以下简称欧普照明)实际控制人马某慧于2022年9月8日通过大宗交易的方式向上海峰岳企业管理合伙企业(LP,以下简称上海峰岳)转让欧普照明1.01%的股份,交易价格为1.1亿余元。上海峰岳的有限合伙人为信托公司,普通合伙人为中山市欧普投资有限公司(以下简称中山欧晋)。转让前,马某慧持有欧普照明18.71%的股份;转让后,马某慧持有欧普照明17.71%的股份。2023年3月21日,实际控制人马某慧再次通过大宗交易的方式向上海峰岳转让了欧普照明1.98%的股份,家族信托通过下设的有限合伙企业间接控制了上市公司2.99%的股份。变更前和变更后欧普照明股权比例持有情况见图4和图5。

欧普照明能够成功引入家族信托持股的重要原因有:第一,受让方上海峰岳是实际控制人马某慧的一致行动人,此次股份转让是内部转让,不涉及向市场减持,转让后实际控制人仍然是王某海、马某慧,控股股东仍然是中山欧普,二者未发生变化;第二,转让股份比例为1.01%,不到5%,占比较小;第三,转让原因为"资产规划需要",结合引入家族信托行为,为传承做准备的特征比较明显,理由正当;第四,家族信托是指令型信托,无须受托人主动管理,并且信托设立期限为50年,委托人马某慧对信托的控制力较强。

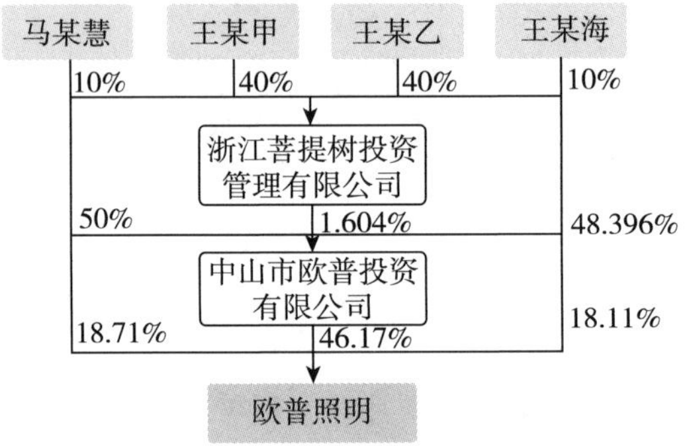

图4 欧普照明2022年9月8日股权变更前股权比例持有情况

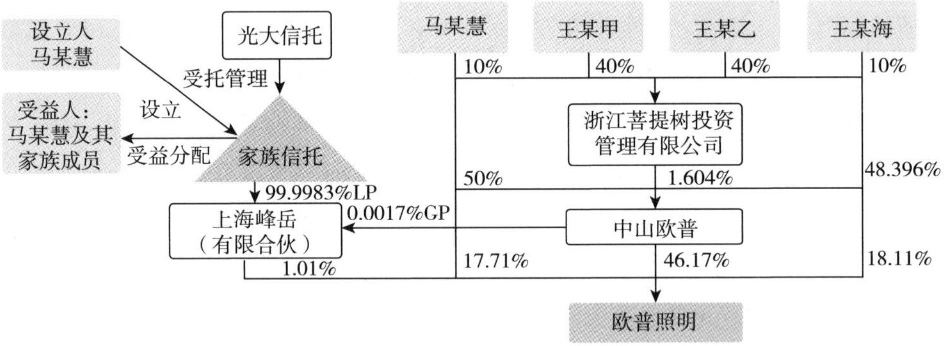

图5 欧普照明2022年9月8日股权变更后股权比例持有情况

通过上述两个案例可以看出,家族信托项下有限合伙企业可以持有上市公司股份,但是它们都有共同的特征——两个信托下设的合伙企业都与上市公司实际控制人保持了一致行动关系,引入信托的理由均与财富规划与传承相关,并且均通过交易的方式进行操作,资金来源正当,变动不涉及公开市场,是内部变动,不导致公司实际控制人和控股股东发生变化,并且实际控制人合计控股权益也未发生变化。

二、有限合伙企业成为上市公司控股股东的可行性问题

在第一个案例中,贝达药业股份有限公司(以下简称贝达药业)于2016年11月上市,控股股东为宁波凯铭投资管理合伙企业(LP,持股22.24%,以下简称凯

铭投资)、浙江贝成投资管理合伙企业(LP,持股7.50%,以下简称贝成投资)和YINXIANG WANG(持股6.51%)。凯铭投资、贝成投资的普通合伙人和执行事务合伙人均为丁某明。丁某明与YINXIANG WANG合计控制公司33.39%的股权,与一致行动人合计控制公司37.45%的股权,二人在公司创立、经营管理、技术研发中的贡献和在高管中的权威、对股东的影响力等方面可以实际控制公司,丁某明与YINXIANG WANG一起成为贝达药业的共同实际控制人。

贝达药业的实际持股情况见图6。

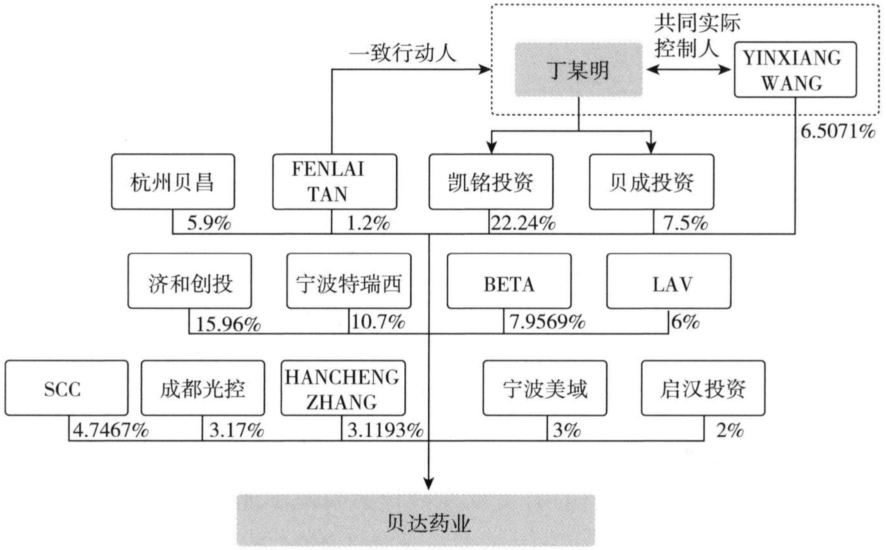

图6 贝达药业实际控股情况

贝达药业在合伙企业控股的情况下成功上市,主要有以下原因:第一,有明确的实际控制人丁某明和YINXIANG WANG,并且二者签署了《一致行动协议》,YINXIANG WANG同意无条件与丁某明保持一致意见。FENLAI TAN与丁某明、YINXIANG WANG签署《一致行动协议》,同意与丁某明和YINXIANG WANG保持一致意见,不存在因实际控制人不明确所导致的稳定性问题。第二,有限合伙企业的存续期间能够覆盖上市公司股东限售期,不会出现合伙企业提前解散等情况。第三,合伙人就限售和穿透事项进行了单独承诺,为成功上市提供了双重保障。

在第二个案例中,深圳光大同创新材料股份有限公司(以下简称光大同创)于

2023年4月18日在深交所上市。从光大同创股权架构来看，汇科智选持股37.52%、张某涛持股28.18%、同创智选持股14.5%、前海钰禧持股13.86%、夏某早耀持股5.94%。马某龙通过汇科智选和同创智选，合计共持有光大同创52.02%的表决权，为该公司的大股东和第一实际控制人。马某龙是汇科智选、同创智选唯一的普通合伙人和执行事务合伙人。光大同创的持股情况见图7。

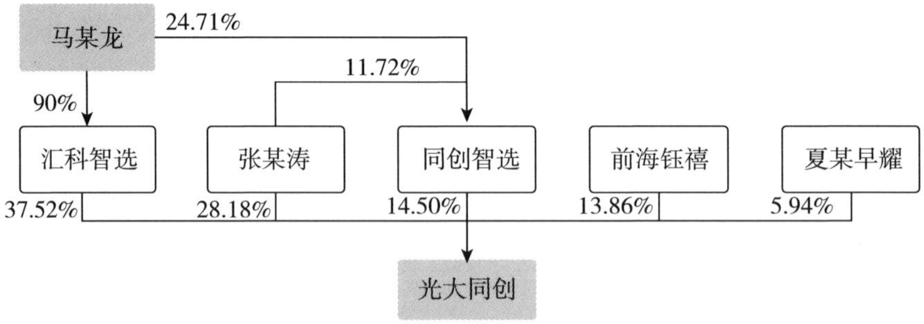

图7 光大同创的持股情况概览

为了保证上市公司的稳定和决策权清晰，相关人员做了如下安排：第一，实际控制人马某龙作为执行事务合伙人可以对外代表合伙企业，执行合伙事务，其他合伙人只是按照份额获得收益，没有决策权；第二，为了保证控制权稳定，第二大股东张某涛与马某龙签署《一致行动协议》，约定在股东大会及董事会表决时保持一致意见并采取一致行动，若对有关提案或议案表决不能达成一致意见，以马某龙的意见为准；第三，张某涛出具了承诺函，自愿比照实际控制人作出股份锁定及减持安排承诺，自发行人股票上市之日起36个月内，不转让或者委托他人管理其持有的发行人首次公开发行股票前已发行的股份，也不以任何理由要求发行人回购该部分股份。

在第三个案例中，武汉天喻信息产业股份有限公司（以下简称天喻信息）于2011年4月上市，其股东武汉华中科技大产业集团有限公司（以下简称产业集团）、武汉华工创业投资有限责任公司（以下简称华工创投）分别持有其5.68%、23.89%的股份，公司控股股东为华工创投，实际控制人为华中科技大学。2021年3月21日，产业集团、华工创投通过协议转让的方式向武汉同喻投资合伙企业（有限合伙，以下简称同喻投资）转让其所持有的天喻信息股份2.69%、21.89%，本次权益变动完成后，同喻投资直接持有上市公司天喻信息24.58%的股份，成为该上市公司控股股东。

股权变更前后天喻信息的股权比例持有情况见图 8 和图 9。

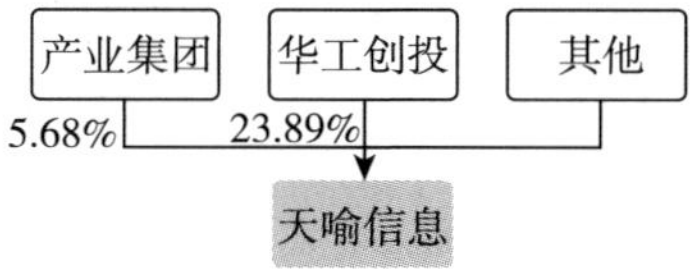

图 8　天喻信息 2021 年 3 月 21 日变更前股权比例持有情况

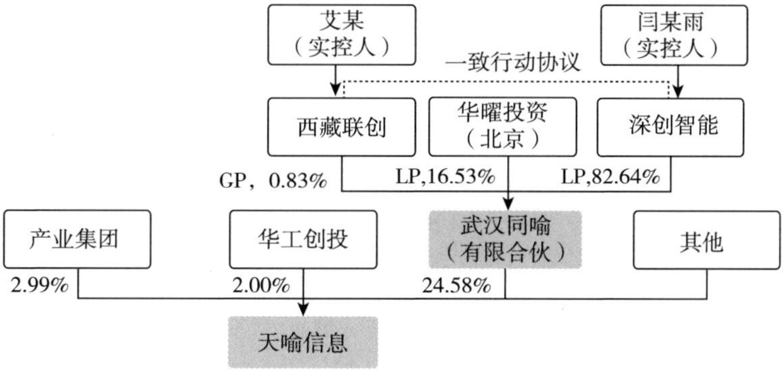

图 9　天喻信息 2021 年 3 月 21 日变更后股权比例持有情况

同喻投资的普通合伙人兼执行事务合伙人西藏联创永源股权投资有限公司（以下简称西藏联创）持有份额 0.83%，出资比例最大的有限合伙人深圳市深创智能集团有限公司（以下简称深创智能）持有份额 82.64%，二者委派人员组成投资决策委员会，决定同喻投资的一切对外投资事宜。同时，西藏联创与深创智能之间就委员表决权的行使签署了《一致行动协议》。经穿透，艾某、闫某雨分别为西藏联创、深创智能的实际控制人，故艾某、闫某雨成为同喻投资的共同实际控制人，进而成为上市公司实际控制人。

可以看出，本案控股股东为维持上市公司控制权稳定，做了如下主要安排：首先，将有限合伙企业存续期设定为“长期”；其次，对普通合伙人及有限合伙人的退出与转让进行限制；再次，普通合伙人与出资比例最大的有限合伙人签署一致行动协议。之所以如此安排，是因为通过有限合伙形式控制上市公司，最大的争议在于稳定性问题，包括实际控制人认定、存续期、合伙人退出与转让等问题。另外，一个人可以通过执行事务合伙人的身份以及对决策权的约定，用很少的出资额形成较大的控制权和决策权，这不符合通常按照股份比例来实施公司决策的规则。并且，合伙企业可以通过再设一层合伙企业的方式，打破公司法对其人数的限制。因此,应当对合伙企业控股股东予以重点关注。

具体来说监管通常的审核要点包括:(1)结构化安排:避免优先级合伙人利用杠杆,由劣后级合伙人承担大部分投资风险。合伙企业是否存在结构化安排对上市公司有着较大影响,是监管较为关注的问题。(2)实际控制人认定:上市公司的控制权能否实际取得、上市公司控制权的稳定性等。(3)存续时间:合伙企业(尤其是基金)在实务当中多存在存续期间相对较短的问题,其作为控股股东时间较短会导致上市公司不稳定,损害公众利益。(4)合伙企业收购原因:关注背后动机,避免发生扰乱市场的行为。(5)其他:委托、放弃表决权或者资金来源等问题。

三、家族信托项下有限合伙企业控股对上市公司控制权稳定的影响

根据A股IPO的监管要求,拟上市公司需要确保自身"股权清晰"并且"控制权稳定",信托计划作为"三类股东"之一,由于其架构复杂隐秘、难以穿透等特点,无法满足"股权清晰""控制权稳定"的要求,故一直以来监管明确要求拟上市公司的控股股东、实际控制人不能属于信托计划。然而2023年2月生效的《监管规则适用指引——发行类第4号》将"三类股东"调整为"两类股东",并且明确将其中的"资产管理产品"限定为《关于规范金融机构资产管理业务的指导意见》规定的产品。根据中国银保监会发布实施的《关于规范信托公司信托业务分类的通知》规定,家族信托不属于《关于规范金融机构资产管理业务的指导意见》规定的产品范畴。这也许意味着家族信托可能不再需要受到"两类股东"不能成为上市公司控股股东、实际控制人的限制。

根据上市公司规范运作的相关指引,通过信托计划成为上市公司控股股东、实际控制人的,应当履行披露义务,并且穿透至最终投资者,故对于已上市公司而言,通过信托计划成为控股股东、实际控制人未被明确禁止。从前述案例可以看出:(1)家族信托已被允许存在于上市公司的控制权条线下,家族信托项下有限合伙企业可以直接或间接持有上市公司股票,但目前直接持有比例较小;(2)非家族信托项下的有限合伙企业可以大比例直接持有上市公司股票、成为控股股东。

实务中,对上市公司实际控制人的认定主要从以下四个方面来判断:(1)持股比例超过50%;(2)可实际支配上市公司股份表决权超过30%;(3)通过实际支配上市公司股份表决权能够决定董事会半数以上成员选任;(4)依其可实际支配上市公司股份表决权足以对股东大会的决议产生重大影响。为维护上市公司控制

权稳定，不因家族信托的设立而影响实际控制人的认定，家族信托作为间接持股主体，应当通过各种方式在上市公司层面与实际控制人保持一致。

依据我国《信托法》的规定，委托人与受托人可在信托协议中约定信托财产的管理方法及受益人取得信托利益的形式、方法等事项，委托人可以在信托协议中保留信托财产的管理权。因此，可以通过签署《一致行动人协议》，或者让实际控制人保留对信托资产管理和投资的权利等方式来保持上市公司控制权的稳定。同时，信托下设有限合伙企业作为直接持股主体，实际控制人作为普通合伙人和执行事务合伙人来控制和管理该有限合伙企业，信托作为有限合伙人，同时深度绑定了实际控制人的利益关切，使该有限合伙企业的稳定程度远高于作为一般商业实体的有限合伙企业，控制权也牢牢把控在上市公司实际控制人手中，确保了上市公司控制权的稳定。

家族信托项下设立有限合伙企业，借助有限合伙管理权与受益权分离的制度优势，进一步隔离家族信托的资产风险，发挥了上市公司股东及接班人的管理优势。信托制度附加在有限合伙制度之上，也完全具有有限合伙制度在实际控制人认定中所应满足的条件。故在依法依规披露相应信息、保障上市公司公众股东权益的前提下，家族信托项下有限合伙企业持股数量不影响对上市公司实际控制人的认定，家族信托项下有限合伙企业作为上市公司控股股东具有可行性。

当然，家族信托下的合伙企业成为上市公司控股股东只是解决上市公司大股东传承的机制安排之一，其需要与家族宪章等规划安排共同发挥作用，才能打造稳固有效的上市公司大股东传承方案。企业家进行传承规划时，面临如下矛盾：一是传承的分散性与企业运营的统一性之间存在矛盾；二是如何找到接班人并且平衡其与非接班人之间的利益；三是存在“布登勃洛克效应”，即由于后代家族成员对事物的看法与上一代有所不同，生长环境和思想意识也有一定差异，导致二代不一定有意愿去接班。因此，企业家需要制定家族传承计划，规划家族企业和家族文化的传承方式及时间表，为家族企业的长远发展提供保障和指导，克服传承的“随机及不可测性”。同时要明确评判过程、评判标准，让各方心服口服，如定期对多个继承人分别进行打分，根据分数来对包括遗嘱在内的传承相关文件等进行调整，将继承这样一个看似神秘不可测的事件变为公开、透明以及可预测的流程，增加接班人合法性的同时还能兼顾家族企业、家族及家族成员的利益，并避免不可控事件的发生。

综上所述,善用包括上市公司股票信托在内的信托等法律结构,并将它们应用于商业运营、责任隔离、税收优化、传承规划,有助于最终控制、管理、享受财富,传承家族基业。同时运用家族宪章统筹这些法律结构、利益纠葛,树立家族价值观和行为准则,加强家族成员内部(支系、代际)、家族和非家族股东之间的核心凝聚力,这样,就能形成一套逻辑完善、严丝合缝的传承逻辑,上市公司股票信托才有真正发挥价值的空间。

不同股权架构模式下的税负分析

杨静国 *

印度作家普列姆·昌德有句名言:“财富带来痴迷,权力带来疯狂。”股权是股东基于股东资格而享有的从公司中获得利益并参与公司经营管理的权利,叠加了股东对“财富”和“权力”的双重诉求。因此,糅杂着“钱”与“权”的股权注定是最能展现人性痴狂且极具故事性元素的领域。① 在公司初始设立时,投资者更多关注的是如何强化对公司的控制权,在股权比例上相互制衡。股权比例的重要性无须多言,它决定了投资者能否让公司按照自己的思路进行生产经营。但越来越多的事实告诉我们,仅有对股权比例的考虑,而不对投资主体的性质做出提前安排,沉重的税负会让投资者苦不堪言。本文就不同投资主体投资设立公司时的各阶段税负进行分析,以期给投资者在设计股权架构时提供参考。

一、公司股东常见的主体形式

《公司法》第 24 条规定:“有限责任公司由五十个以下股东出资设立。”第 25 条规定:“有限责任公司章程应当载明下列事项……(四)股东的姓名或者名称……”②《中华人民共和国市场主体登记管理条例》第 8 条规定:“市场主体的一般登记事项包括:……有限责任公司股东、股份有限公司发起人、非公司企业法人出资人的姓名或者名称。”③从上述规定不难看出,有限责任公司的股东可以是自

---

* 杨静国:北京德和衡(上海)律师事务所合伙人、财税法业务部主任、德和衡公司业务中心联席管理总监。

① 参见李利威:《一本书看透股权架构》,机械工业出版社 2019 年版。

② 《公司法》(2018 年修正)第 24 条、第 25 条。

③ 《市场主体登记管理条例》,2021 年 4 月 14 日国务院第 131 次常务会议通过。

然人、法人或非法人组织，常见的股东主体形式为自然人、有限公司和合伙企业（下文如无特殊说明，均含个人独资企业）。由于本文不考虑控制权问题，为便于理解，本文以公司如下股东结构为例进行分析（见图1）。

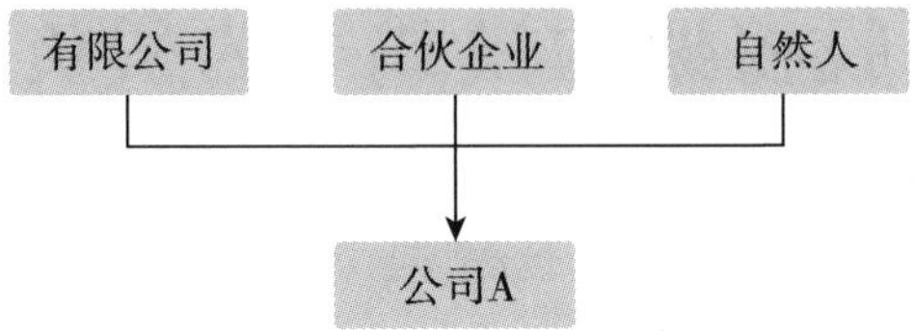

图1　公司股东结构示例

（一）股东均为自然人

根据央广网2022年6月14日报道，截至2021年年末，全国企业的数量达到4842万户，其中99%以上都是中小企业。① 而在这些诸多企业中，绝大部分股东身份为自然人。翻开中国A股上市公司的招股说明书，很多公司在上市前也多是自然人股东直接持股拟上市公司，如常青股份（603768）、曲美家居（601700）、松发股份（603268）等，出现这样结果的原因通常分为两种情况：一种情况是创业者有创业需求，在决定设立公司时未做过多考虑，以两个甚至多个投资者为股东进行工商登记，从而形成自然人直接持股的情形，这种公司设立时更多考虑的是对公司的控制权，股权比例以51%、49%或67%、33%居多；另一种情形是公司设立之初就有上市考虑，就是想利用自然人直接出售股票免征个人所得税的优惠政策。由于本文仅考虑有限责任公司，故对于自然人持股的第二种情形暂不做分析。

（二）股东为有限责任公司

《公司法》第3条第1款规定："公司是企业法人，有独立的法人财产，享有法人财产权。公司以其全部财产对公司的债务承担责任。"选择用有限责任公司作为投资主体成为目标公司的股东，一方面是出于税收角度考虑，该税收优惠政策将在后文中详述。另一方面就是利用有限责任公司的有限责任。在2014年《公司法》修改时，将注册资本实缴登记制改为认缴登记制，不再要求提供验资报告

① 参见《全国企业数量4842万户中小微企业核心竞争力显著提升》，载央广网2022年6月14日，https://baijiahao.baidu.com/s?id=1735579288280582118&wfr=spider&for=pc。

等，主要出发点是让公司设立更为便捷，成本更为低廉，有利于大众更好创业。虽然作为股东的有限责任公司通过股权穿透，最终投资主体依然是自然人，但是投资者可以用更小的投资成本，通过多层设立有限责任公司的方式最终持有目标公司股权，自然人股东可以以较低的认缴出资成本持有目标公司股权，在目标公司发生债权债务纠纷时，可以使用有限责任公司的有限责任保护最终投资者，达到以小博大的效果。

（三）股东为合伙企业

2007年6月1日生效的修改后的《合伙企业法》较修改前最大的变化之处在于，规定了一种新的组织体——有限合伙企业。有限合伙企业与普通合伙企业的不同之处在于：除“普通合伙人”外，合伙人中还包括“有限合伙人”。普通合伙人对合伙企业债务承担无限连带责任，有限合伙人则对合伙企业债务承担有限责任。有限合伙企业另一个优势在于，无论是利益分配还是合伙人的权力分配，都可以在合伙协议中自由约定。该法生效后，被大量使用于公司的股权激励，投资者为了激发核心员工的工作潜能，同时又不想公司的控制权被削弱，有限合伙企业恰好可以实现企业家心中理想的“钱权分离”。由投资者成立有限合伙企业并担任普通合伙人，被激励员工作为有限合伙人，并以该有限合伙企业作为目标公司股东，普通合伙人控制有限合伙企业，享有合伙企业决议的全部表决权；有限合伙人不享有表决权，仅享受合伙企业对外投资的财产收益权，即只分“钱”，不分“权”。这样的股权激励方式，既让投资者“权力”不流失，也让被激励对象享受目标公司发展带来的更多红利，很快成为股权激励平台的首选模式。

二、不同投资主体出资阶段的税负分析

《公司法》第27条第1款规定：“股东可以用货币出资，也可以用实物、知识产权、土地使用权等可以用货币估价并可以依法转让的非货币财产作价出资；但是，法律、行政法规规定不得作为出资的财产除外。”第2款规定：“对作为出资的非货币财产应当评估作价，核实财产，不得高估或者低估作价。法律、行政法规对评估作价有规定的，从其规定。”从上述规定不难看出，股东出资除货币外，还包括实物、无形资产等可以依法转让的其他财产。无论是哪种投资主体作为股东，在保证资金来源合法的前提下，以货币方式出资的，除印花税外均没有税收负担；以财

产形式出资的(以下统称非货币性资产),涉及先转让再投资两个过程(见图2),需要对资产出资时的税负进行分析。

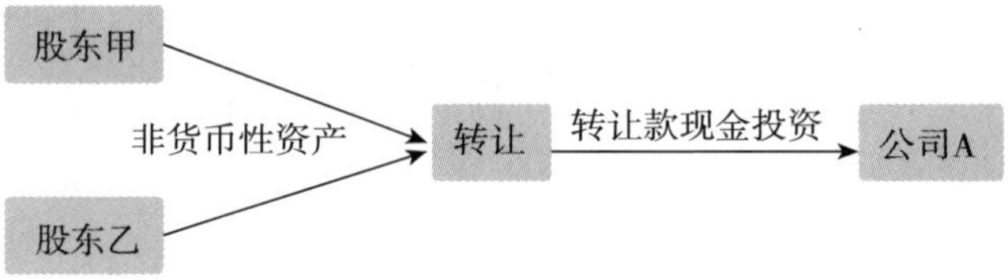

图2 非货币性资产先转让再投资过程

（一）增值税税负分析

财政部、国家税务总局《关于全面推开营业税改征增值税试点的通知》(财税〔2016〕36号)第1条第1款规定:"在中华人民共和国境内(以下称境内)销售服务、无形资产或者不动产(以下称应税行为)的单位和个人,为增值税纳税人,应当按照本办法缴纳增值税,不缴纳营业税。"无论股东身份为自然人、合伙企业还是有限公司,在用非货币性资产对外投资时,转让环节属于增值税的征税范围,均要按照规定缴纳增值税。但同时需要注意到,用非货币性资产投资,是股东将自己的资产投资成立新公司,并不存在真正出售并取得对价的过程,所以为了鼓励大家创业发展,国家关于非货币性资产投资时的增值税出台了相应优惠政策:

第一个优惠政策为《国家税务总局公告2011年第13号——关于纳税人资产重组有关增值税问题的公告》(国家税务总局公告2011年第13号),纳税人在资产重组过程中,通过合并、分立、出售、置换等方式,将全部或者部分实物资产以及与其相关联的债权、负债和劳动力一并转让给其他单位和个人,不属于增值税的征税范围,其中涉及的货物转让,不征收增值税。

第二个优惠政策为《营业税改征增值税试点有关事项的规定》第1条第2项不征收增值税项目:"……5.在资产重组过程中,通过合并、分立、出售、置换等方式,将全部或者部分实物资产以及与其相关联的债权、负债和劳动力一并转让给其他单位和个人,其中涉及的不动产、土地使用权转让行为。"

第三个优惠政策为《营业税改征增值税试点过渡政策的规定》第1项,即下列项目免征增值税:"(二十六)纳税人提供技术转让、技术开发和与之相关的技术咨询、技术服务。"

上面三个优惠政策文件，投资人在进行投资时，可以适用不征税或免税政策，可以减轻投资人在投资阶段的增值税负担。

（二）所得税税负分析

《中华人民共和国企业所得税法实施条例》第 12 条第 2 款规定："企业所得税法第六条所称企业取得收入的非货币形式，包括固定资产、生物资产、无形资产、股权投资、存货、不准备持有至到期的债券投资、劳务以及有关权益等。"财政部、国家税务总局《关于个人非货币性资产投资有关个人所得税政策的通知》（财税〔2015〕41 号）第 5 条第 1 款规定："本通知所称非货币性资产，是指现金、银行存款等货币性资产以外的资产，包括股权、不动产、技术发明成果以及其他形式的非货币性资产。"

以非货币性资产进行投资应当如何处理？《中华人民共和国企业所得税法实施条例》第 25 条规定，"企业发生非货币性资产交换，以及将货物、财产、劳务用于捐赠、偿债、赞助、集资、广告、样品、职工福利或者利润分配等用途的，应当视同销售货物、转让财产或者提供劳务"。财政部、国家税务总局《关于个人非货币性资产投资有关个人所得税政策的通知》第 1 条规定："个人以非货币性资产投资，属于个人转让非货币性资产和投资同时发生。对个人转让非货币性资产的所得，应按照'财产转让所得'项目，依法计算缴纳个人所得税。"无论是公司还是自然人，以非货币性资产对外投资取得股权，均要视同销售计算缴纳所得税。

在非货币性投资阶段，两类主体均有相对应的税收优惠政策可以适用。财政部、国家税务总局《关于非货币性资产投资企业所得税政策问题的通知》（财税〔2014〕116 号）第 1 条规定："一、居民企业（以下简称企业）以非货币性资产对外投资确认的非货币性资产转让所得，可在不超过 5 年期限内，分期均匀计入相应年度的应纳税所得额，按规定计算缴纳企业所得税。"财政部、国家税务总局《关于个人非货币性资产投资有关个人所得税政策的通知》第 3 条规定："个人应在发生上述应税行为的次月 15 日内向主管税务机关申报纳税。纳税人一次性缴税有困难的，可合理确定分期缴纳计划并报主管税务机关备案后，自发生上述应税行为之日起不超过 5 个公历年度内（含）分期缴纳个人所得税。"对企业而言，非货币性资产投资，可以适用"均分五年"缴纳企业所得税的税收优惠政策；对自然人而言，可以适用"五年分期"缴纳个人所得税。但从目前税收文件看，尚无关于合伙企业以非货币性资产投资相关的税收优惠政策出台。

(三)其他一些需要了解的税收优惠政策

无论是对公司(包括合伙企业)还是自然人而言,对非货币性资产的规定虽略有不同,但作为最常见的房产所有权、土地使用权,均属于非货币性资产。而该两项资产在转让时会有土地增值税和契税的征税规定,尤其是房产价值,会随着时间的推移,出现大幅升值现象,如果在投资阶段就征收土地增值税,对投资者而言,将会是非常大的税收负担。近期,国家税务总局相继出台了关于房产、土地投资的税收优惠政策,值得投资者关注。财政部、税务总局《关于继续实施企业改制重组有关土地增值税政策的公告》(财政部、税务总局公告 2023 年第 51 号)第 4 条规定:“单位、个人在改制重组时以房地产作价入股进行投资,对其将房地产转移、变更到被投资的企业,暂不征收土地增值税。”财政部、税务总局《关于继续执行企业、事业单位改制重组有关契税政策的公告》(财政部、税务总局公告 2021 年第 17 号)第 6 条资产划转,第 2 款规定:“同一投资主体内部所属企业之间土地、房屋权属的划转,包括母公司与其全资子公司之间,同一公司所属全资子公司之间,同一自然人与其设立的个人独资企业、一人有限公司之间土地、房屋权属的划转,免征契税。”第 3 款规定:“母公司以土地、房屋权属向其全资子公司增资,视同划转,免征契税。”

三、不同投资主体经营中的税负差异分析

投资者在设立公司时,通常需要考虑的因素较多,首先,是控制权设计的考虑,是 51% 相对控股还是 67% 的绝对控股,这是股东最初博弈的结果;其次,是投资主体的确定,是以自然人、合伙企业还是有限公司作为股东,该种设计多半是从公司稳定性或税收角度进行了思考;最后,有些身份敏感人员会通过股权代持方式间接持有目标公司股权,以达到参与投资的目的。上述几种情况,一旦投资主体确定,也即股权架构确定后,在公司经营甚至在股权转让过程中,不同投资主体将会有不同的税负差异。

(一)股权持有期间分红的税负差异

自然人直接进行工商注册登记,成为有限公司的股东,在我国公司股权架构中十分常见。为便于对未分配利润进行计算,本节的企业所得税均按照 25% 的税率缴

纳（暂不考虑小微企业、高新技术企业、特殊地区等有企业所得税税率优惠的情形）。《个人所得税法》第3条规定，个人所得税的税率中利息、股息、红利所得，财产租赁所得，财产转让所得和偶然所得，适用比例税率，税率为20%。按照上述规定，企业要将当年的利润中的25%缴纳企业所得税，再将剩余未分配利润按照20%税率代扣代缴个人所得税后分配给自然人股东，自然人股东取得分红的整体税负为40%。

虽然通过股权穿透，作为股东的有限公司的最终投资人也是自然人，但此时对于有多种经营业务类型的自然人股东而言，以有限公司作为目标公司股东，更有利于资金的灵活应用。《企业所得税法》第26条规定，企业符合条件的居民企业之间的股息、红利等权益性投资收益为免税收入。也就是说，作为股东的有限公司（须为居民企业）从目标公司取得的分红，是免税收入，可以利用分红款进行再投资。若自然人股东取得分红后再投资，在取得分红的时候需要先缴纳20%的个人所得税，对于有再投资需求的自然人股东而言，显然以有限公司作为目标公司股东的税负更低。

财政部、国家税务总局《关于合伙企业合伙人所得税问题的通知》（财税〔2008〕159号）第3条规定，合伙企业生产经营所得和其他所得采取"先分后税"的原则。具体应纳税所得额的计算按照《关于个人独资企业和合伙企业投资者征收个人所得税的规定》及《关于调整个体工商户个人独资企业和合伙企业个人所得税税前扣除标准有关问题的通知》的有关规定执行。财政部、国家税务总局《关于个人独资企业和合伙企业投资者征收个人所得税的规定》（财税〔2000〕91号）第5条规定，个人独资企业的投资者以全部生产经营所得为应纳税所得额；合伙企业的投资者按照合伙企业的全部生产经营所得和合伙协议约定的分配比例确定应纳税所得额，合伙协议没有约定分配比例的，以全部生产经营所得和合伙人数量平均计算每个投资者的应纳税所得额。国家税务总局《关于〈个人独资企业和合伙企业投资者征收个人所得税的规定〉执行口径的通知》（国税函〔2001〕84号）第2条规定，关于合伙企业对外投资分回利息、股息、红利的征税问题，以合伙企业名义对外投资分回利息或者股利、红利的，应按通知所附规定的第5条精神确定各个投资者的利息、股利、红利所得，分别按"利息、股息、红利所得"应税项目计算缴纳个人所得税。从上述三个文件可以看出，虽然以合伙企业名义投资目标取得分红，也是按照"利息、股息、红利所得"的20%缴纳个人所得税，看上去合伙企业的合伙人税负相同，但是合伙企业可以按照合伙协议对分红的具体分配比例进行约定,有利于满足不同合伙人对分红比例的不同要求。

(二)股权转让时的税负差异

无论是何种形式的投资主体,其在转让目标公司股权时,均不是增值税的征税范围,不征收增值税。

《中华人民共和国企业所得税法实施条例》第16条规定,《企业所得税法》第6条第3项所称转让财产收入,是指企业转让固定资产、生物资产、无形资产、股权、债权等财产取得的收入,即有限公司转让所持有目标公司股权应当作为转让财产收入,并入企业的收入总额,计算缴纳企业所得税。但税法对企业转让目标公司股权明显偏低是否可以由主管税务机关核定未作明确规定。国家税务总局《关于贯彻落实企业所得税法若干税收问题的通知》(国税函〔2010〕79号)第3条规定:"关于股权转让所得确认和计算问题　企业转让股权收入,应于转让协议生效、且完成股权变更手续时,确认收入的实现。转让股权收入扣除为取得该股权所发生的成本后,为股权转让所得。企业在计算股权转让所得时,不得扣除被投资企业未分配利润等股东留存收益中按该项股权所可能分配的金额。"国家税务总局《关于企业所得税若干问题的公告》(国家税务总局公告2011年第34号)第5条规定,投资企业撤回或减少投资的税务处理。投资企业从被投资企业撤回或减少投资,其取得的资产中,相当于初始出资的部分,应确认为投资收回;相当于被投资企业累计未分配利润和累计盈余公积按减少实收资本比例计算的部分,应确认为股息所得;其余部分确认为投资资产转让所得。上述两个文件进一步明确有限公司股权转让的收入确认、可扣除及不可扣除等事项,实务中具有较强的可操作性。

自然人股东转让股权,应当按照《个人所得税法》中关于财产转让税目,适用20%税率计算缴纳个人所得税。针对实践中经常出现的实际交易价格与备案价格不一致的情形,国家税务总局《关于发布〈股权转让所得个人所得税管理办法(试行)〉的公告》(国家税务总局公告2014年第67号)第10条规定,股权转让收入应当按照公平交易原则确定。第11条规定,符合下列情形之一的,主管税务机关可以核定股权转让收入:(1)申报的股权转让收入明显偏低且无正当理由的;(2)未按照规定期限办理纳税申报,经税务机关责令限期申报,逾期仍不申报的;(3)转让方无法提供或拒不提供股权转让收入的有关资料;(4)其他应核定股权转让收入的情形。上述文件要求,个人需要按照公允价格转让股权,在扣除股权原值和必要费用后,缴纳个人所得税。若是明显低价且无正当理由,税务机关可以核定股权转让价格,从而确定应缴纳税费。

合伙企业作为股东进行持股,转让其持有公司股权取得股权转让所得时,根据国家税务总局稽查局《关于2018年股权转让检查工作的指导意见》(税总稽便函〔2018〕88号)规定,以及现行《个人所得税法》的规定,合伙企业的投资者为其纳税人,合伙企业转让股权所得,应按照"先分后税"原则,按照合伙企业的全部生产经营所得和合伙协议约定的分配比例确定合伙企业投资者的应纳税所得额,比照"个体工商户生产经营所得"项目,适用5%~35%的超额累进税率征税。此外,国家税务总局于2018年第三季度针对合伙企业发生股权转让行为的自然人个税征收作了明确的政策解读。该政策发布后,各地方政府关于合伙企业转让股权所得的个税问题逐步统一了口径。但同时,该政策的实施致使创投企业税负加重,严重影响到新创公司的投资环境,为此,财政部、国家税务总局、国家发改委、中国证监会于2019年1月针对创投企业个人合伙人所得税问题发布《关于创业投资企业个人合伙人所得税政策问题的通知》(财税〔2019〕8号),规定创投企业选择按单一投资基金核算的,其个人合伙人从该基金应分得的股权转让所得和股息红利所得,按照20%税率计算缴纳个人所得税。创投业选择按年度所得整体核算的,其个人合伙人应从创投企业取得的所得,按照"经营所得"项目、5%~35%的超额累进税率计算缴纳个人所得税。① 税法关于合伙企业转让股权所得时应当按照经营所得适用5%~35%税率缴纳个人所得税,税负明显过高,但仍然有很多公司选择使用合伙企业作为股东,其中的优势已经在前文进行分析,此处不再赘述。

(三)典型案例分析

由于税收文件多以财政部和国家税务总局名义对某一涉税事项进行规定,文件数量多、内容广、时效性强。很多投资者由于缺少专业税务律师的指导,往往对文件的理解存在偏差,导致实际发生的结果与预期相差较大,多年经营成果没有得到应有的投资回报,追悔莫及。以下就典型案例进行分析。

《国家税务总局广州市从化区税务局鳌头税务所责令限期改正通知书》(穗从

---

① 冯明超、黄佳懿:《股权设计之不同主体股权架构下的法税解析》,载微信公众号"天文资本"2022年4月27日,https://mp.weixin.qq.com/s/Zy-P2HpoWURu8DRCV5sLiw。

鳌税限改〔2021〕1号)载明内容如下:邓某标:你(单位)2019年9月转让广东春盛生物科技发展有限公司和广州春盛生物研究院有限公司股权事项的纳税申报,实施了不具有合理商业目的的安排而获取了不当税收利益。根据《个人所得税法》第8条的规定,个人实施其他不具有合理商业目的的安排而获取不当税收利益的,税务机关有权按照合理方法进行纳税调整,需要补征税款的,应当补征税款,并依法加收利息。请你(单位)自收到本通知书之日起15日内重新办理2019年转让广东春盛生物科技发展有限公司和广州春盛生物研究院有限公司股权事项的纳税申报。[①]

笔者通过公开资料查询得知,本次股权转让是经过提前税务筹划后进行的,主要是想利用税收洼地——个人独资企业经营所得核定征收的税务处理方式,个人独资企业对外投资在股权转让时可以按照经营所得核定应税所得率,从而大大降低股权转让时的个人所得税。

通过查询相关公示信息及分析各关联公司的股权结构可以推导出,本次股权转让中的税务筹划主要分为三步。

第一步,成立可以核定的个人独资企业。

在税务筹划之前邓某标已经成立个人独资企业中占股比例见图3。

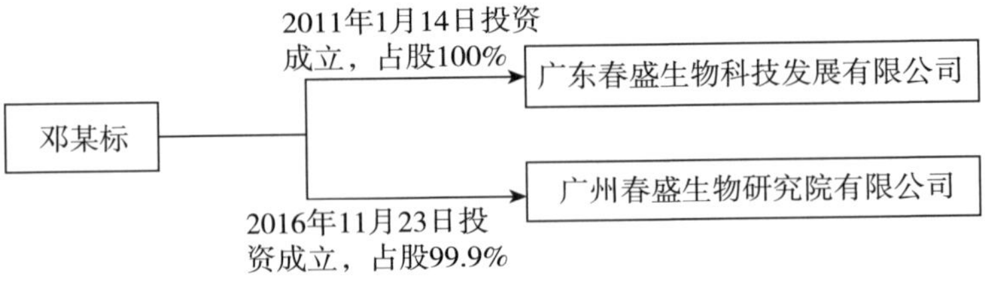

图3 在税务筹划之前邓某标已经成立个人独资企业中占股比例

邓某标为税务筹划成立个人独资企业情况见图4。

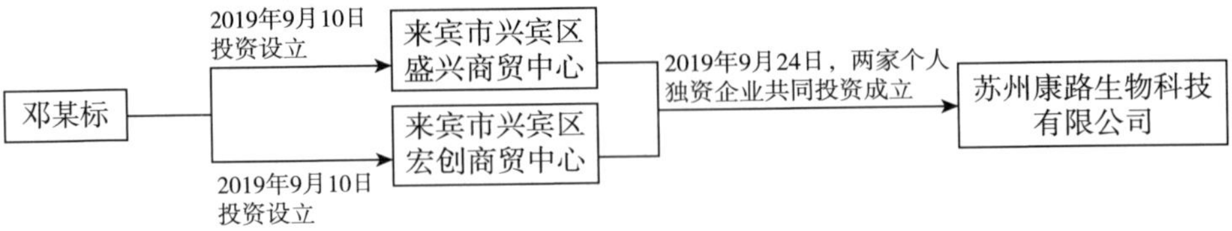

图4 邓某标为税务筹划成立个人独资企业情况

① 参见《国家税务总局广州市从化区税务局鳌头税务所限期改正通知书》(穗从鳌税限改〔2021〕1号)。

第二步，邓某标以平价将以个人名义持股的两家公司股权转让给苏州康路生物科技有限公司。

交易形式为股权转让，邓某标将个人名下关于广东春盛生物科技发展有限公司、广州春盛生物研究院有限公司的股权转让给苏州康路生物科技有限公司，股权转让后的股权结构见图5。

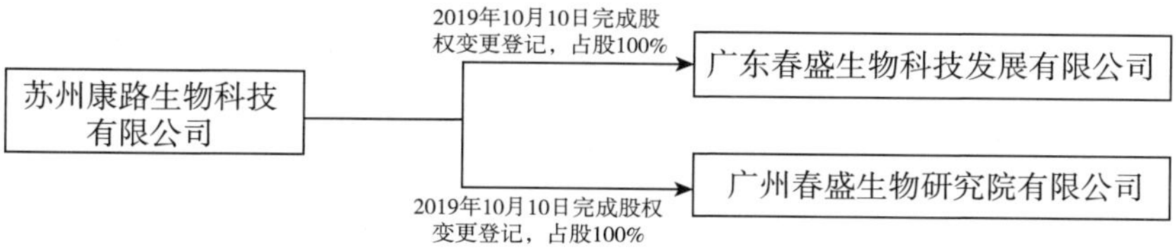

图5　股权转让后苏州康路生物科技有限公司对两公司持股情况

第三步，收购人溢价收购股权，原持有人套现离场，税负核定。具体流程见图6。

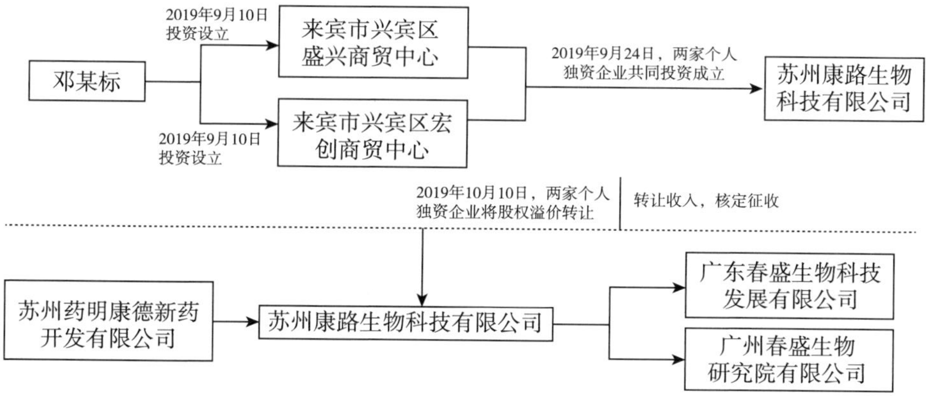

图6　收购人溢价收购股权，原持有人套现离场、税负核定具体流程

本次股权转让的实质是：苏州药明康德新药开发有限公司（以下简称药明康德公司）看好邓某标所持有的2家公司发展前景，通过收购其股权达到控制目的，正常情况下药明康德公司会直接和邓某标个人签订股权转让协议，直接支付股权转让款给邓某标，同时从股权转让款中代扣代缴个人所得税。股权转让后，药明康德公司直接持有广东春盛生物科技有限公司和广州春盛生物研究院有限公司的股权。由于药明康德公司看好邓某标持有的2家公司发展前景，必然会溢价购买。如果直接转让，对于邓某标而言，会有增值部分20%的个人所得税，税负相对较重，所以就想利用一些优惠政策来降低税负，进而有了在税收洼地来宾市成立可以核定的个人独资企业作为股权转让中间环节,以便更好地利用税收优惠。

本次股权转让存在的问题为:三个步骤的操作间隔时间过短,邓某标设立两个独资企业、两个独资企业又设立苏州康路生物科技有限公司、邓某标将持有的两个公司的股权转让给苏州康路生物科技有限公司、药明康德公司收购两个独资企业持有的苏州康路生物科技有限公司股权,前后一共 2 个月时间,两次股权转让的间隔过短,不太符合常理,所以才会被税务机关认定为实施了不符合商业目的的安排而获取了不当税收利益,要求重新进行纳税申报。邓某标原本可以按 20% 税率缴纳个人所得税,因为税务筹划的失败,不仅没有省税,还要按照经营所得 35% 的税率缴纳个人所得税,损失惨重。

结 语

近年来,国家为了支持民营经济的发展,实施了多种税收优惠政策,公司在合理运用税收优惠政策、设计股权结构时一定要考虑自身的经营情况,认真掌握税收文件出台的背景,切不可望文生义,防止因为税收优化设计的不规范操作而被税务机关查处补缴税金和滞纳金,严重的甚至还可能面临刑事责任。本文仅分析了有限责任公司不同投资主体在不同阶段的税负,实务中的税负问题通常会更加复杂,如对于新三板公司、上市公司、高新技术企业、非居民企业等不同类型的企业,还存在其他不同的税务规定。同时,纳税人、扣缴义务人、纳税地点、纳税义务发生时间等因素也需要进行综合考虑,最终实现在合法纳税的前提下使投资者利益最大化。

从上市公司公司治理的角度谈我国独立董事制度的本土化改造*

王　娟**

20世纪以来，全球公司治理中不断增强的一个共识是独立董事制度被视为改善上市公司治理质量的有效机制。独立董事制度源于西方国家，在我国，独立董事制度具有明显的后发性和外生性，其引进的初衷主要是为了保护中小股东的利益。然而，在我国将该制度从西方国家移植的20年后，关于独立董事的负面评价不绝于耳。独立董事制度成效欠佳的原因多元且复杂，建立和完善具有中国特色的独立董事制度不能一劳永逸地照搬国外经验，而是需要立足于现实国情。笔者运用中外比较的方法对完善我国独立董事制度提出建议，试图将独立董事制度更加完美地融入我国的公司治理框架，希望以此能对未来我国证券市场的健康长远发展做出贡献。

一、问题的提出

2021年11月12日，广东省广州市中级人民法院对备受证券市场关注的“康美药业案”作出判决，康美药业须赔偿投资者损失24.59亿元，该案在我国证券民事赔偿案件中具有重要意义，其不仅是中国特色证券特别代表人诉讼制度确立后的首案，所涉及的原告人数与赔偿金额也是前所未有的。当然，该案除了具有在保护中小投资者在资本市场的利益方面的典型意义外，随之而来的还有一个广受关注的话题——引发独立董事离职潮。

---

* 本文写成于2022年10月，成文时《上市公司独立董事管理办法》尚未公布。文章体现了作者对上市公司独立董事制度的思考和见解，文中适用写作时有效的相关规定，读者阅读时可以看出该制度的发展脉络。

** 王娟：北京德和衡律师事务所高级联席合伙人、德和衡公司业务中心秘书长。

本案中,除本身存在违法行为的“董监高”外,5 名独立董事也被判承担巨额赔偿责任,但其每年的任职报酬仅 10 万元左右,收益与风险明显不成比例,由此导致“康美药业案”的结果公布后,上市公司独立董事纷纷离职,离职理由大多为“个人原因”,个别是因为“任职到期或职务变动”。“康美药业案”的判决首开独立董事承担巨额连带赔偿责任之先河,使“独立董事”这一“美差”自此面临权责对等的有力约束。然而,据统计,上市公司独立董事平均年薪仅 8.56 万元,面对上亿元的巨额赔偿,到底是独立董事自身的咎由自取,还是制度本身出了问题? 值得我们深思。

独立董事制度源于美国,制度设立的初衷在于保护股东利益,防止企业高管对公司的内部控制。该制度在英美国家实施以来,降低了企业运行成本,企业的治理结构也得以改善,能够令股东利益与企业价值最大化。鉴于英美国家有关独立董事制度的成功经验,为了更好地保护中小投资者的利益,完善公司治理结构,中国证监会出台了《关于在上市公司建立独立董事制度的指导意见》(已失效,以下简称《独立董事指导意见》),从此独立董事制度正式引入我国。2022 年 1 月发布的《上市公司独立董事规则》(以下简称《独立董事规则》)取代了《独立董事指导意见》,对独立董事制度做了进一步完善。

然而,独立董事制度引入我国后也遭受许多质疑。在康美药业事件之前,瑞幸咖啡的财务造假丑闻也曾引起独立董事的迅速离职,特别是在 2019 年的中安科公司造假事件中,因为严重损害投资者利益,三名独立董事皆被处以高额罚款。法律制度出于实践,反过来应用于实践,对独立董事制度的讨论和移植需要结合中国市场的现实情况,关注股权结构和董事会结构的演变。独立董事制度不是孤立存在的,它一定是和公司治理的核心价值取向相关联,同时也和董事会专门委员会制度、管理层薪酬制度相关联,忽视这些制度之间的关系是我国有关独立董事制度 20 年停滞不前的重要原因。

伴随注册制改革,上市公司的审核也将从事前审查逐渐向事后监督转变,因而要求公司治理必须更为开放透明。独立董事之初衷就在于引入独立客观的第三方以弥补公司治理结构的不足,使其在维护全体股东利益的同时健全公司的治理结构。值得学界与实务界反思的是,为何在欧美国家行之有效的制度模式,在我国却遭遇“南橘北枳”的尴尬困境,尤其是在经济新常态下,企业经营面临诸多压力和挑战,如何更好地健全和完善独立董事制度助力企业正向经营,是一个值得研究的问题。

二、上市公司治理与独立董事制度

（一）公司治理的内涵

关于公司治理的内涵，国内外学者莫衷一是，但从公司治理制度功能的角度定义，其应是一种组织安排或制度安排。狭义上，其仅涉及股东、董事以及经理层人员之间的关系，[①]广义上还可以包含其他利益相关者。在公司法学意义上，公司治理主要是调整前述主体之间的权利义务、责任承担以及外部关系的制度规范体系，本质上是权利分配与行使关系的重构。[②] 因而，公司法通过公司治理的系列制度安排解决因所有权与经营权的分离导致的代理成本问题，在股份公众公司中尤为明显。换言之，公司治理的目标就是解决代理产生的利益冲突问题，实现股东对公司经营者的有效约束与监控。[③]

（二）我国上市公司治理结构存在的主要问题

1. 股权结构缺陷：过度集中

我国上市公司大多具有股权集中的特点，存在一股独大的情形，特别是以国家股为主导的上市公司中，国家股代表国民利益，须实现稳定物价、减少失业、平衡收支、保护环境等多元目标。多元目标制约了公司对营利目标的单一化追求，给公司的管理和控制带来一些负面影响。

2. 董事会缺乏独立性

现实中股东大会的职权常常由董事会或董事长代替行使，而董事会往往由大股东选任，出现"内部人"控制的局面。对于小股东而言，大股东的绝对或相对控股地位常使小股东的提案权形同虚设，其无法通过股东大会有效行使对公司重大事项的表决权。而且，公司董事在公司中的定位模糊，尚未形成具有高社会认可度的职业市场，董事激励制度和保障制度也尚不规范。

3. 缺乏有效的监督机制

监事会的定位本来是重要的监督和权力制衡机构，但该制度设想与现实出现

---

① 参见吴敬琏：《现代公司与企业改革》，天津人民出版社1994年版，第191页。

② 参见梅慎实：《现代公司机关权力构造论》（修订版），中国政法大学出版社2000年版，第2页。

③ 参见倪建林：《公司治理结构：法律与实践》，法律出版社2001年版，第3～4页。

偏离,因为监事会成员多由公司内部人员担任,地位和薪酬都受制于管理层,不具有独立客观的立场,无法有效发挥制衡作用,从而沦为形式监事。而且,内部监事往往不具备监管所需的法律、财务、技术等专业知识,对外委托中介机构也难以找到法律上的依据,导致难以及时发现和察觉许多损害公司利益的行为和经营者的违法行为,难以有效发挥监督职能。

在此背景下,如何完善和改进我国上市公司的治理结构成为诸多经济学家和法学家研究的重点,国外推行的独立董事制度就是基于此背景引入中国。

(三)独立董事制度的内涵

根据《独立董事规则》第2条的规定,独立董事,是指不在上市公司担任除董事外的其他职务,并与其所受聘的上市公司及其主要股东不存在可能妨碍其进行独立客观判断的关系的董事。由此可见,独立董事不同于普通董事最重要的特点就在于其独立性。独立董事移植于欧美,根据英国判例法,独立董事的责任应当与其任职的个人合理预期相适应,不能适用与普通董事相同的归责标准。

(四)独立董事制度在我国公司治理中的运用

在2021年12月举行的国际金融论坛第十八届全球年会上,中国证监会副主席王建军表示,应全面、客观地看待独立董事制度,理性对待“康美药业案”所引发的关于独立董事制度的讨论。实践中,大部分独立董事能够恪尽职守、勤勉尽责,在公司运营发展中发挥着积极作用。中国证监会也会认真倾听并研究市场各方有关完善独立董事制度的意见和建议,与相关部门做好沟通联动,推进制度革新,努力形成各方归位尽责、市场约束有效的制度环境和良好生态。

由此可见,独立董事制度的改进和完善是我国当下完善上市公司法人治理的关键所在。

三、他山之石——独立董事制度的国外经验

(一)美英独立董事制度:基于一元制治理模式

独立董事制度源于美国,其以一元制公司治理模式为基础,公司治理结构仅设股东大会、董事会和经理层。其中董事会具有广泛的权力,在公司治理中拥有最高决策权,也是事实上的监督机关,集决策与监督职能于一身,公司不必再另设

专门的监督机构。然而,现实与制度初衷难免脱钩,首席执行官在董事会成员的选举中拥有较大话语权,掌握着决定权,因而选举出的内部董事不可避免地带有立场和倾向,很难真正发挥监督作用。又因为美国上市公司股权相对分散,使分散股东无法实现对公司经营者的监督,为了保障公司股东的利益,美国公司法创设了独立董事制度,以期制衡监督公司经理层。

英国的独立董事机制也是引进于美国,但其对该机制进行了本土化改造,因而两国独立董事制度并不完全相同。首先,从公司股权结构观之,英国上市公司的股权呈现"半分散型",与美国相比分散度较低。这导致在英国,股东的地位更强势,董事只是在部分事项中拥有决定权,虽然同时也逐步建立起了一个有独立董事的董事会模式,但仍未完全脱离"股东中心主义"。其次,从公司治理机制的供给来看,英国通过以《英国公司治理准则》(UK Corporate Governance Code)为核心文件的一系列治理准则逐步构建起公司治理法律体系,该准则最著名的规定是"不遵守即解释"原则,即公司不遵守准则规定必须以提供合理解释为前提。该准则体系与美国通过联邦证券法下的证券监管规则以及各州的公司法等强制性法律规制公司治理的方式并不相同。英国在2008年国际金融危机之后的金融改革中将董事遴选的重心由董事的独立性转向董事的专业性,由此体现出英国对独立董事制度的核心作用的再思考和关注焦点的转移。

总而言之,一元制模式下股东利益至上,维护股东利益是制度设计的终极目标。美国独立董事面对的是董事会中心主义下的内部人控制问题,因而其发挥着缓冲调和控股权与经营权分离负面影响的工具作用。英国的制度设计代理问题并不十分突出,反而是对董事会的专业性的重视程度要远远高于对其独立性的重视程度。

(二)德日独立董事制度:基于二元制治理模式

德国采行的是典型的二元制治理模式。与英美国家不同,其公司组成中包含监事会,且董事会由监事会任命产生并对其负责;监事会由股东会选举产生,对股东会负责;三者分掌所有权、监督权、经营权,之间是从属关系。不难发现,监事会在此种治理模式下不仅具有较高的地位,还拥有极大的权力。[①] 根据法律规定,监

---

① 参见刘汉民:《企业理论、公司治理与制度分析》,上海三联书店、上海人民出版社2007年版,第247页。

事会除必需的监督权外，还享有董事任免权、特定交易的批准权等广泛的权利。[①]监事会权力的无限放大反映的是德国公司股权相对集中的现实情况。

二元制模式在日本公司中具有不同于德国的特点。在日本，董事会和监事会同为股东会的下设机构，两者并不存在隶属关系，均由股东会选举产生。其中董事会中的董事代表不仅参与决策还负责执行。监事虽然享有广泛的监督权力，但不得触及公司的日常经营与决策事项。为了确保监事独立公正地履职，规定其薪酬由章程或股东大会单独决定，同时不得与其他重要岗位发生职位交叉。[②] 1991年后，为了强化董事会的内部监督，通过日本法律规定设立外部董事，1993年后修改商法时又确立了监察人会制度，即外部监事制度。统而言之，日本的公司治理模式独具特色，兼具一元制与二元制的优点，适合其本国国情。

四、水土不服——我国独立董事制度的问题所在

独立董事自在英美国家创立以来，为各国的公司治理做出的巨大贡献是毋庸置疑的，其可适用性也是显而易见的，但是不同国家、地区的具体社会经济条件不同，同一项制度在不同地域的有效性差异也绝非鲜见。20年来，独立董事制度的确在很大程度上使公司运行更为透明，公司信用状况得到改善，对于我国法人治理模式的形成和发展都发挥了积极作用。但是实践中屡见不鲜的负面问题也值得我们反思，下面笔者就当前我国独立董事制度面临的问题进行分析。

（一）独立董事制度在立法上没有形成系统性的制度定位

我国对于独立董事的职责和义务的规定散见于多部法律、法规和规范性文件中，[③]在实质性推行阶段，独立董事核心职能的客观定位、对独立性的理解、独立董

---

① 参见卞耀武主编：《德国股份公司法》，贾红梅、郑冲译，法律出版社1999年版，第47～54页。

② 参见吴越主编：《公司治理：国企所有权与治理目标》，法律出版社2006年版，第183页。

③ 目前独立董事制度在我国立法上重要的规范性法律文件主要有：2001年8月16日中国证监会发布的《独立董事指导意见》（证监发〔2001〕102号，已失效）；2002年1月中国证监会与原国家经贸委联合发布的《上市公司治理准则》（于2018年修订）；2004年中国证监会发布的《关于加强社会公众股股东权益保护的若干规定》（证监发〔2004〕118号，已失效）；2022年修订的《上市公司章程指引》（中国证券监督管理委员会公告〔2022〕2号）。更为重要的是，2005年修订的《公司法》第123条首次从法律层面明确了独立董事的法律地位。2014年，中国上市公司协会组织编写了《上市公司独立董事履职指引》，2020年又对其完善并且新颁布了《独立董事促进上市公司内部控制工作指引》。2022年1月15日中国证监会发布的《独立董事规则》取代了2001年出台的《独立董事指导意见》。

事与其他监督性机构关系的处理等重大宏观问题尚未达成共识，至于独立董事权利与义务的具体设计、免责与保险机制等细节制度建构则更是后位考虑的对象。例如，中国证监会在发布的《独立董事规则》中仅规定独立董事负有诚信与勤勉义务，在维护公司整体利益的同时须关注中小股东合法权益。该规定没有指明独立董事的具体负责对象，欠缺可操作性。易言之，多方负责的结果就是无法负责。目标定位不明确必然使独立董事面对利益冲突时不知所措，难以发挥应有的职能效果。

（二）独立董事缺乏独立性

1. 独立董事的选任机制和薪酬机制受制于公司的管理层和大股东

人格独立以经济独立为前提，独立董事也不外乎于此。《独立董事规则》虽然规定了董事会、监事会、单独或者合并持有上市公司已发行股份1%以上的股东可以提出独立董事候选人，但实际上，我国上市公司的董事会和监事会往往也是由具有控制权的大股东选任的。按照“经济人”理论的假设，董事会或监事会的最优选择首先就是利益相关者或熟人，那么大股东也就可以实际上凭借手中的多数股份操纵独立董事的提名，正所谓资本表决权的滥用。同时，独立董事的报酬也由受控于大股东的董事会决定。因此导致独立董事无论是在产生阶段还是在履职阶段都不得不受制于大股东或管理层，无法真正服务于公司业绩和监管效率。所以《独立董事规则》意欲通过独立董事来监督制约大股东的立法目的难以实现，这也是我国已有的独立董事实践流于形式化的重要原因之一。

2. 独立董事在行权机制上不独立

首先，在独立董事的知情权方面，我国法律法规缺乏细致具体的可操作性规定，独立董事知情权仍停留在概念原则层面。由此产生两个问题：一是上市公司事先提供材料的真实性无法保证，具体的审查责任人不明确；二是公司应当提供的材料具体范围不明确，缺乏客观判断标准，常导致独立董事无法掌握充分完整的信息。实践中，独立董事开展独立调查亦是困难重重，经常遭遇公司的阻挠。

其次，缺乏有效的程序保障独立董事行使职权。如前所述，大股东无论是在股东会中还是董事会中都拥有绝对的控制力，可以左右董事会的决议，因而并不在意独立董事提出的客观意见。在此情形下，独立董事既不掌握实权也没有程序保障，其权力只能沦为象征性的存在，装点公司门面。若无法独立提出意见，仅是过场性地举手表决,独立董事将如同普通董事一般难以反驳大股东的决策意见。[①]

最后,独立董事无权否决重大事项。基于我国当下的制度设计,独立董事更多的是在事前审查中发挥作用,事前审查对经营者和大股东而言不具有较强的威慑力,所以即便独立董事能够及时发现重大问题,也无力阻止控股股东和管理层的一意孤行。总而言之,否决权的缺失,使独立董事成为一只“没有獠牙的老虎”,无法真正制约大股东和内部董事形成的利益同盟。

(三)监督界限模糊:独立董事与监事会的职责交叉

由于立法未对独立董事和监事会的履职范围、责任范围、监督边界进行明确的划分,两者并未形成监督合力,反而存在相互掣肘、互相推诿的现象。为了避免独立董事与监事会在行权时发生摩擦,必须着重协调两者之间的关系,改变双头监管的现状。此外,处于弱势地位的监事会常常沦为大股东的附庸,成为大股东反对独立董事意见,对抗独立董事行权的棋子,独立董事与监事会之间的矛盾也就在所难免。又因为监事会在《公司法》中的地位高于独立董事,独立董事往往难以与监事会抗衡,一旦发生不可调和的矛盾,独立董事要么辞职走人,要么形同虚设。

(四)激励机制和约束机制不健全

首先,独立董事的激励机制不健全。(1)虽然根据《独立董事规则》独立董事应获得适当的津贴,但津贴的执行标准并不明确,导致不具有可操作性。(2)单一的经济激励方式无法充分调动独立董事的积极性,独立董事大多是具有较高社会认可度,专业知识深厚的社会人士,对其而言声誉成就往往比津贴更为重要。(3)津贴激励不具有长期性,增长空间也十分有限,相较于期股激励,效果较差。

其次,独立董事的约束机制不健全。无论是《公司法》还是《独立董事规则》都没有明确规定独立董事在承担法律责任上与普通董事的区别,独立董事的独特性不仅在于其职权的独立性,也应在责任承担上有所反映,如此才能实现权责统一,行权有效。

(五)独立董事的保护机制不完善

如前所述,当前司法实践倾向于对独立董事施加严苛责任,这可能会形成“寒

---

① 参见王愉林:《浅谈独立董事制度在我国实施现状及对策》,载《引进与咨询》2005 年第 3 期。

蝉效应”,独立董事离职潮正说明了这一点。这可能会使独立董事制度走进另一个误区,长远来看也有损于中小股东利益。而关于独立董事制度的问责与免责机制的界定,在我国的《独立董事规则》中并没有详细的规定,在司法实践中缺乏可操作性,因而有必要从法律上明确独立董事承担责任的认定标准和范围以及免责的制度保障,加强对独立董事的履职保护。若确实由于独立董事的失职行为给上市公司或股东、外部债权人造成损失,其应当承担与其过失相适应的责任。但应当根据现实情况,具体问题具体分析,合理配置独立董事的责任,在不同责任人之间公平地分配应当承担的责任。

五、公司治理角度下我国独立董事制度的完善建议

实践决定认识,法律制度作为上层建筑,只有在符合经济基础时才能推动社会的发展和进步,因而学习他国经验还需以契合本国国情为前提,不可盲目照搬。同时,还须以动态发展的眼光看待所引进的他国制度规范,对其进行符合我国实践需求的本土化改造。具体到我国引进独立董事制度这一课题,制度创新必须结合我国上市公司面临的现实社会经济条件和公司治理实践的内在结构要求,也势必会牵一发而动全身,需要配套制度同步革新。

(一)我国与西方国家公司在治理结构上的不同导致独立董事制度设计上的差异

首先,公司股权结构是构建治理结构的基石。正如前述,英美各国的“内部人控制”问题主要由分散的股权结构引起,独立董事的重要意义就在于回归股东控制权,使股东得以制衡所谓的“内部人”控制。与此不同的是,我国上市公司的股权结构问题不在于过度分散,而是过于集中,甚至于“一股独大”。“一股独大”的现象不仅出现在具有国企改制背景的上市公司中,也常见于具有“家族特征”的上市民营公司,表现出一致行动人的“一股独大”。两者都在治理结构上体现出鲜明的中国特色。目前,我国法人治理结构中最大的弊端是大股东以关联交易的方式侵占公司资产,进而损害中小股东利益。解决此“内部人”控制问题,关键是通过产权制度的优化塑造新的“外部人”。

其次,我国公司治理结构独具特色。该结构既非英美的一元制,也与二元制模式有着本质的不同。究其原因,监事会缺乏有力的监督保障,其虽对股东大会

负责，但与董事会级别平行，既无必要的决策权，也无法决定董事的任免，仅享有纸面意义上的法定监督权。但是，即便是有限的监督权也面临与独立董事的碰撞和冲突。

（二）要健全和完善我国上市公司的治理结构，必须对我国的独立董事制度进行系统化、体系化的制度设计

1. 加强制度供给，保障独立董事自主行权

在国外，独立董事制度规范以公司法、证券法等基本法律的形式确立。而我国对独立董事制度的规定，大多出现在政府部门和行业协会的规范性文件中，在更高位阶的法律体系中并未建立起明确的制度规范，因而权威性和普适性大打折扣。现行《公司法》对独立董事的规定较为笼统，具体办法授权国务院规定，可见其仅具宣示意义。为体现独立董事制度的重要性，时值《公司法》修订之际，建议从法律层面重新梳理确立独立董事制度，使其更具有可操作性，转化为成熟的法律规则。

2. 增强独立董事的独立性

首先，建立全职独立董事制度。之所以建议建立该制度，一方面，可以保证独立董事的薪酬与上市公司内部董事持平；另一方面，可以保证独立董事有充足的履职时间和精力，以便使其更好地履职。当然，最重要的是改革独立董事的薪酬制度，通过薪酬的独立加强独立董事履职的经济保障，同时，建议独立董事实行市场化运作，如试探索上市公司独立董事管理公司，由管理公司通过专业化的运作统一收取费用，再向独立董事支付报酬，以使报酬与上市公司的市场规模和业绩相符，进而实现供需平衡。

其次，将独立董事任免权赋予中小股东。若独立董事由受控股股东控制的董事会或监事会聘任，其必然无法独立地维护中小股东利益。因此，独立董事任免制度的重构目标应当是改变现有的由控制股东掌控任免权的局面，将独立董事任免事项的主导权交由中小股东行使。

2019年修订的《证券法》为切实保护中小股东利益，正式引入了投资者保护机构，投资者保护机构可以代表或辅助广大中小股东行使股东权利。因此，在独立董事选任制度的规范重构中，可以尝试赋予投资者保护机构代表或辅助中小股东行使独立董事任免权的法定权利。具体而言，可以借鉴采取美国董事协会的董

事登记候选计划的形式，在投资者保护机构的主导下建立相关人才储备库以及独立董事匹配推荐机制，符合独立董事任职条件的优秀人才可以自荐或推荐成为上市公司独立董事储备人才。在独立董事匹配推荐上，可以对独立董事储备人才的履职特征信息进行评估、认定和登记，当上市公司产生独立董事补选需求时，可以向投资者保护机构发出招聘申请，由投资者保护机构对上市公司的独立董事履职需求和独立董事人才储备库中的履职特征信息进行匹配，再以差额方式推荐候选独立董事。最终经由上市公司股东大会选举确定或通过类别表决制的方式最终确定人选，独立董事的选任需要分别征得全体股东和中小股东所持表决权的半数以上同意。同时，赋予中小股东在独立董事罢免中的主导权，由投资者保护机构辅助中小股东对独立董事行使监督权，并代表中小股东向股东大会提出罢免独立董事的建议。

最后，确保独立董事能够独立行使权利。独立董事的责任不仅在于保护中小投资者的利益，更在于维护支持上市公司的正向发展和良好运营。因而，笔者认为，应加强对独立董事相关权利的保障。

(1)知情权。建议在立法时细化独立董事在履职过程中尤其是面临重大公司决策时，拥有与其他董事或经理层相同条件(时间、程序)下的审阅资料权；对于年中和年终时公司提供经营材料的及时性、完备性，独立董事有权提出有针对性的具体评价，如可以采用国外《财富》世界500强排行榜中有的公司对董事会信息进行自我评估时提供调查问卷的方式。

(2)监督权。监督权的目标在于确保公司合规经营，维护中小股东的合法权益。这是区别于监事会监督权的重点，可以考虑从法律上赋予独立董事在中小股东或公司利益遭到损害时代表诉讼的权利。

(3)否决权。为使独立董事能够及时阻却有可能损害公司和股东利益的行为，独立董事应当在公司重大关联交易和投资决策中享有独立的否决权。

以上权利是独立董事能够维护中小股东利益，履行职责的必要条件，若无法得到保障，“独立性”便无法真正实现。我国《独立董事规则》对上述权利的保障力度仍需加强。

3. 对独立董事和监事会之间的职能进行分工与协调

我国独立董事制度的引进是以监事会失灵为背景的，虽然对于监事会的存废问题一直有争议，但目前我国《公司法》并未将其废除。所以两者不是一种完全替代的关系,而是各有所长各有所短,并应互相协调配合。

首先,须从立法上明确独立董事与监事会的职能边界,详言之,独立董事的功能应定位于三个方面:(1)提高决策科学性和公正性,为公司决策提供专业支持;(2)制约内部管理层,能够独立裁决董事与经理的薪酬、提名、自我交易以及关联交易等事项;(3)在公司财务信息的审控方面应与监事会协调行动。监事会的功能应定位于两个方面:(1)全面监督公司财务;(2)以维护公司整体利益为前提,监督董事、经理的履职行为,督促其合法勤勉地履行职责,并辅之以可以代表公司的诉讼权利。

其次,在内部监督机制建设上,允许独立董事与监事会职能适度且必要地交叉,但应适当增加独立董事的人数,并以此适度加强独立董事的话语权,避免出现相互掣肘的情形。

最后,参考英国公司法有关"不遵守即解释"的可选择性公司治理机制,若条件允许,可由公司自主选择需要的监督制度以实现公司利益的最大化,保证公司治理中的自主权,避免"千人一面"影响市场自由。

4. 独立董事激励和约束机制的建立

首先,经验表明,给予独立董事适当的激励可以使独立董事制度更好地运作,有助于鼓励独立董事积极履行职责,避免其依附控股股东。通常而言,对主体的激励措施无外乎物质和精神两个方面。

在物质激励方面,可以考虑允许给予独立董事其所任职的上市公司少量的股权,从而激发独立董事的主人翁意识。这种机制设计兼顾了激励与约束的双重作用,股票升值或分红能调动独立董事履职的积极性,公司经营业绩下滑和破产的风险能约束其行为。必须客观、准确地认识独立性,独立性并不是相对于公司股权独立,相反,独立性赋予独立董事剩余索取权,由其承担风险,可以保证其监督职能落到实处。

在精神激励方面,加快完善独立董事市场,通过市场评价和市场披露向外界及时反馈独立董事信息,为上市公司选聘独立董事提供判断依据。实现独立董事信息的透明化、公开化,需要制定与公司市场业绩挂钩,能够反映其各项素质的有效评估体系,同时,还应在固定周期内考核独立董事的履职状况并定期对外公布。独立董事大多是来自各领域的知名人士、专家,以上措施能够激励其努力工作。

其次,激励与约束皆不可偏废,约束机制也应体系化。单纯依靠独立董事的自我约束过于理想化,因此还需要依靠外部市场约束、声誉约束以及责任约束等方式加强对独立董事的规制。

一方面,可以通过全国范围内的独立董事协会统一管理独立董事,加强行业自律,必要时可对不能尽职尽责造成重大损失的独立董事任职人员予以除名。另一方面,可以建立有关独立董事的诚信体系,通过档案管理的方式将独立董事有关信用、业绩、声望等方面的考核结果记录在案。如此,独立董事将会为非法获利行为或其他违规行为付出更多的成本,逼迫其"两害相权取其轻"。

5. 独立董事保护机制的建立

在对于董事保护的问题上,英美国家保有长期的传统。如英国的公司董事可以利用公司章程中的免除条款免除其对公司的部分责任,另外,运用补偿和保险制度对董事加以保护,不过总的来说英国更倾向于通过司法实践实现对董事利益的个案保护。美国在 20 世纪 40 年代就通过商事法律对董事补偿问题作出了规定,20 年后董监事及高级管理人员责任险市场的不断繁荣也有利于保护董事利益。史密斯诉范高科案(Smith *v.* Van Gorkom)促使美国不断地通过制度创新完善传统的董事利益保护机制。对于我国独立董事保护机制的建立,笔者建议如下:

首先,由于独立董事不同于内部董事,其注意义务和归责范围应该小于内部董事。而对于司法实践中讨论最多的关于独立董事勤勉尽责的标准认定,为了避免法官自由裁量权的滥用,可以考虑通过诉讼法上的过错原则和举证责任分配来加以细化。例如,对于公司发生虚假信息披露与关联交易等违法事件,由原告承担更重的举证责任,并细致考察因独立董事的履职行为与损害结果之间的因果关系和其过错程度,从而确定独立董事的责任范围。

其次,可以考虑借鉴经营判断原则。该原则用以判断董事的注意义务,由美国法院在长期的实践中总结发展而来。在该原则下,董事在实施授权行动时,只要其善意且已尽了适当的注意,那么董事便可从该行为对公司造成损害的责任中得到豁免。另外,美国法律协会于 1992 年在《公司治理的原理——分析与劝告》

的报告中试图将经营判断的原则定式化。[①] 笔者认为，我国司法实践中对于董事免责机制的建立可以在符合我国法律规定和独立董事制度运行现状的前提下参考该原则的判断标准。

最后，可以考虑运用在公法领域被称为"皇冠原则"的比例原则作为一项方法论意义上的工具性原则来审查独立董事的责任承担是否更具合理性。比例原则，也被称为禁止过度，即以最小损害尽可能地实现各方利益、着眼于法益均衡。其通说是"三阶论结构"：适当性、必要性和均衡性，适当性原则，是指所采用的手段需有助于目的之达成；必要性原则要求以付出代价最小的手段实现目的；均衡性原则则要求所得利益与受损利益大致平衡。具体到本文所要探讨的独立董事归责和免责问题，为消除公司或控股股东与独立董事之间天然的不平等性，在出现上市公司损害中小投资者利益的纠纷时，可以考虑公司的"董监高"等其他责任主体的责任承担是否已经弥补了中小投资者的损失，另外，还可以考虑是否能适当适用公司人格否认制度。如果以上责任主体完全能够救济中小投资者，而独立董事的过错程度又难以判断时，独立董事的责任也可以考虑适当免除。当然，如果不能弥补中小投资者的损失，又能够确定独立董事的过错责任，必须要独立董事承担风险的话，也应本着谦抑性的原则考虑该独立董事的责任承担比例，同时还应考虑独立董事的薪酬、其他收益等综合因素，以实现对责任义务体系的构造与利益保护机制的和谐兼顾。

综上所述，随着社会主义法治环境和市场经济的成熟，中国的证券市场更需要高度抽象、统一适用、灵活高效的制度进行规制，独立董事制度能否在上市公司治理中充分发挥其应有的作用，需要对其进行符合我国国情的研究和改进，以及对公司法、证券法乃至诉讼法等一系列法律法规制度进行完善。

【题后说明】

作者在文中提到的问题如独立董事的职责和义务不明晰、人格独立和行权机制独立保护不周等在2023年8月1日公布的《上市公司独立董事管理办法》中得到回应，该办法做了修改和补充；有些问题如独立董事与监事会的职责交叉、激励

---

① 该报告第4.01(c)款规定，董事(或高级管理人员)必须符合以下三个要件，诚实地做出经营判断的董事(或高级管理人员)即被认为是履行了其董事义务：(1)在经营判断的对象上无利害关系；(2)该董事(或高级管理人员)在当时的状况下对于有关经营判断的对象具有适当的和相信其合理的一定程度的知识；(3)相当程度相信该经营判断符合公司的最佳利益。

机制和约束机制不健全等仍有待继续完善。关于本文提出的建议，如尝试赋予投资者保护机构代表中小股东任免独立董事的权利、建立人才储备库等都在《上市公司独立董事管理办法》中有所体现；有些建议如建立全职独立董事制度、赋予独立董事否决权等作者也进行了详细表述，以更好地促进上市公司独立董事制度的研究和实践。

参考文献

1. 江平主编：《新编公司法教程》（第2版），法律出版社2003年版。
2. 吴敬琏：《现代公司与企业改革》，天津人民出版社1994年版。
3. 梅慎实：《现代公司机关权力构造论》（修订版），中国政法大学出版社2000年版。
4. 倪建林：《公司治理结构：法律与实践》，法律出版社2001年版。
5. 刘汉民：《企业理论、公司治理与制度分析》，上海人民出版社2007年版。
6. 张维迎：《产权、政府与信誉》，三联书店2001年版。
7. 张维迎：《企业理论与中国企业改革》，北京大学出版社1999年版。
8. 卞耀武主编：《德国股份公司法》，贾红梅、郑冲译，法律出版社1999年版。
9. 吴越主编：《公司治理：国企所有权与治理目标》，法律出版社2006年版。
10. 李维安等：《现代公司治理研究》，中国人民大学出版社2002年版。
11. 朱慈蕴：《公司法人格否认法理研究》，法律出版社1998年版。
12. 刘俊海：《公司的社会责任》，法律出版社1999年版。
13. 《美国标准公司法》，沈四宝译，北京大学出版社1981年版。
14. 张民安：《现代英美董事法律地位研究》，法律出版社2000年版。
15. 李建伟：《独立董事制度研究——从法学与管理学的双重角度》，中国人民大学出版社2004年版。
16. 北京市法学会经济法研究会组编：《独立董事的理论与实践》，机械工业出版社2004年版。
17. ［美］罗伯特·C. 克拉克：《公司法则》，胡平等译，工商出版社1999年版。
18. Alessio M. Pacces, *Rethinking Corporate Governance – The Law and Economics of Control Powers*, Routledge Press, 2012.
19. Mike Wright, Donald S. Siegel, Kevin Keasey, Igor Filatotchev, *The Oxford Handbook of Corporate Governance*, Oxford University Press, 2013.
20. 段从清：《独立董事的任职资格与任免机制问题研究》，载《江汉论坛》2004年第6期。

21. 汪青松、罗娜:《独董独立性谜题与机制独立性再造》,载《证券市场导报》2022 年第 3 期。
22. 顾功耘、罗培新:《论我国建立独立董事制度的几个法律问题》,载《中国法学》2001 年第 6 期。
23. 刘纪鹏、冀泽玉:《独董制度引发的上市公司治理结构思考》,载《中国经济评论》2021 年 Z1 期。
24. 罗培新:《"冷眼"看独立董事》,载《资本市场》2001 年第 7 期。
25. 喻猛国:《独立董事制度缺陷分析》,载《经济理论与经济管理》2001 年第 9 期。
26. 董新凯:《谈对董事会的控制问题——兼谈独立董事制度》,载《法律科学(西北政法学院学报)》2002 年第 1 期。
27. 罗辰:《独立董事制度的制衡机理及实施条件》,载《江海学刊》2002 年第 2 期。
28. 刘雅琨:《比例原则在股权代持纠纷中的运用》,载《吉林工商学院学报》2021 年第 6 期。
29. 于若兰:《〈民法典〉体系下被遗忘权价值衡平与规则构建》,载《成都理工大学学报(社会科学版)》2021 年第 6 期。
30.《关于在上市公司建立独立董事制度的指导意见》,载《中国石油和化工》2001 年第 10 期。

新公司法修订草案下中国公司监事会制度的发展与思考

赵　颖*

在近三十年的现代企业制度发展进程中，监事会的作用越来越弱化，很多公司的监事会形同虚设，根本起不到制衡和监督作用。在2021年12月24日发布的《中华人民共和国公司法(修订草案)》(征求意见稿)中明确可以不设监事会或监事。这一变化也充分反映了我国现代公司治理架构更趋同于高效、务实，也是中国公司治理实践对监事会制度的发展和变革做出的选择。但监事会作为公司治理"三会一层"中的重要"一会"，并没有退出中国公司治理的舞台。监事会仍然是公司的监督机构，中国公司可以根据公司特色、文化和治理习惯自由选择在公司治理架构中是否设置监事会或监事，同样中国监事会制度需要变革，走出困境，寻找更切合中国实际的发展之路。

一、概述

中国的公司监事会制度在1993年《公司法》颁布时就已经设立，借鉴了德日法系国家的监事会制度，采用的是股东会、董事会、监事会"三会"分权制衡的思路，通过股东会选任监事会，监事会对股东会负责，同时监事会对董事会和经理层进行监督，从而起到"三会"相互监督制衡的作用，这也是中国公司治理结构的基础架构。但是在近三十年的现代企业制度发展进程中，监事会的作用越来越弱化，很多公司的监事会形同摆设，根本起不到监督和制衡的作用。近年来《公司

* 赵颖：北京德和衡律师事务所高级合伙人、管理主任。

法》不断修订完善,将现行《公司法》与1993年《公司法》进行对比不难发现,其中监事会制度最大的变化便是引入了与董事会之间的交叉诉讼,此外基本保持一致[①]。在2021年12月24日发布的《公司法(修订草案)(征求意见稿)》中第64条[②]和第125条[③],2022年12月30日发布的《公司法(修订草案二次审议稿)》及2023年9月1日发布的《公司法(修订草案三次审议稿)》中第69条和第121条均明确可以不设监事会或监事。这一变化也充分反映了我国现代公司治理架构更趋同于高效、务实,也是中国公司治理实践对监事会制度的发展和变革做出的选择。当然,监事会或者监事作为公司治理"三会一层"中的重要"一会",并没有退出中国公司治理的舞台,中国公司可以根据公司特色、文化和治理习惯自由选择在公司治理架构中是否设置监事会或监事,这也将大大提高中国公司的决策效率和市场竞争力。

二、各国家和地区公司监事会的设立机制

在德国公司法中,股份公司必须建立三种公司机关来形成并执行公司意志。它们是:董事会(Vorstand)、监事会(Auf - sichtsrat),以及股东(Hauptversammlung)。德国股份公司将公司责任分摊在两个负责机关——董事会和监事会。董事会是公司的领导机关,其成员中有全职的执行管理者负责管理公司日常事务,并对此负个人责任,同时也是公司的法定代表人。监事会在一般情况下是第二位的日常机关,负责选任董事会并监督其工作,拥有广泛的知情权和查阅权。两个机关都实行委托组织原则,即其成员可以但不必须是公司股东。[④] 德国公司法对于监事会及监事职能的规定非常详细和全面,并且其发展趋势也是逐渐增强监事会和监事在公司治理架构中的作用。此外,德国还是一个最重要的员工参与

---

① 参见马更新:《〈公司法〉修订语境下的监事会制度架构变革探析》,载《上海政法学院学报(法治论丛)》2021年第3期。

② 《公司法(修订草案)(征求意见稿)》第64条规定:"有限责任公司可以按照公司章程的规定,在董事会中设置由董事组成的审计委员会,负责对公司财务、会计进行监督,并行使公司章程规定的其他职权。在董事会中设审计委员会的有限责任公司,可以不设监事会或者监事。"

③ 《公司法(修订草案)(征求意见稿)》第125条规定:"股份有限公司可以按照公司章程的规定在董事会中设置由董事组成的审计委员会等专门委员会。审计委员会负责对公司财务、会计进行监督,并行使公司章程规定的其他职权。设审计委员会且其成员过半数为非执行董事的股份有限公司,可以不设监事会或者监事,审计委员会的成员不得担任公司经理或者财务负责人。"

④ 参见科尔、杨继:《德国公司法的发展》,载《现代法学》2003年第6期。

公司控制的国家典范。德国公司法强制要求所有大型公司的监事会必须包括一定比例的员工代表①,即职工监事。中国公司的职工监事制度也是借鉴德国公司法的这一规则。

日本公司法中,公司治理结构设置为业务经营决策机关—董事会和监督机关—监事会,两者都由股东会选举产生,并列存在于股东会之下,互不隶属,独立董事与独立监事并存。这种机制充分发挥了监事的监督功能,在公司治理架构中,监事会的比重较大,一定程度上对公司经营决策起到了强有力的监督功效。

英美公司法则采用单层公司制,公司的权力集中于资方,强调在资本的流动中提高效率。其特点是公司只设股东会和董事会。股东会是公司权力机关,但其权力仅限于公司法和公司章程的明文规定;董事会是公司的中心机关和常设机关,拥有经营管理、业务执行、监督等实权以及未在公司法、公司章程中列举出的股东会的权力。公司通常不设专门的监事会或监事,通过外部董事组成的审计委员会负责对内部董事、经理和公司财务状况的监督,在董事会内部形成监督制约机制。② 这种机制的效用在于更有决策效率,内外部董事均隶属于董事会,可以更好更频繁地开会沟通,便于监督和及时回应性决策。

法国公司法的特点如下:首先,按德国的模式规定了监事会,该会与经理人员分开,并负责任命经理。其次,立法者比现存的立法走得更远,明确地禁止经理和监事会成员谋求代理权。再次,规定法院可以根据股东、债券持有者和雇员代表的诉请,任命一个委员会对公司的经营和监督情况进行调查。最后,规定了由股东推选的独立的审计员,该审计员不向监事会和董事会负责。如同大西洋两岸的其他国家的公司法一样,欧洲公司法也明确地规定了经理和监事的义务以及怠于履行这种义务时的责任。③

综上,各国家和地区公司法对于监事会和监事均有不同的设置,这是基于各国家和地区法系的特点和背景,立足于自身的实际情况的结果。导致各国公司治理架构的差异原因是其公司制度观点上的差异、市场环境的差异,以及文化、意识

---

① 参见[美]弗兰克·H. 伊斯特布鲁克等:《公司法的逻辑》,黄辉编译,法律出版社 2016 年版,第 464 页。

② 参见于东辉:《对中国公司治理结构的法律思考》,载《辽宁工程技术大学学报(社会科学版)》2006 年第 3 期。

③ 参见[美]阿尔弗雷德·科纳德、[美]亨利·布兹德、[中]赵旭东:《英、法、美和联邦德国公司法之比较》,载《环球法律评论》1985 年第 4 期。

形态、政治观念方面的差异，但各国的公司治理架构都在其公司制度发展中发挥了积极的作用，带来了社会经济效益，所谓优劣和绩效并不能一概而论。

三、中国公司监事会制度的发展变化

1993 年《公司法》颁布时，在公司治理架构中设置了监事会或监事的层级，形成了我国“三会一层”的治理结构。中国的公司治理架构中最初就设置了监事会。

1999 年《公司法》修改时，加强了监事会制度设置，不仅在国有独资公司中强调必须设立人数不得少于三人的监事会，而且要求监事会中要有职工监事；还增加了“监事列席董事会会议”“董事、经理及财务负责人不得兼任监事”等条款。随着现代企业制度的发展，中国的公司治理架构中对监事的任职要求和职能进一步强化。

2000 年 3 月 15 日，国务院颁布《国有企业监事会暂行条例》（已失效），为了健全国有企业监督机制，加强对国有企业的监督，国有重点大型企业监事会由国务院派出，对国务院负责。国有企业监事会实行派出管理，强化了监事会对国有企业的监督职能。

2000 年 3 月 15 日，国务院同时颁布了《国有重点金融机构监事会暂行条例》，规定国务院对国有政策性银行、商业银行、金融资产管理公司、证券公司、保险公司等国有金融机构直接派出监事会，监事会直接向国务院负责，加强对国有重点金融机构经营的监督管理。

2014 年 2 月 20 日，最高人民法院发布修正后的《关于适用〈中华人民共和国公司法〉若干问题的规定（二）》（法释〔2014〕2 号）中第一次确定了监事可以作为清算组成员，强化了公司监事的功能和实际作用。

2015 年 3 月 21 日，中共中央、国务院颁布了《关于构建和谐劳动关系的意见》，明确提出要在公司制企业建立职工董事、职工监事制度。在董事会、监事会研究决定公司重大问题时，职工董事、职工监事应充分发表意见。

2015 年 12 月 9 日，中国上市公司协会发布《上市公司监事会工作指引》，以规范上市公司监事会的组织和行为，充分发挥监事会在上市公司治理中的作用，为上市公司监事会有效履职提供指导。

2017 年 8 月 25 日，最高人民法院发布《关于适用〈中华人民共和国公司法〉若干问题的规定（四）》（法释〔2017〕16 号），其中就监事会和监事的职能进一步扩大,增加了监事可以发起公司诉讼,确认股东会、董事会决议效力之诉以及监事会或者监事代表公司对董事、高管提起诉讼的条款。这一时期我国公司治理架构中,监事会及监事的监督职能达到前所未有的提升和强化,有了更多实操设置,监事会及监事被赋予了代表公司诉讼的权利。

2018 年 3 月 17 日,十三届全国人大一次会议通过了《关于〈国务院机构改革方案〉的决定》,在第一部分“关于国务院组成部门调整”第 11 条“优化审计署职责”中,明确将国家发改委的重大项目稽察、财政部的中央预算执行情况和其他财政收支情况的监督检查、国务院国有资产监督管理委员会的国有企业领导干部经济责任审计和国有重点大型企业监事会的职责划入审计署,构建统一高效审计监督体系。不再设立国有重点大型企业监事会。至此,我国从国有企业改革中率先示范弱化、取消监事会,而由更专业高效的审计署来行使监事会的监督职能。

2018 年 9 月 13 日,中共中央办公厅、国务院办公厅发布了《关于调整国务院国有资产监督管理委员会职责机构编制的通知》,将国务院国有资产监督管理委员会国有企业领导干部经济责任审计职责和国有重点大型企业监事会职责划入审计署,不再保留监督一局(国有企业监事会工作办公室),不再设立国有重点大型企业监事会和国有重点大型企业监事会主席。

2021 年 12 月 24 日,全国人大常委会发布《公司法(修订草案)(征求意见稿)》,其中新增规定:在董事会中设审计委员会的有限责任公司以及设审计委员会且其成员过半数为非执行董事的股份有限公司,可以不设监事会或者监事。

2022 年 5 月 1 日,《国有企业监事会暂行条例》被废止,随着 2018 年《国务院机构改革方案》的施行,审计署行使监督职能,国有企业监事会改革完成。目前国务院国有资产监督管理委员会直接领导的国有重点大型企业均无监事会和监事。

2022 年 12 月 30 日,全国人大常委会发布的《公司法(修订草案二次审议稿)》中规定,有限责任公司和股份有限公司可以按照公司章程的规定在董事会中设置审计委员会,行使本法规定的监事会的职权,不设监事会或者监事。

2023 年 9 月 1 日,全国人大常委会发布《公司法(修订草案三次审议稿)》,其中再次明确:有限责任公司和股份有限公司可以按照公司章程的规定在董事会中设置审计委员会,行使本法规定的监事会的职权,不设监事会或者监事。

上述立法的颁布施行,和征求意见稿的发布,均展现了中国公司监事会制度的发展变化,从功能逐渐强化到逐渐弱化。中国公司监事会制度将何去何从,也是中国法学家正在探索研究的热点问题。

四、中国公司监事会制度运行现状

中国监事会制度从设置至今,在公司治理中发挥的作用有限,是"三会一层"中最薄弱的环节。甚至有些学者直言我国现行公司治理体系下的监事会形同虚设,看似周到的制度安排实属纸上谈兵。①

笔者进行了裁判文书检索,1993 年《公司法》颁布至 2022 年可公开检索到监事会作为当事人的诉讼案件共 35 件,分别是 2011 年 1 件、2012 年 1 件、2014 年 4 件、2015 年 7 件、2016 年 4 件、2017 年 6 件、2018 年 10 件、2019 年 1 件、2020 年 1 件,2021 年、2022 年未见相关案例。其中,一审案件 23 件、二审案件 9 件、再审案件 3 件。案由中 29 件为损害公司利益责任纠纷、1 件公司证照返还纠纷、1 件损害股东利益责任纠纷、1 件请求变更公司登记纠纷、3 件其他与公司有关的纠纷。而 1993 ~ 2022 年与公司有关的纠纷有 4 万多件,其中损害公司利益纠纷有 400 多件。综观上述案件数据,2018 年全国有多达 6000 多件与公司有关的民事纠纷案件,而由监事会发起的诉讼仅有 10 件,2018 年还是案件数量最多的一年。上述数据已经充分体现了监事会在司法实践中运用监督职能的实际情况,也侧面反映出监事会在中国公司治理架构中发挥主观能动性的现状。对于中国公司的监事会制度发展的局限性,归纳其原因,笔者认为主要有如下几点。

(一)监事任职的局限性,导致监事会缺乏独立性

现行《公司法》明确规定,非由职工代表担任的监事由股东或股东会选举和更换,并决定其报酬;非由职工代表担任的监事多是大股东利益的代表,而董事会也同样是大股东利益代表,最终导致监事会无法对董事会起到实质上的制约作用。而职工监事虽然是由职工代表大会选举产生,但首先,职工监事本身在监事会中的人数有限,无法在监事会表决中发挥决定性作用;其次,职工监事是被公司聘用员工,其工作岗位、薪酬都是由高管层确定,不能充分发挥对董事会和高管层的监

① 参见郭雳:《中国式监事会:安于何处,去向何方?——国际比较视野下的再审思》,载《比较法研究》2016 年第 2 期。

督作用。

(二)监事专业性薄弱,无法真正发挥监督职能

虽然2015年中国上市公司协会发布的《上市公司监事会工作指引》中对监事的任职资格进行了规定,明确建议监事应由具有法律或会计等相关领域专业知识和工作经验的人员来担任,并且对监事会的调查权和调查方式进行了具体的规定。但中国公司监事的任职现状,多数是缺乏专业知识和能力,对企业业务、实际经营情况和业绩根本不了解,从而无法有效地发挥监督或建议的作用。

(三)现有立法体制对于保障监事会有效行使职权的配套机制缺失

对于监事会来说,获得信息权,以及对董事会的人事任免权、薪酬决定权、工作安排权及特定业务的同意保留权等,是对董事会及高管层的经营管理行为实施合格监督的前提条件。只有在被赋予法定职权之外的履职保障性权力之后,监事会才能获得相对于董事会和公司高管的超然的独立性,或者具备实施有力监督的权威性,才能使其真正成为董事会的上位机构。① 现行立法体制并没有对监事会的具体人员组成、监事任职资格等作出明确规范,更没有授予监事超脱于董事会的权威,反而处处受限。例如,有规定监事有聘请中介机构审计等权限,但是聘请费用的审批权又回转高管层;又如,虽然规定了监事可以列席董事会等会议,但在董事会会议上监事却没有发表观点和意见的权利。中国公司监事会根本无法真正有效地发挥监督职能。

(四)监事勤勉履职的问责制度并不完善,并无有效的问责机制督促监事尽责履职

中国的公司法并没有设立监事会和监事的履职监督机制,对于监事的监督仅限于关联交易的禁止以及不能收受贿赂等。至于监事是否怠于行使职权并没有相应的规范和制度。如果对于监事及监事会如何履行职权既无有效的监督又无严厉的罚则,那么处于股东会和董事会夹缝中的监事会没有动力去勤勉履职也成

---

① 参见杨大可:《中国监事会真的可有可无吗?——以德国克服监事会履职障碍的制度经验为镜鉴》,载《财经法学》2022年第2期。

为一种常态和惯例。

五、对中国的监事会制度发展的思索

从中国《公司法》的修订草案来看,立法者并不是放弃监事会制度,而是向其他国家借鉴了更灵活有效的监督机制,在董事会中引入审计委员会来行使监事会的审计监督职能,但这还不能完全取代监事会其他的监督职能。在《公司法(修订草案三次审议稿)》中,有关监事会的总体规定不仅与现行《公司法》基本保持不变,同样强调了监事会是公司的监督机构,还在第 80 条①中增加了监事会可以要求董事、高级管理人员提交执行职务的报告的规定。中国公司监事会制度需要变革,走出困境,寻找更切合中国实际的发展之路。

(一)进行制度革新,改变监事任职的限制,提高监事会地位等,使监事制度设计更合理

脆弱的制度设计、虚化的机构和疲软的人员是导致监事会监督不力的根本原因,走出困境的方向是通过完善立法,妥善处理独立董事与监事会二者关系,进一步提高监事会地位,强化其监督权限及手段,并保障监事任职前的独立性②。对监事会制度进行修订和完善,考虑对监事的任职可以进行限制,如为保障其履职的公允性和其精力充沛,设定监事兼职公司的限制,规定不能同时在 5 家以上公司兼任监事等;也可以考虑建立监事会对董事会某类议案或经营管理中某类业务的同意保留机制;探索监事会对董事会、高管层的人事任免权和薪酬决定权,以提高监事会在公司治理架构中的地位;加强监事会的信息权,获取准确及时全面的信息是监事会有效履职的关键;还可以通过对监事的义务设定赋予其履职的动力。

(二)由内部审计人员担任监事会成员,增强监事的专业性和履职能力

对于广大中小型企业来说,可能没有能力在董事会层面设立审计委员会,但

---

① 《公司法(修订草案三次审议稿)》第 80 条规定:"监事会可以要求董事、高级管理人员提交执行职务的报告。董事、高级管理人员应当如实向监事会提供有关情况和资料,不得妨碍监事会或者监事行使职权。"

② 参见刘俊海:《新公司法的制度创新:立法争点与解释难点》,法律出版社 2006 年版,第 387 页。

是可以考虑由内部审计人员来担任监事。由内部审计人员担任监事可以将业务层面的监督职能和高管层面的监督职能进行融合。对于监事会来说,内部审计部门可以凭借其对企业经营状况的全面了解、接触的财务信息及其具有的专业能力,帮助监事在董事会、股东大会上提出较为合适的意见和建议,出具较为合理的报告;监事会也可以利用内部审计报告对公司更深入地了解和判断,并通过监督机构间业务上的监督指导,缓解信息不对称。①

(三)充分发挥监事会在现代公司合规体系建设中的积极作用

在中国公司的发展进程中,企业合规的重要性与日俱增。监事会也应充分发挥其在公司合规体系建设中的特定职责。在公司治理合规建设中,监事会自身是合规体系建设的一环,同时也是监督董事会和管理层合规履职的机构,不仅需要监督董事会和管理层的程序合规、决议内容合规,还要对董事、管理层的职务行为合规进行监督。因此,监事会的监督是公司治理合规体系建设中的重要防线,积极发挥其在公司合规体制中的能动性,事先预防,有效监督,更有利于公司健康良性发展,并在市场竞争中立于优势地位。

结　语

各国公司法运行的环境,即经济制度和法律结构,本身越来越统一。随着资本市场的发展,标准模式在其理念和竞争上的优势即使在法学界也将变得无可争议。并且随着股东至上的价值目标被政治家们所接受,公司治理的法律和实践在许多方面的融合肯定也会随之而来②。目前,《公司法(修订草案三次审议稿)》正在征求意见中,立法修订的趋势也体现出我国立法者在结合中国实践过程中向各国法律结构的学习和借鉴。监事会制度的改革也进一步成为法律界关注和讨论的热点问题,监事会的作用在中国公司治理架构中逐渐淡化,长久以来,监事会在公司治理实践中不能充分发挥权力制衡的有效监督作用。但是根据近 30 年的中国公司治理架构已经形成的中国企业文化和特点,加之监事会本身仍然有其监督

① 参见黄彤:《监事会、审计委员会与内部审计:功能定位与职责划分》,载《财贸研究》2004 年第 4 期。

② 参见[美]弗兰克·H. 伊斯特布鲁克等:《公司法的逻辑》,黄辉编译,法律出版社 2016 年版,第 431～435 页。

职能落实与完善的路径,相信通过对当前监事会独立性与专业性缺失等问题的解决完善、职工监事的制度保障,以及设立对监事的履职问责制度等,监事会制度也将在中国公司治理发展进程中继续发挥积极的作用。

公司解散纠纷的实务难点解析

麻方亮　丁晓涵*

我国公司法关于司法解散的立法本意是更有效地救济保障股东利益，防止经营管理发生严重困难的公司继续存在而使股东利益受到更大损失，解散公司不仅是相关公司中小股东的诉权，也是确保全体股东早日摆脱痛苦，各奔前程的福音。但公司"司法解散"并不是一个万能口袋，由于我国目前仅在《公司法》第182条及最高人民法院《关于适用〈中华人民共和国公司法〉若干问题的规定(二)》第1条中对公司司法解散的相关事项进行了规定，而上述规定对于公司经营管理发生严重困难的界定又不够明确，导致实践中股东想寻求司法解散并不是想象中那样容易。

笔者团队在2021年承办过一起公司解散纠纷案件，在该案件中，由于现有公司股东的资格系从原始股东继受取得，股东之间不存在人合性基础，且现有股东之间长期冲突，无法形成有效的股东会决议，公司经营管理已经停滞。同时，公司的章程规定对于公司重大事项表决权为全体通过，天然存在表决解散僵局的可能性。该案历经立案受理、实质审理及申请强制清算等程序难关，最终得到了法院判令公司解散的生效文书，并在后续由法院指令清算组进行了强制清算，公司严格依法依规退出了市场经营。笔者团队在办理这种事实较为清晰、股东关系较为简单的公司解散案件中尚能感受到一定难度，若是实务中遇到案情较为复杂的案件，在判断是否属于法律界定的司法解散范围时则更加困难。故笔者从实务角度

---

* 麻方亮：山东德衡律师事务所合伙人、德衡公司业务中心副总监，山东德衡(西海岸)律师事务所执行主任。

丁晓涵：山东德衡(西海岸)律师事务所执业律师。

出发，以公司司法解散之实体审理部分的难点为视角，针对公司司法解散纠纷中的几个焦点问题进行分析，以期对实务工作有所裨益。

一、诉请公司司法解散的条件

"公司僵局"的概念源于英美判例法，是对公司内部矛盾极端化的一个描述性概念，表明封闭公司发现自己处于死亡状态且无能为力。我国《公司法》采用概括式的立法模式，原则性地规定了公司司法解散的条件，具体包括四点：(1)持有公司全部股东表决权10%以上的股东提起诉讼；(2)公司经营管理发生严重困难；(3)继续存续会使股东利益受到重大损失；(4)通过其他途径不能解决。最高人民法院《关于适用〈中华人民共和国公司法〉若干问题的规定(二)》第1条进一步明确了股东请求解散公司诉讼中原告的持股比例要求和如何认定公司"经营管理发生严重困难"的情形：(1)公司持续两年以上无法召开股东会或者股东大会，公司经营管理发生严重困难的；(2)股东表决时无法达到法定或者公司章程规定的比例，持续两年以上不能做出有效的股东会或者股东大会决议，公司经营管理发生严重困难的；(3)公司董事长期冲突，且无法通过股东会或者股东大会解决，公司经营管理发生严重困难的；(4)经营管理发生其他严重困难，公司继续存续会使股东利益受到重大损失的情形，即股东在向法院提起解散诉讼时，需要向法院举证证明公司出现上述情形，这些情形在法理上通常称作出现"公司僵局"。

除上述司法解释规定的前三种情形外，"经营管理发生其他严重困难"的第四类兜底性情形也值得关注，并可以进一步归纳为以下三种情形。

(一)股东之间的人合性基础彻底坍塌

人合性是有限责任公司不可或缺的信用基础，以及让公司得以良性运营的基础，一旦丧失了人合性，公司往往处于瘫痪或半瘫痪状态。从司法实践来看，许多公司的解散和纠纷都起源于人合性的破裂，如笔者团队办理的青岛某公司解散纠纷案件，起因就是原始股东去世后，股权发生继承，继受股东之间本身即不存在人合性基础。

(二)公司设立的目的不能达到

最高人民法院2021年第1期的公报案例中的吉林某金融控股集团股份有限

公司与吉林省金融资产管理有限公司、宏运集团有限公司解散纠纷案即为公司的经营资金被其大股东单方改变用途作为贷款出借且长期无法收回，导致公司批量收购、处置不良资产的主营业务无法正常开展，也使公司设立的目的落空，公司经营发生严重困难，最终法院判决支持解散公司。

（三）多项股东权利的复合性侵害

很多公司僵局的出现都源于其章程中不合理的治理结构安排，以及股东对于资本多数决的滥用。股东权利的复合性侵害在学理上又被称为“股东压制”，是指资本多数决规则下多数股东利用优势地位欺诈、排挤、损害少数股东的现象。我国《公司法》及相关司法解释没有明确股东权利的复合性侵害，也没有将其列为解散事由，并且最高人民法院《关于适用〈中华人民共和国公司法〉若干问题的规定（二）》第1条第2款还规定，“股东以知情权、利润分配请求权等权益受到损害，或者公司亏损、财产不足以偿还全部债务，以及公司被吊销企业法人营业执照未进行清算等为由，提起解散公司诉讼的，人民法院不予受理”，即对于单项股东权利的侵害可以以股东知情权、利润分配请求权受到损害为由另行起诉，其权利也能得到保障。

但是，实践中的情况一般更为复杂，大股东利用其优势地位，不仅侵害其他股东的单项权利，亦有极大概率是对股东多项权利的复合性侵害。这种情况下，法院根据上述司法解释通常还是会判令股东通过单项诉讼路径逐个求得救济，如在上海某公司等与北京某公司公司解散纠纷案中，法院认为，如上海某公司认为其表决权、知情权、分红权等某种具体股东权利受到侵害，我国现行法律体系提供了决议撤销或无效之诉、知情权诉讼、股东代位诉讼、股权回购等相应的救济程序，故未能支持公司解散。但是，若股东在多项权利共同受到损害时逐一采取上述救济程序，既不能从根本上解决问题，也要付出更多的成本。因此，当股东能够举证证明其多项股东权利受到侵害的，也应该列为可以诉求司法解散的事由之一。

二、公司解散纠纷的实务难点

虽然我国公司法对公司解散事由进行了界定，但现实生活永远比法条设计得更为复杂，法条不能包罗万象。由于司法解散受理案件的条件严格且操作程序复杂，再加上实务中具体案件出现的各种现象、情况各异，实际情形是否属于法律的界定范围仍存在判断困难，并因此出现了司法裁判不统一的情况。

通过办理该种案件以及查阅类案判决，笔者发现，公司解散纠纷的实务难点包括如何判断“经营管理发生严重困难”“公司继续存续会使股东利益受到重大损失”“通过其他途径不能解决”，其中前两个问题更是重点所在，存在法官自由裁量权与公司独立商业判断的冲突。由于法律规定不明确，给予法官自由裁量权是必要的，但是同时又不能以司法判断取代商业判断，否则容易导致司法权力对公司自治权利的粗暴干涉。

（一）如何界定“经营管理发生严重困难”

“经营管理发生严重困难”，是指“管理困难”（决议僵局）与“经营困难”（经济效益恶化）的同时兼备，并且“管理困难”占绝大部分原因，背后是封闭性公司股东间的人合性基础崩塌所导致的治理失灵。判断公司是否“经营管理发生严重困难”的难点在于“经营管理发生严重困难”并非仅凭单方面原因就能证明的，需要综合公司的权利运行机构、权利执行机构、公司的日常经营管理状态等多方面情况进行分析。具体的难点如下：

1. 公司是否处于盈利状况并非判断公司经营管理发生严重困难的必要条件。

根据山东省高级人民法院民二庭《关于审理公司纠纷案件若干问题的解答》第 13 条规定：“……判断公司的经营管理是否出现严重困难，应当从公司的股东会、董事会或执行董事及监事会或监事的运行现状进行综合分析认定，公司是否处于盈利状况并非判断公司经营管理发生严重困难的必要条件。公司经营管理发生严重困难的侧重点在于公司管理方面存有严重内部障碍，如股东会机制失灵、无法就公司的经营管理进行决策等，不应片面理解为公司资金缺乏、严重亏损等经营性困难。”若公司虽然仍在盈利，但是公司管理方面存有严重内部障碍，最终将导致公司的人合性彻底崩塌，股东之间无法就公司的经营管理进行决策，也应该判令解散。

2. 仅股东会或董事会发生运行困难，但公司日常经营能正常运行的，也不能仅以此认定公司经营管理发生严重困难。

根据广西壮族自治区高级人民法院民二庭《关于审理公司纠纷案件若干问题的裁判指引》第 16 条的规定，即使股东会或董事会发生运行困难，但执行董事或经理层等仍然能够正常作出经营管理指示，使公司日常经营实际上也能够正常运行时,不认定为公司经营管理发生严重困难。即公司应当同时存在公司内部机关(股东会或董事会)僵局以及日常经营完全瘫痪,方符合“经营管理发生严重困难”的要件。

3. 股东因与其他股东分歧而被排斥参与公司日常管理的,不必然意味着公司经营管理发生严重困难。

近现代企业有一个突出的特点,就是所有权和经营权两权分离。公司股东作为企业所有者基本上属于单纯的“资本提供者”,通常缺少公司经营所需要的专业知识和经验,其需要选拔具有专业经营才能的经营者代为经营公司,即公司股东的股权并不当然包含管控公司的权能,某些股东无法参与日常管理的情况属于股东之间的自治范畴。如果某股东的单项权利(知情权、分红权等)受到侵害,而非本文论述的多项权利的复合性侵害的,则需要通过其他法律救济途径进行解决,但无法直接请求解散公司。

(二)如何界定“继续存续会使股东利益受到重大损失”

“继续存续会使股东利益受到重大损失”是对“公司经营管理发生严重困难”的进一步的界定,也是解散公司的必要条件。若公司经营管理发生严重困难,但没有给股东造成利益损失的,即无法诉请解散公司。关于这点,需要关注的重点如下:

1. 根据文义解释,股东需要证明的是其权益与权利受到双重侵害,而非仅是权利受损。

并且结合前文已经论述过的,如果股东某项具体权利受到损害的,可以通过单项诉讼求得救济,一般而言,股东利益受到重大损失是指股东利益遭受整体损失。与此同时,对股东利益损失的判断更多的是侧重对未来的预测,而非具体、直接的损害,是股东预期的利益损失。故有学者总结称:股东利益受到损失是股东的利益将来、可能、间接、整体、全面遭受的损害。股东利益与其投资价值挂钩,若股东利益受损,将导致股东的期待利益落空,背离了股东投资的初衷,最终会使公司走向灭亡。

2. 公司正常商业活动中的亏损不能简单归结为股东利益受损,即公司利益减损并不等同于给股东造成了损失。

公司处于亏损状态是判断“公司继续存在会导致股东利益受损”的重要依据,

但并非必然依据。公司亏损一般是指企业在一定时期内入不敷出,即全部收入不足以抵补全部支出。即使企业经营亏损,在股东会等权力机关运行顺利、日常经营正常运行的情况下,公司可以通过其他方式解决亏损问题,如改变经营方针或政策,并非要走入公司解散这一步。当然,对于起诉时仍处于盈利状态的公司解散案件,法官的裁量会更加慎重,不能简单以公司仍盈利而断定不会给股东利益带来损害,反之亦然。

3. 需要证明股东利益受损失的程度达到“重大”,才有可能解散公司。

对于“严重”的判断,并不存在统一的量化标准,是法官自由裁量的范围,公司经营亏损是通常的表现形式,但并非唯一也不是必备的因素,需要法官在个案中根据具体情景进行解释及自由裁量。有关“重大损失”的判断标准,笔者认为,可以参照我国《公司法》第 4 条、第 43 条、第 74 条等的规定。

(三)如何证明“通过其他途径不能解决”

“通过其他途径不能解决”是法院判定股东之间矛盾是否已经不可调和的标准之一。鉴于解散公司在结果上的终局性、不可逆转性,立法者希望各方股东通过公司自治或者自行协商等方式解决争议,保护公司的稳定和存续,防止中小股东滥用司法解散制度,同时也可让法院对于解散公司诉讼程序的启动采取较为谨慎的态度。作为诉请公司解散的条件之一,法院在审理案件过程中通常都会将“通过其他途径不能解决”当作裁判解散公司的实质要件,要求原告在审理中举证自己“通过其他途径不能解决”诉争纠纷,如果原告不能证明这一点,则案件将面临被驳回的风险。

最高人民法院《关于适用〈中华人民共和国公司法〉若干问题的规定(二)》第 5 条第 1 款规定:“人民法院审理解散公司诉讼案件,应当注重调解。当事人协商同意由公司或者股东收购股份,或者以减资等方式使公司存续,且不违反法律、行政法规强制性规定的,人民法院应予支持。当事人不能协商一致使公司存续的,人民法院应当及时判决。”最高人民法院《关于适用〈中华人民共和国公司法〉若干问题的规定(五)》第 5 条则对于公司协商方式做了更进一步的明确,包括公司回购、股权转让、公司减资及公司分立等能够解决分歧,恢复公司正常经营,避免公司解散的方式。依据山东省高级人民法院民二庭《关于审理公司纠纷案件若干问题的解答》第 13 条的规定,“其他途径”主要是指非诉方式,如自行协商、行业调解、人民调解等。为了贯穿对公司解散的谨慎性，同样也从侧面说明公司解散的难度，在公司解散纠纷的案件进入法院后，法院在实质审理前也都会组织调解，并且在支持解散的判决书中，法院通常也会写明“在审理过程中主持多次调解失败”等类似文字以佐证法院对该问题已经进行实质审理。

三、公司解散与清算的衔接问题

解散和清算是两个完全独立的法律程序，公司解散是公司主体注销的前置条件和程序，公司走向最终消亡还需要经过清算程序。鉴于公司解散后股东的各项权益及公司的债权债务问题还悬而未决，公司在解散后必须经过清算过程，这既是保障公司股东利益，又是确保债权人合法权益必不可少的步骤。

关于公司清算，根据公司资产能否清偿公司债务，可以区分为破产清算和解散清算，破产清算按规定适用《企业破产法》的规定，而解散清算又细分为自行清算和强制清算两种。按照我国《公司法》的相关规定，股东应当在公司出现解散事由之日起 15 日内组织清算。股东必须重视其清算责任，特别是中小股东，可以根据公司实际向大股东提出清算要求、在控股股东拒绝组织清算时及时向法院申请强制清算等，以厘清自身责任。自行清算由股东自行进行，但通常来讲，经过解散诉讼的公司的股东之间已经丧失基本的人合性，股东之间协商能够自行解散的可能性较小，甚至股东之间无法就清算条件达成一致也是导致公司出现僵局的常见情形。故在公司解散后，仍需要股东或债权人继续提起强制清算申请，由法院指令清算组进行强制清算，依法核查欠缴税款、员工工资及各项债权债务，妥善清偿后退出市场。

结　语

根据前文所述，公司僵局产生最重要的原因就是管理僵局，这通常也表现为公司的决策僵局。关于决策僵局，公司可以提前合理设置股权结构的方式进行预防，如合理设计股东会的表决通过规则、在公司章程中预设公司僵局情况下的运营管理机制、合理设定公司强制回购异议股东股权单价的计算方式等。

当然，股东的解散请求权是股东的一项重要权利，在公司发生管理僵局，股东的权益将受到严重侵害，但又不能通过转让或者减资退股的方式自行救济时，就只能行使该权利要求解散公司来退出。否则股东的股份长期被套牢，其投资权益和目的便会落空，投资的积极性便难以为继。但鉴于股东解散的认定有比较严格的条件，故建议股东在启动公司解散之诉前务必做好充足准备，详细审查《公司法》规定的构成要件是否均已满足，本文论述的难点是否均已解决。切勿匆忙启动诉讼，以免遭受败诉的后果。

经过公司解散诉讼能够让已经停运的企业，特别是“僵尸企业”安全地、稳定有序地退出市场经营，这既保护了投资者的合法权益，减少了投资者损失，也对维护社会稳定起到了重要作用。故对公司司法解散诉讼有必要进行深入研究，找到实务难点并加以解决，才能真正维护公司及股东的合法权益。

参考文献

1. 刘俊海：《现代公司法》，法律出版社 2011 年版。
2. [美]R. W. 汉密尔顿：《公司法》，刘俊海、徐海燕注，中国人民大学出版社 2001 年版。
3. 李建伟：《公司诉讼类型化专题 24 讲(一)：公司大数据实证分析与裁判规则评述》，法律出版社 2021 年版。
4. 蔡滢炜：《解散公司诉讼中的司法考量》，载金诚同达律师事务所网 2022 年 1 月 18 日，https://www.jtn.com/CN/booksdetail.aspx? type = 06001&keyid = 00000000000000005883&PageUrl = majorbook&Lan = CN。
5. 蒋大兴：《公司法的观念与解释Ⅲ——裁判逻辑 & 规则再造》，法律出版社 2009 年版。
6. 唐青林、张德荣、李斌编著：《公司保卫战：公司控制权案例点评与战术指导》，中国法制出版社 2017 年版。
7. 刘莉：《浅析公司解散清算实务中八大焦点问题》，载法律图书馆网 2009 年 6 月 11 日，http://www.law-lib.com/lw//lw_view.asp? no = 10001。

有限责任公司股东除名制度研究

于卫东*

一般认为,为满足中小企业的现实需求,德国立法者吸收无限公司和股份公司的制度优势,创设了有限责任公司。① 所以,有限公司自带人合性与资合性双重基因。有限公司股东间往往彼此熟悉和了解,相互信任和依赖。股东间这种亲密互赖的合作关系,深刻影响着有限公司的设立、存续和发展。《公司法》对有限公司的人合性保护全面,然而,笔者认为,立法者忽略了既有股东内部纷争的有效解决之道。放眼域外,许多国家和地区对于解决有限公司人合性危机均设立了股东除名制度。公司将失去其他股东信任的股东驱离公司,以恢复股东间和谐稳定的健康状态,达到自我治愈的效果。对此,我国公司立法可以借鉴。

一、股东除名制度的基本原理

(一)股东除名的概念和特征

所谓股东除名,是指有限公司出于对其他股东或公司整体利益的维护,根据法律规定或者章程约定或者经法院裁决确认的事由,依照法定的程序,将“离心股东”的股东资格强制剥夺,使其从公司退出的法律制度。② 在此,“离心股东”指代满足一定条件而被除名的有限责任公司的股东。股东除名制度有如下法律特征:

---

* 于卫东:北京德和衡律师事务所联席合伙人。

① 参见赵旭东主编:《公司法学》(第4版),高等教育出版社2015年版,第27页。

② 参见汪晨:《驱逐有限责任公司的“离心股东”——以构建股东除名制度为核心》,载《证券法苑》2011年第2卷。

1. 股东除名具有人身性

股东资格相对于公司而言,并依存于公司,体现出人身特征。而解除股东资格是对股东身份或地位的剥夺,并未直接涉及财产内容。

2. 股东除名属于单方法律行为

通说认为,股东除名权属于形成权。这意味着,解除离心股东的股东资格完全由公司单方决定,自主行为,无需对方积极配合与协助。

3. 股东除名具有强制性

股东除名是公司行使形成权的法律后果,无视被除名股东之意愿,无需征求其同意与否。

4. 股东除名具有惩罚性

公司作为社团,有权从维护自身及所有股东的共同利益出发,对其成员进行惩处。① 股东除名是一种典型的社团罚,属于最为严厉的内部处罚措施。②

5. 股东除名具有要式性

股东除名属于团体法范畴,是违背被除名股东意志的公司单方强制行为,所以要求遵守严格的程序规则。

(二)股东除名制度的价值分析

作为一种应对公司内部结构性矛盾的化解机制,股东除名制度具有自己突出的功能或价值定位。

1. 维护公司人合性基础

有限公司股东除名适用的一般前提是公司离心股东的行为或原因致其他股东对其丧失信任,使公司的人合性基础遭到破坏。在此情况下,通过股东除名,将不受信任的离心股东驱逐出公司,自公司内部化解股东间的冲突和矛盾,其结果无疑能使股东间的关系回复稳定和谐之状态。对公司人合性的维护,是股东除名制度的基本功能和价值体现。③

---

① 参见[德]卡尔·拉伦茨:《德国民法通论》,王晓晔等译,法律出版社 2003 年版,第 228 页。

② 参见蒋大兴:《社团罚抑或合同罚:论股东会对股东之处罚权——以"安盛案"为分析样本》,载《法学评论》2005 年第 5 期。

③ 参见杨君仁:《有限责任公司股东退股与除名》,台北,神州图书出版有限公司 2000 年版,第 117 页。

2. 维持公司的存续和价值

当因离心股东缘由公司出现面临解散风险的治理僵局时,可通过驱逐离心股东替代公司解散,从而保障其他股东继续经营公司的权益,使公司得以存续并保全其价值。

3. 保护股东和公司整体利益

此为股东除名制度的立法初衷之一。公司有离心股东违反法定或章程规定的义务,其直接后果就是损害了公司和股东的整体利益。除名规则对股东来说无疑具有警示和威慑作用。即使将其除名,也可以通过财产责任追究,实现对公司和股东损失的补偿。

4. 资本维持功能

公司资产包含实缴资本。实缴资本也是公司成立时唯一的财产来源,其直接关系公司独立人格的形成。如公司有权将严重违反法定或章定出资义务的股东除名,一方面,可以通过制度威慑,督促其主动履行出资义务;另一方面,也可以通过对这一规则的具体实施,将资本漏洞及时补足,从而达到资本维持的目的。

二、有限公司股东除名正当性基础

除名制度肇始于无限公司和两合公司等商事组织,而后逐步为有限责任公司所吸收借鉴。就有限公司股东除名的正当性与合理性问题,可做如下分析。

(一)出于对有限公司人合性的维护

有限公司人合性特征显著。其股东人数相对较少,股权集中度高,而所有权与经营权分离程度低,股东往往亲自参与公司的经营和管理。股东间关系对公司有效治理与有序运行起到非常关键的作用。公司设立时的发起人往往是亲朋挚友,彼此之间志同道合,互信互赖。正是基于这种情感上的紧密联系,全体发起人结盟设立有限公司作为共同的创业或投资平台。公司成立后,其内部和谐稳定的局面也高度依赖这种信任关系的稳固与持续。反面观之,一旦公司股东间信任基础丧失,往往陷入纷争和内耗,最终会严重威胁公司的生存和发展。通过驱逐引发内部信任危机的罪魁祸首,在一定条件下,可以帮助公司从其内部化解股东冲突,回复其稳定和谐的圆满状态,以满足基本的人合性要求。

(二)符合商法对效率价值的追求

美国经济学家R. H. 科斯在《社会成本问题》一文中指出,“能使交易成本最小化的法律是最好的法律”。商事法律制度的设计,就其价值取向,既要强调公平,也要兼顾效率。为解决有限责任公司的股东退出问题,我国《公司法》设置了股权转让、股权强制回购以及强制解散制度等。虽然不同制度均有其特定的适用范围和前提,但不可否认的是,在特定情况下,可以彼此替代。当有限责任公司出现离心股东,其行为后果同时满足各项制度的适用条件时,哪一种选择更经济呢?

1. 其他股东选择以股权转让方式退出公司

如股权内部转让无望,股东对外转让股权则要克服《公司法》关于股权对外转让的限制。虽能克服,但在公司股东内部冲突的背景下,受让人为规避潜在风险,可能望而却步。即使同意受让,成交的价格又可能被刻意压低,使出让人无法按股权的真实价值获取回报。另外,其他股东退出公司,无疑是将公司既有价值留给了始作俑者——“离心股东”,出现劣币驱逐良币的不经济后果。

2. 其他股东通过股权回购实现退出

《公司法》确立的股权强制回购条件过于严苛,股东依其规定实现退出的程序烦琐,难度极大。另外,诚信股东通过股权回购消极退出公司同样将公司多年积累的经营成果和价值留给离心股东,而诚信股东的利益却未获充分有效的保护。

3. 股东诉请强制解散公司

公司强制解散是处理公司内部纠纷的终极手段,破坏性最强。其后果是玉石俱焚。包括商誉、专有技术等长期积累的公司商业价值将毁于一旦。[①] 股东因此丧失创业平台,员工则失去就业机会。更有甚者,地方经济亦因之受损。强制解散公司牵连甚广,违背了优胜劣汰的市场竞争法则,是对社会资源的极大浪费。

通过对上述股东退出机制的分析不难发现,其结果要么是负有责任的离心股东受益,而诚信股东却遭受损失;要么是诚信股东与离心股东两败俱伤,并殃及无辜。而驱逐离心股东,则可以帮助诚信股东摆脱内部困境的同时,还得以维持其对公司的经营管理,同时通过继续存续保全了公司的既有价值,无疑是最优的制度选择。

---

① 参见张民安:《公司法的现代化》,中山大学出版社2006年版,第362页。

三、我国有关除名制度立法概况

《合伙企业法》第 49 条明确规定了合伙人除名制度,并就合伙人除名事由、决议机制、通知程序、除名生效及异议诉讼等进行了较为详尽的规定。

我国《公司法》自 1993 年公布实施,虽经历次修改,至今未确立股东除名制度。原对外经济贸易部、原国家工商总局 1988 年 1 月 1 日公布的《中外合资经营企业合营各方出资的若干规定》第 7 条的规定[①]虽然没有采用“解除股东资格”或“除名”等文字表述,但其法律效果与股东除名并无实质差异,所以该项规定可视为股东除名制度的雏形。[②]

2011 年 1 月,最高人民法院《关于适用〈中华人民共和国公司法〉若干问题的规定(三)》(以下简称《公司法若干问题规定(三)》)发布。第 17 条在法律适用层面上首次确立了股东除名制度。[③] 其赋予公司将符合条件的既有股东驱逐出公司的权利,对完善有限责任公司股东退出机制无疑具有积极意义。

该条司法解释的主要内容包括:(1)除名适用范围限于股东出资领域;(2)除名适用的前提包括股东未出资或抽逃全部出资两种情形;(3)除名前公司应予催告;(4)将股东除名须由股东会作出决议;(5)被除名股东对除名行为有异议可诉诸法院;(6)被除名股东欠缴或抽逃的出资应由公司安排其他股东或外部第三人缴纳,或由公司办理减资程序;(7)被除名股东出资责任不随除名而立即免除。

该条司法解释虽然包含了股东除名的各项核心要素,但局限性极为明显:(1)其适用范围狭窄;(2)除名事由过于简单且严苛;(3)实践中极易被规避,难以发挥价值实效;(4)程序规定过于粗糙等。笔者认为,该条解释并无意从除名制度本身进行制度构建,其制定的直接目的是基于资本信用理念,为了维护公司资本充实,完善股东出资责任而进行的制度设计。其价值和功能并非出于对公司人合

---

① 《中外合资经营企业合营各方出资的若干规定》第 7 条第 1 款规定:“合营一方未按照合营合同的规定如期缴付或者缴清其出资的,即构成违约。守约方应当催告违约方在一个月内缴付或者缴清出资。逾期仍未缴付或者缴清的,视同违约方放弃在合营合同中的一切权利,自动退出合营企业。守约方应当在逾期后一个月内,向原审批机关申请批准解散合营企业或者申请批准另找合营者承担违约方在合营合同中的权利和义务。守约方可以依法要求违约方赔偿因未缴付或者缴清出资造成的经济损失。”

② 参见叶林:《公司股东出资义务研究》,载《河南社会科学》2008 年第 4 期。

③ 最高人民法院民事审判第二庭编著:《最高人民法院关于公司法解释(三)、清算纪要理解与适用》,人民法院出版社 2011 年版,第 271 页。

性的保护。该条司法解释无法充分满足我国公司治理实践的客观需要。所以,从立法层面有必要正式构建这一制度,以完善我国有限责任公司股东冲突解决机制,并借以打破公司的“封闭性困境”。

四、我国有限公司股东除名规则构建

股东除名对公司、股东、债权人等利益相关者皆会产生深远影响,存在不同权利主体的利益突。所以公司立法在对股东除名制度进行构建时,要兼顾公平与效率,充分考虑各方面的利益,维持个体利益与团体利益的平衡。具体规则的设计,则要立足我国的商业实践,并合理借鉴域外成熟的立法和实务经验,以充分发挥其制度功能。具言之,完整的除名规则构建,包括实体规则和程序规则。其具体内容必然涉及除名权主体的明确、除名范围和事由的确定、除名程序的规范、权利救济的设置等内容。

(一)股东除名实体规则的构建

1. 股东除名权的行使主体

股东除名权由谁具体行使,是股东除名规则构建的基础性问题。学界主流观点认为,股东的除名权的行使主体为公司。根据《公司法若干问题规定(三)》第18条的规定,最高人民法院也认同由公司解除股东资格的权利主体地位。

按团体法理论,通过分析公司的人格特征及其内部存在的多层主体关系,笔者认为,股东除名权的形式主体或法律层面的主体为公司,表现为公司享有的形成权,但实质上的权利主体为离心股东以外的其他股东,表现为其他股东的集体防卫权。①

股东除名解决的是股东冲突问题。就团体意思形成角度而言,按照域外立法经验,股东除名应由其权力机关股东会议决。在此决议形成的过程中,体现的是其他股东的集体意志。由此可见,被除名股东的命运实际掌握在其他股东手中,其他股东对其享有“生杀予夺”之大权。所以,被除名股东以外的其他股东享有将离心股东除名的实质性权利。

---

① 参见杨君仁:《有限公司股东退股与除名》,台北,神州图书出版有限公司2000年版,第117页。

但从独立人格角度分析,公司作为独立的法律组织,有其独立意志和行为能力①。股东会就股东除名形成的决议内容最终转化为公司的意思。另外,股东资格相对公司而存在,与公司存有依附关系。可以说,股东资格主要体现的是公司与股东之间的关系。解除股东资格的直接后果也是股东与公司之间相应法律关系的消灭。由此可见,则剥夺股东资格的权利只能由公司来行使。公司享有的股东除名权表现为形式上的或者说是法律上的权利。所以,立法应该赋予公司解除股东资格的权利主体地位。

2. 股东除名的事由

股东除名事由也是适用股东除名的前提。一旦股东被除名,公司内部的股东结构、利益格局以及权力平衡都将相应变动,可谓牵一发而动全身。鉴于此,构建股东除名规则时,应充分考虑和平衡各方之利益,以免顾此而失彼。所以,除名事由应有其正当性与合理性。

在确定股东除名的具体事由前,有必要先确定其适用范围,从而为其权利行使空间划定必要的边界。德国法针对实践中离心股东的具体行为和状态,按照股东违反义务或股东丧失条件两个路径,划分和限定股东除名适用的具体范围;而对于那些纯属股东间个性不和,理念相左,虽导致股东间冲突,但又不能归因于个别股东的情况,则不得作为股东除名制度的适用前提。

股东除名事由须满足"重大性标准"。对此,德国法以"重大事由"作为除名是否正当的司法审查标准。按其公司法学说,如因其个人行为或原因,被除名股东无法为其他股东所容忍,再保留其成员身份将使公司的存续难以为继或遭受真实威胁时,则被除名股东的相应行为或原因即构成"重大事由"。② 对此,我国《公司法》可以借鉴。"重大事由"是就股东除名具体事由的高度抽象,是判断具体事由是否正当的最低标准。但不可忽略的是,这一概念的内涵依然过于模糊和主观。鉴于此,就股东除名制度设计除名事由时,都要根据重大性标准进行筛选确定,并尽可能予以具体列举。按照"重大性标准",综合《公司法》规定的股东义务及公司实践,根据股东违反义务和股东丧失条件的不同路径,可以考虑将以下行为或情形纳入我国股东除名事由体系:

---

① 参见赵万一主编:《商法》,高等教育出版社 2007 年版,第 93 页。

② 参见[德]格茨·怀克、[德]克里斯蒂娜·温德比西勒:《德国公司法》,殷盛译,法律出版社 2010 年版,第 345 页。

(1)股东严重违反出资义务；

(2)滥用股东权利导致公司或其他股东整体利益遭受重大损失的；

(3)控股股东利用关联交易严重损害公司利益的；

(4)股东严重违反竞业禁止义务的行为；

(5)股东侵占、挪用公司财产，侵犯商业秘密，谋取公司商业机会等情节严重的；

(6)股东丧失民事行为能力或长期下落不明，给公司治理造成实质性障碍的；

(7)因公司股权激励而获得股权的管理层成员或员工不符合股权激励方案设定的合理条件和要求的；

(8)章程规定或全体股东约定的，符合重大性标准的其他行为或情形。

股东除名事由的规则渊源可采用法定兼意定双重方式。《公司法》的内容既体现了国家的管理和干预，也贯穿着私法自治的理念。股东除名作为公司自治的内容，其事由除由法律统一规定外，还应允许公司章程在法律限定的范围内自由设定，进行补充。另外，我国有限责任公司治理实践中章程意识普遍淡薄，章程价值未获充分彰显，而股东通过协议治理公司为常态。如公司全体股东通过协议对股东除名事由加以约定，可以视为对公司章程的再补充。只要其内容不违反法律法规的强制性规定，不违背公序良俗，且符合重大性标准，也应该获得法律的认可。

(二)股东除名制度的程序规则

法律制度的构建，不但要保证其实体规则正当、公平，合乎价值追求，还应当对其程序要件进行合理设计和规划，以实现程序正义。股东除名作为公司形成权的内容和后果，更有必要为其设计完备的程序规则，从而将除名行为纳入一个可控的过程，以确保公司内部法律关系的有序变动。

1. 股东除名的前置程序

股东除名是消除不良状态的极端手段。[①] 出于对公司内部稳定关系的维护，如果被除名股东能够自我补救，公司应该给予其改过自新的机会。只要股东能够

---

① 参见[德]托马斯·莱赛尔、[德]吕迪格·法伊尔：《德国合资公司法》，高旭军等译，法律出版社2005年版，第520页。

及时改过,即无将其除名之必要。只有其拒不改正或逾期仍不能改正其行为或回复其应具备的条件,方能说明股东存在的情形已经严重到非除名不可的程度。①

股东除名的前置程序表现为催告程序。具体言之,公司应将离心股东存在符合法定或意定除名条件的具体情形,以书面通知的形式告知该股东,催告其履行相应的义务或消除相应的不利状态。出于对商业效率的追求,公司通知时,应在通知中确定相应的宽限期,要求股东在确定期限内纠正其行为或弥补其缺失的条件。只有离心股东逾期仍不能消除其违法、违章、违约的情形或仍不能满足其应当具备的条件,公司方能正式启动除名程序。

2. 股东除名决议形成程序

股东除名决议形成程序包括决议机关、表决程序等内容。

首先,公司将离心股东除名应由股东会决议。对于公司除名的意思应通过股东会决议形成,已成为学界及实务界的共识。盖因股东除名制度的正当性基础在于维系公司的人合性,而人合性属于股东关系问题,理应由股东来自行决定。另外,公司其他机关,无论董事会还是监事会,均由公司股东会所派生,其成员均来自股东会的选任(不包括员工代表)并对公司股东会负责。从公司内部的权力体系和权力行使逻辑而言,董事和监事无权越级对股东资格或身份进行剥夺。

其次,股东会就股东除名事项进行表决时,应设置表决权回避规则,排除被除名股东的表决权。股东会关于股东除名的决议事关被除名股东的个体利益,其与决议内容存在法律上的直接利害关系。在此情况下,被除名股东理应回避该项表决。另外,股东除名具有一定的强制性,不受被除名股东意思左右。如此,股东会决议时排除被除名股东的表决权也是理所应当之事。②

再次,股东会就股东除名事项表决时,应遵循"人数多数决"。股东除名涉及的是股东彼此之间的人身信任关系,出资多少对其影响甚微。为维护公司人合性,我国《公司法》规定有限公司股权对外转让需由其他股东过半数同意,采用的是人数多数决。而《公司法若干问题规定(三)》规定隐名股东显名,需由其他股东过半数同意,也采用了人数多数决。基于立法原理的一致性,对股东除名也应由其他股东按人头进行表决。但《公司法》对于有限公司股东会表决程序,允许公

① 参见李建伟:《有限责任公司的股东除名制度研究》,载《法学评论》2015 年第 2 期。

② 参见刘德学:《股东除名权法律问题研究——以大陆法系国家的公司法为基础》,中国政法大学 2008 年博士学位论文,第 142 ~ 145 页。

司章程作出与《公司法》不一致的规定。因此,就股东除名的表决机制,也可由公司章程进行合理的自由选择。

最后,就股东除名的股东会决议形成机制应执行绝对多数决。股东除名是对被除名股东身份或资格的强制性剥夺,直接引起公司股东结构变化,可能导致公司注册资本减少。根据其重要程度,《公司法》应将其列为特别决议事项,要求就该事项进行表决时,实行绝对多数决,即由2/3以上的其他股东通过。如果公司章程对此作出更为严格的规定,得允许之。

3. 股东除名的通知程序

公司就股东除名的决议结果,还应履行通知程序。具体而言,股东除名决议生效后,公司应根据决议的内容,在合理期限内,以书面或其他能够确认收悉的合理方式向被除名股东发出除名通知。该通知应当载明除名的事由、除名依据和将股东除名的意思等。通知作为公司行使形成权的意思表示方式,到达被除名股东时方发生除名效力。

五、股东除名的善后事项与司法救济

(一)股东除名的善后事项

股东除名的善后事项主要关涉财产权利和责任。股东除名解决了股东身份,但与出资有关的财产内容未获处理。股东被除名后,与其财产有关的后续事项仍需得到公平解决和处置。总而言之,股东除名可能会牵扯以下三个问题需要解决。

1. 被除名股东名下出资的安排

股东被除名后,即丧失对其名下出资或股权的处分自由,可由公司安排其他股东或其他股东认可的外部第三人受让。对于被除名股东没有缴纳的出资或抽逃的出资应由受让人认缴或实际缴纳;对于被除名股东已经缴纳的出资,应由受让人按照出资对应的实际价值支付对价。如被除名股东的出资无人受让,公司应在合理期限内及时履行法定减资程序。

2. 被除名股东的财产补偿

关于被除名股东的财产补偿问题亦应根据不同情况,以不同方式应对。被除名股东如存在未缴纳出资或抽逃出资的情形,则就其欠缴或抽逃的出资,无获得相应经济补偿的权利,而仅能要求就其实缴出资对应的财产价值由公司给予补偿。就公司向被除名股东补偿的方法和金额,允许被除名股东与公司自由协商确定。如不能达成一致,被除名股东可在法定期限内向法院提起诉讼。对于被除名股东出资实际价值的确定,因无公开市场提供有效的定价机制,在目前情况下,只能通过第三方评估机构评估确定。

3. 被除名股东的财产责任承担

股东被除名,并不能免除其被除名前因违法、违约行为所应承担的法律责任。如离心股东违反法定或章定义务或侵犯了其他股东或公司的整体利益而被除名,被除名后其仍应向其他股东、公司,甚至公司债权人承担相应财产责任。

(二)股东除名的司法救济

作为公司形成权,除名权可能被滥用。由此可见,应赋予被除名股东司法救济权。根据不同情形,被除名股东请求法院进行救济的方式有两个:其一,针对作为除名依据的股东会决议的效力提起诉讼;其二,针对公司除名行为的效力提起异议之诉。虽然二者的最终效果没有本质区别,都可能导致除名效力丧失,但在制度原理、具体规则设计和适用上,仍有差异。

1. 股东会决议效力之诉

将股东除名是公司单方法律行为,涉及公司内部关系的调整。如对其意思表示进行解构,可分解为除名意思形成和对外表示两个环节,①其意思形成就是股东会作出将股东除名的决议。而股东会的该项决议有可能存在效力瑕疵,招致法院否定。该决议一旦被否定,则意味着公司将股东除名的直接依据丧失法律效力,除名相应无效。

我国《公司法》第22条规定了包括股东会决议在内的公司决议无效和可撤销制度。最高人民法院《关于适用〈中华人民共和国公司法〉若干问题的规定(四)》采用三分法,将公司决议效力瑕疵进一步区分为股东会决议不成立、决议可撤销和决议无效三种情形。相应的股东会决议效力之诉可具体划分为股东会决议不成立确认之诉、决议撤销之诉以及决议无效确认之诉。如果被除名股东仅对公司股东会除名决议本身存有异议,而不涉及其他除名要件,则依照现有法律和司法

---

① 参见董安生:《民事法律行为:合同遗嘱和婚姻行为的一般规律》,中国人民大学出版社1994年版,第233页。

解释的规定,根据股东会决议不同的瑕疵情形,可选择向法院提起上述相应之诉。在此需要说明的是,被除名股东请求法院确认股东会决议不成立或无效,并无时效和除斥期间的规定。而被除名股东如请求法院撤销股东会决议,则受法定提诉期间 60 日的限制。

2. 除名行为异议之诉

依据《公司法若干问题规定(三)》的规定,被除名股东有权就除名行为请求法院确认无效。就除名行为有异议,被除名股东应以公司为被告,以确认公司将其除名的行为无效为核心诉求,向法院提起确认之诉。由于除名包括一系列行为或要件,所以法院在审理该类案件中,应根据股东除名的实体和程序要件,就下列事项进行全面审查:(1)除名的事由是否符合法律或者章程规定或者全体股东的约定;(2)所依据的意定事由是否违法或有悖公序良俗,是否符合重大性标准;(3)公司催告义务是否依法或按章程履行;(4)有关除名的股东会决议是否合法成立,是否有效等。上述任一要件存有瑕疵,都可能导致法院对除名行为效力的整体否定。可见,就除名行为异议之诉的审查范围,比之股东会决议效力之诉的审查范围要宽泛许多。

为了避免被除名股东的股东资格长期处于争议和不确定的状态,从而危及公司内部法律关系的稳定,就被除名股东提起的除名行为异议之诉,应设置合理的期限。[①] 该期限作为法定期间,不存在中止、中断或延长情形。被除名股东应在法定期限内提起异议之诉,逾期则法院不予受理或不予保护。我国《合伙企业法》规定,被除名合伙人向人民法院起诉的法定期间为 30 日。《公司法》在设置股东除名救济规则时可予借鉴,将被除名股东就除名行为向法院提起异议之诉的期间规定为 30 日,并自除名通知到达之日起算。[②]

---

① 参见李建伟:《有限责任公司的股东除名制度研究》,载《法学评论》2015 年第 2 期。

② 参见汪晨:《驱逐有限责任公司的"离心股东"——以构建股东除名制度为核心》,载《证券法苑》2011 年第 5 卷。

电子诉讼背景下民事电子证据真实性问题研究

王芳芳*

民事诉讼的电子化已经成为势不可当的世界潮流，我国为应对此潮流也发布了多类规范文件并积极开展互联网法院试点工作。电子诉讼中电子证据的应用为传统民事诉讼规则带来挑战，但对于“电子诉讼”和“电子证据”的概念，实务界和理论界均未得出一致结论，故应首先对其概念进行明确性界定。实务中，对电子证据资格的争议集中于对真实性的不予认可上，而其真实性争议实质上可以划分为“真实性保障”与“真实性审查”两部分，我国试点法院和业内学者都就这两部分进行了较为充分的实务和理论探索。未来，在电子证据真实性保障上，应主要完善身份认证规则，加强诉讼平台建设，完善区块链应用规则；在电子证据真实性审查上，应逐步完善司法推定制度，实行客观化采信标准，构建真实性鉴定制度，建立类型化认证标准。如此，才能逐步消解电子证据的真实性问题为电子诉讼推进设置的客观阻碍。

一、电子诉讼潮流与相关概念界定

（一）我国电子化诉讼潮流的应对与挑战

信息通信技术的发展不同程度地影响着世界各国的民事诉讼，将现代信息通信技术应用于民事诉讼的电子诉讼已经成为势不可当的世界潮流。德国于2013年正式颁行了《电子司法法》《加强法院程序和检察署程序中使用视频技术的法律》《改革强制执行中的财产查明法》，这三部法律分别就法院与当事人之间的法

* 王芳芳：山东德衡（济南）律师事务所高级联席合伙人。

律交往的电子化、庭审方式的电子化，以及民事执行程序中债务人信息的电子化进行了全面、系统的规定，构建了德国电子司法的整体框架。① 20世纪90年代早期，美国在民事诉讼中使用电子数据已经司空见惯，目前，美国联邦法院及各州法院的民事诉讼都使用电子诉讼；韩国于2014年5月修订公布了《关于民事诉讼等程序中电子文书使用等的法律》，对电子诉讼的各个环节都进行了详细规定。② 面对世界范围内不可逆转的民事诉讼电子化趋势与民事审判案多人少的突出矛盾，我国最高人民法院于2014年发布《关于全面推进人民法院诉讼服务中心建设的指导意见》，提出推动"诉讼服务网"基础设施建设；最高人民法院《关于深化人民法院司法体制综合配套改革的意见—人民法院第五个五年改革纲要（2019—2023）》第63项明确提出"有序扩大电子诉讼覆盖范围"要求；自2018年9月7日起施行的最高人民法院《关于互联网法院审理案件若干问题的规定》（以下简称《互联网法院审理规定》）对互联网法院诉讼活动作出规定；2020年最高人民法院发布《民事诉讼程序繁简分流改革试点实施办法》（以下简称《民诉程序繁简分流实施办法》），将"健全电子诉讼规则"单列一章作为繁简分流改革的重点予以推进。2020年年初的新冠肺炎疫情为电子诉讼提供了扩展适用的契机，2020年2月14日，最高人民法院发布《关于新冠肺炎疫情防控期间加强和规范在线诉讼工作的通知》，规定各级法院要积极推进在线诉讼。根据最高人民法院2020年工作报告显示，新冠肺炎疫情发生以来，全国法院网上立案136万件、开庭25万次、调解59万次、电子送达446万次、网络查控266万件，司法网拍成交额639亿元，执行到位金额2045亿元。③ 这次疫情防控中的线上诉讼实践显示了中国支撑线上诉讼的技术条件、社会基础已经基本具备。④

我国互联网法院和在线诉讼实践中出现了网上起诉、远程立案、网上庭审、远程作证和取证、诉讼文书电子送达、电子证据采信、庭审视频直播、判决网上公开等电子时代所特有的诉讼活动形式，⑤电子诉讼的推行对传统民事诉讼的规则和

---

① 参见周翠：《德国司法的电子应用方式改革》，载《环球法律评论》2016年第1期。

② 参见刘敏：《电子诉讼潮流与我国民事诉讼法的应对》，载《当代法学》2016年第5期。

③ 参见左卫民：《中国在线诉讼：实证研究与发展展望》，载《比较法研究》2020年第4期。

④ 参见刘敏：《电子时代中国民事诉讼的变革》，载《人民司法（应用）》2011年第5期。

⑤ 参见秦旺等：《检视与构建：互联网法院审理模式下的电子证据认定规则——基于类型化研究的路径探索》，载胡云腾主编：《司法体制综合配套改革与刑事审判问题研究——全国法院第30届学术讨论会获奖论文集》（上），人民法院出版社2019年版，第735～743页。

程序运行带来了挑战，其中，作为民事诉讼进行的重要依据，利害关系人或当事人通过电子途径提交的包括诉讼材料与证据材料在内的电子证据具有易篡改、易流失、不留痕迹等特点，对于电子证据真实性认定的问题为电子诉讼的推行设下阻碍。一方面，电子证据在上传至诉讼平台时已进行了二次转换，若再强调电子证据的原件标准实属严苛；另一方面，在线庭审使得法官只能以视频方式对证据进行审查，亦与传统诉讼规则有所区别。证据资格的判断标准为对电子证据“真实性、合法性、关联性”的审查，一些处于实务一线的法官通过对部分司法实践的梳理发现，对电子证据资格的争议集中于对真实性的不予认可上。① 故本文对电子诉讼背景下电子证据的研究主要集中于对其真实性的研究上，另外，本文通过对杭州、北京、广州三家互联网法院的试点经验以及学界观点的梳理发现，电子材料真实性研究主要可从以区块链、身份认证、电子签名为重点内容的“真实性保障”和法院对电子材料的“真实性审查”两部分展开。

（二）相关概念的界定

1. 电子诉讼

对于电子诉讼的概念，目前实务界与理论界尚未得出明确统一的界定。最高人民法院《关于全面推进人民法院诉讼服务中心建设的指导意见》将发展电子诉讼的重点工作列举为：信息查询、诉讼指引；预约立案、网上立案；受理申请、材料接收；联系法官、网上阅卷；网上信访、预约接访。《互联网法院审理规定》第 1 条规定，互联网法院采取在线方式审理案件，案件的受理、送达、调解、证据交换、庭前准备、庭审、宣判等诉讼环节一般应当在线上完成。王福华教授认为，电子诉讼存在广义与狭义之分，广义的电子诉讼包括法院内部电子信息化建设和法院与当事人之间的外部法律交往，而狭义的电子诉讼仅包括外部法律交往。② 刘敏教授则认为，将信息通信技术应用于民事诉讼而产生的民事诉讼方式都属于电子诉讼形态。③ 本文认为，现代信息网络技术的发展对民事诉讼全流程产生深刻影响，电子化技术覆盖法院内部管理和法院与当事人外部交往的全阶段，故本文认同刘敏教授的观点，认为“电子诉讼”的概念应直接从广义上界定为将现代信息通信技术

---

① 参见王福华：《电子诉讼制度构建的法律基础》，载《法学研究》2016 年第 6 期。

② 参见汪闽燕：《电子证据的形成与真实性认定》，载《法学》2017 年第 6 期。

③ 参见刘品新：《论区块链存证的制度价值》，载《档案学通讯》2020 年第 1 期。

应用于民事诉讼而产生的诉讼方式，而信息通信技术只发挥其工具性价值，电子诉讼应实现与传统诉讼同等的价值功能。

2. 电子证据

我国立法并没有对电子证据作出明确规定，电子证据在我国严格来说并非法律概念，三大诉讼法均将电子数据规定为一种证据类型，但并没有对电子证据进行明确定义。最高人民法院《关于适用〈中华人民共和国民事诉讼法〉的解释》第116条将电子数据界定为“通过电子邮件、电子数据交换、网上聊天记录、博客、微博客、手机短信、电子签名、域名等形成或者存储在电子介质中的信息”。最高人民法院、最高人民检察院、公安部制定的《关于办理刑事案件收集提取和审查判断电子数据若干问题的规定》第1条将电子数据划分为网络平台发布的信息，网络应用服务的通信信息，用户注册信息、身份认证信息、电子交易记录、通信记录、登录日志等信息，文档、图片等电子文件四种类型。汪闽燕在其文章中指出，电子数据与电子证据绝非同一概念，前者仅是某种数据的描述，并不能包含“证明某项事实”的意思，而后者是指能够被用于证明某个案件事实的，存储或转化为电子形式的数据。[①] 也有学者在其文章中传递出电子数据与电子证据并无差别的观点，刘品新认为法条术语“电子数据”与法学术语“电子证据”属于同义词，[②]郑旭江提出“我国修订后的三大诉讼法都将电子证据视为一种新的证据”，[③]显然是将电子证据与电子证据做了等同处理。本文认为，电子证据与电子数据并非同一概念，电子数据包括电子证据，电子证据以电子形式存在与传输，并能被用于证明某个案件事实，杭州互联网法院《电子证据平台规范（试行）》将电子证据定义为“包括电子数据和其他诉讼证据的电子化”也从实务角度印证了这一观点。

二、关于电子证据真实性的试点经验与学说探讨

（一）真实性保障

1. 试点经验

电子诉讼下，当事人及其诉讼代理人可以在线提交起诉状、答辩状、上诉状、

① 参见郑旭江：《互联网法院建设对民事诉讼制度的挑战及应对》，载《法律适用》2018年第3期。
② 参见周翠：《德国司法的电子应用方式改革》，载《环球法律评论》2016年第1期。
③ 参见王福华：《电子法院：由内部到外部的构建》，载《当代法学》2016年第5期。

申请书等诉讼材料，可以通过在线提交电子文档的方式提交电子化证据，法官可以在线开展庭审工作，电子证据的真实性直接关系当事人起诉时间认定以及案件基本事实判断等关键问题，而电子诉讼的虚拟性却为电子证据的真实性判断设下阻碍。对此，从最高人民法院和杭州、北京、广州三家互联网法院发布的各类规定以及电子法院试点经验来看，试点中主要通过专用平台通道、区块链技术、实名身份认证、电子签名四种形式来保障当事人提交的电子证据的真实性。《互联网法院审理规定》第5条第1款对专用诉讼平台建设作出规定，第5条第2款与第11条第2款对存证平台接入、区块链技术的应用、电子签名作出规定，第6条对身份认证与专用账号作出规定。吉林电子法院系统于2015年6月正式开通，该系统使用第三方邮件系统（网易邮件）为诉讼参与人提供电子法院定制邮箱。广州互联网法院制定并于2019年3月29日实施的《电子数据存储和使用的规定（试行）》第12条规定："平台接入方为用户提供电子数据储存、传输、使用等服务的，应当对用户的真实身份信息进行认证。"北京互联网法院《电子证据平台接入与管理规范》对天平链的建设原则、建设模式等进行了详细规范。杭州互联网法院《电子证据平台规范（试行）》对区块链存证、证据平台接入方的身份认证与标准审查、证据平台接口等都进行了规定。在电子诉讼司法实务中，杭州、北京、广州三家互联网法院还分别搭建了杭州互联网法院诉讼平台网、北京互联网法院网、广州互联网法院网三处官方诉讼平台，以及名为"司法区块链""天平链""网通法链"的电子证据平台，以区块链技术存储了大量电子数据。

2. 学说探讨

现阶段，互联网诉讼缺乏高阶立法成为这一诉讼方式推进的一大阻碍①，利害关系人与当事人在线提交的电子证据真实性问题成为争议焦点之一，除三家互联网法院与各地电子法院进行了一些有益探索外，学界也在保障电子证据真实性问题上做出了一些探索。刘品新提出，区块链技术不可能保证电子证据在入链前不被造假，故区块链存证尚未彻底地解决电子证据的真实性问题，我国还应从前端控制、司法推定、不利自认与补强佐证等方面进行区块链的制度化建构，建立完备

① 参见高翔：《民事电子诉讼规则构建论》，载《比较法研究》2020年第3期。

的区块链存证体系以保障电子数据的真实性。① 周翠提出，德国电子诉讼改革确立了德邮账户、律师或公证员的专用电子邮箱、电子法院政务邮箱，以及官署电子邮箱四种安全的电子联络途径，在保证数据安全性的同时有效避免了烦琐的电子签名程序，其认为我国可借鉴德国的做法，将类似定制邮箱的适用范围扩大到公民与法院乃至行政机关的全部交往上。② 王福华认为，在保障电子证据真实性问题上，电子签名程序烦琐且不经济，故主张建立安全的网络渠道以替代或放宽电子签名要求。③ 高翔认为，我国仅电子诉讼物理平台建设并不能对电子诉讼安全性提供重组保障，主张将电子诉讼数据纳入数据安全保护统一体系，提升数据保护等级，让电子提交、电子送达等尽可能通过司法机关统一建设的通道进行。④ 陈锦波主张，我国在加强对电子诉讼信息安全性的保障时，可以先行开发和运用法院自身的网络诉讼平台，运用电子签名以确保当事人之间所传递电子诉讼信息的安全与真实，规范电子诉讼平台管理人员和用户的行为的策略。⑤

（二）真实性审查

1. 试点经验

在法院对当事人所提交的电子证据真实性审查的问题上，早在 2007 年，北京市高级人民法院《关于知识产权民事诉讼证据适用若干问题的解答》便针对“如何认定电子证据的真实性”问题指出，“根据案件的具体情况，对电子证据的真实性可以从电子证据是如何形成、如何存储、如何传送、如何收集以及电子证据是否完整等方面认定”。2010 年最高人民法院、最高人民检察院、公安部、国家安全部、司法部发布的《关于办理死刑案件审查判断证据若干问题的规定》第 29 条第 2 款规定：“对电子证据有疑问的，应当进行鉴定。”将司法鉴定作为解决电子证据真实性问题的方法。2016 年最高人民法院、最高人民检察院、公安部出台的《关于办理刑

① 参见陈锦波：《论信息技术对传统诉讼的结构性重塑——从电子诉讼的理念、价值和原则切入》，载《法制与社会发展》2018 年第 3 期。

② 参见刘品新：《论电子证据的理性真实观》，载《法商研究》2018 年第 4 期。

③ 参见胡仕浩等：《〈关于互联网法院审理案件若干问题的规定〉的理解与适用》，载《人民司法（应用）》2018 年第 28 期。

④ 参见陈国猛：《互联网时代资讯科技的应用与司法流程再造——以浙江省法院的实践为例》，载《法律适用》2017 年第 21 期。

⑤ 参见周翠：《互联网法院建设及前景展望》，载《法律适用》2018 年第 3 期。

事案件收集提取和审查判断电子数据若干问题的规定》第 22 条也列举了审查电子证据真实性的抽象内容,包括是否移送原始储存介质、是否有数字签名等特殊标识、是否有删改痕迹、是否可以保证完整性等内容。《互联网法院审理规定》第 11 条明确了电子证据真实性的认定规则,在认定对象上涵盖了对电子证据生成、收集、存储、传输等各环节真实性的认定,在审查内容上强调对电子数据生成平台、存储介质、保管方式、提取主体、传输过程、验证形式等方面进行审查。广州互联网法院发布的《电子数据存储和使用的规定(试行)》第 17 条、第 18 条规定了"对比分析加推定"的电子证据真实性审查方法,第 20 条、第 21 条规定了经证据平台核验未经篡改的电子数据可以作为认定案件事实的依据,但该核验结果并不影响法院对相关证据的审查。杭州互联网法院发布的相关规定中并无直接涉及电子证据真实性审查的内容,仅于杭州互联网法院《网上庭审规范》中规定审判长或审理法官询问当事人提供的证据是否与诉讼平台上提供的一致,以及当事人对证据原件异议的处理办法。杭州互联网法院审理的杭州华泰一媒文化传媒有限公司与深圳市道同科技发展有限公司侵害作品信息网络传播权纠纷案被称为"全国首例区块链存证案",在本案判决书中,法院指出:"对于采用区块链等技术手段进行存证固定的电子数据……应重点审核电子数据来源和内容的完整性、技术手段的安全性、方法的可靠性、形成的合法性,以及与其他证据相互印证的关联度,并由此认定证据效力"①,对法院对区块链存证的审查内容作出了解释。②

2. 学说探讨

学界内关于法院对利害关系人或当事人提交的电子证据真实性审查问题存在不同观点。王福华主张以最高人民法院《关于适用〈中华人民共和国民事诉讼法〉的解释》第 114 条规定的公文书真实推定原则为基础建立电子公文书的真实推定原则,并主张依据推定法则,经电子签名后传输的电子公文书也应被推定为真实。③ 刘品新在参考国际立法例和剖析海量案例的基础上认为,我国可以推行"内容不利、系统运作正常、符合业务惯例"的真实性推定原则,改造"谁主张,谁举证"的证据规则,为根据电子证据的不同来源划定举证责任的规则,开发跨越法律

① 杭州互联网法院民事判决书,(2018)浙 0192 民初 81 号。

② 参见陈平祥等:《论运用区块链技术提取和审查刑事电子数据》,载《网络信息法学研究》2019 年第 1 期。

③ 参见王福华:《电子诉讼制度构建的法律基础》,载《法学研究》2016 年第 6 期。

和信息技术领域的电子证据真实性鉴定方法。[①] 秦旺等人提出以原件等同和技术说明为电子证据审查认定原则，重点审查电子证据生成、存储、传送、收集等各个环节，建立电子证据可靠性与完整性审查推定规则，以客观采信规则认定电子证据证明力。[②] 郑旭江也主张以《电子签名法》为基础，在电子证据认证规则上确立"视同原件"的标准，并辅之以相关技术的客观保障和有关机构的规则指引为补强性方法。[③]

三、关于电子证据真实性的未来展望

（一）真实性保障

1. 完善身份认证规则与诉讼平台建设

身份认证是案件在线审理的必备程序，互联网法院必须通过身份认证环节确保人、案、账户匹配一致。[④] 目前，三家互联网法院的实践做法是使用专用账号和密码作为当事人及其他诉讼参与人参加电子诉讼的身份标识，并通过证件证照比对、生物特征识别等在线方式核验当事人及其他诉讼参与人身份信息的真实性。电子签名虽然在电子证据真实性保障中的作用不可忽视，但是由于其程序的烦琐及不经济，学界内多主张以加强安全通道建设替代电子签名，在保障材料真实性的同时实现诉讼经济与诉讼效率。电子签名确因其程序繁杂的弊端被域外很多国家和地区摒弃，本文亦主张以严格的身份认证与安全的平台建设替代电子签名，以期实现电子证据的真实性要求。法院在对当事人身份进行核验时，还可与公安机关的身份数据库比对核实，同时还可开发人脸识别系统，关联公安身份数据库实现自主身份验证。[⑤] 此外，法院还应根据诚实信用原则规范电子诉讼平台管理人员和用户的行为，用户在提交、传递和收集电子诉讼信息时，不得伪造或篡

---

① 参见刘品新：《论电子证据的理性真实观》，载《法商研究》2018 年第 4 期。

② 参见秦旺等：《检视与构建：互联网法院审理模式下的电子证据认定规则——基于类型化研究的路径探索》，载胡云腾主编：《司法体制综合配套改革与刑事审判问题研究——全国法院第 30 届学术讨论会获奖论文集》（上），人民法院出版社 2019 年版，第 723 ~ 725 页。

③ 参见郑旭江：《互联网法院建设对民事诉讼制度的挑战及应对》，载《法律适用》2018 年第 3 期。

④ 参见胡仕浩等：《〈关于互联网法院审理案件若干问题的规定〉的理解与适用》，载《人民司法（应用）》2018 年第 28 期。

⑤ 陈国猛：《互联网时代资讯科技的应用与司法流程再造——以浙江省法院的实践为例》，载《法律适用》2017 年第 21 期。

改该电子诉讼信息,否则予以处罚,对于拥有更高操作权限的电子诉讼平台的管理人员,若其违背关于平台管理的相关法律法规的规定,应面临更重的处罚。[①] 对虚假认证、盗用电子诉讼账号和密码等破坏电子诉讼安全的行为,也应加大司法惩戒与法律责任追究。三家互联网法院电子诉讼官方平台建设为电子诉讼安全保障提供了较好的条件,但实务中仍旧存在电子证据提交通道不统一与诉讼主体对在线诉讼信任度不足的问题,未来应尽可能通过司法机关统一建设的通道实施诉讼行为与提交电子证据,并逐步摆脱对"社交媒体平台的较大程度的依赖"[②],着重开发自身电子诉讼平台,引入这些社交媒体作为补充性手段,并对该社交媒体平台进行适当监督。

2. 完善区块链应用规则

"区块链技术特有的不可篡改、不可抵赖、多方参与等特性,与电子数据存证的需求天然契合"[③],最高人民法院以及三家互联网法院也在积极探索区块链存证以保障电子证据真实性,但要想将区块链存证上升为全国性经验,依然面临证据入链前真实性无法保障,存证公司资质标准、法院审查内容不一致等现实问题。首先,为了保证电子证据在入链前的完整性与真实性,防止出现多版本保留问题,应当在电子证据生成之初就介入监督与控制,通过系统设定及时采集必要的"背景信息"和"元数据"[④],进而保障电子材料的原始性和完整性。其次,提高存证机构准入门槛,制定统一的审查标准,对接入区块链存证的主体进行严格的审查以确保其权威性,北京互联网法院《电子证据平台接入与管理规范》就从实际操作角度更详细地规定了接入方的资质要求、接入方电子数据系统环境规范要求、证据平台的司法应用要求等,方便了接入方按要求、有序接入。[⑤] 未来可延续推广三家互联网法院试点经验,联合司法鉴定中心、公证处、行业组织、国内相应区块链产业企业、大型金融机构、大型互联网平台等作为接入机构,保障区块链存证的可靠

---

① 参见王福华:《电子诉讼制度构建的法律基础》,载《法学研究》2016 年第 6 期。

② 参见周翠:《互联网法院建设及前景展望》,载《法律适用》2018 年第 3 期。

③ 《区块链司法存证应用白皮书》(1.0 版),载中国通信院网,http://www.caict.ac.cn/kxyj/qwfb/bps/201906/t20190614_201169.htm。

④ 参见陈平祥等:《论运用区块链技术提取和审查刑事电子数据》,载《网络信息法学研究》2019 年第 1 期。

⑤ 参见《北京互联网法院建电子证据平台天平链 三个月在线证据采集数据超过 100 万条》,载中国法院网,https://www.chinacourt.org/article/detail/2018/12/id/3618145.shtml。

性与合法性。最后，司法机关应当强化互联网法院电子数据对接平台的构建，推进法院、当事人、网络服务提供商、电子存证平台之间的数据对接，进而方便取证，有效提升诉讼效率。

（二）真实性审查

1. 完善司法推定制度

司法推定的适用能够有效降低证据真实性认定的难度。法院除了从正面直接审查电子证据在运行的各个环节，如生成、存储、传送、收集中是否被删改外，还应善用司法推定方式对电子证据真实性作出认定。例如，新加坡《1998年电子交易法》规定，若能够证明在关键时刻该计算机系统是正常运作的，且无正当理由相信计算机输出是不正确的，则该计算机输出具有可采性。加拿大《1998年统一电子证据法》第5条建立了电子证据“系统正常的推定”、“内容不利的推定”与“业务惯例的推定”的真实性推定规则，并具备深厚的实践基础。[①] 在电子证据真实性推定问题上，我国可借鉴域外经验，若有证据证明系统和设备在电子证据产生的关键时刻运行正常或不正常运行没有对电子证据产生影响，或者该电子证据由不利方当事人提交和保管，或者该电子证据是在正常业务活动中生成并保管的，司法人员应当初步推定该电子证据为真实。此外，在区块链存证广泛应用的实务情形下，法院应当以司法推定方法认定入链前证据的真实性。第一，国家档案部门或者公证机关等权威机关作为存证机构的电子证据和经由特定人电子签名后入链的电子证据，可以被初步推定为是可靠的、完整的。第二，在形成之际或形成后不久就入链的电子证据，若有证据证明其在运行的各个环节没有被删改，也可以初步推定其为真实。第三，前述“系统正常、内容不利、业务惯例”的推定原则也应适用于对入链前电子证据真实性推定，以期达到综合运用各类推定方式保障电子证据真实性的同时降低法院认证难度的司法效果。

2. 实行客观化采信规则

在电子证据证明力问题上，实行法官自由心证原则往往带来说理不充分的副作用，故我国应在自由心证原则的基础上构建电子证据的“客观化采信原则”[②]，

---

① 参见刘品新：《论区块链存证的制度价值》，载《档案学通讯》2020年第1期。

② 参见刘品新：《印证与概率：电子证据的客观化采信》，载《环球法律评论》2017年第4期。

这无疑是我国印证证明模式下提升电子证据证明力的有效手段。前文杭州华泰一媒文化传媒有限公司与深圳市道同科技发展有限公司侵害作品信息网络传播权纠纷案的判决书中，杭州互联网法院即根据电子证据与其他证据相互印证的关联度，认定证据其效力。在中文在线数字出版集团股份有限公司与广州市动景计算机科技有限公司侵害作品信息网络传播权纠纷案中，北京市东城区人民法院即结合勘验过程、公司说明与数据保全中心出具的保全证书对电子证据的真实性作出认定。① 所以，对电子证据法律效力及证明力的确认应结合与其他证据相互印证的关联度进行，如电子证据与其他非电子证据之间的相互印证、电子证据内容与体之间的相互印证、不同节点电子证据的相互印证等。此外，在电子证据的内部抑制上，科技本身的彼此可印证性应当成为司法机关接纳电子证据的基础。②电子证据的来源是否具有可靠性也可以成为其证明力大小的判断标准，以权威机关作为存证机构的区块链证据证明力大于一般存证机构，经公证获得的电子证据证明力大于未经公证的电子证据，正常业务活动中制作的证据证明力大于专门为诉讼目的制作的证据，利益相对方保存的电子证据证明力大于利益相关方保存的电子证据。制定更加详细完善的电子证据的客观化采信原则是对法院自由心证的有益补充，能够强化法官说理依据，有效提升电子证据的可采信度。

3. 构建真实性鉴定制度

虽有学者主张技术的自我印证完全可以替代国家公证的形式③，但我国司法实务中对电子证据真实性的认定仍旧很大程度上依赖于国家公证和机构鉴定。然而，我国主管部门颁布了一些电子证据鉴定规章，如《公安机关电子数据鉴定规则》和《人民检察院电子证据鉴定程序规则（试行）》，基本上都没有明示电子证据真实性鉴定的问题，当前，我国涉及电子证据真实性鉴定技术规范的只有《电子邮件鉴定实施规范》和《数据库数据真实性鉴定规范》，主要是对电子邮件与数据库数据的真实性鉴定作出的一些原则性的规定。判断电子证据的真实性需要结合具体案件事实并综合考量证据的合法性与关联性，所以电子证据的真实性鉴定不应当是一个单纯的技术问题，而是涉及技术鉴定与法律判断相融合的问题，故构建电子证据的真实性鉴定制度有必要在鉴定方法方面实现突破。首先，鉴于国内

---

① 参见北京市东城区人民法院民事判决书，(2018)京0101民初3826号。

② 参见张玉洁：《区块链技术的司法适用、体系难题与证据法革新》，载《东方法学》2019年第3期。

③ 参见张玉洁：《区块链技术的司法适用、体系难题与证据法革新》，载《东方法学》2019年第3期。

绝大多数鉴定机构尚未开展电子证据真实性鉴定方面业务的现状,需要确立国内开展这一业务的可信机构与鉴定人员,确保鉴定意见的科学性。其次,需要确立不同的鉴定方法,如针对电子证据生成、存储、传送、收集的不同阶段确定特定形式的鉴定方法,针对特定类型的电子证据确定不同形式的鉴定方法,根据电子证据记录的时间信息与更改痕迹判断该电子证据是否与其他证据的形态特征相吻合。最后,需要将技术鉴定与法律判断相结合,在具体案件背景下判断控辩中的哪一方提交的电子证据具有证据资格或证明力更强,将法律意义上的真实性与科学意义上的真实性结合起来对电子证据真实性进行判断。

4. 建立类型化认定标准

《关于办理刑事案件收集提取和审查判断电子数据若干问题的规定》第 1 条将电子数据划分为网络平台发布的信息,网络应用服务的通信信息,用户注册信息、身份认证信息、电子交易记录、通信记录、登录日志等信息,文档、图片等电子文件四种类型。在对不同类型的电子证据真实性的认定上,法院应采取不同的认定标准。第一,对于微信聊天记录、QQ 聊天记录等通信信息类电子证据,其真实性认定的焦点大部分在于主体身份的确认难度较大,对此,除推广实名认证与身份识别以保障其真实性外,法官应将审查重点放在主体身份认证上,综合运用当庭询问采证、司法推定等方式判断非实名通讯记录的主体真实身份。第二,对于计算机生成或存储的电子证据,由于部分大型互联网企业对于后台数据的修改有完整的审核与严密的操作流程,普通用户篡改上传到该类网站的电子数据并非易事①,所以法院认定其真实性的重点就在于对系统可靠性的审查,若有证据证明系统和设备在电子证据产生的关键时刻运行正常或不正常运行没有对电子证据产生影响,就应推定该证据为真实,若当事人对该途径生成或存储的证据提出异议,法院则应进行更为严格的技术性审查,向相关平台调取证据数据,并综合利用司法推定与补强证据规则对电子证据真实性作出判断。第三,对于网络平台发布的信息类电子证据,因这类数据被随时删改的可能性较大,所以法院应当综合运用区块链技术以及相关推定规则,结合第三方平台的资质资信、证据固定方式、所采取的技术手段等因素,并辅之以司法鉴定和证据补强等规则对其真实性进行严

① 邱永清、李艳:《"互联网+"冲击下的知识产权审判新问题——以广东法院审理的部分知识产权案件为主要研究范本》,载《人民司法(应用)》2016 年第 4 期。

格审查。第四,电子文件类电子证据常出现于互联网商事交易中,对其真实性进行认定时可以优先采用“业务惯例的推定”之司法推定规则,若当事人提出异议,则再行综合采取其他证据审查方式。

论违约方合同解除权的立法现状及其必要限制

杨光明　许惠茹*

违约方的合同解除权是基于审判实践的需要而产生的，但却饱受争议。学界对是否该赋予违约方以法定的合同解除权进行了大量讨论，导致《民法典草案》第353条第3款几易其稿，直至最终被删除。但这是否意味着违约方的合同解除权被彻底否定？《民法典》第580条第2款是否可以视为违约方合同解除权的正式法源？结合审判实践需要，《全国法院民商事审判工作会议纪要》（以下简称《九民纪要》）关于违约方的合同解除权与《民法典》该如何衔接？违约方享有的是法定合同解除权还是请求司法解除的权利，对于违约方的合同解除权应该有哪些必要约束？学界的争议主要围绕是否应该新增违约方解除合同条款，而很少讨论《民法典》生效后的立法现状及其效力边界，因此本文旨在厘清相关问题并给出具体观点。

一、现有法律是否规定违约方具有法定的合同解除权

（一）《合同法》是否规定违约方享有法定合同解除权

根据契约严守原则，合同签订后应依约履行，非因合法事由不得擅自解除或终止。除特殊领域的任意解除权外（如委托合同、不定期租赁、加工承揽合同等），法律规定的一般解除权主要有三种：合意解除、约定解除及法定解除。而法定解除即指符合《合同法》[①]第94条规定的情形，除此之外，《合同法》第110条关于非

---

* 杨光明：北京德和衡（深圳）律师事务所高级合伙人、德和衡争议解决业务中心执行总监。
许惠茹：北京德和衡（深圳）律师事务所联席合伙人。

① 《合同法》已因《民法典》的施行而失效。

金钱债务不能强制继续履行的规定也被用于试图说明违约方具有法定合同解除权的法源根据。因此,需要对该两条法律规定进行具体分析。

1.《合同法》第94条是否赋予违约方法定合同解除权

就《合同法》第94条①法定解除而言,虽然法条规定是"当事人"可以在发生法定情形下解除合同,而非"守约方"可以在发生法定情形下解除合同,但根据理论通说及笔者检索大量案例的结果来看,多数意见认为该条的"当事人"应仅限于守约方而不包括违约方,违约方一般不享有合同解除权是基本共识。主要理由如下:

(1)体系解释。合同法规定的是违约情形下的解除,是一种违约救济手段②,其解除权主体应限于非违约方③,"当事人"的措辞只是为了涵盖《合同法》第94条第1款中的不可抗力情形下双方当事人均可以解除合同这一情形。并且在一方违约下,非违约方可以请求继续履行或解除合同,如果赋予违约方解除合同的权利,则存在体系矛盾,非违约方的选择权必将落空④。

(2)历史解释。参照立法原意,在债务人违约的情形下,享有合同解除权的一方是债权人,债务人本身并不享有法定解除权⑤。

(3)目的性限缩解释或当然解释。最高人民法院相关裁判观点⑥认为,针对《合同法》第94条第2项、第3项、第4项中当事人一方享有合同解除权应做限缩解释,合同解除制度的首要之义固然在于赋予守约方合同解除权,使其能够获得以解除合同为补救方式的特殊救济,是否选择解除合同的补救方式,选择权在于守约方。若赋予违约方以合同解除权,合同动辄可以解除,交易关系动辄可致流产,则必将引发市场秩序的混乱、交易成本的虚高和资源配置效率的低下。其他

---

① 《合同法》第94条规定:"有下列情形之一的,当事人可以解除合同:(一)因不可抗力致使不能实现合同目的;(二)在履行期限届满之前,当事人一方明确表示或者以自己的行为表明不履行主要债务;(三)当事人一方迟延履行主要债务,经催告后在合理期限内仍未履行;(四)当事人一方迟延履行债务或者有其他违约行为致使不能实现合同目的;(五)法律规定的其他情形。"

② 参见余延满:《合同法原论》,武汉大学出版社1999年版,第490页。

③ 参见朱广新:《合同法总则研究》(下册),中国人民大学出版社2018年版,第621页。

④ 参见蔡睿:《吸收还是摒弃:违约方合同解除权之反思——基于相关裁判案例的实证研究》,载《现代法学》2019年第3期。

⑤ 参见胡康生主编:《〈中华人民共和国合同法〉释义》,法律出版社1999年版,第157~159页。

⑥ 参见最高人民法院民事判决书,(2016)最高法民再251号;最高人民法院民事判决书,(2013)民申字第1521号;最高人民法院民事判决书,(2015)民二终字第392号。

各层级法院相关裁判观点[1]多认为，违约方原则上不能成为合同解除权的主体，理由在于，违约包括不可免责的违约和可免责的违约（因不可抗力致使不能实现合同目的的违约行为即为其适例）。就不可免责的违约而言，当该违约构成根本违约时，解除合同显然是只能由非违约方单独享有的一种权利。如果违约方也可享有这样的权利，必然会纵容违约行为并由此对有约必守原则构成严重损害；而如果仅由非违约方享有，不仅可起到使非违约方从毫无意义的合同约束中解脱出来的救济效果，而且会对违约行为产生积极抑制效果。就可免责的违约而言，由于合同目的不能实现源于完全超出当事人双方意志或意思的不可抗力，所以合同解除权归属分配不存在是否会纵容违约行为的问题。

2.《合同法》第110条能否理解为违约方具有法定合同解除权

《合同法》第110条[2]是关于非金钱债务不能强制履行的规定。众所周知，关于违约方可以解除合同的观点源于《最高人民法院公报》2006年第6期所刊载的新宇公司诉冯玉梅商铺买卖合同纠纷案，该案认为："根据合同法第一百一十条规定，有违约行为的一方当事人请求解除合同，没有违约行为的另一方当事人要求继续履行合同，当违约方继续履约所需的财力、物力超过合同双方基于合同履行所能获得的利益，合同已不具备继续履行的条件时，为平衡双方当事人利益，可以允许违约方解除合同，但必须由违约方向对方承担赔偿责任，以保证对方当事人的现实既得利益不因合同解除而减少。"此后，只要是案件情况与此类似或合同履行陷入僵局，违约方请求解除合同，法院一般予以参照支持。但笔者认为，无论是文义解释还是体系解释，《合同法》第110条并不能推导出与合同解除具有必然联系[3]，具体而言：(1)文义解释。《合同法》第110条规定的是非金钱债务履行一方在符合特定条件下享有的履行抗辩，仅为排除债权人的继续履行请求，但该条本身并未赋予当事人解除合同的功效。如何从当事人"不可以要求履行"到清算双方之间的合同关系（解除），这一点在现行法上是欠缺具体规定的[4]。(2)体系解

---

① 参见江苏省苏州市中级人民法院民事判决书，(2019)苏05民终10753号；广东省中山市中级人民法院民事判决书，(2018)粤20民终7643号。

② 《合同法》第110条规定："当事人一方不履行非金钱债务或者履行非金钱债务不符合约定的，对方可以要求履行，但有下列情形之一的除外：(一)法律上或者事实上不能履行；(二)债务的标的不适于强制履行或者履行费用过高；(三)债权人在合理期限内未要求履行。"

③ 参见孙良国：《违约方合同解除的理论争议、司法实践与路径设计》，载《法学》2019年第7期。

④ 参见韩世远：《合同法的现代化：为何及如何》，载《法治研究》2019年第6期。

释。虽然在违约场合,合同解除与强制履行均有违约救济的功能,但《合同法》第110条规定在第七章“违约责任”之下,合同解除规定在第六章“合同的权利义务终止”之下,双方分属不同的制度范畴,不能互相替代①。

概言之,《合同法》第110条仅规定了当事人可以排除强制履行的情况,并且仅限于非金钱债务,如果守约方不解除合同,合同关系就仍然会延续,即使沿用最高人民法院观点将该条扩大解释为非金钱债务违约方可以请求解除合同,也不能解决金钱债务中的“合同僵局”②。《合同法》第110条履行不能的规定存在立法上的不完善,本身并不能得出违约方具有合同解除权的结论从而解决“合同僵局”的问题,这也是《民法典》第580条第2款新增的原因。

(二)《九民纪要》关于违约方合同解除权的相关规定

2019年11月8日,最高人民法院发布的《九民纪要》就违约方起诉解除权作出了正面回应,并就构成要件作出明确规定。《九民纪要》第48条规定:“【违约方起诉解除】违约方不享有单方解除合同的权利。但是,在一些长期性合同如房屋租赁合同履行过程中,双方形成合同僵局,一概不允许违约方通过起诉的方式解除合同,有时对双方都不利。在此前提下,符合下列条件,违约方起诉请求解除合同的,人民法院依法予以支持:(1)违约方不存在恶意违约的情形;(2)违约方继续履行合同,对其显失公平;(3)守约方拒绝解除合同,违反诚实信用原则。人民法院判决解除合同的,违约方本应当承担的违约责任不能因解除合同而减少或者免除。”对于该规定,有几点需要明确:首先,该条是关于违约方起诉解除的规定,并不是违约方拥有合法解除权的规定,该条首句即载明“违约方不享有单方解除合同的权利”;其次,违约方起诉解除必须是在满足特定情形下才能行使,其行使要件与王利明教授的相关观点不谋而合③;最后,《九民纪要》不属于法律规定也不属于司法解释,不能直接援引作为裁判的依据,但可以作为说理的依据。

---

① 参见蔡睿:《吸收还是摒弃:违约方合同解除权之反思——基于相关裁判案例的实证研究》,载《现代法学》2019年第3期。

② 参见石佳友、高郦梅:《违约方申请解除合同权:争议与回应》,载《比较法研究》2019年第6期。

③ 参见王利明:《论合同僵局中违约方申请解约》,载《法学评论》2020年第1期。

(三)《民法典》是否规定违约方享有法定合同解除权

1.《民法典》第563条规定中违约方是否享有法定合同解除权

《民法典》第563条[①]是对《合同法》第94条的延伸、演变。《民法典合同编草案》(一审稿)第353条第3款规定:"合同不能履行致使不能实现合同目的,解除权人不解除合同对对方明显不公平的,对方可以向人民法院或者仲裁机构请求解除合同,但是不影响其承担违约责任。"从立法沿革来看,该增加条款是对审判实践中违约方合同解除权的回应,是在《合同法》第94条基础上关于合同法定解除情形的新增规定,属于合同法领域内的重大变革。一审稿发布后引起了轩然大波,反对者认为不应该赋予违约方合同解除权。为了避免条款歧义,《民法典合同编草案》(二次审议稿)对条款词句又做了相应调整,强调违约方在合同僵局时可以请求法院或仲裁机构解除合同,以区别于违约方享有法定合同解除权。该二次审议稿第353条第3款规定:"合同不能履行致使不能实现合同目的,有解除权的当事人不行使解除权,构成滥用权利对对方显失公平的,人民法院或者仲裁机构可以根据对方的请求解除合同,但是不影响违约责任的承担。"但二审稿出台后仍引发大量争议,并对该条词句表述进行拆解分析,认为"合同不能履行""合同目的""有解除权的当事人""滥用权利""显失公平"都是不确定的概念,进而导致了一个构造混乱、适用困难的不确定规范。[②] 同时,全国人大常委会法工委也介绍,该条是我国合同法上具有创新性的制度设计,立法机关对该条并无充分把握,需要学术界认真对待和研究。最终,《民法典》第563条正式稿中删除了该新增条款,关于违约方享有合同解除权或请求司法解除的权利依然没有在法律层面予以明确。

2.《民法典》第580条第2款是否可以理解为违约方的合同解除权

虽然学界对《民法典》第563条进行了充分的讨论并最终删除了违约方可以请求解除合同的规定,但实质上仍在《民法典》第580条留了一个出口。《民法典》

---

① 《民法典》第563条规定:"有下列情形之一的,当事人可以解除合同:(一)因不可抗力致使不能实现合同目的;(二)在履行期限届满前,当事人一方明确表示或者以自己的行为表明不履行主要债务;(三)当事人一方迟延履行主要债务,经催告后在合理期限内仍未履行;(四)当事人一方迟延履行债务或者有其他违约行为致使不能实现合同目的;(五)法律规定的其他情形。以持续履行的债务为内容的不定期合同,当事人可以随时解除合同,但是应当在合理期限之前通知对方。"

② 参见王利明:《合同编解除制度的完善》,载《法学杂志》2018年第3期。

第 580 条是由《合同法》第 110 条非金钱债务不能强制履行演变而来。《民法典》第 580 条新增第 2 款规定:“有前款规定的除外情形之一,致使不能实现合同目的的,人民法院或者仲裁机构可以根据当事人的请求终止合同权利义务关系,但是不影响违约责任的承担。”对该新增条款的定性至关重要,如果该新增条款可以理解为赋予违约方法定合同解除权,则违约方合同解除权将具有明确的法源依据,反之,支持违约方解除合同的判决将面临无源之水、无本之木的境地。

对于《民法典》第 580 条第 2 款的理解,笔者认为,主要有如下三点:(1)该新增条款是请求司法终止的条款,并未赋予违约方以法定合同解除权。《民法典》第 580 条第 2 款是对《合同法》第 110 条立法漏洞的补充。该条新增了违约方在符合特定条件下可以拒绝履行债务的同时,可以请求司法机关终止权利义务关系。该条用的表述是“终止合同权利义务”而非“合同解除”,并且是请求法院决定是否终止在性质上属于“形成诉权”,区别于享有法定解除权的“形成权”。形成权经通知即发生法律效力,违约方不享有法定的合同解除权,无论是《九民纪要》还是《民法典》已经达成共识。(2)该新增条款仅限于非金钱债务履行义务一方请求终止合同权利义务。由于新增条款是对《合同法》第 110 条内容的新增,其本就只能解决非金钱债务不能强制履行后的合同僵局问题,并不能涵盖金钱债务导致的合同僵局问题。因此,对于审判实践中支持长期合同形成僵局中金钱给付一方(如支付租金一方)解除合同并没有新增合法依据。(3)该新增条款需满足“合同目的无法实现”的要求。这一要求与《九民纪要》关于违约方起诉解除及司法实践中支持“合同僵局”情形下的违约方合同解除适用条件并不一致。司法实践中的“合同僵局”往往是违约一方因经济下滑或运营管理不善等原因导致合同不能履行或继续履行成本显著过高的情况,并非“合同目的无法实现”。

综上所述,《民法典》第 580 条第 2 款并未规定违约方享有法定合同解除权,也并非《九民纪要》规定违约方申请司法解除的权利,而是非金钱债务履行一方在满足特定条件下有权申请司法终止的权利。但“合同僵局”情形下支持违约方解除合同或终止合同的需求仍然存在,审判实践如何在现有法律框架下进行合理解释,并谨慎运用极为关键。

二、司法实践中支持违约方解除合同的裁判现状

正是由于现行法律框架体系下并没有违约方可以在出现合同僵局时解除合

同或请求司法机关解除合同的明确规定，导致法院在面临审判实践需要时支持违约方请求解除合同的理由并不统一。为了更好地维护司法的权威性，以利于合理规则的建立，有必要在梳理目前审判实践的基础上，提出有针对性的法律建议。

就审判实践而言，虽然认可违约方不享有法定合同解除权一直是裁判主流，但基于解决合同僵局的需求，实质支持违约方解除合同的判例也不少，且多见于长期性合同造成合同僵局的情况，并且由于现行法律体系并没有直接的裁判依据，其中大部分判决更重视判决解除合同的实质说理，而非具体法律规定的落地，最终的裁判依据主要有以下三点：其一，直接引用《合同法》第 94 条第 1 款第 4 项的规定，认为相关法律并未明确禁止违约方的合同解除权，在存在合同僵局的情况下，合同目的无法实现，违约方也享有法定解除权。哈密市 312 国道全顺酒店诉哈密昊杉家具制造有限责任公司承揽合同纠纷①、苏某仿与刘某宇房屋买卖合同纠纷②及田某海、莒县浮来山镇薛庄社区新庄村经济合作社农村土地承包合同纠纷③等均为此例；其二，将《合同法》第 94 条与《合同法》第 110 条结合起来，认为违约方可以作为违约方解除合同的间接依据（并不拘泥于非金钱债务的履行）。如张某祥、邓某燕与陈某房屋租金合同④纠纷及鹤壁市佳美电器有限公司与鹤壁市天华商贸有限公司租赁合同纠纷⑤等；其三，根据公平和诚实信用原则结合《合同法》第 110 条规定进行说理，为平衡双方当事人利益，可以允许违约方解除合同并承担相应违约责任，如郭某芳、山东朝阳房地产开发有限公司商品房销售合同纠纷⑥、周某与程某红房屋租赁合同纠纷⑦及供销大集集团股份有限公司与刘某房屋租赁合同纠纷等⑧。

以上是法院在面临“合同僵局”时支持违约方解除合同请求的几种主要裁判依据，根据前文分析，无论是直接引用《合同法》第 94 条作为违约方享有合同解除权的法律依据还是对《合同法》第 110 条进行扩大解释，认为结合公平和诚实信用

---

① 参见新疆维吾尔自治区哈密市伊州区人民法院民事判决书，(2016)新 2201 民初 469 号。

② 参见天津市河北区人民法院民事判决书，(2017)津 0105 民初 1056 号。

③ 参见山东省日照市中级人民法院民事判决书，(2017)鲁 11 民终 1860 号。

④ 参见湖北省武汉市中级人民法院民事判决书，(2016)鄂 01 民终 7144 号。

⑤ 参见河南省鹤壁市淇滨区人民法院民事判决书，(2019)豫 0611 民初 3001 号。

⑥ 参见山东省滨州市中级人民法院民事判决书，(2019)鲁 16 民终 828 号。

⑦ 参见江苏省连云港市中级人民法院民事判决书，(2014)连民终字第 0035 号。

⑧ 参见陕西省西安市中级人民法院民事判决书，(2018)陕 01 民终 8935 号。

原则或结合《合同法》第 94 条进行整体理解，《合同法》第 110 条可以作为违约方解除合同的法律依据，都有值得讨论之处。除此之外，各法院在裁判理由上也存在不统一之处，例如，有法院认为当违约方继续履约所需财力、物力超过合同双方基于合同所能获得的利益时，应该允许违约方解除合同①，有法院认为一方明确表示不愿意继续履行或以实际行为表明无法继续履行，虽有强制履行的制度设定，但合同的履行很大程度上仍然要考虑当事人的自愿，因而支持违约方解除合同②。还有法院强调实质赔偿的意义，认为违约方承担损害赔偿责任而解除合同可以作为其继续履行合同的替代③。

不可否认，前述列举案例的本意都是从实质公平与正义出发解决"合同僵局"问题，但其判断标准的不统一及法律依据的不完善不仅不利于司法的权威性，更无法保障个案的公平与正义。例如，当事人一方不愿意履行就以无法强制履行为由解除合同很难规避效率违约的情形；再如，认为损害赔偿可以代替实际履行就解除合同有损契约严守原则，并可能导致违约方故意违约，引发相关的道德风险。因此，有必要对违约方合同解除权的性质进行厘清并对其权利边界进行必要限制。

三、违约方申请合同解除的必要限制

（一）性质的厘清：违约方的合同解除权与违约方申请合同解除权

本文讨论的"违约方合同解除权"是一个中性概念，是因为目前的审判实践与法律规定对允许违约方在一定条件下可以解除合同的权利存在认知分歧。通说认为，以最高人民法院公报案例"新宇公司诉冯玉梅商铺买卖合同纠纷案"为代表的审判实践实际是支持了违约方具有法定的合同解除权，而以王利明教授为代表的学者观点则认为，法律不应赋予违约方合同解除权。笔者认为，王利明教授的观点，核心理由有如下两点：(1)有利于贯彻契约严守原则。契约严守原则是合同法的重要原则，依法成立的合同具有严格的法律约束力，非经法律明确规定，不得擅自变更或解除，仅赋予非违约方合同解除权，一方面是违约救济的需要，另一方面是可以督促违约方严格履行合同④。(2)合乎合同法的道德性和体系性。违约

---

① 参见陕西省西安市中级人民法院民事判决书，(2018)陕 01 民终 8935 号。

② 参见湖北省荆州市中级人民法院民事判决书，(2015)鄂荆州中民三终字第 00168 号。

③ 参见宁夏回族自治区灵武市人民法院民事判决书，(2016)宁 0181 民初 3426 号。

④ 参见王利明：《论合同僵局中违约方申请解约》，载《法学评论》2020 年第 1 期。

方不具有合同解除权的根本理由在于合同法具有非常强的道德性，道德性的价值在很大程度上决定了合同法的整体框架①，如果承认违约方的合同解除权，极易导致违约方为寻求更高的经济利益而恶意违约，并从违约中获利，这将危害交易安全和交易秩序。虽然学界不乏支持违约方在特定条件下享有合同解除权的观点②，但在经过充分讨论后《民法典》第580条第2款确立的是非金钱债务违约方可以请求司法终止的权利，即使进一步扩大范围，《九民纪要》第48条规定的也只是违约方请求司法解除的权利，两者虽然在内涵与外延上存在一定差别，但求同存异，就违约方解除合同的层面来说，其仅享有请求司法机关决定合同效力的权利而不享有法定的合同解除权。

明确违约方享有的权利性质，不仅存在理论价值，更存在实践指导意义。首先，目前形成的共识是违约方不享有法定的合同解除权。《九民纪要》第48条首句即明确"违约方不享有单方解除合同的权利"，《民法典》第580条第2款亦明确规定违约方不享有法定的合同解除权。其次，以往支持违约方具有合同解除权的审判实践需要进行相应改变。一方面，违约方仅享有请求司法机关决定是否解除或终止合同的权利，决定权在于司法机关，司法机关需对案件情况进行实质性审查，严格把关。另一方面，合同解除权是"形成权"，而请求司法解除或司法终止的权利是"形成诉权"，两者在消灭合同效力的时间节点上存在明显区别，目前法律体系支持下的"形成诉权"必须在司法判决后才能确定合同是否解除或终止，合同存续期间的权利义务当事人依然应依约履行。

（二）违约方申请合同解除的关键限制——禁止效率违约

1.《九民纪要》对违约方申请合同解除的限制条件可以作为审判实践的依据

根据前文分析，违约方并不享有法定的合同解除权，仅享有请求司法终止或司法解除合同的权利，由于司法终止和司法解除均是终结合同效力的方式，虽然表述不同但其实质效果趋于相同，为方便理解本文暂统一以"违约方申请合同解除"的概念进行描述。违约方申请合同解除必须满足一定条件才能被支持，其为合同解除的"非常态"结果，法院在审查相关案件时需严格谨慎对待。综合学界及

---

① 参见韩世远：《合同法的现代化：为何及如何》，载《法治研究》2019年第6期。

② 参见蔡睿：《吸收还是摒弃：违约方合同解除权之反思——基于相关裁判案例的实证研究》，载《现代法学》2019年第3期。

现行法律规范对违约方申请合同解除的要件分析，笔者认为，违约方申请合同解除必须满足以下条件：(1)存在合同僵局；(2)违约方不存在恶意违约的情形；(3)违约方继续履行合同，对其显失公平；(4)守约方拒绝解除合同，违反诚实信用原则。该条件基本覆盖了《民法典》第580条第2款约束性内容及《九民纪要》第48条构成要件，具有一定的合理性。且相较于《民法典》第580条第2款要求满足非金钱债务不能履行且不能实现合同目的时违约方则可申请终止合同的规定，《九民纪要》第48条规定构成要件对于解决"合同僵局"则更具有参考性。已经有不少法院直接参考《九民纪要》规定对相关案件作出严格审理，打破了以往几乎只要是长期性合同陷入"合同僵局"，法院就一定会判决合同解除的规律①，如果一方主张继续履行会造成严重亏损继而显失公平的，法院也会考察当事人一方是否有证据提供实际存在亏损，如不能继续履行是否会损害双方利益，并对"显失公平"与"违反诚实信用原则"要件进行严格适用②，如认为持续亏损不是合同解除的要件而是当事人对市场风险预估不足造成，在不符合《九民纪要》第48条规定的全部要件情形下，不予支持违约方解除请求。可见在《九民纪要》出台后审判实践已经具有应有的严格谨慎，以此作为是否应打破"合同僵局"的标准也能达到实现公平与正义的实质效果。

2. 禁止效率违约是违约方申请合同解除的关键限制

效率违约理论起源于以波斯纳为代表的经济分析法学派，该理论的核心要义在于，如果一方当事人从违约中获得的利益将超过合同履行的期待利益，其就有权以支付损害赔偿而代替实际履行，主动寻求违约③。但我国并未认可"效率违约"理论，并且学界反对违约方享有法定合同解除权的主要原因之一就是为了减少道德风险，防止违约方故意违约。有学者认为，违约方合同解除制度在严格条件下的展开意味着其符合效力，能够阻止当事人之间的投机主义行为，避免交易僵局，减少资源的浪费，其与效率违约理论没有必然联系④。但笔者对此持相反意见，因为审判实践中极容易忽视此情况，尽管对于"合同僵局"情况下应该符合一定条件才能支持违约方以解除或终止合同已经成为共识，但在审判实践中仍有很

① 参见云南省保山市中级人民法院民事判决书，(2020)云05民终347号。

② 参见吉林省松原市中级人民法院民事判决书，(2020)吉07民终645号。

③ 参见孙良国：《效率违约理论研究》，载《法制与社会发展》2006年第5期。

④ 参见王利明：《论合同僵局中违约方申请解约》，载《法学评论》2020年第1期。

长的路要走。在长期性合同中，例如，在租赁合同中一方当事人已经不愿继续履行合同并且实质搬离且愿意承担违约责任，双方就合同是否继续履行一直陷入僵局，无论拒绝履行的一方是否有合理理由，当法院面临此种案例时往往会认为合同已经无法强制履行而判决合同解除，并认定合同自一方当事人实际搬离之日已经解除①。又如，在农村承包经营合同纠纷中，村委一方擅自将承包土地承包给了第三方，明显违约，但由于案涉土地已经由第三方在实际使用，且村委拒绝继续原合同，法院只能判决解除合同。再如，农村土地的合作开发，村委为了引进出资更高的投资方便要求与原投资方解除合同，并坚决不同意与原投资方进行合作，因村委意志需股东会等投票表决，若股东会明确表明不愿继续履行，即使明知村委是恶意违约，法院也无法强制履行并只能判决解除合同②，这就是典型的效率违约。当出现前述情况，法院往往因为不能强制一方履行或如果判决继续履行需要先解除合同一方当事人与第三方即存的法律关系，打破现有的交易平衡，并且恢复执行存在一定难度，基于诉讼经济的考虑而对违约方合同解除的要求予以支持，并以损害赔偿为替代。但究其根本，其与前文"违约方不存在恶意违约的情形"这一要件背道而驰，且之所以对违约方申请合同解除进行诸多限制，其核心要义是保证道德上的不可非难性，维持合同法的基本原则及体例完整。因此，在保证严守《九民纪要》及《民法典》对违约方申请合同解除的要件限制的同时，应特别重视禁止效率违约的情形，并在审判实践中予以严格遵守。

结　语

在现行法律框架体系下，违约方不享有法定的合同解除权而仅享有请求司法解除或司法终止的权利，并有诸多限制，具体体现在《九民纪要》第 48 条和《民法典》第 580 条第 2 款。严格来说，该两条规定均不能视为违约方申请合同解除的正式法源，但为了满足审判实践的需要，《九民纪要》第 48 条可以作为判断是否应同意违约方请求解除合同的说理依据，《民法典》第 580 条第 2 款可以在扩大解释后作为违约方请求解除合同的法律依据。并且基于审判实践中对违约方请求解

① 参见南宁铁路运输法院民事判决书，(2017)桂 7102 民初 360 号。

② 参见广东省深圳市宝安区人民法院民事判决书，(2016)粤 0306 民初 5060 号。

除合同的裁判尺度标准各异的问题，违约方申请合同解除的要件必须从严掌握，其中禁止效率违约又是重中之重。

参考文献

1. 余延满：《合同法原论》，武汉大学出版社1999年版。
2. 朱广新：《合同法总则研究》（下册），中国人民大学出版社2018年版。
3. 蔡睿：《吸收还是摒弃：违约方合同解除权之反思——基于相关裁判案例的实证研究》，载《现代法学》2019年第3期。
4. 胡康生主编：《〈中华人民共和国合同法〉释义》，法律出版社1999年版。
5. 孙良国：《违约方合同解除的理论争议、司法实践与路径设计》，载《法学》2019年第7期。
6. 韩世远：《合同法的现代化：为何及如何》，载《法治研究》2019年第6期。
7. 石佳友、高郦梅：《违约方申请解除合同权：争议与回应》，载《比较法研究》2019年第6期。
8. 王利明：《论合同僵局中违约方申请解约》，载《法学评论》2020年第1期。
9. 王利明：《合同编解除制度的完善》，载《法学杂志》2018年第3期。
10. 孙良国：《效率违约理论研究》，载《法制与社会发展》2006年第5期。
11. 朱虎：《解除权的行使和行使效果》，载《比较法研究》2020年第5期。
12. 邱波、徐卓斌：《违约方解除权之司法认定》，载《法律适用》2020年第12期。
13. 张素华、杨孝通：《也论违约方申请合同解除权兼评〈民法典〉第580条第2款》，载《河北法学》2020年第9期。
14. 宁玲：《〈九民纪要〉中“违约方申请解除权”之评析》，载《法制博览》2020年第17期。

简析2020版《个人信息安全规范》对企业个人信息保护政策的指导意义

史　蕾　江智茹*

2020年3月6日，历经多次修订和征求意见，《信息安全技术　个人信息安全规范》(GB/T 35273－2020，以下简称2020版《个人信息安全规范》)正式出台，并于2020年10月1日实施。作为《信息安全技术　个人信息安全规范》(GB/T 35273－2017，以下简称2017版《个人信息安全规范》)的代替标准，其在结合国内外机构的意见反馈、个人信息保护治理实践及对接国内最新立法动态的基础上，对第三方接入管理等常见业务实践及App违法违规收集使用个人信息专项治理行动等执法实践中的热点问题都进行了回应①。

《个人信息安全规范》的亮点之一，就是以资料性附录发布隐私政策(现修订为“个人信息保护政策”)模板示例，指导个人信息控制者如何通过这份政策中体现的公开透明原则，清晰、准确、完整地描述个人信息处理行为，从而保证个人信息主体知情权。2020版《个人信息安全规范》针对规范正文中个人信息保护要求细化更新，对个人信息保护政策格式与内容的制定、完善以及获取个人信息主体的授权同意等提出了新的合规调整要求。

一、2020版《个人信息安全规范》修订要点

相较于2017版《个人信息安全规范》，2020版《个人信息安全规范》对个人信

* 史蕾：北京德和衡律师事务所高级联席合伙人、德和衡数字经济与人工智能业务中心秘书长。

江智茹：北京德和衡(深圳)律师事务所网络安全与数据合规部律师助理。

① 参见洪延青、葛鑫：《国家标准〈信息安全技术　个人信息安全规范〉修订解读》，载《保密科学技术》2019年第8期。

息保护的具体要求有一些细致的更新调整，有些体现在实务指导中，如对敏感信息的范围示例；有些体现在个人信息保护安全的产品设计中，如第三方接入时的标识和对第三方的管理；有些体现在对个人信息控制者的内部管理要求上，如数据融合时的安全影响评估以及个人信息保护机构设置；还有一些调整则需要在实务中体现在个人信息保护政策中向个人信息主体告知。个人信息保护政策主要修订内容概括如下。

（一）“隐私政策”名称修正为“个人信息保护政策”

个人信息与隐私是一对既有相同之处又有所区别的概念。根据《网络安全法》《个人信息安全保护规范》等相关法律法规、标准的规定，个人信息，是指以电子或者其他方式记录的，能够单独或者与其他信息结合识别自然人个人身份或反映特定自然人活动情况的各种信息。通常情况下，涉及自然人隐私的信息属于个人敏感信息。根据《民法典》第 1032 条第 2 款的规定，隐私是自然人私人生活安宁和不愿为他人知晓的私密空间、私密活动和私密信息等。举例而言，人们与友人的通信内容，当其不愿为其他人所知晓时，该等通信内容就既属于个人信息也属于隐私。隐私与个人信息的关系如图 1 所示。

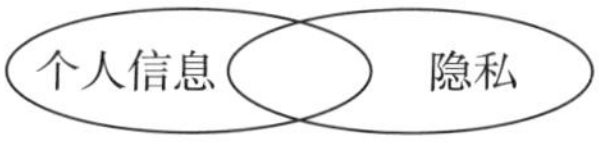

图 1　隐私与个人信息的关系示意

实践中，大多数企业会基于惯例将其所运营的产品/服务所配套的个人信息收集使用规则等命名为“隐私政策”，但也有部分企业基于个人信息与隐私概念的不同，采用“个人信息保护政策”（如新浪微博）或“个人信息保护及隐私政策”（如滴滴青桔平台）等表述。

鉴于此，这次 2020 版《个人信息安全规范》的命名修正会对企业实践中更准确地使用“个人信息保护政策”起倡导作用。同时，2020 版《个人信息安全规范》在考虑企业实践及对接相关监管要求的基础上也进一步明确，“组织会习惯性将个人信息保护政策命名为‘隐私政策’或其他名称，其内容宜与个人信息保护政策内容保持一致”。

（二）个人信息保护政策的授权同意展示与告知要求

为充分保护个人信息主体的知情权和选择权，防范未经个人信息主体同意收集使用其个人信息或强制个人信息主体同意等问题，2020 版《个人信息安全规范》从个人信息保护政策在产品/服务中的展示时机、多项业务功能下个人信息主体自主选择及个人信息保护政策的定性等方面对 2017 版《个人信息安全规范》进行了完善。

1. 新增个人信息主体在首次打开产品/服务等情形时的个人信息保护政策展示要求

2020 版《个人信息安全规范》要求，在个人信息主体首次打开产品或服务、注册账户等情形时，宜通过弹窗等形式主动向其展示个人信息保护政策的主要或核心内容，帮助个人信息主体理解该产品或服务的个人信息处理范围和规则，并决定是否继续使用该产品或服务。此处采用“宜”而非“应”的措辞鼓励弹窗展示，2020 版《个人信息安全规范》附录 C“功能界面模板”中，对于弹窗等形式展示的信息收集说明已从原有的“向个人信息主体清晰展示收集个人敏感信息的目的、种类等”扩大为“向个人信息主体清晰展示收集个人信息的目的、种类等”。实践中，一些头部企业早已在《个人信息安全规范》修订征求意见的过程中了解监管部门的倡导之意，在用户首次启动产品/服务时，即以弹窗形式向用户展示个人信息保护政策的主要或核心内容，并为用户提供设备权限管理的交互界面，允许用户逐项选择是否授权，起到良好示范作用。

以淘宝为例，在安装淘宝 App 后，首次启动淘宝 App 时，其就以弹窗形式向个人信息主体展示《隐私权政策》的主要内容，同时也为用户提供了不同意的退出按钮，具体如图 2 所示。

2. 新增多项业务功能的个人信息收集使用告知要求

2020 版《个人信息安全规范》规定，当“产品或服务提供多项收集、使用个人信息的业务功能的，除个人信息保护政策外，个人信息控制者宜在实际开始收集特定个人信息时，向个人信息主体提供收集、使用该个人信息的目的、方式和范围，以便个人信息主体在作出具体的授权同意前，能充分考虑对其的具体影响”。并且，个人信息主体不授权同意使用、关闭或退出特定业务功能的，不应暂停个人信息主体自主选择使用的其他业务功能，或降低其他业务功能的服务质量。

图 2　淘宝 App 个人信息保护政策弹窗内容

早在 2018 年 6 月 28 日，美国加利福尼亚州州长批准的《加利福尼亚州消费者隐私法案》(California Consumer Privacy Act, CCPA)中就提出了禁止因个人信息主体履行其合法权益而对其提供歧视性的服务，其明确规定，企业不得因消费者行使其访问权、删除权、选择不出售其个人信息等权利而拒绝向消费者提供商品或服务，或对商品或服务收取不同的价格或费率，或向消费者提供不同水平或质量的商品或服务，除非该等差异是合理的。

而 2020 版《个人信息安全规范》的修订，显然进一步与国际规则对接，并可以更为有效地保障个人信息主体的自主选择权等合法权益。自 2017 版《个人信息安全规范》实施以来，目前大部分企业均已在其个人信息保护政策中分别向用户告知所提供产品/服务的核心业务功能(基本业务功能)及附加业务功能(扩展业务功能)所需收集的个人信息及拒绝提供或拒绝同意将带来的影响。

以京东为例，在《京东隐私政策》(版本更新日期：2020 年 10 月 13 日)[①]中对应产品/服务的核心功能和扩展功能所必须收集和使用的个人信息，将其区分为“您(用户)须授权我们收集和使用您个人信息的情形”和“您可自主选择提供的个人信

① 参见《京东隐私政策》，载京东网，https://about.jd.com/privacy。

息的情形”,分别向用户予以阐明并告知拒绝提供或拒绝同意所带来的相应影响。

3. 新增个人信息汇聚融合的告知要求

国内外互联网产品和服务实践中,将同一主体的不同产品或不同业务功能间收集的个人信息进行汇聚融合,将会造成个人信息的滥用,例如,脸书(Facebook)收购WhatsApp 后修改了 WhatsApp 的隐私政策,允许 WhatsApp 与母公司共享用户电话号码等信息,该行为受到了指责并最终取消。鉴于此,2020 版《个人信息安全规范》明确,基于不同业务目的所收集个人信息的汇聚融合也需要遵从个人信息使用的目的限制,且如果所收集的个人信息进行加工处理而产生的信息能够单独或与其他信息结合,进而识别特定自然人身份或者反映特定自然人活动情况的,应将其认定为个人信息,对其处理应遵循收集个人信息时获得的授权同意范围。加工处理而产生的个人信息属于个人敏感信息的,对其处理需符合对个人敏感信息的要求。

目前国内大型互联网公司已经注意到这一问题,通过账号体系注册要求及相关产品的隐私政策,向个人信息主体予以说明以获得必要授权。以京东金融为例,《京东金融隐私政策》(版本更新日期:2020 年 7 月 30 日)[①]中明确,为便于用户基于统一账号体系的统一管理、系统和账号的安全保障等目的,在京东金融运营方(京东数字科技控股有限公司)及其关联方之间进行必要共享、关联,且该等共享受《京东金融隐私政策》所声明的约束。(见图 3)

(二)共享

我们不会与京东金融以外的任何公司、组织和个人共享您的个人信息,除非获得您的明确同意或属于“共享、转让、公开披露个人信息时事先征得授权同意的例外”。我们可能会向关联公司、合作伙伴等第三方共享您的个人信息,以保障为您提供的服务顺利完成;但我们仅会出于合法、正当、必要、特定、明确的目的共享您的个人信息,并且只会共享提供服务所必要的个人信息。该等第三方无权将共享的个人信息用于任何其他用途。对我们与之共享个人信息的公司、组织和个人,我们会与其签署严格的保密协定,要求他们按照我们的协议、本政策要求的保密和安全措施来处理个人信息。在个人敏感数据使用上,我们要求第三方采用数据脱敏和加密技术,从而更好地保护用户数据。我们将按照法律法规及国家标准的要求以点击确认协议、具体场景下的点击确认动作等形式征求您的同意。

1、业务共享

(1)为便于我们基于统一的账号体系向您提供服务以及便于您进行统一管理、保障系统和账号安全,您的个人信息可能会在我们和我们的关联公司之间进行必要共享。但我们只会共享必要的个人信息,且受本政策中所声明目的的约束;我们的关联公司如要改变个人信息的处理目的,将再次征求您的授权同意。例如,为了我们的关联公司为向您提供服务而需履行监管对客户身份识别的要求,或为我们与关联公司共同向您提供或推荐服务、产品,或为了协助解决您与我们的关联公司之间就交易产生的纠纷,我们会与关联公司共享您的信息。

图 3 《京东金融隐私政策》内容示意

4. 新增个人生物识别信息收集使用的授权同意要求

随着生物识别技术的发展,人脸、指纹、声纹等个人生物识别数据用于监控、身份识别甚至社交娱乐的功能开始在商业中部署和应用。例如,2019 年 9 月初,

① 参见《京东金融隐私政策》,载京东网,https://h5.m.jd.com/babelDiy/Zeus/r6GfckUwQej2Y4JK3nn1whkLv2k/index.html。

北京陌陌科技有限公司孵化的“ZAO”软件在迅速流行的同时，也因为未依法依规收集使用用户个人信息等问题被工信部约谈并被责令自查整改。

为强调对个人生物识别信息的更严格的授权同意和保护要求，2020 版《个人信息安全规范》明确要求，收集个人生物识别信息前，应单独向个人信息主体告知收集、使用个人生物识别信息的目的、方式和范围，以及存储时间等规则，并征得个人信息主体的明示同意。个人生物识别信息原则上不应共享、转让。因业务需要，确需共享、转让的，应单独向个人信息主体告知目的、涉及的个人生物识别信息类型、数据接收方的具体身份和数据安全能力等，并征得个人信息主体的明示同意。

目前，大部分企业对于个人生物识别信息的收集和使用采用比较审慎的态度，对于如人脸、指纹等信息的采集和存储均由用户授权验证的设备进行，而不会上传至企业服务器中。

以广发银行为例，其在《广发银行电子银行隐私政策》（版本更新时间：2020 年 2 月 28 日）中明确向用户说明了个人生物识别信息的使用场景、目的及用户开启或关闭相关业务功能的路径等。以广发银行 App 中的指纹登录/支付功能的开通为例，其允许用户对指纹登录、指纹支付功能逐项进行授权管理，并配套《广发银行用户生物特征识别服务协议》，再次明确双方在相应生物识别服务场景下的权利、义务及责任等。（见图 4）

图 4　广发银行 App 指纹设置及服务协议

5. 修改了“征得授权同意的例外”

2020 版《个人信息安全规范》在 2017 版《个人信息安全规范》的基础上充分吸收借鉴欧盟《一般数据保护条例》(General Data Protection Regulation, GDPR)个人信息处理六大合法事由①的规定,对标准第 5.6 条“征得授权同意的例外”及第 9.5 条“共享、转让、公开披露个人信息时事先征得授权同意的例外”进行了修订,增加“与个人信息控制者履行法律法规规定的义务相关的”授权同意的例外情形。同时,为避免企业将个人信息保护政策定性为合同从而滥用“根据个人信息主体要求签订和履行合同所必需的”授权同意例外,2020 版《个人信息安全规范》明确,“个人信息保护政策的主要功能为公开个人信息控制者收集、使用个人信息范围和规则,不宜将其视为合同”。

(三)个人信息保护政策体例调整

2020 版《个人信息安全规范》在附录 C 中明确了对于基本业务功能与扩展业务功能的划分方法,并强调对于无须一次性全部开启的基本业务功能,宜根据个人信息主体的具体使用行为逐步开启,并在基本业务功能开启前通过交互界面或设计向个人信息主体告知基本业务功能所必要收集的个人信息类型,以及个人信息主体拒绝提供或拒绝同意收集将造成的影响,并通过个人信息主体对信息收集主动作出肯定性动作。对于扩展业务功能,则要求在扩展业务功能首次使用前,应通过交互界面或设计向个人信息主体逐一告知所提供扩展业务功能及所必要收集的个人信息,并允许个人信息主体对扩展业务功能逐项选择同意。

鉴于此,为满足上述要求,并帮助个人信息主体更为清晰便捷地了解每项业务功能所对应的个人信息收集、使用、委托处理、共享、转让、公开披露的情况,更好保障其知情权和选择权,附录 D 中“个人信息保护政策模板”的编写体系调整为以业务功能为基准,详述每项业务功能所对应的个人信息收集使用的规则,该

① GDPR 规定了数据处理的六大合法事由,分别是:(1)数据主体已经同意基于一项或多项目的对其个人数据进行处理;(2)处理对于完成某项数据主体所参与的契约是必要的,或者在签订契约前基于数据主体的请求而进行的处理;(3)处理是控制者履行其法定义务所必需的;(4)处理对于保护数据主体或另一个自然人的核心利益所必要的;(5)处理是数据控制者为了公共利益或基于官方权威而履行某项任务而进行的;(6)处理对于控制者或第三方所追求的正当利益是必要的,这不包括需要通过个人数据保护以实现数据主体的优先性利益或基本权利与自由,特别是儿童的优先性利益或基本权利与自由,不适用公共机构在履行其任务时的处理。

项业务功能通过 App 客户端提供时所必需申请的系统权限及拒绝授权的影响等；并将“个人信息的共享、转让和公开披露规则”由专章编写合并至每项业务功能的“个人信息收集使用规则”项下；同时，在个人信息收集使用规则中新增“委托处理”个人信息情形的披露，向个人信息主体说明该项业务是否需要委托处理个人信息，委托处理的原因、对受托方的约束等。基于前述编写体系，无论个人信息控制者或其授权第三方使用自动数据收集工具收集个人信息，均可纳入前述个人信息收集使用规则中，“个人信息保护政策模板”中不再保留关于使用小型文本文件（Cookie）和同类技术的相关条款内容。

体例调整可谓是本次个人信息保护政策修订的一大亮点，但具体落地情况还有待时间验证。笔者初步分析，可能存在两个难点：

首先，2020 版《个人信息安全规范》通过附录 C“交互式功能界面模板”对“分阶段、分窗口、分屏幕”向个人信息主体清晰展示收集个人信息的目的、种类等，并“分情形”征得个人信息主体同意作出了很好的范例。可惜的是，这种交互功能界面的设计可以说是个人信息安全工程的典型示例，需要产品、技术和数据合规多个团队的梳理与配合，并非法务工作者一己之力可以实现，截至本文写作时尚未看到对此体例采纳的典型范例。

其次，每项业务功能下的收集使用规则，共享、转让和公开披露规则很可能重合，如何清晰表达而又不显臃肿，也是考验法务团队的智慧与文笔的难点。

（四）共同控制者的披露要求

共同控制者，尤其是第三方嵌入硬件开发工具包（SDK）以用户无感知的情形共享个人信息，是 App 违法违规收集使用个人信息专项治理活动中的重点监管事项之一，该治理成果也在 2020 版《个人信息安全规范》中体现。

《App 违法违规收集使用个人信息行为认定方法》规定，“未逐一列出 App（包括委托的第三方或嵌入的第三方代码、插件）收集使用个人信息的目的、方式、范围等”可被认定为“未明示收集使用个人信息的目的、方式和范围”。在 2019 年年底 App 专项治理工作组发布的《关于 61 款 App 存在收集使用个人信息问题的通告》中，链家、招商银行掌上生活、微贷网、搜狗浏览器、有道云笔记等数十款 App 即因未满足上述监管要求而被通报。2020 年 3 月下旬，天津市委网信办发布的《天津市疫情防控 App 专项治理情况通报（第二期）》中，国金圈、朴新网校、阳光 e

管家物业三款软件也因未逐一列出 App（包括委托的第三方或嵌入的第三方代码、插件）收集使用个人信息的目的、方式、范围等被通报。

在结合上述执法实践和监管规则的基础上，2020 版《个人信息安全规范》规定要求应在个人信息保护政策中明确向个人信息主体告知第三方身份及各方在个人信息安全方面的责任和义务，如未向个人信息主体明确告知第三方身份，以及在个人信息安全方面自身和第三方应分别承担的责任和义务，个人信息控制者应承担因第三方引起的个人信息安全责任。在个人信息保护政策的模板示例中，有关个人信息如何共享的章节，建议以超链的形式向个人信息主体披露不同共享情形中目前涉及的公司、组织和个人。

（五）个人信息保护政策的其他细节修订

1. 个人信息控制者基本情况

将个人信息控制者基本情况的列举由“注册名称、注册地址、常用办公地点和相关负责人的联系方式等”修改为“主体身份、联系方式”，更具实操性，且为自然人作为产品运营者时的个人信息控制者基本情况的公示进行了指引。

2. 用户的措辞

将涉及“用户”的条款表述统一修正为“个人信息主体”，用词更为精准，并将用户与个人信息主体不一致的情形囊括在内。

3. 二次身份验证

“个人信息保护政策模板”中针对个人信息主体权利新增编写要求，如果个人信息主体行使权利的过程需要再次验证身份，需明确说明验证身份的原因，并采取适当的控制措施，避免验证身份过程中造成的个人信息泄露。

4. 新增无法响应个人信息主体请求的情形

在无法响应个人信息主体权利请求的情形中新增“与个人信息控制者履行法律法规规定的义务相关的”与“出于维护个人信息主体或其他个人的生命、财产等重大合法权益但又很难得到本人授权同意的”。

5. 双方责任披露

对共享、转让、公开披露个人信息等场景下的责任披露，由“对外共享、转让、公开披露个人信息的目的、涉及的个人信息类型、接收个人信息的第三方类型，以及所承担的相应法律责任”修改为“对外共享、转让、公开披露个人信息的目的、涉及的个人信息类型、接收个人信息的第三方类型,以及各自的安全和法律责任”,强调需要在隐私政策中披露这些场景下各自均负有的安全和法律责任。

6. 保障个人信息主体注销权

账号注销难一直是个人信息主体权利保障中的难点问题。仅在2019年12月20日,App专项治理工作组公布的《关于61款App存在收集使用个人信息问题的通告》中,就有30多款App涉及设置要求提供手持身份证照片等不合理条件、未提供账号注销功能,未提供账号注销的有效路径等问题,其中不乏如腾讯课题、有道云笔记、搜狗浏览器等由头部企业运营的产品。

2020版《个人信息安全规范》对账户注销申请的响应时间提出监管要求。因此,企业在制定和完善个人信息保护政策的过程中,若约定以电子邮件等人工客服响应方式为个人信息主体提供注销服务的,响应时限应不超过15个工作日,不应再约定为30天内;同时,不应在个人信息保护政策中约定账户注销的不合理条件或额外增加个人信息主体义务的要求。

对于同一个人信息控制者所运营的不同产品/服务间使用的统一账户的注销,应在个人信息保护政策中为个人信息主体提供切断账户体系与相应产品/服务的关联的路径;若一旦注销将会导致其他产品或服务的必要业务功能无法实现或者服务质量明显下降的,需在个人信息保护政策中向个人信息主体进行详细说明。例如,苏宁易购在《苏宁易购隐私政策》(版本更新时间:2020年9月18日)① 中告知用户注销账户的路径。此外还在《苏宁账户注销须知》②中进一步向用户说明其注销账户的方式、应满足的条件及注销账户的影响(包括将无法再使用苏宁易购账号登录并享受通过苏宁易购账号授权登录的苏宁易购相关或第三方的网站及App服务等)。

二、隐私政策监管与指导的域外实践

从第一部分的介绍中我们可以充分感受到,作为国家推荐标准的《个人信息安全规范》从2017年第一版发布之日,就已经将个人信息保护要求落地到企业执

① 参见《苏宁易购隐私政策》,载苏宁易购网,https://sale. suning. com/all/regProtocol/yssm. html?safp = d488778a. uzD. RZ7FT. 95fba22fd4&safpn = 10009。

② 参见《苏宁易购账户注销须知》,载苏宁易购网,http://hc. suning. com/help/channel - 154537341756174978/K15513425233526740. htm。

行和政府监管的实操层面,把对企业个人信息保护的教育实务和指导作为首要任务,随后每一版本的更新均将个人信息保护要求落地在隐私政策的撰写实务中,认真梳理企业披露个人信息的规则保证用户的知情权。下面,我们再把目光投向个人信息保护的先进区域代表欧盟和美国,看看他们对隐私政策的指导有哪些良好实践值得借鉴。

(一)欧盟

以对个人信息保护最全面和严格著称的 GDPR 自 2016 年发布以来,原第 29 条工作小组和现欧洲数据保护委员会发布了大量的指南指引或者示范合同,但对隐私政策的编写要求鲜见指导。在与隐私政策关系最密切的《同意指南》中,提出了两点要求,一是要求控制者使用清晰明了的语言寻求同意,而不能使用难以理解的长篇隐私政策或充满法律术语的语句,同意必须与其他事项清楚和区分,并以易懂易访问的形式提供。二是强调控制者要在 2018 年 5 月 25 日之前详细审查当前的工作过程和记录,以确保现有的同意符合 GDPR 标准,特别是 GDPR 前言第 171 项。GDPR 在实施同意机制方面提高了标准,并引入了一些新的要求,要求控制者改变同意机制,而不是仅重写隐私政策。

在欧盟各国的具体实践中,我们也看到有些国家的行业组织会以指导文件的形式发布个人数据使用的模板,例如,英国[①]的保险行业协会在 2018 年发布文件指导保险市场信息通知如何做,建议企业在实务中参考或者直接以链接的形式在自己的隐私政策中引用。这份文件在简介保险市场如何运作的背景后,说明保险企业可能收集的客户的资料,保险企业可能从何处收集客户的资料;数据控制者和数据保护联系人;保险企业处理客户的个人信息的目的、类别、法律依据和联系人;同意;分析;个人信息的保留;国际转移;客户在英国个人信息保护机构信息专员办公室的权利及其联系方式。这样的行业指导性文件对本行业个人信息保护有针对性和指导意义。

(二)美国

美国的个人信息保护实践以 2018 年发布并于 2020 年实施的 CCPA 为代表,

① 英国已于 2020 年 1 月 30 日脱离欧盟。

这个法案以消费者的个人信息保护为视角,从“原则上允许,有条件禁止”的角度作出规定,分别在第1798.110节从收集消费者个人信息的企业的角度,在第1798.115节从出售消费者个人信息或者为商业目的披露消费者信息的企业的角度,列示应向消费者披露的信息内容,但也仅限于法条的概括性介绍。

其实早在2013年2月,美国联邦贸易委员会以员工报告(Staff Report)的形式发布了一份关注移动应用生态领域透明度的指导报告,对应用平台、应用程序开发者、广告网络和第三方以及行业协会均提出了详细的建议。这份文件对应用程序开发者提出了起草隐私政策的要求,更重要的是对应用平台提出了他们作为移动空间“守门人”肩负着连接消费者与应用程序的中介任务,应用平台负有责任在隐私方面教育和指导应用程序开发人员,建议通过合同要求开发人员进行隐私披露以及合理地执行这些要求,应当肩负起在向消费者提供应用程序之前的审核,以及在应用程序发布后进一步审核的责任。历经多年的应用平台发展,美国两大主流应用市场APP Store和Google Play已经在对开发者审核中的数据与隐私保护审核有了比较多的管理经验,可以说由这两大平台起到了隐私政策落地的指导和教育作用。

App Store的应用审核指南第五部分法律以专门章节说明隐私要求,包括数据收集和存储,数据的使用和共享,有关健康、儿童和位置数据的特殊管理要求。平台要求开发者应上传隐私政策,且必须明确而清楚地指明App/服务所收集的数据(若有)、收集数据的方式,以及这些数据的所有用途。确认与App共享用户数据(遵从这些准则)的任何第三方(如分析工具、广告网络和第三方SDK,以及能够访问用户数据的任何母公司、子公司或其他相关实体)会提供与App隐私政策所述及这些准则所要求相同或等同的用户数据保护措施。解释数据保留/删除政策,并且说明用户可以如何撤销同意和/或请求删除用户数据。

Google Play市场的开发者政策中以《隐私权、安全性和欺骗行为》专章阐述用户数据保护,不仅进行应用发布的准入审核,还在应用发布后持续监督,如发现对用户数据的保护不符的行为立刻下架整改。在准入层面上开发者政策要求:(1)在Play管理中心内的指定字段以及应用内明示隐私权政策;(2)隐私权政策(以及任何形式的应用内披露声明)必须详尽地说明应用如何访问、收集、使用和分享用户数据;(3)隐私权政策必须披露应用将会访问、收集、使用和分享哪些类型的个人和敏感数据,以及用户的个人或敏感数据的分享对象类型;(4)以安全的方式处理用户的所有个人或敏感数据,包括在数据传输方面采用新型加密技术(如通过超文本传输安全协议);(5) 在访问由安卓权限把关的数据之前,应尽可能使用运行时权限请求;(6)不得出售用户的个人或敏感数据。

Google Play 还对某些用户不会预期到的个人数据的使用提出了"显著"应用内声明披露的要求,此时征求用户同意必须满足:(1)征求同意的对话框必须以清楚明确的方式呈现;(2)必须要求用户执行明确的确认操作(如点按接受、勾选复选框);(3)不得将用户离开披露声明页面的操作(包括点按其他位置离开或者按返回或主屏幕按钮)视为同意;(4)不得使用会自动关闭或设有期限的消息。这与我国特殊场景下(如生物识别信息收集、设备权限使用)明示同意的弹窗要求有异曲同工之处。

综上所述,域外对个人信息保护政策的实务指导体现在行业协会和应用平台实践中。行业协会与应用平台对隐私政策的要求相对于我国的国家性推荐标准《个人信息安全规范》的公信力和普适性较弱,但是也提供了一个思路借鉴,《个人信息安全规范》中的个人信息保护政策模板和要求可以进一步通过行业协会和 App 应用市场监管进行宣传和推广,通过相关的行业细化和准入要求继续个人信息保护的教育和指导工作。

三、2020 版《个人信息安全规范》下,个人信息保护政策的调整建议

2020 版《个人信息安全规范》及其对个人信息保护政策的更新,再一次通过细致的梳理强化了企业个人信息保护意识和实务指导。为此,笔者对企业个人信息保护政策的调整建议如下。

(一)个人信息保护政策的命名

随着立法的完善,个人信息与隐私的界定和区分已日渐明确,显然采用"个人信息保护政策"的命名更符合相关规则的约定目的,即便企业习惯性采用"隐私政策"等命名时亦应注意,对该等规则的制定和完善也应遵从 2020 版《个人信息保护规范》的规定,且其内容宜与"个人信息保护政策"的内容保持一致。

(二)授权同意机制的完善

虽然 2020 版《个人信息安全规范》未强制要求个人信息控制者在个人信息主体首次打开产品或服务、注册账户等情形时必须通过弹窗等形式主动向其展示个

人信息保护政策的主要或核心内容。但根据《App 违法违规收集使用个人信息行为认定方法》的规定,“App 首次运行时未通过弹窗等明显方式提示用户阅读隐私政策等收集使用规则”可被认定为“未公开收集使用规则”。

因此,对于 App 运营者而言,其必须在 App 首次运行时通过弹窗等形式提示用户阅读个人信息保护政策,同时为便于用户理解产品/服务收集使用个人信息的相关规则,可在相应弹窗等交互界面中展示个人信息保护政策的主要或核心内容,包括收集个人信息的目的、种类等。对于通过网页形式为用户提供服务的运营者而言,若其需要用户注册产品/服务账号并进行登录后方可使用的,则可在用户注册时以弹窗等形式引导用户阅读个人信息保护规则。并可在弹窗等交互界面的显著位置中设置个人信息保护政策的全文链接,以便于用户进行查阅。

实践中,为提升用户的服务体验,多数产品/服务均同时为用户提供多项收集、使用个人信息的业务功能。在 2020 版《个人信息安全规范》下,如何进一步准确区分基本业务功能和扩展功能,扩展业务功能逐一告知的个人信息内容并允许个人信息主体“逐项选择同意”的交互设计等,都对产品/服务获得个人信息收集使用的授权同意提出了更多的挑战和调整要求。

同时,鉴于通讯录、好友列表、群组列表等信息已被明确纳入个人敏感信息范畴,对其不得再采用默示同意方式获取用户的授权同意;而对于个人生物识别信息的收集授权同意,除个人信息保护政策外,还须单独向个人信息主体告知收集、使用(包括共享、转让)个人生物识别信息的目的、方式和范围,以及存储时间等规则,涉及共享/转让的个人生物识别信息类型、数据接收方的具体身份和数据安全能力等,并征得个人信息主体的明示同意。不过,2020 版《个人信息安全规范》将个人信息主体通过口头等方式主动作出的纸质/电子形式的声明也纳入“明示同意”范畴,也为企业获取用户授权同意的方式提供了更多的灵活性。此外,根据 2020 版《个人信息安全规范》的规定,企业不得再将主要功能为公开其收集使用个人信息范围和规则的个人信息保护政策定性为合同,从而免除自身在个人信息收集使用中征得个人信息主体的授权同意义务。

(三)个人信息保护政策内容的调整与完善

1. 个人敏感信息的明确标识或突出显示

显著标识个人敏感信息一直是 App 违法违规收集使用个人信息专项治理行

动等执法工作中的监管重点之一，大多数 App 运营者均已按照监管要求在其产品/服务配套的个人信息保护政策中对个人敏感信息进行了显著标识。

但对于通过网页等非 App 客户端提供的产品和服务，此前则无此类要求。因此，也有诸多网站运营者并未在其产品/服务个人信息保护政策中对相关业务功能中对收集和使用的个人敏感信息进行突出显示。

对于此类企业而言，其应按照 2020 版《个人信息安全规范》的要求，尽快调整和完善其个人信息保护政策，对各业务功能涉及收集使用的个人敏感信息予以明确标识或突出显示。

2. 个人信息共享、转让、公开披露相关政策内容的完善

根据 2020 版《个人信息安全规范》的规定，个人信息保护政策内容中应包括“对外共享、转让、公开披露个人信息的目的、涉及的个人信息类型、接收个人信息的第三方类型，以及各自的安全和法律责任”。

且对于第三方接入的管理，若该等第三方与个人信息控制者构成共同个人信息控制者时，亦应遵从上述要求；若所接入的第三方独立收集使用用户个人信息并为用户提供产品/服务的，应向用户明确标识，并可在个人信息保护政策中向用户予以说明，良好实践是由第三方直接与用户缔结用户协议和个人信息保护政策。

同时，App 运营者在满足上述要求外，还应在其个人信息保护政策中逐一列出 App（包括委托的第三方或嵌入的第三方代码、插件）收集使用个人信息的目的、方式、范围等。

（四）账户注销机制的完善

2020 版《个人信息安全规范》对接 App 收集使用个人信息的监管要求，将个人信息主体注销账户的人工响应时间限定在 15 个工作日内，而不再是 30 日内。因此，对于注销账户人工响应时间约定在 15 个工作日以上的企业而言，则亟须对其个人信息保护政策的相关内容予以修正，并建立有效的响应机制。

对于统一账号体系下不同产品的账号注销需求，2020 版《个人信息安全规范》也以“注”的形式明确可以删除产品/服务账号以外其他个人信息并切断账户体系与产品或服务的关联等措施实现注销。并明确对于多个产品或服务之间存在必要业务关联关系的，一旦注销某个产品或服务的账户，将会导致其他产品或

服务的必要业务功能无法实现或者服务质量明显下降的，需向个人信息主体进行详细说明。从而在保障用户注销权和企业维护产品/服务运营质量的需求间达到平衡。

同时，针对注册时未要求提供身份证号码，注销时却以验证身份为由要求提供手持身份证照片等以不合理条件阻碍用户行使其账户注销权的现象，2020 版《个人信息安全规范》明确要求“注销过程不应设置不合理的条件或提出额外要求增加个人信息主体义务”且“注销账户的过程需收集个人敏感信息核验身份时，应明确对收集个人敏感信息后的处理措施”。因此，在企业个人信息保护政策内容的调整和完善中，应避免出现前述增加个人信息主体义务的条款。

此外，应注意部分国际性公司在为用户提供账户注销服务的同时，也设定了一定时间的“反悔期”，并约定在反悔期内仅将用户账户标记为关闭状态，一旦用户重新开启其产品/服务账户，即账户注销流程将终止，否则，则在反悔期届满时永久删除相应产品/服务账户及该等账户中的个人信息等。

对此，根据 2020 版《个人信息安全规范》的规定，“个人信息主体注销账户后，应及时删除其个人信息或匿名化处理。因法律规定需要留存个人信息的，不能再次将其用于日常业务活动中”。显然，上述反悔期的设置并不符合中国境内的监管要求，对于国际性公司而言，其在中国境内提供产品/服务所配套的个人信息保护政策仍需进一步进行本土化的合规调整，满足中国国内相关监管规定的要求。

结　语

个人信息保护政策是企业对监管、用户公开承诺的自我约束。2020 版《个人信息安全规范》附录 D 中的“个人信息保护政策模板”可以带动企业提升隐私政策编制水平，以相对规范、较为统一的隐私政策，逐渐提升用户对隐私政策的阅读习惯和理解能力。企业通过借鉴“个人信息保护政策模板”对已有个人信息保护政策予以完善，按照 2020 版《个人信息安全规范》的要求，以业务功能为基准集中向个人信息主体披露每项业务功能所对应的个人信息收集使用规则，增删相应章节的约定等。同时，2020 版《个人信息安全规范》在为企业提供了更具可操作性的指引的同时，也对企业个人信息保护政策的合规调整和完善提出了要求。合规对于企业而言，并不该被视为不得不投入的成本，而是促进企业良性发展、树立企业品牌良好形象和公信力的投资。已经有诸多企业走在了个人信息保护政策调整和完善的前沿,成为行业内的最佳实践案例和效仿对象。个人信息保护的工作任重而道远,积微致着,笔者相信,结合头部企业的示范作用和政府的监管要求,《个人信息安全规范》已经并将持续对中国个人信息保护起到显著的推动作用。

保理成为《民法典》有名合同的原因及立法评述

田江涛[*]

《民法典》已于2020年5月28日在第十三届全国人民代表大会第三次会议上正式通过，并于2021年1月1日起施行。其中保理合同成为《民法典》中新增的一类有名合同，颇为律师同业所关注。事实上，保理业务是一个小众领域，律师行业对其模式、内涵、效力及主要法律问题均不甚了解。笔者从业以来，一直专注于从事保理和供应链法律服务，特撰本文，供同业交流，请各位专家批评指正。

一、保理合同成为有名合同的原因分析

（一）保理合同相对小众，成为有名合同或许存在一定争议

保理，作为一个小众领域，行业中通常的理解是应收账款债务人因提供商品、服务或者出租资产而产生的应收账款转让给保理人，由保理人为其提供应收账款融资、应收账款管理、应收账款催收、债务人付款担保等一项或者多项的综合性商贸服务。其最早源于西方国际贸易领域，中文互联网上第一次出现保理这个表述，是在1987年由美国咨询公司在北京举办的一次研讨会上。根据保理人是银行还是商业保理公司，可以将保理业务分成银行保理和商业保理，其中商业保理在2012年6月才在天津滨海新区和上海浦东新区进行试点①。在《民法典》立法

---

* 田江涛：北京德和衡（上海）律师事务所合伙人、金融业务一部主任、保理和供应链研究中心主任、德和衡金融业务中心秘书长，中国服务贸易协会商业保理行业专业委员会学术委员、央企保理五十人论坛成员、临沂仲裁委票据仲裁中心特聘专家、中国物流与采购联合会采购与供应链金融专家委员会特约专家、上海物流学会专家。

① 参见商务部2012年6月27日发布的《关于商业保理试点有关工作的通知》（商资函〔2012〕419号）。

前,我国并没有直接规定保理业务的法律。基于保理业务的基础在于应收账款转让,保理业务在司法审判过程中主要适用原《合同法》有关债权转让的相关规定。由此可见,保理业务在国内的发展历并不长,对有的法律人来说相对陌生。律师同业或许会有疑问,为何保理合同会成为《民法典》立法过程中新增的有名合同呢?

(二)保理合同成为有名合同的原因

1. 行业推动不是保理合同入典的根本原因

毋庸讳言,保理合同之所以能够成为有名合同,与保理行业在《民法典》立法过程中的推动密不可分,仅是正式发布邀请的保理合同章专家讨论会就有十次之多。但《民法典》作为我国民商事领域的基本大法,不可能仅凭借一个行业的鼓动,就将其纳入有名合同的序列。据笔者了解,在《民法典》合同编的立法过程中,除了目前公布的保理合同等几个新增的有名合同外,诸如和解协议等其他合同也在探讨能否纳入《民法典》合同编中规定的有名合同。加之除了保理合同外,其他新增的有名合同包括保证合同、物业服务合同等均为人民群众生产生活中常见的合同类型,保理合同距离普罗大众的日常生活相对较远,为何其成为有名合同呢?笔者认为,保理行业的推动仅是保理合同能够进入《民法典》的外部原因,立法者清楚认识到保理合同对国民经济生活的重要价值,才是《民法典》能够吸纳保理合同作为有名合同的内在原因。

2. 行业发展、监督管理、司法裁判都迫切需要保理合同入典

之所以保理合同能够成为《民法典》的有名合同,其根本核心在于立法者认识到保理合同具备了成为有名合同"重要且必要"的条件。[①] 具体而言,保理业务以受让应收账款为核心,目前中国已经成为国际上保理业务量最大的国家。在2019年前,除了试点地区以外,国内工商部门对于其他地区设立保理公司并不存在限制性规定,我国一年新设的保理公司数以万计。与此同时,各地法院都在司法实践中察觉到保理相关纠纷激增,如何审理保理案件,已经成为法院司法审判过程中的重点难点问题。在《民法典》出台前,保理业务所能够适用的法律规范散见于原《民法通则》、原《民法总则》、原《合同法》,及《民事诉讼法》之中,具体商业保理

① 参见黄和新:《保理合同:混合合同的首个立法样本》,载《清华法学》2020年第3期。

业务监管主要由各地政策性文件所规定。在笔者服务保理客户过程中，相当多无法确定的法律问题还要参考适用银行保理的相关监管规定，甚至参考国际保理商联合会发布的《国际保理通则》。综上所述，无论是保理业务发展规模、保理司法审判需要还是保理业务具体适用法律，保理合同成为有名合同恰逢其时。

3. 有利于促进保理行业发展，推进国家供应链、产业链的发展

保理合同能够成为有名合同，还在于其围绕受让应收账款，服务产业链和供应链，能够为中小企业解决融资难、融资贵的内在属性。具体而言，保理对国家供应链、产业链发展的积极作用主要体现在两个层面：

第一，保理可以为产业链上的供应商提供资金支持。开展保理业务的前提在于受让应收账款，保理人围绕应收账款可以为应收账款债权人提供资金融通、应收账款管理与催收、债务人付款担保等保理服务，帮助保理申请人在应收账款到期前，就可以获得资金支持，进一步提升应收账款的利用效率。随着当前市场经济的发展，供应链上下游不断拓展。在法律人视角，所谓供应链就是上、下游供应商通过两方或者多方的合同约定，将交易串成链式的一种多层交易的市场经济形式。所以一层交易链条合同约定及履行的具体情况，不仅会对合同交易双方，也会对整个供应链上下游发生影响。应收账款具有传导性，对供应链发展具有特别重要的影响。随着不同供应链之间不断打通，供应链围绕某个产业搭建，构成产业链，而产业链中往往会出现核心买方，只有这些核心企业对其一级供应商进行付款，下游供应商才能对其下下游应收账款进行兑付，由此一个产业链条中的应收账款发生传导，每一级供应商都希望尽快从产业链上的应收账款获得收益，保理围绕应收账款提供服务，恰恰满足了供应链上供应商的具体需求。

第二，保理可以帮助产业链上的供应商，尤其是中小企业降低资金成本。传统的融资形式一般要求融资申请人提供资信担保，并且主要对融资申请人自身的资信进行评价，中小企业自身的资信能力本就不足，其也缺少金融机构认可的抵押增信措施，由此在社会中产生"融资难和融资贵"的问题。保理业务以受让应收账款为前提，在保理融资业务中，保理除了发放保理融资获得针对保理融资申请人的保理融资债权以外，也通过受让应收账款债权获得了针对应收账款债务人的应收账款债权，由此保理业务实际给保理人提供了两个回款路径，保理人可以同时评价作为保理融资申请人的应收账款债权人以及作为应收账款付款义务人的应收账款债务人的资信。在供应链的背景下，供应链上的供应商往往资信实力不

强,而其下游的核心买方是最终还款义务人,保理人可以依据应收账款债务人的资信,为作为供应商的中小企业提供保理融资。在这种情况下,由于应收账款债务人的资信能力较强,供应商一般也能在申请保理融资过程中获得更低的利率支持。行业中还有类似TCL集团"金单"、中企云链"云信"的方式,将核心企业的应收账款债权可拆分、可转让,每一层供应链上支付的其实是核心企业对一级供应商拆分后的应收账款,即"金单"或"云信",供应链上每一层供应商申请的保理融资都是基于最顶层核心企业的应收账款,保理融资的利率成本可以进一步降低。

综上所述,发展保理业务对国家供应链整合,产业链发展均具有特别显著的促进作用。国家目前已经认识到发展保理行业对理顺供应链应收账款、降低国内中小企业融资成本的重要意义,新冠疫情也从侧面证明了保理及其供应链金融的独特地位。早在2020年2月疫情刚刚暴发,工信部就已经在《关于应对新型冠状病毒肺炎疫情帮助中小企业复工复产共渡难关有关工作的通知》中明确指出,"创新融资产品和服务。积极推动运用供应链金融、商业保理、应收账款抵质押、知识产权质押等融资方式扩大对中小企业的融资供给"。人民银行会同工业和信息化部、司法部、商务部、国资委、市场监管总局、银保监会、外汇局出台《关于规范发展供应链金融支持供应链产业链稳定循环和优化升级的意见》对开展保理业务进一步进行了规定。正是基于上述原因,在立法过程中,《民法典》将保理合同纳入有名合同。

二、《民法典》保理合同章立法的规定评述

(一)《民法典》保理合同章规定解决了长期困扰行业发展的很多问题

保理合同是我国《民法典》合同编唯一全新增订的有名合同,足见立法机关对其的重视程度。立法过程中有专家提出,保理业务以受让应收账款为前提条件,只要在《民法典》有关债权转让部分特别规定即可,不必在合同编专章进行规定。但立法者考虑《民法典》体例的统一性,并且单独在债权转让条款中进行规定并不能完全解决当前长期困扰保理行业发展和实务中乃至司法裁判的重点难点问题。具体而言,这些问题包括:如何理解保理业务和保理行业?如何处理应收账款虚假问题?保理人如何进行应收账款转让通知?应收账款转让后,基础交易合同变更如何处理?同笔应收账款多次转让如何认定转让优先性?等等重要问题,立法

中都做了回应。

1. 立法者通过规定保理合同的方式方便行业理解保理业务

具体而言，立法者通过规定保理合同的形式，可以帮助我们了解立法者对于保理业务的认识。具体而言，根据《民法典》第761条的规定："保理合同是应收账款债权人将现有的或者将有的应收账款转让给保理人，保理人提供资金融通、应收账款管理或者催收、应收账款债务人付款担保等服务的合同。"由此可见，立法者对于保理的认识实际上认可了保理业务以保理人受让应收账款债权人应收账款为前提，为保理人提供资金融通、应收账款管理与催收、债务人付款担保的保理服务。具体而言，如何评价一项业务是否属于保理业务，只要看该业务是否具备两个要素：一是应收账款债权人将应收账款转让给保理人，二是是否提供了资金融通、应收账款管理或催收、债务人付款担保的保理服务。

2.《民法典》明确规定了几种常见的保理业务模式的具体内涵

我国保理业发展迅速，根据国际保理商联合会（Factors Chain International，FCI）统计显示，我国保理业务总量已经连续多年居于世界首位。[①] 国内保理业务创新模式不断涌现，给市场操作实务及司法应对都提出了重大挑战。在《民法典》立法过程中，明确规定了行业中常见的几种保理合同类型。具体而言，根据保理人是否收到回款、是否有权向应收账款债权人追索，可以将保理业务分为有追索权保理和无追索权保理。与保理合同的立法形式相同，立法者规定具体保理合同是什么，行业可以倒推具体每种保理业务类型操作中应当如何处理。分别见于《民法典》第766条、第767条，具体分析笔者会在下文详细论述，此处不做讨论。

3. 保理业务常见的争议问题，在保理合同章中进行了明确规定

随着保理业务的不断发展，国内保理业务的出险情况也在不断攀升，国内的保理诉讼量和诉讼类型也在不断增长，自2015年起，最高人民法院就在《关于当前商事审判工作中的若干具体问题》中探讨了保理合同纠纷司法审判问题。福建等一些地区的高级人民法院也将本院审理的保理案件入选其年度十大案例。[②] 长期以来，保理就是各级法院关注的重要问题，法院在审理保理合同纠纷过程中也积累了很多经验，所以《民法典》保理合同章就是在总结过去各地法院审理保理合

---

① See Industry Statistics：https：//fci. nl/en/industry – statistics.

② 参见福州中级人民法院：《福州法院商事审判十大典型案例（1 – 5）》，载网易号"福州中级人民法院"2022年5月13日，https：//www. 163. com/dy/article/H793RJ1E0514K04Q. html。

同纠纷的过程中总结确定了很多保理合同纠纷争议问题具体该如何处理,给行业带来很多启发。具体而言,《民法典》第763条规定,应收账款债务人和应收账款债权人虚构应收账款的,保理人不知情的,应收账款债务人不得以应收账款不存在为由对抗保理人。第764条规定,保理人可以在表明保理人身份并附有必要凭证的情况下给应收账款债务人发出应收账款转让通知。第765条规定,债务人收到应收账款转让通知后,应收账款债权人和应收账款债务人自行变更或终止基础交易合同的,对保理人产生不利影响的,对保理人不发生效力。第768条规定,同一笔应收账款订立多个保理合同发生纠纷,多个保理人主张权利的,按照登记顺序最优先的原则;都未登记的,按通知顺序;如果既未登记也未通知,按照融资款或者服务报酬的比例取得应收账款。

4.《民法典》其他条款规定,也对保理业务发展有重大影响

保理以受让应收账款为前提条件,保理同人除了需要关注《民法典》合同编保理合同章的规定,还需要关注《民法典》中其余部分的条款规定,尤其是债权转让部分的相关规定。本次《民法典》制定过程中对于很多内容都做了重大调整,有如下条款与保理业务相关,需要被重点关注:《民法典》第545条通过区分转让债权是金钱债权还是非金钱债权,明确基础交易合同中约定应收账款不得转让,不得对抗第三方保理人。按照《民法典》第547条,应收账款附着担保等从权利的,如果应收账款转让给保理公司时从权利没有办理转移登记手续,保理人也一并取得应收账款附着的从权利。

(二)保理合同专章条款中仍旧存在一定争议需要解决

虽然本次《民法典》立法,保理合同能够成为有名合同给保理和相关行业都带来了特别重大的影响,具有重要的意义。但有关保理合同专章的部分条款实务中仍存在一定争议有待解决。需要特别强调的是,这些争议瑕不掩瑜,并不会降低保理合同成为有名合同的重要历史意义。当前保理合同专章存在争议的条款具体如下,笔者做如下分析,与同业专家交流。

1. 保理合同条款中“将有的应收账款”需要有进一步规定

根据保理人的类型不同,可以将保理分为银行保理和商业保理,根据《商业银行保理业务管理暂行办法》第13条的规定,未来和权属不清的应收账款不得开展银行保理业务。但商业保理公司开展的商业保理业务可以开展未来应收账款,这

是商业保理对比银行保理业务范畴的主要优势。所谓“未来应收账款”，就是《民法典》第761条规定的“将有的应收账款”。此处“将有的”表述，在《民法典》全文中共使用三次。原《民法通则》、原《民法总则》、原《合同法》中都没有此表述，但何为“将有的应收账款”，《民法典》并没有进一步确认。所谓“将有的应收账款”，包括所有的金钱债权，是否必须要以合同为依据？从司法审判实务角度，法院在确定将有的应收账款债权是否存在时，一般重点考虑债权是否具有可预见性和可确定性，但有关思路并未形成司法裁判指引，如何确定将有的应收账款具备可预见性和可确定性的具体指标，将有的应收账款是否需要以合同为依据，实务中还存在一定争议，由此会导致同一个将有的应收账款保理业务的性质在不同法院的裁判结果中产生分歧，不利于保理业务的发展。

2. 保理合同概念条款中服务项目要素没有进一步明确

《民法典》第761条规定，保理合同的内容包括四个方面：提供资金融通、应收账款管理、应收账款催收、应收账款债务人付款担保。与此同时，该条款中还包括“等”服务。此处的“等服务”的内涵究竟包括哪些内容，立法并无明确规定。对比国际保理商联合会对于国际保理的概念规定及各地保理行业监管规定，保理合同概念条款中针对保理服务内容也有“两项或两项服务内容”同时具备才构成保理业务，或只要“一项或一项服务内容”具备就构成保理业务的争议。此处《民法典》没有针对这一争议进行规定。一般而言，在条款中没有明确规定的情况下，只要提供了一项服务内容的，就构成保理。但行业中有专家主张，保理业务必须有保理融资或者应收账款付款担保之中的任意一项才构成保理业务。① 笔者虽然对上述观点并不认同，但该观点的提出也证明当前保理合同概念条款中的服务项目要素存在争议。

3. 有追索权保理合同条款中“可以……也可以……”的表述容易引发歧义

根据《民法典》第766条的规定：“当事人约定有追索权保理的，保理人可以向应收账款债权人主张返还保理融资款本息或者回购应收账款债权，也可以向应收账款债务人主张应收账款债权。保理人向应收账款债务人主张应收账款债权，在扣除保理融资款本息和相关费用后有剩余的，剩余部分应当返还给应收账款债权

---

① 参见方新军：《〈民法典〉保理合同适用范围的解释论问题》，载《法制与社会发展》2020年第4期。

人。”在司法实务中，保理人能否同时起诉应收账款债务人和应收账款债权人，是保理合同纠纷审理中的主要难点。《民法典》以“可以……也可以……”的表述进行回应。但对比《民法典》其他有“可以……也可以……”表述的条款内容，可以看出，单纯“可以……也可以……”表述并无法确定是否可以同时起诉两个主体，可能引发争议，具体如表1所示。

表1 《民法典》相关条款对比

序号	《民法典》具体规定	结论
1	第688条第2款　连带责任保证的债务人不履行到期债务或者发生当事人约定的情形时，债权人可以请求债务人履行债务，也可以请求保证人在其保证范围内承担保证责任	连带保证合同中，保理人同时起诉应收账款债务人和应收账款债权人
2	第752条　承租人应当按照约定支付租金。承租人经催告后在合理期限内仍不支付租金的，出租人可以请求支付全部租金；也可以解除合同，收回租赁物	出租人只能择一起诉

4. 无追索权保理合同条款“担保”规定与保理行业以往理解不同

无追索权保理业务通过《民法典》第767条规定的“无追索权保理业务合同”进行规定：“当事人约定无追索权保理的，保理人应当向应收账款债务人主张应收账款债权，保理人取得超过保理融资款本息和相关费用的部分，无需向应收账款债权人返还。”但上述条款表述的无追索保理业务和保理行业以往的理解有所不同。以往保理业务中，保理人往往只承担应收账款债务人信用风险担保，即保理人只针对无商业纠纷的应收账款承担付款担保。应收账款债务人如果对于应收账款金额或履行即其他任何方面内容存在争议，保理人就不承担付款担保。无论是针对银行保理的《中国银行业保理业务规范》还是针对商业保理的《关于加强商业保理企业监督管理的通知》，均为如此规定，与《民法典》此处规定不同。事实上，只有在完全无追索的所谓“买断性”保理业务中，保理人才承担无条件付款担保责任。《民法典》此处一律将无追索保理业务认定为“买断性”保理业务，与行业过往理解存在不同。

5. 应收账款回款余额根据保理业务类型不同，强制进行规定

当债务人清偿应收账款后，扣除保理融资本金、保理融资利息、服务费及其他保理业务应付成本后剩余的应收账款余额应当如何处理，是否应当返还应收账款

债权人，一直以来是一个商务条款，笔者认为，不必再通过立法强制规定。但《民法典》保理合同专章要求有追索权保理合同一律要返还应收账款余款给应收账款债权人，无追索权保理合同应收账款余款不必返还，实务中存在较大争议。

三、余论

据笔者了解，目前《民法典》保理合同章相关司法解释正在起草过程中，上述提到的部分《民法典》保理合同章条款争议可能会进一步得到确认。① 但在当下，《民法典》已于2021年1月1日正式施行，我国保理立法体现了明显的行业发展推动、司法内需驱动及国家产业战略的需求的特征，将会在司法裁判和保理实务中不断进行矫正和调整。《民法典》对于民商事领域有相当多的重大调整，保理行业需要根据《民法典》规定内容及时调整保理合同及相关文本，有关保理行业惯例与《民法典》规定不一致的部分，保理合同中的商务条款需要进行特别强调。并且《民法典》在立法过程中强调了应收账款债权登记的重要性，需要及时在业务操作过程中予以重视。

---

① 参见李宇：《保理合同立法论》，载《法学》2019年第12期。

论我国操纵证券市场行为民事责任研究

任维正*

操纵证券市场是证券市场常见的违法行为，不仅给中小投资者造成了巨大损失，也扰乱了我国的金融秩序。研究证券市场的操纵行为，必然会促进我国证券市场的发展。

本文着眼于市场操纵行为的相关概念和内涵，深入研究市场操纵行为；立足于市场操纵的民事责任领域，提出了完善我国市场操纵行为民事责任制度的法律对策。

一、导论

（一）选题背景与意义

证券市场操纵，是指行为者偏离自由市场竞价原则和供求关系，采用各种非法手段达到操纵证券的目的，坑害其他广大中小投资者，严重扰乱金融市场秩序的行为。纵观世界各国的股市发展历程，股市的早期一定是乱象丛生，违法行为层出不穷，操纵证券市场也是一种违法行为，具有普遍性且极为有害。我国股市在发展过程中就出现了较多的操纵证券市场行为，一方面，反映了我国股市制度的不健全；另一方面，也反映了监管侧需要加强。

金融业为我国的重要行业，尤其是证券市场，对于解决企业融资问题、推动企业发展、推动国家经济不断发展起到了重要的支柱作用，加强我国的法治建设，必然要加强对证券市场的法治治理。证券市场操纵行为作为证券市场典型的违法

---

* 任维正：山东德衡（济南）律师事务所律师助理。主要执业领域为公司运作、管理机制、民商事争议处理、证券维权等。

行为之一，具有重要的研究价值。完善的证券民事责任制度既可以维护投资者利益，也可以促进证券市场平稳有序的发展。证券的民事责任制度有稳定和维护社会经济秩序等若干目标，现代证券的民事责任制度应更倾向于保护投资者的利益。社会公共利益的保障促进经济发展，公众信心决定了证券市场的发展走势。如果投资者的利益得不到保护，那么信任何在？所以，首要任务就是对操纵市场行为进行详细界定，并严格界定民事责任，为受损失的中小投资者提供救济和索赔的途径。

（二）国内研究现状

1. 国外研究现状

（1）理论研究方面

日本学者河本一郎、大武泰南认为，市场操纵的标准可以通过国内证券和证券交易法的详细分析来确定，并可采取对犯罪者主张民事责任的补救措施。同样也有学者认为操纵市场属于民事侵权。莱瑞·D. 索德奎斯特认为，民事侵权行为包含操纵市场行为，并对证券操纵中的相应受害人损害赔偿机制进行了研究，其指出，美国证券投资者不仅可以受到联邦证券法的保护，而且可以根据所在州证券法律和法规提出对应的起诉，此外普通法和衡平法也可以对其实行救济。为了证明民事侵权行为，我们需要涉及因果关系的证明。枝川公一认为，我们可以在某种程度上假设因果关系，因为证券市场的专业性强，且其复杂性容易掩盖证券操纵行为，这也是为什么普通投资者很难凭自己的力量证明这种操纵的存在，也因为不精确的监管体系无法找到操纵的迹象。同样地，也有学者认为可采取因果关系推定的办法。平井宜雄认为，各国的证券市场操纵往往有其共性，分析证券市场操纵的因果关系可以参考各国的规定，也可以采用推定因果关系的方法，即投资者必须首先证明存在损害，并且必须证明损害和操纵行为有联系。

（2）实践评价操作方面

在英国，股票市场操纵的监管相对简便。且《2000 年金融服务和市场法》进一步提高了反操纵的效果，明确规定了操纵的定义、监管范围、操纵方式，并引入了新的民事责任监管制度。但这些规定不易操作。国内学者主要针对其纠纷的规定和反操纵的协助方式进行研究。

日本于 2007 年颁布了《金融商品贸易法》，该法定义了市场操纵的主要形式，禁止了违反政府命令的稳定操纵行为。通过市场操纵限制民事责任的办法规定了相应的诉讼时效，并加强对证券市场操纵行为的刑事责任。

2. 国内研究现状

研究市场操纵，主要是研究如何定义市场操纵，中国学术界普遍认为，市场操纵是一种欺诈行为，主张在证券市场引入一般性的反欺诈条款，但问题是，市场操纵没有完全参与欺诈。

（1）操纵证券市场行为的界定

徐轩认为，我国应将操纵市场行为定性为特殊侵权行为，在规则原则上香港特别行政区的立法采用过错推定原则。但张小妮、张宝山认为，在我国，市场操纵的法律定义是模棱两可的。我国法律倾向于采用兜底性条款来界定操纵市场行为，但这样往往又不够准确。马江河认为，我国可以参考美国的方式。对于首要的关于操纵的认定，美国证监会把操纵定义为：当投资者和潜在投资者看到市场行为时，他们有权假设这是真实的交易行为。也有学者认为，我们也可以借鉴欧盟的做法。唐洪敏认为，欧盟在市场操纵的定义上取得了重大突破，可以从三个方面来分析市场操纵的定义和特征：市场操纵的基本定义、市场操纵的表现和允许的市场行为。这也可以为中国提供确定市场操纵行为的参考。操纵证券市场行为也有其特征。田宏杰认为，操纵市场行为中，大多数犯罪涉及滥用市场优势。

（2）操纵证券市场行为的分类

蔡奕认为，操纵市场行为可以分为五大类，具体为相互委托、信息型操纵、违约交割、连续交易和其他操纵行为。也有学者有不同的分类。程啸认为，操纵市场行为可大体分为真实交易型、虚假交易型、恶意散播、制造虚假信息型和其他操纵行为五大类。另一种分类也将证券市场操纵分为五类。马林江、赵建英认为，我国当前操纵证券交易价格行为的种类包括洗售、相对委托、联合操纵、散布谣言、连续交易操纵五类。上述类别的证券市场操纵是一般性的，但是随着时间的流逝，也出现了新型的证券市场操纵行为，如“抢帽子交易行为”。左坚卫、张淑芬认为，“抢帽子交易行为”是通过事前低价买入证券，然后向其他人荐股，再高价卖出变现的行为。“抢帽子交易行为”应当也归于操纵市场行为而不是内幕交易，因为其不仅利用了非公开信息，而且利用了公开信息对市场的影响。我国的证券法相对于发展多年的美国证券法还有需要依据实践进行丰富完善之处。马其家、王淼认为，我国的《证券法》包括了多种类型的操纵，如约定交易操纵、洗售操纵、虚假申报操纵，但缺少高频交易型操纵市场，美国在这方面相对完善，中国对高频交易的规定才刚刚起步,应当加以完善。《证券法》第 55 条规定:“禁止任何人以下列手段操纵证券市场,影响或者意图影响证券交易价格或者证券交易量:(一)单独或者通过合谋,集中资金优势、持股优势或者利用信息优势联合或者连续买卖……”郑彧认为,《证券法》对连续交易型市场操纵的界定是典型的结果主义,虽然具有传统法律规则原则所包含的严谨性,但是通常很难确定证券市场的新操纵行为,其主张将续交易型市场操纵的认定由“结果主义”转为以构成法定违法性的客观行动为标准的“行为主义”。而《证券法》第 55 条第 1 款最后一项兜底条款为“操纵证券市场的其他手段”。如果操纵证券市场行为给投资者造成损失,则行为人应承担赔偿的民事责任,这是一项保护条款,也可用于添加新形式的证券市场操纵。

(3)完善我国操纵证券市场行为的民事责任制度

为了完善中国证券市场操纵的民事责任制度,不同的学者有不同的看法,李立新认为,参与证券交易并承担投资风险的大小投资者都是证券市场的基石。每个投资者对由每个投资者组成的证券市场都非常重要。我们也应当借鉴其他国家的经验,结合国情。杨峰认为,世界主要国家的民事责任制度各有优缺点。为了改善中国的民事责任制度,我们需要分析和比较中国民事责任制度的现有弊端,并将其与中国的国情相结合。

钟志勇认为,为了完善中国证券法,可以引入数量不确定的代表人诉讼,以促进共同诉讼向集团诉讼的发展。也有学者对向集团诉讼的发展有不同的看法。章武生认为,不应对群体性诉讼太过迷信,应通过多元化的社会综合治理化解群体性纠纷,减少群体性诉讼可以通过替代性纠纷解决机制来实现,这种办法也可以促进社会稳定和繁荣。我们应当看到,在美国的证券法中,集团诉讼制度起着至关重要的作用,是维护股民权益的最根本的保障。不过我们也应当重视其他途径,重视市场监管,预防问题的出现。胡华勇认为,要加强对股票市场操纵的监管,就应该特别注意监管部门的独立性建设。张学斌认为,加强股票市场操纵监督可以实施三道防线,即事前调查,过程监督和事后监督。即证券的集合竞价交易行为的事前审核、证券的集合竞价行为的事中监督、证券的集合竞价交易行为的事后监督。当前处于信息爆炸的时代,互联网的快速发展也令信息型操纵证券市场行为更加常见。缪因知认为,当前的证券执法的一大热点是信息型操纵,而要加强对操纵证券市场行为的监管,要着眼于对信息型操纵的认定。基于此,关键是行为人能影响市场的特定身份。对于完善法律方面,缪因知主张信息型操纵的执法应只针对特殊身份者。

(三)文献述评

综上所述,越来越多的国内外学者对操纵证券市场行为进行研究,因为其不仅涉及法律,也涉及金融,这充分体现了其理论研究价值和实践意义。现有学者们专门对操纵证券市场行为进行研究,一方面,有助于我们继续深入了解我国的证券市场现状;另一方面,也有助于研究新型的操纵证券市场行为。然而,目前关于这一问题的研究在取得发展的同时,也存在如下几方面的局限性。

第一,研究范围相对局限,学者们在研究证券市场操纵时会参考其他国家的现有制度,但是在参考学习过程中往往只关注其单一的制度,没有从该国家的证券市场环境进行分析,没有分析该国家的证券市场的制度和我国的证券市场制度是否存在差异。

第二,研究方法不够科学。目前,对操纵证券市场的研究主要采用了比较分析法、文献资料法,缺少通过案例分析法,将宏观落实到微观中去分析研究,缺少宏观和微观相结合来研究,本文正是采取了宏观和微观相结合来研究的方法。

第三,研究内容不全面。目前对操纵证券市场行为的研究往往局限于理论性研究,缺乏对我国的证券市场背景的全面研究,没有去细究产生操纵证券市场违法行为的"土壤"。

(四)论文的结构及主要内容

本文研究操纵证券行为的民事责任,从司法实务与理论学说的角度分析各种观点并最终为问题的解决提出建议。本文的结构主要分为三部分:第一部分,介绍操纵证券市场行为的概念和相应特征。第二部分,分析针对操纵证券行为我国法律的不足。第三部分,探讨如何完善我国法律对操纵证券行为的对策。

操纵证券市场行为是一种危害极大的犯罪,我国的法律对此的规定还不够完善。学术界经过多年的探讨,对操纵证券市场行为的认识不断加深,相应的理论也不断丰富和完善。本文针对操纵证券市场行为民事责任分析中所遇到的问题,采用逻辑分析方法,在结合案例和学说的基础上,总结此类侵权案件可能会碰到的一般性问题,采用法理和社会实践相结合的分析方法,力求为我国法律的完善提出确实有效的对策。

(五)本文的研究方法

本文主要采用了案例分析法和文献资料分析法。通过查阅操纵证券市场行为相关的案例和文献,对我国的立法现状进行分析。兼采学术界主流学术观点,分析比较各国法律对此问题的不同规定,以此来为法律的完善提供确切的建议。

二、操纵证券市场行为概述

(一)操纵证券市场行为的法律界定

我国1993年出台的《禁止证券欺诈行为暂行办法》(已失效)第一次对操纵证券市场行为进行了定义,具体如下:“禁止任何单位或者个人以获取利益或者减少损失为目的,利用其资金、信息等优势或者滥用职权操纵市场,影响证券市场价格,制造证券市场假象,诱导或者致使投资者在不了解事实真相的情况下作出证券投资决定,扰乱证券市场程序。”2007年《证券市场操纵行为认定指引(试行)》(已失效)是这样定义操纵证券市场行为的:操纵证券市场行为,是指行为人以不正当手段,影响证券交易价格或者证券交易量,扰乱证券市场秩序的行为。但是,随着《证券市场操纵行为认定指引(试行)》的失效,我国目前的法律法规中并没有对操纵证券市场行为进行严格的法律界定。

美国的《布莱克法律辞典》中对操纵证券市场概念的描述为:“行为人操纵市场的行为是一系列研究、设计买卖某一证券的知识型、技能型行为,行为人的目的在于使证券市场中存在令人容易诱使其交易的不真实情况;或者用连续交易、自买自卖等方式将证券价格抬高或压低,以误导其他弱势投资者意识,从而做出购买或出售该证券的决策。”欧盟将证券市场操纵定义为三种交易行为,其中包括传播不正确的信息。除了定义之外,欧盟还罗列了操纵证券市场的详细方法。

笔者认为,目前中国对股票市场操纵的定义过于模糊,不利于监管,立法者需要全面、准确地描述证券市场操纵的概念。这样不仅有利于中国证监会的合理监管,也能使其监管行为合法有效。我国应当积极借鉴发达国家的法律架构。欧盟对证券市场的操纵定义较为准确,即对证券市场的操纵是指以市场供求比自然形成的证券价格被认为是出于以下目的而受到控制的行为:增加,减少或防止其更改。

(二)操纵证券市场行为的特点、成因分析

1. 操纵证券市场行为的特点

(1)操纵证券市场行为的主体是特定的。根据中国证券登记结算公司的最新数据显示,截至2023年1月底,A股个人投资者人数达2.13亿人,数量非常庞大。但是,市场上的大多数证券是由机构投资者和一些投资者持有的。同样,也有少数人操纵证券市场,从本质上讲是少数的投资者来控制局势。所以操纵证券市场行为的主体往往是特定的。随着近几年我国证券市场快速发展,操纵证券市场的人数也在增加,给中小投资者造成了巨大损失。

(2)侵害对象具有不特定性

如上所述,证券市场操纵的主体是特定的,而侵权的对象不是特定的。因为侵害的对象往往是中小投资者,俗称散户,他们的主要特点是人数众多、个人持股数量少,持股分散。因此,证券市场操纵的侵害对象存在不确定性。

(3)操纵手段多元化、隐蔽性。当下,操纵证券市场的手段多种多样,如前所述的洗售、对敲、虚假申报等,且这些手段具有隐蔽性,监管难度大,难以追究。随着证券市场的发展以及各种金融产品和工具的出现,操纵手段更是得到了更新和发展。特别是近几年的证券市场的新发展变革,大股东为了躲避审查,往往将操纵证券市场和内幕交易相结合,其危害性更大且更加隐蔽,难以发现。

2. 操纵证券市场行为的成因

(1)监管的边际成本较高。我国国情复杂,人口基数大,鱼龙混杂,在经济高速增长的背景下,我国的证券市场具有特殊性。具体表现在以下三个方面:第一,操纵行为手段日益变化升级,监管的难度大。第二,我国法律尚未对操纵证券市场行为下一个明确的定义,法律也没有明确的标准,实施监管的难度大。第三,随着我国对外开放力度的加大,国外的投资者也越来越多,增加了复杂性。

(2)监管水平不足。尽管中国证监会负责监督证券市场,但从客观上讲,中国证监会的监督仍然不足。只凭中国证监会一个机构的监管,力度是远远不够的。中国证监会也要负责其他的事务,如新三板业务、审查股票退市、新股发行等。而且,监管操纵证券市场行为不仅需要证监部门,也需要公安机关、监察机关的协助,有时还需要中小投资者的力量共同监管操纵证券市场的行为。且现行法律规定对相关违法犯罪的惩罚力度太小,与犯罪所得收益不成正比,触犯法律的成本

太低，因此许多犯罪者冒着触犯法律的风险实行犯罪。

三、我国证券法现状和不足

笔者认为，我国证券法的不足主要是中国证监会、证券交易所、证券中介机构三方主体存在缺陷，具体分析如下。

（一）中国证监会的监管缺陷

首先，依据现行制度，中国证监会的监管不是主动监管，而是被动监管。虽然近年来，中国证监会在积极改进监管理念和监管方法，但是长期以来的监管机制并未发生改变。当前，这反映了监管的被动性和滞后性，而且，随着证券市场的飞速发展，各种违法手段不断涌现，监管手段也需要及时更新。其次，监管人员的素质还需提升，部分监管人员缺乏灵活应对的能力，如2015年股市熔断事件中，相关监管人员生搬硬套西方国家的经验，缺乏审时度势，未综合分析国情，最后的结果也是令人惋惜的。最后，处罚力度不够，违法成本与犯罪收益相比过低，处罚的威慑作用差。

（二）证券交易所的监管缺陷

自律监督是证券监督管理机构的义务，所有证券交易也是由他们负责，但是由中国证监会任命或罢免证券交易所的总经理，证券交易所的组织章程也应得到证券交易委员会的审查和批准，所以证交所某种程度上从属于证监会，缺少自主监管的能力，因而也存在一定缺陷。

（三）证券中介机构的缺陷

证券公司负责投资和监管，一方面，证券公司必须接管并收购上市公司的某些股份；另一方面，中国证监会有义务监督首次上市发行股票的公司。所以，证券公司具有双重身份，中国证监会也负责对其监管，但证券公司极易出现操纵证券市场行为。对证券中介机构进行自律管理还有很长的路要走。

四、完善我国操纵证券市场行为民事责任制度的法律对策

（一）操纵证券市场行为民事责任的实体法完善

首先，必须从证券市场操纵的概念和一般要素上完善实体法。因为我国的实

体法中，对操纵证券市场行为的概念规定得并不明确，而且也没有提出一个明确的一般要件标准，不利于法律的适用。因此，迫切需要建立统一的法律适用标准，以打击对证券市场的操纵，划定非法犯罪的范围。

其次，在证券市场中，如何证明操纵证券市场行为的因果关系，这个流程应当进行完善。笔者认为，如果让受害者自己去证明，难度较大，此时信赖推定原则就可以派上用场了。而且受害者相比于侵害人来说本身就属于弱势群体，其力量相对于侵害人是较为弱小的。行为人实施了相应的操纵证券市场行为是因果关系存在的前提，且投资者也因为行为人的操纵证券市场行为进行了交易投资，这样便可证明因果关系的存在。就时间而言，在行为人操纵证券市场行为期间，投资人进行了投资；就结果而言，投资人的损失，是由行为人所引起的。

最后，实体法要完善损失赔偿。我国目前的操纵市场案件中，投资者往往得不到全额足额赔偿，说明我国的法律中对投资者损失的认定也是存在需要完善之处的。笔者认为，民事赔偿部分可以从以下三个方面进行改进：(1)赔偿范围。赔偿范围应当包括直接损失和间接损失。直接损失涉及投资被操纵的目标证券期间证券价格变化所遭受的损失；间接损失涉及贸易佣金、已购买或出售的证券的印花税，以及以后的律师费、住宿费和差旅费。(2)赔偿方法。可以从行为人实际获利和投资者的实际损失角度入手。笔者认为，可以这样进行赔偿：根据行为人的实际违法所得，对投资者的实际损失进行全额补偿。若行为人的实际获利不足以赔偿投资者的实际损失，则按一定比例赔付各投资者，至行为人的实际获利全部赔完为止。(3)赔偿额计算。目前，学术界和实践界普遍认为，具体的补偿金额是目标证券的实际价格与交易时的价格之差，交易时的价格很容易确定，但是，目标证券的实际价格难以确定。在实践中，笔者认为，可以这样确定真实价格：以还未发生操纵证券市场的数个交易日，取平均收盘价为真实价格。当然，在计算具体赔偿额时，也不能忽略市场波动因素带来的价格下跌，“熊市”和“牛市”也是重要的考虑因素。

(二)操纵证券市场行为民事责任的程序法完善

笔者认为，可以从以下两个方面进行完善：

首先，取消行政前置程序。设置行政前置程序的初衷是为了避免任意诉讼和诉讼过多的情况出现，提高效率。行政前置程序本身是一种过渡性的措施。但现在再实行行政前置程序已无必要。其一,行政前置程序会限制投资者的诉讼权,不利于维护投资者的权益。其二,行政前置程序会客观上延迟诉讼审结时间,使诉讼效率低下。还在某种程度上减少了法律的威慑力,不利于阻止非法犯罪。所以,应当尽快取消行政前置程序,完善相关司法解释。法院可根据双方的证据和诉讼程序,独立决定是否受理案件。

其次,大力推广证券纠纷代表人诉讼制度。面对操纵证券市场行为这类犯罪,受害者众多,甚至达到成百上千人时,只有集体诉讼制度可以满足这么多主体的诉讼需求。集体诉讼制度的优点是效率高,节约司法资源。2020 年 7 月,最高人民法院发布了《关于证券纠纷代表人诉讼若干问题的规定》,这也代表着我国正在进一步完善证券集体诉讼制度,便利投资者提起和参加诉讼,降低投资者维权成本,保护投资者合法权益,有效惩治资本市场违法违规行为,维护资本市场健康稳定发展。

但是由于代表人诉讼制度实行权利登记,个人投资者可能会存在信息障碍,因未及时了解权利登记公告而错过权利登记的问题。个人投资者人数众多,法律意识也可能较为薄弱,维权意识不强。所以,如何推动证券纠纷代表人诉讼制度全面落地是个重要的问题。笔者认为,可以要求券商等中介公司在投资者投资了目标证券,发生了操纵股市行为时,提供完整投资者名单、联系方式给相关律师,由律师征集投资受害者发起诉讼,以此推动证券纠纷代表人诉讼机制全面落地。

结　语

我国的证券市场经历了几十年的发展,取得了举世瞩目的成就。笔者认为,证券市场的意义有两点:一是为企业解决融资,二是让投资者随着上市公司的发展而获益。但操纵证券市场犯罪危害极大,特别是随着时代的发展,新技术犯罪手段不断出现,对我国证券市场的发展造成严重障碍。所以必须对我国证券市场严厉监管,坚决打击操纵证券市场的犯罪行为,保护中小投资者,以使证券市场健康发展。本文总结我国法律漏洞,兼分析各国法律。落脚于民事责任赔偿方面,重点是通过法律层面如何完善对行为人的索赔,尤其从实体法和程序法两个角度提出了行之有效的意见和对策。

参考文献

1. [日]河本一郎、[日]大武泰南:《证券交易法概论》,侯水平译,法律出版社 2001 年版。
2. [美]莱瑞·D. 索德奎斯特:《美国证券法解读》,胡轩之、张云辉译,法律出版社 2004 年版。
3. [日]枝川公一:《罪与罚——现代美国犯罪面面观》,宁燕平等译,海南出版社 1997 年版。
4. 平井宜雄『侵害責任法の理論』(東京大学出版社,1971 年)。
5. 徐轩:《浅议证券市场操纵行为的民事责任制度》,载《时代金融》2008 年第 4 期。
6. 张小妮、张宝山:《市场操纵行为的法律界定与规制比较研究》,载《西安交通大学学报(社会科学版)》2013 年第 3 期。
7 马江河:《美国证券市场操纵认定标准研究》,载《证券市场导报》2005 年第 8 期。
8. 唐洪敏:《欧盟关于市场操纵的定义及其特点》,载《证券市场导报》2005 年第 8 期。
9. 田宏杰:《操纵证券市场行为的本质及其构成要素》,载《国家行政学院学报》2013 年第 3 期。
10. 蔡奕:《我国台湾地区对证券市场操纵行为的法律界定与规制》,载《证券法苑》2010 年第 1 卷。
11. 程啸:《论操纵证券市场行为及其民事赔偿责任》,载《法律科学》2001 年第 4 期。
12. 马林江、赵建英:《操纵证券交易价格的民事责任》,载《中国律师》2008 年第 11 期。
13. 左坚卫、张淑芬:《"抢帽子交易"型操纵证券市场罪研究》,载《法学杂志》2019 年第 6 期。
14. 马其家、王淼:《美国不公平高频交易监管及对证券法修改的启示》,载《证券市场导报》2018 年第 8 期。
15. 郑彧:《从"结果主义"转向"行为主义"——论连续交易型市场操纵的认定》,载《证券法苑》2019 年第 1 卷。
16. 李立新等:《证券市场监管研究》,立信会计出版社 2014 年版。
17. 杨峰:《操纵证券市场民事责任因果关系认定规则之完善——从对美国、日本相关规定的比较出发》,载《法商研究》2006 年第 6 期。
18. 钟智勇:《美国证券集团诉讼与我国证券民事诉讼形式之完善》,载《现代财经(天津财经学院学报)》2005 年第 11 期。
19. 章武生:《论群体性纠纷的解决机制——美国证券集团诉讼的分析和借鉴》,载《中国法学》2007 年第 3 期。
20. 胡华勇:《股票市场操纵行为监管制度研究》,法律出版社 2005 年版。
21. 张学斌:《基于集合竞价的操纵股票市场行为的研究》,载《中国证券期货》2013 年第 1 期。
22. 缪因知:《信息型操纵市场行为执法标准研究》,载《清华法学》2019 年第 6 期。
23. 严杨:《证券上市审核法律问题思考》,载《大众商务》2010 年第 14 期。

天海
空阔

律师新型实务案例及学术文集

刑事/刑民交叉业务相关

为信息网络犯罪提供支付结算帮助的法律适用

周金才　陶立梅*

支付结算是银行或支付机构在客户之间提供的货币资金流转服务。对于信息网络犯罪而言,支付结算是关键环节,不仅意味着被害人财产的损失,也意味着赃款的转移。早期,在支付结算帮助行为的定性上,存在上游信息网络犯罪共犯与掩饰、隐瞒犯罪所得罪之争。① 近几年,随着帮助信息网络犯罪活动罪(以下简称帮信罪)司法解释的发布以及"断卡"专项行动的展开,帮信罪被大量适用。中国司法大数据研究院发布的《涉信息网络犯罪特点和趋势(2017.1-2021.12)司法大数据专题报告》显示,2021年帮信罪审结案件占据了涉信息网络犯罪案件的54.27%,其中,超五成的作案手段是提供支付结算帮助。因此,帮信罪也介入支付结算型信息网络犯罪帮助行为的定性之争中。不仅司法解释出现交叉、同类型判例间存在定罪分歧,理论界同样在上游犯罪共犯②、掩饰、隐瞒犯罪所得罪及帮信罪的适用上产生争论。由于在犯罪数额巨大时,各罪之间的量刑差异也很大,该类案件的法律适用问题亟待解决。本文将在厘清各种分歧与争议焦点的情况下,分别从客观和主观方面探讨各罪在适用上的主要区别,以求为信息网络犯罪提供支付结算帮助这类案件的解决提供支持。

---

* 周金才:北京德和衡律师事务所高级合伙人、德和衡刑事合规业务中心总监,中国人民大学法律硕士实务导师。

陶立梅:北京德和衡律师事务所律师助理。

① 参见张明楷:《电信诈骗取款人的刑事责任》,载《政治与法律》2019年第3期;张建、余小海:《电信诈骗犯罪中帮助取款人的刑事责任分析》,载《法学》2016年第6期。

② 本文中"上游犯罪",是指网络诈骗、网络赌博等被提供支付结算帮助的犯罪。

一、争议焦点的厘清

从司法实践来看,为他人实施信息网络犯罪提供支付结算帮助的行为类型主要分为两种,一种是为实施电信网络诈骗的犯罪分子提供资金账户,[①]另一种是提供资金账户后继续帮转账、取现、套现等。与上游犯罪正犯事前或事中通谋的,无论是在正犯既遂前还是既遂后提供支付结算帮助,均以上游犯罪共犯处罚,这一点已达成共识。但结合裁判文书、法律法规以及学术文献,在支付结算型帮助行为的罪名适用上,突出争议还体现在如下方面。

(一)帮助信息网络犯罪活动罪的适用争议

帮信罪在设立之后,其构成要件的阐释一直都是争议热点,不同于诈骗罪等上游犯罪与掩饰、隐瞒犯罪所得罪较为清晰的行为模式,在支付结算帮助行为上,帮信罪的适用还面临如下两个问题。

一是上游犯罪的程度。根据最高人民法院、最高人民检察院《关于办理非法利用信息网络、帮助信息网络犯罪活动等刑事案件适用法律若干问题的解释》(法释〔2019〕15 号,以下简称《帮信解释》)第 12 条的规定,为信息网络犯罪提供支付结算金额 20 万元以上,达到帮信罪的罪量标准。若无法查证被帮助对象是否达到犯罪的程度,提供支付结算金额达到 100 万元以上,或者造成特别严重后果的,应当以帮信罪追究行为人的刑事责任。这意味着,在上游犯罪没有查清是否达到犯罪程度时,依然有帮信罪的成立空间,这是其与上游犯罪共犯以及掩饰、隐瞒犯罪所得罪的不同之处。对此,有支持观点亦有反对观点,包括上游犯罪的程度该如何解释,亦有不同见解。[②]

二是介入犯罪的时间。例如,在电信诈骗既遂后,提供银行卡是否还能成立帮信罪。一种观点认为,帮信罪的行为对象是正在实施中或者即将实施的信息网络犯罪行为,其发生的时间节点是上游犯罪着手之后到行为实施完毕之前,在上

---

① 行为人给电信诈骗犯罪的实施者提供的除了资金账户外,还包括信用卡、银行卡、支付宝、微信等第三方支付账户,为了论述简便,这里只表述提供资金账户这种情形。

② 参见陈洪兵:《帮助信息网络犯罪活动罪的限缩解释适用》,载《辽宁大学学报(哲学社会科学版)》2018 年第 1 期;喻海松:《新型信息网络犯罪司法适用探微》,载《中国应用法学》2019 年第 6 期;周加海、喻海松:《〈关于办理非法利用信息网络、帮助信息网络犯罪活动等刑事案件适用法律若干问题的解释〉的理解与适用》,载《人民司法》2019 年第 31 期。

游犯罪既遂之后再加入，则成立掩饰、隐瞒犯罪所得罪。① 与之相反的观点认为，在诈骗罪正犯既遂后，提供银行卡或套件，如果后续查实有犯罪资金流转，可以成立帮信罪。② 在这种观点下，帮信罪与掩饰、隐瞒犯罪所得罪的交叉部分将会增加。

（二）上游犯罪共犯的适用争议

从司法实践来看，行为人的主观认知，也是上游犯罪共犯与帮信罪、掩饰、隐瞒犯罪所得罪界分的关键。以诈骗罪为例，根据最高人民法院、最高人民检察院、公安部《关于办理电信网络诈骗等刑事案件适用法律若干问题的意见》（法发〔2016〕32 号，以下简称《电信网络诈骗意见》）第 4 条的规定，明知他人实施电信网络诈骗犯罪，提供信用卡、资金支付结算账户的和帮助转移诈骗犯罪所得及其产生的收益，套现、取现的，以诈骗罪共同犯罪论处。据此，似乎只要客观上诈骗数额达到定罪标准，主观上明知诈骗，为实施电信诈骗提供银行卡（并转账）就能以诈骗罪定罪处罚。但实际上，并非如此。

其一，按照《电信网络诈骗意见》的规定能以诈骗罪共犯处罚的情形，在达到一定犯罪数额后，也会因为符合帮信罪的构成要件，即明知他人利用信息网络实施犯罪，为其犯罪提供支付结算帮助，而构成帮信罪。笔者在北大法宝案例搜索平台检索到的此类案件中，法院由诈骗罪共犯改判为帮信罪的裁判文书共 8 份。除了一例因被告人卖卡时主观上不具有诈骗的认知因素，二审法院改判为帮信罪外，③其余 7 例认定为帮信罪而非诈骗罪共犯的理由均包括根据在案证据不足以证实被告人与其上线有实施诈骗的通谋。④ 由此可见，在实践中，成立诈骗罪共犯是行为人主观上仅“明知”上线实施诈骗即可，还是要达到与上线“通谋”的程度，

---

① 参见上海市嘉定区人民检察院第三检察部课题组：《浅析电信网络诈骗中“卡农”的规制》，载《山西省政法管理干部学院学报》2022 年第 3 期。

② 参见任留存：《为电信诈骗犯罪提供银行卡的刑事认定》，载《中国检察官》2021 年第 14 期。

③ 参见浙江省台州市中级人民法院刑事判决书，（2020）浙 10 刑终 531 号。

④ 参见河南省郸城县人民法院刑事判决书，（2019）豫 1625 刑初 134 号；山西省吕梁地区（市）中级人民法院刑事判决书，（2021）晋 11 刑终 13 号；江苏省常州市武进区（市）人民法院刑事判决书，（2017）苏 0412 刑初 437 号；湖北省黄石市下陆区人民法院刑事判决书，（2018）鄂 0204 刑初 224 号；河南省汝阳县人民法院刑事判决书，（2019）豫 0326 刑初 420 号；广东省梅州市梅江区人民法院刑事判决书，（2020）粤 1402 刑初 83 号；河南省平顶山市卫东区人民法院刑事判决书，（2020）豫 0403 刑初 154 号。

并没有形成统一认识。[①]而在学界,不少学者依据片面共犯理论认为,只要行为人明知他人实施的具体犯罪是诈骗而提供帮助,就构成诈骗罪共犯。只有在行为人并不清楚自己所帮助犯罪的具体种类、仅知道是信息网络犯罪时,才构成帮信罪。[②]

其二,按照《电信网络诈骗意见》第5条的规定,存在帮助上线转账、套现、取现行为时,只有在事前通谋的情况下,才以共同犯罪论处,仅明知是犯罪所得,则以掩饰、隐瞒犯罪所得罪论处。据此,《电信网络诈骗意见》第4条列举的帮助转移诈骗犯罪所得的行为,单方面明知是达不到诈骗罪共犯要求的。但结合案例便会发现,部分判决书中法官考虑的依然是《电信网络诈骗意见》第4条。例如,在一被告人给实施诈骗的犯罪分子非法转移财物的案件中,一审判决认为现有证据不能认定被告人事前与实施诈骗的犯罪分子进行了通谋,仅能证明被告人明知是电信网络诈骗犯罪所得而帮助转移,从而构成掩饰、隐瞒犯罪所得罪。[③] 但二审时就同样的事实认定,采纳了《电信网络诈骗意见》第4条的规定,认为被告人明知他人实施诈骗帮助转移诈骗所得,构成诈骗罪共犯,从而改判。[④]

由此可见,就上游犯罪共犯成立而言,最大的争议点是行为人主观要求"明知"即可,还是需要达到"通谋"的程度。这涉及如何协调共犯与帮信罪及掩饰、隐瞒犯罪所得罪之间的关系,仅从法律条文上看,并不能得到一个确切答案,而且司法解释也互有冲突,司法实践存在定罪分歧,因此需要深层次的理论分析。

综上所述,在支付结算型帮助行为的定性上,除去目前基本形成的共识,其余争议可以归纳为客观与主观方面。经过分析汇总可以发现,这些争议主要是为了解决帮信罪被激活适用后,与诈骗罪和掩饰、隐瞒犯罪所得罪之间的协调问题。虽然相关条款都有规定"同时构成其他犯罪的,依照处罚较重的规定定罪处罚"。但绝对不是一句简单的"想象竞合从一重罪"就可以解决的,否则实践中也不会有如此大的争议。因为想象竞合的前提是一行为同时构成两个及以上罪名,什么情

---

① 参见喻海松:《新型信息网络犯罪司法适用探微》,载《中国应用法学》2019年第6期;陈攀:《帮助信息网络犯罪活动罪相关适用问题》,载《人民司法》2021年第35期;张建、俞小海:《电信诈骗犯罪中帮助取款人的刑事责任分析》,载《法学》2016年第6期。

② 参见张明楷:《论帮助信息网络犯罪活动罪》,载《政治与法律》2016年第2期;欧阳本祺、刘梦:《帮助信息网络犯罪活动罪的适用方法:从本罪优先到共犯优先》,载《中国应用法学》2022年第1期。

③ 参见河南省南乐县人民法院刑事判决书,(2018)豫0923刑初259号。

④ 参见河南省濮阳市中级人民法院刑事判决书,(2019)豫09刑终268号。

况下才能同时构成其他犯罪呢？还是需要先厘清各罪的界限。以下本文将根据梳理出来的争议之处，分别从客观和主观角度，分析三罪之间的构成要件差异，最后再讨论支付结算型帮助行为的定性问题。

二、客观构成要件与罪名定性

就支付结算型帮助而言，帮信罪与上游犯罪共犯，掩饰、隐瞒犯罪所得罪在客观行为方面的争议，一是上游犯罪的程度，二是行为人介入信息网络犯罪的时间，皆与如何理解帮信罪的独立性有关。

（一）上游犯罪的犯罪程度

帮信罪的行为模式是为他人利用信息网络犯罪提供帮助，上游“犯罪”需要达到什么程度，是满足构成要件该当性、违法性及有责性的完整犯罪，还是符合客观构成要件的犯罪行为，以及对情节、数额等罪量的要求，都源于如何看待帮信罪的立法定位。在此存在《刑法》第 287 条之二的规定是“帮助犯的量刑规则”以及“帮助犯的正犯化”两种立场。

持帮信罪只是量刑规则的观点认为，帮信罪并没有被提升为正犯，依然是上游犯罪的帮助犯，“只是分则条文对其规定了独立的法定刑，而不再适用刑法总则关于帮助犯（从犯）的处罚规定”。[①] 在这种观点下，符合帮信罪构成要件的行为，一定都是上游犯罪的共犯。根据共犯的从属性以及限制从属性说，在三阶层的犯罪论体系下，要求正犯符合构成要件并且有违法性。这也就意味着若是成立帮信罪，其上游犯罪的正犯必须达到罪量要求，因此上游犯罪的犯罪数额必须查证属实、达到情节严重。

持“帮助犯的正犯化”立场的观点则认为，帮信罪是一种共犯行为正犯化的立法例。[②] 意味着将共犯行为规定为正犯，由此扩张正犯的范围而限缩共犯的范围。“共犯行为的正犯化在一定程度上突破了正犯与共犯的界限，从而使部分共犯脱离对正犯的从属性，获得了一定的独立性。”[③]由于帮信罪具有一定独立性，所以其

---

① 张明楷：《论帮助信息网络犯罪活动罪》，载《政治与法律》2016 年第 2 期。

② 参见刘艳红：《网络犯罪帮助行为正犯化之批判》，载《法商研究》2016 年第 3 期。

③ 陈兴良：《共犯行为的正犯化：以帮助信息网络犯罪活动罪为视角》，载《比较法研究》2022 年第 2 期。

处罚依据并不完全来自正犯，即使正犯的行为没有达到罪量要求，也可能成立帮信罪。

其实从立法资料来看，本罪设立时就有独立于传统犯罪帮助犯的目的。相较于传统犯罪，网络犯罪的实行行为可以分为若干环节，由不同人员完成，紧密联系又带有相对独立性，而且还呈现"一对多"的特点。"网络犯罪的帮助行为相较于传统的帮助行为，对于完成犯罪起着越来越大的决定性作用，社会危害性凸显，有的如果全案衡量，甚至超过实行行为。"①例如，一个行为人可以收购大量的银行卡提供给多个电信诈骗团伙，帮助他们坑害被害人的财产，在极端情况下，每个诈骗团伙的诈骗数额都没达到量刑标准，但综合来看，行为人卡内却流入了数额巨大的资金。不过，这里危害性超过实行行为的说法并不确切，应当说多次、反复、并发实施的共犯行为，其危害性可能会超过单次的正犯行为，所以需要进行一个整体性的刑法评价。② 如果站在帮助犯正犯化的立场上，认为帮信罪具有一定的独立性的话，一定情况下可以突破上线罪量的要求，不需要上线的犯罪数额达到定罪标准。此外，还有一种现实性的考量，网络犯罪链条比较复杂，被害人不特定，很难对全案各个环节都查清楚，因此在一定条件下，可以放低对被帮助对象犯罪程度的查证需求。

综合上述对网络帮助行为危害性以及查证犯罪困难程度的现实性考量，根据《帮信解释》第 12 条第 2 款"实施前款规定的行为，确因客观条件限制无法查证被帮助对象是否达到犯罪的程度，但相关数额总计达到前款第二项至第四项规定标准五倍以上，或者造成特别严重后果的，应当以帮助信息网络犯罪活动罪追究行为人的刑事责任"的规定，才具有一定合理性。但值得注意的是，帮助行为危害性的考量应当是最重要的原因，如果仅是难以查证，就以司法解释的形式降低入罪标准，无疑会导致司法权的滥用，侵害被告人的权利。

而对于上游犯罪的共犯而言，根据共犯的限制从属性，正犯虽无须具备有责性，如正犯可以是未成年人，但至少要满足构成要件该当性，情节、数额等都要达到量刑标准，并经查证属实。掩饰、隐瞒犯罪所得罪也要求上游犯罪的犯罪事实成立，并经查证属实。不过有观点认为，对于掩饰、隐瞒犯罪所得罪，在上游犯罪

① 臧铁伟、李寿伟主编，全国人大常委会法制工作委员会刑法室编：《〈中华人民共和国刑法修正案（九）〉条文说明、立法理由及相关规定》，北京大学出版社 2016 年版，第 233 页。

② 参见王华伟：《网络语境中的共同犯罪与罪量要素》，载《中国刑事法杂志》2019 年第 2 期。

难以查清的情况下,也可以借鉴帮信罪的解释思路,对上游犯罪作出类似解释。[①]但本文认为,与帮信罪不同的是,掩饰、隐瞒犯罪所得罪的发生时点均在上游犯罪既遂后,上游犯罪的法益侵害结果已然造成,此后,行为人帮上游犯罪者转移、掩饰赃款,侵害的是司法秩序,并不会因为行为人掩饰、隐瞒的犯罪所得数额大,就扩大上游犯罪的法益侵害,因此不宜放低此罪对上游犯罪程度的要求。

此外,需要强调的是,虽然帮信罪是帮助行为正犯化的典型立法例,具有一定独立性,但这种独立性也并非无限制,否则处罚边界将会过于宽大。首先,上游犯罪的正犯实施的必须是犯罪行为,而非普通违法行为,不然将会超过解释的边界,突破罪刑法定原则。其次,只有那种"一对多"的帮助行为,从整体上评价,其危害性才可能达到与单次正犯相匹敌的程度,此时帮信罪才具有独立的必要。如果是单纯的"一对一"帮助,必须坚持共犯从属性,无论提供支付结算的金额有多少,都必须等上游犯罪查证属实后,才能以帮信罪定罪处罚。

(二)行为人介入上游犯罪的时间

支付结算型帮助行为介入上游犯罪时间,也决定了不同的案件类型。已经达成共识的是,上游犯罪既遂之后便不能再成立上游犯罪共犯,而掩饰、隐瞒犯罪所得罪只能在上游犯罪既遂后才成立。因此,就犯罪时间点而言,上游犯罪与掩饰、隐瞒犯罪所得罪之间并没有什么争议。问题的关键还是在于帮信罪成立的时间范围,这也要回到立法定位上。如果认为只是帮助犯的量刑规则,根据共犯的从属性,行为人提供支付结算帮助行为成立帮信罪,必须在被帮助的正犯着手实施犯罪之后,[②]正犯行为既遂之前。由于帮信罪成立的时间范围从属于上游犯罪,那么在正犯既遂后再提供支付结算行为,一般就是掩饰、隐瞒犯罪所得罪的规制范围了。

但本文主张帮信罪是帮助犯的正犯化,具有一定的独立性,因此在正犯既遂后,提供支付结算帮助,也可能成立帮信罪,尤其是单纯给上游犯罪提供资金账户时。具体理由如下:

第一,从文义解释的角度来看,事后给上线提供资金账户,供其转移财产,完

---

① 参见喻海松:《新型信息网络犯罪司法适用探微》,载《中国应用法学》2019年第6期。

② 参见黎宏:《论"帮助信息网络犯罪活动罪"的性质及其适用》,载《法律适用》2017年第21期。

全可以包含在帮信罪“明知他人利用信息网络实施犯罪，提供支付结算帮助”的语义内。而对于掩饰、隐瞒犯罪所得罪而言，将赃款予以转移、套现、取现等，才能达到构成要件中的掩饰、隐瞒效果，单纯提供银行卡、资金账户对掩饰、隐瞒行为来说，发挥的仅是一种事前协助作用。也正因此，掩饰、隐瞒犯罪所得罪的司法解释才会规定，明知是犯罪所得及其产生的收益而提供资金账户后，还要有协助将资金转移、汇往境外等行为才能满足掩饰、隐瞒的要求。① 因此，即使上游犯罪已经既遂，用帮信罪来评价单纯给犯罪分子提供资金账户支持的行为，相较于掩饰、隐瞒犯罪所得罪而言，也更为恰当。

第二，或许会有观点提出，对于单纯提供资金账户的行为，可以用掩饰、隐瞒犯罪所得罪的共犯来处罚。但从罪刑相适应的角度来看，评价为帮信罪更为合适。比较两罪的量刑，掩饰、隐瞒犯罪所得罪相较于帮信罪是重罪。提供支付结算金额 20 万元以上，才会成立帮信罪，处 3 年以下有期徒刑；但是提供支付结算金额 10 万元以上，就已经达到掩饰、隐瞒犯罪所得罪的第二个量刑档，判处 3 年以上有期徒刑了。如果认为在上线既遂前介入才能成立帮信罪，就会出现如下怪相：甲明知丙利用信息网络实施犯罪，在丙犯罪既遂前，为其提供资金账户，流入资金 15 万元，因未达到帮信罪的量刑标准而不构成犯罪。乙明知丙利用信息网络实施犯罪，在正犯既遂后，为其提供资金账户转移犯罪所得，支付结算金额同样是 15 万元，但因达到了第二个量刑档，就算认定为掩饰、隐瞒犯罪所得罪的从犯，也很大概率会被判处刑罚。但综合甲和乙行为的法益侵害性来看，甲介入信息网络犯罪的时间更早，其行为的危害性也比乙更大，但乙的量刑反而比甲重，违反了罪刑相适应原则。对此，合理的处理方式是，承认上游犯罪既遂后依然能成立帮信罪，在不考虑主观认知的情况下，优先将单纯提供资金账户的支付结算帮助行为以帮信罪处理。

当然，对于提供资金账户并且帮忙转账、套现的行为而言，提供资金账户是手段行为，与掩饰、隐瞒犯罪所得的目的行为相牵连，因此应当按照牵连犯的处置原

---

① 最高人民法院《关于审理掩饰、隐瞒犯罪所得、犯罪所得收益刑事案件适用法律若干问题的解释》（法释〔2021〕8 号）第 10 条第 2 款规定：“明知是犯罪所得及其产生的收益而采取窝藏、转移、收购、代为销售以外的方法，如居间介绍买卖，收受，持有，使用，加工，提供资金账户，协助将财物转换为现金、金融票据、有价证券，协助将资金转移、汇往境外等，应当认定为刑法第三百一十二条规定的‘其他方法’。”

则从一重罪，即以掩饰、隐瞒犯罪所得罪处罚，这也是当下司法实务中的做法。①

综上所述，帮信罪是帮助行为正犯化的立法例，具有一定的独立性。在此前提下，对于支付结算帮助行为，成立上游犯罪共犯和掩饰、隐瞒犯罪所得罪时，上游犯罪需满足罪量要求且查证属实；而在提供“一对多”帮助的情况下，上游犯罪因客观限制确实难以查证属实时，可以成立帮信罪。在上游犯罪既遂后，从文义解释以及罪刑相适应原则出发，单纯提供资金账户而无后续帮助转账、取现行为的，依然可以成立帮信罪；有后续掩饰犯罪所得行为时，则在掩饰、隐瞒犯罪所得罪的规制范围内。

三、行为人的主观要素与罪名定性

在厘清支付结算帮助行为需满足什么要求才能符合各罪客观构成要件后，接下来要解决的是行为人主观要素的争议问题，这将决定案件的最终定性。成立上游犯罪共犯，对行为人的主观要求可分为“明知说”和“通谋说”，前者认为，构成上游犯罪共犯主观上要求明知他人实施具体犯罪即可，只有在行为人不清楚他人实施的具体犯罪行为，或者只能证明其知道是信息网络犯罪时，才会成立帮信罪，后者则要求，与正犯通谋应有判例甚至还出现了“共谋”的表述。② 本文将先阐释关于共同犯罪主观要素理论的内容及逻辑，在此基础上，分析现有立法框架下什么情形应当以上游犯罪从犯处罚，什么情形构成帮信罪或者掩饰、隐瞒犯罪所得罪。

（一）共同犯罪人的主观要素分析

按照传统通说，成立共同犯罪，各共同犯罪人之间需要犯意联络，即通谋。要求“共同犯罪人之间用语言或者文字互相沟通犯罪意思，通谋的内容可能是拟定实施犯罪的性质、方法、地点、时间、分工，也可能是犯罪后湮灭罪迹，分配赃物等”。③ 这也是实务界占据主流地位的观点，从帮信罪的立法理由中就可见一斑。

---

① 参见浙江省天台县人民法院刑事判决书，(2020)浙1023刑初309号；姚梦莹：《收购银行卡并帮忙转账构成掩饰、隐瞒犯罪所得罪》，载《人民司法·案例》2021年第35期。

② 参见广东省梅州市梅江区人民法院刑事判决书，(2020)粤1402刑初83号。

③ 高铭暄、马克昌主编：《刑法学》(第8版)，北京大学出版社、高等教育出版社2017年版，第169页。

按照通谋说，成立共同犯罪需要查明共同犯罪故意、双方的意思联络。但是网络犯罪往往是多人分工实施，不同环节人员之间往往互不相识，没有明确的犯意联络，按照共同犯罪追究存在困难。《刑法修正案（九）》增加帮信罪的规定后，便可以解决这个问题，有效打击网络犯罪帮助行为。① 在这种逻辑下，仅明知他人实施诈骗罪，但没有意思联络的，就应当以帮信罪论处，因为这是帮信罪存在的原因之一。对于有共同犯罪故意，能够查清意思联络的，才会构成上游犯罪的共犯。

而在学界，随着德日刑法学的引入，片面共犯和共谋共同正犯进入人们的视野之中，相应地，对共同犯罪人主观上的要求，也开始分化为"明知"、"通谋"和"共谋"。

"明知"的理论根基是片面共犯论。在该理论下，行为人明知他人实施犯罪而提供帮助，且帮助与正犯结果具有因果性的，即使行为人和正犯之间没有意思联络，也应当以帮助犯论处。片面共犯采取的是一种个别化的分析视角，目前成为学界较有影响力的观点。如陈兴良教授所言，"共同犯罪虽然是一个整体性的概念，从整体上分析，共同犯罪故意与共同犯罪行为的概念都是可以成立的，但共同犯罪人是个别的，因此对共同犯罪还要作具体分析。在认定片面的共犯时，应当采取的就是这种个别性的分析视角。在片面帮助犯的情况下，行为人在客观上实施了对正犯的帮助行为，主观上是明知正犯在实行犯罪而提供帮助，具有帮助故意，因而完全符合帮助犯的构成要件，应当承认片面的帮助犯"。②

"共谋"一词主要来自日本的共谋共同正犯，并为我国学者吸收接纳。③ 在日本判例中，仅参与犯罪谋划的人可以成立共谋共同正犯，它是指"两个以上的人进行了如下内容的谋划，即为了实施特定的犯罪而在共同意思之下结成一体，相互间利用他人的行为，将各自的意思转化为实行，据此而实行了犯罪"。④"共谋"与"通谋"的不同之处在于，共谋是为成立共同正犯服务的，因此，要求行为人具有作为正犯来实施行为的意思。⑤ 而"通谋"则只要让正犯知道自己事后会实施相关

---

① 参见臧铁伟、李寿伟主编，全国人大常委会法制工作委员会刑法室编：《〈中华人民共和国刑法修正案（九）〉条文说明、立法理由及相关规定》，北京大学出版社2016年版，第233页。

② 陈兴良：《教义刑法学》（第3版），中国人民大学出版社2017年版，第698页。

③ 参见张明楷：《刑法学》（第6版），法律出版社2021年版，第543页。

④ ［日］山口厚：《刑法总论》（第3版），付立庆译，中国人民大学出版社2018年版，第337页。

⑤ 参见［日］前田雅英：《刑法总论讲义》（第6版），曾文科译，北京大学出版社2017年版，第341页。

行为即可。[①] 对于上游犯罪共犯的成立而言,无须达到“共谋”的标准,这已经落入了正犯的规制范围内。

可以看出,从共同正犯的“共谋”,到一般意义上共同犯罪的“通谋”,再到片面共犯的“明知”,对行为人的主观要求越来越低,但对共同犯罪促进的空间也越来越小。共犯的处罚根据在于通过介入正犯的行为引起法益侵害。因而要求帮助行为与正犯结果之间具有物理或心理的因果性。前者表现为帮助行为直接促进正犯结果;后者则表现为强化正犯的决意,或者使正犯安心实施法益侵害行为、造成法益侵害结果。[②] 对于片面帮助犯,单方面明知不会对正犯的心理造成任何影响,只起到了物理方面的法益侵害促进作用。而在有“通谋”的情况下,哪怕只是一种心照不宣,也足以给正犯带来心理上的强化和安慰,因此,“通谋”型的共犯不仅对法益侵害结果起到了物理上的促进作用,同时还会伴随心理上的促进作用。

(二)现有立法框架下各罪名成立的主观要求

在厘清“通谋”“明知”的内涵、理论依据及其在成立共同犯罪时发挥的作用后,接下来将探讨各罪成立的主观要素。本文认为,在帮信罪设立之后,只有与上游犯罪正犯通谋时,才能按照上游犯罪共犯定罪处罚,若只是明知他人实施具体犯罪,不足以成立上游犯罪的共犯。除了上文提及的帮信罪立法原因作为背书外,还有如下四点理由。

首先,实施同一行为,主观上“通谋”与“明知”,应得到不同的评价。比较量刑可以看出,诈骗罪等上游犯罪的共犯相较于帮信罪是重罪。而“通谋”相较于“明知”而言,对正犯多了心理层面的帮助作用,对法益侵害的促进作用更大。因此,实施同一支付结算帮助行为,单方面的明知相较于与上线通谋,应当得到更轻的评价,以帮信罪处罚更为合适。

其次,片面共犯论并不排斥帮信罪的适用。其实,在司法实践中也有仅明知他人实施犯罪而提供帮助,成立共同犯罪的规定。如最高人民法院、最高人民检察院《关于办理诈骗刑事案件具体应用法律若干问题的解释》(法释〔2011〕7 号)

---

① 参见张明楷:《电信诈骗取款人的刑事责任》,载《政治与法律》2019 年第 3 期。

② 参见张明楷:《刑法学》(第 6 版),法律出版社 2021 年版,第 567 页。

就有规定,明知他人实施诈骗犯罪,为其提供费用结算帮助的,以共同犯罪论处。① 后来的《电信网络诈骗意见》继续沿用了该规定,可见司法实践对片面共犯也是接受良好的。本文亦接受片面共犯论,这与帮信罪是共犯行为正犯化并不矛盾。② 但关键在于,帮信罪条款,作为效力比司法解释更高的法律,在其设置之后理当优先适用,否则帮信罪的设置将毫无意义。

再次,明知诈骗并不比明知信息网络犯罪主观恶性大,以至于要用更重的罪名处罚。有支持"明知说"的学者认为,帮信罪独立设置的意义在于,当行为人明知自己在帮助他人实施犯罪,但不知道犯罪的具体种类或行为时,可以用帮信罪处罚。③

但是,其一,在实施同一行为的情况下,仅因知晓犯罪具体程度不同,便处以差别较大的刑罚,并不合理。因为对于帮助故意而言,帮助犯只要意识到自己的贡献对实行人有帮助即可,至于实施犯罪中的具体细节,知晓与否并不重要。④ 试想一下,甲打算实施电信诈骗,让乙帮其介绍一个技术公司,乙遂介绍了丙给甲,并从中获得 5 万元中介费,丙让自己的公司研发了一系列诈骗平台卖给甲,获得 50 万元报酬。这其中,乙知道甲要实施诈骗,丙不知道甲具体实施什么犯罪行为,但知道自己的软件肯定会被用来实施信息网络犯罪,最后甲诈骗数额达到了数百万元。如果依照"明知说"的话,乙可能会被判 10 年以上有期徒刑,而丙的量刑则在 3 年以下。但就整个电信诈骗而言,乙和丙究竟谁的行为更恶劣呢?

其二,以明知的内容作为区分上游犯罪正犯和帮信罪,还会导致一种趋向,即为了充分发挥帮信罪在主观认知方面的兜底作用,充分区分与具体犯罪共犯的明知内容,将"明知他人可能"利用信息网络实施犯罪也纳入帮信罪的规制范围,这

---

① 最高人民法院、最高人民检察院《关于办理诈骗刑事案件具体应用法律若干问题的解释》第 7 条规定:"明知他人实施诈骗犯罪,为其提供信用卡、手机卡、通讯工具、通讯传输通道、网络技术支持、费用结算等帮助的,以共同犯罪论处。"

② 帮信罪的构成要件是明知他人利用信息网络实施犯罪而提供帮助,是一种单方面的明知,只有承认片面共犯理论时,才能认为帮信罪原本是上游犯罪的帮助犯,才会有共犯行为正犯化一说。

③ 参见欧阳本祺、刘梦:《帮助信息网络犯罪活动罪的适用方法:从本罪优先到共犯优先》,载《中国应用法学》2022 年第 1 期。

④ 参见[德] 克劳斯·罗克辛:《德国刑法学总论(第 2 卷):犯罪行为的特别表现形式》,王锴、劳东燕等译,法律出版社 2013 年版,第 168 页。

在司法实践中并不少见，并且也得到了部分“明知说”学者的支持。[①] 但是将帮信罪的“明知”泛化地扩大为可能性认知，后果就是帮信罪在事实上沦为了过失犯，扩大刑法处罚范围，违反罪刑法定原则。

最后，就上游犯罪共犯与掩饰、隐瞒犯罪所得罪的区分，事后提供转账、取现等帮助的情形下，如果没有事前通谋，不能以上游犯罪共犯论处。上文已提及，只有在通谋的情况下，才会给予正犯心理上的帮助，单方面明知并不会给予正犯任何心理上的支持。对于事后帮助转移犯罪所得的行为，由于已经无法对正犯结果起到物理上的帮助作用了，所以若要成立共犯，必须限制在事前通谋的情况下。那么接下来便是如何解释《电信网络诈骗意见》中关于明知他人实施电信网络诈骗犯罪，帮助转移诈骗犯罪所得以共同犯罪论处的规定。其实也简单，正如张明楷教授所言，将这种情况限制于多次为同一正犯套现、取款即可，因为在多次取款的情况下，会和正犯在事实上形成心理默契，[②]这种心照不宣的情况，同样可以达到“通谋”的标准，为正犯实施犯罪提供心理上的支持。

综上所述，为信息网络犯罪提供支付结算帮助的行为人，只有在与被帮助的正犯予以通谋的情况下，才会以被帮助犯罪的共犯定罪处罚。仅明知他人实施犯罪，无论是否达到了明知犯罪的具体种类或行为的程度，都只成立帮信罪，而且要求是明确知道而非明知可能。主观上明知是犯罪所得而予以转移的情形成立掩饰、隐瞒犯罪所得罪，只有在与上游犯罪正犯通谋的情况下，才成立上游犯罪共犯。

结　语

信息网络犯罪的法律适用，一直是实务界和理论界的关注焦点，鉴于篇幅原因，本文仅讨论在为他人实施信息网络犯罪提供支付结算帮助的情形下如何适用法律。并且围绕上游犯罪共犯、帮助信息网络犯罪活动罪以及掩饰、隐瞒犯罪所得罪适用时的突出问题，予以阐释，得出结论如下。

第一，帮信罪本质上是共犯行为正犯化的立法例，但又具有一定的独立性，在出现提供“一对多”支付结算帮助的情况下，可以进行整体性评价，在上游犯罪的

① 参见阴建峰、刘雪丹：《帮助信息网络犯罪活动罪的法教义学分析》，载《刑法论丛》2016 年第 4 期。

② 参见张明楷：《电信诈骗取款人的刑事责任》，载《政治与法律》2019 年第 3 期。

罪量难以查证属实,但是提供支付帮助结算的数额巨大时,成立帮信罪。而对于上游犯罪共犯以及掩饰、隐瞒犯罪所得罪,则要求上游犯罪必须符合客观构成要件,并且查证属实。

第二,在网络诈骗、网络赌博等上游犯罪既遂后,提供支付结算帮助的,从文义解释以及罪刑相适应的角度来看,依然有帮信罪的成立空间,但应当限制在单纯提供资金账户的情形中,对于后续帮助转移赃款行为的,应当按照掩饰、隐瞒犯罪所得罪处理。

第三,从主观要素来看,行为人与上游犯罪正犯之间的关系,有“明知”他人实施犯罪,与他人“通谋”,以与他人“共谋”三种情形,在现有立法体系下,成立网络诈骗、网络赌博犯罪的共犯,需要与正犯有通谋。仅明知他人利用信息网络实施犯罪,应当以帮信罪定罪处罚。掩饰、隐瞒犯罪所得罪对行为人的主观要求,则是明知是犯罪所得。

第四,为他人利用信息网络实施犯罪提供支付结算帮助的法律适用,可总结如表1所示。

表1 为他人利用信息网络实施犯罪提供支付结算帮助的法律适用

<table>
<tr><th>行为类型</th><th>上游犯罪</th><th>支付结算时间</th><th>主观要素</th><th>罪名</th></tr>
<tr><td rowspan="2">①为他人利用信息网络实施犯罪提供银行卡、资金账户</td><td rowspan="2">达到罪量标准且查证属实</td><td>—</td><td>与上线通谋</td><td>上游犯罪共犯</td></tr>
<tr><td>—</td><td>明知他人利用信息网络实施犯罪</td><td>帮信罪</td></tr>
<tr><td rowspan="4">②为他人提供银行卡、资金账户并转账、取现、套现</td><td rowspan="4">达到罪量标准且查证属实</td><td rowspan="2">上游犯罪既遂前提供银行卡在上游犯罪既遂后帮助取现</td><td>与上线通谋</td><td>上游犯罪共犯</td></tr>
<tr><td>明知他人利用信息网络实施犯罪</td><td>提供银行卡行为成立帮信罪取现行为构成掩饰、隐瞒犯罪所得罪,牵连犯,从一重罪</td></tr>
<tr><td rowspan="2">上游犯罪既遂后</td><td>与上线通谋</td><td>上游犯罪共犯</td></tr>
<tr><td>明知是犯罪所得</td><td>掩饰、隐瞒犯罪所得罪</td></tr>
<tr><td>①/②</td><td>没有达到罪量标准且查证属实</td><td>—</td><td>通谋或明知</td><td>“一对多”+满足《帮信解释》第12条第2款,定帮信罪,否则不构成三罪</td></tr>
</table>

《刑法》第153条"走私普通货物罪"的修改建议

林　倩*

一、条文内容

《刑法》第153条　【走私普通货物、物品罪】走私本法第一百五十一条、第一百五十二条、第三百四十七条规定以外的货物、物品的，根据情节轻重，分别依照下列规定处罚：

（一）走私货物、物品偷逃应缴税额较大或者一年内曾因走私被给予二次行政处罚后又走私的，处三年以下有期徒刑或者拘役，并处偷逃应缴税额一倍以上五倍以下罚金。

（二）走私货物、物品偷逃应缴税额巨大或者有其他严重情节的，处三年以上十年以下有期徒刑，并处偷逃应缴税额一倍以上五倍以下罚金。

（三）走私货物、物品偷逃应缴税额特别巨大或者有其他特别严重情节的，处十年以上有期徒刑或者无期徒刑，并处偷逃应缴税额一倍以上五倍以下罚金或者没收财产。

单位犯前款罪的，对单位判处罚金，并对其直接负责的主管人员和其他直接责任人员，处三年以下有期徒刑或者拘役；情节严重的，处三年以上十年以下有期徒刑；情节特别严重的，处十年以上有期徒刑。

对多次走私未经处理的，按照累计走私货物、物品的偷逃应缴税额处罚。

---

* 林倩：北京德和衡律师事务所高级合伙人、德和衡国际贸易与海关业务中心总监，中国政法大学兼职教授，中国人民大学法学院校外实务导师。

二、存在问题

《刑法》第151条、第152条规定了各种走私违禁品罪，包括走私武器弹药罪、走私珍贵动物及制品罪和走私其他国家禁止进出口货物罪等。除上述走私违禁品外，走私其他货物、物品，偷逃国家税款的，称为“走私普通货物、物品罪”，根据《刑法》第153条的规定定罪量刑，偷逃税款50万~250万元的，处3年以上10年以下有期徒刑；偷逃税款250万元以上的，处10年以上有期徒刑；偷逃税款特别巨大的，最高刑期可达无期徒刑。

但是，笔者认为，本条规定存在如下三个主要问题：

（一）不同的违法行为，同样的处罚方式

走私普通货物的违法方式有低报价格少缴税款，也有偷运入境偷逃税款，但仅以少缴税款的数额多少作为量罚依据，即唯结果论，对不同性质的违法方式，无论是低报价格走私，还是偷运入境走私，只要偷逃税额相同，处罚结果也是一样的，不需要区别对待。例如，故意低报价格少缴税款500万元，与偷运入境偷逃税款500万元，原则上处罚结果是相同的。但实际情况是，低报价格和偷运入境虽然少缴税款相同，危害后果却有本质不同，前者仅是少缴税款，后者从海上或者边境地区偷运入境，不仅少缴税款，而且挑战国家的监管底线，其违法性质与虚假申报少缴税款有着根本的不同，理应区别对待，分别处理，偷运入境行为的危害性大，应当处罚更重一些。

（二）同样的偷税漏税，不同的法律责任

《刑法》第201条规定了逃税罪，纳税人采取欺骗、隐瞒手段虚假申报，逃避缴纳税款的，是逃税罪，无论偷逃税款如何巨大，《刑法》规定逃税罪的最高刑期只有7年；而且，如果当事人补缴应纳税款，缴纳滞纳金，已受行政处罚的，可以不予追究刑事责任，也就是说，逃税罪可以“以罚代刑”。但是，《刑法》第153条的走私普通货物罪，当事人进出口货物，采取瞒骗手段向海关申报偷逃税款的，少缴税款250万元以上的，处10年以上有期徒刑，最高刑期可达无期徒刑，而且不能实施“以罚代刑”。

《刑法》第153条与《刑法》第201条的上述规定，都是法律对偷税漏税的处

罚,偷逃税务机关征收的国家税款,刑事处罚很轻,且可“以罚代刑”,偷逃海关征收的进出口国家税款,同样都是国家税款,刑事责任却很重,而且不许“以罚代刑”。《刑法》第 201 条和第 153 条的两个法律规定,有失平衡。

(三)刑期过重,产生不良的社会效果

对偷逃国家税款的违法行为,如果“过罚相当”,给予适当的惩处,不但可以打击违法犯罪,而且可以挽回国家税款损失,产生良好的法律效果和社会效果。但如果“过罚不当”,也会产生不良的负面影响。

目前,海关缉私部门每年查处的走私犯罪案件有几千起,其中,低报价格偷逃税款等走私普通货物案件占总数的一半以上。此类案件基本都是企业单位实施的违法行为,查处一个刑事案件,可能造成一个或者多个企业倒闭,不仅会对涉案人员的家庭造成打击,企业破产还会导致职工失业,对国家的企业税款征收也会造成影响。

相反,如果选择对低报价格等偷逃国家税款的贸易瞒骗违法行为予以行政处罚,并责令补缴税款,不追究刑事责任,不但同样可以打击违法行为,还能挽回国家的税款损失,同时,也可以最大限度地避免相关企业破产倒闭,减少职业失业,取得良好的法律效果和社会效果。

三、修改建议

笔者建议,将《刑法》第 153 条“走私普通货物、物品罪”修改为:

走私本法第一百五十一条、第一百五十二条、第三百四十七条规定以外的货物、物品的,根据违法方式和情节轻重,分别依照下列规定处罚:

(一)从未设立海关的地点,偷运或者携带货物、物品进出境,偷逃应缴税额较大的,处三年以下有期徒刑或者拘役;偷逃应缴税额巨大的,处三年以上十年以下有期徒刑;偷逃应缴税额特别巨大的,处十年以上有期徒刑。以上情形,可以并处偷逃应缴税额一倍以上五倍以下罚金或者没收财产。

(二)经过设立海关的地点,以伪报、瞒报、藏匿、伪装或者其他方式逃避海关监管,偷逃应缴税额较大的,处 3 年以下有期徒刑;偷逃应缴税额巨大或者特别巨大的,处 3 年以上 7 年以下有期徒刑。以上情形,可以并处偷逃应缴税额一倍以上五倍以下罚金或者没收财产。经海关责令补缴税款,并接受海关行政处罚的,

不予追究刑事责任,但因走私普通货物罪受过刑事处罚或者因偷逃应缴税款被海关给予二次以上行政处罚的除外。

单位犯前款罪的,对单位判处罚金,并对其直接负责的主管人员和其他直接责任人员,依照前款的规定处罚。

对多次走私未经处理的,按照累计走私货物、物品的偷逃应缴税额处罚。

四、修改理由

(一)传统走私仅指违禁品走私和非设关地偷运走私

违禁品,主要是指毒品、枪支弹药、濒危野生动植物(如象牙、穿山甲、蟒皮等)、国家文物、淫秽物品、假币以及洋垃圾等货物、物品,采用藏匿、伪装、伪报、瞒报或者边境偷运等方法,将上述货物、物品运输、携带进出境的,是走私国家禁止进出境货物、物品罪。

非设关地偷运,主要是指从我国没有设立海关的地点,将货物、物品从海上或者边境地区偷运进出境,偷运的货物、物品包括违禁品,也包括普通货物。这些普通货物如果从海关监管渠道申报进口,需要缴纳关税或者进口环节税,偷运进口,逃避了海关监管,偷逃了国家税款,是走私普通货物、物品罪。

无论是违禁品走私,还是普通货物、物品的偷运走私,均会产生较大的社会危害,前者涉及禁止进出境的货物,偷运进出境对国家安全、人身健康和生态环境等产生较大危害性;后者涉及应当向海关申报纳税的普通货物,偷运入境不但偷逃国家税款,还挑战了国家监管底线。上述两种违法行为的社会危害性都比较大,将这两种走私行为作为刑事犯罪予以打击和惩处,具有合理性。

(二)低瞒报价格等贸易瞒骗并不是传统意义上的走私

企业向海关申报进口普通货物,但没有如实申报,瞒骗海关,将导致少缴税款。但这种少缴税款行为是单纯的偷税漏税,并没有其他社会危害后果。与当事人采取欺骗、隐瞒手段(签订阴阳合同、制作虚假财务凭证等)向税务机关虚假申报,逃避缴纳所得税款等违法行为的法律性质是一样的,都是单纯的偷税漏税行为,并不是传统意义上的走私,既不是偷运走私普通货物也不是走私违禁品。对于偷逃所得税款等偷税漏税行为,法律允许当事人补缴税款,并由税务机关处以一定数额的罚款,如果当事人偷逃税款被税务机关处理过两次后,再次逃税的,依法将被追究刑事法律责任，最高处以 7 年以下有期徒刑。

当事人进出口贸易中的虚假申报，如低报价格、少报数量、伪报原产地、跨境电商虚假刷单、假借边民互市贸易、海南自贸区“套代购”等，都是海关监管下的企业瞒骗行为，既不是违禁品走私也不是从边境或者海上偷运普通货物走私。

如果法律能给企业主管人员纠正错误的机会，让其回归企业继续生产经营，对相关伪报或者瞒报行为由海关责令企业补税并处以高额罚款，不但可以挽回国家的税款流失，而且对企业的违法行为也实施了惩戒。

所以，对这种贸易瞒骗偷税漏税的行为，用“以罚代刑”更为合理，如果直接用刑事措施将企业主体消灭，将企业负责人长期关押，不但无法挽回经济损失，而且对经济社会的发展也会带来负面影响。

（三）海关监管渠道的伪瞒报行为不会导致系统性的走私风险

《刑法》第 153 条规定的走私普通货物罪，不但包含从海上或者边境地区偷运进口普通货物的偷逃税款行为，而且包含从海关监管渠道进口货物的低瞒报价格等贸易瞒骗行为。有学者认为，将低瞒报价格等偷逃税款的行为作为刑事打击对象的主要理由是：如果不追究刑事法律责任，可能会产生低瞒报价格的系统性走私风险，导致低瞒报价格偷逃税款的走私行为泛滥，中央财政收入减少。

其实，上述担心是多余的，系统性风险是不可能发生的。从海关监管渠道进口货物，每一票货物的单证都经海关审核和查验，每一票货物都在海关的严密监管之下进口的。也许对低瞒报价格等贸易瞒骗行为“以罚代刑”，或者减轻刑事打击力度，海关的监管压力会大一些，但系统性走私风险绝不会产生。我国海关经过几十年的努力，对于进口货物的税款征收从硬件和软件上都已经建立了一整套严密的监管体系，对进出口货物的税款征收可以做到应收尽收。

例如，在货物进口放行之前，海关建立了一整套税款征收的大数据风险分析布控系统，货物进口放行之后，海关通过报关单的批量复核，进行拾遗补阙，如果批量复核还是没有发现偷税漏税的情况，在后续监管环节海关还可以对进口企业进行核查和稽查，稽查之后责令补缴所漏税款。即便通过以上监管途径还不能完全杜绝偷税漏税，海关缉私部门还可以通过情报经营等手段，对偷税漏税的违规违法行为予以行政处罚，从而遏制伪瞒报价格偷逃税款的系统性风险，所以价格瞒骗等系统性走私风险不可能形成。

（四）重刑打击低瞒报价格走私可能引发不良的社会效果

目前，海关缉私部门查办的走私犯罪案件每年稳定在4000件以上，其中50%以上案件都是低瞒报价格、少报数量、伪报原产地、跨境电商刷单、虚假边民互市等贸易瞒骗行为，这类案件大多数是企业的申报行为，属于单位犯罪。

根据《刑法》第153条的规定，走私普通货物罪，不但要追究企业的刑事法律责任（判处罚金），而且对企业直接负责的主管人员和其他直接责任人员也要追究刑事法律责任，单位犯罪偷逃税款500万元以上的，对直接负责的主管人员需要处以10年以上有期徒刑。按照每一个案件平均涉及1家企业和3个自然人计算，每年至少有2000家企业和6000个企业管理人员被追究刑事责任。受案件影响，企业生产经营无法正常开展，甚至造成企业停产停业、破产倒闭，必然引发诸多不良的社会负面影响。

相反，对这类贸易瞒骗偷逃税款的案件，如果用行政处罚取代刑事处罚，对企业科处一定数额的罚款，并责令当事人补缴税款，不但可以挽回国家税款损失，而且对企业的经济处罚也足以对违法行为起到惩戒和教育的作用。同时，免除直接责任人员的刑事责任，让其回归社会、回归企业、回归家庭，对经济社会发展能够起到正面的促进作用，司法机关也可以节约更多的司法资源。

（五）发达国家对贸易瞒骗偷逃税款的违法行为也是以补缴税款和行政处罚为主

笔者经查阅、研究欧美国家的案例和法律规定，对于进口贸易企业或生产性企业如果采用欺诈手段瞒骗海关，用低报价格、瞒报数量、伪报原产地、逃避反倾销税等方式偷逃税款，大多国家会采用责令补缴税款和处以高额罚款的方式对违法企业进行处理，少数国家对瞒骗行为追究刑事责任，但最高刑期均未超过3年，而且可以实施“以罚代刑”。

日本对贸易瞒骗行为，也是采取补税和罚款的方式予以处置；韩国法律对贸易瞒骗偷逃税款的行为设置了刑事法律责任，但可以用罚款代替刑期，最高刑期不超过5年。

同时，这些国家法律对“走私行为”的界定基本上都是仅针对边境或者海上（非设关地）偷运普通货物，以及偷运或者藏匿违禁品的走私，从海关监管渠道低报价格、瞒报数量和伪报原产地等行为并不是其法律意义上的“走私行为”。

认罪认罚从宽制度在司法实践中的异化与应对

任　辉　丁　娜*

2021年1月初，中国人民大学刑事法律科学研究中心组织并邀请社会各界人士积极参与，投票选出了“2020年中国十大刑事案件”，其中的余金平交通肇事案是认罪认罚从宽制度适用以来最具争议性的案件。在该案件中，被告人认罪认罚，检察院提出“判3缓4”的量刑建议，但一审法院并未采纳检察院的量刑建议，而是判处被告人2年有期徒刑。后被告人提出上诉，检察院也提出抗诉，二审法院经审理，改判为3年6个月有期徒刑，从而引起了社会各界人士的激烈探讨。有观点认为，该案件实际上是认罪认罚从宽制度的大背景下，检察院的“量刑建议权”与法院的“独立审判权”之间的一次碰撞。该案件引发了理论界和实务界进一步研究认罪认罚从宽制度的新一波热潮。在认罪认罚案件中，如何平衡量刑建议权与审判权之间的关系、如何实现认罪认罚从宽制度设立的初衷、如何保障被追诉人的诉讼权利和合法利益、如何充分发挥律师在认罪认罚案件中的重要作用，都是值得思考的问题。本文旨在充分认识认罪认罚从宽制度设立初衷的基础上，指出目前司法实践中在适用认罪认罚从宽制度中偏离其初衷的做法，从而为完善认罪认罚从宽制度、推动建立科学的刑事诉讼体系提供一些建议。

一、认罪认罚从宽制度设立的初衷

（一）认罪认罚从宽制度的概述

认罪认罚从宽制度并非刑事诉讼中新创设的一项制度，而是我国一向坚持的

---

* 任辉：北京德和衡律师事务所高级合伙人，德和衡刑事业务中心、刑事合规业务中心副总监。
丁娜：北京德和衡（青岛）律师事务所金融犯罪辩护部执业律师。

“宽严相济”“坦白从宽”刑事政策的具体化和制度化。认罪认罚从宽制度经历了速裁程序试点、认罪认罚从宽改革试点，并在2018年修正的《刑事诉讼法》第一编第一章新增第15条，即“犯罪嫌疑人、被告人自愿如实供述自己的罪行，承认指控的犯罪事实，愿意接受处罚的，可以依法从宽处理”，正式将认罪认罚从宽制度确立为刑事诉讼法中的重要原则。

（二）认罪认罚从宽制度在实体上的价值

1. 有效惩治犯罪，维护社会稳定

适用认罪认罚从宽制度，通过被追诉人自愿真诚悔罪、积极退赔退赃、获得被害人的谅解，在一定程度上能够修复破损的社会关系，减少被追诉人再犯罪的可能性。鼓励、引导被追诉人自愿如实供述罪行，既能够有效及时地惩治犯罪，又能防范通过刑讯逼供等手段获得证据的现象，有利于确保司法公正，维护社会稳定。

2. 贯彻宽严相济、坦白从宽刑事政策

适用认罪认罚从宽制度，通过被追诉人自愿认罪认罚，结合犯罪的具体情况，区分案件的性质、情节和对社会的危害程度，实现该宽则宽、该严则严，做到宽严相济、罚当其罪，坚持罪责刑相适应原则，综合考虑认罪认罚的情况，依法确定是否从宽以及从宽幅度。

3. 完善恢复性司法理念

通过适用认罪认罚从宽制度，可实现控辩双方的充分协商，为被害人提供参与的机会，能够在一定程度上修复破损的社会关系，降低被追诉人的犯罪行为给被害人以及社会带来的损害，同时也有利于被追诉人改过自新、回归社会。

（三）认罪认罚从宽制度在程序上的意义

1. 构建多层次的刑事诉讼体系

试点实践经验证明，构建科学的刑事诉讼体系对于解决我国目前司法机关“案多人少”的突出矛盾是极其必要的。根据案件的复杂程度、案件性质以及当事人是否认罪认罚，适用不同的诉讼程序，能够有效地实现案件的繁简分流，同时也可以实现更高层次上的公正与效率的统一，有力地推动刑事诉讼制度改革的进程。

2. 简化诉讼程序、提高诉讼效率

认罪认罚从宽制度构建了速裁程序、简易程序和普通程序有序衔接的多层次的刑事诉讼体系,针对不同的案件类型,区分案件的性质、情节等多种因素,可以适用不同的程序处理,能够有效地实现繁简分流。

3. 优化司法资源配置、节约司法成本

随着改革的发展和法治的进步,虽然近年来刑事案件的总量不断增加,但刑事犯罪结构已经发生了重大变化,有数据显示,起诉严重暴力犯罪从16.2万人降至6万人,醉驾、侵犯知识产权、破坏环境资源等新型危害经济社会管理秩序犯罪则大幅上升,被判处3年及以下有期徒刑刑罚的轻罪案件占比从54.4%上升至83.2%。由此可见,随着轻罪案件的增多、重罪案件的减少,改革刑事诉讼制度是大势所趋。通过适用认罪认罚从宽制度,实现简案快办、难案精办,将司法资源往重案、难案倾斜,有利于优化司法资源配置,节约司法成本。

二、认罪认罚从宽制度在司法实务中的异化

认罪认罚从宽制度适用之初的适用率较低,截至2020年8月,尽管受疫情的影响,认罪认罚从宽制度的适用率有所下降,但整体适用率仍达到了83.5%。在认罪认罚从宽制度普遍适用的大背景下,虽然在提升诉讼效率、优化司法资源配置等方面成效显著,但认罪认罚从宽制度仍然处于起步阶段,在司法实务中仍然出现了不少问题和争议。

(一)被追诉人认罪认罚的自愿性保障不足

1. 办案机关的告知义务不全面

《关于适用认罪认罚从宽制度的指导意见》(以下简称《认罪认罚指导意见》)中明确规定,办案机关有告知犯罪嫌疑人、被告人认罪认罚的法律规定的义务。但司法实践中,有的办案机关采取的是简单的口头告知或者"一纸告知"的方式,如《犯罪嫌疑人诉讼权利义务告知书》中通常表述为"在接受讯问时,如实供述自己的罪行,愿意接受处罚,可以从宽处理"。但是简单的告知方式无法确保被追诉人全面了解认罪认罚从宽制度的内容以及认罪认罚产生的实体和程序上的法律后果。

2. 量刑建议未充分听取被追诉人的意见

《认罪认罚指导意见》中明确规定,认罪认罚从宽制度中的"认罪"是承认指

控的主要犯罪事实即可。但在司法实践中，有的办案机关往往不允许被追诉人提出任何辩解，要求被追诉人对其指控的犯罪事实全部承认，否则就将其认定为“不认罪”，而不适用认罪认罚从宽制度。有的检察机关自行决定量刑建议，而被追诉人只能选择“接受”或者“不接受”，缺乏平等协商的环境。在这个过程中，检察机关掌握着绝对的话语权，极易导致被追诉人在多重压力下的“屈从型自愿”，违背了犯罪嫌疑人、被告人认罪认罚的自愿性、真实性和合法性。

3. 认罪认罚案件自愿性审查趋于形式化

认罪认罚案件庭审程序中的一项重要内容就是要对认罪认罚的自愿性、真实性和合法性进行审查，尤其是对被告人是否自愿认罪认罚，是否受到了暴力、胁迫、引诱等情况以及其对认罪认罚的性质和法律后果的理解进行审查。但是在目前的司法实践中，有的法院在审理认罪认罚案件时趋向于“确认式庭审”模式，表现之一便是具结书自愿性审查的形式化。①

（二）认罪认罚案件的量刑标准存在问题

1. 缺乏统一、规范的具体量刑指导意见

在目前的司法实践中，对于量刑建议是以幅度刑为原则还是以确定刑为原则的问题，检察机关与审判机关各执一词。有观点认为，检察机关提出量刑建议，除《认罪认罚指导意见》中明确规定的几种法定情形外，审判机关应当采纳检察机关提出的量刑建议，该项规定剥夺了审判机关的审判权。在试点过程中审判机关普遍反映比较强烈的问题，是“确定刑期量刑，基本排除了法院量刑的自由裁量空间，审判权中的量刑权变成了确认权，求刑权变成了裁决权”。② 笔者认为，检察机关在量刑建议中提出确定刑量刑建议，满足被追诉人对刑罚的期待与预期，有利于减少被追诉人认罪认罚后又因不满刑罚而反悔上诉情况的出现。

确定刑量刑建议对检察机关的量刑能力提出了更高的要求，但是目前尚未有针对认罪认罚案件的统一、规范、具体的量刑指导意见。首先，提出确定刑量刑建议要求检察机关具备更加专业的量刑能力。虽然非认罪认罚案件中检察机关也

---

① 李奋飞：《论“确认式庭审”——以认罪认罚从宽制度的入法为契机》，载《国家检察学院学报》2020 年第 3 期。

② 胡云腾主编，最高人民法院刑事审判第一庭编著：《认罪认罚从宽制度的理解与适用》，人民法院出版社 2018 年版，第 39 页。

具有提出量刑建议的权力,但是该量刑建议对审判机关没有约束力。而认罪认罚案件中,经过控辩双方合意形成的量刑建议对审判机关具有一定的约束力。因此,检察机关提出量刑建议应更加专业、谨慎,但目前尚缺乏统一规范的量刑指导意见对检察机关提出量刑建议提供更加详细的指导。其次,统一规范的量刑指导意见的缺失导致各地方检察机关,甚至同一检察机关在同类案件中适用量刑建议差异化明显的问题。最后,统一规范的量刑指导意见的缺失导致检察机关的量刑建议可能得不到审判机关的采纳,进而导致检察院抗诉、被追诉人上诉等问题的产生,与认罪认罚从宽程序繁简分流的政策目标相悖。

2. 量刑建议的计算过程不透明

认罪认罚从宽制度是宽严相济刑事政策的制度化,当宽则宽、当严则严。但在目前的司法实践中,因为量刑指导意见的缺失,量刑建议的计算过程不透明。又因被追诉人本身对定罪量刑的认识与理解不足,若检察机关提出量刑建议的计算过程不透明,被追诉人无法得知其不认罪认罚会被判处的刑罚,以及其认罪认罚的从宽幅度如何。实践中出现了个别办案机关以威胁、利诱的方式诱导被追诉人认罪认罚等问题,造成了被追诉人"认罪认罚没有从宽、不认罪认罚反而从重"的尴尬境地,被追诉人的合法利益与诉讼权利得不到保障。

3. 量刑从宽幅度不够

认罪认罚的从宽幅度是司法实践中极具争议的问题。在目前的司法实践中,办案机关适用认罪认罚从宽制度普遍相对保守,从宽幅度较小,从宽力度不够。且《认罪认罚指导意见》中对于从宽幅度的规定较为笼统,对从宽幅度没有具体明确的规定,使办案机关在适用从宽幅度时无法可依。

(三)律师在认罪认罚从宽程序中的作用有限

1. 控辩双方量刑建议协商不充分

认罪认罚从宽程序中量刑协商的核心是"平等参与",但在司法实践中,检察机关往往处于主导地位,掌握着话语权。有的办案机关未听取辩护人、值班律师的意见,而是自行决定量刑建议,只要求辩护人或值班律师在被追诉人签署认罪认罚具结书时在场见证。

2. 律师值班制度形式化严重

在认罪认罚案件中,值班律师制度功能虚化、难以为被追诉人提供有效的法律帮助，且法律帮助流于形式性。法律将值班律师定位为法律帮助者与权利保障人，但在实践中其作用仅为认罪认罚从宽程序合法性的见证人与背书者。① 而值班律师制度形式化严重的原因在于办案机关对值班律师的作用认识不清，值班律师对于自身的定位认识不足。

首先，值班律师怠于行使阅卷权。值班律师介入认罪认罚案件具有临时性以及身份局限性，这决定了其自身怠于行使阅卷权。一方面，值班律师仅在值班日提供法律帮助，并且往往需面对数个被追诉人，这使其并无时间充分阅卷；另一方面，值班律师并非辩护人，不承担辩护职责，因而难以主动查阅案卷材料，在司法实践中往往沦为“见证人”。② 值班律师为被追诉人提供的往往是一种阶段化、碎片化的法律帮助，无法做到辩护人“一人一案、全程跟进”。③

其次，不同诉讼阶段的值班律师无法实现有效衔接。一是在不同阶段由不同的值班律师提供法律帮助会造成司法资源的浪费。新参与的律师不仅要重新了解案情，还要与被追诉人、办案机关重新沟通、协商，造成时间和资源上的浪费。二是不同的值班律师在提供法律帮助时不能以书面形式固定工作成果，导致后续的值班律师在处理案件问题时对上一阶段的案件信息一无所知，会造成重复性的工作。虽然依据《认罪认罚指导意见》第 13 条的规定，在不同的诉讼阶段可以由同一值班律师提供法律帮助，但是在司法实践中往往难以实现。在轻罪案件中，被追诉人在不同的诉讼阶段接受同一值班律师的法律帮助具有较强的可行性，主要是因为轻罪案件可以适用速裁程序，且案情事实一般比较清楚，值班律师在轻罪案件中花费的时间和精力往往相对较少。但是在重罪案件中，难以实现由同一值班律师在不同诉讼阶段提供法律帮助，主要是因为重罪案件往往案情复杂，证据繁多，且重罪案件的时间跨度一般较长，甚至可能经历数年的时间，要求同一值班律师提供如此长时间跨度的法律帮助难以实现。另外，值班律师在重罪案件中所耗费的时间、精力及承担的风险与其收益严重背离，因此提供法律帮助的效果也难以预测。

---

① 参见汪海燕：《重罪案件适用认罪认罚从宽程序问题研究》，载《中外法学》2020 年第 5 期。

② 参见赵常成：《美国纽约州刑事证据开示制度改革——兼论认罪认罚前的证据知悉》，载《证据科学》2020 年第 5 期。

③ 参见陈光中、张益南：《推进刑事辩护法律援助全覆盖问题之探讨》，载《法学杂志》2018 年第 3 期。

最后，缺乏对值班律师职责的清晰划分，忽视值班律师的辩护属性。“如果认为值班律师不是辩护律师，就会导致值班律师与委托律师在地位、诉讼权利上不同，阅卷权、会见权、调查取证权等权利受限，以致影响值班律师提供法律服务的质量和辩护职能的开展，最终剥夺的是犯罪嫌疑人的诉讼权利。”①

3. 辩护律师独立辩护难

虽然《刑事诉讼法》中明确规定辩护律师具有独立辩护权，但是在认罪认罚案件中，辩护律师的独立辩护权往往会遭到多重阻碍。一方面，压力源于犯罪嫌疑人或者被告人，在认罪认罚案件中，如果被追诉人认罪，而辩护人做无罪辩护的，虽然不影响被追诉人认罪认罚，但被追诉人无法实现程序上从宽，即不能适用速裁程序和简易程序。因此，委托人的意愿往往会成为辩护律师在行使独立辩护权时考虑的因素。另一方面，压力源于办案机关，司法实践中，检察机关在启动认罪认罚从宽程序上掌握着主动权，有时会以辩护律师不得做无罪辩护作为条件与辩方协商适用认罪认罚从宽程序，这就使辩护律师的处境非常艰难，需要在当事人的意愿与独立辩护权的行使之间做出抉择，而这种情况下，辩护律师往往会放弃自己的独立辩护权而尊重当事人的意愿。

三、认罪认罚从宽制度的应对策略

（一）强化对认罪认罚自愿性的保障

认罪认罚的自愿性并非一种绝对意义上的自愿，而是一种具有法律意义的“制度化”的自愿，强调的是犯罪嫌疑人在充分权衡外部因素的前提下，基于其意愿而主动供述的行为。② 因此，保障被追诉人认罪认罚的自愿性，并非保障其绝对的自愿，而是保障其在知悉相关法律规定、法律后果的前提下自愿作出的选择。

1. 强化对被追诉人知悉权的保障

强化办案机关的告知义务，切实保障被追诉人的知悉权。首先，权利告知应当全面告知。对于认罪认罚的法律后果的告知，不仅要告知被追诉人其实体上从宽的法律后果，还要告知其享有变更轻缓的刑事强制措施的权利和程序选择权。

---

① 程滔、于超：《论值班律师参与量刑建议的协商》，载《法学杂志》2020年第11期。

② 参见胡云腾主编，最高人民法院刑事审判第一庭编著：《认罪认罚从宽制度的理解与适用》，人民法院出版社2018年版，第22页。

其次，权利告知要详细释明。实践中很多犯罪嫌疑人的文化程度并不高，其在签署《犯罪嫌疑人诉讼权利义务告知书》时不能充分理解告知书的内容和意义，从而导致办案机关的告知义务流于形式。因此，办案机关在履行告知义务时，不能采取简单的口头告知或“一纸告知”的方式，而应当充分地释法说理，对认罪认罚从宽的法律规定和法律后果进行详细的解释说明，使犯罪嫌疑人充分知悉其诉讼权利并理解认罪认罚从宽的法律规定和法律后果。

2. 强化庭审对认罪认罚自愿性的审查

针对认罪认罚案件，不应降低证明标准，而应坚持证据裁判原则，审判机关在采信证据时进行严格的审查，对于涉嫌属于非法证据的，应当坚持非法证据排除规则，重点审查被告人对其享有的诉讼权利和认罪认罚法律规定和法律后果的知悉情况、被告人认罪认罚的自愿性、案件的基础事实等内容。

3. 提高被追诉人的诉讼地位

确保认罪认罚案件中控辩双方的平等协商，充分尊重被追诉人的诉讼主体地位，达成控辩双方合意，才能体现和保障认罪认罚的自愿性。[①] 目前，认罪认罚从宽程序的启动权掌握在检察机关手中，应赋予被追诉人一定的启动认罪认罚从宽程序的主动权，以实现控辩双方在诉讼主体地位上的相对平等，尊重被追诉人的个体自由。

（二）制定统一的认罪认罚案件量刑指导意见

1. 厘清认罪、认罚与从宽的关系

认罪认罚从宽制度贯穿于刑事诉讼的全过程，且不受案件性质、刑罚轻重和诉讼阶段的限制。认罪认罚从宽制度实质上是犯罪嫌疑人/被告人以一定程度上的程序上的从快从简换取一定程度上的实体上的从宽。因此，适用认罪认罚从宽制度应当厘清认罪、认罚与从宽的关系。首先，认罪认罚不一定从宽。即使犯罪嫌疑人/被告人认罪认罚，也要综合多种因素决定是否从宽以及如何从宽。其次，认罪、认罚与从宽之间是相对独立的，即认罪并且认罚，可以适用认罪认罚从宽制度，而只认罪不认罚的，实体上可以从宽处罚，但不适用程序从宽。最后，在从宽

---

① 参见胡云腾主编，最高人民法院刑事审判第一庭编著：《认罪认罚从宽制度的理解与适用》，人民法院出版社2018年版，第280页。

幅度方面,可考虑将从宽幅度尽量细化、明确化,让被追诉人对自愿认罪认罚的对价进行准确判断,促使其主动及时选择适用认罪认罚从宽程序。[①]

2. 探索阶梯式分级从宽量刑模式

虽然认罪认罚从宽制度适用于所有的刑事案件,但是在量刑从宽模式上应当有所区分。实践中出现了因法院不采纳检察机关的量刑建议而引发的检察院抗诉、被告人上诉的问题,因此,最高人民检察院应联合最高人民法院,制定一部系统的、细化的"认罪认罚案件从宽量刑指南",探索建设阶梯式的分级从宽量刑模式,将确定刑量刑建议与幅度刑量刑建议相结合。

首先,以确定刑为原则,以幅度刑为例外。笔者认为,提出确定刑或者幅度刑的量刑建议应当根据案件的性质、情节轻重等多种因素综合考量,采取阶梯式分级量刑模式。若在量刑协商的过程中,检察机关仅提出一个幅度刑量刑建议,那么被追诉人无论选择认罪与否,其面临的法律后果都处于一种不确定的状态,使量刑协商流于形式,无法实现认罪认罚从宽制度设立的初衷。因此,笔者提倡精准量刑。当然这种"精准量刑"并非"一刀切",而是要求检察机关根据不同的案件类型、情节轻重等多种因素,尽可能地提出相对确定的量刑建议,使被追诉人及其辩护人能够有效预测未来的刑期,也能够促使被追诉人及早认罪认罚,节约诉讼效率,实现繁简分流。笔者建议检察机关提出量刑建议应当区分轻罪和重罪案件、速裁程序、简易程序和普通程序案件,实现阶梯式分级量刑模式。

其次,应当扩大从宽幅度,真正实现认罪认罚案件从宽处理,切实避免不仅违背了罪责刑相适应原则,而且严重侵犯了被告人的合法权益的"刑期倒挂"现象的发生。尤其是针对单位犯罪案件,应当适度扩大不起诉决定的适用。

最后,应当明确量刑建议的计算方法。在最高人民检察院 2019 年 10 月 24 日发布的 3 起检察机关适用认罪认罚从宽制度典型案例中,吕某某、郭某某故意伤害案中关于适用认罪认罚情况明确了具体量刑建议的计算方法。在该指导案例中,对检察机关提出量刑建议的计算方法进行了明确,对于在认罪认罚案件中如何计算量刑建议具有重要的借鉴意义。

---

① 参见郭国谦:《认罪认罚从宽制度中量刑建议瓶颈之破解对策》,载《检察日报》2020 年 12 月 8 日,第 7 版。

3. 构建证据开示制度

《认罪认罚指导意见》第 29 条规定，检察院可以探索证据开示制度。引入证据开示制度，能够将辩方的主动性期待转移到控方的主动开示义务，将辩方的全面阅卷困境转移为控方的关键证据选择性开示，并通过开示时间的控制，在权利保障与办案需要之间划出界线。[①] 2020 年，黑龙江省检察院第一检察部指导齐齐哈尔市检察院制定了《齐齐哈尔市人民检察院刑事检察部门认罪认罚案件诉前证据开示意见(试行)》，在黑龙江省检察机关率先探索认罪认罚案件的证据开示制度。根据《刑事诉讼法》的相关规定，辩护律师自审查起诉之日起有权查阅本案全部案卷材料，但犯罪嫌疑人的认罪认罚表示很有可能在侦查阶段便已作出。时间点上的错位在客观上很大程度地架空了犯罪嫌疑人的证据知悉权。而在侦查阶段证据开示的意义有限，可行的改良方案应当是限制侦查阶段的认罪认罚。[②] 在证据开示方面，建议确立控辩协商环节的示证规则，让辩方充分知悉案件证据状况，增强量刑协商的透明度和合意性，使量刑协商结果更具约束力。[③]

(三)提高律师在认罪认罚案件中的作用

1. 健全值班律师制度

一方面，应当明确值班律师的定位。将值班律师定位为“准辩护人”，重视值班律师的辩护属性，将其诉讼地位、诉讼权利等同于辩护律师，而不仅是提供必要且最低限度的法律帮助。另一方面，建议值班律师在介入认罪认罚案件后，应当与犯罪嫌疑人、被告人建立委托关系，签订委托协议。这不仅有利于解决在不同的诉讼阶段值班律师之间的衔接问题，有效节约司法资源，而且在案情较为复杂的重罪案件中，通过签订委托协议约束值班律师的义务，使其能够积极主动地行使其会见权和阅卷权等权利，在维护当事人合法权益的同时，也能够实现值班律师在重罪案件中所耗费的时间、精力，承担的风险与其收益相匹配，使值班律师的合法权益得以实现。

---

① 参见赵常成:《美国纽约州刑事证据开示制度改革——兼论认罪认罚前的证据知悉》，载《证据科学》2020 年第 5 期。

② 参见郭烁:《认罪认罚背景下屈从型自愿的防范——以确立供述失权规则为例》，载《法商研究》2020 年第 6 期。

③ 郭国谦:《认罪认罚从宽制度中量刑建议瓶颈之破解对策》，载《检察日报》2020 年 12 月 8 日，第 7 版。

2. 完善控辩协商机制

控辩协商是认罪认罚从宽制度中独特的程序环节，被追诉人认罪认罚是以控辩双方的协商并达成合意结果为前提的，只有确保在认罪认罚案件中检察机关提出的量刑建议是控辩双方合意的结果，才能充分保障被追诉人认罪认罚的自愿性以及合法性。因此，建议明确规定检察机关在提出量刑建议时应当增加控辩协商程序，非经控辩双方协商而形成的量刑建议，法院不应当采纳。

3. 辩护律师主动实现辩护重心前移

认罪认罚从宽制度推行后，以审判为中心的诉讼格局没有发生改变，不认罪认罚案件同样适用传统的诉讼模式。与之不同的是，认罪认罚案件控辩双方量刑协商的"主战场"是审查起诉阶段，双方达成合意的量刑建议基本确定了案件的处理结果，由此导致该类案件的诉讼重心前移。① 因此，辩护律师也要积极主动地转变辩护理念，从之前"对抗"的单一思维转变为"对抗或者合作"的双重思维，但"合作"的前提是量刑建议达到了被追诉人对罚的期待。

结　语

认罪认罚从宽制度对于解决我们目前司法"案多人少"的突出矛盾具有划时代的意义。在认罪认罚从宽制度普遍适用的大背景下，制定一部详细、具体、统一的认罪认罚案件量刑指导意见是目前解决司法实践中出现的众多问题的"一剂良药"。此外，还应切实保障被追诉人认罪认罚的自愿性，增加控辩协商程序，提高被追诉人的诉讼地位，完善值班律师制度。辩护律师在提高自身专业素质的同时，应主动实现辩护重心的前移，转移辩护理念。真正实现协商性司法之路，"任重而道远"。

---

① 参见关振海：《认罪认罚从宽制度与刑事辩护转型》，载《检察日报》2020年11月24日，第7版。

骗取贷款罪中“重大损失”的认定

邢丽丽　刘晓晨[*]

《刑法修正案(十一)》对骗取贷款罪的入罪门槛作了调整,将给银行或者金融机构“造成重大损失或者有其他严重情节”修改为造成“重大损失”,删除了“其他严重情节”的规定,即只有给金融机构造成了重大损失才值得科处刑罚。如此一来,虽然解决了司法实践中对“其他严重情节”认定不一的问题,减轻了民营企业家的肩头重担——原本无法认定重大损失所以用严重情节作为兜底的情况,如今不可再模棱两可,采用情节严重进行判决,必须严格认定造成重大损失的结果。然而,金融机构的损失如何认定?在银行对不良资产进行核销的情况下如何认定损失?谁有权限可以对银行损失进行评估?这些疑问成为《刑法》修改后亟待解决的现实问题。本文先从《刑法》构罪体系出发,讨论了重大损失的应然定位;然后,从银行层面分析了银行内部系统对贷款损失的认定标准和核销程序,并总结了司法实践中的相关政策和裁判观点;最后从律师的角度,尝试性地提出如何以不构成重大损失进行无罪辩护的几点思考和建议。

一、重大损失的刑法体系定位

在《刑法修正案(十一)》之前,“重大损失”和“其他严重情节”属于并列的关系,所以在探讨两者的体系定位时总是受到对方的牵制,而现在只需要考虑“重大损失”即可。目前,学界有观点认为“重大损失”是构成要件结果,也有观点认为其

* 邢丽丽:山东德衡律师事务所高级合伙人、德衡刑事业务中心执行总监、金融刑事部主任,青岛大学法学院校外兼职研究生导师,青岛科技大学法学院兼职导师。

刘晓晨:山东德衡律师事务所金融犯罪辩护部执业律师。

是客观处罚要件。

如果认为“重大损失”属于骗取贷款罪的构成要件结果，即行为人的欺骗行为给金融机构造成重大损失才能认定犯罪既遂，这种认识会出现以下三个问题。

第一，骗取贷款罪是故意犯罪，如果“重大损失”是构成本罪的结果要件，就需要行为人对自己的行为会造成重大损失的结果存在主观故意，即行为人对自己不能按时归还贷款是持明知或者放任态度的，此时明显已经符合贷款诈骗罪的构成要件，而不应仅以骗取贷款罪论处。

第二，如果认为给金融造成了重大损失才构成犯罪既遂，那么理论上在此之前加入犯罪活动中均可以构成共同犯罪，但这无法解释行为人骗取到贷款后再帮助或者教唆行为人不还贷款的行为不构成骗取贷款罪共犯的问题。

第三，如果认为造成重大损失才是犯罪既遂，不能合理解释犯罪未遂不处罚。按照犯罪未遂的法理基础，虽然未遂犯没有达到预计的危害结果，但是其通过实行行为对法益创设了刑法不容忽视的危险，基于法益保护理念，应当对这一危险创设行为进行惩罚。但是本罪中没有造成重大损失的未遂犯却没有可罚性，不构成骗取贷款罪。

综上所述，应当认为骗取贷款罪的构成要件结果是“取得贷款”，而不是“造成重大损失”。由此可见，犯罪行为“欺骗手段”与犯罪结果“取得贷款”之间才存在刑法上的因果关系。

笔者同意郝川、欧阳文星的观点：“重大损失的结果与骗取贷款中的欺骗行为不具有刑法上的因果关系，重大损失不是骗取贷款罪构成要件欺骗行为类型性的危险的实现，而是一种偶然结果，在行为人认识之外，不是构成要件要素，属于一种客观处罚条件。”[①]客观处罚要件，是在行为构成要件该当性、违法性与有责性的判断之后，对行为可罚性进行的附加性讨论。张明楷教授认为，“只要以符合构成要件的欺骗手段取得金融机构贷款，就成立骗取贷款罪（对欺骗内容当然需要从构成要件上进行限制）。但是，仅此还不能追究行为人的刑事责任，只有具备‘重大损失’与‘严重情节’的客观处罚条件时，才能科处刑罚”。[②] 也就是说，理论上，取得贷款后就构成了犯罪既遂，至于是否值得科处刑罚，还要看客观处罚要件是

① 郝川、欧阳文星：《骗取贷款罪：反思与限定》，载《西南大学学报（社会科学版）》2018年第3期。

② 张明楷：《骗取贷款罪的构造》，载《清华法学》2019年第5期。

否成立，亦即“造成重大损失”是客观处罚要件。

二、银行内部对贷款损失的认定

（一）银行内部认定贷款损失的标准

我国银行体系最早使用的贷款风险分类标准为“正常＋一逾两呆”的四级分类方法，即除正常贷款外，还包括逾期、呆滞和呆账三类不良贷款。首次规定银行贷款分类制度的是1988年财政部颁布的《关于国家专业银行建立贷款呆帐准备金的暂行规定》（财商字〔1998〕277号），明确了可以列为呆账贷款的四种情况：借款人依法破产、借款人死亡、借款人遭受重大灾害、国务院专案批准核销的贷款。并且，该规定强调了借款人或者借款担保人有经济偿还能力的逾期贷款不得列作呆账，各级银行应积极追回。1996年，中国人民银行正式发布《贷款通则》，明确逾期贷款是指借款合同约定到期（含展期后到期）未归还的贷款；呆滞贷款，是指逾期（含展期后到期）2年（含2年）以上仍不能归还的贷款和贷款虽然未到期或逾期不到2年但生产经营已停止、项目已停建的贷款（不含呆账贷款）。呆账贷款，是指以下五种情况：（1）借款人和担保人依法宣告破产，进行清偿后，未能还清的贷款；（2）借款人死亡或者依照《民法通则》（现为《民法典》）的规定，宣告失踪或者宣告死亡，以其财产或遗产清偿后，未能还清的贷款；（3）借款人遭到重大自然灾害或意外事故，损失巨大且不能获得保险补偿，确实无力偿还的部分或全部贷款，或者以保险清偿后，未能还清的贷款；（4）贷款人依法处置贷款抵押物、质物所得价款不足以补偿抵押、质押贷款的部分；（5）经国务院专案批准核销的贷款。1998年，中国人民银行发布《贷款风险分类指导原则（试行）》（银发〔1998〕151号，已失效，以下简称《指导原则》），后于2001年12月发布《贷款风险分类指导原则》（银发〔2001〕416号，已失效），采用了以风险为基础的五级分类法，即把贷款分为正常、关注、次级、可疑和损失五类；后三类合称为不良贷款，其中第4条规定，“损失：在采取所有可能的措施或一切必要的法律程序之后，本息仍然无法收回，或只能收回极少部分”。从上述规定我们可以看出，银行对呆账核销或者损失认定是非常谨慎的，均要求采取一切必要救济措施后仍不能追回才可以认定。

目前，银行业认定贷款损失主要是依据原中国银监会2007年发布的《贷款风险分类指引》（银监发〔2007〕54号），《贷款风险分类指引》延续了《贷款风险分类指导原则》的规定，在其第5条中规定，“损失：在采取所有可能的措施或一切必要的法律程序之后，本息仍然无法收回，或只能收回极少部分"。同时，要求各商业银行可根据自身实际制定贷款分类制度，细化分类方法，但不得低于《贷款风险分类指引》提出的标准和要求。因此，部分商业银行在贷款资产五级分类的基础上，对贷款分类作了进一步精细化管理。根据中国工商银行2021年报披露的信息，该行对公司类贷款实施十二级内部分类体系（如表1所示），对个人信贷资产质量实施五级分类管理。根据中国农业银行2021年度报告披露的信息，该行对公司类贷款主要实施十二级分类管理，通过对客户违约风险和债项交易风险两个维度综合评估；对个人贷款实行五级分类管理，主要根据贷款本息逾期天数及担保方式评估。根据中国银行2021年度报告，该行对境内公司类贷款实施十三级风险分类，范围涵盖了表内外信贷资产。无论是十二级还是十三级分类管理，商业银行对损失的认定都非常谨慎，对不良下调的层级和程序进行更加严格的限制。

表1　贷款五级分类和十二级分类对应关系

五级分类名称	十二级分类名称	十二级分类级数
正常	正常1级	1
	正常2级	2
	正常3级	3
	正常4级	4
关注	关注1级	5
	关注2级	6
	关注3级	7
次级	次级1级	8
	次级2级	9
可疑	可疑1级	10
	可疑2级	11
损失	损失级	12

2019年，原中国银保监会发布《商业银行金融资产风险分类暂行办法（征求意见稿）》，该征求意见稿第6条延续规定了五级分类标准，将损失类定义为在采取所有可能的措施后，只能收回极少部分金融资产，或损失全部金融资产。除此之外，该征求意见稿第13条详细规定了认定损失的条件："【损失类资产】商业银

行应将满足下列情况之一的金融资产归为损失类:(一)本金、利息或收益逾期(含展期后)超过 360 天;(二)债务人已进入破产程序;(三)金融资产已减值 80% 以上。”看起来好像征求意见稿明确了归类为损失的条件,只要满足条件之一即可,但是根据体系解释,该条应当与第 5 条结合起来理解,银行依然应当采取所有可能的措施,而不是消极等待超过 360 天的期限。

(二)银行内部认定贷款损失的程序

财政部《金融企业呆账核销管理办法(2017 年版)》(财金〔2017〕90 号)第二章“呆账核销条件及程序”规定,金融企业经采取必要措施和实施必要程序之后,符合相关认定标准才可认定为呆账,并要求核销呆账应提交采取的补救措施及其结果、追偿证明等。《金融企业呆账核销管理办法(2017 年版)》附件 1《一般债权或股权呆账认定标准及核销所需相关材料》中要求:由于借款人和担保人不能偿还到期债务,金融企业诉诸法律,借款人和担保人虽有财产,但对借款人和担保人强制执行超过 1 年仍无法收回的债权;或者借款人和担保人虽有财产,但进入强制执行程序后,由于执行困难等原因,经法院裁定终结或者终止(中止)执行程序的债权;或者借款人和担保人无财产可执行,法院裁定执行程序终结或者终止(中止)的债权,应当提交强制执行证明或者法院裁定证明、财产追偿证明。

根据上述规定,只有采取必要措施和实施必要程序对贷款进行追偿后,如提起民事诉讼、强制执行借款者的财产或对抵押物实施抵押担保权后,有证据证明仍然不能收回的贷款,才可以认定为损失。

(三)银行呆账和贷款损失的关系

呆账,是我国金融企业的专用概念,《金融企业呆账核销管理办法(2013 年修订版)》(财金〔2013〕146 号,已失效)第 3 条指出:“本办法所称呆账是指金融企业承担风险和损失,符合本办法认定的条件,按规定程序核销的债权和股权。”如前所述,我国银行业贷款的分类方式最早采用的是“一逾两呆”的四级分类法,2001 年起我国逐步采用国际通用的“五级分类法”。虽然银行业贷款分类的方式变了,但“呆账”“呆账核销”的叫法一直沿用至今。在金融监管部门修改不良资产定义,重新划分不良贷款分类的同时,财政部仍然坚持使用“呆账”的概念。在实践中,银行呆账与损失类贷款存在一定的关系,银行呆账基本上是损失类贷款,但损失类贷款却不一定都是银行呆账。

三、司法实践对重大损失的认定

（一）认定重大损失的相关规定

2022年4月，最高人民检察院和公安部发布修订后的《关于公安机关管辖的刑事案件立案追诉标准的规定（二）》（公通字〔2022〕12号），将重大损失的范围明确为50万元以上的直接经济损失，规定在第22条：“以欺骗手段取得银行或者其他金融机构贷款、票据承兑、信用证、保函等，给银行或者其他金融机构造成直接经济损失数额在五十万元以上的，应予立案追诉。”但直接经济损失的定义在骗取贷款罪相关的司法解释中尚未明确，鉴于骗取贷款罪和职务犯罪同属经济犯罪，我们可以参考最高人民检察院《关于渎职侵权犯罪案件立案标准的规定》（高检发释字〔2006〕2号）的定义，“本规定中的‘直接经济损失’，是指与行为有直接因果关系而造成的财产损毁、减少的实际价值”。从上述规定可以看出，认定重大损失需要满足三个基本条件：（1）该损失与欺骗行为有直接的因果关系，是贷款人的欺骗行为本身造成的，没有被其他介入因素阻断因果关系；（2）该损失是已经实际发生的价值损耗，而不是预期利益的减少；（3）损失数额应超过50万元。

在实践中，最有争议的问题是损失是否已经实际发生，一些判决认为逾期未还的贷款就是银行的损失，针对这点，2009年公安部经济犯罪侦查局在《关于骗取贷款罪和违法发放贷款罪的立案追诉标准问题的批复》（公经〔2009〕314号）中明确了不良贷款数额不等于重大损失数额：“……二、关于给银行或者其他金融机构‘造成重大损失’的认定问题……如果银行或者其他金融机构仅仅出具‘形成不良贷款数额’的结论，不宜认定为‘重大经济损失数额’。根据目前国有独资银行、股份制商业银行实行的贷款五级分类制，商业贷款分为正常、关注、次级、可疑、损失五类，其中后三类称为不良贷款。不良贷款尽管‘不良’但不一定形成了既成的损失，因此‘不良贷款’不等于‘经济损失’，也不能将‘形成不良贷款数额’等同于‘重大经济损失数额’。”该规定解释了银行的不良贷款和刑法上的重大损失之间的关系，对实践有着重大的指导意义。

从前文的分析可知，银行内部会计账目对不良贷款的核销是以贷款风险系数为标准的，这与刑法上的实际发生有着本质上的不同，刑法入罪要求证据确实充分并排除合理怀疑，以风险系数来认定损失与刑法的谦抑性相矛盾，尤其在贷款人仍在正常经营并具有偿还能力的情况下，逾期贷款并不必然导致损失的发生，贷款人具有偿还欠款的可能，此时如何证明损失已经实际发生具有很大难度，有些法院在裁判中选择规避该事实认定，采取模棱两可的方式，将立案后逾期未还的贷款直接等同于损失数额，这显然不够严谨。

逾期贷款和实际发生的损失之间的鸿沟是贷款人有无偿还的可能性，用民法上侵权的概念来解释，就是恢复原状的可能性。恢复原状是司法救济中最高的正义价值。刑法上，庄绪龙教授首创了“法益恢复”的概念，庄绪龙教授对该概念具体解释为“在犯罪既遂后，由于某种动机的驱使，行为人通过自主有效的风险控制实际避免了危害结果的发生或者通过法益恢复行为使得已经被先前犯罪行为侵害的法益恢复至‘完好如初’的状态”[①]。对骗取贷款罪来说，在《刑法修正案（十一）》删除“其他严重情节”后，其保护的法益应当不再考虑信贷资金的安全，而仅保护金融机构的资产所有权。庄绪龙教授认为，纳入“法益可恢复性犯罪”出罪化体系的法益至少应当满足三个条件：其一，法益属性的非国家权力性；其二，法益范畴的非人格性；其三，法益侵害方式的非暴力性。[②] 金融机构的资产所有权恰恰可以满足上述条件，因此，在学术界骗取贷款罪也被分类为法益可恢复型犯罪。从最高人民法院和地方公、检、法系统近些年的意见中也可以看出，其认可骗取贷款罪适用法益恢复现象。例如，2020 年 8 月，最高人民法院《关于政协十三届全国委员会第三次会议第 2334 号（政治法律类 294 号）提案答复的函》中提道：“‘给银行或者其他金融机构造成重大损失’，一般是指导致银行或其他金融机构的金融资产遭受实际的、无法挽回的直接损失。如公安机关立案后行为人全额偿还欠款，金融机构最终并未遭受实际损失的，不宜认定为本条规定的‘造成重大损失’。”该函虽然不是正式的司法解释，但是却能够代表最高人民法院的倾向和态度。最高人民法院认为，在骗取贷款罪基本犯的范畴内，对于公安机关立案后但行为人全额还款的，即法益得到恢复的，不再认定为“造成重大损失”，而作出罪处理。又如，2015 年浙江省高级人民法院、浙江省人民检察院、浙江省公安厅发布的《关于办理骗取贷款、票据承兑、金融票证罪有关法律适用问题的会议纪要》（浙检发研字〔2016〕9 号）规定：“行为人以欺骗手段取得银行或者其他金融机构贷款、

---

① 庄绪龙：《“法益恢复”刑法评价的模式比较》，载《环球法律评论》2021 年第 5 期。

② 参见庄绪龙：《“法益可恢复性犯罪”概念之提倡》，载《中外法学》2017 年第 4 期。

票据承兑、金融票证，数额超过人民币一百万元不满五百万元，但在侦查机关立案前已偿还信贷资金，未给银行或者其他金融机构造成直接经济损失的，或者行为人以自有财产提供担保且担保物足以偿还贷款本息的，可认定为刑法第十三条的‘情节显著轻微危害不大’，不作为犯罪处理。”再如，2020 年山东省高级人民法院刑事审判第一庭、山东省人民检察院第四检察部、山东省公安厅经济犯罪侦查总队发布的《关于办理骗取贷款犯罪案件相关问题的参考》规定，“1. 立案……对涉嫌骗取贷款，尚在经营过程中，基本具有偿付能力，可能避免给银行或者其他金融机构造成重大损失的犯罪嫌疑人、被告人（单位），应慎用强制措施，积极引导多元化解，促其偿还损失。犯罪嫌疑人、被告人（单位）贷款数额在 500 万元以下，侦查期间偿还银行本息，或银行或者其他金融机构通过担保实现债权，实际没有造成重大损失，且不具有本意见‘4’中（3）－（7）项情形的，公安机关可撤销案件”。上述意见都是非常典型的法益恢复现象出罪化，但地方司法机关同时也对恢复法益的时间、数额、方式、结果提出了比最高人民法院更加严格的限制要求，笔者认为，对于审判前恢复法益的、犯罪数额更大的、通过其他担保偿还贷款等，还存在出罪的空间。

（二）认定重大损失的裁判观点

实践中，法院对抵押担保、民事救济等因素的考量标准不一，笔者总结了实践中对于重大损失认定的裁判要旨，对比较典型的几种观点说明如下。

1. 贷款到期不能归还即为损失

山东省滨州地区（市）中级人民法院（2022）鲁 16 刑申 51 号刑事判决书裁判要旨：在案书证、证人证言以及被告人供述及辩解，能够证实原审被告单位以欺骗手段取得银行贷款，到期不能归还，给银行造成特别重大损失。

2. 贷款人不具有偿还能力，逾期贷款即为损失

福建省德化县人民法院（2017）闽 0526 刑初 136 号刑事判决书裁判要旨：关于大龙窑公司和林某 2 是否有履行保证责任，代兴源厂偿还贷款本息的问题。经查，保证人林某 2 偿还大龙窑公司贷款的款项 200 余万元系向陈某 3 所借，其名下只有自住的套房，而大龙窑公司名下仅有的 5000 余平方米的厂房也已抵押向中国工商银行贷款，案发时大龙窑公司只有少许的纳税额。法院认为，综合案发时大龙窑公司的财产、债务和经营状况，以及林某 2 个人财产及债务情况，可看出案

发时大龙窑公司和林某2不具有为兴源厂偿还大额债务的能力。

3. 贷款有足额担保,不会造成损失

江苏省江阴市人民法院(2014)澄刑初字第0595号刑事判决书裁判要旨:被告单位江苏融泰石油科技股份有限公司在以本单位名义或者以被告单位江苏鼎泰威机械装备销售有限公司、江阴市固腾经贸有限公司作为平台向银行贷款过程中,江阴市城镇建设综合开发有限公司等单位针对逐笔贷款均提供了抵押担保或者保证担保,许某、马灵等自然人亦针对部分贷款提供了担保,现有证据尚不足以证明江苏融泰石油科技股份有限公司的贷款行为给银行或者其他金融机构造成重大损失。

4. 银行处置债权的损失不属于骗贷罪的重大损失

陕西省榆林市榆江区人民法院(2017)陕0802刑初290号刑事判决书裁判要旨:被告人高某生因投资失利无法偿还银行贷款,银行作为抵押权人可以与抵押人田某4、寇某4协议以抵押物折价或者以拍卖、变卖该抵押物所得的价款受偿;协议不成的可以向法院提起诉讼。农行长城支行最终以1516万元将其对诚盟工贸公司4800万元及利息的债权转让给长城资产管理公司西安办事处,该行为系银行对债权的处置行为,其损失并非由被告人高某生造成。被告人高某生虽然以欺骗手段取得银行贷款,但根据现有证据不能证明被告人高某生的行为给银行造成重大损失或有其他严重情节。

5. 逾期贷款还可以通过民事救济,不能直接认定损失

河南省修武县人民法院(2019)豫0821刑初373号刑事判决书裁判要旨:本案有圣昊铝业为焦作协力1000万元贷款担保,即使焦作协力和孙某锋、张某霞不能归还贷款,也不会必然导致银行债务逃废。借款人无法偿还时,银行可要求担保人承担责任,实现债权,填补损失。在2017年孙某锋不能归还贷款,浦发银行已通过民事诉讼,向孙某锋主张权利,郑州市金水区人民法院已作出生效判决并进入执行程序。按照《刑法》的谦抑原则,能够适用民事和行政法律关系调整时,无须启动刑罚。

6. 抵押担保和民事救济不影响损失的认定

上海市高级人民法院(2010)沪高刑终字第102号刑事判决书裁判要旨:同时,涉案的质押、担保合同均是从合同,其目的是保证金源公司的偿还能力,保险合同是为了进一步降低该笔贷款到期无法归还的风险,并不能因此否定金源公司

与农行签订的贷款合同是主合同的地位,更不能以此作为借款人金源公司逃避履行还款义务的理由。事实上,农行在案发后仍在向金源公司行使追偿权,这是被害单位实施的民事救济行为,但这种事后救济行为并不影响对已经发生的损害后果的认定。

7. 案发时全部归还本息不影响损失的认定

黑龙江省大兴安岭地区加格达奇区人民法院(2017)黑2701刑初86号刑事判决书裁判要旨:经审理查明,2014年9月,被告人王某通过伪造购销合同和财务报表的方式,从中国邮政储蓄银行大兴安岭地区分行骗取贷款500万元,2015年8月开始逾期偿还利息,案发时,造成贷款本金损失500万元、利息损失37.2万元,本息合计537.2万元。案发后,本息537.2万元已全部归还……本院认为,被告人王某采用伪造购销合同和财务报表的方式,骗取银行贷款500万元,其行为已构成骗取贷款罪。

8. 已归还全部贷款没有给银行造成损失

山东省淄博市博山区人民法院(2018)鲁0304刑初145号刑事判决书裁判要旨:被告人赵甲、赵乙虚构贷款理由,隐瞒真实贷款用途,提供虚假购销合同,骗取金融机构贷款,严重危害了国家的金融管理秩序,情节特别严重,其二人的行为均已构成骗取贷款罪。公诉机关指控被告人赵甲、赵乙犯骗取贷款罪成立。被告人赵甲、赵乙有视为自首情节,当庭认罪悔罪,且骗取的贷款已全部归还,没有给银行造成损失。

四、以重大损失着手无罪辩护的建议

通过前文分析银行内部的标准和司法实务的观点,笔者认为,在以“不构成重大损失”为由进行无罪辩护时,可以考虑从以下几点着手:

第一,银行内部未认定损失。从前文可知,银行内部对损失类资产的认定有严格的条件和程序要求,刑法作为最重的司法手段,在银行内部的会计处理上还未确认损失的情况下,不能直接认定损失。

第二,贷款人已全部归还贷款或者具有偿债能力。从最高人民法院到地方省级高级人民法院的相关文件,均透露了法益恢复后犯罪轻型化、出罪化的价值立场,在《刑法修正案(十一)》出台之前,已经有许多全部归还欠款之后以“情节特别严重”定罪,以“没有造成损失”免刑的案例,在《刑法》删除“其他严重情节”,只有重大损失一个构成要件后，可能会有更多的出罪处理。

第三，贷款有真实足额的担保。对于银行的资金安全而言，是否有足额的担保对于本息能否收回具有决定性影响。如果贷款人所提供的担保物真实足额或者担保人具有足够的偿债能力，客观上就不可能给金融机构造成终局性的重大损失。虽然在案发时尚未实现法益的恢复，但是最终恢复的可能性足够大，只是需要一些时间和程序。

第四，银行尚未穷尽救济手段。债权损失的核心是“债权无法实现”，不能简单地认为“债权实现障碍大或者时间长”就是债权损失，只有权利人穷尽一切民事救济方式后仍不能完全实现自己的权利时，才能定义为损失。倘若能够以民事手段或者私力救济的方式得到全额补偿的，此时权利人仍享有期待权益，不能直接认定为经济损失。另外，刑法的谦抑性要求刑事立法和刑事司法活动都要恪守刑法最后法和保障法的基本定位，在使用民事救济或者行政制裁等其他手段足以解决问题时要慎用刑事手段。

结　语

笔者认为，骗取贷款罪中认定重大损失需要经过“发生逾期贷款—银行内部是否认定损失—贷款人是否已归还—是否有足额担保—贷款人是否有偿债能力—银行是否穷尽救济手段—专业的评估机构认定损失数额”这样的流程，在逾期贷款和最终损失之间还存在众多环节，直接将逾期贷款数额等同于重大损失数额不仅不符合法律规定和司法解释，也不符合目前司法倾向的政策精神。总体来说，虽然目前尚未出台认定重大损失相关的司法解释，但无论是《刑法修正案（十一）》对骗取贷款罪构成要件的修改，还是学术界对法益恢复现象的探讨，都将更加有利于贷款人的出罪处理和银行资金的保护，从而更加有利于社会秩序的恢复。

泄露内幕信息罪中泄露行为的证明研究

——以司法裁判案例为视角

王晓芳*

1990年以来，我国出台了二十多项法律法规，运用民事、行政、刑事等各种法律手段来规制证券市场中的内幕交易行为和泄露内幕信息行为，《刑法》中规定于第180条中。① 根据该条第1款的规定，即使行为人不存在内幕交易行为，仅是泄露了内幕消息，也可单独认定为泄露内幕消息罪。② 但是，证明行为人的泄露过程却是较为困难的。行为人为规避法律后果往往极为谨慎，泄露的过程往往极具隐蔽性，一般难寻踪迹。但泄露行为的存在是该罪的主要构成要件，如果无法证明泄露行为的存在，则不能证明存在泄露内幕信息的行为，即无从谈及定罪量刑。因此，泄露内幕信息中泄露行为的证明长期以来在实务界和理论界都是一个疑难

---

* 王晓芳：北京德和衡律师事务所高级合伙人、德和衡证券业务中心副总监。

李宗玄对此文亦有贡献。

① 《刑法》第180条第1款规定："证券、期货交易内幕信息的知情人员或者非法获取证券、期货交易内幕信息的人员，在涉及证券的发行，证券、期货交易或者其他对证券、期货交易价格有重大影响的信息尚未公开前，买入或者卖出该证券，或者从事与该内幕信息有关的期货交易，或者泄露该信息，或者明示、暗示他人从事上述交易活动，情节严重的，处五年以下有期徒刑或者拘役，并处或者单处违法所得一倍以上五倍以下罚金；情节特别严重的，处五年以上十年以下有期徒刑，并处违法所得一倍以上五倍以下罚金。"

② 对于该条款的罪名是存在争议的，有学者认为应将其吸收概括为内幕交易一个罪名；有的学者则认为应归纳为内幕交易罪和泄露内幕信息罪两个罪名；但是根据1999年12月9日最高人民法院《关于执行〈中华人民共和国刑法〉确定罪名的规定》的规定，将其确定为一种选择性罪名，即"内幕交易、泄露内幕信息罪"，这是目前的通行观点。参见程皓：《内幕交易、泄露内幕信息罪若干问题研究》，载《法学评论》2006年第4期。

问题。基于此，本文使用“北大法宝”数据库检索关键字“泄露内幕信息”、“泄露内幕信息罪”和“内幕交易、泄露内幕信息罪”，并以具有泄露内幕信息行为或被公诉机关指控具有泄露内幕信息行为的标准，①选取了截至2019年6月1日，司法机关已公布的20起案例作为研究基础。通过对案例中的事实认定、证明证据和论证情况整理归纳，本文试图从以直接证据证明和以间接证据证明两方面，结合具体裁判案例，对泄露内幕交易罪中泄露行为的证明问题进行实证分析和理论反思。

一、泄露行为的构成前提与结果

根据《刑法》第180条的规定，泄露行为的成立至少应包括三个要件：前提要件为泄露内幕信息的人员（泄密人）知情内幕消息；行为要件是泄密人具有传递、透露、告知、明示或暗示他人内幕消息的行为；结果要件为受领了内幕消息的人（受领人）知悉了内幕消息，此外，本文认为受领人还应从事了相关交易。如果行为人的透露行为并不足以使他人知悉，或者他人知悉但未从事内幕交易，并不会对金融证券交易的秩序造成影响，此时行为人不当认定构成犯罪。理论上，如果行为人并不具有入罪的前提或结果要件，即使存在客观行为也不当入罪，故对于前提和结果要件有必要进行分析。

（一）泄露行为入罪的前提要件

《刑法》对于前提要件的立法是直接规定部分特殊人员知悉内幕信息，主要包括知情人和非法获取人，但是没有作出明确规定。不过，最高人民法院、最高人民检察院发布的《关于办理内幕交易、泄露内幕信息刑事案件具体应用法律若干问题的解释》（法释〔2012〕6号，以下简称《内幕交易司法解释》）前两条对此问题作出了部分解释。

1.“知情人员”的认定

《内幕交易司法解释》第1条对《刑法》第180条规定中的“知情人员”进行了解释，即合法掌握内幕消息的原始获取人。司法解释并没有作出新的定义或者列

---

① 本文在选取案例时排除被告人仅具有内幕交易行为及利用未公开信息交易行为的案例，由于《刑法》第180条规定了内幕交易、泄露内幕交易罪和利用为公开信息交易三种行为，一些案件的案由和标题虽有泄露内幕交易，但是判决书或裁定书中行为人实质上仅有内幕交易行为，且仅具有一个行为人，并无传递行为，故笔者对此种案例予以排除。

举,而是引用2005年《证券法》第74条和2007年《期货交易管理条例》第85条的规定,仅是起到规范指引的作用。两部法律通过列举与概括相结合的方式规定知情人员的范围,主要是为具有特定身份的高级管理人员或从事证券相关职业的人员。这两条规定虽具有一定的指导性,但也存在缺乏实质界定标准和兜底范围不确定的缺陷,《内幕交易司法解释》本应对这些缺陷有所回应或作出新的规定,直接引用显然对实践不具新的指导价值。①

在实际案件中,公诉机关和法院认定知情人采用实质知情原则。司法机关并不是直接认定《内幕交易司法解释》规定的人员对内幕信息知情,也非通过证明行为人具有特定身份或从事相关职业,而是使用大量的证据证明泄密人参与了内幕信息的形成或发展过程,②从而认定其对内幕消息知悉,身份因素仅是证据之一。换言之,即使行为人具有特殊身份,也理应知情,但实际并不知悉内幕消息同样不当属知情人。如果系通过其他非法途径获取的内幕消息,也不当属知情人,而属非法获取人。因此,该条解释并没有对法院的实务提供较好的指导思想,相反司法实践冲击了这种立法模式。

2."非法获取人"的认定

《内幕交易司法解释》第2条对"非法获取人"进行了解释,共有3项内容。③第一项是通说上获取内幕消息的典型非法手段,但是后两项规定使"非法获取"的定义不再限于传统意义上的违法手段获得,而是指本不应获得而获得,无论手段是否违法。这意味着非法获取人包括受领人,为作出区分,本文将再次传递内幕消息的受领人称为二级获取人。事实上,后两项是以推定的方式认定"非法获取

---

① 参见刘宪权:《论内幕交易犯罪最新司法解释及法律适用》,载《法学家》2012年第5期。

② 这一过程中也通常会产生较多的证据,且这方面的书证、物证及证人证言直接而清晰,实践中并不难获取。例如,行为人在内幕信息相关文件上签字、参加相关会议或接受涉内幕信息的文件、记载于相应的备忘录,或者是内幕信息文件的起草人,等等。参见曾洋:《"知悉内幕信息"的证明》,载《证券市场导报》2014年第11期。

③ 《内幕交易司法解释》第2条规定:"具有下列行为的人员应当认定为刑法第一百八十条第一款规定的'非法获取证券、期货交易内幕信息的人员':(一)利用窃取、骗取、套取、窃听、利诱、刺探或者私下交易等手段获取内幕信息的;(二)内幕信息知情人员的近亲属或者其他与内幕信息知情人员关系密切的人员,在内幕信息敏感期内,从事或者明示、暗示他人从事,或者泄露内幕信息导致他人从事与该内幕信息有关的证券、期货交易,相关交易行为明显异常,且无正当理由或者正当信息来源的;(三)在内幕信息敏感期内,与内幕信息知情人员联络、接触,从事或者明示、暗示他人从事,或者泄露内幕信息导致他人从事与该内幕信息有关的证券、期货交易,相关交易行为明显异常,且无正当理由或者正当信息来源的。"

人"。第二项是基于与知情人员的特殊关系作出推定。第三项是基于与知情人的特殊行为作出推定,两项规定的人员实际也属受领人常见的两种情况。因此,虽是对"非法获取人"范围的界定,但对实践更富有指导意义的是提供证明受领人或二级获取人知悉内幕消息的推定逻辑,降低了多层传递型内幕交易案的证明难度。这种特殊身份或特殊行为加交易明显异常的推定逻辑也确实在司法实践中得到了运用。

(二)泄露行为入罪的结果要件

《刑法》第 180 条禁止内幕交易和泄露内幕消息行为的目的是维护金融证券市场的秩序,保护的法益为证券交易秩序。[①] 如果仅具有泄露行为,不具有内幕交易行为,事实上并不会对证券交易秩序造成侵害。故该条款虽然没有明确规定,但是本文认为该罪的构成应当具有犯罪结果,即受领人知悉并从事了内幕交易。因此,如果泄密人的行为不足以使他人知悉或获取内幕消息,显然不当入罪。例如,泄密人以暗示的方式向受领人传达内幕消息,但受领人并不知其真意,此时受领人并没有获取到内幕消息,显然不会侵害证券交易秩序。此外,即使受领人获取了内幕消息但没有从事交易,并不会对金融证券市场造成影响,也不会对相关的公司或投资者造成实际损失,难以认定发生法益侵害,亦不当入罪。当然,双方交换传递信息往往极具隐秘性,不易被外界察觉,也难以证明,即使这种情况构成犯罪也很难被追诉。至于何为从事内幕交易,《刑法》主要采用的是《证券法》上传统的认定标准,并没有作出新的规定。但是,《内幕交易司法解释》第 4 条另外规定了 4 项不属于从事内幕交易的行为,从反面规定了属于合法交易的行为。该条规定虽然提供了正当的抗辩事由,但所列举的行为整体较少,且第 4 项的"正当理由或者正当信息来源"属于兜底性质的款项,并没有进一步细化何为"正当理由或者正当来源"。

二、证明泄露行为的实证分析

(一)司法裁判案件综述

从统计的案件情况来看,20 起案例的被告人皆被定罪量刑,而所有案件中具

---

① 参见程皓:《内幕交易、泄露内幕信息罪若干问题研究》,载《法学评论》2006 年第 4 期。

有自首情节的案例共有9起,占比达45%。经过二审的案件共有14起,其中有11起案件针对定罪部分提起上诉,占上诉案件的78.6%,且不乏自首的案件。但是无一例外,法院对所有的案件皆维持原判。针对案件的定罪事实部分,有15起案件的被告人或其辩护人作出了无罪辩护,其中所有案件的泄密方均作出了无罪辩护。

泄密方与受领方的辩护理由稍有差异。泄密方的辩护理由基本包括以下三层内容:首先,否认自己构成犯罪的前提,即否认泄露的消息属内幕信息或否认知情内幕信息。在11起案件中,泄密方从内幕信息的形成时间、公开性以及重大性上否定其属于内幕信息;在5起案件中被告人否认自己知情内幕消息。其次,泄密方否认具有泄露的行为,在5起案件中,泄密方被告人称自己没有透露、告知受领方内幕消息。最后,泄密方普遍会提出现有的事实和证据不足以证明其向受领方泄露了内幕信息。除此之外,有3起案件的泄密方的辩护理由之一为具有诱供,非法取证的情形,应当将相应的证据排除。仅有一起案件的泄密方提及不具后果,称受领方不具异常交易行为。受领方最常见的辩护理由为否认交易异常,有5起案件的被告人称其是根据个人判断作出的相关交易,有正当信息来源,不属于异常交易。其他的理由则多与泄密方相同,如不属内幕消息、泄密人没有向其透露、现有证据不足等。

由此可见,案件中的被告人对其泄露内幕信息行为的认定通常并不予以认可,也提出了许多否定行为的辩护理由。但是,法院对于被告人提出的关于定罪事实的辩护无一采纳,全部不予支持。出现这一情况,自然有被告人难以提供实质反驳证据的原因,但是被告人不负有自证无罪的义务。公诉机关应当严格把握证明问题,警惕降低证明标准和证明责任,以防侵害被告人权益。

对于泄露内幕信息罪中泄露行为的证明,主要分为两种方式:具有直接证据的直接证明和仅有间接证据的推定证明。笔者统计的20起案件中,具有直接证据证明的案件共有15起,占比达75%,直接证据皆为言词证据(证据的具体情况见本文附件)。其中被告人(包括泄密者与受领人)及涉案人员的供述有13起;证人证言有2起,皆为未受刑事追究的受领人。以间接证据推定证明的案件仅有5起,间接证据的种类主要集中于被告人供述、证人证言、书证和电子数据。最为常见的是个人及关联人的银行账户信息、股票交易记录明细和通话记录。其中,前两项间接证据几乎所有的案件皆有涉及,通话记录这项证据则在11起案件中皆出现了。除此之外，在少数案件中，还有微信聊天记录、短信记录、签订的合作协议、司法鉴定书、借条、双方往来记录、证监会的处罚书或认定书等。从统计的全部20起处罚案件来看，案件有无直接证据至关重要，直接影响入罪核心行为的证明方式。

（二）泄露行为的直接证明

泄露行为的直接证明以直接证据的存在为前提。所谓直接证据，即能够直接证明案件主要事实的证据，通常包括当事人的陈述以及能够证明案件主要事实的证人证言、书证、视听资料等。① 与之相对的是间接证据，即不能单独证明案件主要事实的证据，通常需结合其他证据证明案件事实。② 具体而言，直接证据即可直接证明行为人具有传递、透露、告知、提示等泄露内幕消息行为的证据，从实践可知，通常为行为人的言词证据；间接证据即不能单独证明行为人存在泄露行为，仅能证明受领人存在与泄密人联系，具有交易行为等部分事实的证据。由于直接证据大大降低了泄露行为的证明难度，是当前我国在该类案件中的主要证明方式，占比高达3/4。

在直接证明的案件中，由于隐秘性较高的泄露行为有泄密人的自行供述或受领人的指证，因而证明行为的存在主要偏重于证明言词证据的真实性。公诉机关在证明真实性方面采用的主要方式为通过间接证据印证被告人供述或证人证言的真实性。一方面，由于仅具有言词证据或单个证据并不能定罪，因而在实际案件中，即便存在具有能够直接证明泄露行为的被告人供述或证人证言，依然需要其他有关的间接证据加以佐证。实践中，通常以双方联络时间、交易时间等间接证据佐证言词证据中陈述的事实，如通话记录的时间或者往来的时间与被告人承认的透露时间是否一致、受领人从事内幕交易的时间与被告人承认透露内幕消息的时间是否一致。另一方面，间接证据佐证是排除合理怀疑标准的要求。从案例的情况来看，许多当事人，尤其是受领人提出属于自己的合理判断，或者具有其他

---

① 何家弘、刘品新：《证据法学》（第5版），法律出版社2013年版，第133～134页。

② 间接证据包括能够证明案件非主要事实的证据（如背景证据、情感证据、情况证据、环境证据等）和证明案件主要事实某个情节或片段的证据（如各种物品、痕迹及其照片等），往往种类繁多，形式多样，比较容易收集和获取，因而案卷中往往有大量的间接证据。参见卞建林、谭世贵主编：《证据法学》，中国政法大学出版社2010年版，第342页。

信息来源。虽然在已梳理的20起案例中当事人皆不具有实质证明力的证据,但是这种可能即便极具偶然性亦是有存在可能性,而且也不排除存在撒谎、顶包或刑讯逼供的情况。所以,形成相互印证、互不矛盾的证据链条才能保证达到证据确实充分的标准。因此,实践中直接证明泄露行为的通常方式为以直接证据为主辅之以间接证据,从而使证明标准达到刑事的一般规定。

直接证据固然有不可比拟的优势,但是实务中因泄露行为的隐蔽性通常使执法机关难以收集到直接证据。泄露内幕消息属于信息传递,本身就难以留下痕迹,加之行为人往往具有高度的防范意识。为了规避风险,行为人多以通话或面对面的方式进行消息传递,执法机关即使调查通话记录或往来记录也无法得知当事人之间的具体对话内容,获取其中的信息,更难以收集到文字记录或其他书面材料的证据,因而收集能够直接证明泄露行为的证据并非易事。事实上,美国和英国的同类案件极少具有直接证据证明被告人之间透露或传递了内幕消息。① 直接证据难以获取的特点也确实造成许多案件举证困难,使这些案件因证据不足而无法起诉审判,这也是目前我国该类案件数量较少的原因之一。而且,该类案件的直接证据种类十分有限,甚至是单一化,皆为泄密人和受领人的供述或证词,即当事人的言词证据。执法机关获取这种言辞类直接证据是十分被动的,完全取决于当事人认罪认罚的主观意志和配合程度,这也是我国该类案件当事人自首或坦白占比高的主要原因。

(三)泄露行为的推定证明

推定证明是缺乏直接证据时,通过大量的间接证据进行合理的运用,推导出主要事实的证明方式。所谓推定,是指通过推理来对事实进行认定,以一定的事实为基础,根据客观事物之间的规律推导出另一事实的存在。② 学术界对刑事推定的研究众多,学说众多,并没有统一认知。③ 但不可否认,推定是证明的重要方式之一。推定的分类也很多,包括法律推定、事实推定、目的推定、原因推定、过错推定等。在本文选取的案例中,行为人具有联络接触和明显异常交易,常常与泄

---

① 参见张子学:《浅析"知悉"内幕信息的证明》,载《证券法苑》2011年第4卷。

② 参见何家弘、刘品新:《证据法学》(第5版),法律出版社2013年版,第259~270页。

③ 参见缪劲翔:《证券内幕交易罪的认定——基于刑事推定的展开》,载《比较法研究》2013年第4期。

密人向受领人泄露内幕消息之间具有关联，据此推定行为人具有泄露行为，这是一种行为推定，[①]也是一种事实推定[②]。这种推定皆是依据一定的基础事实对于存疑或无法直接证明的事实进行推定，基础事实与推定事实之间常常具有伴生关系或常态联系。在推定证明中，只要证明基础事实，即可认定推定事实存在。

推定证明的方式确实会降低公诉机关的证明难度，利于打击内幕交易和泄露内幕信息的行为。但是，在利用推定证明时也应当警惕被告人受到侵害。在刑事诉讼中的证明责任除法律明文规定举证倒置的，一律由公诉机关承担证明责任，证明责任包括提出事实、列举举证、说服和承担不利后果的责任。[③] 但是，从统计的20起案例中的5起推定证明的案件来看，推翻推定事实的唯一方法是证明受领人的行为具有正当理由或者正当信息来源。这无疑需要被告人自己举证证明，提供实质性的证据，否则将承担不利后果。但是，被告人如果真是由于偶然从事的交易行为，其也很难提供相应的实质证据。因此，这实际上是将部分证明责任倒置给被告人，合理性存疑。此外，法院在部分案件中也援引“正当理由或者正当信息来源”作为裁判具有受领内幕交易或者驳回交易是自行判断的理由，但何为正当，法院没有具体论证，也没有具体案例支持了被告人的抗辩。总体上，对于正当理由或正当来源并未付诸实践，无法类型化适用，仍然流于形式。

因此，虽然推定证明能解决部分无法证明的事实问题，但是推定证明在我国尚属初步探索阶段，且推定证明本身也存在许多问题，对于推定证明的适用条件和程序要进行规范。

三、推定证明的限制和规范

首先，推定证明的适用应当有法律或司法解释的明确规定。[④]《刑法》在泄露内幕信息罪中没有规定，不过，如前所述，《内幕交易司法解释》第 2 条采用了推

---

① 行为推定，是指在某行为是否存在以及行为的对象、性质或特征不够明确的情况下，根据一定的基础事实对该行为作出的推定。参见何家弘、刘品新：《证据法学》（第 5 版），法律出版社 2013 年版，第 265 页。

② 事实推定，是指案件裁判者根据日常生活经验法则，从已知事实（基础事实）推定未知事实（推定事实），并允许不利方当事人进行反驳的一种证据规则。参见陈洁：《内幕交易事实认定中自由裁量权的适用及其规制——以内幕交易“知悉”要件的推定为视角》，载《清华法学》2018 年第 6 期。

③ 参见张家骥：《对证明责任和证明标准的理论反思》，载《法制与社会发展》2012 年第 2 期。

④ 参见张子学：《浅析“知悉”内幕信息的证明》，载《证券法苑》2011 年第 4 卷。

定,为推定证明提供了一定的法律依据。该条虽是对适用的主体范围进行推定,但其后两条所规定的“非法获取人”实际就是受领人或二级获取人。依据《内幕交易司法解释》的规定,推定具有特殊身份因素或联络接触知情人员,且具有明显异常交易则行为人属非法获取了内幕信息。以此规定,推定事实为受领人获取了内幕信息,而非泄密人具有泄露行为,虽然二者常具有伴随发生,但是并不排除受领人刺探或者通过其他手段从知情人处获取内幕消息的情况。尤其在特殊关系中,如夫妻之间,一方可能无意中听取了对方和其他人的通话,或者查看了对方的文件,这种情况下知情人并不具有泄露行为。因此,仅依据司法解释规定的条件推定泄露行为,并不能排除合理的怀疑。

实际案例中,法院采用推定证明泄露行为的条件主要是参照该条规定,不过法院并未将受领人的身份因素作为直接适用条件。即使受领人具备相应的身份,适用推定时也必须具有联络接触行为,交易明显异常,加之交易时间与联络时间或内幕信息形成时间吻合。司法实践的这种推定实际是更加严格的,因为与知情人具有特殊关系的当事人也可能存在其他途径获取内幕信息的可能,且如果不具有联络,直接推定其获取了内幕信息,以这种方式证明知情人具有泄露行为更加不妥当,更易错判。故此司法实践虽是对司法解释的运用,但并不采用主体推定,而是偏重于事实推定和行为推定。这是执法实践优于法律规定的表现,法律法规应当尽快作出相应的调整。

其次,公诉机关应当对推定的基础事实承担举证责任,并且应当达到刑事诉讼程序的标准,即证据应当确实充分。具体到本文研究的问题中,法院采用的推定证明认定的基础事实主要有:泄密人与受领人之间具有联络或接触行为、受领人具有异常交易行为、异常交易的时间点与内幕信息形成的时间或与泄密人接触的时间具有高度吻合。证明具有联络接触考虑两方面:一是是否具有通话记录或往来记录,20 起统计案例中有一半以上的案件皆采用该类证据;二是行为人之间是否具有亲密关系,有 15 起案件提及行为人之间的身份关系,其中,具有《刑事诉讼法》规定的近亲属关系的有 5 起案件,具有旁系血亲或姻亲关系的有 4 起,具有朋友、同事、合伙人、同学、师生等情谊关系的有 8 起。[①] 泄密人和受领人之间的关

---

① 依据《刑事诉讼法》第 108 条第 6 项的规定,刑事诉讼中的“近亲属”包括夫、妻、父、母、子、女、同胞兄弟姊妹。另外,因为部分案件有多名受领人,同一起案件中具有多种关系,故有重叠。

系虽不能直接作为泄密行为的认定条件，但不得不承认，现实中具有亲密关系的人更容易透露相互掌握的内幕消息，尤其是夫妻关系。因此，身份关系不得作为直接证据，但是可作为间接证据用以佐证，实务中法院也确是如此处理的。

交易明显异常是最为重要的基础事实，直接影响罪名的成立，而这种认定在实践中具有较大的自由裁量权。在行政处罚中，交易行为明显异常的判断通常由证券执法机构（中国证监会）自由裁量。但是刑事司法机关主要依据《内幕交易司法解释》第3条进行认定，该条从时间吻合程度、交易背离程度和利益关联程度等方面规定了7项交易明显异常的具体情形和一项兜底条款。具体包括个人银行证券账户、资金、证券的变化情况，个人交易习惯，交易与基本面的背离情况等，司法机关会结合该条列举的单项或多项综合判断是否存在明显异常的交易。因此，公诉机关通常将被告人的股票交易记录、个人银行证券账户的信息记录、基本面信息等证据材料进行综合比对，判断是否存在异常交易。公诉机关通过这些大量的间接证据加以举证是较为容易的，但是否可达到证据确实充分、能够排除合理怀疑的证明标准，仍对证据的运用和说服论证的要求较高。在美国，刑事指控是否达到排除合理怀疑的标准由陪审团进行裁决。我国没有陪审团制度，法院在裁判时应当增强采信证据和裁判的说理论证，同时也应加强公诉机关的说服责任，以确保推定证明不被降低标准适用，保障被告人的权益。

最后，推定证明应当具有反驳推定的理由。任何推定规则，都应给被告提供反驳的机会。[①]《内幕交易司法解释》规定的推定是一种双重推定，一是推定受领人获取了内幕信息，二是推定受领人基于此消息从事相关行为。[②] 对于二层推定皆存在相应的反驳推定的事由，第一层中，受领人存在基于自己的判断偶然做出交易行为的可能；第二层中，受领人事实上也存在从其他途径知悉内幕消息的可能。但是，《内幕交易司法解释》对推定的反驳笼统地规定为：具有正当理由和正当信息来源。对于反驳的事由受领人须自行举证证明。但是，正当性是一个具有模糊性的不确定概念，具体何种证据可用以证明，应当证明到何种程度，即标准为何，《内幕交易司法解释》没有明确，实践中也没有反驳推定成功的案例。所以法律不仅应当对推定证明的适用条件和适用程序作出明确规定，还应对推翻或反驳

① 参见张子学：《浅析“知悉”内幕信息的证明》，载《证券法苑》2011年第4卷。

② 参见缪劲翔：《证券内幕交易罪的认定——基于刑事推定的展开》，载《比较法研究》2013年第4期。

推定的事由作出明确具体的规定。

结　语

在泄露内幕信息罪中，对于泄露行为的证明，实践中仍以直接证明为主要方式。虽然直接证明具有相当的优势，但获取直接证据并非易事，且其会随着科技进步和人们规避意识的提高而越来越难以获取。相反，推定证明能够解决缺乏直接证据带来的证明问题，降低案件举证和证明的难度，无疑是未来用以证明泄露行为的重要方式。当今内幕交易频发，如果要更快速、准确、有效地打击内幕交易和泄露内幕信息的行为，仍依赖于难以获取的直接证据显然不足以应对。现阶段，我国的相关案件对于泄露行为的证明不应再过于依赖直接证据的存在，而是更多地发挥推定证明的优势。

当然，我国的推定证明发展尚浅，在推定证明的法律法规、推定证明适用的条件和程序，以及推定的反驳等方面都需进一步发展。因此，本文认为，司法实践中，公诉机关和法院不必特别规避使用推定证明，但是使用应当谨慎。公诉机关采用推定证明时，不仅应当举证证明基础事实，且应当论述依据基础事实推理出推定事实的推论，加强说服责任；同时，也应注意被告人是否具有反驳的事由，并且应当尽量收集被告人反驳事由的证据。法院在认定推定证明成立时，不仅要严格采纳公诉机关的证据和推定事实，还应重视审查被告人提出的反驳理由，通过实践将正当性的理由和来源进行类型化。无论是采信公诉机关的推定证据还是被告人的反驳理由，都应负有说明论证义务，以司法实践促进推定证明理论的发展。

附件：本文研究基础所涉20起案例证据种类明细

序号	案件	直接证据	间接证据
1	（2013）浙刑二终字第135号	被告人供述	股票交易记录明细、个人账户信息、通话记录、借款凭证
2	（2017）闽刑终43号	被告人供述	股票交易记录明细、个人账户信息、证人证言、证监会认定函
3	（2016）沪刑终141号	被告人供述	通话记录、微信聊天记录、股票交易记录明细、个人账户信息、证人证言、司法鉴定意见、泄密者供述（暗示）

续表

序号	案件	直接证据	间接证据
4	(2014)浙绍刑初字第12号	被告人供述	受领人供述、证人证言、协议、借条、股票交易记录明细、个人账户信息
5	(2018)鄂刑终139号	被告人供述	微信聊天、通话记录、股票交易记录明细、个人账户信息
6	(2016)鲁05刑初14号	被告人供述	受密者证言、股票交易明细、个人账户信息、短信、证监会处罚书
7	(2015)浙刑二终字第96号	受领人证人证言	受密者证词、证人证言、股票交易记录明细、个人账户信息、被告人供述、合作理财协议、通话记录、短信、逃避调查行为
8	(2015)粤高法刑二终字第151号	被告人供述	纪委笔录、通话记录、往来记录、股票交易明细、电子邮件、电脑信息、转账记录
9	(2015)粤高法刑二终字239号	无	通话记录、证监会回复函、证人证言、股票交易记录明细、个人账户信息
10	(2015)粤高法刑二终字第134号	无	通话记录、股票交易记录明细、个人账户信息、被告人供述
11	(2015)沪高刑终字第140号	无	证人证言、通话记录、交易异常、股票交易记录明细、个人账户信息、被告人供述、酒店消费单
12	(2009)穗中法刑二终字第115号	无	被告人供述、证人证言、股票交易记录明细、个人账户信息、作伪证行为
13	(2015)粤高法刑二终字第215号	无	股票交易记录明细、个人账户信息、证人证言
14	(2016)沪01刑初60号	被告人供述	通话记录、股票交易记录明细、个人账户信息、证人证言、司法鉴定认定书
15	(2016)川17刑终193号	被告人供述	证人证言、股票交易记录明细、个人账户信息
16	(2011)乌中刑二初字第2号	被告人供述	通话记录、股票交易记录明细、个人账户信息

续表

序号	案件	直接证据	间接证据
17	(2011)锡刑二初字第0002号	涉案人员供述	被告人供述、股票交易记录明细、个人账户信息、证人证言
18	(2015)湘高法刑二终字第6号	受领人证人证言	股票交易记录明细、个人账户信息、被告人供述
19	(2010)二中刑初字第689号	被告人供述	证人证言、股票交易记录明细、个人账户信息
20	王文芳泄露内幕信息、徐双全内幕交易案	被告人供述	通话记录、股票交易记录明细、个人账户信息

盗骗交织型行为的司法定性

——以网络支付为切入

袁　博*

盗窃罪和诈骗罪历来是侵财犯罪中案发率较高的犯罪。近年来,随着大数据时代的到来、现代金融环境中电商的迅速发展、网络支付平台的出现,网络支付方式的即时性、交易平台的智能性在为人们的生活提供便利的同时,也导致了新型犯罪方式的出现,犯罪分子的手段不再局限于传统的盗窃、诈骗,而是利用网络支付平台实施盗骗交织的侵财行为,以达到非法占有他人财产的目的。

借助网络支付平台实施的盗骗交织型行为使得当事人间的"侧面交往"(诈骗)和"排除交往"(盗窃)这两种行事模式变得更加隐蔽,给司法实务中对于此类行为的认定带来了诸多难题。因此,本文将对盗窃罪与诈骗罪作出具体区分,结合网络支付下犯罪行为的特征对盗骗交织行为提出具体的、清晰的定性标准,以期为刑事辩护提供新思路。

一、盗骗交织型行为的界定

(一)盗骗交织型行为的概念

有观点将盗骗交织型行为称为"骗窃交织的行为"①,也有观点将其称为"盗欺结合型行为"②。但无论学术界还是司法实务界,均未明确界定"盗骗交织型行

---

* 袁博:北京德和衡(济南)律师事务所执业律师,擅长处理劳动争议解决,民商事争议解决类案件。

① 参见韩振兴:《对骗窃交织行为如何定罪的案例推导》,载《山东审判》2013年第6期。

② 参见尹弛:《论盗欺结合型案件的定性》,湘潭大学2008年硕士学位论文,第87页。

为”的概念,也未对盗骗交织型案件作出类型化的论述。

笔者认为,“盗骗交织型行为”,是指既具备盗窃罪的秘密性特征又具备诈骗罪的欺骗性特征的非法占有他人财产的行为。简言之,行为人既存在非法占有他人财产的目的,又存在具备盗骗双重外观表象的行为。

随着大数据时代的到来、网络支付平台的出现,交易方式更加多元、便捷,犯罪分子的手段也不再局限于传统的盗骗手段,而是借助网络支付平台的便利实施盗骗交织的侵财行为。本文将以网络支付为切入点,探讨以网络支付平台为媒介,利用独特的支付模式实施的盗骗交织型行为。

(二)盗骗交织行为的特征

和单纯的盗窃、诈骗行为相比,盗骗交织型行为的表现形式更为复杂,存在特殊之处,笔者将从主客观两个方面对其特征进行阐述。

从客观上来看,盗骗交织型行为具有双重外观。盗骗交织型行为中的盗和骗是同时存在的两个行为,都是基于同一个非法占有目的,针对同一个行为对象实施的,盗中有骗,骗里有盗,两者密切联系构成一个统一的整体。犯罪行为同时具备盗窃罪和诈骗罪的行为外观,给人一种既像盗窃又像诈骗的感觉。

从主观上来看,侵财类犯罪的主观目的均是非法占有,盗骗交织型行为也不例外。但是,盗骗交织型行为毕竟不同于单纯的盗窃或诈骗,其有自己的特点。其一,无论是单纯的盗窃还是诈骗,行为人在主观故意上仅是单纯的窃取或者是骗取,两种故意并未互相掺杂。但是,在盗骗交织型行为中,行为人对自己在主观上是窃取的故意还是骗取的故意可能认识得并不清楚。从行为人的认知角度分析,并不要求其对自己主观上是盗窃的故意还是诈骗的故意有明确的认识,只要其能达到取财的目的即可。其二,行为人对自己取得他人财物是基于盗窃行为还是欺骗行为可能并无认识,甚至其都不一定认为占有他人的财物是非法的,但是这些主观认识错误均不会影响对其行为的定性。

除具备上述传统的盗骗交织型行为的特征之外,由于网络支付环境下的支付行为具有自动化和即时化,当事人之间的侧面交往(诈骗)和排除交往(盗窃)这两种行为模式就变得更加隐蔽,因此网络支付背景下的盗骗交织型行为也有其独有的特征。

一是网络支付平台的介入性。网络支付平台的出现,使对财物的占有方式发生了变化,并非自然人直接控制占有财物,而是数字技术"占有"财物。但是此处的占有并不能与自然人对于财物的支配控制画等号。

二是犯罪对象的特殊性。前文中提到,是数字技术"占有"财物,犯罪行为人所针对的财物是受害人在网络支付平台终端所绑定的固有资产,是不具备实际物质形态的财产。形象地说,网络支付平台账户以及与账户绑定的银行卡就是账户持有者的电子"钱柜",只不过柜中储存的是数字化的货币,账户持有人通过账号、密码实现对数字化货币的支配。

三是犯罪行为实施地点的虚拟性。网络空间使犯罪行为不再受到地域和空间的限制,更有利于行为人开展犯罪活动。在这一环境中,犯罪分子和被害人之间无须进行面对面的接触交流,其往往是利用网络环境存在的一些漏洞向支付平台或被害人发送虚假信息,因获得被害人或网络支付平台的认可而产生了"基于错误认识处分财产"的表象。

二、盗骗交织型行为的定性之争

(一)盗窃罪说

1. 盗窃罪说及依据

持此种观点的学者认为,虽然在案发时行为人采取了连哄带骗、顺手牵羊等诈骗罪中常见的手段,但这些表面行为多是辅助性行为,是在为窃取行为创造条件或是打掩护,最终为行为人获取财物起决定性作用的手段是窃取。而且,在盗骗交织的侵财犯罪之中,被害人并未认识到自己存在转移财产的行为,其在主观上没有处分财物的意思,并不具备诈骗罪所要求的"自愿性",故并不满足诈骗罪的构成要件。所以,在盗骗交织的案件中,如果能认定行为人获取财物的主要手段是窃取,可直接认定其构成盗窃罪。①

2. 盗窃罪说评析

笔者认为,该说承认了处分行为和处分意识的必要性,值得肯定,但仍存在明显缺陷。其在论证中过于强调行为手段,将获取财物的行为分为主要行为和次要行为,并且根据起主要作用的行为对案件进行定性,忽略了构成要件对于罪名认定的决定性作用,虽然最终得出看似合理的结论,但是难免有结果倒推之嫌。而

---

① 参见黄祥青:《盗窃、诈骗行为交织型财产犯罪定性研究》,载《法律适用》2011年第4期。

且,盗窃罪与诈骗罪之间在行为结构上差异明显,自损与他损相互冲突,两罪之间相互排斥,不会同时成立。所以,以诈骗为主要手段、盗窃为辅助手段认定行为人构成诈骗罪,或者以盗窃为主要手段、诈骗为辅助手段认定行为人成立盗窃罪,其描述本身存在问题。

(二)诈骗罪说

1. 诈骗罪说及依据

学界虽有部分学者主张构成诈骗罪,但他们的理论依据不尽相同。有学者认为,行为人通过欺骗手段使得被害人实施了相应的财产处分行为,进而取得了对被害人财产的占有,成立诈骗罪。①

还有学者将网络支付平台视为诈骗罪中的被骗人,认为行为人输入正确的平台账户和密码,虚构其是平台用户本人或者获得授权的事实,使网络支付平台产生错误认识,并基于错误认识主动完成了财产处分。这一行为模式完全符合诈骗罪的构成要件,理应认定为诈骗罪。

更有学者认为,虽然转账的行为是由网络支付平台完成的,但是并不能直接否认这类智能化的交易工具背后的人仍可以被骗这一种客观事实。将诈骗罪中的"被害人"理解为与网络支付平台相互绑定并且向平台发出支付指令的自然人,将"财产处分行为"视为网络账户主体利用网络支付平台实施"间接处分"的行为,不仅不会超出《刑法》条文的应有之义,还符合当今及时规制行为人利用网络支付平台实施侵财犯罪的现实需求。

2. 诈骗罪说评析

笔者认为,该说虽认识到了两罪区分的关键在于被骗人的处分行为,但仅就被骗人客观上存在处分行为就得出其构成诈骗罪的论证太过简单,存在以偏概全的弊端。在笔者看来,处分行为不能仅凭行为的外观表现来认定,还要结合处分权限的有无、处分意识的有无等多个要素综合判断。

---

① 参见蔡桂生:《新型支付方式下诈骗与盗窃的界限》,载《法学》2018 年第 1 期。

(三)信用卡诈骗罪说

1. 信用卡诈骗罪说及依据

该说认为,此类行为既非盗窃也非普通的诈骗,因为涉及信用卡的使用,应该属于特殊方式的诈骗——信用卡诈骗。

持此观点的学者认为,由于网络支付平台并不是真正的金融机构,其作为支付服务的中介机构需要用户将自己名下的银行卡与该平台进行绑定,完成了绑定之后只要输入注册账户和密码即可完成支付。所以,获得了用户的网络支付账户信息就等同于获得其信用卡信息,从某种程度上说,网络支付平台上注册的账户信息等同于信用卡信息,行为冒用他人网络支付平台账户信息进行转账的行为就可以认定为冒用他人信用卡的行为,因而应认定为信用卡诈骗罪。①

2. 信用卡诈骗罪说评析

笔者认为,这一学说将此类行为定性为诈骗类案件,认识到了盗窃与诈骗的区别在于处分行为,但是其没有意识到在此过程中,被害人是否真的产生了对于要处分财产的错误认识,行为人最终获取的财物是否出于被害人自愿处分其财产的行为。因为在诈骗罪中,行为人与被害人之间存在意识上的交流与互动,被害人的意志贯穿始终,这就要求我们在认定此罪的过程中,要特别重视被害人的参与性、意志性、自愿性。

另外,该说将网络支付平台的账户信息等同于信用卡信息,将网络支付平台的支付方式视为信用卡的一种新型支付方式,明显不妥当,有扩大信用卡范围之嫌,是违背立法精神的类推解释,严重违背了罪刑法定原则。

三、盗骗交织型行为的定性标准

(一)盗窃罪与诈骗罪定性区分的前提——被害人的错误认识

1. 错误认识的一般主体——被害人

行为人采取欺骗手段致使被害人陷入错误认识并作出财产处分行为是诈骗罪的一般行为模式,这一模式下产生错误认识的主体和遭受财产损失的对象均是被害人。

---

① 参见刘宪权:《论新型支付方式下网络侵财犯罪的定性》,载《法学评论》2017 年第 5 期。

张明楷教授认为，刑事案件中被害人的认定，取决于被害人遭受的不法侵害后果能否归属于犯罪行为人的行为。[①] 所以，笔者认为，刑法意义上的被害人应当界定为因为被告人的犯罪行为而使自己的权利直接受到损害并直接承受物质损失或精神损失的个人和单位。根据这一概念，我们可以将财产犯罪中的被害人界定为财产权利直接受到侵犯，因此承受财产损失的单位和个人。

2. 错误认识的特殊主体——被害人之外的第三人

在实践中，还存在另外一种诈骗模式——三角诈骗。即行为人采取欺骗手段，使得被害人之外的第三人陷入错误认识并基于错误认识处分了本属于被害人的财产。此种模式下，产生错误认识的主体和遭受财产损失的对象不再是同一人。当然，第三人的出现并不影响诈骗罪的认定，但需要对第三人的主体资格进行判定。

(1)理论学说

虽然各国刑法典中对于三角诈骗并未有明确说明，但是目前均对这一模式表示认同。我国的《刑法》条文仅对诈骗罪的构成进行了简单的罪状描述，对被骗人和被害人是否统一并没有明确要求，可见我国也是承认这一诈骗模式的。

至于第三人在何种情况下可以视为三角诈骗中的被骗人，并和被害人拥有同等处分地位，学界存在阵营说、授权说、权限说之争。阵营说认为，被害人与第三人为同一阵营时，第三人就有处分权。但是何为同一阵营，其标准为何，并无具体解释。授权说认为，第三人能否成为三角诈骗中的被骗人，对被害人的财产进行处分，关键在于其是否获得了被骗人的授权。权限说认为，被骗人只要拥有可以帮助被害人处分财产的权限和地位，就可以构成三角诈骗。这种权限和地位不仅限于法律上的，还包括事实上的。“一般社会观念”“第三人是否实际占有”“第三人是否经常帮助被害人作出处分”等均是判断第三人是否具有处分权限时应当考虑的要素[②]。

笔者赞成权限说的观点，三角诈骗系诈骗罪的一种模式，只有第三人与被害人之间存在可以将第三人视为被害人的法律上的关系或者地位，才能将其认定为被骗人，不应将所有被骗人和被害人不一致的情形均纳入三角诈骗中。

---

① 参见张明楷：《犯罪构成体系与构成要件要素》，北京大学出版社2010年版，第98页。

② 参见张明楷：《诈骗罪与金融诈骗罪研究》，清华大学出版社2006年版，第129～130页。

(2)网络支付平台能否成为错误认识的特殊主体

在笔者看来,网络支付平台不能成为错误认识的特殊主体。

首先,网络支付平台并无处分被害人财产的权限和地位。虽然用户与网络支付平台签署了授权协议,使得网络支付平台在特定情形下占有着财物,准确地说,网络支付平台仅是代为保管用户的财物,对财物并无自由独立的控制支配权,只有在用户发出指令后其才可以完成转账支付等一系列行为。

其次,网络支付平台不能产生错误认识,不能被骗。每个人的认识水平和意思表示均存在差异性、自主性,与人相比,机器仅是程式代码的集合,其作出的任何行为都是单纯的机械反应,其本身并不具备自主沟通和交流的能力,也不能对事物产生怀疑或者作出辨认。所以,诸如支付宝一类的网络支付平台显然没有人的自由意志,其本质仅是一套程序代码,并不具备认识和表达能力,不能够与他人进行意识上的沟通交流,不能代替人进行意志选择和判断。

最后,网络支付平台没有产生错误认识,不会被骗。基于网络支付平台与用户之间签署的相关协议,网络支付平台的识别范围仅限于用户名与账户密码是否匹配。只要用户名与其密码相互匹配,网络支付平台便正确地识别了相关账户信息的使用者,便能够实现转账、消费结算等业务。网络支付平台对于是不是本人利用相关信息进行登录并无审核以及注意义务,而且基于现在的技术水平以及网络环境的复杂程度,其是不可能在用户登录时完成对登录人身份信息的认证的,并不存在所谓的被骗问题。

3. 错误认识的本质

诈骗罪中被害人的错误认识的本质是与法益有关的错误认识。只有在此种错误认识的指导下作出的财产处分行为才是诈骗罪所要求的财产处分行为,若并非基于此种错误认识作出财产处分行为,行为人并不构成诈骗罪。① 与法益有关的错误认识可以具体理解为处分财产内容的错误认识,因为只有行为人对处分财产内容产生错误认识从而作出了财产处分行为,才会对法益有所损害。

诈骗罪是一种被害人参与型、交流互动型的犯罪。人在做出客观行为之前必须存在主观意志的指导,只有客观行为所指向的对象与主观上认识的对象具备一致性,客观行为才可正确做出。在诈骗罪中,只有被害人的错误认识是对处分财

① 参见马卫军:《论诈骗罪中的被害人错误认识》,载《当代法学》2016 年第 6 期。

产内容的错误认识，才足以使被害人对于行为人编造的事实产生内心确信或者有所怀疑，进而指导被害人对自己的财产作出处分。可以说，处分行为是被害人陷入错误认识之后逻辑的自然延伸，财产损失则是处分行为产生的后续结果。简言之，如果没有行为人的欺骗行为就不会有被害人的错误认识，没有被害人的错误认识也不会存在后续的财产处分行为，如果没有被害人处分财产的行为，也就不会对财产法益产生任何紧迫的、现实的危险。而使得所有环节环环相扣，种种行为紧密连接的关键，就是被害人所具有的与法益有关的错误认识。它既是欺骗行为产生的结果，又是处分行为作出的原因。

（二）盗窃罪与诈骗罪定性区分的关键——处分行为与处分意识

1. 处分行为是否存在

被害人的错误认识在认定诈骗罪时虽然尤为重要，但其毕竟是被害人内心主观意图的表现，从这一方面直观入手很难对被害人的真实意思作出判断。所以，从被害人客观行为入手探究财产损失的原因，分析被害人内心的真实意图，不失为一种捷径。

（1）处分行为的内涵

民法上的处分行为是直接让与权利、变更权利内容、设定权利负担或者废止权利的法律行为①。不同于民法上处分行为的涵摄范围之广，诈骗罪中的处分行为，是指被害人基于错误认识，基于内心真实意愿作出的财产交付行为。需要注意的是，处分的方式不仅限于作为，被害人以容忍、默示等不作为方式对财产进行的处置也属于处分行为。

当然，不能仅凭行为人客观上转移、交付财产的行为就肯定处分行为的成立，处分行为有其特有的成立前提和组成要素。

（2）处分行为的前提

承认某一行为是处分行为的前提是行为主体必须具备相应的财产处分权限。在诈骗罪中，对财物享有处分权限的人不仅限于财产的所有权人或者代理人。被骗人处分财产实质上是将财产转移给行为人或者第三人占有，即使被骗者本身并非所有权的主体，其也有转移占有的可能。由此观之，只要主体对财物具有独立

① 参见朱庆育：《民法总论》（第2版），北京大学出版社2016年版，第156~161页。

的、实际的支配控制能力,即可作出相应的处分,并不以享有所有权为必需。

那么,在网络支付环境下转移用户资金的网络支付平台是否可以成为诈骗罪中的处分主体、享有处分权限?笔者认为,这一问题值得商榷。

目前,我国出台了一系列规定来对网络支付平台进行监管,如《非金融机构支付服务管理办法》《非银行支付机构网络支付业务管理办法》,从这些监管文件中可以看出,支付宝这类网络支付平台并非金融机构,其虽然具有明显的金融特征以及类似银行等金融机构才具备的功能,但是不同于银行等金融机构对于用户的账户内资金具有独立的支配控制权,网络支付平台仅是对于账户内资金的简单保管,其对于账户资金的调度也是在用户的指令下完成,网络支付平台对于客户的资金并不具备支配控制权,其不能对用户账内资金作出单独处分。

所以,从本质上看,网络支付平台与用户之间仅是一个单纯的代为收取以及保管的关系,网络支付平台作为一个具有合法资质的中间机构,沟通用户和银行,仅受用户的委托按照用户的意图代为保管,并根据用户的意志处理资金转移,其本身并无处分账户内财产的权利。网络支付平台账户的资金完全是在用户本人的管理和控制之下,用户对之具有排他性的支配控制力。故在笔者看来,网络支付平台并不享有处分权限,其并不能成为处分主体,不能将其转移用户账户内资金的行为视为处分行为。

(3)处分行为的要素

处分行为的第一要素是行为造成了占有的转移。

前文中笔者提到,处分行为是处分权人将财产交付给行为人的作为或者不作为,究竟在何种情况下才可视行为主体完成了交付行为,学界目前存在三种观点。

第一种为所有权转移说,即将财物所有权的转移视为处分行为的完成;第二种为占有转移说,认为行为人基于主观上的非法占有目的,采取欺骗手段使被骗人陷入错误认识,将自己对财物或者财产性利益的占有转移给他人,失去了自己对于财物的支配控制地位,即可认定处分行为已完成;第三种为持有转移说,认为只要财物实际脱离了自己持有转移给他人持有就构成处分行为。

笔者赞同占有说的观点。不同于民法上处分行为以权利为中心,刑法上的处分行为则以占有为中心,其关注的是对财物的控制支配的状态。值得一提的是,这种占有,不仅包括时间空间上的控制支配状态,还包括由一般的社会观念可以推知的控制支配状态,如去超市购买商品,行为人将商品拿在手上或者放在购物车内并不意味着其占有着商品，此时占有商品的仍是超市。除此之外，还需要注意的是，这种占有系终局性转移占有而非迟缓占有。因为在占有迟缓的场合，被害人仅是将财物的占有短暂地交给了行为人，并没有完全排他地转移给行为人，被害人并未排除本人对于财物的实际支配控制，其对于财物仍有支配力，占有迟缓实际上仅增加了被害人财产遭受损失的危险，被害人真正遭受财产损失往往还是基于行为人之后的盗窃行为。

处分行为的第二要素是行为直接造成财产损失。

诈骗罪要求被害人的处分行为与财产损失之间必须存在因果关系，这意味着财产损失必须是由处分行为直接造成的，中间并无其他行为或者因素的介入。如果在犯罪过程中介入了行为人新的行为，被害人的交付行为只是为行为人获取财物提供了便利或者只是造成了被害人财产减损的可能性，那么处分行为与财产损失之间的因果关系就受到了破坏，不能认定被害人作出了财产处分行为。

例如，甲知道乙将现金存放在其车内，便谎称自己的车子出现故障，需要借用乙的车子办事，乙信以为真，将车钥匙交予甲，甲便将乙车内现金全部取走。在上述案例中，乙交付钥匙的行为并不会直接导致财产损失，乙的交付行为与财产损失之间介入了甲的盗窃行为这一事实，因而切断了处分行为与财产损失之间的因果关系，甲构成盗窃罪而非诈骗罪。

2. 处分意识是否存在

(1)处分意识的必要性

作出处分行为时是否需要具备处分意识这一要素在学界存在处分意识必要说、折中说和不要说之争。

处分意识必要说认为，受骗者既要在客观上具备转移财物占有的形式也要对财物转移具备主观认识，无意识支配下的单纯的行为仅是生活意义上的交付行为，不属于诈骗罪中的处分行为。处分意识折中说也被称为区别说，该说认为，一般来说，处分意识为处分行为所必需，但是在特殊情况下允许无处分意识的处分行为存在。处分意识不要说认为，构成诈骗罪仅需要被害人基于错误认识作出客观上的处分行为即可，被骗人是否具有处分意识并不影响诈骗罪的成立。

在笔者看来，处分意识确保着处分行为的实现，对于成立诈骗罪至关重要，笔者赞成处分意识必要说，具体原因如下：

第一，诈骗罪的犯罪特性的要求。诈骗罪是被害人参与的“自损型”犯罪，参与意味着双方存在信息的沟通和意识上的交流和互动,处分意识恰恰是双方交流和沟通的体现,充分体现了被害人处分财产的自愿性。所以,只有肯定处分意识才契合诈骗罪所具有的交互性特征,符合诈骗罪构成要件中受骗人基于内心真实意思自愿转移财产的要求。

第二,处分意识是将特定的财产损失归属于欺诈行为的关键。如果被骗者因欺骗陷入了错误认识,但该认识错误并未使其产生处分财产的意志,而是指导其实施其他的行为,即使最后造成了财产损失,也不能成立诈骗罪。

第三,由占有的本质属性决定。占有意味着主客观的统一,即行为人在主客观上均对财物存在一定的支配控制。同理,既然诈骗罪中的处分行为终局表现为转移财物占有的行为,那么其既要有转移财物占有的外观表现,也需要具备转移占有的主观意思,两者缺一不可。

(2)处分意识的内容

上文中笔者提到,被骗人处分财产必须具备处分意识,那么究竟需要对处分的财产达到何种认识程度才能认定其具备处分意识。关于这一问题,目前国内学界有两种学说,分别为处分意识缓和说和处分意识严格说。

对于转移的财物来说,严格说和缓和说均认同被害人应当认识到财物在外观上的转移。即被害人必须认识到是自己的行为使财物在空间和时间上脱离了自己的占有。但是,对于处分财物的具体属性,如数量、种类、质量、价格等,被骗人应具备何种程度的认识,两说存在分歧。缓和说认为,被骗人对于财物内容有个粗略的大概认知即可;而严格说则认为,其必须对于处分的内容有一个精确全面的认识。对于财产性利益来说,缓和说认为,被骗人只需认识到事实上将利益转移给对方即可;严格说则认为,被骗人对于财产性利益的转移结果必须有具体明确的认识。

在笔者看来,处分意识严格说过于严苛,而且要求被害人对于所有细节都处于一个清晰明知的状态,这是不现实且不公平的。此说将会导致司法实践中大量被骗人的处分意识难以认定,使诈骗罪的范围缩小,盗窃罪的范围不当扩大。反观缓和说,其对处分意识的内容要求过于宽松,这样将会导致处分意识的界限过于宽泛,使犯罪行为极易被认定为诈骗,进而使诈骗罪沦为财产犯罪的“口袋罪”。

故笔者认为,应当以被骗人对于转移占有的财物是否具备认识可能性以及对财产性利益的移转是否存在认识可能性作为认定处分意识内容的依据,这一依据可以说明财物的转移是基于被骗人的意志自愿作出的,充分体现诈骗罪中被骗人的"自愿性"这一要素。

就财物而言,若被骗人对于转移占有的财物在整体上具有直观的认识和相当程度的了解,即行为人不存在隐藏财物而不为被骗人所知的情形。在这一情境下,即使被骗人对于转移占有的财物在数量、价格、性质上有不完全准确的认识,也应认定其达到了处分意识要求的认识程度,进而认定行为人构成诈骗罪。如"绿豆案":行为人打开已经称重标价的袋装绿豆,悄悄地加入更多的更高价格的绿豆,在这种情况下收银员虽然没有认识到绿豆的具体数量和品牌,但是其已经对要处分的财物即绿豆有了整体充分的认识,应当认定为其具备处分意识。

反之,若被骗人从始至终对于转移占有的财物都不存在认识的可能性,不能认定其对财物具备处分意识,即使其客观上存在转移财物的行为,也不能肯定处分行为的成立。如"方便面案":行为人将相机藏入盛有方便面的箱子之中,然后去柜台结账,行为人以一箱方便面的价格获得了一台相机。在该案中被骗人并无认识到相机存在的可能性,因此应当否认其对相机存在处分意识。在没有认识到财物存在的情况下,不能将相机的转移占有视为被骗人自愿处分的结果。

就财产性利益来说,被骗人不仅要对财产性利益本身有认识,还要对财产性利益的移转存在认识可能性,才可认定为其具有处分意识。如"无钱食宿案":行为人虽身无分文但伪装成自己有钱的样子去饭店吃饭,饭后其骗店长先去散步回来后付钱,店长同意,结果行为人去而无返。在这种情况下,按照一般的社会观念,店长对于行为人的散步行为应具备警惕心理,店长默许行为人出去散步,意味着店长在主观上对于行为人离开带来的结果——债权的灭失存在认识的可能性,应认为店长具备对财产性利益的处分意识。

四、盗骗交织型行为的案例展开

(一)利用钓鱼网站引诱他人点开链接取财行为的定性

司法实践中,行为人往往将植入计算机病毒的一些网站伪装成正常网站甚至一些政府门户的官方网站,诱使被害人点击,以达到自己非法取财的目的。这类网站即所谓的钓鱼网站,其本质是植入了资金转移程序的虚假链接。

此类行为最具代表性的案例就是最高人民法院指导案例第 27 号——"臧进

泉等盗窃、诈骗案”。2010年5月，臧进泉等人以虚假身份在淘宝网开设了虚假商铺，低价销售网络游戏点卡等。某日，在与被害人金某成功交易后，臧进泉偶然得知金某的网银账户中有305,000元存款，遂生非法占有目的。随后，臧进泉以未看到金某的付款记录为由，给金某发送了一个显示支付1元而实际支付305,000元的虚假支付链接，并谎称金某点击链接完成支付后，其就可以看到付款成功的记录。金某信以为真，点击了这一虚假链接，随即其网银账户内的305,000元被转移到了臧进泉的账户中。

对于类似臧进泉这种利用钓鱼网站引诱他人点开链接取财的行为，笔者认为应认定为盗窃罪。

臧进泉等人隐瞒了点击1元支付链接实际支付305,000元的真相，使被害人金某本身受到欺骗并产生错误认识，这一点毋庸置疑。但是，本案中认定行为人的行为是否成立诈骗罪的关键，在于被害人对于305,000元的财产是否具备处分意识和处分行为。

首先，从财产占有转移的外观来看，被害人仅认识到了1元钱的占有转移，对于账户内的304,999元的占有转移，被害人并无认识。

其次，从处分意识内容的认识程度来判断，被害人对于304,999元并无认识的可能性。本案中，被骗人面对的是具有明确数额规定的转账链接，被害人对商品的价值具有清晰的认识，且对转移的仅为1元钱深信不疑。可以说，其对于304,999元可谓毫无认识的可能性，从始至终并没有认识到304,999元的存在，此处的304,999元跟方便面箱中隐藏的相机是同一性质。

最后，从处分意识的自愿性特征来看，被害人必须是“自愿”处分自己对于财产的占有，“自愿”意味着被害人存在选择的余地，其可以处分也可以不处分。本案中，可以充分肯定被害人基于自愿处分了1元，但是，对于账户内剩余的304,999元在被害人毫不知情且丝毫没有意识到债权转移的外观行为的情况下，又怎么谈得上选择和自愿呢？所以，可以认定被害人对于该304,999元并不存在所谓的处分意识，当然也不具备相应的处分行为了。

对于臧进泉诈骗1元的行为，由于达不到诈骗罪的犯罪数额，不成立诈骗罪。对于剩余的304,999元，被害人并不具备处分意识，没有作出财产处分行为，不能认定行为人构成诈骗罪。本案中，行为人在违背被害人意志的前提下，使用植入计算机病毒的程序完成了对被害人财物的窃取，排除了被害人对财物的支配控制，确立了自己对于财物的支配控制地位，应以盗窃罪论处。

（二）盗用他人网络支付平台信息转移平台内财产的行为的定性

由于被害人财产存放位置不同，实践中通过盗用他人账户信息转移网络支付平台内财产的情形也不同。一种是行为人盗用账户信息之后直接转移网络支付平台内固有的财产，不涉及绑定的银行卡；另一种是行为人盗用账户信息后转移与网络支付平台绑定的银行卡内资金。这两种情形在司法实践中存在不同的刑法评价，笔者下面将分别举例分析。

1. 盗用他人网络支付平台信息转移平台内财产的行为

对于此种情形，实践中的典型案例就是“徐某芳诈骗案”①。2015 年 3 月，徐某芳发现单位配发的手机可以直接登录被害人马某的支付宝账户，在发现马某支付宝账户内有 5 万元余额后，徐某芳产生了非法占有的目的。徐某芳登录马某支付宝账户，输入其从工作中获悉的马某的支付密码，将 1.5 万元从马某账户转移至刘某银行账户内。之后，刘某从银行账户内取走 1.5 万元现金转交给了徐某芳。

2. 盗用他人网络支付平台信息转移平台绑定的银行卡内资金的行为

该种情形所对应的代表性案例就是“李某信用卡诈骗案”②。2012 年，在购买手机卡号后，李某发现其购买的手机卡号绑定了该手机卡号前用户姚某的支付宝账户和银行卡。之后，李某便利用该手机号重新设置了姚某的支付宝账号信息和密码，使用与姚某支付宝绑定的银行卡内资金进行消费转账，共计 1.49 万余元。

3. 本文观点

对于转移网络支付平台账户内财产的行为，笔者认为，应构成盗窃罪。

首先，此种情境下并不存在所谓的被骗人，网络支付平台不能成为认识错误的主体。而且，在整个犯罪过程中，存在财产损失的被害人并未参与其中，其与行为人之间也不存在交流互动，其可以说对行为人转移占有财产的行为既不知情也非自愿，不存在所谓的错误认识。

---

① 参见石坚强、王彦波：《将他人支付宝账户内资金私自转出构成诈骗罪》，载《人民司法（案例）》2016 年第 11 期。

② 参见罗开卷、舒平锋：《盗用他人支付宝绑定的银行卡内资金构成信用卡诈骗罪》，载《人民司法（案例）》2016 年第 35 期。

其次,即使认为网络支付平台可以被骗,也不能认定其存在处分意识和处分行为。因为对第三方支付平台来说,其只是根据其与用户之间的协定,在密码和账户正确的情况下,简单机械地执行用户的指令,这种转账行为并无主观认识性、自愿性,也无服务选择权,只要账号密码正确,指令一经发出,支付平台必须做出相应的行为。而且,第三方支付平台对于账户财产并无独立的支配控制权,仅是由其代为保管,平台本身不存在处分权限,不存在所谓的处分行为。就被害人而言,其对于自己存放在平台内财产的转移并不存在相应的认识,也并无转移财产的行为。所以,不能认定其存在处分意识和处分行为。

最后,结合前述"徐某芳诈骗案"的细节,徐某芳的行为完全符合盗窃罪的构成要件,应以盗窃罪论处。从主观上看,行为人存在非法占有账户内钱款的目的;从客观上分析,行为人将被害人网络支付账户内的资金转移给自己占有,这种财产的转移占有完全违背被害人内心真实意愿,是排除他人支配建立自己支配的行为,完全符合盗窃罪的构成要件。

至于转移网络支付平台绑定的银行卡内资金的行为的性质,笔者认为,也应当认定行为人构成盗窃罪。

最高人民法院、最高人民检察院发布的《关于办理妨害信用卡管理刑事案件具体应用法律若干问题的解释》中将"窃取、收买、骗取或者以其他非法方式获取他人信用卡信息资料,并通过互联网、通讯终端等使用"的行为纳入信用卡诈骗罪"冒用他人信用卡"的行为之中。

那么,在前述案例"李某信用卡诈骗案"中,李某盗用他人网络支付账户信息并通过互联网转账的行为是上述司法解释中规定的"冒用他人信用卡"的行为吗?笔者认为,信用卡信息资料应是体现用户身份,具备秘密性的信用卡信息。而本案中,行为人获得的仅是被害人网络支付平台的账户资料,而且也没有获得支付密码,只是利用手机号码重置了密码,这些信息十分有限且不具备秘密性,无法体现信用卡加密电子支付的特征,不应视为信用卡信息资料。而且,行为人利用网络支付平台转移银行卡内钱款的行为并不等于直接使用信用卡的行为。在这一过程中,支付机构代用户向银行发送支付指令,直接划扣银行账户内资金,银行完全是在网络支付平台的指令下工作的,银行卡的功能完全被弱化,行为人使用网络支付平台的账号对资金支配,其利用的是支付机构而非银行,银行和网络支付平台也并没有产生错误认识。所以,此行为并不是信用卡诈骗罪中"冒用他人信用卡”的行为,其与窃取平台账户内资金的行为没有实质区别。

而且,行为人知晓网络支付平台账号密码后窃取资金时不会特意区分资金是网络支付平台内资金还是银行卡内资金,窃取他人财产的主观目的也并无差别,若将此种行为分别定罪数罪并罚,反而不合理,故应认定盗窃罪。

(三)偷换二维码取财行为的定性之争

在“偷换二维码案”中,犯罪行为人偷偷把商家张贴在店铺内的收款二维码换成自己的,使得顾客扫码支付给商家的金钱都落入行为人之手。此种行为模式下的财产转移和被害人的行为自始至终并无半点关系,被害人并未参与支付。

对于行为人偷换二维码的行为,笔者认为,构成盗窃罪而非诈骗罪。

首先,可以确定的是,上述案的被害人是商家而非顾客。商家虽未实际占有过顾客的钱款,但是商家却实际占有着对于网络支付平台的债权。在交易过程中,顾客已经和商家就二维码支付达成了合意,从一般社会观念和交易模式来看,在此种情境下,可以认为顾客对网络支付平台的债权已经转移到了商家手中。行为人偷换二维码的行为致使商家丧失了对价款请求权的占有,所以商家是本案中的被害人。反观顾客,其转移了自己对债权的占有还获得了相应的商品,顺利完成了商品交易,并不存在任何财产损失。

其次,观察本案行为人的行为,其偷换二维码就意味着其并不想和商家之间进行意思的交流沟通,本质上是排斥这种交流的。而且其从始至终也并未与顾客和商家进行任何形式上的交流互动。商家在案发之前对于行为人单方面变更付款渠道毫不知情,其对该行为并无认识更不用说存在错误认识。类似于商家的不知情,行为人与顾客之间也不存在交流互动,顾客也无陷入与财产法益相关的认识错误的可能。而且,顾客向行为人置换的二维码支付款项并不是基于行为人的欺骗,而是出于交易环境、交易习惯以及对商家的合同义务而支付的,所以顾客的扫码支付行为与行为人的欺骗行为之间并无因果关系,并不是诈骗罪意义上的处分行为。

最后,行为人偷换二维码是其实施盗窃的手段和表现形式,行为人取得财产的原因是基于偷而非基于骗。因此,行为人通过窃取的方式排除了商家对于债权的占有,确立了自己的占有,构成盗窃罪。

参考文献

1. 张明楷:《犯罪构成体系与构成要件要素》,北京大学出版社 2010 年版。
2. 张明楷:《诈骗罪与金融诈骗罪研究》,清华大学出版社 2006 年版。
3. 周光权:《刑法各论》,中国人民大学出版社 2016 年版。
4. 刘明祥:《侵犯财产罪比较研究》,中国政法大学出版社 2001 年版。
5. [日]大谷实:《刑法讲义各论》,黎宏译,中国人民大学出版社 2008 年版。
6. [日]山口厚:《刑法各论》,王昭武译,中国人民大学出版社 2011 年版。
7. 刘明祥:《论诈骗罪中的交付财产行为》,载《法学评论》2001 年第 2 期。
8. 黎宏:《欺骗机器取财行为的定性分析》,载《人民检察》2011 年第 12 期。
9. 袁博:《论财物类诈骗罪中处分意识的构造》,载《中国检察官》2013 年第 12 期。
10. 王钢:《盗窃与诈骗的区分——围绕最高人民法院第 27 号指导案例的展开》,载《政治与法律》2015 年第 4 期。
11. 刘宪权:《网络侵财犯罪刑法规制与定性的基本问题》,载《中外法学》2017 年第 4 期。
12. 柏浪涛:《论诈骗罪中的"处分意识"》,载《东方法学》2017 年第 2 期。
13. 蔡桂生:《新型支付方式下诈骗与盗窃的界限》,载《法学》2018 年第 1 期。

“刑事控告难”的内因与化解之道

朱伟琳　刘昌玉[*]

近年来，重大、复杂、疑难民商事案件中采用刑事控告（包括报案、举报，以下统称刑事控告）手段推进争议解决的办案策略越来越受重视，实践中有不少案件通过刑事控告起到了以刑止民、追赃挽损等良好效果。虽然刑事控告成功只意味着刑事诉讼程序刚刚启动，但鉴于刑事控告背靠刑事责任这一最严厉的法律制裁措施，也会附随查、扣、冻等财产强制措施，因而在公安机关受理和立案后即会产生强大的威慑力，客观上具有救济效率高、挽损效果好等优势。但实践中，刑事控告难度不小，尤其是刑民交叉案件涉及的罪名集中在经济类犯罪，此类罪名的刑事控告更是难上加难。准确判断是否有犯罪嫌疑、收集整理证据并形成清晰的控告材料、与公安机关有效沟通等都需要专业的指导，由此才能提高受理与立案的成功率。2022 年年初，北京德和衡律师事务所组建金牌刑事控告业务团队，团队成员有侦查经验丰富的前公安民警、有辩护经验丰富的刑事律师、有理论功底扎实的名校新秀，本文即是刑事控告业务团队成员在结合工作实践的基础上，系统梳理律师办理刑事控告业务的专业化流程及各环节的注意要点后形成，以期破解刑事控告难题，希望对律界同人有所裨益。

一、刑事控告的作用

在详细阐述刑事控告实操要点之前，首先要明确刑事控告的作用是什么，刑

* 朱伟琳：北京德和衡律师事务所高级合伙人、德和衡刑民交叉业务中心总监，中国政法大学硕士研究生兼职导师，北京市犯罪学研究会理事。

刘昌玉：北京德和衡律师事务所高级合伙人、执行主任、刑事业务中心执行总监。

编写组成员王艳艳、姚政、章一川对此文亦有贡献。

事控告能够实现什么样的目的。笔者认为,刑事控告的作用可以分为两种,即作为目的时的作用和作为手段时的作用,有的客户通过刑事控告仅为追究被控告人的刑事责任,要求被控告人因自己的行为受到应有的惩罚,这种常见于普通刑事案件,尤其是侵犯人身权利类的案件。但多数客户刑事控告的目的更为复杂,尤其在经济犯罪控告中,客户往往希望刑事控告能起到更大的作用,下文将展开说明。

(一)穿透资金流向,有效追赃挽损

多见于诈骗罪、合同诈骗罪、贷款诈骗罪、职务侵占罪等类案件。这类罪名一般都存在刑民交叉的问题,民事欺诈亦有可能构成诈骗,损害公司利益也不排除有职务侵占嫌疑,在存在民事诉讼和刑事控告双重救济路径时,刑事控告通常效率更高、威慑力更强。首先,被控告人在刑事追诉的压力下寻求协商解决争议的可能性大大增加。其次,根据最高人民法院《关于刑事裁判涉财产部分执行的若干规定》第 13 条规定,当被执行人财产不足以同时承担刑事责任、民事责任时,刑事退赔优先于不具有优先受偿权的民事债务清偿。再次,刑事退赃、退赔贯穿于刑事诉讼全过程,这意味着刑事立案后甚至受理后立案前受害人就有获得退赔的可能,而民事诉讼可能经历一审、二审、执行等诉讼周期,救济的时间成本相比之下更为漫长。最后,刑事控告有可能进行穿透式追赃挽损,最大限度减少损失。在刑事诉讼过程中,办案机关可以获取嫌疑人销赃路径,获取追赃挽损线索,也可能发现遗漏的同案犯罪嫌疑人并予以追加起诉,即使公安机关未关注到该情况,作为代理人的律师同样可以通过阅卷发现关键线索,从而有助于穿透式的追赃挽损。

(二)中止民事程序,扭转不利局面

刑事、民事案件涉及"同一事实"时,应采取"先刑后民"的处理方式,如果民事案件处在审理过程中,法院应裁定驳回起诉,将有关材料移送公安机关或检察机关,对此,最高人民法院《关于在审理经济纠纷案件中涉及经济犯罪嫌疑若干问题的规定》第 11 条有明确规定。从司法实践来看,民事诉讼已启动的情况下,有些案件虽涉及刑事犯罪,但因对同一事实的认定存在分歧,法官出于谨慎未必主动作出驳回起诉裁定,将案件移送公安机关处理,而是要求当事人提供公安机关

的受理或立案通知书。此时,在民事诉讼中被动的一方(一般为被告)就可以主动推动刑事控告工作,尽快取得公安受案回执或立案决定,以促使法官中止审理或将案件移送公安处理,进而避免当下的不利结果,之后通过刑事控告取得的相关证据,亦可有助于民事诉讼。例如,笔者团队办理的一起保险诈骗刑事专项案件,被保险人通过捏造保险标的骗取保险金,且一审已取得胜诉判决,保险公司面临赔付风险。二审阶段保险公司委托笔者团队协助启动刑事控告程序,通过专业的指导和协助,保险诈骗罪得以成功立案,从而阻断民事诉讼程序,避免保险公司遭受上亿元财产损失。

(三)获取关联证据,助力民事诉讼

在重大复杂疑难的刑民交叉案件办理过程中,民事诉讼往往因证据薄弱而进展困难,很多时候在提起诉讼之时就已经有了败诉预感,此时不妨换个思路,尝试刑事控告救济路径。举一案例以说明:在行为人私刻单位公章以单位名义实施合同诈骗的情况下,受害人因相信行为人代表单位而遭受诈骗,此种情形在民法上属于表见代理。在双方磋商过程中,行为人曾宣称自己在单位担任管理人员,受害人也看到行为人在该单位有自己的办公室,单位领导与行为人的交往、沟通方式也让受害人认为行为人为该单位管理人员。尽管有如此多证明构成表见代理乃至有权代理的线索,但由于相关证据保存在行为人以及单位一方,受害人难以获取,贸然起诉的败诉风险较大。此时便可考虑先启动对行为人的刑事追责程序,即便行为人可能早已将钱款挥霍殆尽。如公安机关扣押到行为人日常使用的手机并委托鉴定机构进行电子数据鉴定,律师便可以被害人诉讼代理人的身份行使阅卷权,进而获取手机内全部的短信及微信聊天记录信息。从行为人的手机短信、微信聊天记录、邮件记录中就很有可能找到与单位有关人员沟通的证据,从而证明行为人构成有权代理或者表见代理。

值得注意的是,有些情况下刑事控告虽未能立案,但如果公安机关前期已经受理,公安机关在受理后的调查取证过程中也可能收集、调取到一些对民事诉讼有所帮助的证据材料,通过申请法院予以调取即可。

(四)获取财产线索,利于民事执行

刑事程序中可能查封犯罪嫌疑人名下银行账户、房产、车辆、股权等涉案财

物，这些财产信息可以为民事执行提供有利线索。侦查机关也可能扣押到犯罪嫌疑人的手机并委托鉴定机构进行电子数据鉴定，从中也可能发现赃款去向以及嫌疑人名下其他财产的线索。例如，在笔者团队代理的一起某科技公司遭受合同诈骗罪非诉专项案件中，笔者团队在审判阶段接受委托后，第一时间以被害人诉讼代理人身份行使阅卷权，通过详细审查被告人手机中的聊天记录，我们发现较为完整的诈骗资金调度及转移路径，还发现被告人可能将部分资金用于为其家人购置房产，为追赃挽损提供了新的线索。

（五）通过刑事压力，取得竞争或谈判优势

刑事控告作为一种手段，在商业竞争中也应用颇多，尤其多见于股东控制权之争。相比于变更公司登记纠纷、公司决议纠纷、公司证照返还纠纷、损害公司利益责任纠纷等复杂漫长的民事救济路径，刑事路径有“短、平、快”之效，最典型的案例莫过于知名中式快餐真功夫控制权之争，真功夫公司原董事长蔡达标与潘宇海之间的争斗以蔡达标锒铛入狱而暂告终结。虽然判刑并不影响股东民事权利的行使，但股东长期无法过问及参与公司日常经营管理，无疑会使其事实上失去对公司的控制。再如商业竞争中，竞争对手可能会利用企业在生产经营管理中可能触及的逃税、虚开（增值税）发票、挪用资金、职务侵占等法律红线进行举报控告，从而使企业或企业家面临涉刑风险等。

二、刑事控告可行性评估

任何一种救济手段在实施之前都必须充分评估其可行性，刑事控告也不例外。根据笔者团队的实践经验，刑事控告可行性评估可以概括为以下三个方面的内容。

（一）刑事控告手段对于实现客户预期目标是否可行

笔者团队曾遇到这样的客户咨询：客户对被执行人享有上千万元债权且取得胜诉判决，但被执行人已经提前将名下财产转走，案件只能终本。客户称自己掌握有被执行人虚开增值税发票的证据，询问能否通过举报虚开增值税发票罪使行为人迫于压力主动偿还债务。笔者团队评估后认为难度比较大，如果在报案前以举报施压要求行为人偿还欠款，有构成敲诈勒索罪的刑事风险；如果公安机关立

案后,行为人主动向我方偿还欠款,也并不构成从轻处罚的情节,行为人也没有主动偿还欠款的动力,因此笔者团队认为,通过刑事控告手段无法实现客户预期的目的。

(二)被控告人的行为是否涉嫌犯罪

刑事控告的重要前提是被控告人的行为在现有证据或线索下确实有刑事犯罪嫌疑,否则即是滥用侦查资源。在提起控告前,要基于客户提供的材料初步判断被控告人的行为是否涉嫌成犯罪,如果明显属于经济纠纷范畴则应告知客户考虑其他方法救济;即使被控告人确实有犯罪嫌疑,但现有证据比较薄弱、取证也有较大难度时,则应充分告知客户不予立案甚至不予受理的风险,由客户综合判断是否坚持刑事救济。

(三)刑事控告是否会对控告人带来刑事风险以及负面社会影响

通过刑事控告手段能够给被控告人最严厉的法律制裁,但也意味着矛盾冲突的加剧,可能带来的负面效果不仅包括被控告人在法律手段上的反扑反制,也包括对既有社会关系的不可逆破坏。例如,在家族企业控制权争夺中,股东之间既是合作关系也是亲属关系,对于彼此在公司经营管理中可能存在的纳税、开票、资金调度等方面的违法违规情况一般都比较了解,如股东选择启动刑事控告,很可能会招致对方同等手段的反击,最终的结果很可能是两败俱伤,亲属之间的相互举报揭发也意味着可能上演兄弟反目、父子决裂等难堪戏码。"开弓没有回头箭",刑事诉讼程序一旦启动则不以控告人的意志为转移,律师在接受委托之前必须充分告知及提示控告人谨慎评估刑事控告的法律风险及社会影响,防止控告人自陷风险或造成无可挽回的局面。

三、刑事控告流程概述

(一)确定控告罪名及适合管辖的公安机关

1. 确定控告罪名

确定刑事控告罪名是开展刑事控告工作的第一步,也是最关键的一步,直接关系立案、立案难度、管辖机关以及预期的控告目标的实现。根据笔者团队的实践经验,刑事控告罪名选择的首要考虑因素应是最有利于立案,首要是确保提起的控告基于现有证据材料是能够成立的,保证公安机关立案后不至于无证可取。有的时候,最有利于立案的罪名未必能直接实现刑事控告的预期目标,如当预期的目标是挽回遭受合同诈骗损失的情况下,以伪造印章罪进行控告显然无法直接实现这一目标。但在公安机关立案后,通过讯问嫌疑人、询问证人、调查银行流水、委托电子数据鉴定等一系列侦查措施,从中也可能发现合同诈骗罪的线索和证据,进而追加犯罪事实,而控告人后续可补充合同诈骗以及其他犯罪事实。在刑事控告中,切忌面面俱到,贪多贪全,而应以小搏大,围魏救赵,通过简单罪名、简单事实先行立案,以撬动目标罪名的刑事程序启动。

2. 确定管辖公安机关

刑事控告的管辖涉及地域管辖、级别管辖、部门管辖三方面的问题,其中,级别管辖和部门管辖依法确定即可,《公安机关办理刑事案件程序规定》,最高人民检察院、公安部《关于公安机关办理经济犯罪案件的若干规定》,公安部《刑事案件管辖分工规定》等有细化规定,而刑事控告中更值得关注的是地域管辖的问题。

《刑事诉讼法》第 25 条对地域管辖的规定如下:"刑事案件由犯罪地的人民法院管辖。如果由被告人居住地的人民法院审判更为适宜的,可以由被告人居住地的人民法院管辖。"关于犯罪地,《公安机关办理刑事案件程序规定》第 16 条进行了细化说明:包括犯罪行为发生地和犯罪结果发生地,其中犯罪行为发生地包括犯罪行为的实施地以及预备地、开始地、途经地、结束地等与犯罪行为有关的地点,犯罪行为有连续、持续或者继续状态的,犯罪行为连续、持续或者继续实施的地方都属于犯罪行为发生地;犯罪结果发生地,包括犯罪对象被侵害地、犯罪所得的实际取得地、藏匿地、转移地、使用地、销售地。

除以上一般性规定外,对于特定类型的犯罪还有专门的管辖规定:

经济类犯罪中,最高人民检察院、公安部《关于公安机关办理经济犯罪案件的若干规定》第 8 条第 4 款规定,单位涉嫌经济犯罪的由犯罪地或者所在地公安机关管辖,所在地是指单位登记的住所地,主要营业地或者主要办事机构所在地与登记的住所地不一致的,主要营业地或者主要办事机构所在地为其所在地;第 9 条规定,非国家工作人员利用职务上的便利实施的经济犯罪由犯罪嫌疑人工作单位所在地公安机关管辖,如果由犯罪行为实施地或者犯罪嫌疑人居住地的公安机关管辖更为适宜的,也可以由犯罪行为实施地或者犯罪嫌疑人居住地的公安机关管辖。第 11 条第 2 款规定,主要利用通讯工具、互联网等技术手段实施的经济犯罪案件，由最初发现、受理的公安机关或者主要犯罪地的公安机关管辖。

危害税收征管类犯罪中，《公安机关办理危害税收征管刑事案件管辖若干问题的规定》对偷税案、逃避追缴欠税案、抗税案、骗取出口退税案、虚开增值税专用发票、用于骗取出口退税、抵扣税款发票案、伪造增值税专用发票案、非法制造用于骗取出口退税、抵扣税款发票案、非法制造发票案等涉税犯罪的管辖进行了细化规定。

除此之外，针对网络犯罪案件①、侵犯知识产权刑事案件②、毒品犯罪案件③、拐卖妇女儿童案件④等，最高人民法院、最高人民检察院、公安部相关司法解释都有细化的管辖规定。

根据前述法规，公安机关地域管辖的总体规则是尽量全面覆盖，这意味很多情况下刑事控告的管辖机关不止一家，这就需要我们在有管辖权的若干公安机关中选择最合适的。

（二）整理完善证据材料

多数情况下，客户提交的证据无法直接达到受理和立案标准，确定控告思路后，律师需指导客户在现有证据的基础上进一步补充完善证据。实践中，公安机关在立案时要考虑后续的侦查取证及刑拘、逮捕、移送起诉等环节的证据标准等问题，因此控告人提交的初步证据材料要达到一定的标准。

具体应补充哪些证据，应站在办案机关立场，参照办案机关移送审查起诉以及检察机关移送起诉的证据体系。对于以刑辩业务为主的刑事律师而言，需转换立场，由辩护思维转变为侦查思维，在确定罪名及犯罪事实后，律师在脑海中就应该形成本案定罪所需的证据体系，包括言词证据、书证、电子数据证据、鉴定意见等，需补充的证据材料即围绕目标证据体系展开。

与客户沟通补充证据时应采用书面形式，制作补充证据清单，方便客户对照提供。为防止遗漏证据，补充证据清单的格式不宜采用封闭列举的方式，而应采

① 参见最高人民法院、最高人民检察院、公安部《关于办理网络犯罪案件适用刑事诉讼程序若干问题的意见》。

② 参见最高人民法院、最高人民检察院、公安部《关于办理侵犯知识产权刑事案件适用法律若干问题的意见》第1条。

③ 参见最高人民法院、最高人民检察院、公安部《办理毒品犯罪案件适用法律若干问题的意见》。

④ 参见最高人民法院、最高人民检察院、公安部《关于依法惩治拐卖妇女儿童犯罪的意见》。

用开放式。对于需要客户去相关单位调取的证据，应备注证据的获取方式。

（三）制作刑事控告材料

刑事控告材料一般包括刑事控告书（如委托方并非受害人，则为刑事报案书）、证据清单及证据、同类案例以及侦查建议书。在起笔整理刑事控告材料之前，首先需要做的基础工作是梳理案件事实脉络，形成案件大事记。整理案件大事记能够清晰把握每个时间节点上发生的关键事实，防止遗漏事实，同时也能避免反复从原始证据中找寻案件信息，减少重复劳动。

1. 刑事控告书

刑事控告书是控告罪名、事实及理由的集中呈现，是整个刑事控告材料的核心。刑事控告书的书写没有固定的格式或行文风格，核心是围绕两个目标：(1)能够清晰呈现案件事实脉络，让办案人员快速了解案件事实并形成基本判断；(2)辅助办案人员提高工作效率。基于这两个方面的目标，笔者认为，刑事控告书的书写应遵循以下两个原则：

(1)围绕犯罪构成要件展开

释法说理是法律文书写作的基本要求，刑事控告书也不例外。以实务中常见的职务侵占罪为例，从构成要件上可拆分为“利用职务上的便利”“将本单位财物非法占为己有”“数额较大”，办案民警会重点围绕这几个要件审查控告材料，判断是否涉嫌犯罪。“利用职务上的便利”要求控告书在开头交代行为人入职时间、担任职务及岗位职责情况，并将劳动合同、任命书、社保缴费记录、工资发放流水、微信群记录、邮件记录、工牌、签到表等材料作为证据附件提供；“将本单位财物非法占为己有”要求控告书对行为人职务侵占的手段、方法、过程进行细致阐述，近年来职务侵占出现很多新的模式，但最终还要落到行为人如何将财产从公司转出以及如何将财产占为己有；“数额较大”要求控告书点明犯罪数额及计算方式，便于办案人员清晰判断是否达到入罪标准。

(2)采用记叙文行文，突出“故事性”

实践中，有些当事人自行或委托律师书写的报案材料存在一些共性的问题，主要有如下三点：

一是情绪性、主观性的话语过多。适当的、自然的情绪性话语有助于引起办案人员的重视和唤起同理心，但过多则会模糊重点，办案人员可能因此认为当事人比较偏激，陈述的案件事实并不客观。

二是论述性的话语过多。这主要见于委托律师起草的控告材料，有些控告材料对构成犯罪进行了浓墨重彩的论证，甚至有学理层面的论证分析，这样的控告材料犯了主观主义的毛病，未能站在办案人员的角度考虑问题，论证得多也意味着是否构成犯罪存有争议。

三是流水账式行文，语言平铺直叙。有些控告材料在陈述事实时过于板正、平实，给人总体感觉不是在陈述事实，而只是单纯在列举，没有故事性。这可能是受民商事文书写作风格的影响，民商事法律文书更注重大前提、小前提、结论的逻辑阐述，而对前因后果、心理动机、手段方法等请求权（或抗辩权等）非构成要件事实基本不会关注，呈现在民商事法律文书上的事实是经过高度抽象及筛选的，需要写作时有抽象思维。这一点与刑事控告的写作风格不同。

总而言之，刑事控告书的总体风格应偏向记叙文文体，将“故事”讲清楚，把来龙去脉说明白。

2. 证据清单及证据

证据清单的格式，可以参照民事诉讼证据清单的格式，设置“序号”“组别”“证明事实”“页码”“来源”等列。不过，根据实践中笔者了解到的侦查人员的办案习惯，最好将证据清单分两联呈现，第一联是证据名称及各证据的页码数，第二联具体阐述各证据证明的事实以及证据来源，这样能保证第一联的证据列举更加清晰，不至于太过冗长。

证据清单及证据的签字。每一项证据应由证据提供人签字及捺印，并在证据首页手写注明“以下证据材料由本人提供，共××页，××年××月××日，联系方式”，方便侦查人员确定证据来源及后期进一步与证据提供人核实。

证据中涉及银行流水的，一般应提供银行打印的原件，其他材料可提供复印件。

3. 侦查建议或侦查提纲

因客户方及律师收集证据能力有限，很多证据穷尽调查手段后可能依然无法获取，如行为人及其关联公司的银行流水明细、不愿配合询问的证人的证言、保存在有关平台的电子数据资料等，这类证据还得依靠侦查机关受理案件后开展调查活动获取。律师应清晰列明需办案机关后续调取的证据材料或侦查方向，以侦查建议或侦查提纲形式呈送办案机关。侦查建议或侦查提纲应注明待调取的证据名称、证明目的、保管单位或个人及其联系方式，待询问人员姓名、询问目的、询问内容及待询问人员的地址、联系方式、待查封、扣押、冻结的财产信息等。

（四）递交控告材料，促成受理

鉴于《刑事诉讼法》规定被害人只有自案卷移送审查起诉之日起才能委托诉讼代理人参与诉讼，因此律师作为被害人的诉讼代理人在刑事立案、侦查阶段的诉讼地位及诉讼权利并无明确的法律依据，实践中的通常做法是以公司法律顾问或被害人亲友的身份陪同被害人报案，协助被害人与公安机关沟通。

实践中，公安机关拒收报案材料的主要理由包括：案件属于经济纠纷，不属于公安机关管辖，应向法院提起民事诉讼；案件虽属于公安管辖范围，但接报案公安并非犯罪行为地公安，不具有管辖权；报案材料证据不足，无法认定涉嫌犯罪。在与办案民警沟通时，一是要有足够的耐心，把报案材料做扎实、做充分；二是要提前做好功课，逐个回应民警不立案的理由，必要情况下提前准备好类似案例。

在有明确证据或证据线索指向确有犯罪事实发生应当依法立案的情况下，如果经反复沟通公安机关仍不予受理，或者应当立案而不予立案，或者对案件立而不侦，则需启动相关救济程序。《公安机关办理刑事案件程序规定》第 179 条规定了控告人在公安机关不立案情况下的救济程序，可以向作出不立案决定的公安机关申请复议，不服复议决定的情况下还可以向上一级公安机关申请刑事复核。但该条适用的前提是公安机关已经受理案件并作出不予立案决定，公安机关未受案的情况不适用该条规定。对于公安机关应受未受的行为可以向检察机关提出监督申请，也可以通过公安机关内部督查、纪检监察部门寻求救济。

（五）有效沟通，争取立案

公安机关受理案件后会启动初查程序，与立案后的侦查阶段不同，根据《公安机关办理刑事案件程序规定》第 174 条之规定，初查阶段公安机关可以依法采取询问、查询、勘验、鉴定和调取证据材料等不限制被调查对象人身、财产权利的措施，不得对被调查对象采取强制措施，不得查封、扣押、冻结被调查对象的财产，不得采取技术侦查措施。公安机关从受案到作出立案与否的决定，中间有 30 日的初查期限（如果是经济犯罪案件，初查期限最长可达 60 日），在此期间，办案人员会对控告人制作询问笔录，也可能要求控告人补充或出具相关书面材料。初查期内控告人或律师仍应与公安机关保持沟通,定期询问案件进展,及时回答警方疑问、补充证据,律师对控告人应做好法律帮助,必要时可以陪同其一同制作询问笔录。在办案人员传唤被控告人后,被控告人关于案件事实的另一视角陈述可能会让办案人员对案件产生新的认识,律师要及时与办案人员沟通,了解办案进展及办案人员观点。

四、刑事控告成功后的延伸工作

公安机关立案意味着刑事程序正式启动,如果刑事控告的目标是中止民事诉讼,则刑事控告的目标基本得以实现。而如果刑事控告的目标是追究被害人刑事责任、获得赔偿、追赃挽损等,则刑事立案意味着财产线索的寻找、谅解事项的谈判、对漏罪及漏人的追捕追诉等相关核心工作才刚刚开始。基于实践经验,笔者认为,刑事立案后的以下几个时间节点需要律师重点关注。

(一)检察院作出不批捕决定

检察院不批捕意味着对控告人的强制措施转为取保候审,对被控告人的压力减小,且案件存在不起诉可能。如此则刑事控告的目的可能落空。此种情况下,如委托代理尚未结束,律师应及时与检察官沟通,了解不批捕的原因以及有无补充侦查提纲,以便针对性补充证据,争取二次报捕时批捕。

(二)案卷移送检察院审查起诉

案卷移送检察院后,律师应积极与检察官沟通,尽快征得检察官许可,以便开展阅卷工作。《人民检察院刑事诉讼规则》第 56 条规定,诉讼代理人阅卷以检察院许可为条件。从笔者办案经验来看,有的检察官对诉讼代理人阅卷可能会有所抵触,背后的原因有多种:担心泄露案情或当事人隐私;担心律师代表被害方给自己施加压力;担心律师炒作案件等。这就要求律师与检察官沟通时应注意沟通的方式和技巧,了解检察官不愿许可阅卷的原因并针对性回应,打消检察官的顾虑。

律师作为被害人的诉讼代理人阅卷时,除详细审阅在案证明嫌疑人有罪、无罪的证据外,围绕追赃挽损的工作目标,还应重点关注扣押的涉案财物及权属状况,涉案财物的转移、隐匿情况,嫌疑人名下的其他财产情况、案件是否存在漏罪、漏人情况等。

（三）检察院退回公安机关补充侦查

检察院退回公安机关补充侦查后，律师应关注补充侦查提纲，需要控告人配合提供的证据应尽快协调提供。如前期已经向检察院提交查扣冻涉案财物、追捕追诉的法律意见，则应关注检察院补充侦查提纲是否涉及相关内容，避免遗漏。

（四）案卷移送法院提起公诉

因检察院阶段诉讼代理人的阅卷以检察官许可为前提，有些案件可能在检察院阶段未能开展阅卷，那么在案卷移送法院后，律师便应尽快联系法官安排阅卷事宜。案件移送起诉后，律师应重点关注起诉书是否存在漏罪或漏人的情况，如有，则应基于《人民检察院刑事诉讼规则》第 330 条第 8 项之规定，请求检察院追捕追诉。漏罪的补充起诉能够给被告人继续施压，尤其是仍抱有侥幸心理拒不认罪且拒不退赃退赔的被告人，而漏人的追诉则可能给追赃挽损工作打开新局面——很多案件的追赃挽损工作经常会面临赃款已经被挥霍殆尽，嫌疑人名下已无可退赔财产的情况，此种情况下如能追加尚未被追诉的同案人员，便可能发现转机：一是新追诉人员出于争取从轻处罚的考虑可能会主动退赃退赔，二是如警方扣押新追诉人员的手机并委托鉴定机构进行电子数据鉴定，律师便可行使阅卷权获取手机内聊天记录信息，进而可能从中发现赃款流向信息以及其他财产线索。

（五）生效裁判文书作出后

法院生效裁判作出后，裁判文书判项部分可能就涉案财物处置以及退赃退赔问题作出处理，也可能并未涉及。从现行法规以及司法实践案例来看，在刑事生效判决已经就退赃退赔问题作出判决的情况下，受害人无法再向被告人另行提起民事诉讼寻求赔偿，刑事审判部门应当及时移送立案部门审查立案，由法院执行机构负责执行刑事裁判涉财产部分，对此最高人民法院《关于刑事裁判涉财产部分执行的若干规定》有细化规定。因此，刑事生效裁判作出后，律师的主要工作可能涉及两方面：其一，与法院执行部门对接和跟进执行事宜，律师的工作同民商事执行案件的代理工作类似，此处不详细阐述；其二，对案外人提起民事诉讼。上文已经提到，刑事控告的作用之一为获取民事诉讼所需的关键证据，如通过阅卷发现被告人对外享有到期债权,可对案外人提起代位权诉讼;通过阅卷发现被告人有权代理或构成表见代理的证据,可对作为被代理人的单位提起民事诉讼,要求被代理单位承担民事责任;通过阅卷发现被告人与案外人恶意串通,虚构交易转移名下财产,则可以对案外人提起确认合同无效之诉,要求返还财产;等等。需要注意的是,虽然律师前期已经获取全部刑事案卷材料,但不宜直接作为证据递交民事法官,应申请法官调取相关的案卷材料。

论非法集资案件中刑民执程序交叉问题研究

姜保良　王　杉*

随着20世纪90年代确立市场经济体制，个体经济飞速发展，民营企业等中小企业如雨后春笋般蓬勃发展。然而，因为银行对国有企业和民间中小企业的审查门槛和放贷标准不同，有的民营企业因不符合标准而无法获得银行资金的支持，相对门槛低、来钱快的“民间借贷”迅速发展。

“民间借贷”的概念最早可以追溯到3000多年前西周的“傅别”。在春秋战国时期便已经出现了与高利贷类似的“子钱家”，经历了两汉三国、唐宋元明清等多个朝代，发展为钱铺、银楼、钱庄等高利贷机构，影响范围遍及全国。随着中华人民共和国成立，这类封建放钱机构逐渐被取消，但国家允许个人借贷存在。民间借贷的优势在于企业不需要经过严格的资格审查和抵押担保便可获得资金，同时参与人可以稳坐家中收取利息，双方各取所得。然而，在企业轻而易举地获得这些后，有的企业意识到了民间借贷的优势，逐渐从向特定对象借款改变为向不特定对象借取资金，从正常的返本付息到承诺高额返利，从真经营到假经营，从借贷关系不断衍生出委托理财、房产回购等诸多掩人耳目的吸取资金模式，大量的民间资本被套牢在企业中，国家正常的金融秩序被严重扰乱。此时，出于对民营企业的盲目信任和市场经营信息的不对称，参与人的资金安全面临极大的风险，一旦企业出现经营失败、企业家携款潜逃等问题，参与人的一生心血将会一夜蒸发，参与人的财产权利将受到损害。

* 姜保良：山东德衡律师事务所高级合伙人，山东省优秀律师，山东省律师协会优秀专业委员，青岛拔尖人才，青岛市十佳青年律师，青岛市律师协会刑事委员会副主任。

王杉：山东德衡律师事务所刑事业务部执业律师，法学硕士，专注于经济犯罪、职务犯罪等案件的辩护。

因此，这类民间借贷合同带来的后果不仅是将民间借贷人的财产权利遭受侵害，更严重的是对国家金融秩序的扰乱。这就需要刑法介入民间借贷的法律关系中，通过非法集资罪的相关刑法规定以维护国家金融秩序稳定性、可靠性。

一、刑法与民法皆赋予集资人权利救济路径

“在由民间借贷异化成的非法集资类案件中，刑法与民法皆赋予了集资人（同民事借贷纠纷中的‘债务人’）救济路径，刑法评价的是以非法集资人为核心，以其他每个民间借贷人为轴的扇面，民法评价的是每一个参与人和集资人，是单独的线段。”①具体分析见以下举例。

假设作为社会不特定对象之一的自然人 A 与企业 B 达成民间借贷协议，A 向 B 借款 30 万元，B 承诺月息 6% 的回报率，借款期限为一年。当 B 无法返还 A 借款或利息时，A 能否基于民事借贷法律关系向法院起诉 B 还款？答案是可以的。“根据公私法区分理论，公法规制的是国家和公民的关系，而私法规制的是公民之间的关系，民事规制与形式规制原则上互不隶属，自成体系，是一种并存关系”②。民事法律关系是否有效，应根据民事法律规则进行认定。据此，最高人民法院《关于审理民间借贷案件适用法律若干问题的规定》（以下简称《民间借贷解释》）详细规定了民间借贷案件的裁判规则。

但若是除了 A 以外的 C、D、E、F 等人与 B 达成了这类民间借贷协议，B 皆无法偿还借款或利息呢？这时，诸多以双方之间意思自治协商一致为基础的民间借贷合同出现了扰乱国家正常金融秩序的可能性，此时就需要刑法的介入以保护国家、社会、第三方利益免受侵犯。《刑法》第 176 条“非法吸收公众存款罪”的规定将吸收资金的数额分为三档，相对应的是三档人身刑和罚金刑，并规定以积极退赃退赔为从轻的情节，既稳定了国家金融市场秩序，又保护了参与人的财产安全。

综上所述，民法和刑法皆给予了保护参与人财产安全的救济方式，但笔者认同“所有借贷合同聚合形成一个整体，因其达到了刑罚规制或制裁的程度”③的观点。现行《刑法》并不能根据集资人与参与人签订的某个民间借贷合同追究集资

① 任露雨：《民间借贷刑民交叉案件程序适用问题研究》，安徽财经大学 2020 年硕士学位论文。

② 税兵：《涉罪合同的效力认定——最高人民法院公报案例“吴国军案”评析》，载《澳门法学》2014 年第 2 期。

③ 叶名怡：《涉合同诈骗的民法规制》，载《中国法学》2012 年第 1 期。

人的刑事责任,对于单个民间借贷合同而言,参与人仍有权使用民事争议解决的方式进行权利救济。

二、非法集资案件刑民执程序交叉适用模式的现状与困境

(一)非法集资案件刑民程序交叉适用模式现状

若根据以上假设,企业B同时违背了民事法律规范和刑事法律规范,那B能否同时被追究民事法律责任和刑事法律责任呢?再进一步假设,若存在b作为B的担保人对B的债务承担连带保证责任,当B被追究刑事责任时,A能否同时通过民事诉讼的方式请求b承担连带保证责任呢?诸如以上行为在实践中不断发生,为了防止民事和刑事对"同一事实"或"牵连事实"重复甚至冲突评价,立法者不断出台相关司法解释明确处理模式,主要为先刑后民、先民后刑、刑民并行模式。

1. 先刑后民程序

先刑后民,是指当同一行为既违反了民事法律规范又违反了刑事法律规范时,优先作为刑事犯罪处理。非法集资类案件的"先刑后民"的处理模式有法可依。早在2014年最高人民法院、最高人民检察院、公安部《关于办理非法集资刑事案件适用法律若干问题的意见》(以下简称《非法集资若干意见》)第7条的规定①中,便明确了法院对发现有非法集资犯罪嫌疑的案件应驳回起诉并移送公安机关或检察机关。《民间借贷解释》第5条的规定②也与《非法集资若干意见》规定的"先刑后民"的基本理念保持一致。

根据《民间借贷解释》第5条和《非法集资若干意见》第7条的规定,"先刑后民"模式的前提是基于同一事实,即竞合型刑民交叉③。以上述假设为例,主要适用以下情形:(1)A、C、D、E、F等人刑事报案之后,在侦查、起诉、审理的阶段中,

---

① 《非法集资若干意见》第7条第1款、第2款规定:"对于公安机关、人民检察院、人民法院正在侦查、起诉、审理的非法集资刑事案件,有关单位或者个人就同一事实向人民法院提起民事诉讼或者申请执行涉案财物的,人民法院应当不予受理,并将有关材料移送公安机关或者检察机关。人民法院在审理民事案件或者执行过程中,发现有非法集资犯罪嫌疑的,应当裁定驳回起诉或者中止执行,并及时将有关材料移送公安机关或者检察机关。"

② 《民间借贷解释》第5条第1款规定:"人民法院立案后,发现民间借贷行为本身涉嫌非法集资等犯罪的,应当裁定驳回起诉,并将涉嫌非法集资等犯罪的线索、材料移送公安或者检察机关。"

③ 竞合型的刑民交叉,是指一个行为既触犯了刑事法律规范,又违反了民事法律规范。

A、C、D、E、F 等人再以同一民事借贷纠纷为由向法院起诉，法院应裁定不予受理。(2)在情景 1 的假设下，若法院在立案审理之后，发现 A、C、E、D、F 等人所起诉的民事借贷纠纷有非法集资犯罪嫌疑的，则法院应裁定驳回起诉。(3)若法院在立案审理 A、C、E、D、F 等人诉请的民事借贷纠纷的过程中，A、C、D、E、F 等人再进行刑事报案的，公安机关在刑事立案之后，应及时通报相关法院，法院审查后认为的确存在非法集资犯罪嫌疑的，应当裁定驳回起诉。

因此，无论民事诉讼程序和刑事诉讼程序的启动先后顺序，违背民事、刑事法律规范的同一法律行为都应优先进行刑事处理，当不被作为刑事案件处理时，参与人可以民间借贷纠纷为由另行向法院起诉。近些年，各地各级法院也都坚持此处理模式，“先刑后民”的处理模式符合公权优先于私权的司法理念，兼顾了保护受害人物质损失和提高诉讼效率的价值追求。

然而，面对司法实践层出不穷的各种问题，看似完美的“先刑后民”模式仍出现了疑难问题，主要有两个问题：(1)如何把握“非法集资犯罪嫌疑”，主要有两个观点，一是法院在进行初步审查后认为本案不是民事借贷纠纷，而是非法集资类犯罪案件，此时该类案件尚未被公安机关发觉；二是“非法集资犯罪嫌疑”以是否进入了刑事诉讼程序为准。(2)某一参与人没有参与刑事报案，能否以民事借贷纠纷为由提起民事诉讼。

对于第一个问题，笔者的观点是，“非法集资犯罪嫌疑”是以进入刑事诉讼程序为准。首先，从“非法集资犯罪嫌疑”“涉嫌非法集资等犯罪的”的字义解释来看，“犯罪嫌疑”“涉嫌”等词是进入了刑事立案阶段的标志，只有公安机关刑事立案之后，才能对涉案人使用“涉嫌非法集资”“犯罪嫌疑”的表述；其次，为了避免参与人陷入程序的诉累中，合法权利无法得到有效保障，笔者认为，应以公安机关刑事立案为准把握是否具有“非法集资犯罪嫌疑”。

对于第二个问题，笔者的观点是，对于没有参与刑事报案的参与人不能再以民事借贷纠纷为由提起民事诉讼。首先，没有报案的参与人与集资人之间的民事借贷纠纷与正在处理的非法集资类案件仍属于“同一事实”，非法集资犯罪行为的特征是集资人向参与人吸取资金的行为，是众多的民间借贷关系集合成了非法集资犯罪；其次，“先刑后民”模式是法律的强制性规定，而非赋予集资人对诉讼程序的自由选择权，若所有的集资人都可以自由选择民刑程序维护自己的权益，则非法集资类犯罪将会成为空中楼阁。结合最高人民法院《关于适用〈中华人民共和国刑事诉讼法〉的解释》第176条的规定，刑事裁判之后，集资参与人无权另行提起民事诉讼。因此，笔者认为，没有参与刑事报案的参与人不能再以“同一事实”下的民事借贷纠纷为由提起民事诉讼。

综上所述，“先刑后民”程序模式为基于“同一事实”的非法集资类案件提供了解决刑民程序交叉问题的方式，但面对实践中的问题仍存在适用争议。

2. 刑民并行程序

刑民并行，是指一行为和与其牵连的行为违背了民事或刑事法律规范，刑事与民事裁判没有位阶上的先后，程序上是分别独立进行的。《民间借贷解释》第6条[①]明确区分了民间借贷行为“本身”以及“虽有关联但不是同一事实”两种情况，对于与民间借贷行为系不同的法律关系或不同的事实可以同时进行民事和刑事审判。

该处理模式适用的前提是民事审理的案件是与民间借贷有关联，但不是同一事实的案件，适用于之前假设的存在b担保的情形。根据之前的假设，b与A之间不存在民事借贷关系，A是基于b对其承担连带保证责任而提起的民事诉讼，b本身不涉嫌非法集资，b是否承担连带保证责任与B涉嫌刑事犯罪是“牵连事实”，故对b案件的审理应适用《民间借贷解释》第6条的规定。另外，根据《民间借贷解释》第8条的规定[②]，即使集资人涉嫌犯罪甚至判决有罪，法院应当受理出借人请求担保人承担民事责任的案件。

由于司法实践中对“同一事实”理解存在差异，因此会出现法院对民事案件是否受理的差异。尤其在“法人”与“法定代表人”存在特殊关系的前提下，审判观点与立法观点关于“法人”的民间借贷案件与“法定代表人”的刑事案件能否作为“同一事实”的问题存在争议。

以丁某诉中信银行旅顺支行借款合同纠纷案[③]为例，一审和二审法院便围绕“是否是同一事实”作出了不同的裁判：2015年10月29日，丁某在涉案人欧阳某某（涉嫌集资诈骗罪）任中信银行旅顺支行负责人期间，借款给中信银行旅顺支行

---

① 《民间借贷解释》第6条规定：“人民法院立案后，发现与民间借贷纠纷案件虽有关联但不是同一事实的涉嫌非法集资等犯罪的线索、材料的，人民法院应当继续审理民间借贷纠纷案件，并将涉嫌非法集资等犯罪的线索、材料移送公安或者检察机关。”

② 《民间借贷解释》第8条规定：“借款人涉嫌犯罪或者生效判决认定其有罪，出借人起诉请求担保人承担民事责任的，人民法院应予受理。”

③ 参见辽宁省大连市中级人民法院民事判决书，(2018)辽02民终951号。

1000 万元,之后中信银行旅顺支行负责人因涉嫌集资诈骗罪被立案侦查,丁某被列为刑事被害人,之后,丁某又以民间借贷为由起诉中信银行旅顺支行,请求返还本金和利息。一审法院审理之后认为,丁某诉中信银行旅顺支行一案与欧阳某某涉嫌集资诈骗案不是“同一事实”,因此判决支持丁某的诉请。二审法院则认为,本案是“同一事实”,因此撤销一审判决,驳回丁某诉讼请求。二审法院的裁判逻辑在于,“同一事实”并非指民事、刑事法律规范涉及的要件事实同一,应理解为刑事、民事法律规范指向的自然意义上的事实本身同一,因此“同一事实”应为“同一自然意义上的事实”,故应优先处理刑事案件,驳回丁某的诉讼请求。由此可见,该二审法院的裁判观点是两案的案件事实是“同一事实”。

然而,2019 年 11 月发布的最高人民法院《全国法院民商事审判工作会议纪要》第 128 条中明确规定了不同事实的五种类型,其中之一为“行为人以法人、非法人组织或者他人名义订立合同的行为涉嫌刑事犯罪或者刑事裁判认定其构成犯罪,合同相对人请求该法人、非法人组织或者他人承担民事责任的”。该会议纪要与上述判决的观点完全相反,认为“请求该法人、非法人组织或者他人承担民事责任”与“行为人以法人、非法人组织或者他人名义订立合同的行为涉嫌刑事犯罪”非“同一法律事实”。该会议纪要明显将“同一事实”认定为“同一法律事实”,从法律事实的主体、相对人、行为三个方面进行认定。

笔者认为,“法人”的民间借贷案件与“法定代表人”的刑事案件是否属“同一事实”,需要经刑事审判对是个人犯罪还是单位犯罪进行确认。在民法的观点下,“法人”具有独立的人格、财产,能够独立承担民事责任,“法人”与“法定代表人”的责任是割裂的,但刑法穿透了“法人”的表象,注重犯罪主体的真实性,直接追究一些以“单位”为幌子行犯罪之实的“法定代表人”的刑事责任。因此“法人”与“法定代表人”究竟是实质的一体还是单独的人格,是“同一事实”的重要认定标准,此时民事审判程序应裁定中止,等待刑事审理结果。

“刑民并行”程序的设计初衷是提高对被害人的保护和救济,将一些与非法集资类案件有关联但不是同一事实的案件剔除在刑事犯罪之外,赋予被害人更便捷的保护权利路径,然而在适用中出现了因对“同一事实”的不同理解而导致《民间借贷解释》第 6 条错误适用的情形。

3. 先民后刑程序

先民后刑,是指当同一行为既违反了民事法律规范又违反了刑事法律规范时，先通过民事诉讼程序解决纠纷之后再进行刑事犯罪处理。先民后刑的理论依据是“优先救济受害人”的价值追求，“使受害人的损失能够得到及时、合理的赔偿”①。在我国，确实存在部分情况下“先民后刑”的程序模式，例如，“对于部分必须先由民事诉讼确定权属争议，再根据民事诉讼结果才能确定是否进行刑事诉讼以及如何定罪量刑的案件，应当使用先民后刑的程序模式”②等必须优先保障受害人民事权利的情形。然而，在非法集资类案件中，目前并未规定任何情形下的“先民后刑”的处理程序模式，但在实践中却异化出了非法集资类案件“先民后刑”的程序模式。

根据前文假设，若 A 在企业 B 无法支付借款或利息时以民事借贷纠纷为由向法院起诉，法院依法判决 A 胜诉并执行终结，之后 A、C、D、E、F 等人向公安机关报案，公安机关可否继续进行刑事立案并作为刑事案件处理？答案是可以的。首先，“刑事诉讼评价的核心是集资人的犯罪行为，对涉罪合同效力的影响仅在于认定事实部分，与在线民事裁判解决集资人与集资参与人之间的合同关系存在差异”。③ 刑法不对个别的民事借贷纠纷做出评价，但对集资人违反相关国家法律规定的行为做出刑事处理。其次，无法律规定对已作出民事裁判的非法集资类案件禁止刑事裁判。因此，当非法集资类案件中的某个民间借贷纠纷已作出民事裁判时，仍然可以作为刑事案件处理。

然而，这种异化的“先民后刑”模式将会引发另一个问题，也是争议所在，即可能并行存在两个冲突的裁判（民事认为合同有效，刑事认为是犯罪），但笔者认为，这其实是个“伪命题”。《民间借贷解释》第 12 条规定，“借款人或者出借人的借贷行为涉嫌犯罪，或者已经生效的裁判认定构成犯罪，当事人提起民事诉讼的，民间借贷合同并不当然无效”。由此可见，即使出借人的借贷行为被认定为犯罪，民间借贷合同也不当然无效，根据“举重以明轻”的原则，在刑事诉讼程序尚未启动之前，民间借贷合同也并非当然无效，可以通过民事审判程序认定合同效力。民事借贷合同是否有效应由民事审判规则予以确认，而非以刑事犯罪处理结果作为

---

① 朱千里、赵春秀：《从“先刑后民”到“先民后刑”刑事被害人权益有效救济的理念与规则》，载万鄂湘主编：《建设公平正义社会与刑事法律适用问题研究——全国法院第 24 届学术讨论会获奖论文集》（上册），人民法院出版社 2012 年版，第 178 页。

② 曹云清、周丹：《刑民交叉案件处理程序机制研究》，载《江西警察学院学报》2018 年第 5 期。

③ 秦建刚等：《非法吸收公众存款罪所涉刑民交叉困境及解决路径——以集资参与人的权利救济与界限为视角》，载《山东法官培训学院学报》2019 年第 4 期。

认定合同是否有效的依据，刑事审判庭法官也无义务对民事法律关系进行审查和认定。

因此，笔者认为，刑事裁判仅是对集资人犯非法吸收公众存款罪或集资诈骗罪进行认定，集资人非法集资的犯罪行为是其违反了国家法律规定向社会公众吸取资金，而不是与参与人签订了涉罪合同。基于此，即使刑事裁判认为是犯罪，民事裁判认为合同有效，也并非裁判冲突问题，但会引发执行程序与刑事退赔程序的交叉，后文将详细分析。

（二）非法集资案件刑事追缴、退赔程序与民事执行程序交叉适用困境

刑事退赔程序与民事执行程序都是实现保护参与人权利的有效方式，但由于实践中的三种刑民交叉程序处理模式的差异，也会出现刑事退赔程序与民事执行程序的交叉，若同时出现有效的民事和刑事裁判，则刑执程序将会陷入僵局。

1.“先刑后民”程序模式可能使被害人权利救济落空

“先刑后民”程序处理模式之下虽然会优先处理刑事案件，只有在不能作为刑事案件处理的情形下才能作为民事案件审理，但由于参与人获得公安机关处理非法集资类案件信息的渠道有限，有部分参与人在刑事裁判之后才得知刑事程序的启动与终结。根据青岛市《关于办理涉众型非法集资犯罪案件的实施意见》第9条的规定，一审庭审后，被遗漏的集资参与人直接向法院主张权利的，由检察机关先行审核，在检察院、法院办案人员审核确认以后权利人才可以参与涉案财产的分配。但这类集资参与人不能参与第一轮的涉案财产分配，需要另行追缴到其他涉案财产之后，再按涉案财产尚未分配时的比例计算参与人在前轮退赔中应该退赔的数额，优先退赔该部分数额之后，剩余的财产再按前轮分配比例退赔。

然而，经过笔者检索相关裁判文书，以李某荣、许某非法吸收公众存款、集资诈骗案[①]为例，一审判决的判项只有两项，一是被告人李某荣犯非法吸收公众存款罪，判处有期徒刑3年，并处罚金5万元；犯集资诈骗罪，判处有期徒刑9个月，并处罚金2万元，决定执行有期徒刑3年3个月，并处罚金7万元。二是对随案移送的苹果黑色智能手机2部依法予以没收。

以上判项并未体现“刑事追缴、责令退赔”等判项，被害人无法从刑事追缴、责

---

① 参见山东省青岛市李沧区人民法院刑事判决书，(2019)鲁0213刑初484号。

令退赔的程序中获赔，同时根据最高人民法院《关于适用〈中华人民共和国刑事诉讼法〉的解释》第176条的规定，刑事裁判之后，集资参与人无权另行提起民事诉讼。被害人无法有效获赔，由此出现先刑后民程序导致执行程序落空的现象。

2.“刑民并行”程序模式可能对参与人的权利重复保护

如前所述，“刑民并行”程序模式下会出现与非法集资有“牵连事实”民事纠纷案件与非法集资犯罪刑事案件同时审理的情形。以民事担保纠纷案件为例，在刑民分别独立进行的前提下，常出现以下三种情形：

(1)在民事案件审理中，允许参与人请求担保人对集资人向参与人返还借款及利息承担连带保证责任，因此在担保合同有效的前提下，借款本金及利息是可以被支持的诉求；然而，在刑事案件未宣判之前，被害人是否在退赔名单中尚未明确，由于担保责任纠纷案件可以与非法集资诈骗案件分开审理，因此可能出现担保人承担的连带责任范围包括借款本金及利息，超过刑事退赔范围的情况。

(2)若在刑事案件宣判前，被害人已被认定在退赔名单中，则在担保责任纠纷案件审理过程中，认定借贷合同和担保合同无效。

(3)若刑事案件宣判在前，被害人已被认定在退赔名单中，在担保责任纠纷案件的审理过程中，认定借贷合同和担保合同有效。

甘肃省张掖市中级人民法院在赵某兵诉张某腾、丁某兰保证合同纠纷案①中对以上第二、第三两种情形作出了评析。该案中，集资人张某某、黄某某被判决“诈骗罪”，原告赵某兵起诉张某腾、丁某兰承担保证责任。本案的裁判结果为，由于本案经民事审理认为主合同无效，因此从合同无效，被告人张某某、黄某某承担退赔责任不足部分，由被告张某腾、丁某兰承担1/3的赔偿责任，而张某腾、丁某兰承担以上责任之后，有权向张某某、黄某某追偿。

该案的裁判逻辑为：民事诉讼中认定借款合同和担保合同有效，集资人在刑事诉讼中被判令退赔的，在民事判决中不再重复评价，再不做处理；担保人则对本息承担担保责任（本案中原告未主张利息，则未判决；其他案件中审理法院也有在集资人被判刑事退赔后，在民事诉讼中判令集资人同时承担利息的判例）。如果借款合同有效、担保合同无效，根据最高人民法院《关于适用〈中华人民共和国担保法〉若干问题的解释》（已失效，以下简称《担保法解释》）第7条的规定，担保人

① 参见甘肃省张掖市中级人民法院民事判决书，(2019)甘07民终328号。

有过错的，承担民事责任的部分不应超过债务人不能清偿部分的1/2。如果借款合同无效导致担保从合同无效，根据《担保法解释》第8条的规定，担保人有过错的，承担民事责任的部分不应超过债务人不能清偿部分的1/3。

3.“先民后刑”程序模式民刑裁判执行内容不重合

“先民后刑”的程序模式往往会出现参与人在民事裁判之后，又参与刑事程序的情形。此时同一参与人将会手执两份生效判决，可能会出现两种情形：

（1）法院在执行过程中，如果发现有非法集资犯罪嫌疑的，应当中止执行，《非法集资意见》第7条第2款对此有明确规定。以孙某钦、李某其、张某香等非法吸收公众存款罪案[①]为例，被害人在孙某钦等人进入刑事诉讼程序之前便已提起民事诉讼，并获得生效判决，在刑事诉讼程序启动之后执行未终结，刑事案件对此的裁判观点是民事执行应裁定中止，被告人民事判决中的赔偿数额不能从犯罪数额中扣减，但可以作为酌情从轻处罚的情节。

（2）若法院已经执行终结，集资诈骗罪与非法吸收公众存款罪的刑事案件有不同的处理方法。以李某强诈骗、集资诈骗罪案[②]为例，在被告人李某强被刑事立案之前，被害人以民事借贷纠纷为由起诉，后李某强与被害人达成调解协议，此时由于该笔借款本金已归还，因此不再认定在李某强的犯罪数额中，被害人自然也无法从该案的刑事赔偿程序中获赔。再以高某林非法吸收公众存款罪案[③]为例，本案中，被害人提起的民事诉讼已进入执行程序，部分涉案资金已执行，辩护人主张该部分应在刑事部分中扣减，但该案裁判观点认为，从被告人犯罪的主观意图分析，被告人采用民间借贷的方式非法吸收公众存款，意在用合法手段的形式掩盖其犯罪本质，部分涉案资金虽经法院判决或执行，但该部分资金仍属其犯罪金额的范围，依法不应予扣减，但对该参与人能否刑事获赔未予评价。

综上所述，以上三种刑民交叉程序模式下出现的刑执程序的交叉问题看似采取了不同的解决方式，但是处理原则都是优先刑事追缴或退赔。但刑事追缴或退赔是否真的能够实现保障参与人合法权益的目的？我国《刑法》第64条规定了两种对犯罪分子违法所得的处理措施，因此在裁判文书中出现了“追缴”“责令退赔”两种判项。“追缴”和“退赔”的区别是“追缴”仅以犯罪收益为限，“退赔”则能

① 参见山东省郯城县人民法院刑事判决书，(2020)鲁1322刑初312号。
② 参见吉林省公主岭市人民法院刑事判决书，(2017)吉0381刑初17号。
③ 参见山西省柳林县人民法院刑事判决书，(2018)晋1125刑初47号。

涉及犯罪分子的合法财产。但由于追缴的财产范围的有限性、退赔的非强制性，以及最高人民法院《关于适用〈中华人民共和国刑事诉讼法〉的解释》第176条规定的精神，刑事裁判之后，集资参与人无权另行提起民事诉讼，这就导致可能出现参与人的损失无法得到赔偿的情形。

三、非法集资案件刑民执交叉程序下处理方式的思考

（一）准确区分“同一事实”与“牵连事实”

在非法集资类案件中，民事案件与刑事案件是否“同一事实”是适用“先刑后民”“刑民并行”程序的关键因素。笔者认为，要从行为主体、相对人以及要件事实本身三个方面认定是否属于“同一事实”。

第一，从行为实施主体的角度判断，以是否同一主体（同一实质主体）实施行为来判断。以“法人”和“法定代表人”为例，法定代表人若对外以公司名义实施的职务行为，则“法人”与“法定代表人”应为“同一主体”。若“法定代表人”构成犯罪，但“法人”本身不构成犯罪的，由于犯罪行为的主体与民事行为的主体属于不同的主体，一般不宜认定为“同一事实”。

第二，从相对人角度进行认定。如果刑事案件的受害人同时作为某一民事法律关系的相对人的，则可以认定该事实为“同一事实”。以“债务人”和“担保人”为例，主合同的债务人涉嫌刑事犯罪，参与人请求担保人承担民事责任的，因涉及不同的法律关系，不属于“同一事实”。

第三，从要件事实的角度认定。只有民事案件争议的事实同时也是构成刑事犯罪的要件事实的情况下，才属于“同一事实”。

（二）刑执裁判并存时的处理方式

由于法官审查范围的局限性以及刑事诉讼与民事诉讼差异性的天然存在，刑民裁判并存的情形不可避免。无论刑、民判决哪一个先作出，我们都应尊重判决结果，不能轻易以刑事优先否定民事判决，笔者认为，应以“被害人权利救济”为第一价值目标、“诉讼效率”为第二价值目标具体处理刑民执交叉程序问题。

1\. 同一事实的刑执裁判并存时的处理方式

同一参与人既有诉民间借贷纠纷的胜诉判决，又有刑事退赔和追缴的判决，依据两种裁判的内容，刑执裁判内容主要有两种情形。

第一种情形是刑执裁判内容相同,被害人权利救济范围仅有借款本金。若民事裁判执行已终结,需要在刑事判决中写明民事案件已处理,刑事案件涉嫌非法吸收公众存款罪的,不需要扣减犯罪数额;刑事案件涉嫌集资诈骗罪的,应对违法所得予以扣减。若民事裁判尚未执行终结,应按刑事追缴和退赔程序处理,民事判决应裁定中止执行。

第二种情形是民事判决执行的范围是借款本金和利息,而刑事退赔只支持本金,此时若执行已终结,则集资诈骗罪需扣减犯罪数额;若执行未终结,则应优先执行刑事判决,利息部分可依据民事判决执行。

2."牵连事实"的刑执裁判并存时的处理方式

以担保责任纠纷案件与非法集资犯罪案件为例,若同一诉讼参与人既持有诉担保责任纠纷胜诉判决又作为刑事追缴、退赔程序被害人,在民事判决中可以判决由担保人承担本息的连带清偿责任,且其有权向债务人追偿,其追偿顺位应等同于其他被害人退赔顺位,该笔集资款不再作刑事退赔处理。

以上两种处理方式的前提是生效民事裁判与刑事判决对合同效力的认定无矛盾,若依据刑事判决认定事实应当认定借款合同是无效的,法院应对民事案件依职权启动再审程序并中止执行,以保证刑事裁判和民事裁判的统一。若因借款合同无效而认定担保合同无效,担保人有过错的,承担民事责任的部分不超过债务人不能清偿部分的1/3;若担保合同本身无效,担保人有过错的,承担民事责任的部分不超过债务人不能清偿部分的1/2。若担保人无财产可供执行,集资人可以参与刑事退赔程序。

结　语

非法集资类犯罪案件的刑民执交叉问题是刑民法律对集资人行为双重评价的同时,集资参与人在选择救济途径时出现的程序交叉。若要使刑民执程序衔接顺畅,不仅需要完善立法,更需要改善刑民审判信息的交互机制,对于解决刑民执交叉问题而言任重而道远。

危中寻机

——从二审代理某钢铁公司反败为胜案说起

张　忠　朱伟琳*

一、基本案情

2013年8月14日，孟某与河北某大型钢铁公司（以下简称钢铁公司）签订借款合同，约定钢铁公司向孟某借款1.74亿元，借款期限至2013年9月14日。双方同时在合同中约定：与本合同订立、履行及纠纷解决有关的税收及费用，包括但不限于印花税、利息预提税、诉讼费、执行费、律师代理费、公证费等均由借款人支付和偿付。合同签订后，孟某依约履行了出借义务，但钢铁公司未按约履行还款义务。

2015年，孟某将钢铁公司诉至河北省高级人民法院，要求钢铁公司偿还上述借款本息及实现债权的费用。河北省高级人民法院于2015年8月6日作出（2015）冀民一初字第2号民事判决，判令钢铁公司偿还孟某借款本金1.74亿元及利息，关于孟某主张的其为该纠纷支付的律师费，河北省高级人民法院认为孟某可于该费用实际发生后再行主张。

后因钢铁公司未履行（2015）冀民一初字第2号民事判决，孟某向法院申请强制执行，最终实际执行借款本金1.74亿元以及一般债务利息与加倍部分债务利

---

* 张忠：北京德和衡律师事务所高级合伙人、德和衡刑民交叉业务中心执行总监。

朱伟琳：北京德和衡律师事务所高级合伙人、德和衡刑民交叉业务中心总监，中国政法大学硕士研究生兼职导师，北京市犯罪学研究会理事。

李喆对此文亦有贡献。

息269,839,319.19元,合计4.43亿余元。依据《个人所得税法》《增值税暂行条例》等规定,孟某获取的上述利息收入应缴纳税金62,063,043.41元。另外,在上述案件审理、执行及后续诉讼过程中,孟某就该案的代理先后与多家律所和非律师的个人签订了10份委托代理合同,约定律师代理费共计81,617,463.91元,已实际支付3,800,000元。

因孟某同钢铁公司就上述应缴纳的税金及律师费的支付问题未能协商一致,2018年,孟某以钢铁公司为被告向衡水市中级人民法院提起诉讼,请求判令钢铁公司偿还上述借款利息所需缴纳的税费62,063,043.41元及律师费86,997,463.91元。衡水市中级人民法院于2020年8月25日作出(2018)冀11民初188号民事判决,判令钢铁公司给付孟某个人所得税、增值税共计62,063,043.41元及已实际支出的律师费3,800,000元。一审判决后,双方均不服并分别向河北省高级人民法院提起上诉,河北省高级人民法院受理后,北京德和衡律师事务所张忠、朱伟琳、李喆三名律师组成律师团队,接受钢铁公司委托承办此案,其中由张忠律师、李喆律师担任钢铁公司的二审代理人。

二、争议焦点

显而易见,孟某与钢铁公司的这起借贷纠纷案的争议焦点围绕着"税金"及"律师费"这两笔款项的给付,具体而言,一是此两笔款项应由哪一方来承担;二是其承担的具体数额应是多少。

对此,孟某及其诉讼代理人主张,依《借款合同》第9条之约定,涉案税金及律师代理费应由钢铁公司承担。至于具体数额,孟某一方主张,税金应以执行利息所产生的个人所得税及增值税共计62,063,043.41元为准,律师费应以已实际支出和必然支出的全部费用共计51,647,463.91元(孟某在上诉后变更了该项诉请金额)为准。

需要说明的是,孟某是在其与钢铁公司就《借款合同》所约定的本金1.74亿元及利息269,839,319.19元已全部执行完毕的前提下,再次诉请衡水市中级人民法院及河北省高级人民法院判令钢铁公司另行支付上述共计1亿余元的巨额税金及律师费用。而就律师费而言,孟某就该案先后与不同律所和个人共签订了高达10份委托代理合同,且多数为风险代理,因而才会产生其一审所主张的8000多万元、二审所主张的5000多万元的巨额律师费。

值得注意的是，一般人不可能会在一起诉讼中先后委托高达10家律所和个人，且笔者发现其委托的律所存在并存的情况，孟某的反常行为明显有悖常理。就本案的具体情况而言，其这样做的目的，不外乎想通过虚构高额律师费的方式，利用诉讼向钢铁公司一方攫取不当甚至非法利益，此种行为严重背离了社会大众对民间借贷纠纷的善意认知，如若其主张得到法院的支持，将严重损害社会大众对司法的认同感与信任感。就此，笔者认为该案的关键在于，在《借款合同》合法有效且对税金、律师费的承担有明确约定的情况下，代理律师应如何从法律和证据的角度出发，说服法院此种主张不应得到支持，以及如何依法维护钢铁公司的合法权益。

三、办案思路

针对这一疑难案件，笔者在认真听取当事人对案件情况的阐述，仔细研读借款合同、判决文书及相关法律法规，检索了大量相关案例后，敏锐地发现了本案的薄弱点与突破点，理顺并确定了本案的办案思路与办案策略，形成了一份从多层次、多角度反驳孟某主张的代理意见，具体如下：

（一）焦点一：针对涉案税金62,063,043.41元的承担问题

首先，根据法律规定，缴纳个人所得税和增值税是出借人孟某的法定纳税义务，不能以约定的形式改由他人承担。《中华人民共和国税收征收管理法实施细则》第3条第2款规定："纳税人应当依照税收法律、行政法规的规定履行纳税义务；其签订的合同、协议等与税收法律、行政法规相抵触的，一律无效"。另根据《个人所得税法》的规定，个人所得税的纳税义务人为出借人；根据《中华人民共和国增值税暂行条例》等的规定，增值税的纳税义务人为服务提供方，而有偿借款属于金融服务，故本案的增值税纳税义务人应为孟某。由此可见，依据相关税法规定，孟某无疑应为涉案个人所得税及增值税的法定纳税义务人，其应当依法履行相应纳税义务，且在该前提下，即便其与钢铁公司存在该款项应由钢铁公司承担的明确约定，该约定也会因违反法律的强制性规定而无效。

其次，《借款合同》第9条约定的税费不包括个人所得税与增值税，孟某主张由钢铁公司承担个人所得税与增值税的主张无合同依据。《借款合同》第9条规定，"与本合同订立、履行及纠纷解决有关的税收及费用，包括但不限于印花税、利

息预提税、诉讼费、执行费、律师代理费、公证费等均由借款人支付和偿付”,该条虽以不完全列举的方式明确了印花税、利息预提税“等”税费应由借款人偿付,但这并不意味着与该合同有关的一切税收费用均应不加区分地由借款人承担,因为该约定还有着“与本合同订立、履行及纠纷解决有关”这一大前提的限制,换言之,借款人承担的税费及费用应以“与合同订立、履行及纠纷解决有关”的事项为限。而根据《中华人民共和国印花税暂行条例》[①]等的规定,印花税为合同书立的各方应缴纳的税费,即其与合同的订立有关。利息预提税则是在国内借款人向国外出借人支付利息时,我国以征税的形式行使国家主权的行为,纳税义务人为借款人,纳税行为发生在“支付利息时”,即合同履行过程中,由此可见,利息预提税与合同的履行有关。至于该条所约定的诉讼费、执行费及律师代理费则更不必多说,与合同的纠纷解决有关。由此可见,第 9 条所明确列举的几项费用均是在合同的订立、履行及纠纷解决中发生的,这表明“与本合同订立、履行及纠纷解决有关”这一约定并不仅具有形式上的意义,而是具有约束该条款解释的实质意义。而反观孟某所主张的个人所得税与增值税,其缴纳均是发生在出借人已取得利息收入、借款合同已履行完毕之后,纯属出借人在合同履行完成后应向国家履行的个人义务,与借款合同的订立、履行及纠纷解决均无关,故不应将其纳入《借款合同》第 9 条所约定的“等”的范围之内,孟某的主张也就因此不具有合同上的依据。

再次,即便认定涉案个人所得税、增值税应由钢铁公司承担,该款项也已为双方约定的借款利息所涵盖,孟某无权再就此税金另行提出主张。《民法典》第 510 条规定:“合同生效后,当事人就质量、价款或者报酬、履行地点等内容没有约定或者约定不明确的,可以协议补充;不能达成补充协议的,按照合同相关条款或者交易习惯确定。”依此条款,在孟某与钢铁公司未在合同中就个人所得税及增值税作出明确约定且未达成补充协议的情况下,可以按照交易习惯加以确定。而在实际交易中,各方通常关注的是付出/收取的总价款,并在此基础上反向税价分离,故合同中未明确约定交易价款是否含税时,应默认为含税价,此观点在商业实践中已形成稳定的交易惯例,并为司法裁判所认可。故而就本案借款利息所产生的税金而言,在双方于借款合同中未特别约定借款利息不含个人所得税与增值税的情况下,该利息应为含税价,作为出借人的孟某无权再要求借款人钢铁公司另行承

① 此条例已因《印花税法》的施行而失效。

担个人所得税与增值税的支付义务。

最后,个人所得税及增值税属借款人的借款成本,应纳入民间借贷司法保护上限统筹衡量,而本案的实际利息偿付已远超上限,孟某不应在利息之外再取得额外收益。税金是借贷双方在订立借款合同时能够预料的、必将发生的费用,若双方约定税金由借款人承担,势必加重借款人的借贷负担,相当于变相提高利率。根据 2015 年最高人民法院《关于审理民间借贷案件适用法律若干问题的规定》(以下简称 2015 年《民间借贷规定》)[本案虽属(2015)冀民一初字第 2 号民间借贷纠纷案的关联案件,但实质是受理于 2018 年的一个新案,应当适用 2015 年的该规定]第 30 条规定:"出借人与借款人既约定了逾期利率,又约定了违约金或者其他费用,出借人可以选择主张逾期利息、违约金或者其他费用,也可以一并主张,但总计超过年利率 24% 的部分,人民法院不予支持。"税金作为借款人为获得借款而必要支付的成本,属于该条规定中的"其他费用",应纳入年利率 24% 的司法保护上限,故在钢铁公司实际偿还的利息已达年利率 26.2% 的情况下,孟某再向钢铁公司提出税金的主张,于法无据。

综合而言,就涉案个人所得税及增值税,代理人提出了层层递进、环环相扣的 4 点代理意见,形成了"该主张违反法律的强制性规定"—"即便不违反法律强制性规定,也无合同依据"—"即便具有合同依据,也已履行完毕"的逻辑缜密的论证思路,从"法定""约定""履行"三个层次论证了"钢铁公司无需向孟某另行支付涉案税金"的合法性与合理性。

(二)焦点二:针对涉案律师代理费 51,647,463.91 元的承担问题

首先,孟某主张钢铁公司应承担律师代理费 5164 余万元,事实不清、证据不足,多数证据无法达到证明标准,且存在伪造证据、虚假诉讼的嫌疑。其一,就孟某主张已支付的 380 万元律师费。根据最高人民法院判例,对律师费的支付通常以实际发生数额为限,认定标准结合委托代理合同、付款凭证、发票及实际履职等证据情况综合认定。而在本案中,就其已实际支付的共计 330 万元的两笔款项,孟某并未提交相关律师已实际履职的证据。并且,该两笔款项实际上是分别转入了两家律所名下律师的个人账户,而根据《律师法》等的规定,律师不得私自向委托人收取任何费用;私自收取费用的,司法行政部门将给予警告、罚款、没收违法所得、停止执业等处罚,故即便该两项转账为律师费,也因违反法律、行政法规的

强制性规定而不应得到支持，更何况转账单未注明款项性质为律师费。此外，代理人在北京市司法局律师管理系统中检索时，并未查到其中一名律师的执业信息，孟某与该律师所在律所签订的合同本身也未写明代理律师，该律师的签名是合同文尾手写补加的，故高度怀疑该份合同是伪造或变造的。其二，就孟某主张的尚未支付的4784万余元律师费。经代理人审查：其中三家律所的代理合同早已提前解除，不可能产生代理费用；一家律所的委托代理合同签订于2015年2月，而（2015）冀民一初字第2号民间借贷纠纷案的结案时间为2015年8月6日，执行立案时间为2015年9月28日。即孟某在判决结果未知、被告是否履行判决亦未知的情况下，提前半年便"未卜先知"地预料到此案自己一定胜诉且被告一定不履行判决，并签订费用不菲的强制执行委托代理合同，极其不合常理；此外，孟某在与北京一律所签订委托代理合同的同日，又与该所的天津分所签订了委托代理合同，两份合同在大体相同的位置、以相同的字体手写标注了一句相同的话，甚至错别字也相同。同样在该日，孟某又与另一自然人签订了《咨询顾问项目协议》（孟某于2日前签字），也就是说，孟某在同一日跑了北京、天津两地与两家律所签约，3天之内与2家律所、1名自然人签订了3份协议，分别委托三人代理同一事项。上述种种不仅证明孟某提出的给付律师费的主张事实不清、证据不足，也令人高度怀疑孟某在本案中存在为获取非法利益而伪造证据、虚假诉讼的行为。

其次，认定律师费属于2015年《民间借贷规定》第30条规定的"其他费用"，纳入年利率24%的保护上限范围，符合当前严控利率上限、打击高利贷行为的司法政策导向。经检索，关于律师费是否属于2015年《民间借贷规定》第30条规定的"其他费用"，最高人民法院在2020年作出的裁判文书中亦存在不同意见。但相对而言，认为其属于"其他费用"的裁判文书时间更加靠后，此种裁判倾向与当前严控利率上限，从实质上减少高利贷行为的司法政策导向更为契合。

代理人同时认为，10份委托代理合同、5164余万元的风险代理费用远超钢铁公司2013年签订借款合同时的可预见范围，孟某在同期内就同一事项作出若干委托行为，是对合同权利的放纵和滥用，有违诚实信用原则，不应得到支持。根据《民法典》第584条的规定，违约方的损失赔偿，应仅限于违约方订立合同时预见到或者应当预见到的因违反合同可能造成的损失。据此，一则，涉案借款合同签订于2013年，故当事人对律师费的判断应限于当时适用的河北省律师服务收费标准。二则，律师风险代理费不应得到支持，经检索，也未查到支持律师风险代理费的相关案例。最高人民法院在(2018)最高法民终956号民事判决书中指出,律师费属于违约造成的损失范畴,实际发生的基础律师损失固然应给予支持,但对风险代理费的支持应格外慎重。三则,诚实信用原则是社会主义核心价值观的重要内容,是现代民法的“帝王原则”。本案中,孟某在同一诉讼阶段内就同一委托事项一口气签订了10份委托代理合同,委托10余名代理人,均约定以执行回款为风险代理费支付条件,远超一般人的正常认知,已逾越正常履约的行为底线,完全是对合同权利的恶意滥用,其意图通过种种反常手段谋取巨额非法利益的主观恶意昭然若揭。代理人认为,无论是从公平原则与可预见性原则出发,还是从诚实信用原则出发,法院都应对本案律师费尤其是风险代理费从严把握,否则,很可能会形成鼓励滥用权利、恶意履约的不良社会导向。

结合以上三点代理意见,就律师代理费这一争议焦点,代理人形成了以下三层论证逻辑:第一,从证据层面,本案是否实际发生了委托代理事项、是否存在已实交与待交的律师费存疑,孟某提供的证据无法达到证明标准,且可能存在伪造证据、虚假诉讼的行为,故钢铁公司无须承担所谓的“律师费”;第二,即便认定钢铁公司须承担部分或全部律师费,也应考虑该笔款项是否属于2015年《民间借贷规定》的“其他费用”,若认定其属于其他费用,则该费用应受到年利率24%上限的保护,故在钢铁公司已实际偿还利息达年利率26.2%的情况下,无须再另行支付律师费;第三,若认定涉案律师费不属于“其他费用”,合议庭也应以钢铁公司在签订借款合同时的可预见范围为限,同时考虑孟某恶意扩大损失、滥用合同权利的行为,对相关费用予以严格把控。

四、裁判结果

河北省高级人民法院于2021年6月9日作出(2021)冀民终5号民事判决,结合判决文书,对于本案的上述两个争议焦点采纳了上述代理意见。

具体而言,就税金的承担问题,河北省高级人民法院认为,孟某主张的因借款利息而缴纳的个人所得税、增值税与其出借款成本核算紧密相关,已为双方约定的借款利息所囊括,故对孟某在借款利息外主张钢铁公司另行负担个人所得税、增值税的诉求不予支持。

而就律师代理费而言,河北省高级人民法院虽认为钢铁公司应依约定赔偿,但鉴于孟某先后与多家律所签订委托代理合同,涉及律师代理费总额8000万余元，不符合一般正常勤勉当事人的委托方式及习惯，故从尊重当事人意思自治及保护市场主体活力的角度考虑，参照《借款合同》订立时河北省律师服务收费相关标准，酌定以《借款合同》所涉1.74亿元借款本金的1.5%支持孟某律师代理费主张2,610,000元。

后孟某不服该判决，向最高人民法院申请再审，最高人民法院裁定驳回再审申请。

结　语

在本案中，无论是对庞大涉案数额的审查与核对，还是对税收法律规定及合同格式条款的解读，抑或是对相关案例的检索与分析，都体现了律师团队对当事人、对案件认真细致、钻研负责的态度，也正是因为这样的工作态度，本案才能取得从一审法院判令钢铁公司支付税金62,063,043.41元、律师费3,800,000元，到二审法院判令钢铁公司仅需支付律师费2,610,000元的巨大成功。

另辟蹊径谋主动，刑事控告助维权

——顾某通过刑事控告维护股东权益案

朱伟琳　相　敏*

一、案情简介

2000年至2001年，顾某、王某和朱某三人共同成立F公司开发某住宅小区，王某为公司法定代表人和控股股东。在开发建设和售房过程中，顾某发现F公司的资金往来存在大量异常款项，并与多家建筑公司、物业公司等发生经济纠纷。为了维护自己的股东权益，顾某向王某、朱某提出并交涉上述问题，却遭到打击报复，致使顾某在2004年至2009年长达5年的时间里被排除在公司经营管理之外，无法正常行使股东权利，顾某就此提起的多个民商事诉讼亦因证据不足而未获得胜诉。

2010年，顾某向法院提起股东知情权之诉，经过一审、二审，法院最终判决F公司向顾某提供2004年10月至2011年5月的股东会会议记录、财务会计报告及会计账簿供顾某查阅。但在2012年开始的执行程序中，F公司百般推诿，故意拖延，寻找各种理由和借口不按判决要求提供相关材料并为执行制造障碍。法院在2013年作出终结本次执行的裁定。通过本次执行中掌握的零散材料，顾某进一步确认王某有侵吞公司资产的行为，遂于2012年年底向公安机关举报王某涉嫌伪造金融票据和侵占F公司部分售楼款的犯罪事实。公安机关受理后，委托专业机

* 朱伟琳：北京德和衡律师事务所高级合伙人、德和衡刑民交叉业务中心总监，中国政法大学硕士研究生兼职导师，北京市犯罪学研究会理事。

相敏：北京德和衡律师事务所高级联席合伙人、德和衡刑民交叉业务中心秘书长。

构对F公司2004年至2013年的财务状况做了审计，出具了司法会计鉴定意见，最终以没有犯罪事实为由未予以立案。在此期间，顾某通过执行异议、执行监督等途径反映股东知情权案件中本裁定存在认定错误，直至2022年4月，法院裁定恢复执行，顾某得以查阅并抄录到F公司提供的总账、现金和银行账、分类明细账等会计账簿内容。

笔者介入本案后，通过全面梳理顾某掌握的材料以及抄录的F公司会计数据，收集固定其他相关证据，发现F公司并未向法院提供判决所要求的全部会计账簿，且情节严重，已涉嫌隐匿会计账簿罪；同时，账目记载的多笔大额资金支出内容不实，去向不明，有的还与王某的关联公司有关。由此，笔者认为此前的司法会计鉴定意见不客观、不真实，王某有重大经济犯罪嫌疑，遂指导顾某就新发现的犯罪线索再次向公司机关报案。经过不予立案—申请复议—撤销不立案决定—再次不予立案—申请立案监督的艰难过程，在大量、翔实的证据面前，通过提供严谨、缜密的书面材料和与检察官的多次沟通，案件已取得重大突破，顾某的合法权益在历经10余年后得到维护和保障。

二、案件难点

刑事控告是解决民商事争议的特殊和极端手段，可能存在“双刃剑”的风险，单就想要达到预期效果而言，也是十分困难的，往往受到司法环境、政策制度、办案人员个人素质等多方面因素的影响。首先，由于律师接案时掌握的信息和证据有限，涉及的相关主体是否构成犯罪难以进行准确判断，稍有差池，就可能有诬告陷害、敲诈勒索的风险。其次，刑事控告类似于“平地起高楼”，律师和当事人仅能通过自己的力量去收集证据线索，往往很难达到公安机关的立案标准，尤其是经济犯罪。最后，在刑事控告过程中，哪些工作可以由律师做、哪些是只能当事人自己做，律师如何从现有基础材料中发现犯罪情形而不是“指导”当事人“做出”犯罪事实等，这些环节把握不好，极有可能使律师自己陷入法律风险之中。因此，刑事控告业务常常是费时费力却效果难以预测，对律师是极大的考验。而本案由公司股东间的纠纷引发，涉及公司运营、资金使用、股东权利行使等典型的商事内容，除以上的共性问题外，还存在诸多难以应对的问题。

（一）案件时间跨度大，事实和法律问题错综复杂

本案最早可以追溯至2000年左右，距今已20多年，受客观情况变化、当事人

记忆等因素影响,案件事实难以被完整、准确地还原。同时,本案涉及的事件、主体众多,信息量巨大,牵扯到多起经济纠纷,法律关系错综复杂,刑事犯罪的要件事实若隐若现,证据链条时断时连。这就需要律师拨开层层迷雾,厘清法律关系,冷静分析,抽丝剥茧,梳理出事实的主干和脉络,对是否涉嫌刑事犯罪及可能的罪名作出准确判断,从而找准刑事控告的重点和痛点,力求一击而中。这对律师的专业能力、思维能力、分析能力都是极大的挑战。

(二)证据材料庞杂,取证难度大

本案据以控告的主要证据线索源于股东知情权之诉的执行案件,F 公司提供了上百本会计账簿,由于不允许复制,顾某每周的固定时间到法院进行逐项抄录,形成了上千页手写的账目材料。顾某的维权之路开始于十余年前,其间经历了诉讼、申诉、信访等多个途径,打交道的机关部门也有十几个,留下了数十万字的书面材料。因此,本案的基础材料虽然丰富,但过于庞杂,需要去粗取精,分类整理。同时,刑事控告还需要围绕控告的事实和罪名向公安机关提供相关证据材料,以形成较为完备的证据链。但客观上,公民个人和律师取证受到诸多限制,取证空间不大。例如,本案所需要的 F 公司银行转账明细,当事人和律师根本无法调取,几家接收 F 公司转款的公司均在外地,律师前去调阅相关经营信息时也是历经波折。此外,本案时间跨度大,有些资料已经不复存在,有的关联法人已经注销,有的证人对相关事实记忆模糊甚至错乱,都使取证工作难上加难。当事人顾某由于长期无法行使股东权利,所能接触到的公司资料特别是财务资料十分有限,虽然有股东知情权的胜诉判决,但执行过程中阻力重重,办案机关之间相互推诿,导致关键证据始终难以完整、准确呈现。

(三)涉及诸多非法学专业知识

刑事案件本就包罗万象,涉及的专业领域众多,进行刑事控告也不例外。比如,本案 F 公司在股东知情权之诉的执行中,缺少了 3 个月的会计资料,其向法院称,已将该 3 个月的账目并入下一年度账目中。针对该说法,律师学习了会计学基本常识和公司财务报表的基本知识,从这两个方面找出了 F 公司此项解释的虚假性,从而提出 F 公司隐匿了该 3 个月的会计账簿,已涉嫌构成隐匿会计账簿罪。此外,控告王某涉嫌职务侵占和挪用资金,都需要律师能看懂公司财务报表,懂得会计记账的基本逻辑和准则，才能从中发现异常数据，进而分析可能存在涉嫌的犯罪事实。这对律师的细心、耐心、专心都是极大考验。

（四）与当事人沟通难度大

本案当事人顾某年逾六十，曾是某省属国企的中层领导，后国企改制为民营企业，顾某任“一把手”，其本身就具有固执、专断的性格特点，加之不懂法律，又固执己见，在此前的维权过程中走了很多弯路，但未取得实质效果，还遭到打击报复，在对律师陈述案件基本事实时难免有失客观，夹杂了一些主观臆断的内容。在这种情况下，笔者不仅需要安慰当事人，充当其“情绪后盾”，还需要在其情绪化表达中判断真实性、记录可用性内容，同时结合客观证据材料，纠正其不正确的观点，说服其摒弃错误的意见，在沟通和磨合中取得其信任后，再进一步引导其按照法律思路配合工作。这个过程环环相扣，需要极大的智慧和技巧，稍有疏忽，案件可能都难以推进。

三、办案思路与心得

（一）适时运用刑事手段维护合法权益

司法实践中，经济犯罪大多因双方经济纠纷引发，民事诉讼是解决经济纠纷的通常选择，但民事诉讼存在耗时长、维权效果不明显的缺点，对方当事人在长期的诉讼过程中也可能转移资产，导致官司打赢了却拿不到钱。而通过刑事控告可以向对方施加压力，在最短的时间内挽回经济损失。同时，在部分民事案件中，由于时过境迁以及当事人缺乏证据意识，对于案件的关键事实可能没有充足的证据加以证实，从而导致民事诉讼存在风险，而部分关键事实可能无法通过民事途径取证。此时，在其行为可能涉嫌犯罪的情况下，可以先进行刑事控告，推动公安机关开展初查工作并搜集固定证据，即使最终无法刑事立案，也可能为民事诉讼搜集到相关证据。

本案中，在顾某 2010 年胜诉的股东知情权之诉执行案被不当终止的情况下，笔者首先建议顾某通过法定程序申请恢复执行，促使 F 公司向法院提供了会计报表、总账、现金和银行账、分类明细账等会计账簿。随后，笔者仔细研究了顾某抄录的账目，特别是顾某认为有疑问的账目，将其与 2012 年首次执行时 F 公司提交的部分会计资料做了比较，发现了诸多问题和疑点。例如，2012 年顾某报案后所作司法审计报告中记载了数笔 F 公司汇给多家公司、个人的“售房款”，此次提供的账簿中这些记账为何不翼而飞或被改头换面了？F公司多次在同一天通过多笔连续号码的记账凭证向王某和朱某支付数额均为2万元整的工资，总数达110万余元，而在同一本账簿中，公司每月都有发放员工工资的记账，总额均不超过10万元，这二者是什么关系？F公司将1600万元汇入王某在西安的关联公司，账目中却再无回款或平账记录，这笔巨款哪去了？F公司声称2004年10～12月的账目已并入2005年账目中，为什么从2005年的记账中看不出任何痕迹？与此同时，顾某也从账目中发现了导致自己当年民事诉讼败诉的些许端倪，同时也因当年控告未予立案而心存顾虑。通过分析研判，笔者认为，虽然会计账目中有部分对顾某有利的线索，但由于证据链并不完整，据此申请原民事判决再审的难度较大，成功率比较低，而从账目中已经发现的资金去向不明问题，部分结合顾某手中的其他材料，可以初步判断存在重大犯罪嫌疑，可以尝试采用刑事控告的手段，既惩罚犯罪又实现民事权益。笔者丰富的经验、专业的分析和清晰的工作思路给了顾某极大信心，协助律师整理了王某涉嫌职务侵占、挪用资金以及F公司涉嫌隐匿会计账簿的证据，在此基础上形成报案材料，再次启动了刑事控告程序。

（二）全面梳理证据材料，选择恰当罪名和事实

确定进行刑事控告后，接下来的问题就是选择哪些事实和罪名。笔者首先梳理了现有的证据材料，按照事件的发展脉络和一定的逻辑层次构建犯罪事实。接着，根据案件线索和构罪要件列出仍然需要补充完善的证据。然后，分析哪些证据有条件收集哪些收集不了；对于证据不完整的事实，哪些依据现有证据可以控告哪些不具备控告条件；能够补充的证据，哪些需要由当事人自行收集提供，哪些需要律师进行调查取证。对上述问题，笔者形成了系统性的工作方法和步骤，并定期进行集中研判，根据情况的变化，适时调整工作思路和取证方向。

本案据以控告的线索绝大多数来自顾某抄录的账目，涉及的疑点众多。顾某当初提起股东知情权之诉，本意是确定当年发现的F公司售楼款资金异常问题，2012年控告此事未予立案也使顾某对此始终耿耿于怀，因此，本次抄账发现疑点后，顾某认为找到了重大发现，坚持要以此控告王某侵吞公司资产，侵害股东利益。在此情况下，笔者本着实事求是的态度，站在为当事人着想和保证案件效果的立场，从现有的事实证据出发，结合公安机关办案特点，对顾某晓以利弊，耐心劝解。一方面，关于王某侵吞售楼款的证据并不充分，且难以补充收集，此事已进

行过控告而未予立案，再次控告却没有足够的新证据，公安机关依法不会再受理；另一方面，新发现的问题中，有的疑点十分突出，证据指向明显，证据材料比较充分，控告成功的把握相对较大。最终，顾某听从了律师的专业意见，选择了王某涉嫌职务侵占、挪用资金、隐匿会计账簿的四项主要犯罪事实进行了控告，并将400多页证据材料整理成卷，一并提交给了公安机关。

实践中，大部分当事人都是历经磨难却无法实现自己的目的才最后选择刑事控告的手段。因此，一旦发现对方的犯罪线索，往往义愤填膺，迫切希望把所有疑点都提交，让公安机关去查证哪些可以立案，这种事无巨细、眉毛胡子一把抓的做法在现实中几乎全是失败的。因为办案人员的精力有限，面对众多待查明的案件，不会对每一个案件细节感兴趣。律师要做的就是帮助当事人抓主要矛盾，将复杂的问题简单化，选择事实清晰、线索明确、没有法律漏洞的内容进行控告，争取更大的成功率，其他事实可以在立案之后根据案件办理进程再补充提交证据线索。

（三）注重相关文书材料的撰写

撰写法律文书是进行刑事控告的重要准备环节，刑事控告/举报书是展现律师工作能力和工作水平的载体，也是公安机关首先接触到的书面材料，决定了其对案件的第一印象。因本案比较曲折复杂，律师除撰写了刑事控告和举报材料外，还根据案件的进展情况和不同阶段，为当事人撰写了复议申请书、立案监督申请书以及情况反映书、调证申请等10余份书面材料。

不同机关有不同的办案思路和办案逻辑，法律文书的语言和风格也不尽相同，这些都需要律师具有深厚的专业素养和文字功底。以刑事控告书为例，事实与理由一定要详略得当，不能长篇大论，架构和逻辑一定要清晰有序，不能杂乱无章。在撰写过程中一定要以事实为依据，言之有物，可以适当渲染，但不能受当事人情绪化的影响。

本案在立案监督过程中，当事人将律师撰写的申请书增加了额外内容，并按自己的理解将律师整理好的证据材料重新进行排序后提交给了检察官，检察官浏览了材料后无法明确当事人想要申请立案的事实。后来通过笔者的及时沟通，重新提交了原稿，将证据材料按照事实描述的顺序进行重新排列和标注，案件才得以继续推进。由此可见，一份高质量的法律文书有多么重要，从中可以看出律师的专业能力，会让办案机关更加重视，帮助办案机关查明事实，从而增大立案的成功率。

（四）保持与司法机关的良性沟通

与司法人员保持良性沟通是推进案件的有效手段。本案在推进过程中几经波折，但是无论在公安机关还是检察院，笔者都尽可能地与办案人员当面沟通，一方面可以避免当事人沟通时存在逻辑混乱或情绪失控，另一方面也可以直接获取更多办案机关对于本案的态度、意见等信息，了解不予立案的原因和理由，有助于律师对下一步工作进行研判。在当面沟通受阻时，辅之以书面沟通也是一个行之有效的方法。本案中，笔者为当事人先后撰写了10余份材料，就是与办案机关书面沟通的方式，最终都得到了答复。

沟通中需要注意的是，办案人员对控告人的态度、对案件的认识、工作责任心、工作状态等在不同程度上会影响案件的进度、结果，应尊重、理解办案人员，尽可能配合案件办理。要与司法人员保持在合理的关系范围内，如遇部分办案人员粗暴、错误拒绝控告人的诉求情况，不要产生抵触情绪，也不要与办案人员产生言语上的冲突，避免形成对立状态，不利于案件办理。

（五）要有坚定的信念和坚韧的意志

受多方面因素影响，经济犯罪刑事控告立案率很低，其间历时少则月余多则一年半载，往往还无法实现对民事权益的保护，这对当事人和律师的心志都是极大的考验。本案的刑事控告最早开始于2012年，受阻后，顾某便转而集中精力应对股东知情权之诉的执行，真正得以执行已是10年后。再次启动刑事控告后，虽然有律师助力，但仍然困难重重，先后经历了两次不予立案，还有漫长的办案过程。面对这些，笔者抱着对法治的信仰和对公平正义的追求，始终坚信正义会迟到但决不会缺席，锲而不舍，不离不弃，不但给予顾某专业上的支持，还有精神上的鼓励，在具体工作中想当事人之所想，急当事人之所急，深入地研究案件事实，全面地论证法律问题，力争把各项工作做到极致，在维护当事人权益的道路上不畏艰难，坚定前行，终于迎来了胜利的曙光。

通过本案，笔者深切感受到，案件的成功从来就不是一帆风顺的，代理文中此类案件，必须做好吃苦的心理准备，特别是要有强大的意志力和坚忍不拔的精神，要不怕挫折，愈挫愈勇，把法律规定的救济渠道用足、用好、用充分，同时辅之以法律规定的信访、投诉等手段，唯有如此，才能完成当事人的委托，实现预期目的。

天海
空阔

律师新型实务案例及学术文集

行政法/知识产权业务相关

海关行政处罚裁量基准的几个问题

林　倩*

国务院发布的《中华人民共和国海关行政处罚实施条例》第15条规定，商品进出口申报不实，影响国家税款征收的，处漏缴税款30%～200%的罚款，那么，什么情况下罚30%，什么情况下罚200%以往海关并没有对社会公开裁量基准。

2022年10月1日，海关总署发布了《海关行政处罚裁量基准（一）（征求意见稿）》（以下简称《裁量基准（征求意见稿）》）及其《海关行政处罚"轻微违法免罚"事项清单》和《海关行政处罚"初次违法免罚"事项清单》等附件，向全社会公开征求修改意见。笔者认为，这是海关"开门立法"的一种态度和信心，对海关法律关系相对人来说，也是一次表达想法和发表意见的难得机会。作为海关法律研究工作者，笔者认为自己有责任予以研究和评价，也有义务发现意见，希望能对制定一部适度、合理的处罚裁量基准尽绵薄之力。囿于篇幅限制，笔者在本文对《裁量基准（征求意见稿）》提出如下几点意见，供各界参考。

一、同一当事人对同一货物、物品实施多个违法行为的处罚基准（《裁量基准（征求意见稿）》第5条）

同一当事人对同一货物、物品，既实施了走私行为，又实施了违反海关监管的行为，如果两个行为之间存在因果关系，根据因果关系的处罚原则，应当择一重者处罚，若对两个行为同时予以处罚，则属于对违法行为的重复评价。但是，择一重者处罚，是对较重违法行为的处罚，不是处罚幅度上的从重处罚，若对较重行为处

* 林倩：北京德和衡律师事务所高级合伙人、德和衡国际贸易与海关业务中心总监，中国政法大学兼职教授、中国人民大学法学院校外实务导师。

罚的同时，再从重处罚，便没有法律依据。《裁量基准》第 5 条规定当事人实施了走私行为，又实施了违规行为，海关选择对走私行为予以处罚，就是择重处罚，如果在择重处罚的基础上，再从重处罚，笔者认为有些不妥。走私行为与违规行为的择重处罚，在处罚阶次上，根据一般情节的走私行为予以处罚即可，不需要并处罚款。

如果当事人就同一批货物、物品分别实施了两个或者两个以上的违反海关监管规定行为，且行为之间具有因果关系，则选择一个法定处罚幅度上限或者下限较重的法条处罚即可，不需要再从重处罚（除非存在从重情节）。由于《裁量基准》是行政处罚的裁量基准，裁量基准的上限或者下限，是对当事人实际处罚的幅度，应当以裁量基准的上限或者下限进行判断为妥，不宜以法律条文处罚幅度的上下限作为判断标准。因此，笔者建议第 5 条修改如下：

"同一当事人就同一批货物、物品实施了走私和违反海关监管规定的行为，且二者之间有因果关系的，依照《中华人民共和国海关行政处罚实施条例》的规定对走私行为予以处罚，对其违反海关监管规定的行为不再另行处罚。

当事人就同一批货物、物品分别实施了两个或者两个以上违反海关监管规定的行为，且行为之间有因果关系的，应当根据本裁量基准规定的上限，择其重者处罚；如裁量基准的上限相同的，则择其裁量基准下限较重者处罚。"

二、同一行为触犯不同法律条款的竞合行为的裁量基准（《裁量基准（征求意见稿）》第 6 条）

同一行为触犯不同的法律条款，可能触发两个法律条款的处罚规定，如果根据两个法律条款分别同时处罚，可能造成对违法行为的重复评价，因为当事人毕竟只实施一个违法行为。例如，当事人出口一批镁砂，少报了数量或者品名，可能既影响出口许可证管理（《中华人民共和国海关行政处罚实施条例》第 15 条第 3 项），又影响税款征收（《中华人民共和国海关行政处罚实施条例》第 15 条第 4 项），对一个申报行为引发的涉证和涉税结果，同时分别予以处罚，显然不合理，按照法律原则，应当择一重者处罚。那么，涉证处罚的罚基是货物价值，涉税处罚的罚基是漏缴税款，何者处罚更重？应当以涉案货物的实际价值和实际漏缴税款为基础进行计算。比较罚款数额大小时，应当以法定的处罚幅度上限（涉证按货物价值 30%，涉税按漏税款 200%）计核罚款大小，还是以实际处罚金额来计核罚款轻重？笔者认为，既然海关总署制定行政处罚的裁量基准，就应当以实际可能处以罚款的多少来进行比较处罚轻重为妥，没有必要根据虚拟的法定上限来进行比较，因为绝大多数的案件都不可能根据上限来进行处罚。因此，笔者建议第6条修改如下：

"当事人实施的同一个违法行为违反多个法律规范应当给予罚款的，应当根据本裁量基准规定的上限，择其重者处罚；如处罚幅度上限相同，则择其裁量基准规定的下限较重者处罚。"

三、没有主观过错，不予行政处罚的行为，应公布"无主观过错免罚事项清单"（《裁量基准（征求意见稿）》第8条）

《行政处罚法》第33条规定"当事人有证据足以证明没有主观过错的，不予行政处罚"，"无过错，不处罚"的行政法律原则，从此有了法律依据。但是，对于如何判断哪些违法行为属于无过错行为，不予行政处罚；哪些违法行为属于有过错行为，应予以行政处罚的问题，新法实施之后，出现诸多争议，由于这个法律条款缺乏可操作性，海关实施效果不佳。

笔者认为，"无过错，不处罚"的规定，不仅是《行政处罚法》的核心法律条款，也是海关执法中的重要内容，应当借《裁量基准》出台之际，列出具体免罚事项清单，便于执法操作，以便起到定分止争的作用。例如：（1）什么样的归类申报错误，没有主观过错？（2）报关企业根据委托人提供的信息申报，有没有主观过错？（3）特许权使用费和关联交易的价格申报有误，有没有主观过错？（4）保税料件无正当理由出现短少，有没有主观过错？等等，面对这些现象和问题，没有过错的当事人应当如何自证清白，证明自己没有过错，可以不予行政处罚？海关应当制定一个免罚事项清单，列明哪些行为属于"有证据证明没有主观过错的行为"，从根源上彻底解决诸如海关总署发布的《关于商品归类申报不实的解释》（海关行政解释2号）中存在的类似问题。因此，《裁量基准（征求意见稿）》第8条第3项、第4项建议修改如下：

"（三）符合《海关行政处罚'无主观过错免罚'事项清单》规定情形的；

"（四）违法行为在二年内未被发现的，涉及公民生命健康安全、金融安全且有危害后果，五年内未被发现的"。

四、在海关行政处罚裁量基准中不宜引入"认错认罚"法律制度(《裁量基准(征求意见稿)》第9条)

在《裁量基准(征求意见稿)》第9条、第10条"减轻处罚"和"从轻处罚"情节中引入"认错认罚"制度,规定当事人认错认罚的,可以作为减轻或者从轻处罚的一个条件。笔者认为,"认错认罚"不宜作为减轻处罚或者从轻处罚的条件,理由如下:

1.海关要求当事人认错认罚,可能导致海关调查办案过程中重当事人认错态度,不重事实和证据;

2.海关在当事人认错之后,作出减轻处罚或者从轻处罚的决定,如果当事人再反悔不认错,将错失调查取证的机会,案件无法定案处理;

3.认错认罚减轻处罚,海关可以在法律规定的最低处罚幅度以下量罚,没有处罚幅度的下限,即可以在0~5%(货物价值)或者0~30%(漏缴税款)之间予以罚款,容易导致基层海关在执法实践中自由裁量权过大,而且,认错认罚又是一个主观判断标准,只要当事人承认违法事实、愿意接受处罚,海关就给予减轻处罚,可能导致裁量基准虚设;

4."认罪认罚"从宽处理的刑事司法政策,有其特定的背景,不宜简单复制到行政处罚中去,而且,认罪认罚从宽处理的制度在司法实践中也产生了一些负面影响,争议较多。

所以,第9条第6项减轻处罚条件建议修改为:

"(六)积极配合海关查处违法行为,且主动消除违法行为危害后果的"。

第7项第4目的减轻处罚条件建议改为:

"4.影响国家许可证件管理,但没有影响国家有关进出境的限制性管理的,如自动进口许可证、法定检验检疫通关证明等"。

第8项第2目的减轻处罚条件建议改为:

"2.违法输入境内的固体废物零星、少量,限制类固体废物数量在20吨以下,禁止类固体废物数量在5吨以下,或者危险类废物数量在1吨以下的"。(因为在2个月内退运出境已单独作为减轻处罚的一个条件,所以,删除本条目的"当事人能够及时退运出境的"附加条件;由于固体废物分为限制类固体废物和禁止类固体废物等,在条文中数量上应当予以区别对待。)

五、积极配合海关调查和主动缴纳保证金可以分别作为从轻处罚的两个条件(《裁量基准(征求意见稿)》第10条)

积极配合海关调查办案,一方面,是当事人对海关调查办案提供协助的客观行为;另一方面,也表明当事人的一种认错态度。主客观上都对海关行政执法起到积极的作用,应当给予鼓励,海关对当事人配合调查的行为,在处罚上应当给予一定政策红利,予以从轻处罚是合理的,也就是说,只要配合调查,海关就可以从轻处罚。

主动缴纳案件保证金,是一种消除或者减轻违法危害后果的行为,既可以保证税款和罚没收入不流失,又是当事人愿意认错的一种态度,可以单独作为从轻处罚的一个条件。也就是说,只要根据裁量基准的罚款金额缴纳足额的保证金(包括漏缴税款保证金和罚款保证金),就可以从轻处罚。对当事人从轻处罚,不需要同时具备积极配合调查和缴纳保证金两个条件,任何一个条件都可以从轻处罚。

笔者认为,《裁量基准(征求意见稿)》第10条第3项"主动减轻违法行为危害后果的",可能指的就是缴纳保证金的意思。但是,条文表达得不够具体,《裁量基准(征求意见稿)》本身就是操作规范,可以更加直接了明,以便执法过程中具体操作。

另外,由于大多数旅客对海关的监管规定不太了解,首次进出境的旅客违规携带物品未申报的行为,这是一种常态,首次违规危害后果轻微的,依法可以不予处罚,虽然危害后果严重,但只要不是走私行为,都可以从轻处罚。

因此,笔者建议第10条的各项可以修改为:

"(二)积极配合海关查处违法行为的;(删除'且认错认罚'的条件)

"(三)主动缴纳案件保证金,消除或者减轻违法行为危害后果的;(列举'主动缴纳案件保证金',作为消除或者减轻违法行为危害后果的一种主要方式)

"(四)……3.首次进出境的旅客违规携带物品,依法不构成走私行为的,但携带国家禁止进出境物品的情形除外;(将'且没有证据证明其知道海关监管规定'改为'依法不构成走私行为的',因为构成'走私行为',除明知海关监管规定的主观故意外,还有逃避海关监管的客观措施)

"(五)适用《固体废物防治法》第一百一十五条规定处理的案件,符合以下情形之一的：

“1. 违法输入限制类固体废物20吨以上100吨以下的，禁止类固体废物5吨以上20吨以下的，危险类固体废物1吨以上5吨以下的；（规定不同危害等级固体废物的不同数量，分别予以从轻处罚）

“2. 在海关发现固体废物入境后的2个月以后4个月以内退运出境的。（海关在作出处罚决定之前，如果没有责令退运程序规定，退运期限起算点就难以确定，以入境时间标准为妥）”

六、当事人违规之后1年内又实施同样违规行为的，不宜从重处罚（《裁量基准（征求意见稿）》第11条）

从重处罚，是海关对严重违规行为作出的否定性评价，以货物价值为处罚基准的，处罚幅度可能高于货物价值的15%，以漏缴税款为处罚基准的，处罚幅度可能高于漏缴税款的100%。

笔者认为，当事人违反海关监管规定的行为，一般都是没有主观故意的过失行为，虽多次发生违规行为，但并不是当事人有意而为之，也不是明知故犯，海关对当事人因“过失违规行为”，作出从重处罚的否定性评价，既不符合法理，又显得处罚不当。所以，无论是走私行为之后再实施违规行为，还是违规行为之后的一定时间内再实施同样的违规行为，都有可能是过失原因导致的，如影响出口退税管理的归类申报不实行为，被海关处罚后，1年之内又因出口归类申报不实被海关立案查处的，如果一概从重处罚，也不尽合理。

因此，笔者建议第11条可以做如下修改：

“（三）因走私被判处刑罚或者被海关行政处罚后，在刑事处罚或者行政处罚的生效法律文书送达之日起二年内又实施走私行为的”；（删除走私后1年内又实施违规行为的，从重处罚的规定；“刑罚执行完毕之日”改为“刑事处罚的生效法律文书送达之日”，因为刑事案件中如果被告人被判缓刑，或者属于单位犯罪的，在刑罚执行期间，有可能再实施走私行为）

删除第4项规定（违规之后1年内又实施同一违规行为予以从重处罚的规定予以删除）

“（六）适用《固体废物防治法》第一百一十五条规定处理的案件，违法输入境内限制类固体废物数量达到500吨以上，禁止类固体废物数量达到100吨以上，或者危险废物数量达到20吨以上的”;(固体废物退运可以作为从轻、减轻处罚的条件,但“不退运”不宜作为从重处罚的条件;不宜将是否构成污染环境作为海关从重处罚的情节,海关不是环境生态的主管部门,是否污染环境,海关无法作出专业的判断,如果入境废物对环境造成污染,生态环境部门将会依法处理的,没有必要在海关从重处罚的处罚基准中规定)

七、瞒报价格的走私行为中的走私货物无法或者不便没收的,应当追缴等值价款(《裁量基准(征求意见稿)》第12条)

对于走私行为予以行政处罚的裁量基准,该基准规定为没收偷逃税款占应纳税款比例相对应部分的走私货物、物品,充分体现了过罚相当的行政处罚原则。但也容易引发另一个问题,即同一批低报价格或者少报数量的走私进口货物,没收其中的一部分,意味着一部分货物性质属于走私货物,另一部分货物性质不属于走私货物,如果涉案走私进口货物是不可分割的单一物体,那么,这件货物哪一部分是走私货物,哪一部分不是走私货物事实上无法区分,导致逻辑上产生矛盾,司法实践中人民法院也不支持这种做法和观点。

所以,笔者建议,对于瞒报价格的走私行为,依法没收部分货物的,《裁量基准(征求意见稿)》中直接规定追缴走私货物、物品的等值价款较妥。因此,笔者建议《裁量基准》第12条第2款、第3款修改为:

“对于伪瞒报价格、数量偷逃应纳税款但未逃避许可证件管理的走私行为,应当没收的走私货物、物品,是指偷逃税款占应纳税款比例相对应部分的货物、物品。走私货物、物品无法或者不便没收走私货物、物品的,应当追缴走私货物、物品的等值价款。

“具有从重情形的走私行为,应当依法并处罚款;没有从重情形的,不需要并处罚款。”(关于走私行为是否并处罚款,执法实践中,各机关裁量标准各不相同,明确一般情况下不采用并处罚款,从重情形的走私行为才并处罚款,可消除执法中的误解和不统一)

八、报关企业的违规行为参照《海关行政处罚实施条例》第15条的基准处罚,过罚不相当(《裁量基准(征求意见稿)》第13条)

本条规定的裁量标准,对报关企业的处罚幅度,参照《海关行政处罚实施条例》第 15 条规定的裁量基准处罚，显得过罚不相当。根据《中华人民共和国海关行政处罚实施条例》第 17 条的规定，海关对报关企业的违规行为，处以货物价值 10% 以下罚款；第 15 条和第 18 条规定，对收发货人的违规行为，处以货物价值 30% 以下的罚款，表明法律对收发货人和报关企业，在处罚幅度上明显有轻重区分，不是一视同仁的。主要原因是报关企业的违规行为中大多是操作上的错误，报关企业没有从违法行为中获利，法律规定处以较低幅度的罚款。而收发货人不但是申报义务人，也是纳税义务人，更可能从违规行为中获利，违法行为的危害性较大，法律对其违规行为处以较高幅度的罚款，也是合理的。

所以，笔者建议第 13 条第 4 项修改如下：

“适用《海关行政处罚实施条例》第十七条处理的案件，如果违法行为是影响海关统计准确性或者影响海关监管秩序的，根据第十五条第（一）、（二）项的规定处理；如果违法行为是影响许可证管理的、影响国家税款征收的、影响国家外汇或者出口退税管理的，参照《海关行政处罚实施条例》第十五条（三）、（四）、（五）项的处罚裁量基准的下一阶次相应裁量基准予以处罚，但罚款金额最高不得超过违法货物价值的 10%。”

九、建议进一步明确出口退税申报不实案件的处罚裁量基准

《裁量基准（征求意见稿）》第 17 条规定，对出口退税申报不实案件的处罚幅度作了原则性的规定，没有明确如何具体裁量。笔者认为，出口退税案件裁量基准应当进一步予以明确。

（1）对于出口退税申报不实案件，应当比照影响税款征收申报不实案件处理，比较合理，但若罚款金额低于《中华人民共和国海关行政处罚实施条例》第 15 条第 5 项规定的申报价格 10%，应当同时适用《行政处罚法》第 32 条的减轻处罚条款规定。这只是一个临时措施，不是根本办法，从根本上解决，要等待相关部门对《中华人民共和国海关行政处罚实施条例》第 15 条第 5 项进行立法修改。

如果海关不做上述变通处理，根据第 15 条第 5 项的规定，无论是出口归类申报不实，还是价格申报不实影响出口退税，最低处申报价格 10% 的罚款，将比以往执法实践中的处罚幅度高出许多，会引起出口退税案件处罚标准的大幅度提高，必将引发企业的强烈反响，不利于营商环境的改善，而且出口退税申报不实案件的数量多占比高，影响比较大。

（2）价格申报不实，是否会影响出口退税管理，也是一个长期争议不休的问题，建议借裁量基准的出台之机，明确出口高报价格影响出口退税管理的，以企业是否实际多退税款为准。

以上是笔者对《裁量基准（征求意见稿）》的初步研究意见。

雄安新区政府投资项目审批制度创新研究

——以“一会三函”制度为视角

江　波*

雄安新区自成立以来着力推进供给侧结构性改革，积极开展公共服务类建设项目投资审批改革试点，其中最为引人注目的当属“一会三函”制度。本文通过梳理“一会三函”制度的缘起及其在雄安新区的发展明确其制度内涵，在此基础之上通过将其与河北省政府投资项目的对比分析出“一会三函”制度的创新之处、操作中的普遍问题及管理建议，旨在为理顺雄安新区政府投资项目审批流程、加强项目建设管理提出可供参考的思路。

一、“一会三函”制度的缘起及其雄安之路

“一会三函”制度首创于北京城市副中心建设过程中。2016 年 8 月 5 日，北京市人民政府发布《北京市公共服务类建设项目投资审批改革试点实施方案》，积极开展公共服务类建设项目投资审批改革试点，着力推进北京城市副中心建设，这标志着“一会三函”制度的诞生。“一会三函”制度为北京城市副中心的加速建设保驾护航，在审批手续上尽量简化，充分体现了政策工具的优势。

2017 年 4 月 1 日，中共中央、国务院印发通知，决定设立国家级新区河北雄安新区。雄安新区的设立，将承接北京非首都功能，探索现代城市发展道路，推进京津冀协同发展，是“千年大计、国家大事”。为承接国家千年大计，按照党中央、国

* 江波：北京德和衡律师事务所高级合伙人、执行主任，德和衡研究院执行院长，博士，中国政法大学兼职教授，最高人民检察院民事行政咨询专家。

务院决策部署,紧紧围绕京津冀协同发展战略,坚持改革创新、大胆探索,坚持依法行政、稳妥推进,坚持简政放权、放管结合、优化服务,河北省人民政府着力推进供给侧结构性改革,积极开展公共服务类建设项目投资审批改革试点。与北京市“一会三函”制度不同,河北省人民政府提出了雄安新区独具特色的“一会三函”制度并在制度创新的实践中不断完善:

2019 年 1 月 4 日,河北省人民政府印发《关于河北雄安新区建设项目投资审批改革试点实施方案》(以下简称《实施方案》)的通知,首次提出了要在雄安新区建设项目投资审批流程中试行“一会三函”工作制,“一会三函”流程完成后即可进行开工建设。对于雄安新区区域内政府投资项目,在做好前期工作的前提下,由雄安新区管委会召开会议,对具备条件的项目集中审议,确定投资项目建设计划,明确建设时序安排。有关部门根据会议要求先后分别出具项目前期工作函、设计方案审查意见函、施工意见登记函后,即可开工建设。

2020 年 4 月 30 日,河北雄安新区党工委管委会党政办公室印发《关于加强工程建设“四位一体”管理的意见(试行)》的通知,明确了“三函”归口负责单位为雄安新区公共服务局,“一会三函”流程结束后项目可以即时开工建设。为提高审批效率,“三函”受理由公共服务局(政务服务中心)归口负责,项目完成“一会三函”流程后,即时开工建设。

2020 年 12 月 22 日,河北省雄安新区管委会(以下简称新区管委会)发布《雄安新区政府性投资项目成本控制管理暂行办法》,新区本级政府性投资项目实行“一会三函”工作流程,经管委会会议审议通过后,依次获得前期工作函、设计方案审查意见函、施工意见登记函,并结合相关法定审批流程和程序开工建设。

2020 年 12 月 31 日,河北雄安新区党工委管委会党政办公室印发《雄安新区政府投资管理办法(试行)》,在政府投资项目领域再次明确完成“一会三函”制度审批流程后项目即可开工建设,新区管委会政府投资项目实行“一会三函”工作流程,即新区管委会召开项目决策会议集中审议,有关部门根据会议要求先后出具项目前期工作函、设计方案审查意见函、施工意见登记函后,即可开工建设。

2021 年 3 月 26 日,河北雄安新区党工委管委会党政办公室印发《关于进一步优化雄安新区工程建设项目审批流程的实施方案》(以下简称《审批流程》),提出了“一会三函”制度要与国家现行法律法规的规定相结合,法定许可与“一会三函”制度要并联运行:“以‘宜证则证、容缺受理、函证结合’为原则,形成法定许可和'一会三函'并联运行、同时审批的完整审批链条,实现政府投资类项目从项目立项到施工许可审批时限控制在30个工作日内"。

自此,"一会三函"制度在雄安新区走出了独具特色的创新之路,不仅做到了坚持改革创新、大胆探索,同时也做到了坚持依法行政、稳妥推进,将"一会三函"制度与国家现有法律法规并联运行,同时审批,简化了项目开工建设手续,在合法合规的基础上大大缩短了建设工程审批流程。

二、"一会三函"制度的具体内容

"一会三函"制度是为加快项目投资及开工建设,将法定审批程序简化为"一会三函"制度四个环节的项目建设工作模式。

(一)"一会"是指市政府召开会议集体审议决策

"一会"的相关流程如下:

(1)新区重大项目办在谋划和提出年度重点项目计划和投资计划时,要根据新区总体规划、片区控制详细规划、专项规划和社会经济发展需要统筹考虑,提出与财政资金相衔接的年度投资计划,由新区重大项目办组织编制项目预可行性研究报告,明确项目建设的必要性、主要建设内容(包含智能城市建设内容)、拟建地点、拟建规模、投资匡算、资金筹措、生态环境影响及风险防控、社会稳定风险、社会效益及经济效益等内容。

(2)自然资源和规划部门应及时提供能够支撑编制预可行性研究报告的规划条件,规划条件要科学充分论证和比选,同时要做好项目选址各类风险防控工作;新区自然资源和规划部门应及时提供能够支撑编制预可行性研究报告的规划条件,规划条件要科学充分论证和比选,同时要做好项目选址等各类风险防控工作。

(3)新区改革发展局对项目预可行性研究报告进行评审,对符合有关规定、规划选址明确、确有必要建设的项目,纳入新区年度投资计划统一管理。预可行性研究报告通过评审的,由改革发展局提请新区管委会会议集中审议。上述工作流程解决了项目入口的问题,通过集体会议审议,提高了项目建设决策效率和水平。

(二)"三函"是指项目前期工作函、设计方案审查意见函与施工登记函

(1)新区改革发展局根据新区管委会有关会议纪要出具前期工作函,项目单

位据此开展可行性研究报告、勘察、设计招标等前期工作。

(2)可行性研究报告获批,且设计文件达到要求深度的,可申请项目主体工程的设计方案审查意见函。

(3)项目单位在确定施工单位、监理单位,并完成施工图备案的基础上按照告知承诺制的原则,由建筑师、勘察单位和建设单位作出承诺备案后,项目单位可申请施工登记函。

为了加强"一会三函"制度与常规审批流程的衔接,新区政府投资项目在可行性研究报告批复之前不得开展施工、监理招标,不予办理施工登记函;在竣工验收之前未办理完成各项法定审批手续的,不予竣工验收。据此,项目建设单位只需满足"一会三函"制度下四项前置条件即可开工建设,其他各项法定审批手续于竣工验收前完成即可。

三、雄安新区"一会三函"制度的创新之处

"一会三函"制度是政府为了加快项目建设工作提供的一种新型工作模式,与北京市"一会三函"制度流程类似,其将项目开工门槛简化为四项,与河北省一般政府投资项目的审批流程相比,大大缩短了项目开工建设前期手续的办理时间(雄安新区政府投资项目审批流程参见图1,河北省政府投资项目审批流程见图2)。笔者将对比北京市"一会三函"制度①、河北省常规政府投资项目审批流程②及雄安新区政府投资项目"一会三函"制度③审批流程的异同,总结提炼雄安新区"一会三函"制度的创新之处。

---

① 北京市"一会三函"制度,参见《关于北京市开展公共服务类建设项目投资审批改革试点的批复》(国函〔2016〕83号)、《关于北京市继续开展公共服务类建设项目投资审批改革试点的批复》(国函〔2019〕48号)。

② 河北省政府投资项目审批流程参见《政府投资条例》,河北省人民政府印发的《投资管理办法》《关于印发河北省优化投资建设项目审批流程实施办法(试行)的通知》以及河北省发展和改革委员会印发的《河北省投资项目在线审批监管平台运行管理暂行办法》等相关要求。

③ 雄安新区"一会三函"制度,参见河北省人民政府印发的《关于河北雄安新区建设项目投资审批改革试点实施方案》、河北雄安新区党工委管委会党政办公室印发《关于加强工程建设"四位一体"管理的意见(试行)》、新区管委会印发的《雄安新区政府性投资项目成本控制管理暂行办法》的通知、新区管委会印发的《雄安新区政府投资管理办法(试行)》、河北雄安新区党工委管委会党政办公室印发的《关于进一步优化雄安新区工程建设项目审批流程的实施方案》以及雄安新区公共服务局印发的《雄安新区工程建设项目报建指南》。

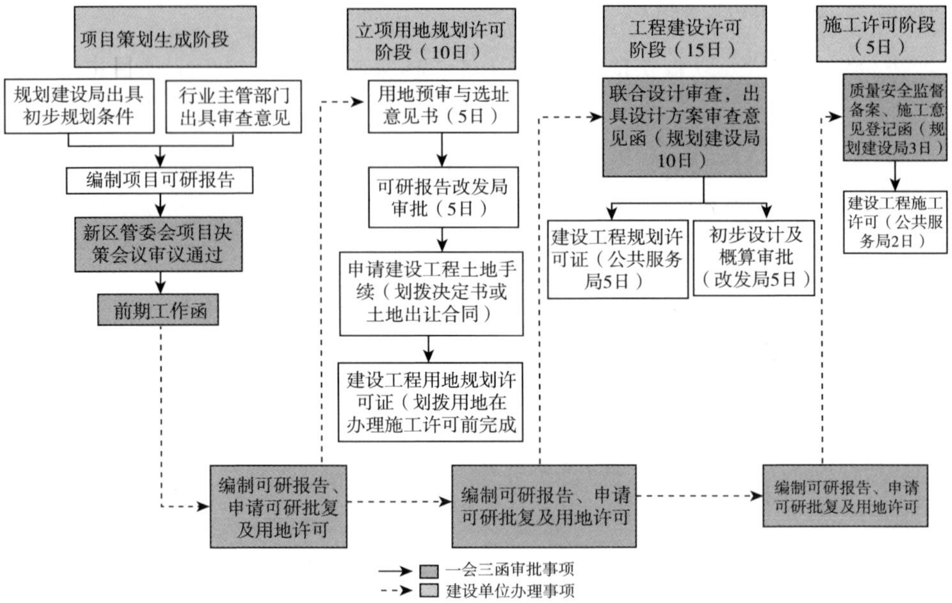

图1　雄安新“一会三函”制度审批流程

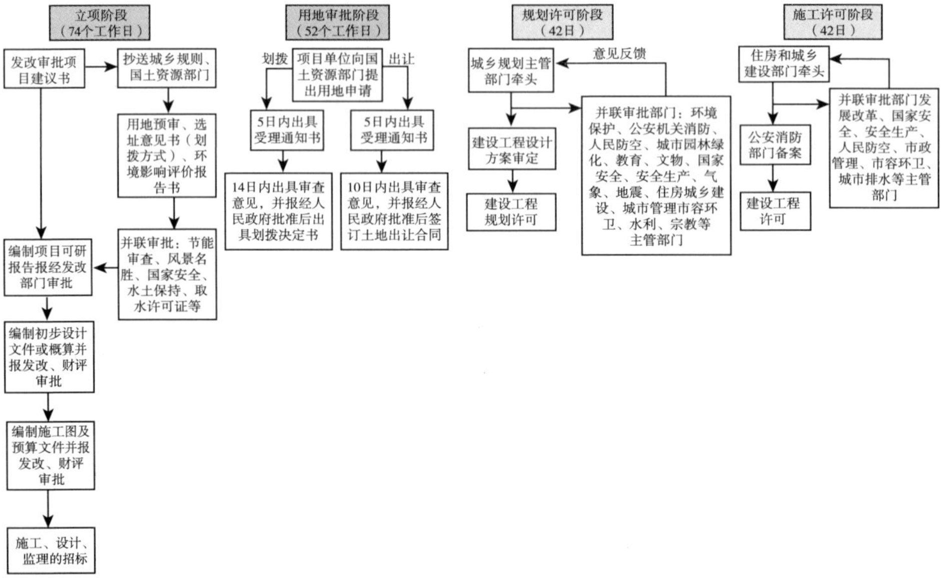

图2　河北省政府投资项目审批流程

（一）着重“一会三函”制度与常规审批流程的并联运行

与北京市“一会三函”制度不同的是，新区文件一再要求“一会三函”制度与常规审批流程进行衔接，并创造性地提出了“以‘宜证则证、容缺受理、函证结合’为原则，形成法定许可和‘一会三函’并联运行、同时审批的完整审批链条”的相关概念，显示了新区政策制定者较强的法律意识和高超的立法技术。常规审批流程按照法律规定的基本建设工程审批程序进行，“一会三函”流程按照加快推进项目建设流程进行，两套流程同步推进。常规审批流程是完整的法定流程，“一会三函”流程在常规审批流程的基础上，解决加快开工建设的问题，两套流程各有侧重但又并行不悖。

（二）精简审批环节

1. 加快项目建设进度

在河北省政府投资项目建设常规审查流程中，各审批环节环环相扣，上一阶段的审批尚未完成，下一阶段的工作开展便无依据。但是在“一会三函”制度中，项目单位可依前期工作函申请办理建设项目选址意见书、建设项目用地预审意见，组织编制可行性研究报告、环境影响报告书（表）、规划设计方案等前期工作。在项目可行性研究报告批复后可进行工程施工、监理的招投标流程。依法依规在保证招标投标工作质量前提下，允许招标人与潜在投标人协商确定与工程规模相匹配的投标文件编制时间，并允许项目单位依据建设规划设计方案、审查意见、办理开标手续。换言之，自项目立项至施工许可证颁发之前，“一会三函”制度重点关注项目建设的关键节点，在取得项目建设关键性审批文件后，项目前期重点工作如可行性研究报告的编制、环境影响评价、规划设计方案以及施工招标工作都可同步进行，最大限度地避开了项目建设过程中的制度性桎梏。

2. 一定范围内取消单个项目的前期评估审查

在常规审批流程中，项目前期手续的并联审批需要经过国土资源、文物、水务、环保、规划建设等多个部门，流程烦琐且审批时间长。而在“一会三函”制度下，对在雄安新区内控制性详细规划阶段和土地整理储备阶段进行气象、矿产压覆、地震安全、交通、水务、文物等方面的影响评估审查，且相关部门出具意见的，可取消单个项目的评估审查。

3. 部分许可的容缺受理

在工程建设许可阶段,主要办理建设工程规划许可证核发和初步设计及概算审批,雄安新区相关文件允许对暂未取得建设用地规划许可证或建设项目用地预审与选址意见书的建设项目,建设工程规划许可证实行容缺受理,由行政许可主管部门通过内部资料共享方式补齐相关材料后,直接核发建设工程规划许可证。在施工许可阶段主要办理建筑施工许可证核发,同步办理质量、安全监督备案手续。雄安新区相关文件也允许对核发施工许可证法定要件暂不齐全的项目、施工许可证实行容缺受理,建设单位可依据施工意见登记函组织开工建设,由行政许可主管部门通过内部资料共享方式补齐相关材料后,直接核发建筑工程施工许可证。

4. 质量安全的承诺备案

在申请施工许可证阶段,项目单位在依法确定施工、监理单位,并完成施工图备案基础上,按照告知承诺制的原则,由建筑师、勘察单位和建设单位作出承诺备案后,项目单位可申请施工登记函,而无须进行众多部门的并联审批和公安消防备案,只需相关主体在规划建设局做出相关承诺并完成备案即可。简化审批流程时限以河北省政府投资项目为例,自项目申请立项开始至取得施工许可证开工建设止,需要 210 个工作日(未扣除不同阶段可同步办理事项天数);而在雄安新区范围内,政府投资类项目从项目立项到施工许可审批时限控制在 30 个工作日内,即使项目尚未满足施工许可证办理条件,也可以"一会三函"制度完成为由开工建设。从加快项目建设的角度,此举抓住了项目建设过程中的关键环节和必要前提。

四、"一会三函"制度的不足之处及完善建议

(一)不足之处

1. 存在容缺受理与现行法律法规的冲突

"一会三函"制度的设计目的在于提高项目建设前期工作效率,加快项目开工进度。虽然雄安新区在制度设计中包含了与现行法律法规相结合的制度性要求,但新区制度允许在未取得施工许可证的情况下开工建设,可能与我国现行法律的规定存在一定程度上的冲突。按照我国相关法律法规的规定,建筑工程开工前,建设单位应当向建设行政主管部门申请领取施工许可证。但是"一会三函"制度

下建设项目在未取得施工许可证之时可以开工建设，例如，《建筑法》第 64 条规定：“违反本法规定，未取得施工许可证或者开工报告未经批准擅自施工的，责令改正，对不符合开工条件的责令停止施工，可以处以罚款。”又如，《建筑工程施工许可管理办法》第 12 条规定：“对于未取得施工许可证或者为规避办理施工许可证将工程项目分解后擅自施工的，由有管辖权的发证机关责令停止施工，限期改正，对建设单位处工程合同价款 1% 以上 2% 以下罚款；对施工单位处 3 万元以下罚款。”

从法律效力层级来看，《建筑法》是国家法律，雄安新区《实施方案》及一系列规定的效力低于法律，关于开工建设的法定流程仍应以《建筑法》的相关规定为准，即开工建设需要取得建筑工程施工许可证。从这个意义上来说，雄安新区的《实施方案》及一系列规章、规范性文件与《建筑法》的规定存在冲突。

2. 前期容缺受理与后期项目建设的衔接

简化手续与容缺受理实质上是将需要前期论证和研究的工作滞后处理，对于很多重大项目而言建设周期较长，从开工到项目竣工验收阶段留有充足的时间进行论证并补足相关手续。而在满足“一会三函”制度的制度要求即可开工建设的情况下，对于部分施工条件具备且建设工期较短的项目而言①，很可能在达到办理竣工验收条件的时间节点未能完成建设工程用地规划、建设工程规划和施工许可证以及其他相关手续的办理，无法在规定时限内补齐相关手续，导致无法正常办理项目竣工验收、通过政府审计等后续流程。

3. 政府与社会资本合作项目的操作

从现存规定来看，雄安新区“一会三函”制度与政府和社会资本合作项目在操作流程上的衔接不足。涉及政府和社会资本合作项目时，为提高效率加快项目建设，社会资本通常将施工、设计等进行一体化招标，招标的前提条件是社会资本的项目公司完成组建并成为项目建设单位。而可行性研究报告（投资估算）批复又是政府方招标社会投资人的前提条件，因此作为可研批复的前置条件，政府决策会议、前期工作函、选址意见书、用地预审等批复文件变成了政府方的职责。前期审批文件的申请主体与后期项目公司存在差异，客观上造成项目建设单位的无序

---

① 参见翟春城：《项目管理在“一会三函”政府投资项目的风险和应对措施》，载《中国工程咨询》2018 年第 9 期；洪西文、周德秋：《怀柔科学城政府投资类项目“一会三函”结合传统审批模式前期项目管理应用实践》，载《中国工程咨询》2020 年第 3 期。

状态。此外,在取得前期工作函后,社会资本方尚未完成项目公司的组建,规划设计和施工招标等前期工作仍无法快速开展,在加快项目建设的流程上不及一般的政府投资项目。

(二)完善建议

第一,雄安新区的制度创新走出了独特的“雄安之路”,但这并不意味着“一会三函”制度可以取代常规审批流程。常规行政审批是“一会三函”制度得以实施的重要基础,也是项目合法合规建设的必要条件。我国境内建设的项目无论是否纳入“一会三函”制度审批流程,均需要办理完成一般意义上的建设工程审批手续。纳入“一会三函”制度的项目在项目开工建设后仍然要办理完成各项审批手续及流程。所以,“一会三函”制度要与国家规定的审批路径相结合,这一点虽然从雄安新区“一会三函”制度文件发布的顺序及内容上已有体现,但是目前新区的规定尚未从根本上达到与国家法律法规完美融合的状态,建议从国家层面完善相关立法,增加未取得施工许可证即开工建设的但书情形或改革办理施工许可证的操作流程。

第二,严格按照“宜证则证、容缺受理、函证结合”的原则开展项目行政审批流程,项目建设单位在项目前期审批中要紧抓政策机会窗口,宜证则证,在开工建设之前具备条件的必须办理相关证照,保证项目建设的合法合规,为项目如期竣工验收打下坚实基础;尚未满足办理条件的进行容缺受理,先行开工建设以保证项目建设的效率和速度,但是在项目建设过程中也应当时刻关注前期手续的进度,做到项目建设效率与质量的统一。

第三,建议明确“一会三函”制度中引入社会资本流程的制度性规定,如具体的投融资模式,选择社会资本的前提条件,选定社会资本后开展施工、设计、监理的招标流程上是否与常规政府投资项目相匹配等问题,以便更好地在基础设施等领域开展政府与社会资本的合作,保证雄安新区在快速开展项目建设的同时能够增强对社会资本的吸引力。

我国知识产权恶意诉讼损害赔偿的新思考

——基于我国法院66件司法案例的实证分析

朱　兵　王世港*

引　言

所谓恶意诉讼,虽未有法律明确的定义,但在理论界和实务界均有相对一致的阐述,即当事人以获取非法或不正当利益为目的而故意提起一个在事实上和法律上无根据之诉,致使相对人在诉讼中遭受损失的行为。① 知识产权的无形性与立案登记制度的推行,使知识产权恶意诉讼逐渐成为一种特殊侵权行为。党的十八届四中全会通过的《中共中央关于全面推进依法治国若干重大问题的决定》以及最高人民法院于2021年9月24日发布的《关于加强新时代知识产权审判工作为知识产权强国建设提供有力司法服务和保障的意见》,均有加大对虚假诉讼、恶意诉讼等行为的惩治力度和规制力度的要求。但实际上,恶意诉讼损害赔偿问题一直是司法实践中备受争议的难点,并未形成统一的裁判标准,这与各类文件不断要求加大恶意诉讼规制力度所呈现的反差令人深思。笔者以我国目前出现的知识产权恶意诉讼案件为实证分析对象,探索知识产权恶意诉讼案由正式出现以来法院判赔数额的最新发展,以期对我国知识产权恶意诉讼损害赔偿制度的完善有所裨益。

---

* 朱兵:北京德和衡(青岛)律师事务所合伙人、德和衡知识产权业务中心执行总监。

王世港:北京德和衡(青岛)律师事务所执业律师、德和衡山东区域知识产权业务中心秘书长。

① 参见北京知识产权法院民事判决书,(2015)京知民初字第1446号,该案为从北大法宝平台检索到的第一起恶意诉讼案件。

一、我国知识产权恶意诉讼损害赔偿的现状分析

笔者以北大法宝司法案例数据库作为平台，检索符合下列要求的法律文书：(1)案由为"因恶意提起知识产权诉讼损害责任纠纷"；(2)文书类型为"判决书"，审理法院、案件审结日期等不限。按照以上检索要求，笔者共检索到案件76件，经审理认定构成恶意诉讼的有效样本案件17件。①

(一)损害赔偿多发于实用新型和外观设计专利诉讼领域

"因恶意提起知识产权诉讼损害责任纠纷"这一案由正是源自最高人民法院于2021年施行的《关于印发修改后的〈民事案件案由规定〉的通知》，作为三级案由处在"知识产权与竞争纠纷"项下的"知识产权权属、侵权纠纷"之下。从图1、图2可以看出，在2011年至2021年的10余年，以恶意诉讼案由立案并审结的司法案件有66件，②经法院审理判决构成恶意诉讼并赔偿的案件仅有17件。其中涉及实用新型专利和外观设计专利的恶意诉讼案件均占总案件的29%，该两类案件占总案件的58%，原因可能在于该两类专利在授权的过程并不进行实质审查，其权利稳定性较差，较容易推定提起诉讼一方明知没有权利基础却仍申请专利并提起诉讼的事实，进而推定该方具有主观恶意。知识产权恶意诉讼案件涉及的知识产权类型见图1，胜诉的知识产权恶意诉讼案件涉及的知识产权类型见图2。

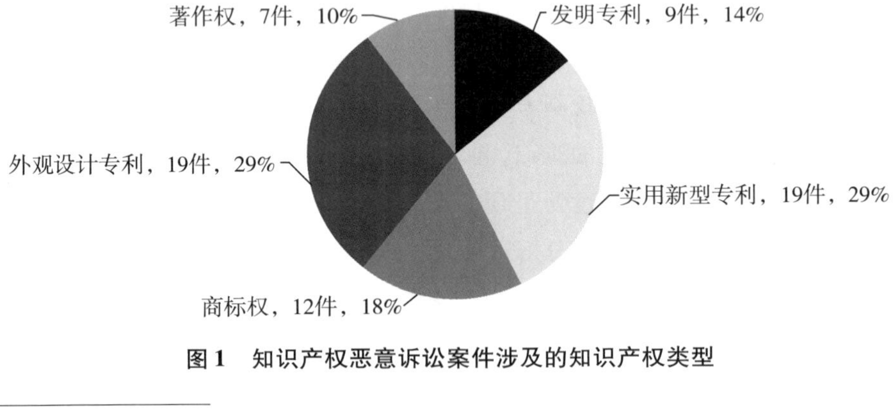

图1 知识产权恶意诉讼案件涉及的知识产权类型

---

① 检索日期为2021年11月5日。

② 在北大法宝上以"因恶意提起知识产权诉讼损害责任纠纷"为案由检索到的判决书实际有76件，因为有部分案件同时上传了一审、二审判决书，因此本文过滤掉了重复的一审判决书，剩余66份生效判决书。

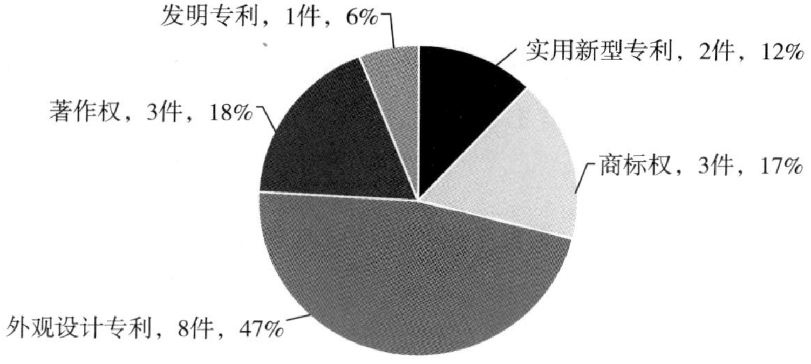

图2 胜诉的知识产权恶意诉讼案件涉及的知识产权类型

（二）恶意诉讼判赔支持率呈下滑趋势，判赔区间跨度较大

法院的判赔额和支持率能在一定程度上凸显司法保护力度，反映法院判决结果与原告预期之间的差距。对于法院平均支持率的计算，笔者采用“个案支持率之和/案件数量”，而非“所有原告的诉讼请求额之平均数/所有案件的判决赔偿额之平均数”①。在判赔的17件案件中，从表1平均请求额与平均判赔额和平均支持率可以看出，或因知识产权恶意诉讼案件数量较少，受特异性个案影响较大，原告的平均请求额、法院的平均判赔额和平均支持率呈现下滑的趋势。但在知识产权恶意诉讼案件较为集中的2018年，平均支持率达到了41.76%，高于各类知识产权侵权损害赔偿额的比例。

表1 平均请求额与平均判赔额和平均支持率

年份	判赔案件数量/件	平均请求额/万元	平均判赔额/万元	平均支持率/%
2015	2	10.40	2.90	62.50
2018	9	373.58	86.96	41.76
2019	5	92.00	28.98	33.09
2021	1	5.50	0.50	9.10

进一步分析法院的判赔额区间，从表2各个判赔额区间的案件数量分布可

① 参见杨方程：《知识产权侵权损害赔偿数额确定研究》，中央民族大学出版社2018年版，第47页。本文采用的这一方法可较大程度上避免因个案的诉讼请求额过高导致总体支持率被过分拉低的情况。

知:恶意诉讼案件判赔额最集中的区间是10万元及以下,该额度的案件占据总案件的52.94%,其次是大于50万元小于等于100万元的区间,占比29.41%,判赔额在100万元以上的案件仅有1件,总体而言,知识产权恶意诉讼判赔额所跨区间较大。

表2 各个判赔额区间的案件数量分布

判赔额区间	该区间内案件数量/件	该区间内案件占比/%
10万元及以下	9	52.94
大于10万元小于等于50万元	2	11.76
大于50万元小于等于100万元	5	29.41
100万元以上	1	5.88

(三)法定赔偿适用率和上诉率较高

从图3知识产权恶意诉讼计算方法比例可以看出,知识产权恶意诉讼案件适用法定赔偿的比例较高,法院审结并给予赔偿的17件恶意诉讼侵权案件中适用法定赔偿的案件数量为12件,占比高达70.59%,而适用实际损失的案件仅有5件。同时,当事人对于恶意诉讼侵权案件的审理结果并不认可,提起二审程序的案件高达14件,占比82.35%,其中包含1件提起再审案件。[①] 但对于二审结果而言,仅有1件案件的上诉理由获得法院的部分支持进而改判,改判的原因是一审法院对某一事实的定性错误,从而导致判赔额度较高。[②]

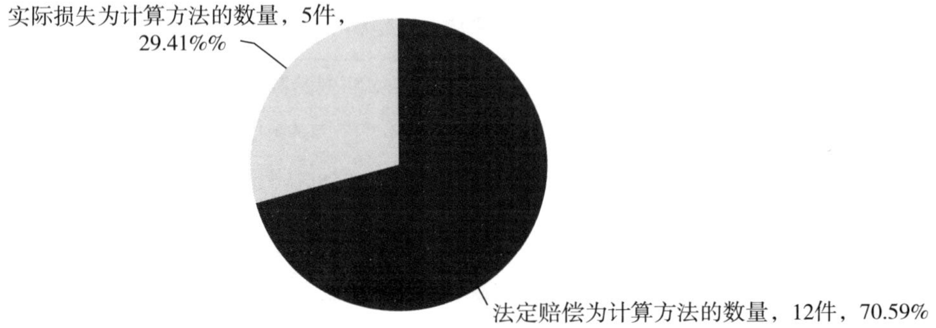

图3 知识产权恶意诉讼计算方法比例

---

① 参见最高人民法院民事判决书,(2018)最高法民再388号。

② 参见江苏省常州市中级人民法院民事判决书,(2017)苏民终1792号。

法定赔偿数额一审、二审(含再审)数量见表3。

表3 法定赔偿数额一审、二审(含再审)数量分布

单位:件

年份	一审数量	二审(含再审)数量
2015	1	1
2018	2	7
2019	0	5
2021	0	1

(四)恶意诉讼判赔考量因素的体系在实践中初步形成

纵观整个知识产权法律体系,虽未有对恶意诉讼规制责任的具体规定,但这并不妨碍司法实践中借鉴知识产权侵权损害赔偿体系进行相关探索。笔者将17件判决书中关于赔偿责任的论述进一步分析后形成表4确定损害赔偿数额具体考量的因素,可知保全银行存款的利息损失,货物,模具损失,律师费,行政程序费用,公证、翻译、检索、差旅等费用损失、可得利益损失等因素常常是法院重点考虑的因素。

表4 确定损害赔偿数额具体考量的因素

<table>
<tr><th>序号</th><th>考量因素</th><th>具体考量因素</th><th>案号</th></tr>
<tr><td>1</td><td>银行存款的利息损失</td><td>银行同期贷款利率与活期存款利率的差值作为资金占用成本</td><td>(2019)沪民终139号</td></tr>
<tr><td rowspan="3">2</td><td rowspan="3">货物、模具损失</td><td>因查封及没收导致的货物损失</td><td>(2018)浙民终37号</td></tr>
<tr><td>因产品过期导致的损失</td><td>(2018)浙民终37号</td></tr>
<tr><td>更换生产模具所产生的费用</td><td>(2017)苏民终1874号
(2015)朝民(知)初字第22620号</td></tr>
<tr><td rowspan="2">3</td><td rowspan="2">律师费</td><td>应对侵权诉讼案支出的律师费</td><td>(2018)最高法民再388号
(2015)京知民终字第1828号
(2018)苏民终320号
(2015)朝民(知)初字第22620号</td></tr>
<tr><td>提起本案恶意诉讼所支出的一审、二审律师费</td><td>(2019)粤民终407号
(2018)鲁民终1089号
(2015)朝民(知)初字第22620号</td></tr>
</table>

续表

序号	考量因素	具体考量因素	案号
		专利、商标无效程序中支出的律师费	(2018)鲁民终1089号
		风险代理费	(2017)苏民终1792号
4	行政程序费用	专利无效宣告相关费用	(2017)苏民终1792号 (2018)苏民终119号 (2018)鲁民终1089号
		注册商标无效宣告相关费用	(2017)苏民终1874号 (2018)浙民终37号
5	公证、翻译、检索、差旅等费用损失	被诉方为应诉支付的公证费、翻译费、检索费、差旅费等	(2017)苏民终1792号; (2018)鲁民终1089号; (2018)苏民终320号
6	可得利益损失	上下游商家以其涉诉为由,终止商业合作的损失	(2021)渝01民终4817号
		被诉方因恶意诉讼无法向案外人收取授权许可费的可得利益损失	(2019)粤民终407号
		因不能使用涉案商标造成的经营损失	(2015)朝民(知)初字第22620号
7	其他因素	考虑被告的获利、恶意诉讼的持续时间	(2015)朝民(知)初字第22620号
		恶意程度、侵权性质、损害范围	(2015)京知民初字第1446号

注:数据源于北大法宝数据库,检索日期为2021年11月5日。

二、我国知识产权恶意诉讼损害赔偿的困境分析

(一)知识产权恶意诉讼赔偿司法体系的现实缺位

我国对于知识产权恶意诉讼的责任规制尚无直接法律规定,而是采用分散型立法规制模式,分散于《民事诉讼法》、多部知识产权单行法等法律规范中,同时也可能与其他法律规制竞合,如在知识产权诉讼中错误申请了行为保全或财产保全,此类案件在审理中若发现败诉权利人在诉讼中没有存在主观恶意时,可以仅

认定保全错误而不予认定构成恶意诉讼。

对于构成恶意诉讼等责任承担,法院多参照《专利法》《商标法》《著作权法》等单行法规定判定被告承担侵权责任。由于没有直接的法律拿来适用,以至于法官在参考单行法确定赔偿责任时过度谨慎,对于该类案件民事责任的承担问题大都不作为重点阐述。因此,仅依靠现有立法设计并不足以根治恶意诉讼行为,也不足以让被侵权人恢复到被侵权之前的状态,未来仍需立法上的准确规制措施。

(二)知识产权恶意诉讼并未形成统一的损害赔偿计算标准

由于未有法律的明确规定,加上形成诉讼的案件数量较少,法院在审理知识产权恶意诉讼案件定性问题时,多采取一般侵权行为的构成要件:要件一为一方当事人以提起知识产权诉讼的方式提出了某项请求,或者以提出某项请求相威胁;要件二为提出请求的一方当事人具有主观上的恶意;要件三为具有实际的损害后果;要件四为提出请求的一方当事人提起知识产权诉讼的行为与损害后果之间具有因果关系。在是否构成恶意诉讼的定性问题上,当事人对于法院的认定一般不会有太多的争议,只是在认定损害赔偿的定量问题上双方差异较大,法院也未形成统一的裁量标准。

在胶州市金富元橡塑制品厂、青岛中兴达橡塑有限公司恶意诉讼再审一案中,最高人民法院特意从原一审法院认定的赔偿额中剔除了专利权无效宣告请求费。[①] 在山东比特智能科技股份有限公司(以下简称比特公司)与北京美爵信达科技有限公司(以下简称美爵信达公司)因恶意提起知识产权诉讼损害责任纠纷中,一审法院认为美爵信达公司主张的在商标评审、商标行政案件中支出的律师费与涉案恶意诉讼无关,二审法院最终维持了该判决。[②] 而在谭某文与深圳市腾讯计算机系统有限公司因恶意提起知识产权诉讼损害责任纠纷上诉案中,广东省高级人民法院于2019年6月10日作出民事判决,认定原告的无效宣告请求费、公证保全费、律师费均为原告的损失。由此可见,针对原告的损失范围,法院也是处于探索阶段,并未形成统一的裁量标准。[③]

---

① 参见最高人民法院民事判决书,(2018)最高法民再388号。

② 参见北京知识产权法院民事判决书,(2017)京73民终2052号。

③ 参见广东省高级人民法院民事判决书,(2019)粤民终407号。

（三）现有损害赔偿制度对知识产权恶意诉讼的惩戒力度不足

在我国侵权责任领域，侵权责任的承担不仅具有保护民事主体合法权益的功能，还具有预防、教育、制裁的功能，可以进一步阻碍侵权行为的发生。[①]《商标法》(2019 年修正)、《著作权法》(2020 年修正)、《专利法》(2020 年修正)均已规定了知识产权侵权适用惩罚性赔偿的构成要件，但通过对检索到的案件进行分析发现，并未有知识产权恶意诉讼案件适用惩罚性赔偿。在美爵信达公司诉比特公司因恶意提起知识产权诉讼损害责任纠纷案中，一审法院认为，尽管可以确定因被告的恶意诉讼给原告带来了经营上的损失，且能够从被告获利的角度考虑本案赔偿数额，但被告的获利数额并不能准确计算，原告也不能准确计算其经济损失数额，故无法适用惩罚性赔偿，[②]由此造成了惩罚性赔偿在知识产权恶意诉讼中的缺位。实际上，缺乏惩罚性赔偿的恶意诉讼赔偿制度既无法弥补原告的损失使之恢复至侵权前的状态，也无法有效震慑侵权人，难以发挥侵权赔偿应有的制度功能。

三、我国知识产权恶意诉讼损害赔偿制度的新设计

（一）完善知识产权恶意诉讼赔偿的立法

《专利法》在修改过程中，曾在《征求意见稿》里尝试规定专利权人或者利害关系人以损害他人利益为目的，无事实根据和正当理由而以他人侵犯其专利权为由向法院起诉或者请求管理专利工作的部门处理，给对方造成损失的，应当承担赔偿责任，但由于种种原因在最终公布的文本中没有保留该条文。在知识产权恶意诉讼损害赔偿的认定中，虽然部分法院可以参照适用知识产权单行法中侵权损害赔偿制度来确定损害赔偿的数额，但是毕竟没有明确的关于知识产权恶意诉讼赔偿制度的法律规定，更多的法官仍借助传统的侵权赔偿方式。因此，建议在知识产权各单行法中明确规定："知识产权权利人或者利害关系人以损害他人利益为目的，无事实根据和正当理由而以他人侵犯其知识产权为由向人民法院起诉或

---

① 参见刘迎霜：《恶意诉讼规制研究——以侵权责任法为中心》，载《华东师范大学学报(哲学社会科学版)》2020 年第 1 期。

② 参见北京市朝阳区人民法院民事判决书，(2015)朝民(知)初字第 22620 号。

者请求市场监管部门处理,给对方造成损失的,应当承担赔偿责任。赔偿损失的范围应当包含直接损失和间接损失”。

(二)明确知识产权恶意诉讼损害赔偿的层次化赔偿标准

在知识产权恶意诉讼的案件审理中,部分案件的法院将原告的损失局限于直接损失,对于被告的间接损失不予支持。对于知识产权恶意诉讼损害赔偿额的确定需坚持比例原则,即知识产权恶意诉讼损害赔偿数额应该与侵权人的行为性质相适当。

知识产权权利人对自身权利的稳定和侵权可能性应有合理的认知,在提起侵权诉讼时,应负有谨慎的义务,对权利基础和侵权可能性进行充分评估。对于因自身过失提起的知识产权诉讼最终败诉,可以建立原告补偿性赔偿被告的制度,例如,补偿合理的律师费支出、财产保全的利息损失等。

对于确实存在以损害他人利益为目的,无事实根据和正当理由而以起诉他人侵权的恶意诉讼提起方,则需适当扩大侵权损失的范围。尤其要着重审查对原告造成的间接损失,如因被提起诉讼导致合作方终止商业合作的损失、无法收取的授权许可费、商誉损失、商业机会损失等。这些间接损失部分虽然不能准确衡量,但仍需作为考虑因素纳入损害赔偿额的计算范围。

(三)将部分恶意诉讼纳入惩罚性赔偿的范围

《民法典》关于知识产权侵权惩罚性赔偿的总括性规定,标志着惩罚性赔偿制度在知识产权领域的普遍建立。按照最高人民法院公布的《关于审理侵害知识产权民事案件适用惩罚性赔偿的解释》的规定,惩罚性赔偿的适用需满足主观故意和侵权情节严重两个要件。构成知识产权恶意诉讼案件,至少符合主观故意的要件。因此,法院可以应当事人的请求综合考虑侵权手段、次数,侵权行为的持续时间、地域范围、规模、后果,侵权人在诉讼中的行为等因素予以认定,如果构成“情节严重”,则应支持惩罚性赔偿。

同时,司法实践应当放弃准确计算惩罚性赔偿基数的执念。民事侵权造成的损害难以真正被填平,而更多的是被法律视为已经填平,知识产权的无形性使损害赔偿计算的精确性往往事与愿违。权利人实际上也很难就实际损失等的计算举示证据,即便充分运用证据规则,将举证责任转移至被告,似乎同样无法解决基数的精确性问题。因此,如果采纳严格的赔偿基数标准,那么惩罚性赔偿将如同摆设,笔者认为尽早放弃精确计算基数才能使惩罚性赔偿发挥应有的惩罚、威慑功能。

探讨算法作为商业秘密保护的利弊与侵权认定

周艾琳*

随着数据经济的发展,每个人的生活不可避免地受到算法的影响。算法这门技术蓬勃发展,算法之路无止境,算法也成为某些领域的企业重要的无形资产与核心竞争力。最高人民法院发布的《关于审理侵犯商业秘密民事案件适用法律若干问题的规定》首次明确人民法院可以认定算法构成《反不正当竞争法》第9条第4款所称的技术信息,即算法可以作为商业秘密进行保护。对于算法商业秘密保护的研究非常少,本文旨在探讨算法作为商业秘密保护的利弊与侵权认定的难题。

一、算法、源代码与目标码

算法似乎无处不在。建立用户系统中常涉及页面置换(Least Recently Used, LRU)算法,益智游戏中可能涉及A星寻路算法,抢红包需要实现红包算法,某些企业为了获得更多的利益还会采取“算法杀熟”……人工智能技术正推动人类社会发展成为一个“算法泛在”且“算法主导”的智能社会。①

算法(algorithm)这一古老的概念来自数学领域。简单来说,在数学领域中,算法是用于解决某一类问题的公式和思想,而在计算机领域,算法的本质是一系

* 周艾琳:北京德和衡律师事务所联席合伙人,北京知识产权法研究会竞争法专业委员会委员,第四届北京市朝阳区律师协会知识产权业务研究会副秘书长。

① 参见李安:《算法透明与商业秘密的冲突及协调》,载《电子知识产权》2021年第4期。

列程序指令,用于解决特定的运算和逻辑问题。[①] 源代码的本质是文本,其目标是为可以转换为机器语言的计算机设置准确的规则和规范。[②] 简而言之,源代码是指未编译的按照一定的程序设计语言规范书写的文本文件,是一系列人类可读的计算机语言指令。[③] 还有一个概念是目标码,目标码通过编译的过程生成机器可执行文件,但不是人类可读的。[④]

用于解决同一运算和逻辑问题的算法是不同的。因此产生了算法好坏的评价标准,如时间复杂度和空间复杂度。为了解决某一需求,企业研发的算法终将用代码实现出来,而运行时间短、占用空间小的程序更加被企业所珍视。笔者认为,需要厘清算法、源代码以及目标码之间的关系,如图 1 所示。

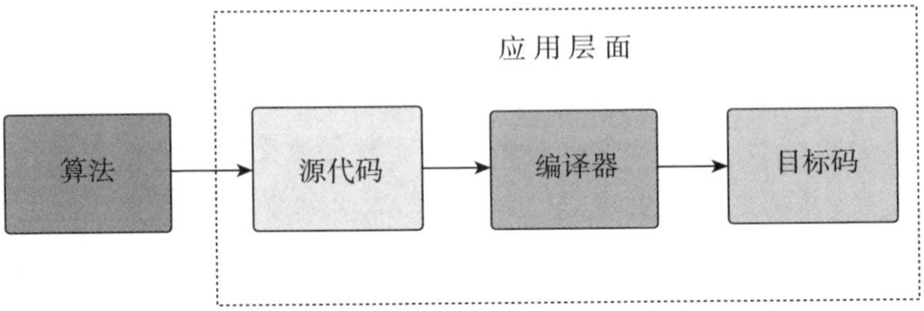

图 1 算法、源代码与目标码的关系

源代码是人类可读的,但是机器无法直接理解以英语或任何其他人类语言给出的指令。因此,需要编译器将其编译成机器可执行代码(目标码)。现实中是先有某种算法,再把它用到具体层面,此时需要程序员介入,通过代码撰写,实现"源代码—编译—目标码"的过程,即先有算法后有实现算法的代码,算法的运用需要源代码以及源代码编译出的目标码。

二、算法作为商业秘密(a Cheer or a Razz)

我国《反不正当竞争法》第 9 条规定,商业秘密是指不为公众所知悉、具有商

---

① 参见魏梦舒:《漫画算法:小灰的算法之旅》,电子工业出版社 2019 年版,第 4 页。

② 参见 Yemaster:《源代码是什么?》,载知乎网 2019 年 11 月 13 日,https://www.zhihu.com/question/355637835?ivk_sa=1023231z。

③ 参见《源代码》,载百度百科网,https://baike.baidu.com/item/源代码/3969?fr=aladdin。

④ 参见《源代码和目标代码之间的区别》,载 CSDN 网 2020 年 9 月 16 日,https://blog.csdn.net/culing2941/article/details/108649739?utm_medium=distribute.pc_aggpage_search_result.none-task-blog-2~aggregatepage~first_rank_v2~rank_aggregation-1-108649739.pc_agg_rank_aggregation&utm_term=源代码和目标代码区别&spm=1000.2123.3001.4430。

业价值并经权利人采取相应保密措施的技术信息、经营信息等商业信息。企业会对其投入大量人力物力研发的算法严加保护，算法具有巨大的商业价值，是企业竞争的利器，同时企业通常会采取高强度的保密措施来保持算法的秘密性。因此，算法在满足商业秘密对秘密性、价值性和保密性要求的前提下，企业可以将算法作为商业秘密进行保护。在高途乐科技（深圳）有限公司、高途乐公司与豆某侵害技术秘密纠纷一案中，[①]高乐途公司拥有相机的“图像质量算法设计”，该算法设计包括了相机图像质量检测中最重要的一个环节，即图像瑕疵检测的算法。高乐途公司主张该图像瑕疵检测的算法具有秘密性、保密性与价值性，依法构成商业秘密，依法受到法律保护。该案体现了算法作为商业秘密进行保护的可能性。

2020 年 9 月，最高人民法院发布的《关于审理侵犯商业秘密民事案件适用法律若干问题的规定》首次明确人民法院可以认定算法构成《反不正当竞争法》第 9 条第 4 款所称的技术信息，即算法可以作为商业秘密进行保护。然而，对于算法作为商业秘密进行保护，存在多种声音。支持的一方认为算法能够给社会带来巨大福利，是数字经济时代竞争的关键因素并且大力开发算法是未来科技的走向，因此保护算法是大势所趋。[②] 一些学者则表达了对算法商业秘密保护导致的算法黑箱（对算法拥有者或设计者之外的人而言，算法是一个工作机制非常神秘的系统，人们只能观测到它的输入与输出，而无法知道它如何将输入的内容变成输出的结果[③]）、算法操纵（由于算法越来越普遍而广泛地影响我们的生活，于是算法就操纵了或控制了我们的生活，如同物不同价的算法杀熟[④]）等技术风险和社会问题[⑤]的担忧。

算法商业秘密与算法正义（广义上的算法正义涵盖了社会对所有算法设计、运营以及对其实质内容与运营程序所要求的理性道德原则和价值期待，既包括实

① 参见广东省高级人民法院民事裁定书，（2018）粤民辖终 493 号。

② 参见陈静：《论算法的商业秘密保护》，载微信公众号“数字法学”2019 年 12 月 3 日，https://mp.weixin.qq.com/s/CSteJnUZ97295QAIAK0dVw。

③ 参见陈景辉：《算法的法律性质：言论、商业秘密还是正当程序?》，载《比较法研究》2020 年第 2 期。

④ 参见陈景辉：《算法的法律性质：言论、商业秘密还是正当程序?》，载《比较法研究》2020 年第 2 期。

⑤ 参见李安：《算法透明与商业秘密的冲突及协调》，载《电子知识产权》2021 年第 4 期；汪庆华：《算法透明的多重维度和算法问责》，载《比较法研究》2020 年第 6 期。

体也包括程序,既包括过程也包括结果)[①]成为重要议题,学者们也试图找出途径来协调与平衡商业秘密与算法正义之间的冲突。可以肯定的是,在大量资金与技术投入到算法研发的大环境下,追求企业和公共管理领域的竞争优势和核心能力,人力、物力、财力的汇聚需要专有权的保护来维系商业道德和竞争秩序。[②] 然而,算法商业秘密却成为算法正义的障碍,其原因在于:(1)商业秘密禁止他人未经授权获取、披露、使用有关商业信息;(2)获得商业秘密保护的前提是该信息不为公众所知悉并采取了合理的保密措施。而只有掌握了充足的算法信息才能够进一步判断该算法的可责性。[③] 在私法领域的 Viacom *v.* YouTube 案中,谷歌(Google)以商业秘密为由拒绝公开算法得到了法院的支持。[④] 在公法领域中,法院同样以保护商业秘密为由驳回了 Loomis 要求公开算法,以解释 Northpointe 公司的智慧司法产品(Correctional of fender Management Profiling for Alternative Sanctions,COMPAS)为何对其作出“再次犯罪的风险较高”这一评估的诉请[⑤]。在上述两个案例中,因为未能分析算法的设计及其计算过程(如权重、评分公式、统计值和参考组等信息),所以根本无法探讨相关算法的技术问责。算法正义与商业秘密的冲突,其内涵是利益冲突,有学者立足比例原则,试图寻找协调方案,即适当的算法透明和适度的商业秘密保护。[⑥]

也有学者重点研究算法的法律性质,算法问题“可以在法律上转译成为价值冲突的问题,算法黑箱是一方,而避免算法操纵是另外一方”[⑦]。如果说法律能以某种方式对待算法,这或是将算法视为言论,或是将算法视为商业秘密。[⑧]

随着《关于审理侵犯商业秘密民事案件适用法律若干问题的规定》的实施,法律实践采取了对算法黑箱的保护。需要强调的是,算法黑箱并非贬义词,其仅是描述了算法拥有者或设计者之外的人无法知晓算法如何将输入的内容变成输出

---

① 参见[美]约翰·罗尔斯:《政治自由主义》,万俊人译,译林出版社 2000 年版。转引自李晓辉:《算法商业秘密与算法正义》,载《比较法研究》2021 年第 3 期。

② 参见李晓辉:《算法商业秘密与算法正义》,载《比较法研究》2021 年第 3 期。

③ 参见李安:《算法透明与商业秘密的冲突及协调》,载《电子知识产权》2021 年第 4 期。

④ See Viacom International Inc. *v.* YouTube Inc. ,253F. R. D. 256,259 – 261(S. D. N. Y. 2008).

⑤ See State *v.* Loomis,881N. W. 2d749,761(Wis. 2016).

⑥ 参见李安:《算法透明与商业秘密的冲突及协调》,载《电子知识产权》2021 年第 4 期。

⑦ 陈景辉:《算法的法律性质:言论、商业秘密还是正当程序?》,载《比较法研究》2020 年第 2 期。

⑧ 参见陈景辉:《算法的法律性质:言论、商业秘密还是正当程序?》,载《比较法研究》2020 年第 2 期。

的结果这一事实状况。① 而选择将算法视为商业秘密进行保护的根本还在于保障企业的科技创新，避免因知识产权被侵犯而阻碍整个社会的科技进步，从而进一步有损于人民的福祉。

算法作为商业秘密是一把"双刃剑"。一方面，它有利于企业保护自己投入大量人力、物力、财力获得的智慧成果，有利于保持企业创新的积极性，也有利于人类社会的智能化，是一件幸事（a Cheer）；另一方面，将算法作为商业秘密保护催生了一系列诸如算法黑箱、算法偏见、算法杀熟、算法共谋等问题，损害了公共利益（Public Interests）或者它的道德形式——"公共善"②（Public Goods），因此也是一件恼事（a Razz）。

三、算法作为商业秘密保护的困境：侵权认定的难题

商业秘密案件中对于侵权的判定一般遵循"接触＋实质性相同－合法来源"的原则，因此侵权认定的难题常在于：（1）"接触"的可判断途径；（2）实质性相同的判断；（3）合法来源的判断。算法因其特性，在实质性相同的判断上尤为困难。需要说明的是，下文对于算法作为商业秘密之侵权认定难的分析仅针对使用型侵害算法的侵权行为。

（一）"接触"的判断

笔者以"算法商业秘密""源代码商业秘密"为关键词利用北大法宝进行司法案例检索，共检索出6件涉算法/源代码型商业秘密侵权案件对"接触"作出判断，如表1所示。

① 参见陈景辉：《算法的法律性质：言论、商业秘密还是正当程序？》，载《比较法研究》2020年第2期。

② 李安：《算法透明与商业秘密的冲突及协调》，载《电子知识产权》2021年第4期；陈景辉：《算法的法律性质：言论、商业秘密还是正当程序？》，载《比较法研究》2020年第2期。

表 1 涉算法/源代码型商业秘密侵权案件对于"接触"的判断

案件	案号	对于"接触"的判断
广州共盈能源管理技术有限公司(以下简称共盈公司)等与深圳市嘉力达实业有限公司(以下简称嘉力达公司)侵犯商业秘密纠纷案	(2011)粤高法民三终字第141号	被上诉人(原审原告)嘉力达公司与上诉人之一(原审被告)共盈公司签有《软件开发合作协议》及多项补充协议;上诉人之一(原审被告)派威公司曾与嘉力达公司洽谈合作(形成书面协议未盖章)后中断合作;派威公司法定代表人丈夫曾在共盈公司担任总经理
从兴技术有限公司与郑某等侵犯商业秘密纠纷案	(2015)京知民初字第01671号	被告郑某等人原来均是原告从兴公司或原告关联公司的员工,与原告签署有《劳动合同》和《竞业禁止协议》;被告郑某等人离职后陆续加入另一被告亚信公司的关联公司,亚信公司与从兴公司系同业竞争关系
深圳岳览时代网络科技有限公司(以下简称岳览时代公司)与姚某、黄某、陈某及深圳东谷科技有限公司(以下简称东谷科技公司)侵害商业秘密纠纷案	(2015)深宝法知民初字第434号、(2018)粤03民终8300号	姚某、黄某、陈某以技术、管理入股岳览时代公司,分别占23%、15%、22%的股权,专门进行"大荒传奇"游戏的开发,并签有《股东竞业禁止和商业保密协议》;被告姚某、黄某、陈某离开岳览时代公司后成立了东谷科技公司并开始开发"神仙与妖怪"网络游戏
高途乐科技(深圳)有限公司、高乐途公司与豆某侵害技术秘密纠纷案	(2018)粤民辖终493号	豆某曾在高途乐科技(深圳)有限公司核心技术部门担任图像质量工程师职务
王某侵犯商业秘密案	(2018)粤0306刑初229号	王某系被告公司软件部负责人,王某离职后伙同他人成立新公司,以生产销售与航盛公司BMS电池管理系统同类的产品为主营业务
珠海仟游科技有限公司(以下简称仟游公司)等与徐某等侵害技术秘密纠纷	(2016)粤73民初1693号、(2019)粤知民终457号	仟游公司、鹏游公司是关联公司,且均系帝王霸业网络游戏软件的开发、运营者。徐某、肖某均为仟游公司的员工,在职期间参与开发前述游戏。二人离职后,与他人共同成立策略公司,经营页游三国、三国逐鹿游戏。以上两款游戏的著作权人登记为南湃公司,而南湃公司的法定代表人系肖某的同学

“接触”本质上是指涉嫌侵权方具有获取商业秘密的条件或可能性。从表1所列案件中对“接触”的判断来看,不难发现对于算法/源代码类案件,“接触”主要分为以下两种情况:第一,被告曾是原告的雇员,即判断被告在曾经的工作中是否能够接触到涉案算法/源代码;第二,被告是第三方公司,此时需要通过被告与原告、原告(离职)员工的关系入手,分析被告是否具有接触涉案算法/源代码的可能。

(二)实质性相同的判断

在分析“接触”的可判断途径中,笔者以“算法商业秘密”“源代码商业秘密”作为关键词进行检索,算法商业秘密案件几乎为“零”。即使在高途乐科技(深圳)有限公司、高乐途公司与豆某侵害技术秘密纠纷案中,原告主张了“图像质量算法设计”中涉及的某算法作为商业秘密,但最终对于“同一性”的判断,依然立足于源代码的比对。由于算法是抽象的指令思路,在实际应用层面需要程序代码介入,对于同一个算法,可以存在多种程序代码的编写方式,因此,侵权人往往采取不同的代码编写方式来规避侵权,此时商业秘密侵权认定中“实质性相同”的要求将比较难达到。① 有学者指出,对于算法实质性相同的判断,需要从算法的表现形式和核心思想两方面入手。②

1. 算法的表现形式

对于算法表现形式是否相同的判断,就是对落实算法的代码是否相同的判断。这是目前我国司法实践中对算法/源代码类商业秘密案件的涉案技术信息“实质性相同”进行判断的基本方法,具体见表2。

---

① 参见邹雯、刘雪晴:《从实务角度浅析〈最高人民法院关于审理侵犯商业秘密纠纷民事案件应用法律若干问题的解释(征求意见稿)〉》,载搜狐网2020年6月18日,https://www.sohu.com/a/403080846_120056427。

② 参见陈静:《论算法的商业秘密保护》,载微信公众号“数字法学”2019年12月3日,https://mp.weixin.qq.com/s/CSteJnUZ97295QAIAK0dVw。

表 2 涉算法/源代码型商业秘密侵权案件对于“实质性相同”的判断

案件	案号	对“实质性相同”的判断
广州共盈能源管理技术有限公司等与深圳市嘉力达实业有限公司侵犯商业秘密纠纷案	(2011)粤高法民三终字第141号	经比对,派威公司在中国软件保护中心登记的能耗监测管理平台软件后30页当中有30个程序的命名与嘉力达公司的源程序相同,且这30个程序的语句与嘉力达公司源程序基本相同、参数也相同。后30页的第9页当中有一句“//modifbyhuangjc 2007/07/17 forresetbuginfOperatedindex = 201”是嘉力达公司员工的修改标志,其中“huangjc”是嘉力达公司的员工黄某交存
从兴技术有限公司与郑某等侵犯商业秘密纠纷案	(2015)年京知民初字第01671号	原告未提交源代码导致无法进行比对
深圳岳览时代网络科技有限公司与姚某、黄某、陈某及深圳东谷科技有限公司侵害商业秘密纠纷案	(2015)深宝法知民初字第434号、(2018)粤03民终8300号	深圳市公安局出具的深公(经)鉴通字(2014)第00013号鉴定书确认东谷公司《神仙与妖怪》游戏与岳览公司《大荒传奇》游戏15个核心程序源代码文件具有同一性
高乐途公司、高途乐科技(深圳)有限公司与豆某侵害技术秘密纠纷案	(2018)粤民辖终493号	豆某公开的该计算机软件源代码完全包含并体现了涉案算法的源代码
王某侵犯商业秘密案	(2018)粤0306刑初229号	计算机技术鉴定指出在被告人王某的移动硬盘中搜到的非公知源代码和涉案源代码一致
珠海仟游科技有限公司等与徐某等侵害技术秘密纠纷案	(2016)粤73民初1693号、(2019)粤知民终457号	根据现有证据及举证责任分配原则,可以认定被诉游戏软件源代码与帝王霸业网络游戏源代码实质相同

从表2可以看出,对于代码相同的认定并没有操作上的难度,然而随着作案手段越发复杂,如果仅采取代码比对来判断“同一性”,会使某些侵权人通过改变代码编写方式就能轻松规避风险,导致违法者逍遥法外。因此,需要引入算法核心思想是否相同的判断。

2. 算法的核心思想

简单来说，算法的核心思想就是算法是怎么设计出来解决问题的。[①] 上文提到，用于解决同一运算和逻辑问题的算法是不同的，因此，解决同一运算和逻辑问题的算法的时间复杂度和空间复杂度也不相同。通过对时间复杂度、空间复杂度等参量的对比可能成为判断算法核心思想的辅助参考。有学者指出，参考美国司法实践中 Versata Software, Inc. *v.* Internet Brands, Inc. 案，由于算法具有高度的专业性和技术性，所以对于算法的核心思想相同的判断可以引入辅助性的专家意见。[②] 在我国司法实践中，对于算法核心思想的判断还处于理论探讨与实践摸索阶段。

（三）合法来源的判断

在商业秘密侵权案件中，合法、合理来源可以推翻侵权认定。反向工程和独立研发是技术类商业秘密案件常涉及的抗辩事由。

根据最高人民法院发布的《关于审理侵犯商业秘密民事案件适用法律若干问题的规定》第 14 条的规定，反向工程是指通过技术手段对从公开渠道取得的产品进行拆卸、测绘、分析等而获得该产品的有关技术信息。根据该条对反向工程的定义，若采取反向工程抗辩，需要证明取得有关技术信息的途径合法。对于算法，采取反向工程抗辩的难度极高，因为要对算法进行反向工程必须合法取得源代码，而源代码通常被多种保密措施所保护，难以合法取得。简而言之，如果采用反向工程抗辩，必须要有充足的证据证明存在取得体现该算法的源代码的合法途径。

商业秘密具有相对的排他性，通过独立研发获得的商业秘密不认定为侵犯商业秘密的行为。在算法类商业秘密案件中，采取独立研发抗辩的难度低于采取反向工程抗辩的难度。独立研发的证明一般有：(1) 企业具有独立研发、生产的能力，包括员工资质、员工具备的相应的操作技能等；(2) 企业进行独立研发的过程中每一个进程中的有用数据，并且已经由此形成的企业独立研发涉案信息的文

---

① 参见陈静：《论算法的商业秘密保护》，载微信公众号“数字法学”2019 年 12 月 3 日，https://mp.weixin.qq.com/s/CSteJnUZ97295QAIAK0dVw。

② 参见陈静：《论算法的商业秘密保护》，载微信公众号“数字法学”2019 年 12 月 3 日，https://mp.weixin.qq.com/s/CSteJnUZ97295QAIAK0dVw。

件、财务记录和电子文档等;(3)为研发涉案信息,企业已经花费了大量的人力、物力、财力。[①]

此外,在具备上述三方面证据的情况下,还需要考虑涉嫌侵权方研发该算法所花费的时间、人力等成本与商业秘密所有人相应的付出是否相差不大,如存在明显不对等,则可能出现"形式上研发遮掩实质上盗用"的情况。

四、结语:算法研发之路无止境,算法商业秘密保护的探讨刚开始

打造数字经济新优势、推动数字产业化和产业数字化"构筑美好数字生活新图景""加快数字社会建设步伐"……《中华人民共和国国民经济和社会发展第十四个五年规划和2035年远景目标纲要》勾勒出我国数字经济发展的宏伟蓝图,为数字经济发展指明了方向、注入了动力。[②] 在数字经济的推动下,算法逐步走进人类生活的各个方面,相关企业投入大量人力、物力、财力研发算法,以算法作为商战中的"利器",提高自身竞争优势,争取更多的商业回报。可以预见的是,在一定的历史时间内,算法研发之路是无止境的。

尽管不能否认以商业秘密保护算法可能会导致算法非正义的愈演愈烈,但在短期内,将算法作为商业秘密保护仍是大势所趋。虽然最高人民法院发布的《关于审理侵犯商业秘密民事案件适用法律若干问题的规定》将算法纳入商业秘密客体,但如何实现对作为商业秘密的算法更完善地保护这一探讨才刚开始。笔者从算法侵权判断的"接触"途径、"实质性相同"以及"合法来源"三方面结合案例简单了探讨,以期抛砖引玉。

---

① 唐青林、李舒:《到底是独立研发的还是剽窃的,怎么证明? [商业秘密专题100篇]》,载微信公众号"民商事裁判规则"2018年2月21日,https://mp.weixin.qq.com/s/85AWuNbI0JZGVynmGWfrmA。

② 参见《人民财评:拥抱数字经济时代,既要抢先更要行稳》,载人民网2021年4月1日,https://baijiahao.baidu.com/s?id=1695799360904244000&wfr=spider&for=pc。

“编”还是“曲”

——论编曲在音乐作品中的法律保护

刘耕辰　邱献霖*

随着音乐产业的蓬勃发展,公众对于音乐审美鉴赏能力显著提升,音乐表现形式在专业人才和先进硬软件的支持下多样起来,音乐作品的数量和质量都进入了井喷式增长的阶段。同时,在更加多元的音乐节目、音乐软件和媒体平台的催化下,不同的音乐风格出现了百花齐放、满园争春的欣欣向荣景象。其中,越来越多的编曲人也从幕后走向了台前,向公众展示呕心沥血编曲的过程和耳目一新的乐曲风格,为编曲创作带来了更高的关注度。

将编曲再次引入法律人视线的,是宝石老舅涉嫌侵权事件,作为一首在短时间内迅速走红的歌曲,《野狼 disco》广为公众所知悉且揽获许多奖项,然而 2020 年 2 月 3 日,芬兰音乐制作人 VilhoIhaksi 在社交网络上称,《野狼 disco》侵犯了自己创作的歌曲《More Sun》的版权,表示这首歌虽然可免费提供大众使用,但不能用作商用。宝石老舅随后发声,其在创作完成《野狼 disco》的词曲后,在寻找该歌曲的编曲时,购买了《More Sun》的非独家许可授权,且明确在发布歌曲时标明“编曲:Ihaksi”。该事件经过多次反转稍有平息,但其中涉及编曲人的权利仍引起了业界的讨论。本文将详细分析编曲在音乐作品中的保护标准、保护路径,以及实践中如何进行保护[本文讨论音乐作品(以词曲构成的音乐作品为主)中编曲人与词曲作者不同的情况下,对编曲人的法律保护。关于编曲和编曲之间是否构成抄

* 刘耕辰:北京德和衡(上海)律师事务所高级合伙人、德和衡知识产权业务中心总监。
邱献霖:北京德和衡(上海)律师事务所联席合伙人、知识产权争议解决部律师。

袭，实质性相似的认定标准已有许多学者进行了详尽论述，因此本文暂不讨论]

一、编曲的概念及表现形式

编曲是在原音乐的基础上，利用乐器、人声、音色、电子效果等元素进行搭配，从而使音乐呈现完整的表达状态，或者表达出新的演奏效果。从音乐专业的角度理解，编曲是一种全方位的音乐创作过程，具有技术性、艺术性和整体性的特点，它涉及多门学科的综合运用，包括和声、复调、配器、乐器法以及电脑音乐制作等相融合的综合技术和理论的运用。[①] 如今编曲学已然成为一门专业的学问，大量的艺术家及音乐专业人士从事编曲相关的工作。

对于编曲与作曲之间的区别，按照传统的理解，可以将编曲作为作曲的重要创作环节，即作曲中实际上包含了编曲。传统的作曲过程受到音乐表现形式的限制，作曲家往往仅对主旋律和曲调进行谱写创作，即在曲谱当中固定旋律、节奏、间奏、副歌等完整音乐结构，对于音乐编曲伴奏的制作往往较为简单和粗糙。但随着音乐产业的进步，可供编曲调配的音乐元素激增，除能够运用到和声、复调、配器、乐器外，仅以效果合成器设置过载、延迟、失真、镶边等不同音效就足以使原音乐呈现复杂多样的风格。公众对音乐作品包容度的提升，使不同的音源来源、音响效果、电子音效、音乐结构、配乐技巧等因素均可以在已经固定的音乐结构上进行调配和补充，从而发挥和展现音乐作品不一样的表达意境和艺术效果。

编曲的表现形式直接体现为器乐编排及伴奏伴唱，根据编曲伴奏配乐的不同，可以表达出音乐作品不一样的情感和风格。编曲同样也可以改变音乐作品原有的曲调、旋律、节奏等构成，实现对不同的曲子进行和谐的过渡和连接，将不同的音乐作品组合在一起成为新的音乐。

因此，不一样的编曲能够使原有的音乐呈现截然不同的表达效果，在编曲中，可以体现编曲人独具特色的艺术表现风格，对于同一首曲调，结合不同的和声配合、乐器编排、音效制作和结构调整，其艺术感染力和表现效果也是各有差异的。

---

① 参见刘转娣：《编曲新说》，载《黄河之声》2010年第12期。

二、编曲在我国法律保护的初体验

（一）首例“编曲权”案件始末

2002 年，北京市海淀区人民法院受理了李某霞诉李某、陈某、蔡某庆侵犯邻接权、录音制作合同纠纷案，[①]也是我国首例“编曲权”纠纷案件。原告作为编曲人对涉案作品《常来常往》进行了编曲，欲用于春节联欢晚会的演出，后被告未按照约定擅自在春节联欢晚会中对编曲后的作品进行表演。原告遂就涉案作品《常来常往》在春节联欢晚会中编曲部分的创作，以著作权邻接权作为请求权基础提出司法保护。

一审法院认为并不存在独立的编曲权，作为录音制作过程中的一个重要环节，就如同录音师并不享有特定的权利一样，按照行业惯例，上述劳动在被整合为录音制品后，该劳动成果所形成的权利由制作者享有。

二审法院认定本案中该编曲过程仅是一种劳务性质的工作，编曲目的是将乐曲作品转化为录音制品，故其劳务成果之一即编曲曲谱并不具有著作权法意义上的独创性，不能成为受著作权法保护的作品。在判决结果最终生效后，遭到了舆论的指责和声讨，许多主流媒体更是以“陈某、蔡某庆抢歌案”作为标题进行报道。

（二）首例“编曲权”案件分析及影响

虽然“编曲权”在我国司法实践的首次亮相似乎并没有满足人们的期待，但笔者认为，这并不意味着编曲人的编曲创作难以得到保护。就本案而言，笔者为此特地检索到了涉案原音乐作品和晚会表演时的作品并进行对比欣赏，新编曲对原作品编曲进行了调整，如将音乐曲调进行降调以适合男女生对唱；将前奏键盘乐器更换为唢呐；增加配乐丰富程度和音色饱和度等。此编曲的变化虽未改变前奏的旋律，但确实能够使晚会演出效果呈现更加喜庆和热闹的效果，与原歌曲艺术效果和情感表达存在一定区别。

然而，该案一审法院未分析编曲的内容，而是径直否认了独立的编曲权，认为编曲的劳动无法独立表达，并将其纳入录音制作者权进行保护。二审法院则是以该案编曲曲谱未达到独创性要求而否认将其作为作品进行保护。

---

① 参见北京市海淀区人民法院民事判决书，（2003）海民初字第 9033 号。

自首例编曲权案件发生至今，发生了许多与编曲相关的社会新闻和案件。如2015年“我是歌手2015巅峰会”节目中，韩某演唱的一首《雁南飞+呼伦贝尔大草原》，该歌曲的编曲实际上来自北京卫视综艺节目“音乐大师课”，在没有得到节目组或编曲人许可的情况下，韩某“借用”了该歌曲的编曲配乐并在其他节目中使用。事后韩某的经纪人表示演出只要得到了原曲作者的许可即可，认为在行业惯例中编曲并不享有权利。与此同时，也不乏有些学者在分析该事件时同样对编曲的司法保护持有怀疑和消极态度。[①] 在分析法律适用时，人们也不免会提及我国首例编曲权纠纷中法院的认定。

（三）首例编曲权案件的借鉴意义有限

笔者认为，对于案件的分析往往需要考虑当时的社会现状和技术水平，首例编曲权案件的意义不在于明确司法的态度，而是法院认定的逻辑和思路。

值得注意的是，该案发生时间在2003年，相较于如今的音乐产业，此前的编曲工作更多的只是在原有音乐作品的基础上进行完善操作，在该案件中对于编曲的变化确实较为有限。可以理解，法院可能无法想象编曲行业的快速发展以及编曲内容的创造性空间，故法院根据当时编曲行业的状况和技术，认为编曲者付出的劳动并不足以达到作品的独创性标准，至多是将编曲概括地纳入邻接权保护。

由此，笔者认为法院的思路是清晰的，但法院忽略了判决的前瞻性，同时缺少个案分析，没有就案件中编曲缺乏独创性的理由进行详尽论述，而是概括性地将整个编曲行业排除在独创性的大门外。

三、编曲的可版权性

无论2003年的首例编曲权案件的影响如何，也暂不考虑按照编曲行业的惯例是否将编曲作为作品看待，都不妨碍以当下的标准来研究编曲的可版权性。

（一）编曲具备可版权性的构成要件

虽然在我国的《著作权法》的相关法律法规条文中无法找到“编曲”的记载，

---

① 参见刘练军、周述荣：《在积极与消极之间：司法的权利保护——首起“编曲权”纠纷案的法理思考》，载《嘉兴学院学报》2006年第5期。

但编曲的本质还是音乐。根据《中华人民共和国著作权法实施条例》第4条第3项的规定,音乐作品是指歌曲、交响乐等能够演唱或者演奏的带词或者不带词的作品。

对比编曲和音乐作品的概念,在形式上,编曲完全存在被纳入音乐作品的可能性,因为编曲对于音乐元素的调配以及各效果参数的设定也是可以通过曲谱体现的,同时也可以通过乐器、人声以及音乐设备进行重现。

如前所述,随着音乐产业的发展,音乐风格越发多样,听众的接受程度提高,编曲能够具备一定的艺术表达空间。无论从形式上还是从独创性体现的表达上,编曲在可能具备独创性的情况下,如能达到作品的最低独创性要求,即可作为作品得到著作权法的认可。既存在可版权性,那么对于一部编曲而言,独创性的程度正是其保护路径衡量标准的首要考量因素,这也正是编曲之于音乐作品受到区别对待的原因。

(二)编曲在美国具备可版权性

实际上,在音乐产业极为发达的美国,美国版权法已经将编曲定义为演绎作品,如译文、乐曲改编、改编成的戏剧、改编成的小说、改编成的电影剧本、录音作品、艺术复制品、节本、缩写本或任何其他的形式,[①]是根据一个或多个原有作品对其进行重新安排、改变形式和改编的作品。只是由于美国著作权保护采用的是注册登记制度,对于版权保护更加严格,门槛更高。

在美国法院对演绎作品提供版权保护的司法实践中,法院认为在决定是否对一部演绎作品赋予版权保护的时候,必须关注这个演绎作品的权利对基础作品所有者的权利所产生的影响。[②] 而对于编曲而言,对原音乐词曲的重新编曲无法脱离原音乐作品,在使用编曲时,往往同时意味着对原音乐作品进行演奏,故在编曲高度依赖原音乐作品进行表达时,编曲作为演绎作品并不属于版权作品,难以架

---

① Copyright Law of the United States Section 101:A "derivative work" is a work based upon one or more preexisting works, such as a translation, musical arrangement, dramatization, fictionalization, motion picture version, sound recording, art reproduction, abridgment, condensation, or any other form in which a work may be recast, transformed, or adapted. A work consisting of editorial revisions, annotations, elaborations, or other modifications, which, as a whole, represent an original work of authorship, is a "derivative work".

② See Entertainment Research Group, Inc. *v.* Genesis Creative Group, Inc., Aerostar International, Inc. 122 F. 3d 1211(9th Cir. 1997).

空音乐作品进行独立的授权。

但这并不意味着美国版权法中否认编曲的作品资格，即在美国，编曲仍可能满足独创性条件，只是考虑到编曲创作可能源于其他作品，在行使权利和保护权利时涉及其他作品权利人利益以及公共利益，故将编曲纳入演绎作品的行列，对其版权保护加以限制，即便如此，仍不妨碍编曲作为版权保护的客体。

四、编曲的法律保护路径

（一）编曲独创性判断

对于编曲的保护路径，根据不同编曲中编曲人的独创性表达不同，有学者指出，将有独创性的编曲作为"编曲权"纳入演绎作品，将"编曲者权"纳入邻接权；[①]也有观点认为，一首歌编曲拥有的权利可分浅层编曲和深层编曲两种情况来作出判断。[②]

就编曲的独创性而言，如果对于编曲仅进行常规性的调整、优化、拼接等操作，并没有体现出独立于音乐作品本身而产生新的独创性内容，那么编曲和音乐作品仅是"包装"和"被包装"的关系，此过程没有产生新的作品。换言之，如果预先设计的编曲仅是对和弦走向、乐器编排、歌曲结构等常规的音乐构成进行预设，如简单地编排流行歌曲中常见和弦进行和节奏型，增强音效，那么对于此类编曲，可以理解为编曲工作中的"浅层编曲"，难以达到音乐作品对于独创性最低限度要求的程度。

（二）判断编曲与音乐作品是否存在"依赖"

虽说编曲中的"编"字，或许总给人感觉是在已经存在的音乐作品基础上进行改编，但编曲与音乐作品之间的关系，也可以是先完成了编曲伴奏带的创作，后对编曲进行作曲填词，即编曲可以在音乐作品创作完成之前形成。

根据编曲伴奏进行词曲创作从而产生音乐作品，与定制或改变音乐作品的编曲伴奏是两个不一样的创作过程，就前者而言，在音乐作品的词曲还没有诞生之际，编曲伴奏已经存在，其并不依赖其他作品而具备独立的艺术表达；而就后者而

---

① 参见袁博：《不可忽视的"编曲权"和"编曲者权"》，载《电子知识产权》2015 年第 4 期。

② 参见白帆：《拿什么保护你，编曲权》，载《中国新闻出版报》2015 年 5 月 27 日，第 8 版。

言，编曲是基于音乐作品产生的，表达受限于音乐作品的词曲且用于音乐作品的词曲。

根据编曲和音乐作品创作的时间先后，可以判断编曲是否有“高度依赖”音乐作品的情形。如果音乐作品的词曲工作已经创作完成，或者在创作编曲时音乐作品同时完成，[①]由于词曲对音乐作品的表达已经存在，则编曲实际上是基于音乐作品的表达进行调整或者强化，其留给编曲本身的表达空间是十分有限的。

就算编曲中增加了编曲人个人大量的智力劳动，但编曲的表达本身实际上也是依赖于音乐作品的表达：一方面，在音乐作品已经完成的情况下重新制作编曲，由于编曲人的表达受到音乐作品词曲的限制，编曲中包含的编曲人独立于音乐作品作者的独创性表达空间较小；另一方面，编曲完成后与原音乐词曲结合形成的音乐，在原音乐词曲已经占据音乐作品大量表达空间的情况下，对于编曲本身的独创性要求必然增加。最关键的是，此类编曲往往不能脱离音乐作品而独立使用。

另外，在定制编曲的情况下，如果编曲人与音乐词曲人达成合意，将未完成的音乐雏形进一步创作完整，此时编曲者往往已经成为音乐作品的合作作者，共同享有对于音乐作品的权利，但同样，对应编曲本身而言，其表达仍然受到音乐词曲的限制。

如果编曲在音乐作品产生之前就已经创作完成，则意味着编曲是脱离音乐作品的词曲独立产生的表达，并没有借鉴、依赖音乐作品而产生，其编曲本身的创作就已经属于“从无到有”的过程，那么没有理由对编曲伴奏形成的音乐排除在音乐作品的概念之外。

不可否认，随着音乐形式的多样化，并不是所有音乐都有所谓的“词曲”，也并不是所有音乐都像交响乐中的原声乐器一样调配分明，音乐本身并没有伴奏的天然属性，如后现代摇滚音乐中用乐器和效果堆叠，人声可能只是乐器的陪衬。因此，只要在中国及其他《保护文学和艺术作品伯尔尼公约》（以下简称《伯尔尼公约》）的成员中，当一个具有独创性的音乐被创作完成，一个音乐作品也就由此诞生，在没有政策性排除的情况下，其将自然地受到我国《著作权法》的庇护。

编曲保护与创作时间的关系见图1。

---

① 本文讨论的情形是编曲人为了音乐作品最终创作而制作的编曲配乐，即为音乐作品量身打造的音乐伴奏。

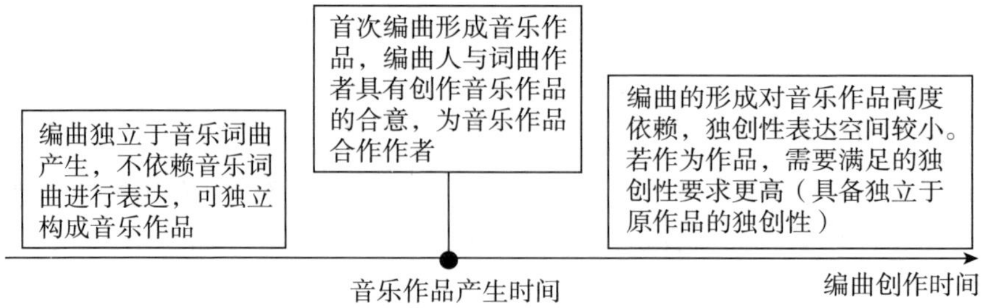

图1 编曲保护与创作时间的关系

由此可见，编曲创作形成的时间，有时可以决定编曲作为作品受到著作权法保护的难度，尤其是与音乐作品词曲诞生时间进行比较，不同的创作时间将直接导致编曲的性质发生改变。结合保护性质的区别，对于定制编曲或重新编曲，将编曲作为作品保护的门槛应当提高，也就是说需要满足的作品独创性最低限度的阈值应当有所提高，在音乐作品产生时间之后创作的编曲，其独创性最低限度要求较音乐作品产生时间之前应当略微上调。①

（三）判断编曲人与词曲作者的创作目的

编曲是在音乐作品基础上的创作，编曲人的创作目的不言而喻，必然是在原音乐作品的基础上进行创作，但是否得到音乐作品权利人的许可，决定了该编曲的权利边界。在音乐作品权利人许可的情况下，无论编曲本身是否达到独创性最低限度，都无法结合音乐作品实施非合理使用的行为。

如编曲先于音乐作品产生，需要判断编曲人是否与音乐词曲人具有共同的合意。就创作目的而言，常见的情形是编曲人为了某个音乐作品进行重新编曲，创作目的就是使用音乐作品。此类例子通常在嘻哈音乐（Hip – Hop music）中比较突出，如伴奏制作者（Beat maker）提前制作伴奏（Beat），供说唱歌手进行即兴说唱（Free style），在最终形成的说唱歌曲音乐作品中，词曲作者即为说唱歌手，而该伴奏就属于该说唱音乐作品中的编曲。编曲人在制作编曲时，可以完全没有音乐作品作为参照，对词曲部分内容进行留白，直接完成伴奏的创作。在此情况下，编曲本身可以构成音乐作品，且编曲人有权对其作品进行授权许可，而音乐作品最终是在编曲作品的基础之上创作完成的，可以认为音乐作品的创作产生是得到了编

① 需要特别注意，在上文的“象限图”中，独创性最低限度出现断层。

曲人和词曲作者的创作合意。作为合作作者,编曲人或词曲作者共同享有音乐作品的权利,编曲和词曲之间属于可分割的作品,其各自独立行使权利不应损害其他合作作者的利益。

(四)编曲保护路径“象限图”

前述编曲所享有的法律保护,均是需要达到独创性最低限度才能作为作品被归入著作权法的保护范畴之中,但是一旦编曲无法达到作品的独创性要求,即编曲作为音乐本身不具备独特的艺术表达,或被认为是对原音乐作品进行“包装”,无法具备脱离原音乐作品的独特表达,那么编曲将无法作为作品得到保护,编曲的行为将被纳入市场调整的范围,编曲工作可作为劳务行为得到有偿对价。

为了保护作品,鼓励创作,我国《著作权法》规定的邻接权对作品的传播者也提供了保护。由于编曲中对音乐伴奏的制作本身也是录音录像制品的工作范畴,因此编曲人往往也是录音录像制作者,编曲后所产生的音源文件可被作为录音录像制品加以保护。

综上所述,结合此前学者既有的观点,笔者认为在判断一首编曲的独创性程度以及选择保护路径时,需要分析该编曲中运用的音乐元素和艺术效果是否属于常规的音乐“包装”,以及该编曲是否由编曲人独立完成且富有创造性的艺术表达,同时,编曲的创作时间和创作目的同样不能忽视。笔者通过对编曲的独创性、创作时间、创作目的等情形的区别进行讨论,可以得到以下“象限图”(见图2)。

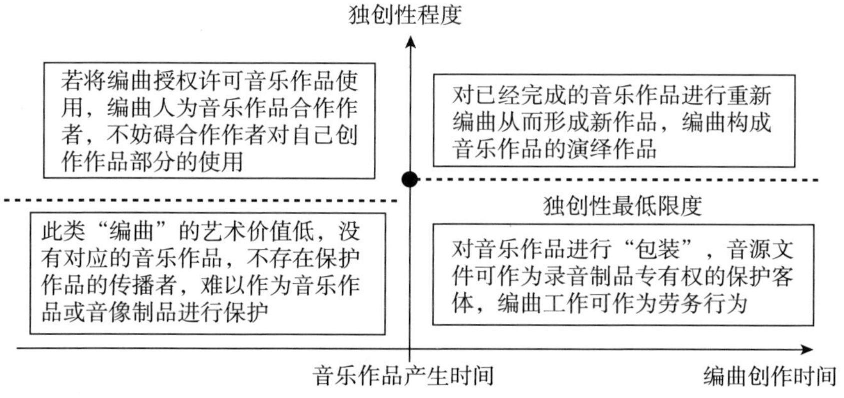

图2　编曲保护象限

注:此图所列情况均不考虑当事人约定。

五、实践中对编曲的保护现状

随着音乐作品发表形式的多元化，人们能够轻而易举地接触到大量音乐，越来越多专业人员以个人名义作为编曲人参与到音乐作品的创作中。尤其是音乐相关的综艺和比赛的爆发式增长，编曲成为音乐歌曲中一个至关重要的加分项，由此，经过特别编曲后形成的音乐作品井喷式激增，编曲伴奏也陆续登录 KTV 等场所提供点播放映服务，在此过程中，我们似乎无法发现编曲者的身影。

（一）保护音源文件的同时保护编曲

我们也可以看到，在我国编曲纠纷的案例在著作权侵权纠纷中鲜有发生，原因之一是与编曲相关的侵权纠纷大多会涉及录音权益人的录音录像著作权。由于编曲需要借助演奏、演唱并需要最终由录音及后期制作固定下来，因此编曲会涉及邻接权属性的录音录像制作者权。

由于编曲的核心实际上在于编辑音轨及效果后产生的音源文件，而该音源文件通过录音录制，编曲通常和歌曲一起被录音录像固定，录音录像制作者拥有该录音录像的复制权、发行权、出租权和信息网络传播权，一旦其他媒介平台通过在网络平台上传播该音源营利，这个平台就构成了邻接权侵权。

实践中，对于音乐常规的包装工作，通常是由录音制品方进行处理，而由于编曲过程需要使用到的设备、效果以及参数是由编曲人自己掌握的，当编曲的核心——音源文件制作完毕后，此时的编曲人也就是录音录像制品的制作方，其合法权益由邻接权保护，往往也不再会出现编曲权的争议。

（二）编曲行业惯例

根据行业惯常的交易习惯，全世界的音乐市场的操作模式，基本上都是由编曲人接受委托，对某音乐作品进行重新编曲（remix），而后形成音源文件成品，将其作为报酬对价交付给委托人，因此，编曲人对其制作的音源文件的相关权利即被买断（通常保留署名权），编曲人往往不会要求对于该音乐作品后续的版权收益进行分配。而对于音乐节目而言，编曲人仅仅提供劳务，在不考虑编曲独创性程度的情况下，编曲人通常也需要事先与节目制作方签署相关的版权约定，其保留署名权，相关的知识产权亦均由节目方享有，而编曲人获得相应的劳务报酬。

但是这并不妨碍编曲人有权就其享有权利的编曲作品收取版权收益，当编曲人和音乐作品作者及相关权利人达成合意，仍可以根据音乐作品的销量分得版权收益。事实上，在 2018 年 10 月 11 日，美国音乐现代化法案（Music Modernization Act，MMA）明确了音乐编曲（Musical Arrangement）被加入强制许可（Compulsory License）的行列，在符合条件的情况下是可以收到版税的。

再回到《野狼 DISCO》事件中，从客观角度来看，编曲并非基于音乐作品词曲创作而来，董某石通过购买获得无限制授权（unlimited authorization），在此基础上创作得到新歌，芬兰音乐制作人 VilhoIhaksi 成为该歌曲的合作作者，在歌曲中标明了作者身份，至此，编曲人基于编曲所享有的权利已经实现。同样，由于董某石未能获得该编曲的独占性权利，不妨碍独占权利人继续将该编曲进行商业性使用或许可他人使用。

（三）关于编曲专有权利的立法呼吁

有学者呼吁将“编曲者权”纳入邻接权范围，并且预设包含权利内容至少应为“向公众表明编曲者身份的权利，许可他人按照编曲表演并获得报酬的权利[①]”。

结合前述内容，目前我国编曲行业惯例仍然以市场调整作为主要手段，当市场调整出现疲软或无法控制的情形时，再通过著作权法的保护进行调整，即以编曲的独创性，编曲音源文件的录音制品权利人以及音乐作品的创作时间、创作目的等作为考量因素，将编曲纳入作品或者录音制品的范畴。

笔者认为，虽然“编曲者权”得到了部分学者的支持，但是当没有该项专有权利时，编曲仍然具备受到现行法律规范保护的可适用性，因此通过立法的方式调整编曲，为编曲创设专有权利，目前时机未到。通过市场和法律规范的双重调整，“编曲者权”尚无存在之必要，以免创设僵尸法条，同时破坏市场的正常调控秩序。

结　语

笔者作为音乐爱好者，多少能够体会编曲的不易，也能体会不同编曲给音乐作品带来的艺术价值。选择合适的音乐风格，挑选每一项乐器，调试音色，设计节奏，安排和弦，设计 Bassline、Intro、Riff、Solo、Hook、Loop，画自动化线路，还要调试

---

① 参见白帆：《拿什么保护你，编曲权》，载《中国新闻出版报》2015 年 5 月 27 日，第 8 版。

EQ、动态、压缩、混响等效果。除此之外，还要考虑对宿主软件、音源、效果器、乐器、MIDI 设备、监听设备以及其他软件或硬件上进行的资金投入。除了编曲给音乐带来的无限可能，如今还出现了“编曲软件绘画”的形式，即在听觉上表现艺术美感之外，在视觉上也能给人带来新奇的体验。

随着技术的发展，社会艺术包容度的提升，信息渠道的便捷化和多样化，笔者相信编曲行业在未来将会有更大的创作空间，编曲人的权利更需要得到保障。

后记 Postscript

法者，治之端也。

作为国家治理的首要事务，法治，不仅为社会提供稳定和可预测的环境，也为民众的自由和权益提供保障，从而成为国家长治久安的基石。而律师制度作为法治体系中的重要组成部分，其存废兴衰，无疑是衡量法治文明、民主进步的重要标尺。

近现代意义上的律师制度自引入中国，如法治晴雨表，其幼嫩的生命几经沉浮，始终与法治风雨同行、荣辱与共。诚如江平教授在《中国大律师》序言中写道："成败、苦乐、善恶、兴衰，写就了残缺不全的中国律师史和律师人物。"其中的成败，或仅系个人事业；而兴衰，则关乎行业发展之命运。

当命运终于敲响1979年7月之门，思之先生重新站在阔别22年之久的辩护席上时，律师业的春天已悄然重启，崭新的时代拉开序幕。

如今，伫立在公元2023年的岁末，回望来时的路，如历史的长镜穿越时空，真实地记录了在欣欣向荣的时代背景下，一家区域性律所如何实现突破，成功立足北京，布局全国，放眼全球的征途。

历史的双翼先是驻足盘旋于某个节点，传回一帧帧珍贵画面，仿佛在提醒人们这些时刻不可遗忘——

1993年12月，德衡律师事务所创建于青岛，设立伊始就确立"百年大业、一流律所"的目标，仅历时5年即成为省内行业龙头。

2000年4月，德衡北京分所注册成立，"立足北京、走向全国"战略正式开始实施，但因地域性名称等局限，未能突破发展瓶颈。

2006年12月，经主管部门同意，德衡律师集团批准成立；次年4月，德衡北京分所随之更名为德衡律师集团（北京）事务所，几年间律师人数快速增长，北京战略全面起势。

2010年5月，为避免受制于新的律所名称管理办法，德衡人另辟蹊径，决定将北京分所变身，属地北京的“北京德和衡律师事务所”横空出世。

从此，德衡、德和衡双品牌并驾齐驱，相得益彰。德衡继续深耕齐鲁大地，领跑区域律所；德和衡则立足北京，境内扩张，境外布点。截至2023年11月，德衡在鲁设有24家执业机构，拥有从业人员850名，执业律师631名，始终保持区域律所的头部地位；而德和衡现有国内执业机构32家、境外办公室12家，拥有从业人员3395名，执业律师2388名，稳居中国规模最大的十家律所之列。

激荡三十年。

时至今日，德衡、德和衡的重新合体已水到渠成。近期，德衡、德和衡合并方案已得到主管部门的首肯，相关手续正在有序推进。

一路走来，却顾所来径，苍苍横翠微。

个中欢欣与喜悦，艰难和曲折，无需言表。德衡、德和衡顺势而为的气魄，百折不挠的坚韧，早已与这片土地上万千创业者的经历一同，被镌刻进波澜壮阔的改革开放时代日历中。如今载誉无数、登高望远的背后，是谋定而后动的战略先行，是敢为天下先的勇毅果决，是卅载磨一剑的锲而不舍，更是欲穷千里目的再次聚合与蓄力。

历史的脉络，需要俯瞰方能理清，而回忆的细节如同服饰的纹理，近观才会了然于目。时光的隧道里，我们分明捕捉到了律所从稚嫩青涩迈向而立之年的每一步脚踪。建所10周年的《风雨兼程》、20周年的《万水千山》，以大事记、案例选、论文集的系列丛书方式，详实记录了那段踔厉奋发、热气腾腾的岁月;不觉间,时间来到30年后的2023年,秉持“专业立所、学术强所”的发展理念,凭借连续四届举办律师实务学术年会的底蕴,依托众多知名高校专家学者及顾问的学术资源,30周年《海阔天空》学术文集的编著者——德和衡研究院正式诞生。

从古罗马、古希腊律师业发展的历史沿革中可以得知,律师不仅是司法实践活动的参与者,同时兼具演说家、法学家等多重角色之特质。柏拉图说,法律是一切人类智慧聪明的结晶。而基于对律师作为法律的从业者、捍卫者这一身份的深刻认知,多年来,德衡、德和衡积极鼓励律师们著书立说,深入开展律师实务研究。本次《海阔天空——律师新型实务案例及学术文集》正是德衡、德和衡律师们阶段性司法实践与学术研究的智力成果,旨在建所30周年之际,在传统业务领域的实践及研究基础上,重点围绕法律服务中的新锐、前沿、热点问题,用德和衡的专业积累和深耕,向社会各界分享相关领域的法律研究和探索成果。

囿于时间、经验,以及文字本身之藩篱,本文集无论在内容还是形式上,必有诸多瑕疵和不成熟之处,但有机会为中国法治建设贡献一份智慧和力量,虽有付梓之前的忐忑,仍备感欣慰。

卅载过往,百年序章。借此文集出版之机,感恩、感念、感谢所有德衡、德和衡的缔造者、建设者、陪伴者、托举者、关注者!

是的,所有真心的付出,真诚的帮助,真挚的陪伴,哪怕短暂,仍如晨星,熠熠生辉。

无以为报,唯有不负重托,守正创新,砥砺前行。

《海阔天空》编辑委员会

2023年11月

山东德衡律师事务所

山东德衡律师事务所成立于1993年12月12日，是中国最早设立的合伙制律所之一。截至2023年11月，现有国内执业机构24家、境外办公室2家，拥有从业人员850名，执业律师631名。先后获得"部级文明律师事务所""全国优秀律师事务所""全国优秀青少年维权岗""全国法律援助先进集体"等国家级荣誉称号，以及"山东省优秀律师事务所"等省市级荣誉。与此同时，连续多年被《法治日报》、《方圆律政》、"凤凰国际智库"、"智合法律新媒体"、《商法》杂志（China Business Law Journal）、《亚洲法律杂志》（ALB）、钱伯斯（Chambers and Partners）、《英国律师》杂志（The Lawyer）等国内外知名法律媒体和权威评级机构授予"年度卓越综合实力律所""年度最佳中国北部律师事务所""公司商事法：东部沿海（山东）第一等律所"等多项奖项和荣誉。

北京德和衡律师事务所

北京德和衡律师事务所成立于2010年5月20日，是一家专业化、规范化、国际化、品牌化的特殊的普通合伙制律师事务所，律所总部位于北京。自成立以来，德和衡秉持“专业、专心、专才、专注”的服务理念，以客户需求为核心，坚持专业分工和团队协作，依托先进的管理经验，现已发展为中国最具品牌影响力的综合性商务型律师事务所之一。截至2023年11月，北京德和衡律师事务所有国内执业机构32家、境外办公室12家，拥有从业人员3395名，执业律师2388名。连续多年被《法治日报》、钱伯斯（Chambers and Partners）、《亚洲法律杂志》（ALB）、《国际金融法律评论》（IFLR1000）、《商法》、Benchmark Litigation、《英国律师》杂志（The Lawyer）等国内外知名法律媒体和权威评级机构授予各种奖项和荣誉，并在律所排名中处于国际国内领先位置。